Le Corbusier Sketchbooks

Le Corbusier Sketchbooks

Volume 4, 1957–1964

Notes by Françoise de Franclieu

The Architectural History Foundation
New York

The MIT Press
Cambridge, Massachusetts, and
London, England

in collaboration with the
Fondation Le Corbusier, Paris

Françoise de Franclieu is Curator and Council Member of the Fondation Le Corbusier

Editorial Consultants for *Le Corbusier Sketchbooks*: Timothy Benton (The Open University), H. Allen Brooks (University of Toronto), Bal Krishna V. Doshi (Vastu-Shilpa Foundation), Norma Evenson (University of California, Berkeley), Kenneth Frampton (Columbia University), Alexander C. Gorlin (architect), Stanislaus von Moos (Technische Hogeschool, Delft), José Oubrerie (University of Kentucky, Lexington), Francesco Passanti (Columbia University), Daniele Pauly (University of Strasbourg), Madhu Sarin (architect and planner), Patricia Sekler (architectural historian), Peter Serenyi (Northeastern University), Jerzy Soltan (Harvard University)

Translated by Alfred Willis. Translations edited by Richard Cleary.

The Graham Foundation for Advanced Studies in the Fine Arts has played a unique role in funding the four volumes of *Le Corbusier Sketchbooks*.

We are grateful to Joseph E. Seagram & Sons, Inc. for its generous contribution to volume four. Continuing support for this publication was donated by the National Endowment for the Arts and the National Endowment for the Humanities.

Library of Congress Cataloging in Publication Data

Jeanneret-Gris, Charles Edouard, 1887-1965.
   Le Corbusier sketchbooks.

   (The Architectural History Foundation/MIT Press series; 4)
   Published in collaboration with the Fondation Le Corbusier, Paris.
   Includes indexes.
   CONTENTS: v. 1. 1914-1918. — v. 4. 1957-1964.
   1. Jeanneret-Gris, Charles Edouard, 1887-1965.
I. Franclieu, Françoise de. II. Fondation Le Corbusier. III. Title. IV. Series: Architectural History Foundation/MIT Press series; v. 4.
NC248.J4A4   1981   741.944   80-28987
ISBN 0-262-12093-3

Printed in Switzerland by Imprimeries Réunies, Lausanne.
Bound in Switzerland by Mayer & Soutter, Lausanne.

The Fondation Le Corbusier thanks R. Andréini, P. Bourlier, P. A. Emery, I. Fournier, F. de Franclieu, I. Mayet, H. Mazéas, L. Miquel, M. Moulin, E. Tréhin, and the members of its administrative board who transcribed Le Corbusier's text and prepared the sketchbooks for publication.

The Architectural History Foundation/MIT Press Series

Contents

P62 India, October-November,
October: 1960, Chandigarh,
Bhakra Dam, End: Paris, December 1960
612–672

R63 Paris, January 1961,
Chandigarh, March April 1961, Paris, April,
Stockholm, Le Corbusier Pictures
(returned from "Capitales" exhibition)
673–727

R64 Turin, May 1961,
Ahrenberg, 24 May 1961,
Finished 26 July 1961
728–773

R65 August 1961, finished
10 December 1961, Chandigarh
774–827

S66 Chandigarh, 10 December 1961,
Paris Fondation Le Corbusier Villa Savoye,
Ahrenberg Museum, Strasbourg,
11 April 1962, Chandigarh, April–May 1962
828–891

S67 Paris, 5 June 1962,
Gustave Eiffel ceremony, June 1962,
Eiffel Tower, Villa Savoye,
Fin d'un Monde – Délivrance,
Fondation Le Corbusier,
Yvonne's tomb, Erlenbach-am-Main,
Le Corbusier Museum themes
892–950

S68 Paris, 22 October 1962 + 1963,
+ 69 Bis 1963
951–962

T69 Begun 21 December 1962,
Orly–Rio–Brasília, Cap Martin,
"Grandeur". Yvonne's Tomb, Signs,
21 December 1962, finished 3 August 1963
963–1017

70 Begun 4 August 1963 at Cap Martin,
Finished 30 August 1964
1018–1071

Publisher's Note

To facilitate the reader's task in deciphering Le Corbusier's often illegible handwriting, his notes have been carefully transcribed exactly as they appear, including spelling mistakes, by a transcription team selected by the Fondation Le Corbusier. Notes obviously not in Le Corbusier's hand have not been transcribed.

Scattered notations on each page are transcribed from top left to bottom right, except where the meaning or relationship to a sketch suggests a different order. Words and sentences deleted in the original text have not been transcribed. Double slashes are used to indicate line breaks; single slashes mark a space in the same line of text. Ellipsis points indicate illegibility. Square brackets are placed around words about which the transcribers were uncertain and around matter that Le Corbusier indicated with ditto marks. Measurement numbers are transcribed only when they are an integral part of the text.

In the English rendering of the transcriptions, the translator has tried to convey the informal nature of the sketchbooks, maintaining most of Le Corbusier's idiosyncratic punctuation and capitalization, and in large part eliminating the double slashes. Square brackets are used as for the French; they also enclose the translator's additions to clarify meaning. The translation in no. 129 is from *The Testaments of François Villon*, trans. John H. Lepper (New York: Liveright, 1924).

Le Corbusier used a number of abbreviations, the meanings of which become apparent with familiarity with the text. Listed below are some examples of Le Corbusier's personal shorthand:

AFNOR	Association Française de Normalisation
AMOA	Ahmedabad Mill Owners' Association
ASCORAL	Assemblée de Constructeurs pour une Rénovation Architecturale
av	avec
bp	beaucoup
c	cuisine
ch	chambre
ds	dans
expos	exposition
gd	grand
Jt	Jeanneret
$\overline{m}$	mm
MLA	[housing for] Members of the Legislative Assembly
MRU	Ministère de la Reconstruction et de l'Urbanisme
pr	pour
s à m	salle à manger
35 S	35 rue de Sèvres
24 NC	24 rue Nungesser-et-Coli
Von	Yvonne Le Corbusier
≠	négatif

Notes to the Sketchbooks

and Translation of the Handwritten Text

**India 1957 December 11 Chandigarh
Bhakra, pages 12 + 13 January 1958**

Chronology

1958

Fourteenth and fifteenth trips to Chandigarh (March 7 – April 7, 1958; November 28, 1958 – January 5, 1959).

With Yannis Xenakis, completes the Philips Pavilion at the World's Fair, Brussels, including the multimedia program, "The Electronic Poem."

Inauguration of the Secretariat in Chandigarh.

Construction of the Kembs-Niffer lock in the Rhone-Rhine canal between Basle and Mulhouse.

Commission for the sports center in Baghdad (only the stadium was built).

Plan for the reconstruction of the center of Berlin, International Competition.

Publication of *Le Poème électronique* (Paris, Editions de Minuit).

"Capitales," a traveling exhibition compiled by W. Boesiger, mounted in Belgrade, Zagreb, The Hague, Stockholm, Copenhagen, and Liverpool.

Painting: *Taureau XVI*.

This sketchbook is devoted entirely to Le Corbusier's thirteenth trip to Chandigarh, from December 2, 1957 through January 3, 1958 (cf. Sketchbook L50, which covers the early part of this trip). It is particularly revealing of his approach to the Capitol project: on the one hand, recording precise site instructions and on the other, maintaining a sense of distance from the construction itself as he sought to place it within a broader aesthetic and philosophical context.

As a decision-making body, the Chandigarh Board was crucial for Le Corbusier (4). He urged that rigorous control be exercised over the development of the city and requested that Board meetings be held during his spring and autumn trips to India so that he would be able to attend (5). Somewhat later (39) he noted several points to be brought up before the Board.

He reflected, too, upon the buildings of the Capitol complex. The Secretariat he described as "the image of a Society: the cellular industrious mass in which the ministers' bays animate this daily labor. On the roof, in the open air and well defined, well qualified and arranged: the entities of command and thought" (9). This statement is worth remarking for it reveals Le Corbusier's intention to produce a strong and symbolic architecture within an artificial landscape. A few pages later he contemplated the space spreading out before him at the foot of the Himalayas, where the capital of the Punjab was becoming a reality, and made a telling comment on the scale of his buildings: "I discover Asiatic space. My palaces 1,500 meters away fill the horizon better than at 650 meters. The scale is more noble and grand, from a distance" (13).

As consulting architect to the Bhakra Dam project near Chandigarh, Le Corbusier took possession of the site and came to terms with its volumes by sketching it many times (14-20). He wished to have total control over all the plans submitted and noted that they should be sent to him in Paris for approval (38). Another preoccupation also appeared at this time (24), namely, that the Capitol at Chandigarh should be classified as an historic monument, with absolute prohibition of any future alteration to the buildings, their colors, or their finishes. This concern was expressed earlier (cf. Vol. 3, page *71*) and will be a continuing motif of the Chandigarh sketchbooks.

As before, the site instructions are wide-ranging in their subject matter: from photographs to be taken (30-32), to the choice of colors (26, 31), to the organization of the shops (29). Le Corbusier's unwavering attention to current projects and his tireless observation are typified by the pages he filled in during his flight from Delhi to Teheran. Over the farmland outside Karachi he wrote: "The fields are of yellow Colza, wheat, green, tillage brown, garnet red. It's almost literally the 'pattern' of the tapestries in the High Court" (43). At the same time, he was advancing plans for the publication of a book on the tapestries (42). Later during this flight, looking down over a vast and seemingly lifeless landscape, he expressed an almost physical emotion: "This country is fantastic, frightening. As far as one can see, from 5,000 meters... not one blade of grass, not one tree, not one bit of moss, endless meanders, *dry*; erosions [caused] by wind, by water, gigantic folds" (46). At that altitude the human scale seemed to him abolished. His contemplation of this "metallized" terrain (49) seems related to a section of "The Electronic Poem" created for the Philips Pavilion at the Brussels World's Fair and then in process of publication as a book (50).

The project for constructing several *Unités d'habitation* at Meaux is mentioned. The importance the architect attached to his publications is evidenced in references to several of them, particularly in his list of friends and associates who should receive copies of *Le Poème de l'angle droit* (57).

1

INDIA 1957 // December 11 // CHANDIGARH // BHAKRA.
pages 12 + 13 // JANUARY 1958 // M51

2

[Phillipe] Lavastine

4

December 1957
Patiala / Chandigarh Vohra // until now. Nayers / Sharma. //
= chief engineer // North / South // now / Sharma // Nayers
because Chandigarh Secretariat // New Punjab // reorgani-
zation Punjab P[ublic] W[orks] D[epartment] Headquarters
is in Patiala City. // a/ Sharma must not become chief
engineer
Available = 3 chief engineers = CHIEF engineer –
Nayers // – Sharma // – Hukany. // now. // Khanna must
be named: Chief engineer / CHIEF engineer / CHIEF
engineer // Punjab PWD // CHIEF engineer. // Chandigarh
Capitol Project
If Nayers is the Secretary General for the Capitol project a
new CHIEF engineer must be selected = Khanna and put
Khanna / and put Hukany on / and Sharma // and so
Khanna will become the Secretary of the Board // ''the
croaks are frogging''

5

1st L-C insists that the minutes of the meetings be signed
by him before being handed over to the Chief Minister
2nd The board must be convened when L-C is present in
Chandigarh in the spring 2 meetings // in autumn
2 [meetings]
3rd Khanna's presence

6

Museum of Knowledge. by Mathur // I began at 50/
50/ Prabawalkar: training pools // December 12, 1957
On return / Secretariat Un // Chandigarh Secretariat //
= 2 Secretariats (probably = 1³/₄) // L-C obtain the costs of
the UN and compare with Chandigarh expenditure //
Publish a study in Paris-Match. with photographs +
comparison with UNESCO
51/ Prabawalkar give me the inventory of the 65,000 trees
planted according to the tree-planting grid
52/. Malhotra examine solution narrowing [of] Secretariat
roof structure
53 Prabawalkar attention the North Capitol enclosure walls
follow the slope = line never broken!!! // L-C letter to
Nayers

7

seek 1 solution wall // High Court 2 // High Court 1. // wall A

8

54/ Prabawalkar attention quid this? big drain, bordered on
the right by the National Park? // earth /→ Himalayas // the
Capitol ←
+ the city // we could move the G[overnmen]t H[ouse]
back by 200 meters?
55/ Malhotra why these 3 holes North end wall Secretariat
56 Malhotra the installation of the Ondulatoires is
questionable!
57 Nayers immediately do the paving between Basin [and]
High Court
58 Nayers get the Assembly portico estimate in Paris
59 Malhotra take photograph of L-C with models in office
60 The High Court colors are perfect for Secretariat but in
the Secretariat eliminate 1 orange // (it does not exist in
the High Court

9

The Secretariat is the image of A Society: // The cellular
industrious mass // ideas / limited // the Ministers' bays
animate this daily labor
On the roof, in the open air, and well defined, well qualified
and arranged: the entities of command and of thought // =
valid expressive consideration of the modern age!

10

On return make use of the ondulatoires for Brie[y-en-Forêt]
(cold?)
On return Girsberger Tapestries // the Gobelins venture
thrown out – Tokyo lent a temple
  Poor India made the Capitol of Chandigarh and gave me
Bhakra Dam

12

62 From the High Court hall the horizon opposite is hollow
a hill must be put in place between Secretariat + Ray
Baber
63 Nayers do the High Court paving between pools
paint the hall right now
64 Nayers Paris will do Estimate of the porticos.
65 Assembly, we begin with hyperboloid + portico
66 Malhotra take photograph at 4 PM Secretariat behind
the hill

13

December 15, 1957
  Moving through the space between the lake (the dam)
and the Capitol (= 1¹/₂ sector (?)) I discover Asiatic space.
  My palaces 1,500 [meters] away fill the horizon better
than at 650 meters
  The scale is more noble and grand, from a distance
– From the High Court, the Secretariat is too close. It is
handsome, but it is full of grandeur from over there, in the
midst of the countryside and of cultivated fields.

14

Bhakra Landscaping // at the exit onto the plain, side +
50 meters // plain // make the ''[ritual] Gates''

15

tunnel // parking lot
''cable // tunnel'' // abutment
tunnel // P + P = posts // A B = abutment

16

December 16, 1957 // Bhakra
From the approach road

17

This (exact) sketch proves that one sees the dam in its
entirety before reaching the powerhouse by way of the
road

18

Ask for photographs [of] landscape for photomontage

19

Bhakra December 16, 1957
road A // A will veer by the Powerhouse 2

21

dam the tower Under reservoir

22

here A this = artificial Hills
f = cafeteria

23

68 // metal roof ventilator a + t + a¹ painted 1 single color //
ventilation // that develops [as] 17 + 43 + 17 = 76 cm. or:
only t since from the interior a a¹ a² – . a⁷
make a very beautiful partition (color)
69 the horrible cabinets or // 250 + 20 = 270!!!
70 dramatic observation: the attachment of the
''ondulatoires'' at the ceiling

24

Board Adviser L-C
By-laws of the dam never automobiles [the] lake never
motor[boat]s
Leisure Valley
Vegetable [garden]s behind the Dam (downstream)
the maintenance crew of the Capitol with uniform +
insignia = discipline
1 decree classifying the Capitol as historic with absolute
prohibition of touching it in the future (buildings, colors,
finishes)
The architects' club at the office to organize a part of the
museum

26

returned [to] Pierre 30 Rupees // I owe him / 20 //
50 = [paid]
71 Prabawalkar pick out in Secretariat ramp the drawing of
the muleteer for Assembly
72. the colors High Court portico
73 the flag // square
74 the Chandigarh village road

27

On return make drawing [of] Bhakra attach good <u>sheets</u>
Poème de l'angle droit with text the whole thing to Nehru
On return. G[overnmen]t Adviser Subcommittee organize
the series = action against the "private" [builder]s //
(request <u>from the Director of the Design" Board</u>)
75 Prabaw[alkar] // I would just as soon the road from the
<u>dam</u> Lake [be] in crushed red brick // the black macadam or
gravel is <u>bad</u> // Walkway eliminated!??
76 // <u>forbid</u> any <u>contact zone</u> with Kalka
77 // new hill B // old one A // (perhaps connect the two?)

29

"L S-C." / December 22, 1957
vegetables, fruits = truck gardening <u>in the City</u>
"<u>Cooperatives</u>" with <u>retail markets</u> on each little V4 plaza.
with controlled prices (Bogotá type = Markets = 1
Standard architecture = consequence of the dam + of the
canal decided December 20th, 1957 // = exploitation of
the downstream area + the water from now on available
Spillway // vegetable gardens // hall for collection cleaning
weighing packaging etc. // Fig[ure] 1 the lake
village // lake / the road from the villages towards Mani
Majra or towards H fig[ure] 1 // this peasant road on or
next to the big drain 800 meters north
Fig[ure] 2
F[igure] 3 page 29 = continuation

30

from the stream
<u>Malhotra</u> = very beautiful photograph to be taken from the
stream:
Secretariat // High Court // stream
idem from the <u>north</u> fountains with pond + Secretariat in
the background // idem South with Secretariat and
pyramids

31

Fig[ure] 3 / m road / or / n road
The peasant road <u>on</u> right <u>800</u> meters <u>north</u> [of] <u>Capitol</u>
Fig[ure] 3m or next to the drain Fig[ure] 3<u>n</u> and from there
reconnect by way of the <u>northeast</u> the head of the dam
Kalka side, in the direction of Mani Majra
Prabawalkar see the 1951 Pilot Plan for <u>regional</u>
urbanization
78 Malhotra Colors High Court portico black green yellow
red pale blue // the one in the *brise-soleil*
79

32

Baldev Kapoor in Delhi "cut and dried" Indian journalist
Georges Duchêne.
80 write to G[overno]r necessity of 1 authorized
representative (G[overno]r General of the Capitol is not
<u>a [likely] person)</u>
81 Malhotra show me the new High Court drawings =
important!
82 give me photograph <u>pond 3</u> High Court for *The
Electronic Poem* = Agostini
83 // female
84 Vestibule unloading of buses // wall a = < b
85 Hall B4 the floor <u>madras</u>

33

86 *Attention* the glass doors of the ministry (South) level
6 // should be pushed back from a/ to b/
87 Prabawalk[ar] there's very handsome 2 meters ×
1 meter sheet-metal formwork (on the roof) in the
Cafeteria
88 Roof Ministers' Dais // Male // yellow and white // × ×
r[ed] and b[lack] / r[ed] and black / blue and white
89 *attention* no <u>sidewalk</u> at dam // Prabawalk[ar] Nayers //
L-C letter to <u>Nayers</u> // with copy to g[overno]r and to the
board = decisive // attach the December 20th L-C note to
the Committee // → page 34

34

Malhotra photographs [of] High Court basins for Hatje.

35

December 26, 1955 Stadium // The <u>Olympic</u> Stadium
(Prabawalkar) // an inn (Inn) for the visiting teams // Sharma
has a Very good program
= the Vines of Tivoli = digression from the automobile
parking lot for the ... = question for Randhawa
Because these magnificent trees (Sheesham tree) must
be reserved for festivals and Quixotics // will be for the use
of the University and of the city and maintained by the
University
L-C return make a communication to the board advisory
Committee // important

36

90 // the lake // Prabawal[kar] Make 1 hill at the entrance of
the dam.
91 Malhotra quid? these holes High Court wall // *attention*
never any flowers or plants on these 2 end walls // never
paint that
92 Praba[walkar]: round the Capitol hills like behind High
Court
93 <u>Latex</u> <u>Colors</u> obligatory for High Court + Secretariat
94 for Governor's balcony (Secretariat) the Sikh + Corbu
will go along the road looking for a suitable tree. And we
will coat it in plaster or mastic. // (near <u>Karnal</u> – Delhi)
There is the wood windlass on the well (*norias*) Camel =
Tree trunk // = important

37

ON RETURN
Shastry arch[itect] in Pierre's office is the one who did the
horoscope of January 1st, 1958 // send him something
(book)
Send to Mathur team // Prabawalkar // 1 litho[graph] + to
the other one who gave me a painting
Send to Office Library *Les Plans Le Corbusier de Paris
1956-1922*
Send useful information to Malhotra for the 2 big laborers'
villages sector 3

38

On return Xenakis <u>Bhakra</u> // decided
<u>with P[ierre] J[eannere]t</u> / January 2, 1958
The architects' office is sending me <u>2</u> Ozalid copies to
Paris for approval (it is a matter of the essential plans)
Then L-C corrects and approves and he sets down on
tracing [paper] 1 approval thus composed // (like a tag
which will be stuck onto the plan in the office
Architect L-C / make for stamp // approval of the present
plan Number X... of January X, 1958 // Power Plant. Scale
... // Bhakra Dam // The architect[ural] adviser Le Corbusier
January 25, 1958 or other

39

Randhawa Board // January 2, 1958
1 The automobile parking lots greenery trellis
2 Neogy Cultural Center // Five-year Plan
3 The Lake automobiles cycles motorboats // campaign:
Know how to swim // Swimming pool
4. The vegetable gardening
5 A policy of selling lots + advertising + methods
6. Capitol Garden must be a Miracle!
7 publication [in] India [of] *Les 3 établissements humains* //
<u>[Editions de] Minuit</u>
8 Bhakra a/ the Open Hand b/ the 2 hands the right one
and the left one

40

Dam. // bricks // or // concrete screen // a screen //
2 stairways
Prabawalkar // L-C <u>notify</u> him.

41

"Sun / water / standing man. / meander / the 2 hands (the
left one and the right one) /
"the house. / the course of the sun / .Modulor /
"Beelzebub / I was sleeping. / the shell / the woman / the
galley glides on /
/ "Fusion /
"The Amazons. / Characters / I am a builder
"The Open Hand.
"the Right angle
surroundings // mind // flesh // Fusion // character // the
Open Hand // the right angle
Von // *Le Poème de l'angle droit* 1947 – 1954 (?)
Automobile Chandigarh Delhi / January 2, 1958 // (mile 19)

42

Advisory Committee // the guy from the University wanted
to enlarge the committee
The Adv[isory] Committee receives and answers to the
party / a architects // b engineers
On return L-C <u>publish</u> in High Court Tapestries the
description (already made by the Chief Justice) in 1956 or
1955 explaining the signs + the <u>note-report</u> explaining the
modalities: Colors, modules, scale of drawings, stages
(the 3 series L-C Kim, Architects' Office)

43

at 9:20 AM (departure New Delhi = 9:00 AM // we are flying
over cultivated fields // .the fields are of yellow Colza //
wheat / green // tillage / brown / garnet red // It's almost
literally the "pattern" of the tapestries in the High Court

44

What amphitheaters! // on the way // Karachi-Teheran //
January 3, 1958

45

erosion of entire plateaus // 3 km. (about)

46

This country is fantastic, frightening. as far as one can
see, from 5,000 meters, one sees not one blade of grass
[not one] tree [not one] bit of moss // endless meanders,
<u>dry</u>; erosions [caused] by wind [by] water // gigantic folds
3:30 PM (New Delhi time) (2½ [hours] to daylight time
must be added // For hours now (at 500 Km./hour), This
has been going on: sand rocks and erosions: zero grass,
zero trees. zero roads, zero houses // zero water
Sands in meanders [in] desert [in] Dunes (the morphology
of the giant dunes (sand to the 3 horizons // it's a sharp
cutting (ridges) and warped effect = "hydraulics" of the
winds // but that is simplified in a <u>single</u> sand

47

1 extraordinary erosion on the Persian Gulf for 10 or
15 km. = 1 magnificent arena // 2 o'clock PM Delhi time
(left at 9 AM // a/ = mountains // b = erosive sink-holes,
conical trunk on horizontal bands

48

1 "Hippodrome' with "channels" for entering or leaving //
4 km. // seen from 5,000 meters // 2:30 PM

49

(<u>Continuation from page 44</u>): it is a matter of a kind of a
single-branched estuary nearly 100 km. wide (all sand)
5 PM (Delhi time) + 2½ [hours] = it continues! No cows in
this country no birds, no men, no roads, no houses! On
the immense desert of sand, now a kind of "pottery firing"
spreads itself out like an effect of fusion on the black
stoneware pots of the Punjab, or the prehistoric ones in
the National Museum in Zurich (seen around 1913 (?)
  It's like a <u>metallization</u>. Nothing organic, vegetal. Here it
is 2,000 to 2,500 km. that this has been going on!!!
  Attention! Here is a reflection of the sun on the gray and
yellow sheet of sand; it glistens. Below me it's white. It's
salt, it must be salt on the metallic marshes.
  .....At 5:40 PM a straight runway appears and some villages
and some tufts of grass and trees. Here are the plantings.
We must certainly be flying over very high terrain (altitude)

50

The Electronic Poem
GENESIS OF CLAY AND SPIRIT FROM THE DEPTHS TO
THE DAWN GODS MADE OF MEN THUS THE YEARS
FORGE HARMONY!
TO GIVE EVERYONE...
After L-C score of November 27, 1957. // corrected by
Jean Petit.

51

A B = much more elongated // "Hands behind his back" //
stroller // rue Molitor // January 10, 1958
to make someone pose is superfluous!

52

65 Avenue Georges Mandel // Aubry = his ear doctor //
from Michel Bataille
"S[een and] A[pproved]" snapshot Chandigarh
<u>urb[anism]</u> // High Court

54

S[ociété] N[ationale pour l'] I[ndustrialisation de] B[âtiment].
1 Tower for unmarried persons // Meaux // Central
skeleton // concrete // the dwellings // SNIB // panels
2/ Hotel accomodations
3/ *Unités d'habitation* [for] 2,000 <u>Meaux</u>
4/ Peasant dwellings.

55

The *Modulors* // *La Ville Radieuse* // *La Charte d'Athènes* //
Le Poème de l'angle droit // *The Electronic Poem*

56

B 50 Bansi // Driver 20 Driver // Gard[ener] 10 Gardener //
Rostran 10 Rostran // Pierre 20 // invitation 50 + 50
invitation // trip 100 trip // 260 [+] 50 = 310
gifts // taxi 50 // Sweep[er] 20 // Driver 20 // 150 trip
Pierre // 20 + 50 [price] = 70

57

<u>On return</u> do 1 letter to Doshi for good work at Ahmedabad
// idem to Véret + Emery V[olume] VI // + Sikh Motyman //
+ Arch[itects'] Offices. Books <u>Petit</u> LC // Ronchamp
[Books] LC // + Zurich // *Poème de l'angle droit* + to Pierre //
[*Poème*] *de l'angle droit* to office // + ... to Nayers // +
G[overno]r // + Randhawa // + Varma
3½ hours entrance of the dam

M52

**India via Chandigarh
March 6, 1958**

Chronology
See M51.

Le Corbusier began this sketchbook, the first one entirely devoted to the year 1958, with a note in English, asking that anyone finding this "very important [book] please bring it to the Architect's office in Chandigarh" (59). The note sets the tone for the architect's fourteenth trip to Chandigarh, during which he encountered many construction and political problems.

Le Corbusier implored the Governor "to stop immediately the scandal of the High Court, which is unfinished and has been without maintenance since its opening in 1954" (72). For the "salvation of Chandigarh" he composed a letter to Nehru, urging "useful changes," particularly the appointment of efficient people. "Not one blade of grass planted" he noted angrily, predicting "erosion and sandstorm" unless he took matters into his own hands (93). Le Corbusier wanted Nehru to have the Capitol and its buildings classified as historic monuments and to issue a "decree forbidding the plastering of the unfinished concrete — key to the sculptural stability" (91). He felt his own authority severely undermined: "they refused me the automobile to meet me at the airport and refused to drive me back" (94).

In frustration, Le Corbusier attempted to improve the situation by entering the political arena, suggesting to Nehru a specific nominee for the post of Chief Secretary (93,100). His choice was countered, however, by Varma, who as chief engineer of the state of Punjab had been instrumental in bringing Le Corbusier to Chandigarh. "He [Varma] hit the ceiling: It is a huge mistake." Le Corbusier responded by writing to the Governor, saying, "it is not for me to judge people" (100).

There are numerous sketches of the Bhakra Dam site (85-88) and ideas for the Leisure Valley area, where the architect planned a tower and "a temple of meditation for 15 to 20 persons going there for a retreat" (70). He judged the Leisure Valley "too flat" and suggested that some artificial hills be made there (77).

In mysterious terms Le Corbusier explored his idea for "electronic effects," which was not to be understood as "electronic theater, music hall, concert, tragedy or comedy." He noted his intention to create in Chandigarh "electronic effects calling upon all that is today and tomorrow and never yesterday: total" (60). While visiting the Red Fort in Delhi, the architect observed the "restful and cool" light in the Royal Bath, which he hoped to re-create in the Chandigarh museum (69). (This building, known as the Museum and Art Gallery, was completed in 1968.)

His airplane flights were invariably the most inspiring and exciting part of traveling for Le Corbusier, prompting him to philosophical speculation on life and form. "At 4,000 meters [altitude] Peace!.... The horizon, a line marking the resting point of the clear blue sky... Heaven! Limpidity, Fluid simplicity. Immanence! Below,... Filthiness, conflicts, disputes, hatred.... one-upsmanship, antagonism, quarreling, the crazy world" (62). Flying over Greece, he noted the dominance of the "water which commands, primary element which attacks, corrodes, erodes, makes round inlets, rounded beaches" (102). Passing over the Alps he calls the view a "sublime and repellent, anti-human drama.... the splendor of beauty's opposite, a harmony of broken and ravaged elements" (103).

In a lighter vein, Le Corbusier's last note concerns a "serious Japanese man" who carried a kind of soft, wild boar's-hide courrier's bag which he would like to buy for himself (104).

58

INDIA // Via CHANDIGARH March 6, 1958 // mistrust mistrusted // M52

60

"electronic effects word discovered spontaneously March 4th, 1958
suitcase slippers // canvas hat // stick [of] India ink // corrections S[een] and A[pproved]. // Ronchamp book for P[ierre] J[eannere]t // white shirt pale blue one // dollars // + rupees // + pharmaceuticals
"electronic effects" and not electr[onic] Theater or [not electronic] music hall [or electronic] concert [or electronic] tragedy [or electronic] comedy and Electronic effects calling upon all that is today and tomorrow and never yesterday. = total

61

March 6, 1958 // Paris Geneva – Delhi plane // 2:30 PM
Write to Marg administration to send me Issue Volume XI. December 1957. Number 1 (Theater of imagination) I intend to create [at] Chandigarh electronic effects (in the stadium or in the Miracle Box = coordinate the efforts.
Marg Publications 34–38 Bank Street Bombay

62

Paris Geneva Delhi Plane // 3 PM
at 12,000 feet = about 4,000 meters Peace!
    – Below: the sea of smoothed clouds, unified and ironed out.
    The horizon, a line marks the resting point of the clear blue sky, on the wing, (the disk) of clouds on the calm sea Heaven! limpidity, Fluid Simplicity. Immanence!
    Below, down below? Filthiness, conflicts, disputes, hatred, antagonism
    And all the one-upmanship, antagonism, quarreling, – the crazy world, fit to be tied, wacky. Not funny, alas
    In one hour = 60 minutes, Paris Geneva. I had the Time to read Thésée (Gide) Ariadne and Dedalus: + Marg, and to change atmospheres. To be // young again!!

63

Paving Cointrin Airport Geneva // Slabs 880 ×2½ for Glass write to Mr. Bertoli Air India Geneva // to ask what technique [was used] for the pavement which is excellent

64

Alps // ¾ [hour] after Geneva // sea of fog

65

On return: AD[NET] // furnish the MMi cell // toured [by] Ros...
Jeanne [Heilbuth] in the files look for the pertinent records for 1 bill to the people in Ahmedabad payment 16 trips Bombay Ahmedabad and Ahmedabad Chandigarh 2 times // March 7, 1958 / airplane
Write Ducret I authorize payment 20 + 20 = 40 to Tob[ito] + Xenak[is]. extra payments for work in Berlin open an account for the 12 extra payment distributions
Meaux Towers // on a b

67

prodigious erosion // ½ hour before Delhi

68

W[est] // N[orth] // no? // yes

69

royal bath // Red Fort // 70 cm. // yellowish white // 8 m. // 150 × 130 yellow
2 lights // 1 at A // 1 at B. // = that is enough! // very restful // very cool
For daytime lighting Chandigarh Museum (with Varma)

70

March 8 Varma dixit: L-C dixit start on Leisure Valley + Stadium + Museum.
L-C swimming facilities for teaching = Chain of pools etc.
+ Varma dixit L-C must design all the landscape around the city (the site belongs to the city. (Prabawalkar) vegetables? cooperative? for the city (L-C)
Varma L-C Tower of the lake + a temple of meditation for 15 to 20 persons going there for a retreat of 15 days or 1 month.

72

Jeanne send to Nayers + G[overno]r aproval list, Corbu Board Report
    I ask you to stop immediately the scandal of the High Court, which is unfinished and has been without mainte-nance since its opening (1954(?)
    The plans prepared on the basis of the information furnished by research in Simla in 1952 Signed subsequently by those responsible, mutilated by the elimination of the archives, should have been completed by a verandah insuring protection from rain along certain walks.
Bathing est[ablishmen]ts // [swimming] School = Prabawalkar project // + removal of the Thorn-bushes before water rises.

73

[Figurehead] End: the 5 fingers to be repeated then say:
But that will reduce the activity of the hospitals (Tubercu-losis) of the asylums (alcoholics maniacs) // Reduce the activity of the [Conseil général des] Ponts et Chaussées (50 meters of footbridge instead of 10 km. Nantes 1,400 persons.

74

1 Prabawalkar the royal palms // Water Boulevard = Second row without care = die
2 Study Leisure Valley next L-C
3 Water Boulevard thickness over 150 cm. (?) + the High Court parks → the Lake
Either 2 walls // Or else 1 wall or screen which separates the slope up from the slope down

75

S[een] and A[pproved]
PNF 4213
Tele... Mourlot // Petites confidences // attention // for tapestry

76

Prabawalkar
    attention! make a V8 on the dam on the hedge side. No! there is the big bicycle parking lot at the entrance: From there on: on foot = a promenade.
    – Write to Neogy to come here
    – Organize under chairmanship of P[ierre] J[eannere]t leisure committees // Arch[itecture] // Theater // Singing // Music // Dance.
Prabawalkar establish the type of stage and wings + electric lighting + benches
Prabawalkar – page 13 = school baths Lake

77

Make some hills in Leisure Valley // It's too flat // Prabawalkar
Cotton canopy at the clubs, for the evening dress road // N[orth] // to orient // plan [street]

78

March 18, 1958
City Center Standard facades // differentiate the columns and make more slender on facade
A note to Board! authority to give concession [for] fabrication [of] shuttering [for] V2 Capitol // V2 Station // City Center

79

Send Electa Publication to G[overno]r Nehru + Nayers + Office
Urgent Praba[walkar] starting now do the water irrigation plan [of the] garden of the Capitol
Prabawal[kar] Solution corridors of Parliament offices // wooden grille / a b c d = painted black or gray-black colors of pipe interiors visible the openwork grille painted brown or yellow etc. According to the floors

80

Malhotra attention no tiles on principal facades (ramp and Company)
Prabawalkar attention the north end parapet of the Capitol on embankment = in clean concrete like the 86 of the plat-form
Prabawalkar attention do not run paths to the top of the south hills [of] High Court + Secretariat = the city must never be seen
Malhotra present color samples [for] Secretariat // block 3
Urgent the cafeteria ondulatoires + the brick wall

81

Prabawalkar remove bit of the South-east hill to border the downward-sloping street and stop the red brick
Prabawalkar letter to Hukum Singh the flag the climbing guy! there must be 1 technical means for the flag!!!
Urgent! Malhotra decide on the enamel tiles // Cafeteria? where is the stairway of the lower South garden?
Malhotra = false ceiling under big pilotis [of] Secretariat? // passage ministers' vehicles automobiles?
Prabawalkar give the Sikh the Muleteer sculpture
L-C write to Nayers thanks + water 2nd pond

82

Prabawalkar // dam a preconceived irrigation [system] hedge + grass? // March 22, 1958
Bhakra. March 26, 195[8] with Bat...

83

the lake will fluctuate from 1,700' to // Dam 1,700 // Full lake level 1,680 [feet =] / 510 m. // minimum [level] 1,440 / 450
September 15 level 1,680 – 1,600 [feet] // June 15 [level] 1,440 [feet]

84

point of view over Nangal // for embankment wall // the plain // R[oad] // R[oad] // R = road

85

future water

88

Check the profiles // *attention* // balcony // Malhotra give me the large-scale profile A B (already done)

89

April 5, 1958 write to Nehru // to draft the sentences for the Memorial to the Bhakra victims // attach photographs of my drawings of the dam [to be colored in] Paris. –

90

plant the "humanized" trees at the entrances // leave their natural [quality] to the Silhouettes of the mountains
4½ miles of interior galleries // make a diagram + words + drawings with symbols
High Court portico Colors // red / yellow / white // black or white // black
late March 1958
gum or rubber [-based] paints same as in Secretariat

91

On return write to Nehru to have the Capitol and its buildings classified. 1 Decree forbidding the plastering of the unfinished concrete = key to sculptural stability // IMPORTANT
On return // Tell [*Paris-*] *Match*, "the reporters – choose Hervé for architecture photographs = specialist // There is a bunch of docu[ment]s under construction and excavation

92

Attention urgent // Water Boulevard must not be interrupted by traffic circles – it is necessary to seek Nayers: // "*Delenda Chandigarh est*" / = the conspiracy // we may await the perfidy of *Life* (Lhamba-Stephen) early April 1958

93

April 4, 1958
Dixit Varma: the G[overno]r would stay 8 months longer (Decided tonight with Nehru) Would I like to see Nay[ers] elsewhere? And replace him with Dogra or [Khanna]? [Khanna] = better, Circumspect. Will see Var[ma] in Bombay evening of the 7th, airport 10 PM (it is a matter of the position of the Chief Secretary for the Capitol Project)
Dixit P[ierre] J[eannere]t Khanna lacks authority for Chief Secretary // the G[overno]r would have nominated Monyoshi (?) = young. – according to Thapar the Chief Secretary need not be an engineer // Dogra could be Chief Engineer Khanna [could be Chief Engineer] // L-C asks Mangat Rai if he knows 1 non-professional candidate for Chief Secretary
April 5, 1958
Mangat Rai // N. K. Mukarji here Secretary: // = Secretary // Irrigation and Power
Khanna // for // chief engineer dixit Mangat Rai = perfect he says – solid
(I decide to write 1 l[etter] to Neh[ru] for the salvation of Chandigarh // useful changes = efficient people // + Secretary // = Khanna a/ Mukarji b/ Khanna c/ independence of the Senior Architect. // subcom[mittee]: Randhawa // Varma // Mangat Rai // L-C
1st Session of the Subcommittee = hopeless with Nayers and Hukum Singh // Take [things] into [my] hands / if not: erosion and sandstorm
G[overno]r Sunday 10:15 AM

94

for letter to Nehru
   the engineers do roads and Company well leaving aside totally the architecture the urb[anism] the gardens (maintenance) Capitol plans finished years ago: roads, gardens lawns trees. Nothing was done not one blade of grass planted // the High Court's water one week before Nehru's arrival after 3 years.
   The correction [of the] verandah plan finished 2 or 3 years ago = nothing They refused me the automobile to meet me at the airport and refused to drive me back (before Nehru's arrival) it has been in order since April 5th (= 2 days after visit and 2 days before departure [of] plane [for] Paris

95

[police] Barracks // workshop // Total areas a b c
April 7, 1958
... 11.50 // Bansi 50 // Sweeper 20 // garden[er] 5 // Driver 20 // [=] 106.50 // 65 + 62 // [=] 171.50 / 230"
Dinner Delhi 5 // to come back 50 // + Delhi Moti Mahal To take out 10 // [=] 65
62 + Malhotra
P[ierre] J[eannere]t *Attention* return pay to B[anque] N[ationale pour le] C[ommerce et l']I[ndustrie] 133 Boulevard Saint-Germain // Paris 6 // Account 9858

96

April 7, 1958
On return send to Nehru enlargement 2 L-C drawings [of] Dam from Delhi photographs by Malec and with colors by Maisonnier or Xenakis with explanatory letter = Top of the dam + enlarged photographs // Turbine Hall and watercolors = interior 2 illuminated Hands
Everything via the Indian embassy in Paris + Photograph the small Open Hand Secretariat which "looks like a dove in flight) + Photograph[s of the] Capitol model [and] plan with Hand by the Sikh. (to be requested from Prabawalkar)
Nehru dixit: L-C = The first [instance of] World thinking, Brain regarding this matter →

97

See Thapar // Randhawa to be called in
→ continuation from // page 40
talk to him [about] general doctrine of Urb[anism] (Central G[overnmen]t) Cite: *Les 3 établissements humains* to be published by Chandigarh Cultural Center Museum. Give him list of qualified persons: a/ the 4 members of the Subcommittee b/ the Senior arch[itect] P[ierre] J[eannere]t c/ the club of young people in the architects' office d/ + Neogy = the contact. e/ = miscellaneous: Doshi, Talati
Zodiac to Nehru
dixit Nehru // page 40 // before 50,000 peasants April 3, 1958, give it to Gallimard for top notch men + Jardot for Hatje + [*Paris-*] *Match*

98

to Prabawalkar // to send // white // white // DAM // bricks 43 // plastered // brick walls 43 cm. thick // + white coating [Weather] = 23 on the road // 22 in Bombay // B[ombay] 23 / P + 16.45

99

Palam [Airport] 7:00 PM // Bombay 9:50 AM // departure 11:00 // Paris 4:35 PM // 6:15 at Palam [Airport]
Thapar is named Secretary for atomic research (with Bhabha [Tata])
he asked me [for] 4 assistants from the Architects' Office, I named Praba[walkar], Malhotra, Sharma, Mathur I told him: I forbid you to take them, he said that he did not have that intention.
   He asked me for structural engineer: Gulzarsingh I said: he's with Chowdhury Take KINI from Bombay = 1st class
   He asked me for 1 Architect I said Doshi = 1st class Only one appropriate for this task

100

April 7, 1958 // Delhi – Bombay
Maisonnier // for the S[ociété] N[ationale pour l']I[ndustrialisation de] B[âtiment] make contacts with the fabricators of airplane cabins, furnishers (in USA? in England?) in France. here: Continuation from page 37: Beirut Geneva Plane // April 8, 1958
Yesterday evening at Santa Cruz Airport, Varma was there. I told him about having written to Nehru, nominating Mukarji. He hit the ceiling: It's a huge mistake! – It's Mangat Rai who has recommended him to me (written in his hand here page 37) The G[overno]r also told me that. The G[overno]r had mentioned him to P[ierre] J[eannere]t

— In a word, disaster says Varma. I declare: I am writing to the G[overno]r right away. The Director of the Airport lends me his office and paper. I notify the G[overno]r telling him that it is not for me to judge people etc. Varma reads my letter. They send it off. I get a little angry, saying to Varma: In God's N[ame], it's your business! His opinion: a single individual: Secretary Chief Engineer Khanna or Dogra.

101

S[outh] // E[ast] // W[est] // N[orth] // the wall // embankment // Beirut Stadium oriented east <u>west</u> // embankment turning its back to the west

102

Jeanne // write to AIR INDIA Bombay // Director // kindly thank the artist who drew the "Route Maps" in color (Geography and History.) // gives me pleasure on each trip 2 PM (Delhi time) we are flying over the Greek Archipelago, we are reaching the continent. It is not the land that commands, — secondary element, <u>result</u>. It is water which commands, primary element which attacks, corrodes, erodes makes round inlets, rounded beaches. I see expressing 3 depths, below us: a big airplane, two steamships. We are flying at 5,000 meters, the other at 3,000, the others are at zero.

103

6 PM (Bombay time)
we just passed Mont Blanc huge sea of clouds over Italy and the Alps. The highest peaks, which are close enough to touch - have had a tremendous snowfall with complete wind effects.
. Alps = the sublime and repellent, anti-human drama but quite accessible, from below, to the souls who do not have a sense of the impossible and of the fateful (because they have no way of measuring)
  It is the splendor of beauty's opposite: a harmony of broken and ravaged elements
  Splendor nevertheless but I have no taste for some ant's adventure! I have seen this morning the beaches of Beirut, of Cyprus, and of the Archipelago, of Taranto and of the Italian coast. There one <u>stands tall</u>

104

Air India plane
zipper // A Serious Japanese man (minister perhaps, has this Soft wild boar's-hide courrier's bag // find out about that to replace mine

105

1 *Zodiac*
2 [figurehead]
3 wretched press

M53

**Philips Tape Recorder
May 1958 (?) La Tourette**

Chronology
See M51.

This sketchbook begins with a diagram showing the colors for the Philips Pavilion (108). Le Corbusier outlined the major themes of a speech which was to become part of *The Electronic Poem*, his multimedia work for the Philips Pavilion done in collaboration with Yannis Xenakis, Edgard Varèse, and others. The architect foresaw "a new civilization, a new world" and urged that people reestablish natural conditions in their bodies and minds. He offered the Open Hand as a symbol of the future, "a sign of reconciliation. Open to receive. Open to give" (110-111).

The problems of the *Unités d'habitation* in Meaux are discussed, from the initial goal of fifteen *Unités* housing a population of 30,000, to a revised plan for five to be built at one time, and finally, because of an austerity budget, only two. And, "in spite of all his good will, the mayor could not give an advance on the fees" (118, 119).

The construction of the Baghdad stadium (cf. L50) explains the architect's special interest at this time in the circulation patterns of the stadium in the Parc des Princes in Paris (115), the tiers of the Santo Siro stadium in Milan (126), and the Roman theater in Orange (127). Although La Tourette is mentioned in the title of the sketchbook, there is only one minor reference to it (121).

Le Corbusier's interest in bathroom fixtures as object-types related to the human form is in evidence in a series of measured sketches of a toilet and bathtub in his room in the Hotel Plaza in Brussels (113, 114) and in a later sketch of a mirrored cabinet (125).

After visiting the grave site of his wife at Père Lachaise cemetery in Paris (122), Le Corbusier impatiently remarked on the "idiotic" size and location of the urn where her ashes were interred (they were later moved to the cemetery at Roquebrune; see S67, 927; S69, 1012). He clearly felt dismay at his own failing health. The stairs at Père Lachaise, he remarked, were "enough to kill you" (128); the acoustics at a new air terminal were "catastrophic... in three-quarters of an hour I have gotten a frightful migraine" (136). Of his hearing, he wrote on May 28 that his left ear was "ringing terribly" (116).

Yet he was philosophical about his advancing years, as in his sketch of a mountain range seen from successively greater distances: "The first year, the first appearance of things (events, men, ideas etc.) Twenty years later, one has stepped *back*... the chain of mountains shows up better. Forty years later, distance has been acquired, the silhouette of the mountains is henceforth sharp: one sees the highest peak, the highest idea, the eminent man" (133).

106

PHILIPS // tape recorder // May. 1958 (?) // LA TOURETTE // M53

107

LE CORBUSIER // 35 rue de SEVRES // Paris VI // Tel[ephone] Littré 99 62 // [Telephone Littré] 52.60 // finished September 7th, 1958

108

light yellow // entrance // yellow // G[reen] // r[ed] // Green // r[ed]
Green // Sky [blue] // Sky [blue] // white // r[ed] / r[ed]

109

Text by Corbu spoken by him into a tape recorder in Brussels in the Philips Laboratory to be a part of *The Electronic Poem*

110

Attention! attention!
1 Everything will happen suddenly: // 2 OK // a new civilization! // a new world!
2 It is urgent to reestablish the conditions of nature in your body and in your mind:
Sun / space / greenery
3 Let us build the roadways of Europe.
the world's roads to render the Earth accessible productive and maternal!

111

4/ Take heed of this Open Hand "The Open Hand" // Raised as a sign of reconciliation. // Open to receive // Open to give
5/ Mathematical universe without bounds // Human bounds without bounds.

112

39" multicolor // no. // 281 // the atomic engineer

113

Hôtel Plaza Brussels.

114

int[erior]

115

Parc des Princes Paris // May 20, 1958
... Guilbaud // 4 cashier's lanes // 25 m[eters] of stairways // 7 cashier's lanes
door // street here // pierced iron curtain
wooden door // a rolling iron link curtain
very high about 1.50 meters // street

116

May 28, 1958
My left ear is ringing terribly (buzzing [like grasshoppers]) after dinner (9 PM) After lunch around 3 PM, the same buzzings very strong right ear (the [bathtub]) very far away

117

June 6, 1958 // via Lyon La Tourette
Meaux.
1st. Upon the instigation of Prefect Gaignerot
2 – following the Decision of the Meaux city council "L-C appointed to.," (provide excerpt [from] city council decision
3. The elements submitted discussed in numerous meetings all presided over by the Deputy Mayor all useful cases presented each time – Prefect // — Mayor // — Collectivities // P[onts] et Ch[aussées] // M[inistère de la] R[econstruction et du] L[ogement] (Siadoux)
4 the inquiry // the Official inquiry into urbanism having been remitted to L-C by the Meaux Planner Mr. X
5 a very detailed "5 *Unités*" preliminary project was submitted during plenary meeting.
6 transportation on the site with Mayor and Company MRL. [Conseil Général des] Ponts et Chaussées, vice-prefect
7 During plenary session →

118

Decision made to revert to 15 *Unités* = 30,000 inhabitants so as to create an efficient urban unit, (paying for its own planning costs,
8 The M[inistère de la] R[econstruction et du] L[ogement] affirmed the decision by establishing a MRL – L-C Planning contract
9 decision-making plenary Session at the Ministère de l'Intérieur President Gaignerot (Title): You have the unanimity of all the cases and the enthusiasm of all the representatives here assembled.
The IInd project for 15 *Unités* being accepted (Plan No.   )
10 Waiting period set by the urban plan = X. October 1, 1957
11 October 1, 1957 the project is presented in the form of grids to Mayor and MRL Siadoux accompanied by 2 photographic documents view from airplane
12 The Study had lasted 2½ years.

119

13 In spite of all his good will the mayor could not give an advance on the fees, would have looked for the means.
but had envisaged the immediate Construction of 5 *Unités*
14 (Date?) Comes Félix Gaillard's austerity. M. Siadoux's visit 35 [rue de] Sèvres = It had been decided that the Meaux project would begin January 1958 within the 1959 fiscal year with the execution of 2 *Unités* beginning 1958.
15 L-C's architect's Office and Présente's Office the engineering office unifying their effort decide to do everything to satisfy the legal limit [for] cost of dwellings
They will constitute a team // S[ocieté] N[ationale pour l'] I[ndustrialisation de] B[âtiment] // Schwartz-Hautmon // etc. // for making studies showing the way for the creation of a perfect, total, detailed prototype which will be set up on the site and open to visits from the

120

authorities, the service personnel and the public. Decisive step on the method for industrialization of the building.
16 Meaux represents the first step for a typical linear city described in *Les 3 établissements humains* by ASCORAL bringing extraordinary conditions to family life, thus benefiting from common services lightening the tasks of the mistress of the house, organizing domestic life through savings in money and effort Demonstrating a genuine socialization and introducing new conditions for the transportation of people (Time and money) // (Elimination of shameless current Wastefulness)

121

10 cm. concrete // Brick 6 three // 15 / 20 / 40 // concrete post // 10 cm. concrete // for La Tourette dixit Bertocchi Roquebrune June 10, 1958
Dijon June 6, 1957
Maisonnier what is this Convent like URB Fort l'Empereur situated downstream from Dijon (from Paris) at the foot of a peak crowned with a Virgin

122

Nehru // June 6, 1958
attach for L-C's [grads] in English // – Chief Minister // – + Nayers // – + –
Lay 1st stone of the Assembly // Question "Do you wish Mr. Nayers to introduce you to Mr. Nehru? // to quote in my text

123

Saxifrage in 2 pots // Otto Family Tomb // or / * // like an
artichoke // square L at my right // N[orth] // S[outh]
Dietz-Silve Family // 1 Saxifrage (branched out 30-40 cm.
high // no! // K
Mille Family / K // Lavender (good) 60 cm. high // opposite
Gonzalès
Gonzalès Family and Sigaud // to the right looking at the
sea // giant camomile / Ga / K // 35 cm. high
Urn filled with 2 Saxifrage [plant]s = Very good ** // Piano
Family. // Square M

124

Giovanni Saturday morning
1 bush // here lavender // here Saxifrage // Saxifrage

125

mirror // niche // magnifying mirror with encrusted light //
I would prefer the mirror inside the door

126

San Siro Stadium enlargem[ent] // Milan // exits in spirals

127

[Hatje] / separate sequences = interludes // The 7 V's. //
Mod[ulor] // Tree-planting CIAM Grid // *La Charte d'Athènes*
edit[or] L-C
P[residen]t of the Fête de Saint-Louis 100 // Mayor for his
charities 200 // Vincento / 50 // The Cousin?
July 5 Auxerre – Appoigny // July 4, 1958. Theater at
Orange

128

July 1, 1958 // Von's Ashes.
Prix de Rome // Père Lachaise
1 the stairways of the Columbarium enough to kill you
2. the huge, cinerary urn, idiotic who is the moron and the
official
3 the vault in the Treasurer's office // the vault down low //
the officer // the cashier // both on their knees trying to
open

129

G[ran]d Testament of Villon
Item, to Duboys, goldworker,
  An hundred cloves, both head and tail,
Of Saracenic zinzibar;
  Not cases therewithal to nail.
Or boxes join, but breach and tail
  To knit and couple yard and thigh,
So to the cods the blood derail
  And in the teats the milk mount high. // transcribed from
a telephone [call] by Germaine Ducret

130

door right Nave. // Saint-Dié plan // Central Paris [plan] //
perspective) the hills plan)
MMi nursery school roof + Nantes-Rezé. // Meaux Linear
city
the Modulor Marseille
UNESCO the exhibit does not point out the 5-member
Committee // Gropius // L C – // having participated
wholeheartedly in drawing up of the plans.

131

on the left UN 23A // Algiers model // The Open Hand. Pit
of Meditation
Left nave Chandigarh // High Court // Tapestry total
building
the total plan. Capitol. // the plan of the city
the Nemours plan // [the] Obus [plan for] Algiers. //
Comparison V[ille] R[adieuse]. Paris New York. B[uenos]
A[ires]
Ronchamp
On the end the model of the Algiers Cité d'Affaires 1939.

133

the 1st year // the first appearance of things (events, men,
ideas etc.)
Twenty years later // : One has stepped back, the silhouette,
the curve of intensity etc.: the breasts have softened //
 the chain of mountains shows up better
40 years later. // Distance has been acquired, the silhouette
of the mountains is henceforth sharp // : One sees the
highest peak the highest idea, the eminent man.

135

C[ité] U[niversitaire Pavillon du] B[résil] // divan

136

General Safety commission // (?) // Meaux Lods. //
August 4, 1958 at Sudreau's
August 5, 1958 // write to Charlotte about her husband.
The new Airport looks good at a glance But the acoustics
are a/ catastrophic: Loudspeaker unintelligible, racket
from the plates and trays in the Bar. b/ It is stifling there
(and yet one is in the shade!!!)
  This racket is abominable. the least wipe with a damp rag
is an explosion // In ¾ of an hour, I have gotten a frightful
migraine
At Philips [Laboratory] Brussels 300 loudspeakers = zero
static = the greatest subtleties
  Here acoustics have been forgotten →

137

in Marseille they wanted to have me pay 20 million [francs]
for offense against the aesthetic of France.
 I had created there total silence and privacy for
1,600 inhabitants

138

Nayeberg Villa Santa Pace // Chemin du Sémaphore //
Saint-Jean-Cap-Ferrat // Tel[ephone] 250.41
= guy from Montevideo for Air France Nice calls himself
friend of Guillot-Muñoz

139

August 30, 1958 // C[ap] M[artin] // C[ap] M[artin] *cabanon*
shutter (dating from 1952?)

140

Tobito + Xenakis the investigation into the Baghdad
Stadium Details // September 5, 1958
Martyrs' Monument // Capitol paving // soundproofing State
Room G[overnmen]t H[ouse] // hill / Capitol
Meaux the *rues intérieures* // the elevator platform // the
clubs // the nursery school // the theaters clubs on the
ground [floor]
Verifications on visits and investigations Baghdad
Stadium // 288 pa[ges]
September 5, 1958 // [Hatje] 1 Jardot // 2 chronology //
3 tendencies // 4 Coda

M54

**1958 Vevey September 7
September 11 to 13 Stockholm
September 1958 Chandigarh
until December 6, 1958**

Chronology
See M51.

This notebook is characterized by a stinging criticism of Holland as a metaphor for lifeless functionalism. Viewing the Netherlands from an airplane, the architect wrote: "This Dutch pattern of land use seems very *Funktionell* to me, very Van Eesteren, very idiotic, clogged... constipated, finished. There is nothing left to do but die: one has done one's duty. Here the human cleansing (organized, regulated, functional); afterward: paradise (of imbeciles): we'll be happy (we're not going to have a lot of fun! We will sing psalms, with our tits sagging to our knees) Amen!" (156). Denmark and Sweden, with a better balance of man and nature, seemed more alive to him than Holland, where "Everything is in order: the sea is ruled by the dunes (the polders) the canals by the buildings, the highways with their precise intersections etc. and the paradisiac garden cities where the family is bored stiff,... you might say it was an Architect's plan!" (157). For all of his ideal city plans, Le Corbusier in the end says "I choose Purgatory, more human and varied than Paradise" (155).

The architect was then returning from Sweden where he had been awarded the insignia of Litteris et Artibus by the King. While there he had been asked by two museum directors to create a "new beautiful satellite town" (147). He responded that he would prefer to build a city museum, a "synthesis of the major arts — architecture, painting, sculpture" (147). Theodor Ahrenberg, a private collector, had discussed such a project with him, an exhibition pavilion to be built overlooking the sea with rooms devoted to Le Corbusier's work and that of Matisse and Picasso. The Ahrenberg Museum was never built, however. Touring Stockholm, a city the architect knew well from his work in 1933 as consultant for the planning of the Norrmalm and Södermalm districts, he noted: "Nothing is regulated for the pedestrian and the automobile.... The city is beautiful, on its plane of water. But you almost kill yourself seeing it, with its risks and perils" (150).

Le Corbusier was involved in a number of projects at this time, including a permanent exhibition at the Musée National d'Art Moderne, whose curator was Jean Cassou. He prepared an extensive inventory of his paintings (163-167) and suggested choices among them for the museum (162, 169, 170).

Color in his architecture is a constant theme. While visiting Jean Martin, who had earlier fabricated the enamel panels for the chapel at Ronchamp, Le Corbusier discussed the possibility of using similar panels for *brise-soleil* on the *Unité* at Meaux (174, 176, 177).

This sketchbook ends with the initial notes from his fifteenth trip to Chandigarh. In the airplane on the way to Delhi, the architect listed 110 cities he had visited as evidence to support the theories presented in his book, *L'Urbanisme des trois établissements humains*, published the following year (179). He also averred his influence on the UNESCO building in Paris (178).

In Delhi, Le Corbusier commented on the historicism of "the Supreme Court, Anglo-Indian Red Fort style and Vignola, flawless but deadly. Good for the judges, not for Rabelais" (182).

The sketchbook concludes with construction notes and initial studies for the Museum of Knowledge project, conceived to take the place of the Governor's Palace. These early sketches show the transformation of the inverted arc of the viewing platform atop the Governor's Palace into a four-directional "crown" for the Museum of Knowledge (194, 198).

141

1958 VEVEY September 7 // September 11 to 13
STOCKHOLM. 1958 SEPTEMBER // CHANDIGARH until
December 6, 1958 // M[useum] of K[nowledge] //
page 54 // [58 &] 59 // M54

142

LE CORBUSIER // 35 rue de SEVRES // PARIS. 6. //
(France) // Telephone Littré 52 60

143

Stockholm trip
September 11. Luncheon French Embassy // 3:30 PM
Press Radio TV. in Exhibition – dinner. at Markelius's.
September 12 11:30 with the King. // 12:30 official
luncheon // National Museum // Moderna Museet // Dinner
[National] Association of [Swedish] Architects //
7:30 PM Moderna Museet Art Exhibition
September 7, 1958
present address // WENNBERG MODERNA MUSEET //
STOCKHOLM.

144

... of roads and water. The Earth is [yet] to be conquered.
   Today 12:30 I leave for Vevey Stockholm. at 1 PM, I see
on the balcony 24 rue Nungesser-et-Coli the little ''rock
garden'' given to Yvonne by one of her close friends from
C[ap] M[artin] at least 10 years ago. It contained various
plants.. (saxifrages among others)
   It dried out everything vanished.... 10 years later, as a
result of this year's rains, the rockwork is covered with
lively, healthy, very beautiful saxifrages* .... some water ...
and there it is // * and mosses

145

Heidi Weber bought, at a very high price, some Corbu
gouaches and drawings
a/ the paper collage for the mural painting 35 rue de
Sèvres
b/ on folded Indian paper, a polychrome drawing (pencils)
of a sculpture
the seller would have been a ... ''Graphiker'' in Zurich.
   There was the inter[national] Graphics magazine
Zürichhorn that did a big Corbu article (cover with a theme
(cathedral) from the Poème de l'angle droit
   Where does that come from?
   Who had access to my archives? Hervé =
photo[graphy] // + Jean Petit. = filing

146

Comiba = 2 / 1 / Equiba = i // distinguished program: the
peasant dwelling hostelry

147

Gothenburg Stadium // 50 m. // Mr. // Radovan // Halper
architect for the urb[anism] of the city Nyborg. 34.
Stockholm // write to him to take action in Gothenburg /
Xenakis

* Mr. Wennberg director of the Moderna Museet //
* Mr. Nordenfalk Superintendent of the National
Museum // Mr. Prof[essor] Uhlin architect P[residen]t of
the National Association of Swedish Architects // [Mr.]
Prof[essor] Lind architect // Mr. Geisendorf // the guy who
also teaches at the Polytechnic School of Zurich // + for
translation Kaplan
At the airport September 13, 1958, Nordenfalk + Wenn-
berg, asked me to make a beautiful new Satellite town //
do the Hellocourt type = idea [of] L-C... // (beautiful
landscape) I answered: Maybe. But I would like to do
some sort of synthesis [of the] major arts arch[itecture]
painting sculpt[ure] Widlung + Ahrenberg talked to me
about a villa-museum // with 15 ''taureaux''

148

Widlung // library // + the prices of the gouaches legal-size
letter-size. // loan of a painting
Maisonnier // Bhakra Dam // do several drawings for
traveling exhibition (Katzenstein) // Boesiger
Tobito Ch[andigarh] Capitol paving September 13, 1958 //
Copenhagen airport // level grass // drain open or closed
with a grille // stone slab // this very calm + 86
Jeanne [Heilbuth] locate 1 book [of] drawings by Hokusai //
Write to Saka[kura]
Write to Wennberg photo[graphs of] exhibition // India
Section // for Nehru

149

Colors High Court // page 53

150

Stockholm Plan Berlin 1958 Here [in] Stockholm nothing is
regulated for the pedestrian and the automobile (parking
lot, respect for the pedestrian) The city is beautiful, on its
plane of water. But you almost kill yourself seeing it with
its risks and perils.
Rembrandt: The Conspiracy of Julius Civilis: The Oath =
true and spendid // the others = centuries of sophistication
using varnish, + spit.

151

Comiba // + 40. // Widlung // look for the L-C combinations
of the Past = loggias for Unités, with change of level
library // 40 cm. // cushions = the difference in level
provides 5 seats
sky // + 40 // sought in the past.

152

COMIBA
attention at Widlung's (on the lakeshore) His Ground floor
at ground level. is not 2 meters high (ceiling). (= about
195 [cm.]) the low and large rooms are startlingly
comfortable and pleasant

153

September 13, 1958 // airplane // Stockholm 8:30 AM //
Copenhagen 11 AM // Paris 2 PM
lucky day = sun // Stockholm – Copenhagen, country with
plenty of water, (lakes, inlets etc.) I am amazed. Forests,
plains and farms. of granite.

Copenhagen – Paris // 10:30 AM / the [Green]belts (the
little one, the big one etc. and water everywhere!
but here it has sharp edges, enclosed by roads, forts.
Everywhere peasants on the family Farm = individual
plots = cows and butter ...
– the sweet light (today miracle) Here it is sea water. It
is the sea. The SEA. smooth flat. And the earth idem,
smooth and flat.
   On board, – whiskey + smoked salmon. + caviar, Good,
excellent = the sea (remembrance of Japan) The sea at
Stockholm: the pink shrimp.
   + here: pâté de fois gras = goose = Madame Goose =
the Earth = earth = the men of the earth [of] France and
honest men, upstanding men

154

Then [Green]belt and Sund [Sound] = sea and earth at
same level // Fish in the water, cows in the grass, and
border road all around, to clearly mark off water and land.
   Here sea (the big one) sand bars, winds and storms.
Huge [expanses of] sand without one blade of grass, sea
all around. This will be Helgoland (etymology?) = War =
William II. = England opposite! Angleterre [England] =
land of the angle (?!?) (let's see)
   Well, the Danes were nice in Copenhagen (20 minutes)
And the Swedes are ... aristo[cratic], straight-laced, and
quite nice too!
   The question: ''Funktionell''! Here it is, Messieurs. The
Spelling + syntax. Yes! OK, sure, sure! But what do you
want to tell me? About laundry-lists or about the heart?
And friends, watch out for heart ache. for heartache. You
have to keep

155

your feet on the ground and raise your nose, your head,
look at the horizon. If you touch down in [the realm of] the
mind, beware the rocks, – it's dry .... and hard. If you
capsize into [the realm of] the heart it's seasickness or
Dante in Purgatory (I chose Purgatory, more human and
varied than Paradise)
   La Palice said (something like) when it's all right, it's all
right. When it's beautiful, it's beautiful! Etc.

156

   This Dutch pattern of land use seems very ''Funktionell''
to me, very Van Eesteren = very idiotic = clogged with
[l'emeri], constipated, finished. There is nothing left to do
but die: one has done one's duty Here the human
cleansing (organized, regulated, functional); afterward:
paradise (of imbeciles): we'll be happy (we're not going to
have a lot of fun! we'll sing psalms, with our tits sagging to
our knees) Amen!
   The luncheon is over (not bad for the Scandinavians)
Here is the Dutch hothouse grape grown under glass, for
the royal courts. Something laughable, alas. the seeds
3 times too big: they are royal! About this agricultural
problem (airplane over Denmark, Friesland, Holland, I
would like to hear Bézard sound off .... the organizer!
   This airplane trip (by Daylight) is

157

useful: over Denmark – family farm (over Sweden lakes, forests inlets clearings, – it wasn't bad = man and natural elements) then Friesland(?) with an agricultural systematization worth looking into. Then Holland with *FUNKTIONELL!* For God's sake! Everything is in order: the sea is ruled by the dunes (the polders) the canals by the buildings, the highways with precise intersections etc.... and paradisiac garden cities where the family is bored stiff, inside their fences, their hedges, their garden etc.: you might say it was an Architect's plan!

Let me have them in piles, up to 50 high, with 2,000 groups! Mix, muster, and wait for the community to develop. = life: collisions and friction, but in bed: everyone in his own home!

158

pipe // for C[ité] U[niversitaire Pavillon du] B[résil] // glowing light // Service Station [Rond point du Pont] Mirabeau left bank
September 29, 1958 Pénisulfa – Mons via Brussels

159

Electronic Poem // they have synchronized exactly the 2 floodlights = loss of 50% // the ambient lighting has been eliminated alas! = cosmic order // now it's the ''Groupe Espace'' or something similar!!!

160

Philippe Dotremont // 3 Avenue de l'Echevinage // UCCLE – BRUSSELS 18 // Collector friend and member of Palais des Beaux-Arts Giron
Besset D[irecto]r Institut Français Berlin

161

Outline / Hatje / Jardot / 2. [signatures] / 32 pages
  Chronologies
a/ 1900-1918 – 3 [signatures] / 48 pages
b/ 1918-1939 – 3 [signatures] / 48
c/ 1939-1958. – 3 [signatures] / 48 // 144 pages
  Themes // 8 [signatures] / 128 / 2⅓
304 pages / 1920 / full-page picture / 1900-1918 / idem / 1918-1939 / 1920 / idem / 1939-1958
– Theme A // theme B // Theme C // etc.

162

M. Guillemin // 55 rue Molitor // Tel[ephone] Jas[min] 6123 // Paris // poor pretentious imbecile!!
Delaunay / Léger / L-C
November 5, 1958 / Cassou Museum // white / blue / red / black
[*See French transcription for list of Le Corbusier's works.*]

163

3 enamels (from Lyon) // Wid[lung] // Z[urich]
Three enamels
a/ LC // February 14, 1956 // *Taureaux* // Lyon // very nice // 54 [×] 65 Z[urich] // inventory [of] L-C Paintings [in] Cassou's Vault October 24, 1958
[*See French transcription for list of Le Corbusier's works.*]

164

[*See French transcription for list of Le Corbusier's works.*]

165

[*See French transcription for list of Le Corbusier's works.*]
Modulor being in London I[nstitute of] C[ontemporary] A[rts]
T 80 *Sgraffitto aux quatre poissons* // 1932-1947 / rocks // ** or *** // = 6

166 and 167

[*See French transcription for list of Le Corbusier's works.*]

168

October 25, 1958 / L-C's Soliloquy
Currently Pierre Matisse Gallery
Canceled: [Galerie] Denise René:
Currently. Traveling [exhibition] ''Les Capitales''
Planned Palais des Beaux-Arts Brussels Giron
[Planned] London Victoria Penrose
Permanent Widlung, Stockholm
[Permanent] Heidi Weber Zurich
[Permanent] Carmen Gregotti Milan
In preparation Cassou's permanent L-C Room
+ Tapestries

169

Cassou's Permanent L-C room
[*See French transcription for list of Le Corbusier's works.*]

170

there are C and C' // Meaux // this = Charlotte storage system // Galeries Lafayette // Storage 4 sides + 2 holes front // back // the voids could constitute the loggias 226 *Harmonie périlleuse* // *Guitare Léonce Rosenberg* // *Nature morte* 1923 // *Taureau XVI* // *Arbalète Londres / Taureau VII* // November 1, 1958 // at Picasso's // start off with a T 40 *Bouteille* // ... // *Arbalète I* // *Harmonie périlleuse* // *Nature morte Léonce Rosenberg*
red // black // white // blue

171

C[ité] U[niversitaire Pavillon du] B[résil]
Loggia Ranges // exterior facades // white // pale blue // yellow // red // dull green // light green
the ceilings // of the loggias // = white 7 // the walls // pale blue 2 // dull green ½ // red ¼ // bright yellow + bright green // = quantitative relations to make confetti [-like spot]s of color for axonometric
section // loggia // the white // the white // color // recess // color
in elevation // the 2 recesses // the 2 white [panels] // a b c d variable // avoid having b = c // having a = d
red // the 5th-Floor ceiling all white with 1 black in form of ∅ // here: the complete facade

172

white // red // yellow // green // white / green // white green // yellow // red // white // yellow // white // white / white / green / white
C[ité] U[niversitaire Pavillon du] B[résil] Colors sample for a room // November 5, 1958

173

October 31st with Ducret and Germaine
Heidi Weber // the seller is L-C // 1,200 T 60 Fig[urative] 97 × 130 *Nature morte au livre* // 1928 *au livre* // signed Le Corbusier
1,500 T 60? // Fig[urative] 146 × 114 // ? // *Verre et bouteilles avec vermillon* signed Jeanneret 1928 on the back
November 11, 1951 T 15,000 // 2 Simla / 1. Arioste / 100 Thousand 97 × 162. // ... 3 Modulor Le Corbusier
November 11, 1951
Enamels vertical 55 × 46 *Taureaux* series // 400 - 25% = 300 / LC // February 14, 1950 // like black paper collage
24 rue Nungesser-et-Coli
250 Thousand - 6,250 to 187,500 // a/ Paintings = framed 70 × 100 // 250 Thousand b/ [Paintings] / 100 × 70
50 Thousand net 4 gouaches
40 Thousand net 2 drawings
3 Tapestries (of which one purchased) // 150 per square meter net // – *Le Canapé* // *L'Etrange oiseau et le taureau* // *Les 3 musiciennes*
Martin // Ely[sées] 18 04

174

for Meaux and others // review the 4th Wall of the bedroom // with enamel plates
November 10, 1958
LUYNES. (Martin) // November 11, 1958
do some interpretations of the purist Paintings and drawings on enamel with colors of the Tabernacle. Have the supports soldered at some distance from the Wall.
or of the *Poème de l'angle droit* or the 5 women(Cliff) as well as the paper collages not used in the *Poème de l'angle droit*
or put in ''enamels'': *Petites ''Confidences''* // *Grandes [''Confidences'']* // on black ground = more powerful // = important

175

yellow / red / green / Blue / white // Meaux – // Enamel facades // November 11, 1958 (Luynes)
See also in *L'ŒIL* Issue article on Prouvé 1 panel with 12-cm. holes
9 holes // 30-mm. holes // = 1:1. // metal sheets 1 m. × 2 m. perforated every 10 cm. = very nice for *brise-soleil*

176

the edge // edge // 3½ // 5 mm. // projection on the exterior // 40 mm. // dimension 1:1 // Martin November 11, 1958, machines for enameling punched holes = perfect // cast here from nature

177

corrugated sheet metal 1:1 enameled red for handrail there are northern panel methods (tiles) which crimp and stiffen but it's not stupid to make tiles // 86 cm. // 110 or 160

178

– Order [from] Hervé photograph [of] Von with Lacky [dog] that is ''at Le Lac'' square format 27 × 27 // + Boesiger photographs [from] Cap Martin // November 27, 1958
automobile Delhi Chandigarh November 29, 1958
I believe I have the right to say // to affirm // that I had a determining part in the conception of the UNESCO building in Paris

179

Paris Delhi plane // November 28, 1958
The Cities which I have seen *Les 3 établissements humains* Editions de Minuit
[*See French transcription for list of cities.*]
= 110

180

almost white = desert // blue (cobalt + black) at 20% = very light // at 12 [noon] via Delhi

181

Malraux Chandigarh Paris [Quai d']Orsay = key to the volumetrics of Paris // Create there the building for the Ministries (and not Air France

182

November 29, 1958
Delhi / They are finishing the Supreme Court Anglo-Indian Red Fort style + Vignola = flawless but deadly. Good for the judges, not for Rabelais: the scratcher-whiners!
Write to the person in charge at Citroën ''Splendor of the DS'' dixit Varma (seen in 1 magazine from London. Effect would be sensational in the streets of Delhi in contrast to US cars

183

November 30, 1958
1 Dam forbid bicycles starting now
2 Organize a corps of gardeners and maintenance men for the Capitol
3 Vohra immediate filling [of] High Court pond
4 L-C check the Dam lighting
5 Check trees National Park (canal???)
6 Dam. Vohra, the gravel is unpleasant under foot
7 Urgent Convoke the High Level Committee
8 Make L-C report to [High Level Committee]
9 Confirm the walls of the V3's
10 execute (only) the metal tank of the Dam
11 the Chief judge desperate
12 the lawns of the High Courts immediately
13 the lawyers' garden [immediately]

184

14 Write to Nehru to make a dedicatory prism[-shaped monument] at the Dam with a text by him: the founders of Chandigarh have given this lake and this dam to the populations of the new city.
15 Dogra the termination [of the] bicycle + automobile entrance in front of Secretariat elevators threatened!
16 / the High Court bridge.
17 reconsider PTT facade. City Center
18 The Sikh make me a cast [of the] Open Hand like Pierre['s] or the other one at the Secretariat.

19 Malhotra: the Colored curtains of the Secretariat offices?
20 several colored glass panes in the cement screens Secretariat basement
21 Ministers the doorframes color. The doors = teak
22 Prabawalkar drawing of the reservoir of the Dam
Pasban Chan[digarh] Month[ly] ... // met on the dam with his little boy

185

December 1, 1958
Tele... Visit G[overno]r 2 // Call me at Dogra's 1 // Tele...
Chief Ministers 3 // go to Minister of Chandigarh 4 // Have the High Level Committee convoked // Make report for [High Level] Committee send [it] to President Randhawa
23 Dogra, the chain around. Dam
24 [Dogra] remove sheet-metal reservoir Dam
25 Secretariat curtains white throughout: some colors on top keep white throughout + colors // (they have pasted white papers on windows!)
26 Prabawalkar make 1 path pond III High Court for view of double end wall and path // around // the fountain and the hill + reflection Secretariat. pond III
Governor Mr. N. V. Gadgil // Chief Minister Pratap Singh Kairon // Minister of Chandigarh Ch[ief] Surajmal P[ublic] W[orks] D[epartment] and PWD // Secretary of Capitol Project and PWD. Swaroop Krishna // additional Secretary B. B. Vohra // Chief Engineer R. N. Dogra. // Chief Secretary to Government of the Punjab E. N. Mangat Rai

187

white // *ondul[atoire]* // white / white *ondulatoires* // cement (gray) // Cement
upstairs // concrete // below / from outside.
red and green / green and yellow // from inside.

188

the Ministers' pavilion. 3 Tapestries from Kashmir
– 1 car stop beginning pond // [1] G[reat] Chief Justice Court
visit High Court to see 2 several tapestries // 3 go to the end of the south wing // 4 see the fountains pyramids + view // 5 Secretariat // 6 around basin 7 Artificial hills // 8 to the ramp 9 library roof // 10 roof stairway 11 roof 12 ramp

189

Governor / .Dogra to act for Malraux // + 2 things a/ water ponds // b/ cut off beam lawyers' staircase
Make program for Subcommittee // a/ G[overnor's] House = crowning [feature] of the Capitol // b
December 3, 1958 // Tele... L-C = Ostrorog. arrival Malraux // Thursday evening train for Bhakra // December 4, 1958 // arrives Friday morning December 5, 1958 // early train from Delhi // to Bhakra – afternoon in Chandigarh // the night at Ambala // to be on train // to be Saturday morning // Chief of Protocol // 12:45 = Ambala 6:50 // 8:30 / Delhi 2:30 PM = 14.30 / A // 11:55 / B // have bogie-wagons to Ambala
take elevators down to Ground floor then leave through Ministers' Hall

they have business with the Indian Chief of Protocol in Delhi
Secretariat Wing 6 // yellow and red floor end north = floor 5 // + floor 6 Ministers [+ floor] 8 [Ministers] + the roof
The Architects' office // the Urban plan // the Bhakra design // visit 5 o'clock High Court // Assembly Excavations Babylonian donkeys (from the west of the excavation // Secretariat beneath the *pilotis* sectors 6 and 5 + the north ramp // Ministers' houses Dam Circuit H

190

order given to Malhotra December 5th, 1957 // L-C

191

June 4, 1957 // Paris AM (?)

192

I red // columns white and black in quincunx // white // beneath the pergola. // white / pale blue //black / yellow // green / red

193

Chief Judge's bronze door // or better: // exterior

194

South // solid wall // south facade = 1 concrete layer + space (insulation) + bricks // 20 m.
ask Randhawa [for] [the] Chiamani plans and sections

195

tour: // after // Secretariat // Water Boulevard. Ministers' houses // University. the 2 colleges // University residence // 12 houses by Jeanneret. // V3 on the left between sectors 24 – 15 // swimming pool + laborers' houses // V2 Capitol – movie [theater] // here half turn + V4 // + Jeanneret's library + Chowdhury Bank City Center // Thapar office – + Architects' office Urban plans + head Bhakra // + Governor's house gardens

196

26. Prabawalkar the stairway sheet-metal reservoir Dam // = at the foot children's garden.
27 the plans for the swimming school
28 Malhotra immediately make trial tiles Secretariat

197

city // High Court // H / – hedge = here profile // bushes top [of] hill 1 to hide the city // hedge goes down onto the plain to hide Secretariat // path // here Basin II High Court // 1st mangos // 2nd mangos // at 0 = observatory at summit for High Court + 3 basins // path goes down and goes under the mangos + look-out point

198

free-standing nave

200

on return, see in which Sketchbook

M55

**1958 Chandigarh
December 7, 1958**

Chronology
See M51.

A series of sketches opens this book, which follows the previous sketchbook (M54) without a break and records Le Corbusier's fifteenth trip to Chandigarh. Upon his arrival in India there was an immediate increase in visual impressions and observations of natural and man-made objects.

His sketches of the Bhakra Dam site show the tremendous scope of Le Corbusier's creativity, ranging from the manipulation of the entire landscape as far as the horizon down to the most mundane requirements, such as parking facilities (211-221). He looked to the Grande Dixence Dam in Switzerland, at 900 feet one of the highest dams in the world, for aesthetic and functional comparison with the Bhakra Dam (212). A page relates to the linear industrial city — one of the three establishments of man — proposed for Nangal (209).

In Chandigarh a crisis arose concerning the Secretariat. Le Corbusier noted on December 28, ''The Governor forbids us (in order to finish the building on time!) to execute the orders given by the architects.'' Enraged, he continued, ''it is *my* building and I am the Government Architectural Adviser'' (252). He had already done color studies for the Secretariat, particularly for the Ministers' Block (227-230), in which he proposed painting the south ramp red and the north ramp yellow (228). He described a working session with Pierre Jeanneret and Malhotra during which color samples were assembled. The yellow was apparently too intense, for Le Corbusier wrote, ''The yellow wall ... makes me dizzy. I have the impression of losing my balance; maybe I am having a little stroke'' (250).

A sketch of enormous scale shows the entire silhouette of Chandigarh in relation to the mountains beyond and to the obelisks the architect planned as boundary markers (247). Another drawing replaced the grid of the Governor's Palace garden with a series of free-form hills (204).

A bull's hoof and the entrance canopy of the Secretariat are juxtaposed (236), and a significant note refers to a symbolic sculpture of a ''Bull Wheel, the number of spokes must be exact, Heraldic, very important'' (257). For his proposed Tower of Shadows he planned studies of the track of the sun during winter and summer at the latitude of Chandigarh (258).

With reference to the cosmic symbolism of Chandigarh, the architect drew a monumental ''man in the moon'' floating over the city (249), much like that which had appeared previously in his stained-glass windows at Ronchamp.

201

1958 CHANDIGARH // December 7, 1958 // M55

202

LE CORBUSIER // 35 rue de SEVRES // PARIS. 6 // (France) // Telephone: Littré 52 60

203

the large pond in the village behind the Secretariat

204

December 7, 1958
the garden of the G[overnmen]t Palace

205

the drainage channel

206

the frontal view is admirable = rustic // sugar cane //
north / east / South // the basins

207

grass or Sugar cane // the wall of the drain to be made of handsome concrete // Serves as visual Anchor // the drain

208

here / the landscape is total = 100% beauty
the sugar cane // the drain // the embankment // + 1½ M. //
This 1½-meter platform allows all the trees to be seen // =
the visitors

209

Observation.
Nangal etc. They failed with the Linear industrial city // !
They had — waterways // — rail // — land // one beside the other! see old L-C Sketchbook

210

December 10, 1958
30/ the I-beams (undersides) + the parapets (in dull artillery gray).
31 Eliminate (?) the basins along Water Boulevard / = sites screwed up
32 attention Subcommittee + Dogra // no ampelopsis on the walls of the V3's
33 Malhotra – the tiles // – the [switch] design // – Do [the] power plant [design] // – colors [for] ministers' rooms // – designs [for] Ministers' tables.
34 Prabawalkar reserve the land [along] Water Boulevard. No ponds? or ponds with future buildings
35 December 16, 1958 // the ondulatoires identical colors on the interior
36 Preserve sand-colored esplanade?? that would make for savings???
tank // do not paint the concrete white.

211

with Chopra (at his office) on December 11, 1958 // [Chopra] dixit
downstream // Building A = 1 Room with maps Diagrams a window to see the water in the Spillway // = for visitors' parking lot / reception – buses little museum. on 2 floors possibly // + restroom bathroom // photograph on the walls (possibly 1 photo-mural) / to the glory of Bhakra Construction
the windows = 3' × 5'

212

Grande Dixence / in Switzerland // 900' / is the highest dam
the automobiles + buses stop before the powerhouse 300 meters away from where observation point and snack bar road level 1,225! // like powerhouse // 1,170' = level of water // maximum = 1,206 [feet]
Question Kalff about lighting power plant + dam with exterior spotlights + quality of light

213

the pylons aluminum paint // powerhouse

214

"timber ropeway Towers": leave them red including the cable cars
the tower for unloading logs" (under flotation) from upstream to downstream above the dam.

215

at A one enters from the roof // road // 15' // Chopra's Salon // at A = install 2 metal tanks about 8.00 meters [in] diameter // to smother in the trees to be planted (poplars?)

216

cable-lift // towards the West // dam side

217

cable-lift loading platform // crane // future total water // slope for the [logs] // current water December 11, 1958 // lake side // northeast side // roof of the museum // (one enters by the roof)

218

the Museum // cover a b c d // to save space // the dam // possibly an underground area with little tourist café. // parking lot? // hill A // hill A to be cut // road to the hinterland // to be installed 2 sheet-metal or cement tanks

219

dam // but no parking! // looking for a site for the restaurant

220

Decision. Nothing to be done on the right bank // – On left bank at the level [of the] power plant. // towards the bottom, by cutting off the cone of the rocks. // No! Maybe not // Buses, approach on right bank // arrival 1 // 2. parking lot // 3. Spillway // 4. snack bar, excellent view // lake // restaurant // (note of December 25, 1958) // → // one reaches the snack bar by way of the dam on foot = no parking // popular-priced snack bar

221

6 PM // December 11, 1958
lake side // 1 // dam side // 2 // lake / Power plant // place for café / 3 // here a bit of parking lot for the engineers // 4 / crane (its housing)

223

Neogy
festivals // exhibition // buses // cultivated fileds // the drain

224

obelisk 400 meters- // obelisk 800 meters // here 150 meters remainder? // the swimming school // the wharf

226

garden of // 5 mm. // 50 cm.

227

colors Block 4 Secretariat Ministers // = harmonize with adjacent zones or: each office with its individual color glazing
take the photograph Randhawa // at 8 AM
= 4 bays with yellow-colored railing // and here / dull steel gray // solid
= simplifies the reading // steel gray // here there is a white frame // or painted in color // total 4 offices // steel gray // steel gray // steel gray
Check frames concrete or white A and B
piazza? macadam or cement paving? // (cafeteria ondulatoires = = natural

228

December 17, 1958
a/ go check the concrete strips ministers' windows
b/ specify the tones of the ramp windows + ceiling // a/ the red ramp (south) b/ the yellow ramp (north)
c/ specify solid color throughout.
d/ hanging of the Ministers' curtains

229

top side = black + 2 half-height WC // white / leave concrete // white / white // white / white // here ventilator // idem // Block 4. Vestibule // (see 3 pages further on (continuation Hall 4)

230

garages [on] piazza not necessary / plastered ceilings = no // beams = yes
Chief Minister's office // the table // + in the Governor's idem
Floor 4. ministers' elevator lobby // all walls = white
Governor. at the rear, under the roof, paint ceiling unfinished concrete = + balcony railing on right
Floor 6 Ministers' elevator // the ondulatoires must be painted on the interior = red // orange

231

? the joint // = – 2 cm. // ...
Prabawalk[ar] // is there a row of poplars north of the
basins [along] Water Boulevard to geometrize the Capitol?
going with Malhotra // Roof: we can plant right away //
Cafeteria leave the *ondulatoires* as they are = do not
paint // or else in a ''concrete gray'' color
(what is this, this *éternit* plate capping the *ondulatoire*? //
make 2 panes // horizontal window

232

Eliminate the hall fountain // green / yellow / yellow / total
steel gray inside and outside // but the ministers' windows
(above) = Also gray exterior = absolutely

233

on cafeteria roof // A = 1 tree + C // B = high bushes
laurels etc. mixed
surrounding the Tanks = tiles necessary

234

rounded // gentle // sharp square // vertical.
= the fault
= poor

235

December 18, 1958

236

Cafeteria *ondulatoires*: plants climb // [plants] ''don't hang
down'
iron // cement

237

Prabaw[alkar] // at A = ridge of lawn??? or low 86[-cm.]
cement wall

238

here / his drawing M Chopra // December 11, 1958 /
Nayers // power plant

242

white / white // white / wood // white / white // here
judges' corridor // d risers green or yellow // treads = Delhi
red // a red // b yellow // c red // d red or black? // b red // a
[red]

243

red // concrete // white // red // yellow

244

possible // canopy // no

245

the walkway curbstones vertically // Secretariat // retaining
wall

246

remove 1 small piece of wood // that's all right! no!
Cafeteria lighting

247

from a/ to b/ // = 200 m. // the *linea alba* level % // b =
obelisk / obelisk 400 / obelisk 400 // from b/ to c/ = plain

248

to answer Vohra // Industrial center: // 1 publication //
2 printing // 3 lithographs, posters. rugs tapestries? await
industrial schools by L-C // light [industry]

250

On return Jeanne [Heilbuth] // December 28, 1958 // at
11 o'clock in the morning
Write to Dr. de Elita // lightning rod about earthquake
December 28 = the lightning rod moved 20 cm. against
the sky (I was on Top of the roof of the cafeteria)
I had just said to Pierre: : this sun beating upon the yellow
wall (of which we select the color) makes me dizzy. I have
the impression of losing my balance; maybe I am having a
little stroke.'' Malhotra's drawing shows us the lightning
rod dancing from the southeast to the northwest

252

Christened the dam lake the ''Lake Rose''
The [Bedouin] at the Secretariat told me this morning. The
Governor forbids us (in order to finish the building on
time!) to execute the orders given by the architects.
  L-C I am going to write to Dogra and Swaroop [Krishna]
that it is my building and that I am the G[overnmen]t
Architectural Adviser
December 28, 1958 // noon
Jeanne request Radio-France 3 [cultural] text, Profession
L-C // = introduction [to the] report [by] Swaroop [Krishna
and] Vohra [on] small-scale industry // = Chandigarh
prepare new men. // Contract with Neogy // Publish *Les
3 établissements humains* // Begin the prefabricated
series V2, City Center, etc. = models deposited licences.
better some royalties

253

against pigeon droppings install clusters of spikes on the
rails (Dam)

254

[Mountains]

255

Jeanne // On return write to Mr. Chowdhury = Mr. X ex-
commissioner of the municipality of Ahmedabad – send
him contract + travel file. The seat in [the] Sarabhai [train]
sleeping compartment // + ask him (State bank) about the
problem of the PTT Building financing

256

January 2, 1959
the screens Basement exterior paint black
Formal order to P[ierre] J[eannere]t to make photographs
[of] Secretariat office empty before furniture small
medium-sized large offices // + of the roof canopy on
plaza + Assembly exterior // groove. Chief Minister's
brise-soleil
Never aluminum on Block 4 railing // choice [of] linoleum
Ministers' Hall marble white
Tea pavilion Roof move the 2 rain pipes to the exterior
Malhotra my colors the sheet-metal roof reservoirs
3 colors per tank // white black blue yellow green pink

257

the sample black checkerboard-pattern cafeteria 91 ×
[43?] // ??? // = no // Window // cut out this crossbar
Write to Malhotra, postpone until April the porch Bull-
Horse. // horse bull Wheel = the number of spokes must
be exact = Heraldic = very important

258

On return Andreini Make 1 ''Open Hand'' grid for the Vice-
President + [Pant] + Randhawa President Subcommittee
Lindon // [Editions de] Minuit // Indian edition of the
Carnets de la recherche patiente // *Les 3 établissements
humains* / imprint ''Chandigarh''
Write to Gadgil G[overno]r to thank him for his greetings
tell him L-C: confident
[Write to] Prabawalkar: check at the latitude of
Chandigarh // the winter Sun // Summer [Sun] // Monument
of the 24 hours Tower of Shadows
attention: notify necessities for Tak[amasa] electric
chambers [at the] Radio [station] to be reserved

259

H[igh] L[evel Committee] // gold mine // L-C prepare
1 – industrialization // V2 // City Center // Private [buildings]
2 – program calendar // sale of plots
3 – Preservation of architecture.
4 – Law regarding the dam –
5 – small-scale industry // = Museum // + art School // –
Chandigarh Publication
6/ – Neogy.
7 – Swimming Lake Rose
8 – total PTT (Bank and Insurance) // ''Punjab'' city center
= Banks City Hall etc.

260

January 2, 1959
decided [by] ''High Level Committee'' // Swimming
School // + golf course behind the dam // golf course =
because [of] water // swimming [because] the water is
filtered (purified for swimming)
Varma January 3, 1959 // advises me to have bushes and
not grass planted on the back of the Dam (in particular, the
little bamboo plants are cute.) the bushes = full of
Flowers.

N56

**January 1959 New Delhi
March 31, 1959 Chandigarh**

Chronology

1959

Sixteenth and seventeenth trips to Chandigarh (March 20 – April 25, 1959; November 30, 1959 – January 4, 1960).

Completion of the Maison du Brésil in the Cité Universitaire, Paris, in collaboration with Lúcio Costa.

Studies for the Carpenter Center for the Visual Arts, Harvard University, Cambridge, Massachusetts (inaugurated in 1963).

Plans for the Museum of Knowledge in Chandigarh.

Studies for mass-produced houses and *Unités d'habitation* in conjunction with Renault Engineering.

Degree, Honoris Causa from the Faculty of Law, Cambridge University.

Publication of *L'Urbanisme des trois établissements humains* (Paris, Editions de Minuit).

The "Capitales" exhibition mounted in London and Rome; an exhibition of tapestries at the Galerie Denise René, Paris.

Paintings: *Taureau XVII*, *Taureau XVIII*, and *Nature morte 25-53-59*.

Together with M54 and M55, this sketchbook completes the set devoted to Le Corbusier's fifteenth trip to India, which lasted from November 28, 1958 to January 5, 1959. It begins by relating events of that first week of January, when he was passing through Delhi on his return to Europe. On January 2, he met with Nehru and heard the Prime Minister describe the Secretariat, at last complete, as "magnificent" and the Palace of Justice as "grand" (263). He now dreamed of building the Museum of Knowledge in place of the Governor's Palace initially proposed for the Capitol. Possibly in connection with his work in Chandigarh he noted sources for his investigations of symbolism (270). His publishing plans still called for an Indian edition of *Les trois établissements humains* (268, 299, 306).

During a stopover in Beirut on January 6, the architect observed and recorded his impressions of the airplanes on the field, particularly the effects produced by the "bright, luminous, optimistic" patterns painted on their aluminum bodies. Ever awake to the resources afforded by a "machine civilization," he considered making similar use of graphic designs in India, particularly at Bhakra (276, 277).

On arriving in Paris on January 8, Le Corbusier chatted with his taxi driver about the city's traffic congestion, remarking, "All that comes of having forgotten to put people's work beside their beds" (281). This subject appears again in a note for his projected book *L'Espace indicible*: "Inexpressible, the new life in the industrial *linear city*. Work—bed—work, on foot to [a] Green Factory, in harmony. It is part of Briey-en-Forêt, this first act of urbanism in the Machine Society: the linear city: the green factory" (290). For another project, the Tokyo photomural, a number of disparate elements are mentioned (284, 286), including a "crown of men of thought," among whom he numbered Comte, Fourrier, and Proudhon.

The second part of this sketchbook concerns Le Corbusier's sixteenth trip to India, from March 20 through April 25, 1959. From his seat in the plane he scrutinized the face of the earth and once again brought into play his powers of observation and description: "a topography animated by a mathematical implacability. Everything adds up, is subtracted, gets mixed up, is combined, knocks together, is married, caresses itself, quarrels in the implacability of the exact. Something to rejoice, get enthusiastic about" (292).

His notes and site instructions, sixty-one in number and covering several pages, began on March 21, 1959. Matters of importance include the proposed additions to the Secretariat (295), the painting of the pillars of the Palace of Justice portico (295, 307), and the Martyrs' Monument (295). At the same time, the architect's concern for detail was unremitting: the upkeep of flowers in certain places (316) and their prohibition in others (299); the use of relief designs by an unschooled artist who worked as a donkey driver on the construction site (306); color choices (315, 316). The sight of two Sikhs wearing red and green turbans gave him an idea as to the use of color in contrast with black (296). On March 25, he was at Bhakra, where he made several decisions as to colors and materials (300-306). He returned again to the subject of historic-monument status for the Capitol complex (297, 312), remarking on "the *architectural quality* of the High Court inside and out" in comparison to "the paltriness" of the League of Nations in Geneva and the UN building in New York (312).

Taking up certain proposals made during his previous trip (263, 264), Le Corbusier suggested to the Board that Chandigarh be developed as a center for the diffusion of culture. The total program, to be undertaken with the help of Prithwish Neogy, director of the Ahmedabad Museum, would include the Museum of Knowledge, an audio-visual institute, a museum of architecture in conjunction with an architects' club, and the Pit of Meditation. For the Museum of Knowledge Le Corbusier executed sketches showing how the space might be used to suit its various purposes (310, 311). Also as part of the cultural program, he saw the possibility of bringing out various works under a Chandigarh Publications imprint, particularly one on "agriculture, the art of man" (313). In light of his studies of agricultural reform carried out with Norbert Bézard in 1933, he hoped to be allowed to establish a "type of cooperative village... as a model to protect the Capitol site and the agricultural site" (317; cf. Sketchbook B5).

261
January 1959 New Delhi // March 31, 1959 Chandigarh // M[useum of] K[nowledge] Page 45 // N56

262
LE CORBUSIER // 35 rue de SEVRES // PARIS. 6th // Begun January 5th, 1959 // in Delhi // Nehru

263
January 2, 1959
Nehru / 2 // There is Khanna Financial adviser who is paralyzing everything
bring the Photographs
1 // Situation changed since November. (Nayers)
3 2 Crores are necessary over two years
4 Do the Government Building = Museum of Knowledge
5 Secretariat = magnificent // High Court a grand place (ponds lighting)
6 Bhakra Dam photograph // Open Hand
Nehru // 7:30 PM Prime Minister's House // + photographs // Sunday *dimanche* January 4, 1958

264
4 Sunday // luncheon // Moti Mahal / Neogy // Neogy dinner // 1:15 PM Ostrorog luncheon // 4:30 PM Neogy // 7:30 PM Nehru photographs // Varma / Moti Mahal
5 Monday // Nagar // Sundar Nagar // luncheon //
12 noon Barthélemi // 25 Embassy // 2 Aurangzeb Road // 19 Palam
Marcel Barthélemi 45585 // 29 Sundar Nagar
16 Harding Avenue // ambassador 1:15 PM Ostrorog // Sunday
Office / 46575 // Varma Tel[ephone] 31246 // house

265
12:30 Dolphin House // Varma // to see Singh the Governor
Varma says yes L-C put obliquely

266
on return // Write to Barthélemi to ask Lequilles cultural attaché, to arrange a way for Varma's son to learn French // S. Varma // in care of P-L. Varma

267
At Varma's // LC experiment // A platform 27 [cm.] long 7 [cm.] high // B Preferred height = 31 cm. // No seat cover used // horizontal edge // one is seated directly on the porcelain = squatting = effective // For elderly persons hanging handholds would be necessary to get up

268
Use of the Land // *Les 3 établissements humains* // ASCORAL // Collection . . . "*d'une civilisation machiniste* // "Chandigarh publications
January 4, 1959 // Varma + Neogy

269
Statute of gov... [plan]

270

On return / look again in Schuré *Les Grands initiés* //
Brahma // bull and lamb
in Bible // the prophecy of Ezekiel and Apocalypse // (Fiorini
lecture, occult) *Tracés régulateurs*
On return Praba[walkar] send for the H[igh] L[evel] S[ub]
com[mittee] High Level // send the 1951 High Court plans
with black marking upper side + draft an explanatory letter
for the H[igh] L[evel] [Committee Members] and please
have the judges be quiet
Write 1 note to Thelly Tata to say hello // congratulate Tata
on the paintings [decorating] his menus – but deep freeze
cooking

273

on return // take another look at porch Block 4 Secretariat //
attention! // Govern... *pilotis* // 2 curved walls?
Write Prabawalkar to bring together Neogy + Jacques
Carluy agricultural attaché French Embassy for appraisal of
the downstream area // vegetables + etc. // fruit trees //
Spillway of the Chandigarh dam
January 5, 1959

274

For P[ierre] J[eannere]t go to see Barthélemi Sundar Nagar
Road 29
streets a b c d have excellent modern-style houses
plastered white It's studied with regard to the climate, in
part. It is inspired / [in part]
noted French Embassy // + dwelling // 38-cm. doors
throughout // In reality 76 cm. but only ½ opens or is open

275

! Malraux's visit [to] Chandigarh: // Malhotra asserted to
Barthélemi: I am the 1st person after the architect-in-chief
arrival Beirut // Seen from airplane = a beautiful lighted
street // a/ bushes // b-c roadways // d. twin streetlights
January 6, 1959

276

Beirut January 6, 1959, airport
There are: Flying Dutchman // : Air India Super Constella-
tion // BOAC jet (?) // before Sunrise. // the planes =
shining aluminum silvery colors (= bright, luminous
optimistic) the flags and signs are painted in full strength:
Blue white red = Holland // Green white – orange =
Indian.
It would seem that: // at the Top of Bhakra // and // Bhakra
powerplant a solution exists
  1st gleaming aluminum finely riveted = accomplished
technique
  2nd bold painting (get information).
a/ = light: b/ resists bad weather // and eliminates //
avoids // enameling

277

the effect is contemporary and perfectly beautiful // And
everything can be executed in India
In the French embassy in Delhi (private Salon) 1 tapestry
by Lurçat with Butterflies (awful) + at the airport (Bar) in
Beirut another one with little flowers, waves and small
animals = brings tears

278

January 6, 1959
H[igh] L[evel] Committee // make some surveys // (see the
one from Bombay // H[igh]-L[evel] Committee Neogy //
prepare a Motel or other hostelry (result of Corbu S[ociété]
N[ationale pour l'] I[ndustrialisation de] B[âtiment]) And tell
Pierre to obey and not to do what he doesn't know about
Delhi 3 o'clock // night 7 Local Time // Bombay // 10 o'clock //
night 11 PM id[em] // Beirut // 8 o'clock idem // Cyprus /
Asia Minor

279

Athens // Greek islands Corfu Cephalonia Ulysses //
Tarento plain // Italy beneath yesterday's snowy catas-
trophe // Apennines // Rome // 12 noon idem // Piedmont
plain without snow // Alps

280

art studio V2 Capitol // shed / or / V2 // sheds with holes

281

All that comes of having forgotten to put peoples' work
beside their beds (traffic in Paris conversation that I am
having with my taxi driver; on January 8, 1959, at 9 o'clock
in the morning

282

L-C to reread in the evening

283

January 12, 1959 // tour [of] Budin factory
– manufacture of
  1/ glass panels 4th wall 366 × 226 // + attachment to
tables of typewriters + desk + table for puttering. for.
  II Sanitary basins // Ugines [a kind of] stainless [steel]
  III floor panel
to the memory of Yvonne, my wife.
Health. January 26, 1959
– after lunch = my ears ring Loudly (buzzing [like
grasshoppers]) both of them
– after dinner, as soon as lying down (bed) itching of the
skin from ankles to my neck.
– night, awakened by stomach acidity
– after 2 PM wish to lie down (I don't do it!)

284

Tokyo Mural // Artists' protest Eiffel // ornaments jewelry,
staircase of the Opera // the costumes // Haussmann // the
carriages // the bicycle // insert the text *Plans Le Corbusier
de Paris 1956-1922* [Editions de] Minuit page 121.
(Jardot) Adhémar curator Bibliothèque Nationale /
Tele[phone] on behalf of Jardot // before 9:30 AM //
Richelieu 00 06 // Library open from 10 AM – 5 PM

285

[Toilettes] / to reurbanize // Meaux
Paris is a magisterial desert // Science // photographs the
quays along the Seine // Louvre etc.

286

Plans for Paris 1937 // Tokyo photomural // ''the spirit of
liberty'' // Rude [sculpture] *La Marseillaise*. // The Louis-
Philippard // the kings // the bad kings
architecture that planned the ''pont des arts'' as ... Pont
Royal // Delacroix barricades // *Radeau de la Méduse* // At
Georges Salles's
The locomotive. // Thiers Railroad // Rue de Rivoli Eiffel the
Machines // a crown of men of thought // Auguste Comte
= Sonrel // Murphy // Claude Bernard // Fourrier. //
Proudhon. // ..., no) draw the Rotunda

287

install 2 articulated footrests
February 1959

288

idem // 20 Nevada glass bricks // pedestal 183

289

all open at the top // steam in the room = it's not bother-
some
curtain very bad
Metz hotel shower in sheet metal = Misunderstood and
the shower head is miserable // and ''mean''

290

L'Espace indicible // Inexpressible the new life in the
industrial Linear city // bed-work-bed // on foot to ''green
factory'' // in harmony // = *indicible social*)
It is connected to Briey-en-Forêt the first act of Urbanism
in machine Society = the industrial linear city = the green
factory.

291

Milan May // Prague June July // Tokyo August
September // Teheran October November // Delhi
December January // good season
Boesiger March 19, 1959 // Zurich stopover ½ hour

292

Poetry and richness in nature.
(Paris Delhi Plane March 20, 1959) at 10 AM ½ hour from Paris)

For hours now we have been brushing the Iranian and Pakistani coast everything desert without bounds to the north, but bordered along the beaches by a physics, a geometry, a geology, a topography all animated by a mathematical implacability. Everything adds up, is subtracted, gets mixed up, is combined, knocks together, is married, caresses itself, quarrels in the implacability of the exact // Something to rejoice, to get enthusiastic about, and to irrepressibly observe and admire.

I have, at the opposite porthole, the Indian Ambassador in Brussels. He wanted to converse, but there is no subject between

293

us, to bring [us] together and cement [us]. Not once has he looked outside.

Over the last 20 years, it has been very very rare that I have been able to see travelers looking through the portholes. They have their nose in magazines and detective novels.

While the meanders, the estuaries, the erosions and bulging and bristling rocks, the islands now and then set in ineffable blue, the waves that roll on the beaches all that in a fundamental pink earth color (rocks and sands) of desert soils, and the profile of the coasts: big sandy inlets, rocky spurs, penetration of streambeds into the adventure of the sea, the splendors offered by the earth.

294

Present: at Varma's, the Living room until now, was "without anything" empty! Today on the walls, two excellent Gauguin chromolithographs. // + (miracle) a painted cabinet // It goes "on feet" // 2 feet × 4 feet // This piece of furniture startles
the grandson // 6 years old // is doing the hula hoop // Corbu must buy one for himself to fight the encroaching belly
thin = 1

295

– Mongol invasions = destructive // Moslem [invasions] = constructive // = Delhi // in India
March 21, 1959
1/ // write to Gardien doormat C[ité] U[niversitaire Pavillon du] B[résil] // = solid – // 2/ send me plans for polychromy La Tourette // 3/ write to Taka[masa] to send me Museum plans for polychromy
2 I will ask High Level C[ommi]ttee to be solely in charge of the extensions of the Secretariat
3 Write to Nehru to protect High Court and Secretariat = declare them Historic Monuments or equivalent
4 They are beginning to paint High Court portico during my stay? attention protect the ground with papers glued down
5 Praba[walkar] begin Monument to the Martyrs

296

See also following Sketchbook "from April 2nd, 1959 Chandigarh" page 6
2 Sikh types on bicycle. // colors: turbans – green // – red + some white (or pants? // underneath)? +: the basis of the color equation, // it's the shirt W which is "broken" = black – red – white // authorize variation according to the quantities of red // [authorize variation according to] nature [of red] // mixed value 40%
There could be equation), black + yellow ochre + white // in [black] green + [white] // [in black] blue +[white]

298

6 Prabawalkar check unpleasant breach in V2 Capitol from Esplanade.
7 Malhotra take Assembly photographs [of the] deputies' entry level
  a/ in direction of High Court with the earth trenches at 3:30 o'clock PM
  b/ as seen from the Secretariat 9 o'clock in the morning from afar
8 Prabawalkar make some impressions of clogs, foot tires etc. for Assembly
9 Subcommittee the dam Lake Rose + the Capitol considered as historic and [public] monument by vote [of] Parliament
several toilets on the dam

299

10 Write to Randhawa to write to Chief Justice, prohibition of planting flowers It's L-C who is giving the order. To reassure him please send him copy [of] Cambridge letter + Acad[emic] list, so that he shuts his [trap]
11 Summon Neogy about Les 3 établissements humains Editions de Minuit for the Chandigarh Museum Publications in English (here page 6 Varma Neogy)
12 Malhotra eliminate the tiles Secretariat roof
13 Prabawalkar Mangat Rai 1 pass for Secretariat
14 Check positioning legs, ministers' table // mount the plan
15 Malhotra photographs [of] Ministers' stairway = Sculpture // [Malhotra photographs of] building on hill
16 [Malhotra] show me the bicycle porch plans

300

ceiling red + wall-surface A the iron pieces // each member of the frame // blue // yellow // green // gray
March 25, 1959 // Bhakra

301

for the restaurant // 1,230 feet?

302

yellow // 2 gantries in 2 different colors // the rocks outside // (one green [the] other yellow)? // green // shiny airplane alu[minum] // concrete // concrete // turbines
Colors
glass // alu[minum]
March 25, 1959 Bhakra

303

public gallery level entrance
here glass and alu[minum] // metal

304

Continuation page 37
17. Eliminate the Ministers' portico = view of High Court
18 Write to Paris Nautical Club
19 leave bicycle garage ceiling = concrete girders + plain tiles // underneath
20 Secretariat extension dam City Center // = H[igh-]L[evel Committee]
21 Secretariat the ministers' cars must be parked (not in front of the door.
22 Why [for] V2 Shops // no inform terrazzo columns?
23 attention apartment stairway windows = vertical slits

305

24 Prabawalkar the plan of the Sports clubs (grounds)
25 the Spillway vegetable-garden sketches
26 Praba[walkar]. decision by H[igh-] L[evel] [subcommittee] L-C gives the order for planting [the] Capitol.
27 Prab[awalkar] the paths in lawn Capitol High Court
28 Prab[awalkar] Why not finish the 86[-cm.] platform High Court
29 Attention!! Praba[walkar] I reject regular planting [of] trees along the canal right rear point 800. // see old Sketchbook
the profile / landscape // drainage canal // from A, the view is admirable toward the Himalayas

306

30 Praba[walkar]. His committee is publishing without a name postcards of little and big things = even foreign sales
31 Neogy Praba[walkar]. "Chandigarh Publications" (Museum of Knowledge A // audio-visual [Museum] / B // Publish Les 3 établissements humains // [Publish] postcards: the architecture of Chandigarh
32 Malhotra give colors for High Court portico recesses
33 Praba[walkar] install the Concrete sculpt[ural] motifs on the plans (there is 1 ozalid [of the] repertoire?
34 give Sikh the sculptures of the muleteer
35 and go into the village with Sikh for foot imprints
36 Ask Malhotra [for] newspaper Nehru speech Delhi to send to Malraux
37 Write to Nehru to thank + request him to obtain credit for Capitol Esplanade + the monuments // tell about the splendor of the agricultural region at the edge of the Museum of Knowledge
38 Malhotra in the morning take photograph of village from drain 800

307

A = a Kiosk at the 800 mark.
b[lack] g[reen] r[ed] y[ellow] b[lack] // the colors March 29, 1959 // no // because yellow lightens on the right the red on the left the green // b[lack] g[reen] y[ellow] r[ed] b[lack] // yes

308

39 Revise (Prabawalkar) the closing off with trees // V2 Capitol M[embers of the] L[egislative] A[ssembly housing] from G[overnment] H[ouse] axis.
40 Prabaw[alkar]. Perhaps shuttering [for] Assembly stairway [to] Ladies' [gallery] + Secretariat like High Court elevators // = good // concrete // floor // small joint = projection
41. Malhotra urgent "we have the money for linoleum Secretariat
42. The people do not appreciate the new furniture Secretariat // (Mr. Chowdhury)
43 tele... Dogra // L-C to begin colors High Court Gupta engineer
44 [L-C] + write to Dogra to plant the hills during monsoon
45 *Attention* the PTT with *brise-soleil* like Secretariat
46 Study restoring colors frame behind for spiritual ... (Secretariat)
47 Malhotra. post office Block 3 paint behind columns

309

High-Level C[ommit]tee
Create a radiant force
1 State Museum of Knowledge
2 Audio-visual [Museum]
3 Architects' Club // "Chandigarh Publications" Bound at 1 [Museum of Knowledge] + 2 [Audio-visual Museum]
4 The Pit of Meditation

310

Museum of Knowledge // blind to the light
1 the big neck-gutter for absorption // 2 the outlet onto the roof // 3 the naves for demonstration
blind wall // south / north // the ramp

311

section
reception from east // access to upstairs for guests // 183 cm. [in the] Secretariat // here should be 226 or more blind wall with reliefs // roof garden
or plan: // South // important visual element = extend the blind facade

312

Film + photographs
From the pond in the village there are admirable views of the High Court.
    From the sunken road leading from the village to Secretariat, (on the way out of the village, appearance of the Secretariat**
Note when one sees the architectural quality of High Court inside and out // One becomes indignant regarding the paltriness of the L[eague] o[f] N[ations] Geneva + U[nited] N[ations] O[rganization] N[ew] York + UNESCO Paris + [La] Défense Paris
** On the right of the drainage [canal] 800 and sunken road from the village, Appearance High Court + Secretariat // + line 800 drain behind G[overnmen]t H[ouse] going across the wheatfields to the village = views toward High Court + Secretariat // (Write letter to Nehru Designate these values unique in the world // and make pit of Meditation at the edge of the wheatfields

313

one could (Chandigarh Publications) as regards Indian *Les 3 établissements humains* present admirable photographs by Swede or another inquire of (Société Cartier-Bresson (Paris) Magnum // do a report with Chandigarh Publications Agriculture = art of man, and architecture (High pitch) reaches the same pitch.

314

For PTT use *brise-soleil* of Secretariat + *ondulatoire* // that gives more solidity over large surface
here it's the angle [of the] High Court *brise-soleil* for library // for PTT
excellent flat [surface] // = High Court // *Attention* the module ᵇ/ᵇ' must be larger than that of the Secretariat
check

315

48/ G[overnor's] table // wrong? // is [made] // is made with sharp angle!!?
49 H[igh-] Level C[ommit]tee the problem of the furniture in Secretariat remove it to the PTT
50 1/2-wall of the entrances [to] the Minister's offices. To be painted black. (doors natural wood
51/ *ondulatoires* // the new door // black paint

316

52 specify color Secretariat roof Tank
53 Eliminate the tiles
54 the flowers [on the] roof are dried out except on Ministers' block = scandalous
55 go with Malhotra // Cafeteria specify facade colors Himalayas side // ramp // (perhaps use the tiles there
56 one or several windows Cafeteria stairway
57 High Court Portico the red // [the] yellow // of the Secretariat ramp
58 Buy electric machine for terrazzo maintenance + to flatten tiles [on the] ramp

317

59 Note H[igh-] Level [Committee] Ministers' cars under cover or behind the green egg Mangat Rai
60 L-C talks to Chief Ministers Kairon to give the money for the "furniture" of the Secretariat (dixit Dogra)
61 write 1 letter to Minister of the coope[ratives] + copy to Nehru: L-C having studied the agricultural reform (. . . .) desiring to establish 1 type of village Cooperative behind 800-meter [mark] as a model and to protect the Capitol site and the agricultural site

318

March 31, 1959 // for Governor Gadgil. 9 o'clock. in the morning
Chandigarh create a Force of radiation
Chandigarh Imprint
    a/ = Museum of Knowledge.
    b/ "audio-visual" institute // training // exhibitions and school of arts.
Publication: Imprint "Chandigarh Publications"
Involve Neogy, here immediately // Create Small Committee. // The Governor // Mr. Nehru // [Mr.] Radhakrishna. // Mangat Rai // Le Corbusier

319

[Le] Havre Marseille / *Les 3 établissements humains* // Amsterdam // Hamburg Trieste // [Hamburg] Salonika // Danzig Odessa // Leningrad Moscow Turkestan Tashkent // London // Paris // Marseille // Algiers // Touggourt // water // land // rail // Combine Maps
the Hand Open to receive and to give // at the moment when the modern world explodes with infinite, unlimited intellectual and material riches
(autograph on Large L-C Drawing from top [of] Bhakra dam March 24, 1958

320

plaza in front of Secretariat

322

1 Single room with forest of pillars?? // or 5 bearing walls for

Chandigarh April 2, 1959
Cambridge H(onoris) C(ausa)

Chronology
See N56.

This is the second notebook devoted to Le Corbusier's sixteenth trip to Chandigarh between March 20 and April 25, 1959. Again, a primary concern of the architect was the need to ensure the future preservation of the Capitol complex. Calling it a "masterpiece" (337), he singled out the High Court as a "Sistine [Chapel] in cement" (326). In creating "an Indian architecture for the modern age" (354), the architect sought to symbolize the transcendent meanings of the Capitol in a series of "Cosmic Human" monuments on the Esplanade (the area between the High Court and Assembly), which he discussed with the Vice President of India on April 23 (352). Symbols relating to the sun were primary at Chandigarh, occurring in many references such as Le Corbusier's order to Prabawalkar to "make the Sun sign on [the] Assembly, choose the sign carefully [as it is] important [to be] seen from the Secretariat" (328). The buildings' symbolism was to constitute a new vocabulary (see F25, F26, J35, J48) in response to Edwin Lutyens' New Delhi (357).

The vast and surreal scale of the Esplanade has often been questioned both functionally and formally. A page here (360) reveals one of the images behind Le Corbusier's decision to build it as he did as well as doubts he had about its size. Speaking of the airport at Rome, he noted "the great, smooth runways for take-off (Chandigarh Esplanade, courage of simplicity is needed)" (360). The sight of "gleaming aluminum airplanes [in] heraldic strong colors" standing out against a background of acres of concrete, may have inspired the idea of building the Monument to the Open Hand in brilliantly painted aluminum, "vermilion and yellow, maybe black, white, but never blue (that spaces out and will not do) possibly crimson" (368).

On the return flight, over the Balkans and Greece, Le Corbusier reflected on the compression of time achieved by the airplane: "I had made this trip in seven months, pack on my back, fifty years ago" (366; see also *Le Voyage d'Orient*). In the same note, he burst into a polemic comparing Ronchamp and Rome: "Ronchamp is pure, totally fundamental. Baroque is baroque! That is enough. It illustrates the cause that made Europe rise up against the falseness, the abuse, the pomposity, the lie of Rome and provoked the schism. The schism resulted in nothing in the way of human expression. But Ronchamp lies beyond Rome, gets, without having sought it, in touch with the origins. Rome is a great poison" (366).

At the University of Cambridge, where he received an honorary degree, Le Corbusier recorded the ceremonial procession in humorous sketches (374-375). Included is a self-deprecating play on the word *consacré*, by which the architect referred to himself as a "sacred ass" (374). On the way to Cambridge, the architect's observation of ramps at London airport prompted him to consider similar ramps instead of stairways in the Baghdad stadium project (373).

Juxtaposed with the grander themes are more mundane concerns such as the necessity to "buy a first class electric shaver" (360). Le Corbusier's continuing interest in the design of bathroom fixtures is evident in his drawings of an "Anglo-Indian water-closet" at Pierre Jeanneret's (346, 348, 349).

The sketchbook ends with the architect reporting his commission to build an *Unité* at Firminy-Vert (381) and, less happily, with a list of his physical symptoms (382).

324
CHANDIGARH // APRIL 2, 1959 // CAMBRIDGE // *H[onoris]
C[ausa]* // M[useum] of K[nowledge] // pages 7 + 9 //
+ 11 // 52 // N57

325
70. [*lithy*] – L-C take convocations [to] H[igh] Level
C[ommit]tee // [take] London catalog
71 Gadgil's letter Neogy appointment // + Open Hand //
Bhakra with photograph + arch[itecture]
72 police High Court
73 // = 2 bays
74 // dam [pebbles] hill // watertight basin for water //
reserve

326
75 ... after English text Bhakra // [Open] Hand
76 Malhotra take photograph iron modulor for Modulor 3
77 Malhotra show me the colors High Court Cafeteria and
Company
78 Write to G[overno]r + H[igh] L[evel] Committee to draft
protection of the architecture of the Capitol
79 L-C with photographs + kodachrome of the High Court
end wall make 1 communication to Paris // A sculptural
work with the cement gun = a Sistine in cement
80 Write to Vohra L-C master of the Capitol park forbid
judges to take initiatives

327
[Museum of] Know[ledge] // collection / workshops //
audio-visual // training institute
the Agora

328
81 Malhotra selection of the ministers' carpeting +
acoustical aspect
82 Chowdhury High Court extension Judges' *ondulatoires*
open 1 or 2 doors onto park
83 Prab[awalkar] make the Sun sign On Assembly choose
the sign carefully important Seen from the Secretariat
84 Guide architecture tours [of] the High Court and
Secretariat must be done at 8 – 9 between 7 – 9
85 Malhotra Cafeteria Roof structure tiles on the South
end wall
86 It is necessary to make 1 search[light] on Town hall
roof

329
87 Pierre Plan for exterior Town Hall offices beside it =
necessary end wall roof shelters
88 Prabawalkar Capitol Esplanade // review design to plant
some isolated trees in the cement // and running water?
gutters
89 Praba[walkar] require regulation in water level High
Court ponds
90 Malhotra the High Court finishes all the rubbish?
91 Give me specification Secretariat Colors for Berger
Harris Paris

330
paintings // *Erasmus:* the little shell of houses in the
water is painted in red ochre white value 30 to 40% // = a
coat of suitable colors // remember for paintings // red
ochre white at 30 or 40% // flashed in full sunlight as
mood color // (make in *matroil* some papers of this
color value for tones at 40 or 50% of value

331
Very handsome under the tree = hills and Mountains
south / north // Section
to be painted = [rain] in the east
east // open // view from the north

332
+ canopy // the ramp // the drain – boundary // the grass
and the craters // the big mango // the group of mangos

333
empty / filled in / empty / pillars
or // empty // [filled in] / filled in

334
house // mangos // cattle / wheat / peasant
photograph for Malhotra. // garden of [Museum of]
Knowledge

335
Write to Radhakrishna vice-president // about Open
Hand // Bhakra and Chandigarh agora // send him the
agora Grid // Pit of Meditation

336
93 Night lighting Secretariat facade // + H[igh] Level
[Committee], Ministers' tables
94/ Dogra!
95 leafy trees
96 Write to Chowdhury I insist upon seeing the furniture
and the signs
97 Urgent Chowdhury // the brick and concrete *opus*
[for] High Court
98 I do not want any small windows / High Court.
99 *Attention* Praba[walkar] the automobiles Hidden in the
trenches!!!

337
masterpiece / Chandigarh Sunday April 12, 1959
the mountains // the window that looks out: // the wood //
= 224 // – 090 // 1.30 square meters of wood // the glass
4 times // the opening = 2 square meters 24 // the view is
free. wood is expensive // it is a matter here of a villa made
by an idiot near the house inhabited // inhabited // by
P[ierre] J[eannere]t

340
Governor's Room
the table is nice the placement is good. // On the exterior
the Frame // white exterior // yellow // can remain until
next trip // *Attention* the electrical outlet in front of
the balcony door = very dangerous!.! // the pipe was
redone by Mathur!! // to be rejected // the ...s require
portable ones // the other tables in yellow // [in] black // in
white

341
Dogra. L-C accepts the 2 feet × 4 feet ceilings on
condition that saving be used for the corner
here = unfinished concrete
to be painted black // yellow

342
double door // yellow // blue // rear / on cement // = at the
top [of the] cafeteria / to be reconstructed.
green / yellow // exterior // level below Cafeteria
end [of] cafeteria

343
Praba[walkar] Dogra // Combine savings on Secretariat Hill
(stop bulldozer)
Lighting *Ondulatoires* // = 0 // 1 lamp every 3 bays // lamps
as weak as possible
On return C[ité] U[niversitaire Pavillon du] B[résil] the
Ondulatoires in different colors on the exterior + interior

344
chairs Chief Minister's level in elevator lobby = caned and
metal = good for ministers
bicycle Parking lot // = 2 // and not stacked // ??? // = 4
!! I reject the bicycle garage windows

346
Pierre Jeanneret // Anglo-Indian WC // sitz bath

347
spillway // the whole site with poplars

348
April 22, 1959
outlet // This profile is traced here = exact. // the water
tank r m n forms a water-spout effect of a pure intensity =
the curve i k l // Indian waterbasin or water-spout the
profile a b c d. = the fall of water is better (here) because
the slope a b is [only] slightly flared.

349
outlet

350
H[igh-] L[evel] Sub-Committee // Delhi April 23 // Randhawa
office
1st (Newspapers) "State building + Museum of Knowl-
edge" // urb[anization] of the section // Neogy's note //
1st hire Neogy (call him in at 5 PM)
2 // urb[anization] V2 Capitol university // (1) being in touch
with "Audio-visual Teaching Institute" (inclusive [of] Art
[and] Science)
3 // + collections + Temporary exhibitions + Traveling
[exhibitions] // Maisonnier plan
4 PTT building offices for Offices Secretariat extension
5 Esplanade Monument[s] a/ 24 solar hours // b/ solar
path // c/ Tower of Shadows // d/ Modulor monument // e/
Open Hand
6 payment [of] fees for 3 + 2 + 1

352

Vice-President Radhakrishna April 23, 1959, at 7:30 PM
1 Cosmic Human monuments = Esplanade
2 the Open Hand = the page turned = to receive and to give = the modern age = new phase.
3 Contemporary signs: a/ Cosmic = Sun // b/ human = 24 hours shadow and breathing // unity = Modulor Monument to the Martyr // c/ Solution = Open Hand // d/ exploitation = Museum of Knowledge. // e/ preparation = audio-visual teaching institute // f — contact: the collections + the exchanges // (the (enlarged photograph) = new type of collection and museum

353

April 23, 1959 Nehru
1. from G+ [mal] + [slg]
2 letter automobiles on the right
3 an international working language The re (sound)
4 the Modulor peace Foot inch and decimeter // = human harmony beauty // = world manufacturing
2, KING EDWARD'S ROAD // 7:30 PM

354

[Mesha] the cooling with pipes! forbid general use other cooling [systems] // Dogra
On return // send Ministers Chandigarh // + Vohra // + Bandari + Kairon // chief justice // Strassova organize that // magazine with High Court photograph // article done by myself // where I take the problem before [public] opinion // (following [Villa] Savoye incident // blasphemies High Court in Delhi etc. // Secretariat I made Sun Control ventilators // and created [an] Indian architecture for the modern age →

355

the Ministers' table // the problem with Kairon // + minister of Chandigarh // "We Are in a democracy" // L-C [democracy] = order: // one's head on one's shoulders // one's hands at the end of one's arms.
and room // table the minister will know that he is a minister // the visitor will know that he is at 1 minister's attach photograph [of] Capitol model // + Assembly [model] // + the Sikh's Sculptures engravings

356

On return send to Minister of Chandigarh // + Vohra // + Chief minister // L-C's academic pedigree
The dam // Lamps a and B // designate by 1 ABCD // 2 ABCD // 3 ABCD // 4 // 10 // to send to Prabawalkar
the Signs' ozalid to send to Praba[walkar].

357

For the Esplanade Signs // Capitol // put in some ponds // as in Delhi astronomy // M[onumen]t
Traveling exhibition // Delhi, // Boesiger write to Varma // + [write to] Radhakrishna // + Nehru // catalog // Neogy // Randhawa // + Vohra.

358

Rectify documents // H[igh] L[evel] Committee // dates April 24, 1959 // and not 23
Santa Cruz Airport // Bombay // the d[irecto]r of the airport (whom I know) shelters me in his (very chic!) office // Air conditioned // 70 × 50 cm. // cost £ 200

359

very correct and efficient // self-service Machine, without connection to generator. // runs on ammonia
Baghdad

360

On return // buy 1st-class electric shaver // (Air India)
Rome Airport April 26, 1959
a/ the great smooth runways for take-off // (Chandigarh Esplanade courage of simplicity is needed) // triple // b/ the gleaming aluminum airplanes + heraldic strong colors = 1. new spirit outside of the "lizard-arts"!!

361

Orly / Harvey // 12:45 ask [for] M. Delamotte // Air France
Air France // 1:40 PM Viscount
Amsterdam 9:35 PM arrival
for Paris KLM // 10:20 PM // Le Bourget 11:35 PM //
Tuesday May 5
... // Mr. Cosson // Advise KLM which Hotel // Dekker KLM

362

automobiles // automobiles // ditch for water // the Baghdad highways // 2 privet[-hedge]s + ditch = water two times a week (irrigation)
M. Djell N. JALILI // acting Director General Development Board Section II // Mr. PLATOUNOFF
René Dumas // International Equipment // June 4, 1935
Masbah Baghdad // Post Office [BOX] 327

363

today // 24 + 20 = 44 // have paid only 15!!
May 5th 1959 Paris Plane KLM
Damascus bordered by desert and sparkling with greenery all in squares with sides of 100 or 200 meters, (each) square bordered, by a belt of trees // the center = vegetables // the cultivated area is huge
 Encouraging for Chandigarh Dam →

364

The city of Damascus (the old one) seems admirable, intact beyond modern reach // The plazas, the arcades, palaces, etc. the homogenous maze, squeezed in by streets. All the roofs whitewashed.. Pink squares and rectangles (bricks) = pavements or terraces of the palace plazas surrounded by arcades.
 Then a second envelope of homogenous, Arab city. Then the modern onslaughts, round about.
 Beirut is 10 minutes away by plane, Lebanon comes right up to Damascus. Mountains and as far as the sea, forests, farmlands, greenery and the entire territory starred with scattered houses – Then the sea.
 32 minutes away: Cyprus 2½ [hours] from Beirut to Athens // at 11:08 AM Cyprus is extraordinarily admirably, totally cultivated = perfectly cared for

365

At 12:20 PM Rhodes (the port) then the mountainous islands, sparsely inhabited, no agriculture.
 Pleasant outlines against the matte blue water (cobalt + white = at 20%)
Cyprus had prodigious inlets: the cobalts, turquoises, underwater intensities (acid green) // Cyprus a golden breadcrust
 This life in the archipelagos without automobile roads, without automobiles makes me dream, the deserted shores
Asia Minor is in permanent contact (the coast) // Old fishermen's boats, empty sea
Niarchos

366

Flying over Athens Salonika Macedonia the Balkans at 3:30 PM (Baghdad time): Ronchamp is pure, totally fundamentally. Baroque is baroque! That is enough. It illustrates the cause that made Europe rise up against the falseness, the abuse, the pomposity the lie of Rome and provoked the schism.
– The schism resulted in nothing in the way of human expression.
 But Ronchamp lies beyond Rome, gets, without having sought it, in touch with the origins. Rome is a great poison.
 I am flying over the Danube, Balkans, Athens, the Archipelagos. I had made this trip in 7 months pack on my back, 50 years ago. And I

367

saw and learned architecture
 And I did not happen upon Rome which was not on this route. Rome which fashioned the West, but with what devastation, at a cost not yet accounted: the spirit of truth was thereby molested!
From Salonika (before and after = beautiful geometric and ordered agriculture)
in Belgrade // through Macedonia keeping to the allies' big military spine – the modern road, – follows the thalweg, cutting across everything. The farmlands well cared for The main road is drawn out beside the agglomerations.
So much country so much area →

368

Is ruled by the thalweg = the natural path of men. = understanding, = utility = agreement
The airplane, imperturbable, never ceases to be in harmony with the great path it discovers at every moment
Attention: the Open Hand // Bhakra Dam // Aluminum: + vermilion // + medium cadmium yellow // + perhaps black // [perhaps] white
– never blue (that "spaces out" and that will not do // + possibly crimson red (?)
To the north of Belgrade, the farmlands are exemplary: laid out over vast dimensions, very big scale, and handsome! They have gone beyond the individual.

369

From Belgrade toward the North, the airplane follows a tremendous super-highway a bit sinuous but huge undulations

All this country between Belgrade and Budapest is under full agricultural cultivation (It appears that this is the Hungarian plain)

— Upon Landing in Budapest an Egyptian working in Baghdad (architect) says to me: "It is said that you were expelled from Baghdad!!"

370

Audio-visual // The operational Studies // thus analysis // solution // presentation // Meaux bus[iness] // Press Conf[erence] // = several ministers // grandeur and decadence // at the Chamber of Commerce // consequence = // forecasts // new arrangements // a/ [Museum of] Knowledge Capitol // ...: b/ + audio-Visual teaching institute // Cultural Center // a/ for ministers G[overno]r and deputies // b/ for education training

371

foot basin – // bidet – // towels – // +

372

"You have attained a level.... // !" // yes yes, let's suppose a level of one meter, an altitude of one meter. That means one thousand millimeters conquered one after another, successively, tirelessly: patience, perseverance, obstinance, will, desire, = character.

"Crush the infamous" // Seen at Leslie Martin's // Sandy Wilson or Voltam at Leslie Martin's // consider 1 little book on Corbu the painter METHUEN and Co. series // Methuen London // "The Little Library of Art" = (printed by J. Monnier photographs by Perrot and Griset // size 15 cm. × 11 cm. // 15 color plates 16 pages texts and graphics

373

"by a doctor H[onoris] C[ausa] in Law" // 24 pages [in] small format. // June 11, 1959 // "CAROLUM EDUARDUM LE CORBUSIER" // (!) // excerpt from the booklet of speeches.

Baghdad Stadium // the ramps in London are 360, London airport // June 11, 1959 // review the whole problem of Baghdad circulation ramps everywhere

374

L-C I // I the H[onoris] C[ausa]'s seated // II an H[onoris] C[ausa] (L-C) is consecrated (sacré con) by the Chancellor // III the H[onoris] C[ausa] goes to sit down // the parade through the squares of the University // the procession through the city // streets // the streets // the crowd // green ...

375

Moore / L-C / Chancellor // 300 guests / down with the Academy!! // Chancellor // L-C // Finch // Bhabha [Tata] // Moore // T. Williams // L-C

376

polychromy = 1 color per story // For C[ité] U[niversitaire Pavillon du] B[résil] studio level // (back) // good use of the (interior) bearing pillar of the ventilators A A₁ A₂ and of the walls / + fixed windows a balcony is on the front V / black // IV / white // III / green? // II /yellow // I / blue,

377

Stockholm Museum pictures
guy [in] Copenhagen 5 pictures // tapestries // acoustic curtains
Osaka / curtain
Bouxin // Malraux ministry tapestries *L'Etrange oiseau et le taureau*
Seydoux French embassy // tapestry
Sydney Australia = mural
Tokyo / photomural
Philips Eindhoven museum
Heidi Weber Mezzanin cartoon *Le Moineau* // 2 enamels arch[itectural] drawing // large paper collage

378

[See French transcription for list of Le Corbusier's works.]

379

D[octo]r H[onoris] C[ausa] in law Cambridge // June 11, 1959
CIAM La Sarraz 1928 L[eague] o[f] N[ations] // single working language
The Modulor = decimals within Foot-Inch // [Modulor] // worldwide Manufactures // standardized [Manufactures] to keep
[See French transcription for list of Le Corbusier's works.]

380

Bouxin June 17, 1959 // Malraux Palais Royal Tapestries // the 4 drawings [from] Brussels lec[ture] // Embassy tapestries with Seydoux Majestic
1 Seydoux // 2 Fouchet // 3 Muracciole // takes care of // takes care of the money // the "cultural posts" Abroad in Berlin Seydoux's brother

381

June 19, 1959 – 5 PM

Tele[phone call]: from Mr. Sudreau's Office: upon leaving Paris the minister left a note instructing me to tell you that he has just given Claudius-Petit the authorization, to commission from you a *Unité d'habitation* at Firminy 6:30 PM Diebolt's Office City hall, commissioner for housing in the Paris Region: Presence of his Cabinet chief + Seydoux – L-C and Présenté. Under the current program you will have one *Unité* to complete in Meaux in 1960, the second in 1961 according to your urban plan for 5 *unités* incorporated into the Meaux ensemble. I asked to be obliged to arrange for and to organize in each *unité* the common services (especially, provisioning + nursery school)

The guys from Lot-et-Garonne wrote to Présenté that they had the financing for a *unité* there.

Présenté + Rosset // have the financial cooperation of the Paris Gare d'Orsay problem with L-C (financiers: German notaries) = 100,000 square meters of floor area including a hotel with 1,000 rooms.

– the *unité* of Briey-en-Forêt is now being built. = 1 // Meaux = 2 // Lot-et-Garonne = 1 // Firminy = 1 // + Malraux Is asking for // memorandum by noon for French embassy Brasília

382

Salma –

Ear [Fenestration] // bottom [of] foot = dead (sometimes) // nails grow very fast // time passes [very fast] // walking in the morning [causes] a little breathlessness [in the] lungs // (winter more so

Firminy June 27, 1959

Chronology
See N56.

Soon after Le Corbusier received the commission to build an *Unité d'habitation* at Firminy (N57, 381), he visited the site in order to study the terrain and determine the best orientation for the structure, recording his visit on the opening pages of this sketchbook (385-388, 391). Next the architect summarized his discussions with Heidi Weber, who was active in bringing his artistic production — paintings, drawings, sculptures, enamels, lithographs, and tapestries — to public attention. For the Danish architect, Jørn Utzon, he listed several of his paintings pursuant to the suggestion that he create enamel panels for incorporation in Utzon's Sydney Opera House project; he proposed making each panel in duplicate so that one set might remain in Europe as part of a museum collection (393, 394). Another project, the stadium at Baghdad, appears in studies for ramps (400) and portals (401). For Joseph Savina, the Breton woodworker who executed Le Corbusier's designs for wood sculpture, there are notes concerning the carving and polychromy of several large-scale works (397).

The architect at this time saw a need to reorganize and revitalize his office at 35 rue de Sèvres. At the end of June he made a brief note of work responsibilities (399) and six weeks later set down his plans in greater detail (403-405). He designated this project "Et 72," or *Etape* (Phase) 72, a reference to his age. Observing a family of swans on Lac Leman, he likened himself to the male swan, who fed his voracious family and almost never ate himself. ("Corbu from 1945 to 1955 fed the Studio.... Yvonne and L-C borrow money...." [412]). He prepared a note for Tobito Acevedo, Xenakis, and Maisonnier, formalizing their separation from the studio (420, 422-424). While at Le Lac, the villa on Lac Leman, he studied what might be done to soundproof the house, which stood close by the road. Enlarging his perspective, he conceived of starting "an ASCORAL acoustics department to solve the problems of noise... and to acquire, to conquer silence" (407).

The architect carried his sketchbooks with him to Cap Martin with the intention of working on the project for an *Unité d'habitation* at Meaux. For Pierre Faucheux, collaborator on the project, he pointed out several of his earlier efforts, particularly the *cabanon* at Cap Martin, as sources of inspiration in designing equipment for the living units (413, 414, 416). They should attempt "to create precise, specific, portable appliances," he wrote (439).

A sketch for Chandigarh accompanied by a commentary (417) reveals the genesis of an idea out of the architect's past observation of the Pitti Palace. Elsewhere (424), he proposed carrying out research on ventilation.

On September 10, 1959, Le Corbusier's mother, Marie Charlotte Amélie Jeanneret-Perret, celebrated her one hundredth birthday in Vevey (425). The next day, upon his return from this happy occasion, the architect learned of the collapse of the generating plant of the Bhakra Dam — "a national catastrophe" for India (425).

Edouard Trouin, for whom Le Corbusier in 1948 designed a "Basilica of Peace and Pardon" to be carved out of the rock escarpment at La Sainte-Baume, reappears as the two discuss plans for a vacation colony (427-431). Two pages (432, 433) summarize the concept of the *Unité d'habitation de grandeur conforme*. On the first are listed the different components, while on the second is a typical section. The close observation of a wasp's nest at Cap Martin (434) is related to the rational organization of kitchen equipment. The sketchbook concludes with a section sketch depicting Le Corbusier's studio in the rue de Sèvres during the reorganization of 1959 (440).

383

FIRMINY // June 27, 1959 // 51 // 55 // 57 // 59 // N58

384

LE CORBUSIER // 35 rue de Sèvres // Paris 6 // Tele[phone] Littré 99 62 [Littré] 52 60 // This important notebook may be sent to this address.

385

June 27, 1959. // Firminy *Unité*
the remainder in [single-] family houses derivation La Rochelle type + family [type] = 1 poplar // the whole extracted from the *Unité* = typical dwelling.
Firminy // L-C // Maisonnier = *Unité* // CAB // Xenakis / Youth C[enter] //Tobito / Stadium in the ground Présenté Gardien + Rebutato // A ≠ Bona? B C

386

Firminy Stadium // ''Youth C[enter]'' side // the rocks are being kept visible. for stage
Dixit Claudius-Petit the stadium + Youth C[enter] // is subject of [an] administrative file which is now in circulation Stadium in banked ground + land-fill // tiers of seats above ''Stribick'' Contractors // (Polish) // Jean Charles? // make 1 swimming lake like ''Melèzes La Chaux-de-Fonds'' in place of the present soccer [field] // Claudius's response no! there will be artificial lake towards little stream down below, to the west of the Corbu *Unité* // (L-C Put in a path to this lake

387

the park // *Unité* // ''Firminy-Vert'' // Soccer field // the quarry // + Stadium

389

cemetery // future road // Embankment // soccer [field] // level A // level B – 15 meters (?) (?) // Level A // Level

390

Henri [Bruault] // buy for me at Henry [René et Fils] // Rue de Rennes // Rapidograph // (German) // to fill with ordinary India ink. // (for the most sharply pointed) // there are 3 kinds of line width) it would be better to use sepia ink.

391

earthen embankment tiers of seats over moveable unanchored cement slabs – (watch out for freezing which breaks apart = for freezing which breaks apart!

392

June 27, 1959 Heidi Weber
Tapestry
1 cartoon *La Femme et le moineau* // customs: = project // collage by Lefebvre-Foinet // exhibition [by Lefebvre-Foinet]
1 cartoon *L'Etrange oiseau et le taureau* // no that's going to be woven
1 paper collage. *Le Soir* 113 × 91 (?) // (the second is for Savina and Nola // design a frame. // L-C
Petites ''confidences'' – 10 author's proofs // Lithographs Editions Mourlot
Idem = 10 lamps Rhodoid [plastic] // a choice
Real tapestry Saint-Gall // see Milan catalog: *Traces de pas dans la nuit)* // *Le Chien veille)*
La Femme au guéridon et au fer à cheval? // tell Hervé to take photograph of *La Femme au guéridon et au fer à cheval*
1929. // architectural drawing in L-C's hand // [of] Errazuris [house] 3 // of / = a whole // +machine-size sketch // + design for the frame.
Sculpture *Totem 2* (green and red) // 1 correction by Savina

393

1 // UTZON. // from Copenhagen // 5 pictures (1927 1938) // 1937 *Deux Figures au tronc d'arbre jaune* // 100 Fig[urative] // *Table d'apéritif et Chien* // T60 landscape. // *Deux bouteilles le coquetier* 1939
60 Fig[urative] // *Nature morte bouteilles et verre* Jeanneret
40 Fig[urative] // 1st rendering / *Nature morte rose gris et vert* T60 Fig[urative].
2 // 3 Tapestries (return from London) // b'/ *Les (8)* // a/ *Le Chien veille* // b/ *Traces de pas dans la nuit* // c/ to be woven *L'Etrange oiseau et le taureau* // d/ + *La Femme et le moineau* // 5 enamels // 1 picture T80 // ''1923-43-59'' = *Nature morte aux nombreux objets* 2nd version
4 // Sydney Opera House // [create] cavern-like atmosphere = enamel panels = murals
3 Acoustical tapestries
Savina L-C *Femme* (Wood) 5

394

on black ground and painted Strongly
UTZON // Martin // large enamels [along a] rocky promenade + Opera hall? enamel mural // Important note Each thing would be executed in 2 copies – 1 for Museum in Europe, the other for Sydney. If, an element broke it would be possible to have access to a model (the copy) for restoration
6 // UTZON frame together 4 enamels

395

June 27
1 Firminy // 1 Stadium // 1 youth center // 1 *Unité* 400 dwellings
2 Meaux 1960 1 *Unité* // 1961 1 [*Unité*] // = 2
1 Briey[-en-Forêt] 1 [*Unité*]
1 // 5 // Lot-et-Garonne. 1
La Tourette Mimi + Gardien // Baghdad // Tokyo // Museum of Knowledge Capitol // PTT. City Center // Bhakra // Visual [Arts Center] Museum Boston Sert

397

Savina to do on Large scale: // *Les 2 mains*. // Correct the large 1957 or 1958 polychrome. // + on large scale the polychrome [of] *La Femme et l'enfant* // ∞ // after (final) design // Hervé's photograph exists. // + *La Tête les cornes et la nageoire* on large scale.

398

talk to Présenté! [fix] crack 24 rue Nungesser-et-Coli // Gardien + Mimi + Bona Firminy // Firminy Stadium in earth + Land-fill // + tiers of seats above // Stribick Contracting, rough work + artificial floor

399

Studio 35. rue de Sèvres. Gardien // Rebutato / Construction sites // Faucheux / scheduling // 1 // Maisonnier // Xenakis // Tobito
June 20th, 1959 // I find in the magazine *Architectural Forum* a school by Reidy (Rio) image of our Claudius-Petit's youth center Firminy. This project done in 1953 (?) [at] 35 rue de Sèvres ''ended up'' in Rio and has been carried out before our. own

400

July 16, 1959 (Métro)
or // [P^r] // ramps 9 meters wide // Chandigarh Secretariat

401

Baghdad Stadium // Exit

402

Zehrfuss's response *Gazette de Lausanne* July 2, 1959 // addressing the C[ercle d']E[tudes] A[rchitecturales] Bulletin as a founder of the ''Rights and Fate of the architect: UNESCO design + Chandigarh Secretariat // Flins Renault Factory = linear city // *The 3 Establishments of Man* // *Unités d'h[abitation]*. // Marseille // Nantes [-Rezé] // Briey[-en-Forêt] // Berlin // Meaux Baroque = Prix de Rome. // (MMi* plot ([Vromet] Léonard victims) // = Prix de Rome counterattack for La Défense + Saint-Gobain + UNESCO I = project copies UN. Jardin d'Acclimation // Algiers by Dalloz // * = ''Marseille-Michelet''

preface in L-C text in [Hatje] counterattack [is] in good position

403

July 31, 1959 Morning Métro
Decision Studio 35 rue de Sèvres
principle // engineer / architect // = conclusions from the
[Hatje] book // dismissal of the *dattiers* [apprentices]
L-C // Andreini // Drafting Jullian // Oubrerie // Scheduling
Tavès // Présenté // Gardien // Mimi // = management //
Présenté / L-C // Ducret
yesterday I received the *Who's Who* from London with
mention of YV[ONNE] Gallis married 1930
Meaux // industrialization // isothermism // sound insulation
// apartment equipment
works // Meaux // Firminy // Stadium // Youth [Center] //
Unité d'habitation // Boston Museum // [Museum] of
Knowledge Capitol (Chandigarh)
at final stage // – Convent // – Briey[-en-Forêt] // – Tokyo
Museum
Signs: it so happens that for the first time since Yvonne's
death, I wore (yesterday with green spot, today // with red
spot, the red-spotted 1946 New York tie

404

Reorganization 1959 // refuse all special work // ...
concentrate on *Unités* = // achieve understanding with
Présenté + Englishman Arup // for quality engineering //
Dams // Gare d'Orsay

405

Reorganization 1959 (Continuation)
This July 31st it so happens that in Bercy I am having lunch
with Baudouin + Mr. and Mme. Faucheux + Boulanger
(Boulogne-sur-Mer)
 I hint at my project (from the Métro page 21 here). I will
talk to them again about it in September.
 Faucheux about equipment
 Boulanger as adjutant (scheduling, costs etc.) in the
afternoon Baudouin says to me: the toreador has imperative
need of a team: the *banderilleros*, the *picador* the
montaña, the ones who keep an eye on the bull assuring
his safety, getting through etc.
 Page 21 could therefore be completed by Faucheux //
Self-made man having proved himself. // and Boulanger
35 years old // (law studies until age 20. From this time has
devoted himself to make buildings (his father and
mother's war damages in Boulogne-sur-Mer. // Desires
battlefield in Paris.
– I spoke at 4 PM with Ducret of a greater interest that he
could take in the Corbu firm. He is thrilled!
I could christen: Phase 72 (years old) // = [Phase] 72
1907 L'Eplattenier // 1908 Perret // 1917 Ateliers d'art
réunis // 1921 Bornand // DuBois // 1925 Ozenfant // 1939
P[ierre] J[eanner]e]t // 1956 Wog[enscky] // 1959 the
dattiers [apprentices]

406

the big catalpa // wall // 2.50 high // 50 cm. thickness //
charcoal 250 // free // the trunk // th[uya] / Neighbor // wall
10 cm. thickness 200 high // wall 160 high
The Simplon road // profile // Garden
at A: the great noise (automobiles) determined by
roadway [by] speed // sound reflected by 3 houses and
retaining walls ... shutter // 123 per little wall sketch Z // at
B untenable. 10 × 10 Square lawn + catalpa // [at] C
tolerable. There is compact thuya th[uya] and the house //
[at] D. almost perfect, usable, almost silence // [at] E
[almost perfect, usable. almost silence] especially at E'
roof high grasses and moss // sidewalk wall / The Simplon
road
the roof is grassy the walls are double: South + in
aluminum north in galvanized iron

407

Z // ''Le Lac'' // Lavaux road
It would be useful to start an ASCORAL Acoustics
department in order to solve the problems of noise
emission and reception (vehicles etc.) and to acquire, to
conquer silence –
August 10th, 1959

408

Switzerland Dr. Miéville / Georges Aubert
August 14, 1959 // L-C go [to] Reboul line of action for
''Le Lac''

409

Electronics // The Music hall
Mr. Cocquatrix // Ideal spectator in the Music Hall ''*Les
Monstres Sacrés*'' // Edith Piaf, Josephine [Baker] //
[Georges] Brassens // Write / Radio-Genève 7:45 AM //
''Le Miroir du Monde'' Geneva // interview with Cocquatrix
on August 11th, 1959
L-C: = important = electronics may be the revolution with
concrete music + all the other kinds of music

410

[Phase] 72
until Wednesday August 12, 1959 // Papa Swan // or!
Mama // 4 sons / 3 daughters / mama swan // papa
Thursday August 13th / 6 children alone, abandoned,
thrown into life // (a bit impatient = not knowing how to
wait, they miss their lunch or their dinner
All that between 9 and 10 [in the] morning on very calm
entirely empty lake. To be noted that papa swan was
flirting with the fisherman's wife, beautiful woman //
indeed occasionally replacing her Husband

411

Friday August 14, 1959
all sails out: papa swan is hot; he calls for mama swan:
She gets the hell out at full speed as far as Vevey 2 Km.
She comes back, he turns to her. There is something new:
there are two lady swans on the circuit. The papa still
acting fresh. I watched this great going and coming for an
hour. // A second female had appeared, staked a claim for
the second brood!

412

[Phase] 72 // here: pages 21 + 23 + 28-29 // = Phase 72 //
= Corbu's age
= 6 × 12 12 = 3/6/12
note for page 28. When the 7 + 2 = 9 arrived to feed
(voraciously) the papa swan stayed behind and (almost)
never ate
Corbu from 1945 to 1955 fed the Studio. (1946-47) //
Yvonne L-C borrow money from Soltan and Aujame
12-year Calendar // age 24 La Chaux-de-Fonds cycle //
36 *E[sprit] N[ouveau]* // 48 *V[ille] R[adieuse]* // 60 UN
New York // 72 New phase

413

August 27, 1959
Faucheux // Ask S[ociété] N[ationale des] C[hemins de fer]
F[rançais] [for] plans of aluminum (Cars) Coaches *Train
bleu* sleeping-car at 7:08 PM Monte Carlo Coach No. 10
Design for Meaux 35 [rue de] Sèvres: rethink Dr. Winter's
2 compound bedrooms 24 rue Nungesser-et-Coli
the little tube chairs at Robert's with scraps from stamping. //
Bottoms full of holes +
the ceiling of variously colored panels. the bench under
window = horizontal armoires the *cabanon* dressing table
to be combined with new grid [of] hot water cold water
pipes little cabinets and basin

414

Meaux // Firminy. // take another look at the glass panel. //
Faucheux // Faucheux or Tavès // bench seat // and the
cross-ventilation
attention! // look at the plans of the *Cabanon* Etoile de
Mer. And the addendum to the file // There were some
finds there, + the 5 ''vacation *Unités*''

415

mountain railway // *casa del mare.* // wall // sea // beach //
at + the tunnel source of a huge draft of cold air
Causes: 1' draft from above to below // at T = porous
masonry seeping moisture that the draft vaporizes
whence = very pronounced cold:

416

= the *cabanon* Etoile de Mer. compare with the Meaux
equipment // — Faucheux: Line up all the types of
dwellings for Meaux and see. // Faucheux // see also the
studies [of] 5 vacation *Unités* on the rock (Tidal wave)
Check whether Jacques Deval (Marie. Galante) is the
collaborator on Paris *Variétés[, actualités, information]*

417

audio-visual G[overnment] palace Capitol / see 1957
Zurich Catalog // page 48 the Sikh's model. // that is a
perfectly pure cube whose surface is of closely-spaced
vertical *brise-soleil*, making the surface uniform +
volumes like ramp and balcony United like Brunelleschi's
Pitti Palace. (I think of it suddenly)
August 25, 1959

418

white / blue // green / white // white / red // yellow //
white // black // black // nature

419

white / yellow // red / white // white / green // blue /
white // black / white // white // natural / black // black //
door white

420

Modern architecture has triumphed in France it has been
adopted. You may today find there a testing ground for
everything that you yourselves have acquired with your
own hands and also for [that which] your work with me
has afforded you.
I thus give you your liberty. beginning September 1st.
   It is of course understood that I shall fulfill all legal
obligations in your regard and also those which stem
naturally from friendship insofar as circumstances shall
permit me
   You have completed one phase of your life [at] 35 rue de
Sèvres. I am quite persuaded that in full maturity you will
pursue a brilliant career like all those who have preceded
you here and who have made their own life.
Train bleu, arrival Paris // 8:30 AM August 28, 1959.

422

MEAUX // FIRMINY // Baghdad // [Museum of] Knowl-
edge // Teaching School Ch[andigarh]. // Assembly
acoustics + furniture // [Gare d']Orsay. // Brasília embassy.
Malraux aide. // Présenté / L-C // Ducret
Faucheux // Equiba equipment // Hervé // Tavès // metal or
concrete // arch[itecture of] *Unités* // Jullian // Boulanger //
Scheduling // Gardien // Firminy // Meaux // Robert //
Firminy

423

I will have your debtor account opened and will send it to
you // at my place // Xenakis Insurance 28396 which will
be paid by Social Security // But I was not obligated to pay
you for the month.
Maisonnier. 400 [thousand] deposited by Corbu = Corbu's
check. // Tobito owes the fund 68,300 // Ducret pays the
month as prescribed by law: September // Upon my return
I shall liquidate the balance as I see fit and definitively
since you will not allow it to be done in accordance with
my feeling of friendship

424

Bhabha [Tata]: make a cool place with sun // (Faucheux) /
(Museum of Knowledge + teaching [school]) // +
temperate regions via humid and windy tunnel = G. Lyon
Centrosoyus // + // Tavès // Faucheux

425

September 10th, 1959 Vevey Mama's Hundredth
birthday. Ceremonies friends, Conseil d'Etat 1 prefecture,
Commune Flowers and bottles Innumerable telegrams
back the 11th [in Paris. At] 9 AM Jeanne [Heilbuth]
telephones that the generating plant at Bhakra has
collapsed buildings and turbines, national catastrophe
Today, the Newspapers announce the Sino-Indian tension.
Nehru on the brink.

426

Geneva Cointrin Airport // Sliding Doors (to the left or right
of the repair hangars // about 10 meters // for Baghdad
gymnasium or Wanner tilting system

427

lawn // water // level of underground water seepage //
25 m. // 4 to 5 pools with sides of 50 meters thus
1 [swimming pool for] meets = 25 meters // Trouin //
La Sainte-Baume
September 15, 1959 with Trouin.

428

obligation 4-meter roof gutter? // N[orth] // W[est] / E[ast] //
S[outh] // ...
concrete floor with chicken wire or welded trellis // ... floor

429

1 enclosed garage on *pilotis* with studio // N[orth] // W[est] /
E[ast] // S[outh] // stairway
exposed // Catalan [vaults] // 2½ cm. thick // 2½ cm. //
Saluce brick // but the best is to do exactly Catalan tile //
concrete connection

430

bottle-glass bricks // glass
the 4th wall
[bar] at Trouin's La Sainte-Baume = perfect
= standard panel // painted black // At [Miradi's] id[em] //
glass bricks / glazed door

431

[Lake] Geneva Le Lac // N[orth] // W[est] / E[ast] // S[outh]
N[orth] // W[est] / S[outh] // N[orth] // W[est] / E[ast] /
S[outh] // Trouin // 2 kinds of of orientation
September 15, 1959 // with Trouin at Plan d'Aups La
Sainte-Baume

432

Expenditures / 1 foundation // 2 *pilotis* // 3 sewer // 4 an
apartment // 5 a square tube = *rue intérieure* / 6 a 4th wall
+ *brise-soleil* loggia combined (?) // 7 domestic equipment
cabinets, tables, beds, light // 8 the heating is individual.
9 the light [individual]
receipts the dwellings A (rent) // the "concessions": / B //
= nursery school // = provisioning 2,000 mouths // TSF TV
channel C // post cards Hall stand D // visits E // garage
repair shop F // Laundry G // Children's clubs H // young
people [club] H1 // adults [club] H2 // Party room 1 //
Hostelry (little rooms) J
This = balance-sheet for a *Unité* [d'habitation] *à grandeur
conforme*

433

5 // A square tube lengthwise // 4 // a yellow box 3 meters
× 66 × 18 meters // 6 // a facade = 4th wall and *brise-soleil*
loggia // 3 // the sewers and pipelines // 2 the *pilotis* // in
Marseille 250 automobiles // 1 the foundation

434

A wasps' nest here 1:1 scale // 3rd floor // 2nd floor //
1st floor // the cells thus have 3 different depths a.b.c. //
this wasps' nest is whole,...
Cap Martin September 23, 1959

435

kitchen utensils // holder [for] knife idem forks 2 to
3 categories spoons little spoons with hexagonal cylinder
Sugar // rice // semolina // flour // salt // handle // in natural
aluminum.
Frankfurt kitchen system 1928. // back // collection of
overflow // rice // semolina // flour // section // Overflow
drawer.

437

measurement of an old cottage commanding the corner of
the beach at Roquebrune the abandoned house is
collapsing // 220 outside and inside 220 also

439

Meaux create precise, specific portable electrical
appliances (= 1 plug that one puts into a wall outlet or an
extension cord up to 20 meters [long] // = here = *cabanon*
reading lamp // wall "circles on the ceiling // Table lamp //
plastic or paper / opening // summary: all the appliances
portable and installable within arm's reach

440

glass office // plan // file // accountant // checking. //
drafting / drafting // drafting // checking // drafting / drafting //
drafting // drafting / drafting // checking // Ducret /
x general arch[itecture]. L-C + J[ullian] // x Meaux
F[aucheux] + T[avès] // x Firminy G[ardien] + O[ubrerie] //
September 26th, 1959

The real cause of France's depopulation, Is Presence of
Mind (Paul Valéry) // Trouin's Quotation

Sorbonne
Boston, November 1959
Chandigarh, December 1959 January 5, 1960

Chronology
See N56.

Although Le Corbusier visited the site of the future Visual Arts Center at Harvard University in November 1959, there are few conceptual or visual notes about the project, except for one that "the spiral of the museum's roof must become a garden path [with] rocks set up in the landscape and constituting landscape" (447). At this stage, the architect was more concerned about understanding who held power in the official hierarchy at Harvard (448). He made note of gifts to send to certain people, including an autographed copy of *Les Trois établissements humains* for the students in Sert's architecture class (454). It is clear that Chandigarh and the future Fondation Le Corbusier were Le Corbusier's primary interests at this time; the Villa Savoye was mentioned as a possible location for the headquarters of the foundation, and Sert promised to inquire about American subsidies for the organization (456).

On returning to India, Le Corbusier reaffirmed the great importance of placing an Open Hand monument at the top of the Bhakra Dam — "in violent painted colors on polished aluminum against the sky" (462, cf. N57, 368). He shared Nehru's worry that " 'they' would be capable of slapping turbanned bronzes etc. etc. all over the dam (Bhakra)" (462). In spite of the Bhakra Dam catastrophe of September 1959, when the generating plant collapsed (see N58, 425), Le Corbusier continued his work as a consultant for the project. In a rare explanation, he described the formal ideas for the color scheme of the dam (482-484).

Aside from works in progress at Chandigarh, he was anxious to refine what already existed. The water level of the reflecting pool in front of the High Court was to be regulated and limited in depth (473). Moreover, there were never to be any water lilies in the pool, "always pure mirrors" (473). The facade of the Museum of Knowledge facing the Himalayas was to be backlighted and also reflected in a "mirror of water" (475). Superb photographs of the reflecting pools of the High Court, made by a woman from New York (485), inspired Le Corbusier to propose that a school of audio-visual teaching be set up at Chandigarh and a permanent competition held for the best photographs of the High Court, "with a pink jersey that goes to the latest winner" (493).

The Capitol buildings at the head of the axis of the city of Chandigarh were to define the last outpost of civilization before the foothills of the Himalayas. Le Corbusier reiterated this idea in a note stating that there were to be "no hills in the lawns [or] craters north of the Museum of Knowledge: the rural site must remain intact" (466). He also considered the 7V's (in reality, 8) that carried the city's traffic, place names (471), and many details in the government buildings (474, 476, 480, 481).

On his way back to the airport at Delhi, Le Corbusier's car broke down, necessitating repair. Farther down the road he encountered a strange scene of Sikh warriors in mock battle at a festival: "Don Quixotes... roaming the land, without a home but making camp every evening anew!" (494, 495).

Le Corbusier made a note to buy in Paris a book by Dr. Auguste Henri Forel on the social organization of ants (489). His interest in this subject derived in part from his urban theories. Perhaps, too, there is a connection between the scale of these diminutive creatures and the dots of people who seem to be scurrying like ants in many of Le Corbusier's sketches of the monumental buildings at Chandigarh.

441

Sorbonne / BOSTON November 1959 // CHANDIGARH //
December 1959 // January 5, 1960 // P59

442

LE CORBUSIER // ARCHITECT // PARIS. (FRANCE) //
35 RUE DE SEVRES // TEL[EPHONE]: LIT[TRE]. 52 60 //
Tele... Robert [about] Utzon's Enamels // 16 // Harding
Avenue // 1:15

443

Meaux // November 12, 1959
1 foot // the impeccable plastic curtain // the sea // each
Window has its curtain // (for Meaux) // Jet Airplane // Paris
Boston // November 12, 1959 // a flexible sheet of plastic
like 1 plastic cloth // white // = plastic // each sash and
each window

444

light (strip) // light (strip)

445

Japanese Stool // at Sert's Boston // Write to Saka[kura]
For L-C's Studio 24 rue Nungesser-et-Coli // a b c = 1 arc //
b-c = empty

447

attention Boston
there must be a (Turkish-style) *Cavedji* to arrange
contracts. // contacts // Boston // Visual [Arts] Museum //
November 12-15, 1959
there is some gray granite
the spiral of the museum's roof must become a garden
path and rocks set up in the landscape and constituting
landscape.

448

Attention Braziller // Hervé refuse adamantly
On return // it would be a matter of L-C doing a critique
with Hervé's Capitol photographs
the president of Harvard University Nathan Pusey. // Vice-
President Mr. [Reynolds] (finances) // Dean of Harvard
College / McGeorge Bundy. // 13 dean // = 9 department //
Sert
Cambridge (Boston) November 12-15, 1959

449

Joan PRATS. // 54 ramblas de Cataluña // Barcelona // L-C
send hat size and I will get 1 chic hat (dixit Sert) // November
14, 1959 // send him the old leather from my hat.
send Muncha [Sert] Von's crystal necklace // important
she will pick it up when she passes through Paris

450

Saint-Savin Vault // God receiving the offering

451

Harvard Boston // John Wiebenson // author of the
drawings [in the] hall of the Corbu Party on Saturday
evening // Friday November 13, 1959

452

At Sert's // [CN] // mirror 53 // hole = ventilation 16½ //
a little shaving stand for razor soap etc. should be added
momentarily // at Sert's this is in enameled sheet metal

453

Plant Boston // [Peabody] ethno[logical] museum Boston //
Aztec Statues fragments Honduras from Copán // under
Glass // here windows full daylighting // solid wall // glass //
the recess entirely black – electric light behind the edge.
= the Statue explodes in light // a = black // b = glass //
c = light

454

Set aside for Muncha [Sert] the Rock crystal necklace from
Bogotá (Yvonne)
November 16, 1959 Boston
send to Sert's Students in Boston *Les 3 établissements
humains* with dedication // [with] modulor // drawn: the
3 signs [with] builders // [with] *Les 3 établissements
humains*
is a matter here of 3 Mourlot lithographs (2 are [yet] to be
done)
For Whiskey ask diplomatic corps at half price

455

Jean Petit // Baudouin // L-C pictures
Ask Sert for black [and white] + color photograph[s] of my
picture in his office at the University // + Nivola // + to
Matisse inventory and photographs of my pictures at his
place
Tokyo 1 curtain detail // 1 tapestry Osaka // 1 *Taureau VIII*
[Osaka] // Detail L-C room Cassou [Museum] // T 40 Sert's
office New York 1947 // Tate Gallery. *Taureau* // Osaka
Bank, *Taureau* // + Nivola general photograph 2 murals
Plant – Boston exhibition 1948

456

Villa Savoye // Sert asks about what use, what budget,
what schedule, etc. in order to look for possible American
subsidies.
L-C said: Study fruit of 1 Fondation L-C (70 Hectares)
surrounded, being a part of various foundations (..., etc.)
standard building with individual patios.
November 16, 1959

457

Paris Delhi Plane // Indian Ocean // November 30 // 9 AM
(Paris Time) // for toilets + pantry kitchen
E = Light coves // E1 = horizontal ventilator (?) //
D = baggage rack // C = lighting strip (little spotlights for
reading + individual ventilator // B = curtain rod //
A = [curtain rod]
Note: Request plan and section of airplane (Constellation
+ ([Air] France)

458

Frame // 4 enamels Utzon

459

ethical // economic // sociological // technical
[Hatje] list of draftsmen: in note "the 3 *dattiers*
[apprentices]" asked that their presence be indicated in
Girsberger // Architect // Project Captain // Xenakis
Maisonnier Tobito // it's the first time that ranks have been
assigned [at] 35 rue de Sèvres // L-C has no diploma //
and for Girsberger Special VOLUME

460

November 27, 1959
Renault // On return India 1960 set up provisional
agreement with Renault for reciprocal contracting

461

On return India // Jeanne send Thelly Tata the 10 Mourlot
lithographs *Petites confidences*

462

Nehru – "They" would be capable of slapping turbaned
bronzes etc. etc. all over the dam (Bhakra).
It is therefore necessary to affirm: the 3rd force, the one
that builds and put the Open Hand in Aluminum on top of
the dam. With violent painted colors on polished Aluminum
– Against the sky November 30. Airplane 3:40 Paris Time
– Nehru: reinstate Varma as Chief Secretary (?)
– Appoint Neogy coordinator of the 2 museums
([Chowdhury] coordinator)
December 1, 1959 this morning Nehru's yoga prof was at
Varma's

463

Write to Marg I demand to read and see proofs on
Chandigarh
Chandigarh Publication / a architecture // b color // Dogra //
hospital // school // housing // audio-visual teaching
[institute] // M[useum] of K[nowledge]. // School
Clubs // Mrs. Chowdhury // Bullgumm

464

December 2, 1959. // dam Lake Rose
1/ A // Walking on the grass is forbidden; only seat around
the lamps. // B / The grass [depends] on the protection of
the Visitors.
2/ Stadium: Urb[anism] + construction // who?
Praba[walkar] + Sharma
3/ swimming schools urb[anism] // arch[itecture] // who? /
Praba[walkar] // Sharma
4. High Court Extension Chowdhury.
5 review lighting installation dam category A // [category]
B. // Praba[walkar]
6 the Lake Rose clubs High Courts side Praba[walkar]
boulevard horizontal dam level
7 Cut section hyperboloid roof structure Assembly //
gilded (metal) or copper (?)
8 Capitol Park review L-C's tree-planting // + M[useum of
K[nowledge] [Park] [Chowdhury] Shamiana // tent // who.
the parks?

465

a/ *attention*, the walls enclosing sectors must be 226 or 183? = high

466

9/ // Vohra. opposite the dam, other side of the lake exemplary modern farm equipment = cooperative center
10 Prabawal[kar] New Hills to cut off M[embers of] L[egislative] A[ssembly housing] from M[useum of] K[nowledge] // *attention*! no hills in the lawns + craters north [of] M[useum of] K[nowledge]: the rural site must remain intact = view of the Erosion hills + "Chandigarh Point"
11 Praba[walkar] Hill Dam entrance with pebbles to prevent erosion
12 Chowdhury. Are there *ondulatoires* for New High Court bay
13 / Secretariat extension gaps filled with poplars P-P1

467

14/ Require [through] High Level Committee that corner houses sector near Dam be designed by P[ierre] J[eannere]t // Rest House // dam // lake.
15 Chowdhury *attention* High Court Extension faced with brick revetment // bricks // here cement
16 add to Chowdhury's High Level C[ommit]tee report that, additionally the institute of audio-visual Teaching Will prepare the people (the personnel useful for the work in the Museum of Knowledge)
water lake // calm brick walls enclosing // enclosing the clubs

468

17 do not put light under porch A but under porch B // since people going under A = mistake
18 Tell M[useum] of K[nowledge] to transfer dinners and luncheons for crowds take place in the garden under Chamanga = spectacular and practical
19 write to Talati Secretariat Cafeteria greenery // quid?

469

20/ // High Chamber pyramid // *attention* waterproof without tar or see that revetment plates fit
21 All urbanistic and architectural plans concerning V2 + City Center + north Water Boulevard must be submitted to me in Paris for approval
22 I forbid any whitewashed bands on High Court Extension: // Bad example: the present police dormitories behind High Court awful on the lantern-lights on the roof
23 Clubs // top // ondulat[oire] in rough concrete shuttering // I want to see the new plans made by Architects' Office

470

BY-LAW

Chandigarh By-law // describe the sector = 24 hours daily provisioning // the collection // C // of foodstuffs small Truck // "central markets" H // daily distribution D. in Sector markets to be standardized (Bogotá type) // collector
the 7V's which are 8. // the distribution of traffic // 1st work rush hours going and returning // 2nd the meantime (the women) // 3rd the alternatives: railway station // airplanes // [air]port buses // = the environs // 4th the extras: soccer // Stadium // festivals
Geography of places: Concentration // dissemination // in town // out of town →

471

Continuation = designation of places biology of each one indispensable values + unacceptable [values]
Property: rights and duties // Land ordinance rights // duties // Appreciation in accordance with the organization of phases
inevitability of the Evolution. // predict it // guide it // prepare [for] it

472

PHOTOGRAPHS Malhotra

a/ High Court Extension: the excavations in the [mud] = fantastic
b/ Level 1. Assembly = Column in front of the ceilings = sun
c the [mango] + the mangos M[useum] of K[nowledge]. with the little house underneath
Marg Photographs: submit to me the model for the book = I require [it] Possible photographs: choice from *Zodiac* High Court Secretariat

473

24 have Vohra sign order [about] water line High Court basins // to be checked on Malhotra's plans // Sunday December 13!!?
25 Complement to 24 Never any water-lilies!! // Always pure mirrors!
26 Prabaw[alkar] FORUM Fountains // Like High Court with Female Tiling
27 Forum the *ondulatoires* of the judges' hall are good for Assembly portico Facade (and for the other facades?? to be checked)
28 Vohra maintenance High Court [spillway] + Secretary. Maintenance purchase vacuum cleaner for dust + on Terrazzo = waxing machine like 42nd Street [Grand] Central Railway [Terminal]

474

29 Clubs no elements smaller than // = 5 × 480 = 240[0] on Himalayas side = lake side
30 Praba[walkar] reconsider the question of the imprints of cows' hooves [and] automobiles for Assembly = mixture with donkey-driver + L-C
here Water Boulevard // High Court // A // "[mud]" cliffs 7 meters high // here the River = Sand // the white landmark is to the east and far from the cliff // on V7 exit Nawal Singh // at A begin the patches of water

475

M[useum] of K[nowledge]. The Himalayas facade will be backlighted
Under the Mango = dances. lights in the tree + High Court + Assembly illuminate Ministers' facade // the / the [mangos] // create 1 luminous (electric) retaining wall // the obelisk 800 // Drain // Himalayas
here a mirror of water

476

31/ Malhotra Secretariat roof // balconies of the Cafeteria = 226 high or 366 with *brise-soleil* = stunning compartmentalization of the landscape // (= Application to Bhakra Museum room next to ramp [to] top of the dam
32 *Attention* the Secretariat flag must not be placed on the axis of the Ministry but in place of the obelisk 400
33 Praba[walkar] starting now // imprints in Assembly portico
34 Malhotra photographs 9:30 in the morning // end wall Secretariat = Opus // + Shuttering Level 1 Assembly

477

+ Color photograph / the colors behind the *brise-soleil* // Secretariat // idem ministers // + Ministers' portico (passing through) // + Governor's balcony.
35 Assembly // L-C have the engineer Bajwal be sure to prepare a note on the shuttering for "Chandigarh publication": Rough Concrete his name will be cited // "Reinforced concrete coming into architecture" // send a message to Moreau metal sheets Présenté
36 Praba[walkar] Urb[anism in] Chandigarh for Chandigarh Publication. L-C ask Vohra for an historical note (to open Series 1 (The city)

478

Sorbonne / January 1960 // – the doctors // – the Polytechnic // Centralized // Manufacturing Schools // – Beaux-Arts etc. // - Teachers // their studies according to innumerable precise programs (details and ensembles) of tasks this equipment intended for youth and which the young people can investigate according to their capacity. The Steel Shuttering = new Stereotomy // develop the theme
The "*parti*" = musketeer, theatrical tragicomic // = attitude // a/ // b/ = the Solution and innumerable attention given to all the facets of the problem // = modesty, rigor, total honesty unlimited innovation, radiant creative biology = architecture

479

Sorbonne the 3 = The Modulor // lithographs = 2 the builders // 3 The 3 Establishments of Man // + tree-planting grid // [+] CIAM architectural [grid] // I am writing citing in the power plant at Bhakra.
L[eague] o[f] N[ations]. Le Maresquier India ink // photo Centrosoyus and P[alace] o[f the] S[oviets] accused of [being] capitalist architecture by Moscow // [photo] United Nations 1947 L-C and Oscar [Niemeyer] accused of being communists by the big press USA // UNESCO 3 vetoes. // Observe // Discover

480

37 Malhotra give me name + references + Color samples
High Court facades // + 2 black projecting doors Ground
Floor Secretariat
38 Chowdhury - ceiling High Court entrance with exposed
shuttering slabs
39 dam plant trees between to the left at M road Water
Boulevard // hill dam
40 P[ierre] J[eannere]t's + Malhotra's formal order //
painting High Court Entrance // December 25, 1959

481

donkey-driver graphic Secretariat

482

Bhakra December 20, 1959 // Framework colors on the
exterior at a/ // traveling [crane]
[crane] 1 green // [crane] 2 // the other blue // vertical and
vertical frames = 1 color // m green // n yellow // o round

483

eventually colors differentiated by each plate // turbines in
different colors each turbine
the 2nd Power Plant right drive is shifted 7 m. down-
stream // this facade all in glass // the new B // seek a
combination of B/ with A // A / existing

484

there is at m. a scale of levels painted in red-black and
white gradations. strong – // The whole powerhouse is
monochromatic concrete glass + the rocks + the dam //
Thus the changes a a^1 a^2 and b b^2 will be in raw colors bb
against black for example a a^1 against red (with white at
5 points = vital // + c = the permanent traveling crane //
for example in Indian red brown

485

Mme. Marie Corlin... of New York made photographs High
Court with perfect reflections at 5 o'clock // on December
22nd, 1959 at 5:15 5:15 PM // at 5:30 it's screwed up! //
sunset and ripples on the water
On return: See G[ener]al De Gaulle to present enamel
door of the Assembly

487

= "ondulatoire // all colors // yellow / red // yellow //
yellow // bricks // natural columns // cement // cement //
opus maximum // Dholpur
yellow // red // yellow // yellow //double door

488

? black or yellow // red // yellow // bricks // ondulatoires
several colors // idem // M // electric spotlight // M1 // M2 //
firm // * // against black // bricks // double door // here
sliding black grilles. // * // Black terrazzo = wrong // * =
black + door color // A / A1 // = Cement Columns

489

On return // Buy [book on] The life of the Ants by
X Dr. Forel // Morges

490

Secretariat Pilotis // The Rooms will be made with dry wall
+ pipe // Scaffolding as support December 25, 1959

491

yellow / green / white // blue / green / red / blue // yellow /
blue // ondulatoires colors // facade // green / yellow /
white // ondulatoires colors /white
black recess // ondulatoires colors / show // yellow // black

492

Assembly // interior deputies' entrance // question:
1/ brise-soleil a = a' // 2/ interior glazing: b = b' // and
c/ overlaps b b'???

493

1% pantothenic hydro-Cortisone [7]%
Chandigarh Publications // Jean Petit // return // Opuscule[s]
of architecture + Urbanism // Divers // publish my notes,
reports letters to Vohra December 1959 + to Nehru (to
request from Prabawalkar. // + organize School of audio-
visual teaching students' competition // a/ photographs
the best ones of the High Court (permanent competition.
with pink jersey that goes to the latest winner etc. //
b/ Secretariat photographs // c/ Rough concrete
[photographs] etc. etc. = general rivalry

494

April 4, 1960 3:30 Ponika
Chandigarh Delhi automobile after one hour of driving, the
brake-fluid line breaks! // (repair village)
– one hour further on: at the intersection of the highway
and a village, stop for 3/4 of an hour because of gathering
(Sikh festival). Warriors doing (to Tom-Tom) simulated
duels: spears, sabers, clubs = Violence and total skill =
dangerous
Yesterday on the road to Lucknow, [we] met up with 4 to
6 warriors on donkey-back →

495

or on horseback, spear in hand, a stunning blue turban
with metal edging. These are the Don Quixotes righters of
wrongs, widow and orphans, roaming the land, without a
home but making camp every evening anew!
– At 5 PM arrival in Delhi // Shell has no more gas! yes
Pierre!!!

January 3, 1960 = Sorbonne // Dhubiki Village = all the
complete pastoral life // + 1920 Serbia Hungary Balkans
Turkey = the same // read the sentence // L-C Le Voyage
d'Orient (everything falls apart etc. S[een and] a[pproved]
... or Art Deco

496

Alert Prabawalkar // a H[yperbolic] P[araboloid] vault in
plaster Delhi
H[yperbolic] P[araboloid] Vaults one of the 1933 creators in
Algeciras // + Madrid Racetrack // + Barcelona Stadium //
Engineer Eduardo Torroja
Jeanne [Heilbuth] buy Time June 1, 1959 with color
photographs of the stadiums.

P60

Chronology

1960

Death of Madame Jeanneret-Perret, Le Corbusier's mother, February 15, 1960.

Eighteenth and nineteenth trips to Chandigarh (April 15 – May 15, 1960; October 25 – November 25, 1960).

Dedication of the Convent of Notre Dame de La Tourette at Eveux near Lyon, October 19, 1960.

In Chandigarh, projects for the Art School (completed in 1964) and the College of Architecture; study for the Boating Clubhouse; and study for the center for electronic decision-making in the Museum of Knowledge.

Lecture at the Sorbonne, Paris, February 4, 1960.

Publication of *L'Atelier de la recherche patiente*, preface by Maurice Jardot (Stuttgart, Hatje; Paris, Vincent-Freal) and of *Le Corbusier, 1910-1960* (Zurich, Boesiger and Girsberger).

The "Capitales" exhibition mounted in Toronto, Calgary, San Francisco, and Tokyo; an exhibition of tapestries at the Galerie La Demeure, Paris.

Tapestry: *Les Dés sont jetés*, executed at the Ateliers Pinton, Aubusson.

This sketchbook was begun during Le Corbusier's return flight from Chandigarh, January 5, 1960 and covers a number of topics, including his next trip to India, from April 15 through May 15, 1960. A revealing note concerns the architect's frustration in working at Chandigarh with his cousin, Pierre Jeanneret. He promised to give Jeanneret "one franc (deposited in your account in Paris) each time you eliminate a detour somewhere, plan ahead,... add a standardized element, multiply a solution, and discover and apply in series the architectural expression of a true function." He concluded with an ironic promise to add a franc "each time that I give up being original, that I give up 'shocking them'" (505).

As before, Le Corbusier reflected on the art of traveling, bringing along Rabelais ("always full of strength") and Ulysses and Don Quixote, with whom "you can roll along, fly... over the earth" (501). His nighttime arrival over Bombay inspired a "fantasy" drawing in which the lighted, cloudlike forms of the city float in the inky blackness of the sea (500). The colors of sunset over the Alps reminded him of the "portal of the High Court; red yellow green formidable" (508). Over the Nile delta he drew "the 3 routes" — land, water, and rail — as they appeared from the air, masterfully laid out "in an unlimited and conjoined straight line" (502-504). Other notes from this flight give revealing insights into his artistic life: "Painting is a terrible battle, intense, pitiless, without witness: a duel between the artist and himself. The battle is internal,... unknown to the outside. If the artist tells about it then he is a traitor to himself" (506). Inspired by the strong colors of the Red Fort in Delhi — "*pink ochre.... cut through by green lawns*" — he planned paper collages to be done on his return to Paris.

Current projects absorbed him during the period between the trips to India: La Tourette (520, 521); the Carpenter Center in Boston (522); the *Unité* at Briey-en-Forêt (523, 524); the Olivetti center for electronic research (528). He was approached by Prince Moulay Hassan of Morocco to plan the reconstruction of earthquake-ravaged Agadir and made a quick journey of reconnaissance to Rabat (518-520).

For a lecture at the Sorbonne, Le Corbusier bitterly recounted his experience on the design committee of the UNESCO headquarters, which included Walter Gropius. He accused the committee of perverting his intention, which was to design "an efficient tool, a perfect biology, an impeccable symphony of form, organized cosmically in accordance with the sun," creating by means of *brise-soleil* "a dazzling shell, a great concrete greenhouse" (510). But UNESCO was constructed without *brise-soleil* and not only was it stifling inside, but Le Corbusier was accused of being "that uncontrollable man with an impossible totally individualist character with whom one cannot work in common on the great tasks of tomorrow" (509). He offered as evidence to the contrary "the seven volumes of the Complete Works, done with the enthusiasm and devotion of 200 young people" (510).

On his return to Chandigarh in April of 1960, Le Corbusier was aghast at the disorganization he found relative to decisions concerning the construction: "there is not one faithful soul in all of Chandigarh. I say faithful and carrying responsibilities" (535). The grove of trees between the Assembly and the Secretariat had become overgrown and was obstructing the view. Le Corbusier instructed that a large gap be made in the trees "for visibility of the side facade [of the Assembly]" (528). For the Museum of Knowledge he made studies of the profile and of a possible tentlike roof structure (531). The boundary-marker obelisks every 400 meters were drawn as monolithic concrete slabs with "rounded square holes like in the pylons of the Assembly portico" (538).

At the Bhakra Dam (539-548) the architect made sketches of the completed work and of several elements still to be done, including a restaurant "carved out of the rock" (544); he made note of the fact that 12,000 workers labored at the dam site every day (543). He also approved the signs to be imprinted in the concrete of the Power Plant ("lightning bolt is excellent") (548).

At the age of seventy-two, Le Corbusier made a list of his current health problems for his now regular visits to the doctor (514). Against this background, the preliminary sketch of the Carpenter Center, including all the important elements of the final design, stands as a witness to the architect's still potent creative powers (522).

497
TRIP INDIA // DECEMBER 1959 // JANUARY 1960 Nile Delta // Tapestry [Galerie La] Demeure // AGADIR // [LA] TOURETTE // BRIEY[-EN-FORET] // + // + IDEM INDIA // APRIL MAY 1960 // AGADIR page 24 // P60

498
May 24, 1960 // Meaux incident // alert Sert + Costa in Stockholm // Tokyo // + London etc. // attach // copy of // an explanatory letter to Malraux Minister of Culture LE CORBUSIER, // 35 rue de Sèvres // PARIS – 6 // Telephone: Littré LIT 52 60

499
Delhi Paris Plane January 5, 1960
Write to Kalff [at] Philips to send me a selection of newspaper clippings on *The Electronic Poem*:
   The list of big newspapers // titles // (articles) // authors // So as to publish it under Chandigarh Publication imprint regarding the Capitol KM Museum of Knowledge. (Booklet)
   Enclose the plans + the note of December 15, 1959 to High Level Committee. + letter to Nehru + creation school Audio-visual teaching institute (Cultural Center) V2 Capitol // V2 University

500
There is an abundance a system (perhaps childish // ingenuous //) which shows Asia on the assault // January 5, 1960 // 8 PM January 5, 1960 // Night arrival over Bombay (from Delhi) is impressive. The drawing (here) is a fantasy, made 2 hours later // a/ the edges of sea precisely delimited by light. // b/ On the interior the streets. // c/ = the darkness of the sea and of the sky. The airplane glides and turns.

501
I am reading Rabelais, a never-failing traveling companion, always full of strength. With Don Quixote, Ulysses on the trip, you can roll along (fly and ... everything) over the earth. = the wide open yonder.
   Today from 3:10 to 3:40 PM, interview with Nehru, on the subject of the KM. (Museum of Knowledge) + Institute of Audio-visual teaching + preservation of the Chandigarh Capitol + Chandigarh Publications Imprint + + top of the dam at Bhakra Attempt to be explicit about all that: just try!!
   The nice little stewardesses [of] Tata's Air India come to pour a whiskey (11:30 PM) January 5, 1960 I am settled in my seat by now acquired No. 5, – alone, admirable one-man seat, total comfort. (In 1908 the airplanes) did not take off from Juvisy[-sur-Orge]; in fifty years we have become a new animal on the planet.
   (In Rome tomorrow at 12:00 Noon – (5 hours of sunlight) In Paris at 5:30 PM – 5 hours of Sunlight

502
the delta is a gigantic plain // green and totality under cultivation. // I saw a repetition of the Piranhas delta // poplars // D // pointed trees in quincunx pattern

503

January 6, 1960 // <u>Nile Delta</u>
The route A – B // land / water / Rail // the route AB =
masterful an unlimited and conjoined straight line // the
<u>3 routes</u>
A // the 3 routes // the orthogonal plots // village boundary //
the natural water = the meanders // B

504

at/ a/ railroad bridge // b/ b/ highway [bridge] // c/ stream
wide meander The Nile (?) // D1 small town connected //
D2 village [connected] // the 3 routes

505

Write to Pierre J[eannere]t
I will give you <u>one franc</u> (deposited in your Paris account)
each time
1 that you eliminate a detour somewhere
2 each time that you lay out, plan ahead your intention
3 each time that you add a standardized element.
4 [each time that you] multiply a solution
5 [each time that you] discover and apply in series the
architectural expression of a true function
6 each time that I give up being original [that I give up]
''shocking them''

506

to M. X ambassador of India in Stockholm (brother of a guy
seen at Pierre's cocktail party friend of Chowdhury.
L-C: Painting is a terrible battle, intense, pitiless, without
witnesses: a duel between the artist and himself. The
battle, is internal, inside, unknown on the outside. If the
artist tells about it then he is a traitor to himself.
(I find in the Cairo Rome plane *The Illustrated London
News* //January 2, 1960 // page 21 a picture: *The Tribune
of the UFFIZI* Florence'' // painted by Johan Zoffany 1733-
1810 (canvas 47½ × 59½ ... // Lent by Her Majesty the
Queen // = a frightful academic Sewer // a whoredom of
statues armor, pictures, copyists and abominable
gentlemen =an academic regurgitation.

507

Jullian buy *The Illustrated London News.* // = 1 picture
page 11 on Squaw Valley // California USA // The vast
covered skating rink for Winter Olympic Games
L-C's PAINTING // Paper collages // Yesterday at the Red
Fort (pink stone from Delhi, 2-story pavilions (nearly) solid
walls = <u>pink ochre</u> (medium 40% or pale 20% // = great
strength // = <u>general background</u> // in matte wrapping
paper or done in *matroil*. // Cut through by <u>green lawns</u> +
theme in glossy paper Chandigarh type // the women in
red, green, and yellow saris / + white
May 15, 1960 Karachi Bahrain plane: // Since this ''faded
red ochre'' shade is not to be found make it in *matroil* on
sheets of paper then make my ''paper collage'' composi-
tions

508

January 6, 1960 at 5 PM, we pass Mont Blanc. // Sparkling
sunset over a scary alpine scene! // it's hard to look at //
west // the Jura // France // the Jura // east / Switzerland
at 5:20 PM; sun vanished. Plain of Auxerre? under partial
fog, the ground is dark blue like the sea. The blurs of
spreading cloud zones. On the east a splendid mauve
aurora borealis. On the west the portal of the High Court;
red yellow green formidable
Funny thing the earth and her adjuvants and adventures,
from the little louse who lives its life...

509

Sorbonne / January 24, 1960
here is a drawing that ends a history of France // published
at Christmas // This work will go on for more than two
years, directed by 1 committee of 5 // – Gropius ... // –
Brasília // – Markelius Sweden. // – Rogers Italy ... //L-C
   An entire page in a foreign newspaper the *Gazette de
Laus[anne]* (24 pages of French news in all fields.) 1 entire
page signed by one of the beneficiaries of the work of the
5. Said France having her Prix de Rome, creative elite of
modern architecture
   there were 2 great precursors Auguste Perret and L-C.
Auguste being the classical. he just died L-C is that
uncontrollable man with an impossible total[ly] individualist
character with whom one cannot work in common on the
great tasks of tomorrow . . . . . the 5 handing over the end
product of their work, to the beneficiaries, I declare = ... →

510

Here is an efficient tool a perfect biology an impeccable
symphony of forms. // A total economy of the architectural
adventure. // organizes cosmically in accordance with the
sun // In fact it's harmonious organism exposed to all the
sun's favorable angles. 100% glass. Equip it with sun
control by means of *brise-soleil* to create a dazzling shell, a
great concrete greenhouse // They did not want to make a
brise-soleil.
   Returning to Paris in May 1959, and I learn of UNESCO's
panic in <u>April</u> early spring it had gotten so <u>stuffy</u> there
Impossible to collaborate with L-C 1920-1960 forty years
of <u>Rue de Sèvres</u>: the 7 volumes of complete works //
done with the enthusiasm and devotion of 200 young
people

511

[Hatje] invincibly towards the south // towards the sun //
relentlessly since the age of 19 // until today 72 years old

512

Raymond Hood = Rockefeller Center

513

Loubet director Malraux ['s office] // Perchet director //
Inspecteur Général des Bâtiments Civils // Schmitz school
Equipment [Ministère de l']Education Nationale //
Chevalier inspector
February 18, 1960
Malraux came for a moment // ''Monsieur le Ministre, I
allow myself to leave here a little egg: it is called the ''land
ordinance'' it is in this place that it must hatch.

514

Corbu D[octo]r / Nails ridged // bags under my eyes // spot
on chest // ringing ears // dry eczema // Right knee stiff

515

March 24, 1960 // Galerie Denise Majorelle // 9 tapestries //
Corbu
3 *Le Canapé* // 2 *Les Dés sont jetés* // 1 *Le Chien veille*
7 *La Licorne passe sur la mer* // 8 *Traces de pas dans la
nuit* // 9 *La Femme et le moineau* // 4 *Bogotá* // 5 *Nature-
morte* // stairway // 6 *L'Etrange oiseau et le taureau*

516

[Hatje] March 4, 1960 // Light and space // *L'Atelier de la
recherche patiente* // a craft: // drawing // a/ painting // b/
sculpture // c/ arch[itecture] and Urb[anism] united // the
word <u>The Verb</u> // d/ the word to formulate // designate //
animate // thanks to those who have helped.

517

Wallet for telephone [numbers] + money // big raincoat //
Tuxedo // white shirt // NO buttons // black socks // black
shoes // Gillette[s] + Philips // black tie

518

March 24, 1960 // For Agadir
L-C Surprised by a hasty meeting
I have done: Chandigarh // Ahmedabad // – Baghdad //
Algiers // Bogotá // Rio C[ité] U[niversitaire du] B[résil] //
Brasília / [Rio] Ministry // Buenos Aires // New York <u>UN</u> –
battle ... // Moscow Centrosoyus // + P[alace] o[f the]
S[oviets] // note following Sudreau's and Seydoux's
tele... // Architecture: Meaux // MMi. Marseille // Nantes //
Berlin Briey[-en-Forêt] // Pavillon du Brésil Paris // USSR
USA 1947 Rockefeller Dinner // Rotival // Royer // Prince
Moulay Hassan

519

the international L-C Teams. // 35 rue de Sèvres // Civil
Engineering Office // Présenté // – Wog[enscky] // –
Auj[ame] // – Olek // – Michel // ''The Climatic Grid'' // The
<u>Modulor</u> harmony and succession // <u>Dwelling</u> ''the
Unités // Renault Series // 7 years prepared
<u>The program</u> // The 3 <u>E</u>stablishments of Man // a the
region regional plan // b/ the city // the 4 functions To
dwell // to work // to cultivate the body and the mind // to
circulate
The <u>CIAM</u> 1928-58 // I did the *Charte d'Athènes*
L-C // On return to // Monsieur le Ministre (no name) des
Travaux Publics // or his Highness // the Prince Moulay
Hassan // send copy letter Electricity // Abdelali Minister of
Public Works // Baghdad

520

Parinet [Ecole] polytech[nique alumnus] in the M[inistère de la] R[econstruction et du] L[ogement] Min[istry] // Clos [Ecole] polytechnique [alumnus] // Mas urb[anist] [Faruqi] chief architect urban service friend of Tavès Rabat // March 25-26, 1960 // Mission for Agadir

Gardien: [La] Tourette submit to me the sort of paints [for] church

521

La Tourette Convent // March 28-29, 1960
the man praying = Glassmaker
attention L-C study acoustics La Tourette church
March 29, 1960

522

April 1, 1960 for Boston Visual Arts [Center]. // I entirely *pilotis* // II sculpture // III painting // // [IV] exhibition // path upward. // *ondulatoires* throughout

523

green // yellow // black door // Cement
black ceiling // white sometimes // black [sometimes] // blue [sometimes] // green // y[ellow] / r[ed] / g[reen] / bl[ue] / street
ceiling color // white / white
white // black // white // G[reen] // white + idem // the other room // G[reen] // white // dining room
April 5, 1960 // at Briey-en-Forêt // order for the colors // given to Wogenscky

524

children // black / white // white door // black d[oor]
white // window // windows / [rough] concrete / white // door / wall / parents

525

Nursery School // 4 official classes are required on the roof
Briey-en-Forêt // April 5, 1960

526

Randet + the Prefect of Seine-et-Marne + 50,000 persons 1959 // 1st section 1959 850 apartments [à la] Ginsberg! // 2nd section 1,000 / [à la] Ginsberg! // Site Plan Lods / ! // L-C in 1955

Sudreau

527

Roberto Olivetti // + Musati? // [sales] outlet [for] painting publications
a/ store in Milan tapestries suggested by Musati
b/ Electronic museum
c/ Factory // typewriters? // electronic brain? // calculators?
Jean Petit // Baby[lone] 37.94 // Lindon // there is Bill

528

Capitol Chandigarh. // arrival on April 17th, 1960
April 21, 1960
a quincunx of spherical trees (big) with leaves green and thick // *Attention*! leave a large gap in the trees for visibility [of] side facade

530

Water // ± 0 // the basins above wall ± 0

532

Prabawalkar // fill me in on the Esplanade bridge

533

the canal 800 mark // it is after the High Court // obelisk 800 // = Round tower or // to be combined with "Open Hand" = 400 m // All lawn
the 800 mark // here double wall concrete 86 high?
attention! basin side Water Boulevard, make hills closing off M[embers of] L[egislative] A[ssembly housing] seen from the museum
attention study this profile: →

534

This wall quite All right from where the peasants live. // the canal // that closes off the Capitol north side // is that it? // presently enlarged by B // A = 4 meters // B = 2 // total 6 meters // will receive the ??? regulating water from the lake by the proposed dam

535

Get decision of High Level C[ommit]tee that it pinpoint [once and for all] the [presumed] client. to whom the adviser may send his designs // [his] worries // [his] certainties // his intellectual testament relative to Chandigarh // ([relative to the] Capitol)
Because there (is not one faithful soul in all of Chandigarh. I say faithful and shouldering responsibilities // see sheet of note[s] file On return = administrative charts from High Level C[ommittee] // decision // execution

536

2 ears // one mouth // to work out for Olivetti

537

Assembly lantern-lights // a b c = glass screen // in plan. // May 23, 1960

538

Rounded square hole // like in the pylons of the Assembly portico // the obelisks 400 meters

539

see page 43 // a parapet for transformers // b. bridge. // c in iron // d in concrete already poured // e: low wall in masonry // here final decision

540

there might be light right bank // top of the dam / light left bank // * public WC // restaurant and drink[s] // 50 persons. // tunnel // a/ = concrete parapet for transformers // b/ the Power plant bridge // c/ the solid masonry parapet sharp continuous ridges //the water flows like at b/c

541

Dam // at M there is: / a hyperbolic curve must be made / right bank // going [to] the gallery // a garden behind the factory // 3 plays of spotlights // A B and C + D // D = very close to the dam

542

light A // light B // light d // a/ restaurant tow[er]

543

Bhatnagar says that // at Bhakra // 12,000 workers each day = 3 eight [-hour shifts]

544

carve out the rock highway side // restaurant // for 50 visitors // service // service

546

tube continues [through] the whole factory // only downstream facade [of] gallery // no upstream
see page 42 B

547

double ceiling
light // no! // in aluminum select the corrugation
solid iron door // The floor. in terrazzo? yes) // + inscription
and plans cast in the [gunite] cement // Walls cement gun
very rough. // and soundproof ceiling in white yes

548

Power Plant // the Concrete lightning-bolt is excellent the
2 hands touching could be made rounded and leafy with
the Sikh going right to [at] Nangal studios.
L-C note L-C busy at Bhakra // May 4th ½ day // [May] 5th
all // [May] 6th all at Bhakra

549

Malhotra's Photographs. May 7, 1960 Chandigarh. taken
from his "Contact [sheet]s"
High Court: // 210 // 215 // 207 // 223 // 679 // 47 // 447 //
328
Assembly // [675] // 687 // 708 // 698 // 702
Bhakra // 681 / Capitol // 37 / Secretariat / drawing // 305 //
Sculpture // 540

550

tapestries // High Court 274 // P[ierre] J[eannere]t's
furniture // 249 // for book // tapestries // Olivetti or
Girsberger // Ask Malhotra to take photographs on the
interior of the courts. // portraits // 409 (Camel) // 604 L-C's
jeep // 175 P[ierre] J[eannere]t. // URB[ANISM] // 688 //
Modulor // 498 // Open Hand // 558

551

May 8, 1960
Stadium there are

552

the discharge canal in the spillway of the dam at
Chandigarh
the site volumes in clay // a/ brick surfacing on embank-
ment, // horizontal herring-bone pattern clinging to the
slope // 2 bricks // b/ in brick common pattern covering on
top at embankment // c/ stairways // brick stairways // d/
rubble masonry (top broken off of pebbles) in horizontal
courses // e/ large concrete vast design // joints tarred //
f = fill dirt // bricks flat on ground

553

Stadium periphery // in mansonry with concrete slabs // in
brick c/ or: of broken pebbles set in mortar and steps like
stairway [on] back of the Dam on the Lake // concrete
benches // cooling pipes worked by men lying on their
side ... // in brick a/ // sprinkler pipe = at each spectators'
cross-aisle

555

May 13, 1960 Chief Minister Kairon // founding of a
"Chandigarh architectural Workshop" = proposed by
L-C // Against School of Architecture = Kairon Chief
Minister
4 o'clock in the morning // Super Constellation "Palam
Airport" // Delhi // the 3 stabilizers, in gleaming polished
aluminum, blazon with red // white // green // painted
stripes // = intense, + // + the Air India sign (the Centaur) //
This is excellent adding a liveliness + scale

556

Coming in (10:45 Delhi) // Arabia: it's scary. // the airplane
flies away over mountains without one tree, without one
path, without one house: Nothing, totally nothing! // some
cruel erosions. "Everything finally reaches the sea" // Here
at last a road! // but without any tree nor human presence
Then some very wispy trees sown by bands of soldiers on
their way (... middle ages) // Then the endless sand then
the sea. // That must be Muscat and Oman and here we
have entered the Persian Gulf

Bahrain // as regards the Esplanade of the Capitol
Chandigarh. we could make on one surface of cement,
some white signs (b) next to the black one n/ in stone or
terrazzo.

557

airplane to Cairo May 15, 1960
[Et] = 8 or 9 stamens = P = pistil // 1 = ? = a pilot petal? //
4 = 4 petals // CP = pilot sepal // C4 = 4 sepals // one of
the beans // – papilionaceous // Picked garden Bahrain
stopover // thrust of the Stamens and pistil // = 40 cm.

558

For hours (it is 5:30 PM Delhi time) we have been flying
over Saudi Arabia. (Is it petrified Arabia," is it salty
Arabia?) // without one tree // There has not been one
road, one house, one tree!!! Here we are having passed
the Sinai: black mountains, eroded brown lands dry rivers
white sands. Here we are having crossed the Red Sea
(adorably blue) held in on both banks by deserts of flat and
smooth sand. The Jewish people passed across it Moses
spoke to the Lord. On Egyptian side here is a straight road,
traced with a ruler, ... the sea shore.
   Then sands, dry rivers, meanders and erosion. Still no
one! and nothing! The airplane drops, we grasp the
situation: the fertilizing waters of the Nile. Crossing the
landscape of sand here is a straight asphalt road, the sand
in dunes, some straight roads // Some military camps. And
here are the gardens, the palm groves all of a sudden // the
most modern land divisions.

P61

**Boston June 1960 Firminy
Paris October 15, 1960 (End)**

Chronology
See P60.

The first entries in this sketchbook were made as Le Corbusier was passing through Cairo on the return from his eighteenth trip to India, which lasted from April 15 through May 15, 1960. As his plane passed over the Nile delta, the architect closely observed the terrain, relating ''the three perfectly parallel routes'' he had drawn on an earlier trip (P60, 502-504) with the pattern of irrigation canals (561, 562).

The pages immediately following record his second trip to Boston, where he examined the site of the Carpenter Center for the Visual Arts. One sketch (566), dated June 12, 1960, reveals the genesis of the Center's design, embodying the concept of the *promenade architecturale* (cf. P59, 447; P60, 522). The access requirements were noted on a subsequent page (568).

The next several pages are given to a wide array of ideas and observations: the publication of a book on Le Corbusier's activity as a painter (570); the possibility of equipping the *Unités d'habitation* at Meaux with racks of the sort he noted in the Idlewild Airport bus (571); the relevance of the airport's paving pattern for the Esplanade at Chandigarh (571); and a study of the colors used on airplanes (572). While en route, Le Corbusier met with James Johnson Sweeney, with whom he discussed the possibility of an exhibition covering his life work (574). When his flight was delayed, he was forced to spend the night in New York City, whose skyscrapers he described as stupid and devoid of spirit (577). Once under way, however, the flight proved rewarding, as he watched the panorama of night descending over the ocean (576-579).

Upon arriving in France, he immediately undertook another trip, this time to Firminy, where he went to select the site of the future church (581-583). An entry made during this journey, wherein the architect pursued topics noted earlier (580), demonstrates remarkably the use he made of these sketchbooks. A visit to the home of his friend Jean Martin in Luynes is marked by a dimensioned sketch of a wicker chair (585). Subsequent pages relate to the possible publication of a book on glazing (586, 587).

Le Corbusier pondered many matters having to do with the future Fondation Le Corbusier (cf. S66, S67): promises made by the mayor of Poissy concerning the Villa Savoye (588); the possibility that the La Roche house might be donated to the City of Paris (609); the legal aspects of setting up the foundation, particularly the advantages of locating its headquarters in Switzerland (609, 610).

Having reached the age of seventy-three, the architect reaffirmed his determination to create (574), and this sketchbook is a compendium of his brimming creative life. Its final portion includes: studies for new colors for the Salvation Army's Cité de Refuge in Paris (596, 597); notes for a projected book on the 2.26 grid (598); a sketch for the Secretariat in Chandigarh (600); a list of selected works made for Heidi Weber of Zurich (604); ideas for the unpublished book, *La Fin d'un monde — Délivrance* (605, 608); notes on modes of transportation and the advantages of the linear city concept (599, 605, 606); and thoughts on electronic information-processing as a ''scientific tool for action and for solution'' (590, 608).

559

BOSTON // June 1960 // FIRMINY // PARIS OCTOBER 15, 1960 (END) // page 10 ... / page 7 [...] + Hervé // page 13 // P61

560

LE CORBUSIER // 35 rue de SEVRES // PARIS. 6 // Telephone: Littré: Lit 52 60 // Begun May 1960

561

Begun in Cairo May 15th, 1960 // at 6 PM (Delhi time) on the way back to Paris aboard Air India.
7:30 PM (Delhi time) Nile delta // I see again the 3 perfectly parallel routes // land. // water rail
   The orange groves are large-scale (great style!) // the windbreaks of trees in a single direction 400 × 100 (and not in checkerboard pattern // (I should write to Cairo to get the plats of these vegetable gardens. // (to the Student who wrote) // (for Chandigarh downstream)
half way to the sea, the outlines disappear. It's the Fellah's pocket handkerchief!
With the solar angle at 4 o'clock →

562

continuation
one picks out the shimmer of the irrigation water spread everywhere // river // each landowner has a rectangular water reservoir, 20 × 50 // 30 × 40 or 60 etc. = a/ //
b = the irrigation canals

563

Boston trip June 11, 1960 // Suitcase Weight 16 Kilograms // plans 1.5 boxes +
Breuer the urbanist for the Modern age // UNESCO // *Architectural Record* June 1960
Zehrfuss: If you want it never to be completed? and for it to cost insane amounts // Board of 5

564

for kilometers // Stratification of clouds over land areas = 3 central emanations are grouped obliquely // accumulating one above the other // Repetitions laterally once or twice // etc. // the voids are blue // in shadow // as if punched out // = // From Newfoundland to Boston // genesis of little aligned clouds

565

idem
125 passengers // BOEING airplane Paris Boston

566

the campus as a whole // Quincy Street // outside university // but they are buying up property // Prescott Street // one way.
June 12, 1960
send Kodachrome photographs of the garden 24 rue Nungesser-et-Coli // a/ = Corbu's BO[STON] V[ISUAL] A[RTS] C[ENTER] project
L-C + J. L. Sert // Mr. A. D. TROTTENBERG

567

attention Strassova // Publisher Braziller. Gropius's niece is working for him. // by scheming. Hervé + Mme. Choay // a book that was never shown to me
I had told Gropius's niece in front of Sert and Gropius: I forbid you to do this book Braziller is a bandit!
On return Boston // Get Sert to write to Sudreau because of Meaux Blachère's report. Chance for France to have the 1st creation (Renault)

568

Zalewski at Sert's // 1946-47 Saint-Dié // MMi
Bundy Dean of "Harvard College"
JOHN COOLIDGE ([doubtful]) // FOGG ART MUSEUM, HARVARD UNIV[ERSITY] // CAMBRIDGE, MASSACHUSETTS // will organize the tapestries (exhibition in Boston // 15 Tapestries // 3 or 4 advance purchases
The president // Mr. Pusey // desires side entrance (from outside) for students = to go to the restaurant // beam 7 meters // joists 366
June 12, 1960 // Sert's office with His 3 *dattiers* [apprentices]

569

On return Ronchamp. // find an oak-tree trunk.
Jeanne [Heilbuth] // Order *Aluminum in Modern Architecture* // Volumes I [and] II and 1958 Supplement // Publisher John Peter // 320 East 50th Street // New York // Jeanne

570

Jean Petit // 2 L-C books a/ purist drawings // + silver-points // + others // b/ paintings // purist ones // mean[time] // current ones.
format Editions [d'art Albert] Skira // [Weber Exclusivity] // Le Goût de Notre Temps // Weber = the one from Crès.
L-C = // compare color plates // format 17 × 16 // like in Sert's Piero della Francesca // *Le Cubisme*

571

Meaux Renault // like Lincoln buses – Idlewild New York // baggage racks (for stowage) // and find the study for double ceilings // = 226 K. panels.
Capitol. Esplanade // Idlewild // cement pavement // 366? // 180? // approximately // sharp joints // very cleanly poured with tar // from 10 to 15 cm. cm. in width or in strips 30 × 1.4 // a/ Contrast with solid macadam parts // b/ white lines or marks

572

Aluminum airplanes. // alu[minum] // colors // super intense get information from Aéronaves de Mexico // XAMEC // Tenochtitlán // orange color Around the portholes // ask Gonzales de León
feet [like] papier mâché // Gouty toe?
arrival at 10 – 11 PM.

573

Attention! for Doctor
June 15th morning in New York the Boeing (flight delayed // = night in a hotel
I spat a very firm (elastic) blood clot upon awakening at 7:30 in the morning. My pillow had a large quite compact bloodstain on the white cloth // size 1:1
from 7 to 8 PM = airplane from Boston to New York. // the 11th Boeing Paris Boston // 12 // 13 a vague queasiness // the 14th in the morning (in the cool air of Boston) shortness of breath (like already on cool mornings near Jean Bouin Stadium // in Paris around 9 o'clock // I add that for the last 10 days I have had bleeding + swelling of the gums (inner and outer) on the lower right. Did the clot form there?

574

This Boeing goes 630 miles an hour // New York Paris flight in 6 hours 35 [minutes] // 1,008 Kilometers per hour // good.
Sweeney dinner Idlewild. June 14, 1960
Tell him: to send the measurements of the Exhibition // Sweeney the technical means materials // L-C will make the plan for the Exhibition // Sweeney will do the proposal for application // ..... and we shall see.
– L-C / Exhibition Plans // a/ youth 1900-1918 // B/ visions (foreknowledge) of phenomena // = age 1918. 39 // 31 years old to 50 years old // c/ synthesis [of the] major arts 50 to 70 years old // d/ I am going to make the decisions = create // = paint + write
Have 1 royalty paid into studio kitty at Guggenheim Museum.

575

June 15, 1960 Paris ask Air France Boeing // June 15, 1960 // where I can buy some stackable metal dishes. like those used in the New York-Paris plane
on June 15th. // These are very simple but very adaptable dishes. // very shiny // In-flight service

576

June 15, 1960 5 PM (New York time) // = 8 o'[clock] Paris [time]
Boeing Airplane. 1,000 Kilometers per hour (6½[-hour] // flight // New York – Paris) magnificent lunch = refined cuisine (after so much slop) Altitude 11,000 meters Stratosphere = 5,000 meters above the sea of clouds. The sun sets = Western sky (rainbow of light) infinite sea of boundless clouds, already in shadow. The sun is on the horizon // Sun // June Solstice // New York / Paris
This morning nightmare // New York // 85th Street // Hotel Lincoln // last night [nightmare] // Departure at 11 PM // postponed until 1 o'clock [in the] morning // at 2 o'clock = they cancel the flight so as not to awaken the neighborhood // = "jet"

577

We board in the night, the fatigue and the melancholy, into a bus with 50 Americans (not amusing!) Idlewild Long Island. Manhattan = a revolting night. // = a [revolting] hotel. // Morning 8:30 backtracking We do not take off until noon instead of 10 o'clock.
From 85th Street Hotel Lincoln (depressing) bus across Amsterdam [Avenue] + Broadway then 75th, 64th = 63rd Street[s] to 19th (?) Street = tunnel.. Fog (What are you doing today June???) in the streets (streets) ... Nuremberg war in [18]70, discouraging = stupid. then Broadway then 5th Avenue + Park Avenue + Lexington Avenue etc. One sees in the morning twilight, the gloominess of the idiotic skyscrapers, then the modern ones) the ''post-UN'' ones, smooth, sharp sad, stupid, enormous, a gigantic and multiplied texture, void of spirit. These people feel nothing They live ''modern,'' a brutalizing life
– Oh!. This [3-]story campus in Boston done by sensible people!
5:15 PM (in New York) At this time the night makes off with the entire 5,000-meter area below = the clouds = dark blue in shadow

578

Limpid sunset // the ''jet'' // indigo // 5:30 PM // = 8:30 PM // Paris time / we must be on the longitude of Madeira

579

¼ hour later, the plain of clouds // clouds // is black // the sky to the right is ½ black // [the sky on the] left // clear very light blue with very pale orange zone on the horizon A passenger asks me to sign for him 2 quadruple(-size) color post cards = UN Skyscraper + environs
  It's the awful theft. But it's devastating / the whole thing this porcupine of pretentious little high American skyscrapers. The one by Corbu (UN), is the work of a conqueror: architecture proclaimed!

580

June 18, 1960 // I am rereading the preceding pages (in the sleeping car to Firminy)
1/ see page 2) the reservoir pool distributor of water for Arab-type irrigation to be used in Baghdad = the Stadium parks. basin higher than the level of the park (for pressure)
  see page 1. the windbreak of trees for perimeter Baghdad Stadium. // (read L-C's letter to Présenté dictated June 18th specification of Arab irrigation.
Page 3 L-C write to Architectural Record USA // [L C] = not in agreement with ''Breuer urbanist for the modern age'' // = UNESCO
page 6. exact: // The start of the ramp Bo[ston] V[isual] A[rts] C[enter])
page 7 Braziller // write to tell [him] off // demand 30 copies in French (Bloc Publish[er]?) // page 7 Sert + Costa to write to De Gaulle through Malraux
page 9 Find oak-tree trunk = L-C for Ronchamp.
[page 9] order Magazine Aluminum [in Modern Architecture] USA.

581

vast horizon // here Commercial Center // here the church // see plan.

582

the Sive-Roux buildings // L-C's Cultural [Center] and youth [center]. // L-C's Stadium // new roads

583

North // L-C's Stadium // ... axis // ... // ... // = (to be wooded
See L-C's plan // Firm[iny] 2 // LC 5574

584

manufactured at Vilaines' / Touraine // have some sent [to] 35 rue de Sèvres

585

At Jean Martin's // Château de Beauvais // Luynes // June 26, 1960
Cushion // diameter 47 // height 66 // height 35 // in wicker 2 15 mm. // 7 cm.

586

Boussois Hébert July 7, 1960
the book must // have working drawings // Sections and plans // to be done by Alazard // glazing windows ondula-toires // – protection from rain // wind // rust // regulation of curtains // individual cleaning

587

Boussois 500. Royalties Boussois
Mirroirs // Book // for Mazet 350 or 400
Bado[vici] 4 [Thousand] // Albert = 1 [Thousand] 500
Aubert 500 // Mad 1 // Gray or 1 // Jeannette [Gabillard] 500
record 300 // Jeanne 300 / 200 // [Henri] // Cendrars 500

588

The young people will leave this place late 1961.
Les 3 établissements humains // ''Fondation'' L-C? yes? no? // crystalized in the 3 Establishments of Man
Les cités linéaires / 1961
The question is: the agreements announced by the mayor. // mayor // of Poissy // The Mayor // Anthonioz // Perchet // Aujame // Chaurliat arch[itect] // July 12, 1960 // 3 rue de Valois

589

rue intérieure // heating panel // loggia // dwelling // bench // electrical outlet // M = mirror to double the effect of the window

590

Electronic tool for thinking // [tool] for action // August 6, 1960: contact (write to) Maurice Ponte // Pierre Braillard // (in connection with the little book // L'Electronique [Editions de Minuit]
Send Sudreau // page 3 Domus ''Nantes // Le Corbusier's new ''Unité d'habitation'' in Nantes the ''footbridge'' page and ask him to think [it] over

591

reduce // Children's bedroom // Meaux // R = 26-cm. storage over length of 4 meters
= Cabanon Cap Martin // Meaux dwelling // The upright Sarcophagus // Sanitary plumbing shaft (Whiskey) Crates seat

592

vertical // wood strips // Armchair // Etoile de Mer Cap Martin // 22-mm. tube

593

Copy here Don Quixote // Part II // chapter LVIII page 937 // – – – For liberty as much as for honor

594

black / blue / green / red // Etoile de Mer. the lights = perfect

596

September 10, 1960 Cité [de] Refuge New colors with Gardien // ceiling white / red or green // black / black // red / green / green // ironwork black // yellow / green / yellow / green / green // black

597

green / white / glass tiles // white / white // green / red / yellow / white // 4 white columns // green / black // red red // yellow / white // drum

598

226 high
look up in old Sketchbook. tour of Versailles 1.95 Mme. de Magny? + Louis XV Coffee [closet] + chamber [of Mme. de] Pompadour
Send // the June 26 Brussels lecture // to Peugeot // to Sommer // to Bouchet // to Le Lionnais // Lesourne // D[irecto]r G[ener]al of the Société des mathématiques appliquées // Abel Thomas // Jacques Rueff // + Louis Armand // – Le Demi-Siècle // – Parodi vice-president Conseil d'Etat // – Joxe Ministre de l'Education Nationale // Roger Seydoux Ambassador in Rabat

599

Linear city. September 28th, 1960, the two engineers from Kembs-Niffer Mr. and M., after discussing the [Kembs-Niffer] Lock, pull a plan for me out of their briefcase: Rhône-Rhine Linear industrial city, their work, their proposal at the heart of the Rhône-Rhine Administration; they say: L-C's linear city from the ASCORAL (after 1945 edition). But: your name has not yet been uttered, because it would make waves. (same status: peasantry, Jean Dayre, requests Présenté to take charge without citing me again, since ... ...) Rhône-Rhine Canal, office consulted: Saias (2) Avenue de Messine

  L-C luncheon on the 26th at Ledoyen's, the curtain-wall banquet.

  Appointment with Le Lionnais: urb[anism] and operations research Peugeot = 1st Unité Rhône-Rhine Linear City.

600

Gaudí // [armoires] // = ... // porch // Secretariat: Chandigarh

602

Mr. NO // Mr. Zhey – Zay / They say

603

Cap Martin // (discussion)
the Mayor [of] Tours // Mr. Royer // send him Les 3 établissements humains // + Tavès's plans Meaux Section and Présenté // + Hardyon or Hardion arch[itect] (Key plan) // L-C // Beaugency

604

Heidi Weber / T 100 Taureaux XVIII. // La Femme au livre // 3 enamels La Femme au cristal // Taureau horizontal et draperie verte // Taureau (Vertical) + (Les 2 mains // see page 16 preceding pages // furnishings for // furnishings / cabinet 70 × 70 // lamps // MMi // 35 rue de Sèvres / 24 rue Nungesser-et-Coli / Cabanon. // 24 rue Nungesser-et-Coli // rhodoid // Seat // light // on the floor

605

La Fin d'un monde – Délivrance
The Cab driver // The Taxi // [11,000] architects // Louis XIV = 7 [architects] // Begin with 1922 automobile // the Airplane has since 1945 = men // Messieurs the Ambassadors?? // height 226. cargo plane // the Modulor human scale Speiser // the standards // AFNOR and Company // "the king's foot" // some measures for standardization // 1 Machine civilization // Teilhard de Chardin // L-C's article // Les Fourberies de Ford'' // (the wastefulness) // 4 hours per day // the Linear city // a bed – work – a bed // elimination of means of transportation 4 hours of work per day →

606

sports just outside the house // the V's // Rhône-Rhine Canal // Loire Danube and // the 3 routes / [Danube and] // the 4th route air.
A look backwards: the routes of jade, of flint, of silk – Chad China. // A look backwards: the solar cycle over 20,000 years (find out) new glacial period Europe long ago = lions and tigers mammoths Negroes walking on foot (simply to have a bite to eat (Attila Genghis Khan – etc. – the flock, horses, the Steppe, nomads. Music and dance. Lyricism and action = the new tomorrow

607

Teilhard de Chardin // (Variétés, [actualités, information] Jacques Clair) // October 1960 // My picture // T 100 1957 Taureau XV // Eveil de l'Asie // = the spiritual organization // = the new phase

608

Mort de la rue to be reprinted in Fin d'un Monde

Photogravure! the authentic document is there, henceforth. Everything has changed! the Ethnographic, artistic, scientific document!
Instantaneous rapidity: electronics
Telephone, Radio, Television then Electronics Scientific tool for action and for solution: universal plan, cosmic, experimental and for hypothesis, for analytical, conceptual security, by + or – electronic proof
Contiguity, Earth, Solidarity
some patent terms: organic, biological, human, Cosmic corporeal, mental, fraternal.

609

Letter to and from Albert executor [for the] house // L-C's public Bequest = 60% + the costs // (if gift is made while still alive = 60 + the costs) // La Roche // If sale acquisition = 7% // payable by check or in cash // 4 or 6 [Million] // here the Corporation can be called "Fondation L-C" // At Maguet's who is paying La Roche by check and La Roche is returning the check
2nd Stage Fondation L-C in Switzerland? Secret // I place there what I wish // I designate 2 persons with irrevocable authority // thus right away with Montmollin // cash fees royalties // Will to be redone // Residuary legatee Ducret + Duval
Tell La Roche not to make this gift // it costs too much // thus The Corporation (The Foundation is buying [it])

610

1 Foundation in Switzerland ... // great war
2nd Public Corporation (Fondation L-C in Paris // a/ which is buying the La Roche house // b/ will be the legatee of L-C's intellectual estate manuscripts // documents // designs etc. // documentation 24 rue Nungesser-et-Coli // manuscripts // drawings // Archives // royalties. // Paintings
3rd Will: // to be done right away // L-C bequeathes to Duval. the balance to ... Fondation L-C in Paris // + possibly in gratitude certain paintings for reasons of friendship // Paintings // Duval and the others. // Sert and Company // Speiser La Roche

611

October 14, 1960 Le Demi-Siècle // Bollaert (Rhône) // October 15 Randet M[inistère de la] R[econstruction et du] L[ogement]

P62

India October – November, October: 1960
Chandigarh Bhakra
End: Paris December 1960, 1961

Chronology
See P60.

This last sketchbook for the year 1960 covers Le Corbusier's nineteenth trip to Chandigarh from October 15 through November 25. It includes construction notes, observations of natural phenomena, suggestions of historical prototypes for his work, and indications concerning new urban planning projects for the Meuse Valley and Paris.

Reflections on Chandigarh's lake were formally noted (615), with the idea recurring in a drawing of a distant view of the Capitol buildings (652). The landscape itself, highlighted by sound-and-light effects, is the main feature of his plans for the Bhakra Dam (636). A wagon wheel (650) served as a model for a sculpture proposed for the Assembly (627). The architect drew bulls and goats (647) and the constellation Orion (659), and at Roquebrune he sketched a remarkable four-square grid house on a cliff (664).

The Tower of Pisa was used as a historical model for a project in Baghdad (666). In Chandigarh, grass was to be planted in the "Japanese style" on the roof of the Assembly (620), and "Tivoli-type" pergolas were to be used rather than trellises (625). For a planned publication, Le Corbusier noted that photographs of the Shodhan house should be "preceded by antique elements" from a specific book in order to bring out the "splendors" of its architecture (663).

Among the construction notes of particular interest is one concerning the problem of keeping the seven concrete sections of the Assembly portico horizontal (625); another deals with the concrete joints in the Esplanade (624).

Le Corbusier showed a continuing interest in the proper recording, preservation, and dissemination of his work. Even before it was completed, he proposed that Chandigarh be declared a landmark on the grounds that it was an "exceptional demonstration of modern concrete and polychromy" (640). He insisted upon the high quality of the photographs by which Chandigarh would be made known to the world at large, as evidenced by his provision of "paths for photographers to the key points" on the Assembly roof (620). He underscored his feeling for Chandigarh as a personal creation by expressing a wish to sign it literally in the concrete with a hieroglyph of "Corbu's foot and hand" (649). He also suggested turning the Villa Savoye into a museum of his work, and noted changes that could be made in this building in order to adapt it to that function (672). He listed paintings selected for Heidi Weber in Zurich from the Musée National d'Art Moderne in Paris (654, 655).

Finally, there are preliminary notes regarding Le Corbusier's appointment as consulting architect for the redevelopment of the Meuse Valley, which he placed in the geographic context of the French border region as a whole (668). He also denounced the disastrous consequences for Paris of the construction of the high-rise La Défense office complex and proposed a series of documentary films on his theories of urbanism and land use (662).

612

INDIA OCTOBER–NOVEMBER // October: 1960 // CHANDIGARH // BHAKRA // END: PARIS December 1960, 1961 // P62

613

LE CORBUSIER // 35 rue de Sèvres // PARIS 6 // Tele[phone] Littré 52 60 // Begun November 2nd, 1960

614

Présenté // says saw [book on] the life of the Ants by Auguste Forel reprint. // Air France Caravelle Airplane Paris Rome // Thursday September 22nd, 1960 // for tour of Olympic Stadiums

615

Lake Rose. // 3 perfect reflections I // II // III November 2, 1960 // 10 o'clock // The limits Write to Nehru to send copy L-C's letter of September 8th, 1960, before the ... Committee

616

Prabaw[alkar] Assembly
1 urgent wall sculptures // S // facade under council + on the left enamel door
2 Ceilings bar Various colors between beam[s] // Forum (under council.)
3 ramp sculpture Forum – council / S // Urgent // forum
4 parapet Sculpture Floor II // offices / S // South // Very urgent
5 S urgent // formwork // Chamber = rock of the guests / S
6 urgent check where? partition closing off north wing. // here? // here?

617

Praba[walkar] 7 // Furniture Assembly Chamber // On tables // a visible Number // 150 or 28 or 202 etc.
8 journalists' Gallery Assembly Chamber. // this slope = possible
ladies[' gallery]
9 sculpture on the parapet S // a/ Forum side – under speaker's footbridge // b/ from time to time offices corridor side

618

arrival / 12 men // 5 men // Ladies' level // 30 women // return // 15 men // and Forum Level // to bring the concrete edges // Offices // 30 men + kids // open // = concrete // wall

619

Write? Nangea: // friendly and fraternal technical collaboration between eng[ineer] and Arch[itect] has become a reality in the quality of the Conception and execution of the Assembly

620

Malhotra Canteen // Cafeteria Secretar[iat] // November 6, 1960

On the roof = grass with some 5-cm. slabs set on grass (in the Japanese manner) = paths for photographers, to the key points

621

Attention! locate card // pocket-sized letter-writing paper) // with the November 3rd sketch done of the Assembly = little offices with brise-soleil // without ondulatoire // forming 4th wall observed here for use in Boston
Prabawalkar // dam // lighting the cool lamps are best

622

important!
Assembly find 3 signs // cast iron (Nangal) // on entrance door deputies' a/ // guests' b/ chairman's c/

623

Memorandum High Level C[ommit]tee // request [from] Varma + Randhawa // Signs for // chairman's Tapestry // [chairman's] entrance // + deputies' // + guests' // + High Court Extension // Protection designation Capitol

624

Prabawalkar // the Esplanade joints with black bricks? // outside // bricks // cement // marking the joint // rib // 10-cm. Rib // + small square grid // + H-tenons

625

Urgent // write 1 letter to Chief Architect (did not quite understand about the Tivoli-type pergolas. Never any trellises along the walls which must remain bare, but "in lakes" // November 12, 1960 / yes / no
Praba[walkar] Porticos // how will it be realized the continuity of the 7 different parts // ?
Praba[walkar] take another look at the stepped Assembly roof = space under total height of acroterion // + the 2 staircases (to summit

626

a = now clear, bars visible // b pour 2 concrete brackets // [open] // open // c/ in order to install the iron sculpture C // c¹ can hang below the beam

627

L-C // make a tapestry deputies' Entrance Basement // cloudy pattern, Winding soft / cast iron // concrete Speaker[s'] office // balcony wheel symbol? // concrete plinth // entrance here // a wheel cast [in] iron from authentic wooden wheel // Drawing of plow // round wheel.

628

Attention! Chowdhury // no white platband on High Court extension // Idem on ...
leave clear // garden // archives // the gardens // Malhotra

629

Designation of the Capitol // alert the friends of Chandigarh that I am writing (letter // copy to be enclosed) to the universities to which I belong asking them to support
The designation includes // 1 the National Park // 2 the Capitol // 3 a/ Water Boulevard and b/ Hinterland at the back of the High Court // 4 the Dam. // 5 the approaches at [Cha...]
3 = b/ reserve imperative for natural connection of the city to the peasant area [to the] north // rural farming // transformed by cooperative
3 a/ the 2,000 royal palms // the 3 800[-meter] basins = 2 km. 400 [meters]
never plaster the buildings
Hukum Singh said: I am going to whitewash all that after having plastered the concrete never ... buildings

631

yellow traveling crane // profiled bases for the green transformer // pale blue // Saint-Gobain // 110 m. // = ab // walkway // sketch // to send to Malhotra. (here, page 39

632

walkway

633

Located // 57 cm. // Mercury [vapor lamp] catalogue page 17

635

the distribution point is here at P – // install group G below // as low as possible in the direction of MN

636

road // A = museum left drive // B = Top right drive // Sound [and] light: the searchlights will be installed on these mountains // C = cable-lift connection to the woods.

637

[embankment] // Eliminate the horizontal joints in ... ?

638

1 // special care it must be lower than 12' // attention one must be able to see A
2 Praba[walkar] = no brick joint Esplanade
3 Malhotra take color photograph High Court some tapestries for Anand
4 // L-C // Bajwa eng[ineer]
5 Praba[walkar] L-C give Colors of the upper-floor corridor balconies Forum.

639

Marg // Anand L-C will do an article and plan spontaneous theater: I offer the Indians ..... // Contents // master Plan // ... // ...

640

Preservation: Capitol // address to Academy answer // addressed to G[overnmen]t [of the] Punjab // Kairon // through Vohra // copy to L-C who will group and make the general request // Hukum Singh wanted to plaster the concrete + paint it in Colors of the Indian yellow sort. // exceptional demonstration of modern concrete and poly-chromy

641

Marg. Anand. // end of the article (I present to Mr. Nehru for the youth children and adolescents this form of spontaneous theater (give plan and perspectives) to be constructed in the suburbs and in the villages (youth clubs)

642

Working drawing [for] cork // *attention* there is no stairway from the catwalk!

643

Tapestries High Court Extension + Council. // Signs 12 × 12 the hand // the meander
red / white / yellow
COURT ROOM 8 // HONORABLE // Mr. Justice Bhishama Narain // is the only one who has not replaced his tapestry the asbestos ceiling is painted very light gray = good

644

the lobby lounge High Court with furnishings // in various leathers // and red carpet // OK for ministers
1 // Praba[walkar] // everything is very good
2 Quid colors *ondulatoires* 3 facades Assembly?
3 Decide on the roof (Elimination of tiers) // important
4 Malhotra // here fac[ing] // assembly roof parapet // green?

645

5 Praba[walkar] will there be an expansion opening on parapet High Court side and idem Himalayas side // make [one] // holes human scale
6 Malhotra // pillar // chapotis
7 Prab[awalkar] What is the reinforcing // 183? // south-west // ... // council // ramp Council
8 // Khemchand // Urgent // Telegram Boesiger if possible arrangement to meet // Burri Magnum on my passage Zurich [November] 24
9 Photographs [of] capital formwork, sheet metal under construction + As[sembly] ready at 8 o'clock – 9 o'clock morning

646

Chapoti // 2 ventilators // 366? // or 295 // [together] // open // they ... // The shaft for descents // 320 or 360 // 120 hook // insulate that! // 86 = good // discharge ashes // charcoal // only inside // ... head
10 L-C make 1 card for – Museum of Knowledge files – the *ondulatoires* like Secretariat

648

Mourlot // Paris // : *Je rêvais* .... // 5 litho[graph]s to sell with the frame // the litho[graph]s // metal plate // like Chowdhury

649

November 18, 1960 // 1 Praba[walkar] pour // Corbu's foot and hand // last panel northeast side

650

TASU = 4 cm. // 3 sizes of wheels // 5 cm. per Meter = exact

651

Roll [of] drawing paper 70 net // thus 72 or 74 // Urgent // On return // See Bernhart acoustics // + sketch for Malhotra Bhakra here page 19 // Write to Praba[walkar] to see with Philips Delhi if asbestos ceiling
Do 1 letter of confirmation of the meeting Chief minister November 23, 1960 at 9-10 o'clock (see card) L-C rejected offices in the G[overnmen]t Building define the program: // definition of the government // declares! = Permanent service. // Offices had been decided on in the City Center PTT // L-C promise to send 1 report to Kairon (see card [of] November 23, 1960

653

between tower and entrance the jet of water in the lake (Dam requested by the Chief Minister // November 22, 1960

654

October / September 1959 / *Taureau XVIII*
Le Corbusier // *TAUREAU XVI* // 1958 // 125 × 115 T 120 // 2 // For Tokyo Dorival
Sjoberg 23 rue La Pérouse Paris 16
For Heidi Weber // taken from Cassou Museum
a/ *Carafe et verre* / November 26, 1960 // *New World of Space*
T. 40 Fig[urative] vertical. // Jeanneret 1926. // + Hatje book

655

b/ *Bouteille carafes et verres* // 1926 // T 40 fig[urative] horizontal
c/ *Arbalète-Londres II* // 1953 // Le Corbusier // 100 Fig[urative] horizontal
d/ *Nature morte en gris et vert* // T 60 Fig[urative] / 1923 // 1940 // (theme *Nature morte aux nombreux objets* 1923)
e/ *Composition, violon et os* and *Saint Sulpice*. // 1930 T 60 T "landscape" vertical // 130 × 89

656

"Laboratory of Scientific decision" and (Government) Center of inquiry [proposal] decision-making and General explanations" // = a tool of audio-visual use.
Sjoberg 80 Fig[urative] // Robinot 5 rue Camulogène // Vaugirard 76 04 // Paris 15 // *Divinités marines* // 1933 // Signed Le Corbusier at lower right // 15,000 N[ew] F[rancs].

657

Yvonne des Aubrais and Rillette de Tours // marquis de Casa Riera = Toto de Mora // dixit Madame De Fonds Lamotte // called "Bonnette" at Ducret's // December 1960

658

Tele... Dorival // November 25, 1960 // 81 × 65 / 73 × 60 // Number T 25 to 20 / 1 [thousand] // 116 × 89 // [T] 50 2½ to 3 [thousand] // 162 × 130 // [T] 100 / 5 [thousand] // T 40 = 100 × 81 = 2 [Thousand].

659

8 o'clock Delhi Time // Orion's Belt + Orion // November 24, 1960

660

silhouette // Open Hand // new plan
the plans / the sections.
the laboratory
roof // outline
laboratory // cinema // G[overnmen]t

661

ears // they're ringing very loudly // after eating at 2:30 PM // eating = 1:30 PM finished
[Mezzanin] 5 [thousand] // 5 [thousand] // Nice airport // 3,500 // 600 // 300 // 14,300 // + Invoices Marguerite // 24? // December 24, 1960 // Wrote to J-P. de Montmollin // will: 2 to Jeanne [Heilbuth] // 2 to ... // 1 to ...
Total 9 [Thousand]. // 4 [Thousand] // Bado[vici]'s Account // L-C painting // Schelbert // 1 to J // Jeannette [Gabillard] // Henri // 1 to HG // 1 to ... // ½ Cendrars // ½ G[eorges] Aubert or Robert

662

Michelin. Michel Bataille Mathey // Film series *Les 3 établissements humains* // team L-C Bataille. Jean Petit // + P[t] Conan (?) of the engineers from the P[on]ts et Ch[aussées] // Studio 35 rue de Sèvres + Burri + Agostini // Le Lionnais operations research // International Films: *Les 3 établissements humains* F[ilm] // *La Cité linéaire industrielle* // = Big Films + documentaries // for all countries. // [documentaries] // [documentaries] // Films *Les Constructeurs* (international) // F[ilm] // *Le Modulor* // international / F[ilm] // "*Le Plan Michelin de Paris*" – F[ilm] // The Paris operation. [Radial-concentric cities] Center + linear cities // create wealth eliminate cancer // waste

663

Chandigarh Publication // Doshi perfect photographs of Shodhan [villa] + Mill Owners' [Association Building] = remarkable // to be preceded by antique elements (book I from Mazenod) // *Les Architectes* // Put forth the splendors the incisive hard and radiant architecture.

664

4 facades / and 4 / ceilings // Roquebrune December 29, 1960

665

January 4, 1961
Zürichhorn // * V[isual] A[rts] C[enter] Boston // Embassy Brasília // * Youth center Firminy // Stadium / [Firminy] // *Unité d'habitation* [Firminy] // Fort Lamy // Museum of Knowledge Chandigarh. // * Stadium Chandigarh // * Parliament [Chandigarh] // PTT [Chandigarh] // Baghdad: stadium // swimming pool // *gymnasium // Basketball-tennis [courts] // 5 *Unités* in Meaux //* 1 [*Unité*] in Briey-en-Forêt // 2 [*Unités* in] Brétigny // 2 [*Unités* in] Tours // ½ (half) *Unité* in Roussillon // linear industrial city of the Meuse // * Kembs-Niffer Lock. // Villa Savoye

666

Baghdad Spotlights // iron pylons // concrete pylon + cables // tower of Pisa.

667

Lab[oratory for] Scientific decision-making // ... + Le Lionnais // 2 themes // a/ The Meuse Linear city // b/ Center of Paris // here: // detail all the data for the research.

668

Consulting architect for the region = // Belgian border // Meuse // Saône // Doubs
MEUSE
for 3 years. // (in contact assured by contract with operations research // in contact with Electronic Laboratory for Scientific decision-making
to dwell // to work // to cultivate the body and mind // to circulate // Set forth the pilot plan and the land ordinance // get the law freeing the ground for public good at the price as of the day of the [Decree] in the years 1958-1960
Set forth the typical elements // 1 to dwell // leisure activities // 2 to work // green factory // 3 the 4 routes // see page 58

669

January 7, 1961 // Team ASCORAL 2 Committee L-C // Présenté: // Le Lionnais // inquiry [Mathey] // Michelin Bataille // Jean Petit // L-C // arch[itect] Wog[enscky]. // Aujame (group) = Chenut // Team 35 Gardien // Jullian // Tavès // Oubrerie // + the otherrrrs! // Zehrfuss // Conan P^t // students [Ecoles des] P[on]ts [et] Ch[aussées] // order *Les Constructeurs* // *Les 3 établissements humains* // *Le Modulor* / *Cité lineaire* [*industrielle*] // eng[ineer] Présenté // Alaurent // Myon Renault // Villanova // Bouchet eng[ineer] // José Bernhart. Conan P^t pupils [Ecole des] P[on]ts et Ch[aussées] // public relations // Vitalis Cros Dollfus. Louis Armand // Claudius-Petit // Remondet // Georges Salles //Boesiger // H[eidi] Weber // Strassova // Besset // [Villa] Savoye Museum // Financial studies the Schneider guy // Roussillon Group // 2EMTP // "Round Books" 35 years electronics engineer (Présenté) // Chombart de Lauwe // Hindermeyer.

670

Continuation "Meuse" See page 56
1 Designate a industrialization // b standardization // define c the techniques to come into play
2 indicate the fertile groupings of builders // eng[ineers] / arch[itects] W- // Auj // Wog[enscky] // Aujame // Candilis // designate the people prepared for that + preparable Chenut
3 Go on to the group L-C Présenté "builders" // : Sufficient order for prototypes // dwellings // leisure activities // Green Factory // schools etc. // for experimentation, verification improvement

671

Meuse
LC's Mission = // 1 // consulting architect for the region: considering the settlement the development of the territory regulated by a Land Ordinance
2 the equipment called for by the 4 functions expressing human involvement // presence: // to dwell // to work // to cultivate the body and mind // to circulate
the mission 1 in conjunction with Le Lionnais's operations research and electronic laboratory for scientific decision-making ("Round books")
Set down a pilot plan and land ordinance
Propose the legal means capable of assuring the correct use of the land

672

Michelin: 1. Sequence // Avoid the disaster of "La Défense" = "Paris East-West axis" Budget ... operations research // ["Paris East-West axis"] // and prolongation // "round books" // See blue Notebook ASCORAL 2 one page of the program.
land – use *ILot* 6 // Randet Malraux
"Savoye House" at Poissy // Preserve this term // Ground Floor servants' rooms // colored walls // enameled door // open the wall through to Hall = security // photomural of details of paintings // Tapestries from the Mobilier National // Upstairs a Corbu *E*[*sprit*] *N*[*ouveau*] room // + covers [of] LC's books // the [living] room:
Les 3 établissements humains

R63

Paris January 1961
Chandigarh March April 1961
Paris April 1961
Stockholm
L-C's Pictures (Return from the "Capitales" exhibition)

Chronology

1961
Twentieth and twenty-first trips to Chandigarh (March 3 – April 6, 1961; November 11 – December 13, 1961).

Completion of the *Unité d'habitation* in Briey-en-Forêt.

Construction of the Carpenter Center for the Visual Arts (opened in 1963).

Construction of the Cultural Center at Firminy (opened in 1965).

Study for the Olivetti electronic center at Rho-Milan (never built).

First competition for a hotel and congress hall on the site of the Gare d'Orsay, Paris (second competition in 1963).

Project for a building to house the Ahrenberg collection in Stockholm (never built).

Exhibition of paintings at the Galerie Heidi Weber, Zurich.

Painting: *Totem 3, 21-39-61*.

Sculpture: number 21, *L'Enfant est là*.

On the first page of this sketchbook Le Corbusier listed portfolios he needed for organizing his paper collages and studies for tapestries, lithographs, and enamels in the studio at 24 rue Nungesser-et-Coli (676-678, 680, 681). As he said in 1954, he kept his own particular kind of order in the studio: "I live on my archipelago, in my sea. There are thirty years of accumulated things variously related to intellectual and manual activities. On the floor, here and there, are groups of objects, contraptions, books, texts, drawings. Such are my islands!... but I navigate among them with the sureness and precision of an old pilot" (Petit, *Le Corbusier lui-même*, Geneva, Rousseau, 1970, p. 114). During 1961, with the help of Jean Petit, Le Corbusier proceeded with the reorganization of his studio.

A note refers to negotiations concerning a hotel and congress hall to be built on the site of the Gare d'Orsay in Paris (682). The project eventually was disavowed by the group that was to have financed it and thus was never carried out. Le Corbusier's plan to establish in Paris a laboratory for "scientific decision-making" based on information processed electronically also came to naught (682; cf. P62, 668, 671).

For an exhibition in Tokyo, Le Corbusier prepared a list of possible works to be shown (683). For a second lecture at the Sorbonne (an earlier one had been given on February 4, 1960), he summarized his early education at La Chaux-de-Fonds, stating the three principal objects of his research: the individual, the collectivity, and the cosmos (687).

On March 3, 1961 Le Corbusier departed on his twentieth trip to India, where he stayed until April 6 (688). His notes from that flight include one in which he gives the illness of his wife as the inspiration for the *Taureaux* series of paintings, a somewhat different explanation from the one he gave on the occasion of an exhibition in the Tate Gallery in 1953 (689, 690; cf. H33).

Le Corbusier arrived in Chandigarh at a decisive moment, just as the Assembly building was nearing completion. Feeling that he must reaffirm his control over the project, he wrote, "I refuse any intrusion at the moment of completion.... Chandigarh... belongs to the World" (703). He decided on many details: a window in the Assembly permitting an exterior view of the hyperboloid (691); the Speaker's entrance door (694); colors (706); materials to be used in the hyperboloid (714). At the same time he kept aware of other projects: the Palace of Justice (696, 697, 705); Boating Club (699); Secretariat (702); Stadium (707, 709), and landscaping (717, 720). He also went to Bhakra, where he noted "a mistake in the horizontal joints of the dam" (719).

There are a number of drawings of objects that had special meaning for Le Corbusier: a rope motif to be used as part of the cover design for the book *La Fin d'un monde — Délivrance* (711, 712); a bull with its master (716); a snail (727). He described the sight of a truck carrying animal skeletons, remarking that the scene might be compared to a canvas by the Surrealist, Dali (722).

Two entries in this sketchbook suggest that at this time he felt more hardened than ever in his attitude toward the United States. "I refused the Boeing because it is *American taste*" (688). Later, a representative of *Time* magazine, seeking permission to use his portrait on the cover, made the mistake of starting with a low fee and quickly tripling it when the architect seemed to hesitate. Le Corbusier then dismissed him curtly (720).

Another of the architect's projects at this time was the pavilion in the Zürichhorn park, Zurich, commissioned by Heidi Weber, for which there are two sketches (723, 724). Conceived as a dwelling that would also house works of art by Le Corbusier himself, the building — known as La Maison de l'Homme (Le Centre Corbusier) — was completed after his death, in 1967.

The last two pages (725, 726) carry an inventory of paintings stored in the basement of 24 rue Nungesser-et-Coli, which he prepared prior to the large exhibition of 1962-1963 at the Musée National d'Art Moderne in Paris. At this time also, Le Corbusier was beginning to foresee the constitution of an inalienable fund of paintings for the future Fondation Le Corbusier.

673
PARIS January // 1961 // CHANDIGARH // March April 1961 // Paris April 1961 // STOCK[HOLM] L-C PICTURES (Return from the "Capitales" exhibition // R63

674
BEGUN January 19th 1961 // LE CORBUSIER // 35 rue de Sèvres SEVRES // Tele[phone] Littré 52 60

675
January 19, 1961
Equipment Studio 24 rue Nungesser-et-Coli
Portfolios A 80 × 120 = 4 items // B 75 × 105 = 4 [items] // C 50 × 65 = 4 [items] // D 60 × 80 = 4 // E 38 × 56 [=] 4
– Old // Existing Portfolios: // 80 × 120 = 1 // 80 × 105 = 1 // 55 × 75 = 8

676
4 × 80 × 120
brown
Big paper collages // garnet red
orange
Tapestries // green

677
Big paper Collages Saleable to Mezzanin and Company // tapestries (cartoons) paper collages

678
4 = 75 × 105
brown
55 × 72 // litho[graph]s = Modulor litho[graph] // garnet red
orange
Enamels // green

679
February 7, 1961 [*La Vie Commence*] *Demain* L-C // *Entretien avec les étudiants des écoles d'architecture* Forces Vives // "... Any idea stripped of money and vanity can cut its way, trace its path." // September 6, 1957 Advise Jacques Rueff general economy reporter // The key: "a bed – work – a bed"
– You are a "misogynist" // Louis Bonnier 1922 the helicopter flight // Specialist: "Balloon travel" // Lamorisse = script production // He is in Africa (hunting) // Through Strassova = a private screening.

680
4 = 50 × 65
brown
garnet red
orange
green

681

Tel... Dorival / November 25, 1960
Number Fig[urative] 20 to // (73 × 60) // 25 (81 × 65) = 1 m.
Fig[urative] 50 116 × 89 = 2½ to 3 m.
Fig[urative] 100 162 × 130 = 5 m.
Fig[urative] 40 100 × 81 = 2 M.
Albert's picture T60 Fig[urative] La *Main* + *boîte allumettes*
= 6 M. 1930 = old rare

682

PARIS // February 13, 1961 35 rue de Sèvres Claude
Serreuille's Visit (from, Edmond de Rothschild) // object //
= Quai d'Orsay hotel Malraux's support.
L-C dixit: heart of Paris they would accept Corbu team
Rothschild with millions + experimental research costs
advanced = Le Lionnais. ...Electronic laboratory for
scientific decision-making crossing Paris East-West

683

February 15, 1961
Tapestries // Tokyo Saka[kura] exhibition Big Department
stores
— demand purchase 5 tapestries after new Chandigarh
models 1960 paper collages
— ask Utzon about a new client [for] tapestries
— Savina price [of] small statues Heidi Weber gift [from]
L-C // [Savina] 1 statue [for] Utzon order on basis of
February 1961 cartoon // 2 La *Femme* what price Savina
second copy
— Mourlot quid *Petites "Confidences"* who pays L-C ???
— enamels. Utzon // a/ *Open Hand* b/ *Modulor* // 2 or
3 new ones // Saka[kura] 2¼ M. = 2 square meters
— Tériade *Poème de l'angle droit* quid finance [ex] L-C //
the *Iliad*

684

Unités d'habitation // 1 Firminy // 1 Annemasse // 1 Aulnay-
sur-Bois // ¼ Roussillon // 3 Tours

685

Salubra: paper collages H[eidi] Weber // — *5 femmes.*
Chastenet

686

Sorbonne 2
1 // we begin with 1 : 1 "Drawing" on the blackboard
(abstract concrete fresco) = beautiful
2 the 1914 cinema: Hetzer // Meyer // La Chaux-de-Fonds /
house below // all the skilled trades 400 gold francs worth
of delay each day // ! (snow, water, catastrophe // Central
heating = concave roof, drainage through the interior //
1914 the prophetic solution / = lesson for Corbu // = how
I learned architecture // at 17½ years of age the Fallet
house. Sgraffiti // pine furnishings molded plaster mural. //
the poem at Olympia, gatekeeper in Sceaux

687

Binomial // man + Cosmos + chance Mallarmé //
individual // Collectivity // 1 / 2 / 3 // Such is the Trinity that
informs my research // March 2, 1961
individual / collectivity / cosmos. // = leitmotif in color
from the film [La *Vie Commence*] *Demain*

688

Zurich. March 3, 1961 // at 1:30 PM we take off in AIR
INDIA my usual seat Number 5 = huge space in "Super
Constellation" We are 10 passengers // out of 61 passen-
gers // out of 80 or 100?) in my rear cabin = a lady + Corbu
= 2 Travelers
I refused the Boeing because it's American taste, even
when run by the Indians!! Constellation = 550 Km.
instead of 1,100. But here I am at home, in airborne India,
the hostess and the steward = nice Air India Constellation
is very well kept (Tata) Indians and French agree with each
other naturally, But the USA floods the world with its
stupidity and human mediocrity. Yesterday telephone
Washington Paris Philadelphia Paris, New York Paris = =
confusion because I refused to go to USA for Gold Medal
L-C = Write to Nehru + Tata = continue India psychological
Comfort

689

(Continuation) Beirut (8 PM Paris) (10 PM local [time]) Total
Euphoria: Paris was crazy. insane, threatening with
imbecility = Rothschild – scoundrel (Orsay business heart
of Paris). American Presidents (Orsays) = thorough idiots
– – Signature Corbu Film [La *Vie Commence*] *Demain* with
Michelin. Business [of] Paris Stadium [for] 100,000
(Anthonioz) – Malraux) Baghdad Stadium (money) Harvard
V[isual] A[rts] C[enter] Boston, plans finished sent off An
L-C studio 35 rue de Sèvres reduced to a Secretariat:
Jeanne [Heilbuth], Jeannette [Gabillard], Henri –: to three
draftsmen Jullian Tavès Oubrerie – Associated with
Présenté's staff (including Gardien and Company — a
formidable amount of work where time and heads must
be put together = the BUILDERS = new attitude of
Architecture and of its architects (decadence)
  So since Zurich 1:30 PM I am in Super Constellation in my
seat Number 5 called "L-C seat"
  Have seen the Alps; horrible! the Adriatic the Greek seas
(winter clouds). Read Rabelais: Bacbuc the lady of the holy
Bottle. That Rabelais like fireworks with his knowledge of
the ancient Greeks, Assyrians, Egyptians etc. Rabelais the
man of moral health: unique.
  I looked through some files snatched from my drawers
this morning 24 rue Nungesser-et-Coli: *Taureaux* file and
another – Prodigiousness of the imagination →

690

(Continuation) in sketches, in observations in rough
drawings, in projects for pictures!
  These *Taureaux* = total and intimate confession
Corbu–Yvonne my constant, sick, dying, dead wife = the
Taureaux!! Incitements! From whom? subconscious acts!
Yes. Divinings, uplifting of the heart and spirit. Yes!
  This airplane asylum of salvation Landed at Beirut.
Silence? Indeed!!! the sweepers are here, come to clean,
crews for the night. So what! This is by no means
cacophony.
  Paris has become a crime, a folly, a misdeed: Paris the
beloved city!
  All of a sudden I recall the airports of London, of Le
Bourget, of Ascension, grassy, in the grass. Airplanes
going 150 km. per hour, we would be puking for 4 or
6 hours. Pilots Mermoz, Saint-Exupéry, killed in action,
lost!!! = 1928
arrival in New Delhi 6 o'clock (Paris time) = 1 o'clock New
Delhi time

691

March 5, 1961 // ASSEMBLY
1 make a window in roof parapet overlooking "stream" to
show top of the hyperboloid
2 exterior speaker's balcony // fill in with concrete with a
little bas-relief
3 // deputies' door
4 // Bicycle Garage

692

March 6, 1961
9 o'clock [in the] morning. // For Columbia [University] L-C
speech Assembly credit ⅕ UNESCO budget splendid total
architecture I can say it!
6 PM, after reception cup of tea Governor's Garden: Warm
compliments from the G[overno]r + Chief Minister +
Speaker — ... here's a distinguished turban who introduces
himself: "I introduce myself" (= maximum perversity!!!)
"I am a deputy; yes we heard badly." L-C if we had
inaugurated after the completion of the acoustics; you
would have heard but you would have declared. I don't
like this architecture — Response "I belong to
"the opposition!"
  All of the deputies were present around the "tea-tables)
I did not receive a single complimentary word
UN – L-C had no contract = 18 months in New York Paid
by UN // Harrison betrayal [of] friendship // Assembly
= ⅕ budget

693

Write to Boesiger Girsberger that Hervé is preparing a giant publication on L-C. He is going around the world. // Write to Hervé which explanations [which] authorizations ON RETURN PARIS. // Jullian do the shuttering + 4th wall, at 2 cm. per meter // the aluminum ventilators for Assembly = very handsome + the Assembly light fixtures // 226 // in black terrazzo // 183 // white

694

5 // Speaker['s] entrance door // March 8 and 9, 1961 // interior // Speaker
interior // definitive = exact.

695

6 // – Quid..? // in aluminum or asphalt? // ?
7 // this thickness? how
8 Letter to Nangea // order to finish painting High Court

696

9. take another look at paving in front of "pond" middle of High Court – if lawn / at water's edge or cement // cement?
10 The present colors in High Court *brise-soleil* are bad: red too somber green too dull These colors seem to have darkened
11 The water High Court ponds is 15 to! 20 cm. too high. // 7 cm. only!
12 // at A plant large trees to set off the 2 palaces

697

13 Cable Burri not to come again Zurich (Boesiger or Weber Mezzanin)
14 New High Court scandalous construction // who is in charge!!!
15 show me plans of gunite Ladies' Galleries lounges for form and gunite
16 show me the profile // trees // large full leaves in clipped quincunx patterns // Water Boulevard // poplar palm trees etc.
At A = playground with shade But the V7's exist!? // at A High hedges + poplars + "donkey paths" 3 meters wide and nicely asphalted

698

Fort Lamy – museum // the wall and objects / pillars / idem

699

Yacht club // the nave width 452 = 2 × 226 is opulent after the 366 of the *Unités* // one could push to 4.52 in the luxury *Unités d'habitation* // for Paris // March 10, 1961

700

March 11, 1961 // received telegram French Embassy Delhi = give my address = Probably Columbia [University] business Gold Medal
a // to Colbert Here is photograph crown of the Bhakra Dam ''Globum'' L-C's papers I wipe my ass with them.
b // to Malraux send ''astounding'' telegram [to] Sudreau (have asked for 5,000 dwellings for Renault research. Answer this would be hideous See Lopez Sudreau is giving me 200 dwellings! has decided on 400 – Sudreau had sent me to Agadir declared (Parodi) my mission excellent.
Total Compensation L-C = Zero Moscow Exhibition 11 Km. They give Stadium [for] 100,000 to Perret to Gillet who have never done any (Urb[anism] and arch[itecture]) We = 1937 // L-C no commission Tokyo Embassy – idem Brasília

701

March 12, 1960 // B. B. Vohra Telegram Colbert
1 Designation Capitol
2 [Designation] Water Boulevard
3 Regulation Yacht Club and Company
4 I refuse to be beaten painting High Court Hall
5 no water in 2 High Court ponds for the last 6 months yes the 24th here French G[overnmen]t representative commissioner to Moscow.

702

17/ The 86-cm. square recurs in the projected benches
18 Chowdhury. Electro[nic] Museum // potatoes High Court portico
19 / ?
20 // flowers and rocks // judges
21/ Quid this ministers' elevator tower (Secretariat Roof) shuttering coated with cement wash?? Beginning of idiocies?

703

March 16, 1961 // P[ublic] W[orks] D[epartment] Ministers L-C write to Chief Minister // I refuse any intrusion at the moment of completion (period of finishing up) Requirements that bear no resemblance to that with which other States content themselves
Punjab poor country wants endless comfort
I made Ronchamp became world[-famous] Chandigarh also belongs to the World
(contact A[merican] I[nstitute of] A[rchitects] + telephone) Chandigarh designation

704

restaurant // Make playground // [Dam] // here a stupid stairway Who? // a b c must make space = surfaces // at E floor is necessary 1 or 2 meters higher than actual ground to make the floor of the restaurant interior and exterior terrace // = 2 feet higher than the dam (lawn) // Rest House // = the level of the entrance platform of the dam // Prabaw[alkar] the restaurant remains on the inside of the corner // the hedge remains H H' with 2 gaps C C'

705

17. High Court extension // L-C write to Khosla to finish the 7th and 8th Court[s] now, if not damages later
18/

706

March 18, 1961 // Assembly // The ''Throne'' of the Speaker is (modestly) 1.70 [m.] high
Jullian Boston // the Assembly *brise-soleil* = 260 wide = good
The colors of the Assembly Chamber are given on one ozalid (last [trip])
March 26, 196[1] // Praba[walkar] *Watch out!* – that the gardeners (+ Sharma) don't take advantage of this to plant flowers. electricity excavations to fill in Dam (lighting) the Red Fort Delhi = grass exclusively

707

B. B. Vohra Nangea
the 24 [ponds] of Chandigarh water
2 Painting High Court Entrance
3 [Mathur] air conditioning [ponds] pay for consultation to Présenté
4. forbid the ''private [owner]s'' to paint their house pale Delhi yellow = white or bricks
5. Cricket Stadium?? // Prakash // yes
6 Nangea (?) Quid Stadium indicated by Jullian's equipment = necessary.

708

[La Vie Commence] Demain film the Pebble // ''– the pebble is polished.'' It is tumbled by life or events or events. It loses its sharp edges, but not its character, It has become sociable – and social. It lost a little weight (barely!) but it kept its integrity its character, its individuality etc. etc. It is elegant. —

709

Stadium. Sharma the sheathing of the embankments in bricks laid without mortar // 8 meters wide // 15 to 20 meters high // 2 rows = 30 + 30 cm. decided big gray stream stones on the external face of the [corners] (back of stadium // — interior face = roughly spread cement (L-C holes + cement tenons for benches) // — Benches = rough concrete slabs (can be completed in stages)

710

HERVE photographs // Secretariat views between the 2 hills
idem Assembly
idem High Court
March 27, 1961 9 o'clock in the morning via the High Court ramp and its holes, climb up and take the Movie shots of the portico etc. // then from the High Court roof cafeteria photo[graph] the high ''East'' cornice // the donkey-driver sculpture north before 10 o'clock

712

March 21, 1961 // This rope [design] at the bottom of cover Fin d'1 monde – Délivrance

714

cement = A // alumin[um] = B

715

On return
Consultation Présenté, on air conditioning pond [Mathur] [pond] March 25, 1961
Leisure Valley // = Murondins built by young people
Send Note on G[overnmen]t H[ouse] // Electronic Laboratory to Dogra, through Varma in New Delhi

717

P = the Capitol Park // R = Plantings done by Randhawa // R₁ = complete the planting // M = the wall for retaining water against ''silting'' (Nangea). from M to M¹ = very important
1 Chowdhury = leave visible shuttering of the meeting room ceiling (Boat House) // 2 no white [on] exterior!!!
Malhotra Praba[walkar] water [ponds]? 20 cm.
Portico colors samples: accept the medium orange sample Green dull. blue = good

718

HERVE // Chowdhury have her ask Khosla judges, to remove the pots of Flowers for Hervé film

719

March 28, 1961 // Bhakra power pl[ant] // the rear // the rails
Homais mistake in the horizontal joints of the dam

720

March 30, 1961 // Time // The guy offers L-C $450 to have his portrait on cover of Time. I refuse any advance arrangements with Time before my arrival in New York April 28 The guy then offers L C $1,500. I tell him: goodbye

the group A B C = a linear forest 100 m. × 500 (?) 1 km.
April 4, 1961 // E' = big shade trees // E = plantings furnished with trees, bushes, reeds, grass, rainwater
12 m. = A = Roadway = dominant level // 8 m. = B = grass or mud for wagons, cattle, cows buffalo or goats //
30 m. = C = depression d = dirt removed to make A

721

Café 50 // Driver 20 // Sweeper 20 // garden[er] 10 // 150 // lent by Khemchand
On return send B. B. V[ohra] Les 3 établissements humains in English
L C return / Montmollin // Nehru // Elisa // make sketches
18 ordinary ones 2 Elite
Attention. add Anand // 1st ''Round book'', devoted to the problem of the industrialization of the Punjab + Sectors = never through traffic [never] buses into the interior

722

Delhi road // We overtook // the truck // of death is filled 3 meters high, with skeletons of heads and bodies of cows or bulls, without masters, having lain about under the sun in the mud or the grass: The Triumph of Death by Salvador Dali, for example. // April 4, 1961

723

Striped with Battens // corner // Zürichhorn

724

Zürichhorn April 6, 1961 // South // W // pleasant arc // N[orth] // no
the lake // S[outh] // N[orth] // house [set] oblique[ly] // the dead-end street. // The Lake // yes // yes // the street

725

April 8, 1961 ... // L-C's Garage 24 rue Nungesser-et-Coli picture storage
are indicated in red in the ''Capitales'' Exhibition catalog Zurich 1957 // among others:
[See French transcription for list.]

726

[See French transcription for list.]

R64

**Turin May 1961 Le Corbusier Turin May 1961
Ahrenberg pages 29 + 31 May 24th 1961
Finished July 26, 1961 Ahrenberg page 29**

Chronology
See R63.

Opening with a note concerning the incorporation of the Fondation Le Corbusier (729), this sketchbook proceeds to the lecture notes the architect prepared for his address to the convention of the International Council of Museums held in Turin in May 1961 (731-737, 739-743). In it he contrasted the museums of the past — "the museums of art stemming from kings, from princes, spreading royal taste .... sometimes lots of horrors and perverting influences" — with the "Museum of Knowledge for knowing the present contingency" (733). It would not be a palace, but a tool for governing (741), a kind of public library of information stored in computers and electronic retrieval systems (742). The physical manifestation of Le Corbusier's concept is the spiral "museum of unlimited growth," an idea reaching back to his Mundaneum project of 1928 (739). This is the form, filled with the latest data-processing machines, that would constitute the proposed Museum of Knowledge at Chandigarh, an "electronic laboratory for scientific decision-making, a State tool" (742; cf. P62, R63).

With reference to the conversion of the Villa Savoye into a museum, Le Corbusier suggested an ironic exhibit of his "honors list of failures," a self-deprecating series of projects which simultaneously show his enormous influence on the development of modern architecture. The exhibit would include drawings done for lost competitions (League of Nations, 1927; Berlin redevelopment, 1959) and for unsuccessful collaborations (United Nations and UNESCO buildings). The architect wanted the fact that he had no diploma and was self-taught to be made clear to all visitors (760, 762, 765, 766).

There are a number of important sketches for the church at Firminy. One annotated drawing points out the major elements of the site (763); others show the drainage of rainwater (749), the two squares of the plan (757), and the sacred, cosmic orientation of the church with two oculi relating to the feasts of Christmas and Easter (758).

Le Corbusier's initial note on the Olivetti project (770) posed the question of the future of humanity in a machine civilization and represents a change in viewpoint from the time when he held the machine in awe. In the 1930 Obus Plan for Algiers, for example, he had placed the highway atop the curving wall of apartments. In his Olivetti plan he proposed an embankment of earth to shield the workers from the "very obsessing" noise of the highway (771). This change in philosophy was manifested in the final design for the building, a dialogue between the grid of the computer and the image of the human brain.

728

TURIN // MAY 1961 // LE CORBUSIER // TURIN
MAY 1961 // 35 rue de SEVRES // PARIS VI // Tele[phone]
Littré 52 60 // 99 62 // Ahrenberg pages 29 + 31 //
May 24th, 1961 // FINISHED July 26, 1961 // Ahrenberg
page 29 // R64

729

Mounier notary [for my will give him] titles to property //
incorporate before seeing Mounier // the Principal
[director] is in Grimaud. // By check from the Fondation L-C
(Corporation is incorporated)

730

Turin May 25, 1961

731

1 // Museum = the cherished respected adored word //
because to learn to know
facing each other = the actors / objects = men / a man a
woman you me us everyone // the objects: the great
object = nature // = boundless that contains everything
idea [of] museum = until today = art. // But machine
civilization wishes, needs to know "Museum of Knowl-
edge". the [Museum of Knowledge] the many [Museums
of Knowledge]

732

Turin May 24 and 25, 1961

733

2 // the museums of art stem from kings from princes //
spreading royal, princely taste. // Ostentation // The
courtesans // sometimes: lots of horrors and sometimes
perverting influences
The Museum of Knowledge Museum of Knowledge for
knowing the present contingency: I have proposed the
electronic laboratory for scientific decision-making // 1
investigation // 2 solution // 3 expositions // 4 explanations
And that can become a tool of government.

734

3 // The princely museum = thought under the cloak of
ostentation = the beautiful site in the city // The FACADE
of the Museum // the panelling [of the Museum] // the
randomness of the choices
Then today: a particularity: the museum of great taste of
sure taste. // because photogravure // And here is the
modern repercussion the Museum becomes personal. it
becomes involved with the person it has recourse from
now on to personal means: books photographs photo-
gravure have completely changed = information the
personal possession: books and documents. →

735

4 // intervention of the self the individual and birth of the
private collection = my P[rivate] C[ollection] of butcher-
shop bones, of bits of wood, of roots a sea-urchin shell
   I said butcher-shop bones sawn by the butcher = the
splendors of the object = ivory = cut and modeled.
pebbles one of the most beautiful objects to be seen, to
hold, in one's hand: to meditate [on] / polished =
politeness integrity of the material tumbled by the sea
possible appearance of veins adorable.
Man can surround himself with his P[rivate] C[ollection]
and be happy that it cost him not a penny →

736

5 // BUT. himself he has intervened! he has participated
anecdote // The Ethnographic Museum in Paris (Trocadéro),
rotunda of 1889. // Cases / straw / night // Breton and
young wench
My drawings of 1908 became = Square salon of the
Musée de l'Homme Glélé, Behanzin .... the man of
hammered metal. And the pre-Columbians
the Event: Personal discovery – the individual

737

6 // I know a museum in which rooms from royal residences
have been reconstructed . .. .. One day, to the Director:
take away 1 room out of 2 insert: "this was the dining
room of an honest man under king Paul X Paul Y, Paul Z.
1928 Brussels in the Palais du Cinquantenaire Paul Otlet
The Mundaneum. // in // the hall // – engravings of the
Napoleonic epic. // — a pencil mark //‣1.58 meters =
height of Napoleon Bravo!
continuation page 19

738

this page is here by mistake should be on page [4]
June 22, 1961 Denise René is upset because of Ahrenberg
= Widlung Dealer Léonce Rosenberg 1923 Hitler's
Wardroom 1939-1940 Jardot L-C picture on the armoire to
be placed in the bedroom!!! // – Paul Rosenberg yes
3 exhibitions and one sale [exhibition] and "stowage in
vault" // Pierre Matisse: Les Taureaux and Vault. //
Matisse = America // H[eidi] Weber = Europe
Zürichhorn. // L-C Museum [Villa] "Savoye" Malraux
Stockholm Ahrenberg Cassou [Museum] L-C
Room // Boston Exhibition 10 years around the world //
"Capitales" [Exhibition] ... L-C / Villa del Olmo [Exhibition]
Como // Kunsthalle [Exhibition] Bern // 1953 [Exhibition]
Large Exhibition Cassou Museum // General silence //
Festival Lyon-[Charbonnières] 16,000 visitors

739

7 // The Museum is part of the contemporary tool-kit // –
museum without facades [museum] of unlimited growth
one enters from below in the middle. // 1929
Mundaneum // 1928 / 2½ km. // Otlet // cosmic // a/
geography b/ object c/ history = 3 naves // 2 kil[ometers]
of spiral promenade // modern age // hall // temporary
exhibitions

740

8/ Berliner Tabglatt. 1928
Ahmedabad.
emptiness of nighttime illuminations
locate half-way up // all possible exhibitions changeable
flexible
Square spiral = the alternative = human
continual the Machine

741

9/ Museums are not palaces but tools municipal State or
group tool-kit // There is no facade it can grow ceaselessly
it can begin with 5 pillars (Bauchant Museum around
1929.)
An example // It. is one-story high with a half-story for
orientation. // It can be built with 3 metal molds //
a/ column b/ beam c/ vertical tile for temporary facade
1 full-time mason with 2 helpers. →

742

10/ I am building at Chandigarh the Museum of Knowledge
= electronic laboratory for scientific decision-making State
Tool // with "round books"
Conclusion // Nature Total source // Man = the object of
the debate // To discover // To know // Art? which? what? //
Machine Civilization everything has changed [everything
is] new // Abstract art Concrete music? = event that
unfolds clears away, opens. // Museums of Knowledge:
Of All Kinds →

743

11/ All kinds = tool for exposition for examination for
explanation
All forms all dimensions all techniques // but no longer // a
dome [a] pediment [a] colonnade! // no more facade!! //
example to end with
diversity // imagination // 5-cm. heads – Africa enlarge
photographs to 6 meters // Etc. Etc. Africa and India // END

744

Soft – hard

745

May 19, 1961 Tel... Dorival
T 40: 4 // 60 5 // 80 6 // 100 – // = very reasonable
+ enamels + sculptures + tapestries + litho[graphs] // for
Ahrenberg. make 1 second Corbu Room // "New deal" =
new plan (in pastel) Harvard // Kembs[-Niffer] lock // [Quai
d']Orsay. // = an architecture comes forth

Room 1 // 50 M[illion] // 22 M[illion] // + 1 Sculpture +
papers and drawings enamels // continuation →

746

Claude BONNARDOT // 10 rue d'Alsace // Saint-Germain-
en-Laye // 963 01 73 // June 7, 1961 // director of the film
on Korea (screened Studio [des] Champs-Elysées with
Michelin) Bonnardot is all right, a bit avid. His film = life
and movement

747

bill 15. m bills // Montmollin 50 — // agreed upon with Ahrenberg luncheon 24 rue Nungesser-et-Coli June 9, 1961 // 5. New Francs before July 1 // 45 1 during August.

Plan of ''Stockholm'' Norrmalm urb[anism]'' rejected.'' Room II / [Plan of] ''Berlin [rejected]'' // Large setback [scheme] model (photograph) // large photographs urb[anism] // [large photographs] arch[itecture] // sketch and diagram of a building // and of an urb[anization] // + tapestry + tapestry // = June 9, 1961

Ahrenberg + his wife visit 35 rue de Sèvres, October 7, 1961

1 room + pictures T120 T100 T80 T60 T40 5 pictures // enamels + some drawings gouaches engravings paper collages + 1 or 2 sculptures = 50 // tapestry to be done very modern payable separately?

748

Assembly Chandigarh // square tiles 33 × 33 with painting using enamels or oxides like UNESCO (Miró) // June 11, 1961 // June 11, 1940 fall [of] Paris exodus // in I on white ground [in] II [on] black [ground] + etc.

749

June 4, 1961 // rainwater

750

unfinished concrete as stripped of formwork = end // glass // tapestry // here // glazing window // light ash = the door // light gray carpet // the opposite wall in ash plywood ab is higher by about 50 cm. than cd
June 11, 1961 with Baudouin UNESCO ''Swiss'' Room

751

A tapestry at A // oak plywood // Picasso // gal... // 230. [Francs] per square meter // UNESCO tapestry pages 34 35 here

752

UNESCO (Swiss [Room])
white // green // red // essential hue = vermilion // August 1958
V Green / R[ed] // white // August 1958 // find red background R
M[eters] 6.65 × m[eters] 3.42 (335) UNESCO

753

Saka[kura] Tokyo // Large department store purchase. like preceding page height 296 // August 1958 (Cap Martin)
Attention for Japanese house height 226 // 226 × 366 approximately
April 20, 1956 Chandigarh.
Les 2 mains // bone // July 27, 1958

754

Dimensions of the paper collage // 67 × 93 // *Femme nue sur le canapé* // L-C December 25, 1959 Chandigarh 77 × 113 idem // September 14, 1960 // *Femme rouge* 64 × 98 idem // all black // *Femmes et lanterne* // L-C november 1, 1958
these 3 are paper cut-outs [in] cabinet 24 rue Nungesser-et-Coli
We could use the large 1961 Mourlot litho[graph] in line

755

Heidi Weber. ''*Les Dés sont jetés*'' = 1 copy for Weber // Utzon

757

2 squares // E[ast] // N[orth] / S[outh] //Choir // June 11 or 12, 1961 // T6
Firminy Church Claudius[-Petit]

758

Sacristy // June 18, 1961 // 1. oculus Christmas midnight // 2 oculus Easter (exact time) // 3 metal cross // 4 2 bells electronic operation // 5 the Pulpit and its sound deflector. Ask Varèse about construction work

759

1: studio // 2: apartment // E[ast] // N[orth] / S[outh] // W[est] // *Zürichhorn* June 18, 1961

760

Savoye House Museum: // arrangement June 19, 1961
1 wall UN 1946-1947 L-C Designs. + Rockefeller correspondence
Berlin L-C failure 1959.
L[eague] o[f] N[ations] 1927 request 1 original drawing from University of Zurich or photograph: of one of the plans ''not in India ink Le Maresquier''
The only competition won by L-C a [Riehl] signboard La Chaux-de-Fonds 1903
List of failures (Gold Medal [Queen] Elizabeth)
L-C never an examination no diploma ''Self-taught'' in Parisian French // = pejorative
1 Room photocollages (see [Hatje] [*Carnets de la recherche patiente*]) // starting out travel sketches Library etc. // See file white cabinet 24 rue Nungesser-et-Coli La Chaux-de-Fonds L'Eplattenier + travel sketches
1 Room with drawing ''*La Cheminée*'' [Hatje] page 54 + pictures pages 56 57 + pages 58 + 64 + 65 + 71

761

Denise René June 22, 1961 see page 18, placed there by mistake
Peasant [origin] // Prouvé [series] + Myon Renault

762

[Villa] Savoye June 25, 1961
Heidi Weber Chairs
Aubusson Tapestry official representative of Aubusson photograph urb[anism] Salon des Refusés
Not one dwelling in Paris for 30 years 1930–1961
1 panel L-C's influences on foreign a/ arch[itecture] b/ urb[anism]
Gold Medal Queen [Elizabeth] 1953 (?) // the honors list of failures // photograph of L-C's hand-drawn map from his speech at R[oyal] I[nstitute of] B[ritish] A[rchitects].
Failed United Nations fundamental honesty // [Failed] UNESCO // [Failed] Berlin
1 Center of Paris 1922 1961 // 1928 CIAM. // Roof garden on top [Villa] Savoye as 24 rue Nungesser-et-Coli // The Center of Paris.
Algiers New York 1935 The 50 Corbu books the lectures 1921-1961
the exhibitions Druet 1921 [Léonce 19]23 + [Salon des] Indépendents / 2 // 23 1923 Zurich 1938 for Cassou 1953 + *Taureaux* 1957

763

Firminy-Vert June 24th, 1961 with Claudius[-Petit]
Parayre Secretary (Bulldozer) // heating plant // = the La Patte rental building // here cemetery under pines / trees // cemetery / cemetery // old road to Saint-Just[-en-Chevalet] // behind here = the Stadium and the Youth Center = from R P to R // = all the space of the Stadium // rocks // streets // royal way // future axial road // M–N = platforms for the church // building axis H 45 × 70. meters high

764

sleeping car // June 24, 1961 Olivetti Milan return from Firminy
Ask Alsace information on Vogelgrün factory Machinery hall (turbines?) floor and walls in very modern ''abstract = successful according to Jean Petit
Meaux Write to Debré + D G I am undertaking the peasant Meuse Valley.
 Linear industrial city these are the prototypes fruits of 50 years. // + Bézard Dayre // + ASCORAL

765

[Villa] Savoye exact plans of Villa of Palace of City //
1 photographic panel Villa Palace Cities // Chandigarh // L[eague] o[f] N[ations]. // UN. // Garches // La Roche [House] // Le Lac // Centrosoyus / art is Greco-Latin // *Ozon* Sculpture cumbersome
''New World of Space 1946'' // pages 24-25 2 matching photographs 1 painting detail 1 La Roche House + pages 26-27
+ pages 34. 35 ... // 32 + 33 // 46 + 47 // 50 + 51 // + 1932 P[alace] o[f the] S[oviets] = 2 pages // + 1932 Barcelona + [de] Beistégui // + 1933 CIAM on *Patras II* // Radiant farm 1934 + Arcachon 1935
Negroes // Spiral museum // green factory // = 2 pages + 1935 Exhibition primitives 24 rue Nungesser-et-Coli + New York 1935 + Rio 1935-1936 = 3 pages

766

[Villa] Savoye. // Saint-Dié rejected Prothin presently [La]
Défense
A // 1 Sert P[residen]t // 2 Lúcio Costa // 3 Giedion CIAM //
4 Picon // 5 Anthonioz // 6 Wogensky // 7 Jean Petit // 8
Claudius-Petit // 9 a curator from the Musée [National]
d'Art Moderne // 10 Oubrerie
the villa will be for the Relations Culturelles // [es qualité]
but becomes inalienable property
Funds: Picon will pay for the State D[irecto]r G[ener]al of
Arts and Letters // + internationals by Sert
Fondation L-C // Luncheon 24 rue Nungesser-et-Coli on
June 26th, 1961 // Dorival. Besset. Anthonioz L-C
(at A) appointment of the Committee. // Ducret Chéreau +
Nantes lawyer should be added

767

[La Vie Commence] Demain film // bed // factory // bed //
(green factory) // the radiant city inside = dwelling //
outside = sports just outside the houses

768

May 19, 1961 Dorival // T 40 4 // - 60 5 //80 6 // 100 7

769

Orly via Milan
rectangular // Présenté for Baghdad pylons with Trap
doors (marshalling yard) // July 17, 1961 // Square section
Orly via Nice July 28, 1961
The [third] tower in concrete // glass room // elevator //
concrete // ? // the 4th tower at Baghdad = in concrete
with Control room films Radio etc.

770

future of a Machine society and of a civilization Revelation
and awareness // of labor and man
Roberto Olivetti // Hotel Principe e Savoia // Milan //
July 18, 1961 // Milan
Man // labor // destiny // L-C's definition // July 19, 1961 //
Milan // Future of a Machine Society Purpose of a machine
civilization Revelation and awareness.

771

Olivetti Rho-Milan // July 19, 1961
Turin // High Tension line // 220,000 Volts // of which
account [for] 300,000 square meters // + a small electric
line on poles. (could be buried) // 11,000 Volts. // Railroad //
here Olivetti ordered a 1st temporary building // highway //
Milan.
Attention highway = noisy // very obsessing // [what] to
do? embankments hills alongside to keep out the noise //
Flat site. Artificial hills possible
Nature of the site. see Olivetti document / = 2 water-
bearing strata
1st Phase 30,000 square meters of factory floor and
offices // create sports clubs for personnel (manner [of]
Mangat Rai Chandigarh) // Sports / water swimming pool
etc. (pumping + anti-mosquitos.

772

One can imagine 2nd Phase with some Unités d'habitation
for new workers or employees who would prefer to avoid
Milan (modern families and new homes)
I will receive 1 planimetric aerial photograph [taken from]
helicopter
the highway // embankment must be made // noise //
highway // noise // embankment
Thus: a 20-Hectare radiant farm thus shepherd and lamb
and lawn for example under the High Tension [line].
ground // 200 m. sand and alluvium // 6 m. water // 10 m.
water // drinking water // Zone of the Ticino (stream)

773

July 26, 1961
Mme. Riand has come as an Ambassador from Saint-
Gobain: to ask would the ever young Corbu, come to talk
to the ''youth of Saint-Gobain'' of Vogüé + Aigu... + La
Charme. To enlighten them ... etc.
I said: Boussois is publishing ''L-C and the modern history
of the Window'' (Alazard +)
Mme. Riand brought the big color album from the Saint-
Gobain offices Neuilly, to request my chitchat inside there
in front of the higher ups.
L-C replied: Saint-Gobain has become tainted with the
Curtain Wall from the USA. = UNESCO + Social Security
[Building]. We are quite warm (says Riand) behind the
curtain [wall] in Neuilly – L-C retorts: in Chandigarh
Secretariat 4,000 employees.

R65

August 1961
Finished December 10, 1961
in Chandigarh

Chronology
See R63.

As with Sketchbook M52, Le Corbusier asked on the cover of R65 that anyone chancing to find it "immediately return this very important notebook" (744). It contains many notes regarding the completion of the Assembly at Chandigarh, which he made during his twenty-first trip to the city, beginning on November 13, 1961. Le Corbusier has already made out his will (R64) and was evidently in discomfort from the symptoms he listed and the drugs he was required to take (781, 786). There was in his mission at Chandigarh a new urgency to complete and preserve his supreme architectural statement. He also requested the Fondation Le Corbusier to begin cataloguing all his paintings as either "reserved for the Fondation,... for sale, or ... sold or given away" (788).

Although he was designing the Carpenter Center in Boston at this time, Le Corbusier expressed the utmost disdain for American culture in its foreign manifestations. At the Cairo airport he wrote: "the US occupation is everywhere, the racket ... is the most strident, the most trying ..., the most stupid. On television there is some low-class Hollywood jabbering .... to one side a US band with drums of course, banging shrieks of all kinds, Cha-cha and animal sounds foot-tapping" (789). "This Americanism attacks everywhere. Throughout the world, with its worn-out customs, but with such pernicious result!" (790). In contrast, Le Corbusier betrays a bit of French chauvinism in his praise of Orly airport at Paris, where "everything is 'acoustic,' silent, clean, and vast. It's a very handsome building. And people criticize. I will write a note to the architect engineer of Orly" (790).

In Chandigarh, his top priority after these many years was still the securing of historic-monument status for the Capitol buildings (800). Concerning the Assembly, Le Corbusier suggested that the volumes of the roof (hyperboloid and pyramid) were "so eloquent" that instead of the intended roof lawn (P62, 620), a surface of cement and brick might suffice (800). Seeing that a lightning rod had been placed on the hyperboloid, the architect commented, "deplorable ... move it to the catwalk" (804). He asked angrily about a "Hollywood-style frieze" under the ceiling (804). He requested that an Open Hand be cast in the concrete of the portico (800), and that the plans and details of the acoustical "clouds" in the Assembly be shown to him (801). Notes concerning the enamel door of the Assembly include a reference to the placement of the dedication plaque at the center of equilibrium (807). Doshi was to be in charge of guiding the Michelin filmmaker around Chandigarh and was instructed not to work "except with the sun, it's capital!" (799, 827).

At the beginning of this sketchbook, while considering the restoration of the Badovici mural, Le Corbusier recalled a noteworthy remark of Fernand Léger, who asked him around 1938, "Don't you think you've gone too far with color?" (778). The end of the sketchbook affords us another clue to his artistic approach. Seeing the figure of a black horned devil painted on a truck, he drew it faithfully for use on the enameled door of the Assembly (826).

774

LE CORBUSIER // architect // 35 rue de SEVRES // PARIS.
6 // Tele[phone] Littré 52 60 × // 99 62 // August 1961 //
finished December 10, 1961 // in Chandigarh // Please
immediately return this very important notebook. Thank
you! // R65

775

Corbu's health (Dr. Vergoz)

776

cobalt // again: // 1 = black // 2 = violet (mauve) // 3 = light
cadmium yellow // 4 = green // 5 = bright cadmium red //
about 120 // Cap Martin Schelbert August 24, 1961
Thursday

777

What sort of paints? // with varnish? That will strip what is
underneath // Matroil? or plastic. or latex? // dark gray
radiator

778

erase here // white // idem // chrome lemon [yellow] //
ultramarine // idem // light yellow ochre // white //
ultramarine // red
or: at A perhaps solid black or total white with thin lines //
refine strengthen the 3 motifs eliminate the additions of
1949
Fernand Léger said to me around 1938: Don't you think
you've gone too far with color, for an interior?

779

August 29, 1961
When one flies over France (Basses-Alpes, Nièvre etc.)
one notices with sobriety that the French land has an old
texture and wears down its man (frightening fragmentation
of property and farmlands) Rescue: immediate, coura-
geous and saving intervention of agricultural cooperatives
on sufficient scale
   (For the Meuse valley bring up the solution)
   Bézard — Corbu Studies / the 30 + continuation

780

the Seine
Salon Nautique: // take film Thursday youth — at 3 PM = the
faces of the kids + the Teddy boys black-leather jackets
[crowd] etc. // = radiant photograph of ski-master (engine)
+ canoes + outboards // anchors propellors
[Hall] Suffren. [Sulzac] Booth Rhodes the ''10 reasons'' =
Very strong working drawings

781

Dr. Vergoz — October 11, 1961
Hiccups (stomach) 1 Regurgitation = glottis (tooth soap)
Sore throat in September // feet bottoms like paper. //
Eyes October — Pascal's tetany 2 hours / Pissing low
pressure night (I drink a lot of water or herb tea

782

Le Bourget road October 11, 1961
Group lot division 9 stories ... + 4 stories ... (Lopez?) //
covered with mosaic tiles 5 × 5 cm.) pale blue = very airy
= very nice! // = total coverage
Automobile trip to Paris – Mézières // October 11, 1961 //
electric pylons // from Paris 20 or 25 kilometers to Oisy
type 1 // type 2 // there are pylons about 400 m. away (find
out by telephoning // = magnificent rhythm in nature ''Yes
Mr. Sudreau''

783

Mézières // Unité d'habitation facades // [Unité d'habitation]
in Enamels // (plates) // W
Branner. Get me aerial views of 13 cities + book surround-
ing countryside = very important // .... // direction of Sedan
near Mézières there is a canal straightening of the
Meuse // VI
L-C Reread La Charte d'Athènes + CIAM Grid [Girsberger]

784

Is the Meuse wide enough? Mézières Sedan
In Short: Mézières – Sedan it's all greenery = natural
conditions // obtain planimetric aerial views. // + perspective
[aerial views]
canal locks

785

Montm[ollin] / 35 rue de Sèvres / BNCI = 60 // = C[rédit]
C[ommercial de] F[rance] BNCI
Banque Nationale de Commerce et d'Industrie BNCI
37 Avenue des Champs-Elysées L-C's Account 13064

786

Take Vitamins A and E every morning 1 in the morning
150 pills per
Rovigore pills 1 big Vady (?) take 1 pill per day. Professor
F. Ruedi Zurich November 2, 1961 (L-C send 1 book to
Ruedi [Hatje] or Les 3 établissements humains
[Dr.] de Balsac Boeing rest the night before [and] the next
day

787

with Ducret Orly Airport bonus for the 3 draftsmen //
3 draftsmen a raise of 20,000 per month thus 240,000 per
year // and Ducret gave 3 months' salary at once = 3 × 20
= 60,000 // leaving 180,000 for each one.
Boeing Air India Orly November 11, 1961 // 3 PM // open =
the portholes of the Boeing // air // view
seat // cast glass slab // tube // Floor Firminy church

788

Fondation L-C. in the Musée [National] d'Art Moderne
Paris Delhi Plane (over Cairo)
Put together a group // Jean Petit L-C of available works
destined to fill the exhibition rooms of the foundation in
the present Museum (or in the one to be built)
For example: Silverpoint series (24 rue Nungesser-et-Coli)
1930 (?) period. And select
''Le Déjeuner au phare'' (Franceschi photograph) excellent,
those by Hervé are mediocre
Thus a selection of 10 to 15 silverpoints, protected from
sale.
There will be [a] paper cutout series Ingres [paper series]
etc.
Start putting on the card for each work in the file: a/ the
work is at .... // b/ is reserved for the Fondation L-C // c/ is
for sale // d/ has been sold or given away

789

Cairo. Airport restaurant the lemon juice is good.
   But the US occupation is everywhere = the racket, and
the racket chosen [is] the most strident, the most trying
(on the nerves) the most stupid
   [On] television there is some low-class Hollywood
jabbering There is to one side the US band with drums of
course, bangings shrieks of all kinds, Cha-cha and animal
sounds foot-tapping. Above the microphone the striden-
cies of the Boeings + the horns + the calls,. And on the
airfield, ''the poor'' (Air India has a landing spot very far
away). It is dark with a world of automobile headlights
crossing and the flock dazzled by the shots of light in the
darkness that illuminate nothing (because there are
thousands of lights on, but not one square meter of
reflective surface. Messieurs the Lighting Specialists
come and see!
   My dream this morning: no more telephone the silence
of the Stratosphere, the purr of the motor .... No, US mood
music. ''Perceptible: bzbzbzi bzonbzonbzon →

790

And the Indians (ordinary ones this time) who utter their
vowels amid the racket.
   This morning at noon at Orly everything is ''acoustic'',
silent clean and vast. It's a very handsome building. And
people criticize.
   I will write a note to the architect engineer of Orly Some
bastards have installed in the Main Hall 14 horrid gilded
crown-shaped light fixtures.
   I was leaving Paris – streets become insanity, become
catastrophe. And this Americanism attacks everywhere.
Throughout the world, with its worn-out customs, but
with such pernicious result!
   — It is 8 PM (Paris [time]) Dinner came from New York
this morning: except for two classic sardines it's an
avalanche of transparent corpses of asparagus of tomato,
of a hard-boiled egg with mayonnaise (from the Factory in
Brooklyn), the menu is stunning, big Indian cover: Buddha
and a lady. Made up as at Prunier's, but corpse everywhere.
I gag on it, though barely touching it
Cairo – Delhi 4,750 Km = 5 hours

791

Arrival Delhi 2 o'clock [in the] morning November 12, 1961
cool air // ceiling // vertical side // cool air // air conditioned //
button // light // switch // light // light // switch // a
passenger / passenger's seat
Jullian // Boeing above the double seat there is a cream
white casing // This device could be brought into play in
the V[ille] R[adieuse] dwelling.

792

For Baghdad // Gymnasium roof structure to replace
aluminum (for the engineer from Le Loiret
Malhotra will give the address [of the] German firm (from
the industrial ... in Delhi.) that manufactures in translucent
and corrugated material

793

Prabawalkar / November 13, 1961
To do L-C model Acoustic tapestry for the Senate
Praba[walkar]. Quid pavement High Court esplanade? the
finishing?
movements of the 4 lights
red tile / 8 m. / green // red light // at the start and at the
end // at 8 m.: A (light) illuminates tiles B [8 m.] one could
go to 12 m.
''L.3.red'' or L.7.blue // = line of the lights. // [bushes]
flowers above // the artificial ...

794

L-C Chandigarh schedule 1/ convoke High Level
C[ommit]tee decision [on] Stadium. place [of] payment
L-C's fees

795

Chowdhury High Court
Ask Randhawa for plants to cover bricks High Court
Extension
Plans Museum of Knowledge
+ plan [of] dam restaurant

796

H[igh]-Level C[ommit]tee
Sports behind the lake. Stadium + training fields +
swimming school + the dam.
X make a popular center [for] 14 years old // 18 years old //
25 years old // soccer // basketball // baseball // swimming
diving competition // Open-air theater my little
''spontaneous theaters'' dedicated to Nehru
reinforce Technical (10 years) + Human expression
P[ierre] J[eannere]t Praba[walkar] concrete Assembly
B[uildin]g without one fault, the most modern reinforced
concrete in the world = unique experiment
Designate the Capitol + the Building Historical
monuments

797

Malhotra // white // Dam top from the campsites = M N =
white spotlight illuminates from 15 meters

798

Assembly North wing, Chamber for regional debates.
I have made here standard =] 3.66 + thickness + 366]
rooms in Marseille] 2.26 + thickness + 226 [dwellings //
that's good

799

Doshi find 1 filmmaker // (for Michelin) // to shoot scenes
of construction site, mules, women kids etc. on site [of
the] Assembly Building
Translate Les 3 établissements humains

800

Prabawalkar
1 Obtain designation Captiol (as a whole) [designation]
buildings (each one) as historical monuments // + by
H[igh] Level [Committee]
2 ''Stairway for the curious'' can be eliminated [from the]
Assembly roof against acroterion High Court side. Leave
this roof ''master in his own house''
3 review question of the lawn *Assembly roof cement and
brick. may suffice the volumes are so eloquent
4 make 1 Open Hand'' in concrete last section of the
acroterion behind the portico.
3 bis – *possibly only on the lower ring of the hyperboloid
or leave the dust
5 leave the roof amphitheater
3 make a bridge without river [for] speaker (wing) to go to
the bottom of the hyperboloid (visitors

801

Prabawalkar.
attention glazing of the skylights [on] roof
Esplanade Pavement // pattern (dimensions) like in front of
offices between the 2 basins
explain to me and show plans details Assembly clouds
Vohra Prabawalkar show me siting plans Swimming
School Etc. and devise a program for the 6– // 12– // 18– //
24– // year-olds to develop body and mind
Check Vohra Prabaw[alkar] the 4 lighting terminals for the
Dam Monument = their exact position
Explain to me construction [of] lock mechanism Enamel
door
V2 Capitol Office Building like Assembly faces 100%
glass, Ventilator. Sun control = definitive prism

802

black sheet metal // white // by Pierre J[eannere]t at his
home a floor lamp, standard

803

L-C enamel door On return to Paris add Secretariat
donkey-driver tracing (Praba[walkar]'s tracings make me
prints for Luynes // + animals on the carpet from Bansi —
for Luynes

804

Prabawalkar
preserve 2 different extremities of the Assembly portico
Attention Lightning rod deplorable on the hyperboloid
remove it to catwalk // quid on Little tower? // ×
Prabawalkar: show me final plans [of] roof structure
the columns. metal pipes in the bicycle garage must show
a polychromatic diversity
What is this frieze under ceiling and hyperboloid //
Hollywood-style frieze? // N[orth] // W[est] / E[ast]

805

Prabawalkar
stake out on site the Martyrs' Monument

City Center change following north facade Assembly //
Sunbreaker[s] oblique or perpendicular according to
orientation // ondulatoires // north facade // ask for ozalid of
the brise-soleil // north facade // better than South facade

806

smooth solid // for Museum of Knowledge and [for]
V2 Capitol see details of these sunbreakers = the
ondulatoires are good

807

Prabawalkar
remains cement // the / hyperboloid cork // becomes
alu[minum]
show me portico black yellow quid where.
white = equilibrium of the enamel door
C o / H o // N a / N o. // = the white dedicatory plaque //
this door given by the French G[overnmen]t and the
Adviser L-C (painted with his own hands.

808

[H o] Man appeared under the powers of fate of the
cosmos and of nature
[N o] To fulfill his fate he discovered or he invented
numbers
red // green // yellow (ochre) or light cadmium // sky blue or
white // enamel door.

809

November 24, 1961
write to Doshi there are near and far views, including
blending [of] Secretariat roof with Assembly — the whole
thing before 10 AM (from 7 AM on) = extraordinary.
photographs may be sold to publisher [of a] book on
Capitol

810

Prabawalkar November 24, 1961
color white // Under the north extremity [of the] portico
are there plans [made] around oval interior Room p = let
down rope and seat to do repairs
quid this door so high?

811
Prabawalkar
Praba[walkar]. the Speaker's stairway must remain in
cement
I forbid a porch at ground level // or basement [level] for
the Chairman [of the] "Upper House"
the High Court [ponds] are too full

812
g[overno]r // G[overnmen]t Room

813
I did tapestries
1 Senate 20 × 7 = 140 square meters // 20 × 7 [=]
140 square meters
2 deputies' Entrance Hall 24 × 6 = 144 square meters
3 6 tapestries High Court Extension

814
Co // red // N a // green
H o // yellow ochre // N o // sky blue or white
enamel door

815
the function is accomplished by bd and ac //DC being
carried ... ... // Direct light

816
Assembly, East wing north
the lighting does not follow the squared spiral // proposal
for // for Museum Picture Gallery // stream for water
drainage

817
insane to stick alongside this office building 1 bicycle
garage 5 meters from the facades.
Prabaw[alkar]. the paving slabs of the library are carefully
done! = polished // for Esplanade
State of India Bank // = apartment on the roof is painted in
strong colors = excellent
Terrazzo 226 × 183
Vohra the dromedaries under parking lot footbridge? // +
the round pump

818
Prakash make me prints [of] plans and sections [of]
schools
Ask Praka[sh] the manufacturer and name of the paints //
+ samples of the paints on slips of paper // + some
photographs of the Main Hall.
finishing Secretariat
Attention Prabaw[alkar] / Prakash has some very beautiful
paints for his woodwork = better than for Assembly

819
Prabawalkar [have] his class draw the parapet supports
Bhakra.
GULAB SINGH. // the Sikh engineer from the Power
house who is supposed to write me a letter [about] paints
Urgent. See the Dromedaries at the footbridge.
assembly –

820
December 4, 1961 Bhakra.

821
Decision made about the lighting of Bhakra Dam, by night.
In presence of P[ierre] J[eannere]t + Malhotra on the spot)
(on the site December 4th, 1961)

822
large loader // ovens ovens at ? × ? in open air
without sheds
"Linear city" unconscious, Spontaneous Nangal (Saint-
Gobain, Freyssinet etc. // December 4, 1961 / fantasy
sketch from memory in the automobile

823
December 6 and 7, 1961 // I did here the projects for
6 tapestries 8 meters × 4.50 = 36 square meters × 6 =
216 square meters // for High Court Extension.
10 days Before // I had done for the deputies' Entrance
hall 1 tapestry of // + for the Senate 1 19 meters ×
7.2 meters = 140 square meters // 1 22 meters × 7 =
154 square meters // + 23½ meters × 5½ =
112 ½ square meters // 306 ½ + 216 square meters //
522 square meters

824
Construction of Assembly [Building] // Prabawalkar's
helpers on the site // Sahni engineer Telluran the fine Guy
Bajwa (Sikh)

826
for enamel door // This black devil is the trademark of the
trucking Company improvised, variable painting. This
particular sign was more handsome than the others //
30 Centimeters / There are flowers. figures painted to the
side ... ... coloration
black on white ground painted on a Truck Public transport
Company. // at Mani Majra December 9, 1961

827
On return from India
Send Praba[walkar] the text of the Malraux laws [on
landmark protection] + law in general to be applied to
Chandigarh.
Call Arup the engineer about L-C's work calculations (Arup
had bought a L-C tapestry) // for Orsay
Claudius[-Petit] Mission [to] Chandigarh for inauguration
[of] Assembly he will represent the French G[overnmen]t
donor of the entrance door
On return [to] Paris put Sert to work [on] designation [of]
Capitol Chandigarh with all my academies
Michelin filmmaker for Chandigarh have him there with
Doshi to guide him. Do not work except with the sun it's
capital!

S66

Chandigarh December 10, 1961
Paris, Foundation Villa Savoye
Ahrenberg Museum page 29
Strasbourg April 11, 1962
Chandigarh, April-May 1962

Chronology

1962

Twenty-second trip to Chandigarh (April 14 – May 14, 1962).

Enameled door completed at Luynes with Jean Petit; donated by the French Government to the Punjab for installation in the Assembly at Chandigarh in 1964.

Study for the parish church at Firminy (under construction).

Study for an exhibition building in Zurich, La Maison de l'Homme, opened in 1967.

Trip to Rio de Janeiro to make studies for a French cultural center, the French Embassy, and a Brazilian cultural center, all for the new capital of Brasília (never built).

Retrospective exhibition of Le Corbusier's work, Musée National d'Art Moderne, Paris (1962-1963); an exhibition of enlarged photographs of paintings at Barcelona; and an exhibition of paintings, watercolors, and drawings at the Galerie Heidi Weber, Zurich.

Sculpture: number 22, *Petites confidences*; number 23, *Panurge II*; number 24, *Ozon 1940 II*; number 25, *Ozon III*; number 26, *Panurge II*; number 28, *Panurge III*; number 29, *Ozon. "Victoire"*; number 30, *Petites confidences*, second version; number 31, *Femme*, second copy; number 32, *Femme*, third copy; number 33, *Icône*, first version.

Tapestry: *La Licorne passe sur la mer*.

Begun in Chandigarh in December 1961, this sketchbook continues the architect's notes on his twenty-first trip to India, which were started in the preceding sketchbook, R65. He was still using the book in April, when he made his twenty-second trip. Among the notes and sketches relating to the Capitol, two early pages concern the choice of colors for the enameled door of the Assembly building (832, 836). As Le Corbusier was leaving India he listed the names and qualifications of the men who might be able to further his plans for a Chandigarh Publications imprint (833).

When traveling, the architect always examined airport design with a critical eye. On arriving at the Rome airport on this trip, he took note of the importance of solar control in glazed structures: "very lively... and no control over the sun. The guy who meets me says it's very hard to live with. Always the same story, man and the sun" (835).

Several pages are devoted to the problems of setting up the Fondation Le Corbusier and of adapting the Villa Savoye (taking certain architectural liberties in the process) as a documentation center (841, 853, 854, 860, 861; cf. Sketchbook S67). His concern for the preservation of his works is expressed here — as several times elsewhere — with insistence: "The day I pass on anyone would be able to disperse the mass of works that I have made.... This 1900–1960 documentation, this body, can interest an efficient group in creating what would be the Fondation Le Corbusier. This organism... should put the records of my work at the disposal of anyone who would like to consult them" (Petit, *Le Corbusier lui-même*, Geneva, Rousseau, 1970, p. 125). Although he was prepared to put much of his own money into the foundation, he considered his assets insufficient and hoped for support from other sources as well (841, 853). (The Fondation Le Corbusier was founded in 1968, three years after the architect died.)

On December 28, 1961, he reviewed the various projects under way at 35 rue de Sèvres, listing the jobs and allocating responsibility (843). (It is interesting to note that he added to this list a half-year later, on June 7, 1962.) On December 30 he was in Luynes with Jean Martin selecting the colors for the enameled door of the Chandigarh Assembly (844-847). While there he explored with Martin the possible uses of plastic in buildings and furnishings, for example, the use of Plexiglas in a 1925 cabinet design (848-852).

He recapitulated the details of the program for the proposed Ahrenberg house and museum in Stockholm (856; see also M51, R64) and made a first sketch for this design (857). Certain of his architectural solutions for this project may have been utilized as well in the Zürichhorn project for Heidi Weber, also planned as a dwelling with exhibition rooms (856, 857).

The initial concept for the Olivetti electronic research center is the subject of a sketch dated March 7, 1962 and entitled "the marvelous factory" (862; cf. 881). As Le Corbusier was leaving Paris for Strasbourg, where he was to discuss plans for a new congress hall, he was struck by the sight of waves of commuters arriving in the Gare de l'Est, and he contemplated anew "the linear city... fabulous, sole salvation" (864).

The last part of this sketchbook relates to Le Corbusier's twenty-second trip to Chandigarh, from April 14 through May 14, 1962. Seen from an airplane, the suburbs of Paris appeared to him "a scandal, a sickness. All the houses are touching but they see each other, hear each other.... The *Unités* require 3 to 5 hectares and = sun, space, greenery" (866). It is an exceptionally concise statement of his reasons for preferring his *Unités d'habitation* to housing developments composed of single-family dwellings.

Notes made on the construction site in Chandigarh mainly concern the finishing and application of color to the Assembly building, then being completed under the direction of Prabawalkar. The architect was particularly pleased by the temperature control his design provided: "on the roof heat enough to kill.... I step inside... great coolness" (872). Meanwhile he was pressing forward with other projects, including the monuments (880), Leisure Valley (878), and photographs to be taken by Jean Petit (875, 876, 882). Two sketches done on the site, with measurements and notations, show the relationships between the buildings of the Capitol (877, 883).

Outlining an appeal he planned to make to the "L-C academies" for their support in his effort to secure historic-monument status for the Capitol, he cited the aesthetic and practical success of his buildings there, particularly the way they incorporated sculpture ("the building itself") and painting ("the polychromy [of the] Assembly chamber... [and] the enamel door...") (886).

A note on the Greek islands as seen from the air (891), then a comment on a sunrise over Beirut (889) close this sketchbook.

828
LE CORBUSIER // Chandigarh December 10, 1961 // PARIS .. Foundation Villa Savoye // AHRENBERG Museum page 29 // STRASBOURG April 11, 1962 // CHANDIGARH April – May 1962 // S66

829
LE CORBUSIER // PARIS. VI // 35 rue de SEVRES // TEL[EPHONE]: LIT[TRE] 52 60 // Begun in Chandigarh on December 10th, 1961

830
69 × 103 // Dimension Indian format very handsome on December 10th, 1961 did a pastel (with (German) colored chalk colors procured by Andreini. // at Chandigarh. gift to Pierre J[eannere]t // [=] *Naissance du Minotaure* (Excerpt from Sketchbook 1952 Cap Martin

831
take photographs between 2:40 PM and 4:50 PM the donkey-driver's birds are magnificent

832
Enamel Door panel 4
white / black On gray plate
Assembly // red // green or pale blue // yellow ochre [de ru] or golden // white
December 12, 1961 automobile via Delhi

833
Dr. Handa from *Marg* (?) has just been named Professor of Art History at the University of Chandigarh (can help with *Les 3 établissements humains*.
   Publication Chandigarh imprint and various excerpts from L-C by Doshi and Chowdhury
have him contact Mangat Rai Secretary General of the G[overnmen]t [of the] Punjab + B. B. Vohra Secretary for the Capitol Project
both of them loving their task and their country and looking for the right means. (*Les 3 établissements humains*) // + Nehru
Handa *Marg.* to recruit personnel for the Electronic Laboratory
will explain the "Round books" // + Varma = too old // = the Museum of Knowledge for Randhawa

834
Urgent // Jeanne [Heilbuth] / write to Malhotra High Court portico // green yellow red // + Jean Petit send Varma Urgent *Les 3 établissements humains* // — Locate the Pondicherry book that Varma had given me in April 1961

835
Rome Airport very lively // roof structure with beams ceiling slabs But all in vertical glass panels and no control over the sun // The guy who meets me says that it's hard to live with. Always the same story // man and sun // "Dinosaurian" roof structure (they call it) // Rail System write to Airport to ask for Documentation on lighting Poles and insulation — near the Air France parking place for departures

836
Enamel doors // men // or

837
solid blue-gray shadow // rocky ochre [de ru] streaks the rest = white // the mass of Mont Blanc

838
Mont Blanc // December 13, 1961 // at eleven o'clock [in the] morning Delhi Paris Boeing airplane // Mont Blanc

839
Geneva (the jaunty!!!) seen from above is shabby There is the new Geneva Lausanne highway. = nice
But last night, around 2 o'clock in the morning, there was a night view of Teheran (Iran) huge, ''Palacious'' (Mongol geometric design), grandly spread out and geometric // huge
bright with electricity! by day? Who knows? // the fashion decidedly →

840
turns in favor of ''Western''. decadence old, stiff, without youthful strength without a laugh and without a smile, without a tragic and sparkling destiny, (Homeric)
    In the Caravelle they gave me France Soir = alas!!!!!

841
December 15, 1961
The Villa Savoye becomes headquarters of the Fondation L-C
L-C must provide working capital to get the Foundation started
L-C gives all he possesses to the Foundation.
Sometimes the funds are required to be deposited in advance by Oliv[etti].
— since Baghdad not able to pay from 1958 to 1961. = terrible gap (for foreign political reasons.
Meaux 8 years without a single payment.
— Firminy payments barely begun
— Chandigarh practically nothing. not even reimbursement for drawing L-C considered Chandigarh as friendly operation.
Michelin Film
Montmollin blue notebook of June 21st, 1961 useful notations.

842
N[orth] // stream // entrance // or // descent. // or hopper // studio archives // library director

843
December 28, 1961
Villa Savoye // Ahrenberg Museum – Jullian // Zürichhorn = Jullian // *Erlenbach Museum Oubrerie Jullian // Chandigarh Museum = Oubrerie // Baghdad // *The Meuse Valley Jullian // *Olivetti Tavès Oubrerie Jullian // Assembly Door L-C // Boston L-C Unité Firminy // Youth center Firminy // Stadium [Firminy] // church [Firminy] Inventory Pictures // L-C Jean Petit.
Swimming pool Juan-Les-Pins // Congress [Hall] Strasbourg.
June 7, 1962 Youth center (Montmollin) // Pozzi color [of] plastic // Cassou Exhibition // Enamel door Tokyo

844
exterior Assembly door Chandigarh // Colors decided on at Luynes factory on December 30, 1961 // red // green

red background = Shell Red on titanium
yellow parabola solar path // = Shell yellow Number 100
Dark blue sea // = Guiraud Blue // AD 1 – 100 // TPS 4 // CTP. 04 // Bentozite 03 // Blue ox[ide] E 258 = 5 // Blue ox[ide] E 220 = 05
Brown Earth = Granulated AM1 1 K. // brown ox[ide] A.106 30 gr. // [Brown oxide] A.114 10. gr. // Yellow ox[ide] E.181 5 gr. // Yellow [oxide] E.283 1 gr. // Green ox[ide] 9622 1 gr. // cream ox[ide] A 96 1 gr.
Green. BP. August 19, 1961 // (strong) gray N 38 moonlight →

845
Decausse gray 1949 20 kg. // Argil Cap. 1 Kg. // Borax 0080 // A. [in]: suspension 0080 // J-A 102 20 gr. // N-A oxide 106 20 gr. // N-A 114 20 gr. // JE 181 40 gr.
light gray 1349 Powdered 1,500 // Gray ox[ide] A90-3%

846
Continuation Assembly Door // Chandigarh // INTERIOR // Luynes December 30, 1961
Pink June 21, 1961 // = Pink E1 at 3% //Granulated 1000
Pale blue = Usinor warehouse Number 54
Red (hands) Saint-Gobain Prototype May 29th, 1961 // 1000. + add 14 gr. // Red M 182 20 gr. // [Red] M 184 3 gr. // Rose Pink E1 5 gr. // Orange A 120 12 gr.
yellow Number 58 Ducelier Number 58 // [apply Over] XT 101
Lafarge yellow by Granulated 1949 1 kg. // + Yellow oxide M47 40 gr. // tin [oxide] 10 gr. // application on ground.
Brown A.106 at 3% AD1 1 Kg. // Pipe-clay 0 Kg. 050 // Potassium c[hlora]te 0 Kg. 006 // Bentozite 0.004 // brown oxide 106 OR = 030

847
pale olive green / AD1. 100 // yellow oxide E 181 S ½ // Green 9622 01
Granulated green 1 Kg. // add green oxide TS 643 = 10 gr. // yellow [oxide] E 181 = 30 // tin [oxide] on titanium // 16 gr.
(medium) violet = S[ociété] N[ationale des] C[hemins de] F[er] violet
medium gray Number 38 (see page 16) // light [gray] 1343. (see page 17) // very light Decausse [gray] (see page 17) // + white // + black
or blue 1949 // [jus de pipe] S 60 gr. // and potassium 6 gr. // Bentozite 4 gr. // Blue oxide number 6 40 gr. // [Blue oxide] E 258 4 gr. // Gray [oxide] A. 90 2 gr. // [d'ain] 32 gr. // Water 450 // 1.1
decided January 2, 1962 send photostats of pages 16-19 to Mr. Granger at Jean Martin's

848
January 3, 1962 La Charme // Jean Martin 7:30 at Pierre's 15 rue des Petits Champs
a/ the file [on] Saint-Gobain Gustave Lyon 1928 Centrosoyus // b/ Zürichhorn 1914 1961
L-C – [Quai d']Orsay triumph sun control 100% glass loggias
Myon Renault Sudreau
+ Luynes Plexiglas Polyester
Bhakra Nangal Chowdhury factory
Decided with La Charme // : Study glass or * unbreakable plastic transparent = new merchandise + glazing – // * file [on] Saint-Gobain Gustave Lyon // or better? with Alazard Boussois June 7, 1962

849
Tele... Alazard: idea of // glass replaced by plastic // question: Boussois [or] Saint-Gobain plastics // quid?

850
Martin January 3, 1962 Luynes
''E'PLAST 3715'' // = plastic-coating for cement and wood even if it rains or underwater application with roller brush and sprayer // Colors yellow black green // only × 20 // for Gardien
Plexiglas = SHELL // 120 large shells
a/ for Zürichhorn // molded by compressed air for neutralizing walls = model // b/ ''Onduclair'' in polyurethane // is manufactured in // or larger corrugation // (this could be done at Martin's with →

851
with plexiglas. + (perfect to set up the SHELVING UNITS from 1925 Pav[illon de l']E[sprit] N[ouveau] // + one shelving unit can serve for evening lighting // or // in polystyrene // + Martin sample //or
+ look for [in] Hanning file? 1939 to see
Enamel tiles (on Martin's roof) // for revetment. visible ''manner — of Marseille'' [54] // But to be done in the Pavilion = ext[erior] + int[erior] of Zürichhorn neutralizing walls →

852

for kitchen and library // there are magnificent matchable colors // plexiglas // Martin will send me a sample of – X // UNA // – + X sample // of case // sharp edge without being turned back // UNA // blue yellow white – + X "decor[ative] panels" (pressed to stiffen for neutralizing wall

853

January 5, 1962 TAXES
[Taxes] / Villa Savoye // Set up Fondation L-C Gift in its entirety to the State
prepare 1 monetary fund for operation
Yvonne-Soltan loans // makes her own dresses
— no automobile // since 1918 no Day off
Marseille not 1 fee for me
— India = zero
— Meaux 8 years
— Firminy 8 years
— Baghdad
City plans not paid for
Sudreau against me refuses everything
Boston traveling Exhibition 1948 – 1957 world-wide
"Capitales" [Exhibition] 1957 – 61 [world-wide]

854

[Villa] Savoye // the client? write to Malraux // where is the key? // L-C go there with Bertocchi // January 25, 1962 // Entrance door = enamel // gutters? // like Ronchamp // on the ground?? // Electrical Dining Room // Plastering [of] facades = white smooth[ed] with a trowel Bertocchi a b c / enamel // roof sunbath // a b c 3 geometric enamel panels strong colors black (?) yellow red?
Hall landing Living room – garden (enamel? no! flower box?) // + balustrade. // Living room couch and table like C[ité] U[niversitaire Pavillon] Suisse // display P[lan] Palace of the Soviets P[alace] o[f the] S[oviets] // UN // + UN Plan — // model 23 A // L'Esprit Nouveau cover // book La Ville Radieuse 1924 = 2 Million
enlargement [of] Chandigarh Assembly photographs to 2½ high

855

February 27, 1962 H[eidi] Weber
L-C = 1 note L-C sale of paintings and drawings and sculptures collages throughout Europe (for H[eidi] Weber's contract with the city of Zurich)
Pierre Matisse renew with renew[ed]
He sold [in] 1961 to M. Weitzmann November 1961 at a much cheaper price than Weber // (price that I wrote to him) and he never paid me.
I am preparing the Cassou exhibition Matisse must send me a/ Paul Rosenberg inventory b/ Matisse's [inventory] 1st and the following ones. // He, Matisse, will // must // send back when I've seen the inventory // + the group of Boston sketches Wright

856

Ahrenberg Stockholm January 25, 1962 Métro apartment? = no = bothersome // the whole family the kids Mr. Mrs. [Ahrenberg] servants // Matisse Room Picasso [Room] Corbu [Room] painting + arch[itecture] room. // living quarters "at the ends of the earth." club meetings. // ask Ahrenberg // dimensions and nature // of the works // glazed walls with translucent plastic neutralizing walls

857

Métro // ramp // platform // = 4 increments low[er] for snow and water

858

Mathey February 16, 1962 // Métro
366 in color // display case [for] models // hands // Jardot drawing // Etc. // etc. // Etc. // Etc. // pebbles // my P[ersonal] C[ollection] founded Pav[illon de l']E[sprit] N[ouveau] 1925 // I shelving unit 2 dwelling 3 arch[itecture] 4 Setback [scheme]s 5 Voisin Plan 1940

859

= Ahrenberg // Zürichhorn // air // studio up to the top

860

La Roche had given me his power of attorney La Roche was a Baron?? La Roche's notary // 180,000 N[ew] F[rancs] appraisal of the house // L-C will pay La Roche for the house // see Anthonioz and finalize with La Roche // = my visit to La Roche on March 1, 1962 March 1, 1962 in the Square du Docteur Blanche // = La Roche back from 15 months in Basel clinic [arthritis]

861

[Villa] Savoye // L-C Museum // Exhibition schema [of] linear industrial city with playing [of] L-C's voice = statement

862

management // heavy trucks birail // L[evel] 6 or L[evel] 0 // pedestrian ramps // return / arrival
March 7, 1962 // marvelous garden L[evel]. 6 m // handling // Olivetti // return // arrival
Several days later nicknamed // = "The Marvelous factory"

863

Mr. Beullens – Taylor // 12 rue de la Paix // will send Mr. Mallasset painter // about picture on return from India Les Divinités Marines
For Barcelona exhibition Corbu. Picasso
"Slatted" 151 × 300 cm. // 150 × 244 cm. // Candilis dixit // thickness 13. 15. 18. 19 22 25 30 // mm.
Tavès // 410 × 153 "Slatted" // 185 × 153 = 2 times 306 // 267 × 172
= dimensions for making the big "Screens" // April 10, 1962

864

April 11, 1962 Paris Strasbourg train.
L-C to a "Ticket-inspector" on the platform Gare de l'Est 7:45-8:00 in the morning: "how many suburban riders get off of each train." // The ticket-inspector: "1,500 to 2,000. It's the time for the office people = young women and men The workers from the suburbs got off before seven o'clock. Got up at 5 o'clock in the morning.
  This flow, this torrent that spews onto the platforms, is frightening, terrifying, senseless, crazy, lamentable.
  The train has started up: eastern suburbs, atrocious, idiotic. The little houses = who are you kidding!
  The train goes on; countryside, stream, a canal, meadows, fields trees, the sky = here and free.
  [I] imagine the Linear city as fabulous, the sole salvation.
  One would have to be able to conceive of these morning convoys letting off a million? beings each morning. And the cost!?!

865

in Strasbourg on April 11th, 1962
M. Wach 1st [cultural adviser] to the Mayor and Senator // VIVIEN // Vivien // Architect [of] C[ercle d']E[tudes] A[rchitecturales] and of the Grand Palais (!)

866

April 14, 1962 // Paris Delhi Boeing.
The suburbs of Paris, seen from an airplane are a scandal, a sickness // all the houses are touching but see each other, hear each other hear each other. There is not the least bit of space // 500 houses = huge areas // 500 × [(20 m. × 10 m.) = 200 square meters) // 100,000 square meters // = 500 m. × 200 square meters // = 10 Hectares // the Unités require 3 to 5 Hectares and =Sun, space, greenery.

867

1/ // B. B. Vohra. ask him for a blue folder "identifi[cation] Card" for authorization [to take] photographs [for] Jean Petit
April 15, 1962 Prabawalkar
2/ the cobblestone wall under Assembly footbridge, watch out for style of the joints
3/ the adjustable lamp entrance hall Assembly must be carried behind the landing of the ramp for concrete sculpture
4/ wall: ... Senate chariman, remove alu[minum] and figures the symbol (?) of the Senate
5 remove carpets // pomp[ous] with gold rods!!! // stairway Speaker's hall

868

parapets round iron bar // to be installed to left [of] speaker // governor // = skull-buster
possibly replace the red one with the yellow one from the chamber // Eliminate red carpet from the office of the speaker's secretary
6. portico The red *ondulatoires* (eliminate) = yellow
7 *attention* enamel door to open for left "Forum" // portico
8 complete the black wall of the portico base = unfinished concrete
9 letter to Prabawalkar + // to chief architect + Chief urbanist // to [engineer] chief engineer Nangea // I forbid any planting of flowers // not signed by me

869

important: Write to all my academies to intercede with Nehru's office for historic designation of the Capitol, total protection — // + the city's intact V3's and V2 // April 17, 1962

870

12 // Assembly Roof. a simple parapet for the amphitheater on the roof because = danger skull-buster!
13 The bastard gardener for the dam east side is right now preparing a begonia border between asphalt and lawn // we can allow brick // lawn // begonias // brick // but forbid any wide band of flowers

871

10/ This square = black or in color // or colors like at b // C = black // here concrete = [revised] door // *ondulatoires* yellow // a red // a' ?? yellow // show me my sketches // = Prabawalkar or Vohra
11 Roof structure Roof: on the capitals of the columns, set boxes for trees + irrigated lawns or flowers
– This geometry (of the columns) will be pleasing. // This concerns the top of the Forum, around the hyperboloid also set up a stage + facilities for festivity

872

Sun Control.
   Assembly 1 PM on the roof heat enough to kill, burning sun. I step inside the stairway exit lobby = open, but covered.
   Great coolness. the sun has not heated [it] up. Moreover: the draft comes from below = 2 things a/ the air temperature of the enclosed shadow // b/ the air friction = evaporation // outside // inside // amazing contrast
Jean Petit // Write [for] L-C a preface to *Les 3 établissements humains* for Chandigarh + do commentary //
1 terrific preface
I am thinking here of my chapter for *Documents de France*
Delouvrier 21 pages written at Chandigarh April 1962
Sun control remarkable in High Court 2

873

12/ Praba[walkar] / what colors [for] the conoid aureole around the red of the hyperboloid over Forum?? = unfinished concrete
13 ask Prabawalkar to make me a tracing [of] *brise-soleil* [Museum of] Knowledge. to check because absence of horizontals // Chowdhury
Chowdhury = Praba[walkar] Assembly there are pieces of Shuttering // [160 × 400] = tower for the footbridge basements for the footbridge
15 Prabawalkar when the Assembly tapestries completed?

874

16/ Prabawal[kar] // Hyperbolid chamber // channel for rain to run off // +. watering pipe // grass // Drum // anchoring prisms for earth and roots
17/ Prabawalkar if possible [in] aluminum reestablish curve [of] winter solstice over hall.
18. Respect! Mr. [Metaphysics]! the horizontal yellow pipe higher than anywhere else cuts through the middle of the solar sculptures, the Open Hand
19. Praba[walkar] begin the black under portico P[rabawalkar] submit to me colors under portico // south and north

875

Jean Petit Forces Vives L-C Publ[ication] Capitol
a/ on the dam, eastern end, photograph: the campsites
a/ by day b/ by night // avoid the oval flower-beds
b/ + photographs from 200 meters from where the drinking fountain is = the perspective toward the west = the curve of the dam // in the morning (Sun) get in position along the begonia border between asphalt and lawn
Jean Petit not to come this season = unfinished // dust storms // heat // cruel light
Jeanne send Pi[erre] J[eannere]t the book [on] Bees

876

20 Praba[walkar] are there colors in the corridors of the offices opening onto the forum?
Jean Petit 1 book on High Court High Court // High Court 1 High Court 2 // in color = remarkable as exactitude = demonstration
Praba[walkar] + Malhotra + Chowdhury comprehensive remarks on the innovativeness of the construction = Shuttering // plastered white // colored doors // black or blue terrazzo panels // = magnificent in form and difference
the perfect diurnal lighting of the east committee room + curtains + seats polychromy

877

Secretariat / Assembly // 1,200 meters to the parapet
5 // 900 mark the Capitol is aligned but the framing is bad
1 // b – buoy = place of water-spout // E stairs
6 The line of begonias from 2,100 to spillway cuts path through the lawn [right up] to asphalt
2 // May 12, 1961 the water-spout could also be [at] 900 mark = that is to say // 300 meters further away // Prabawalkar
3 There is another buoy at 1,200* mark that allows.......Zut! it's my idea at number 21 (here →) so I was right and I am striking out the 900 mark
*Secretariat Assembly High Court 1,100 mark – but more pleasing at 1,200 mark

878

Praba[walkar] 22 for little cafés Leisure Valley Indian-type café [like] in the villages and alongside the Bhakra road

879

tower / tower / crane // (B) Bhakra // This projection is (A) in [cantilevered] beams which can bear 200 pounds per square foot = 2,000 pounds [per] square meter 1 ton [per] square meter // Malhotra // Bhakra
Prabawalkar 23 // entrance // exit // parking lot // 2 doors are enough // Cork 3.45
24 // the yellow pipe cover P[ierre] J[eannere]t Tower must be black or red
25 the *ondulatoires* journalists' lounge 16 opening under black ceiling in the forum must be polychrome

880

26 Prabawalkar letter to Kairon request completion of the monuments // I yell I complain // = long labor [for] Corbu unique in the world. // Praba[walkar]
27 Praba[walkar] show me the plans of the "monuments" to be looked over again + Martyrs? [Monument] — // + the shuttering for the pyramid [of the] 24 Hours
28 Praba[walkar] the *ondulatoires* of the Senate pyramid glazed, But the horizontal cross-pieces in unfinished concrete
29 Put thick alu[minum] plate on footbridge

881

Olivetti May 4, 1962 his "convent" could be like the Assembly basement side with *brise-soleil* walls + Storm of the Portico on the east.
— for Strasbourg Pflimlin unfinished concrete perfect + enamel + black white etc. colors // ceiling
See page 62 // the morning in Rome Delhi–Paris May 14, 1962 // long wait. in the huge hall: Post card stand: I see Rome again as she is (Prix de Rome) + the new districts titanistically inhuman.
   This Rome is no more, – before all the people, set henceforth on their feet, walking.
   And the trinkets for sale, rather funny, confirm the caricature.

882

Jean Petit May 6, 1962 // Take photographs [of] buffalo with bird on its back
Capitol photographs: to be taken / from the High Court path — Water Boulevard // ''diagonally: Secretariat Assembly High Court // through the wild trees // from height of 6 meters in the morning at 8 o'clock.

883

30/ May 8, 1962 // A new hill // do not do A but B only // present hill / climbing B / on 2 facades = greenery // or leave visible the *ondulatoires* that are all right // Visible earth = greenery over bricks

884

31/ Prabawalkar // make the big wall with 2 gates to the National Park separating from Capitol // L-C gates // I handed over the designs already
32/ Color ceiling // of a' // blue or yellow) // at a' [Section] 10 page 43 + a = ceiling / river below)
33/ Assembly Senate (Nangea) // If little concrete slab on pyramid keep the existing courses horizontal // (thus: to imitate) // never in metal
34

885

(35) // May 12, 1962 // the glass wool clouds to be sprinkled with scents and powder against pigeons
here sharp joint with the reverse // joints // the 120 module 60/120 is this exactly the measurement? // exists already // plain cement projecting (exists) // here 33-cm. shuttering (?) // same joint as C = (the stair tower)

886

May 12, 1962 write to the L-C Academies // L-C. = arch[itect] + painter sculptor // + to Nehru Chandigarh threatened —
1st architecture a/ // total reinforced concrete achievement accomplished esthetic // b/ Air sound light. sun control accomplished. 100% + ventilation + winds blowing through
2nd Sculpture // in concrete // donkey-driver + L-C. // Tower of Shadows // [Pyramid of the] 24 hours // Martyrs' [Monument] // Open Hand. // revision of dimensions // The sculpture is the building itself.
3rd painting = The polychromy of the Assembly hall + High Court porch (to be done) the enamel door Assembly the position of artists: Thapar's intervention = wrong problem not posed ...:

887

(Continuation) Art has become individual = conquest of the modern age (L-C's Turin report) at home: books prints pictures Muralnomad // (the gardener Randhawa, the grandmothers' tapestry!!
= 1 open letter from L-C to the Academies except the Institut [de France].
the phenomenon // the inexpressible // look / see / observe / invent / create // the inexpressible // the individual, the person
(youth) // Open Hand: Dubois and Lepeu: did estimate + drawing to be requested

889

Beirut Cyprus May 14, 1962 // 7:35 AM Delhi Time // — 2½ [=] 5 AM sunrise
violet // light blue // green // yellow // orange // red // violet mauve gouache // 60%

890

CIAM
with Dr. JO... Hamburg // to [The Transvaal] // On return May 1962 // Write to [Handa] (*Marg*) // for Albert // to record for me donkey's braying on tape (on Capitol V2 and palace Chowdhury
On return Jeanne write to US Publisher on L-C // send book (with 1 note by me to be inserted) to ... Varma Thapar Handa / Peter Blake
see page 53 here
L-C to Georges Henri Rivière... L-C's Turin report [in] English to Randhawa + Varma + Thapar + Chief minister + P[ierre] J[eannere]t
Italy

891

for one hour the Boeing has been flying over endless, rocky, beachless islands // Ulysses 20 years ''black cruises'' ferocious storms rocky reefs // Greece // Asia Minor

Le Corbusier Paris June 5, 1962
Gustave Eiffel Ceremony June 1962
Eiffel Tower Villa Savoye
Fin d'un monde – Délivrance
Fondation L-C Yvonne's Tomb
Erlenbach-am-Main
Le Corbusier Museum Themes

Chronology
See S66.

Several pages of this sketchbook are devoted to the establishment of the Fondation Le Corbusier (894; see also Sketchbook S66). The architect listed the persons who might serve as its board members or supporters (919), indicated the necessity of first organizing a founding committee (929, 932), and named prospective members of such a committee (944). The adjoining La Roche and Jeanneret houses in Paris were considered as possible quarters for the foundation (930, 933, 948).

The architect also set down explicit plans for turning the Villa Savoye into a Le Corbusier museum (see also Sketchbooks R65 and S66). The exhibits would include one showing how his concept of the dwelling ("temple of the family") had evolved from its first inspiration in 1910, when he saw the arrangement of cells in the monastery at Galluzzo, to his City for 3 Million Inhabitants of 1922, the Three Establishments of Man of 1942, and, finally, the linear industrial city developed between 1942 and 1962, which Le Corbusier saw as the solution to the disorder of the machine age (898). Further displays would include planning concepts (900), the history of the CIAM (904), artworks (899, 902), a demonstration of polychromy (905), books and articles (901), and a photographic presentation of Le Corbusier's most recent architecture and design techniques (907). Interspersed with these notes is a list of owners of artworks to be exhibited at the Musée National d'Art Moderne, Paris, in 1962–1963 (908, 909). Prior to the opening there, Le Corbusier selected a number of works for the Galerie Heidi Weber in Zurich (945).

While in Cap Martin during the month of July 1962, the architect reflected upon the linear city concept as it might be applied to the Meuse Valley region (913). For the book *La Fin d'un monde — Délivrance* the architect commented on the influx of workers into Paris (916) and on the housing being provided for them (917). He also recorded an incident in which a self-styled "great urbanist from Tokyo" proved to be ignorant of his work (920). Restoration of the murals at the Badovici villa (then in the hands of another owner) was another of his interests at that time (914, 915; see also R65, 776-778).

While visiting the Eiffel Tower for a ceremony in honor of its builder, Le Corbusier made sketches of Paris for the project proposed for the site of the Gare d'Orsay (896, 897). He recalled Gustave Eiffel saying to him in 1919, "I was accused of being a barbarian, a savage, an engineer" (921, 922).

At Orly airport, he mused on the progress made in aviation since the time of his first trip to Moscow in 1928 (923, 924). In the airplane to Nice he diagrammed the differences of scale among various kinds of agricultural areas (wheat fields, orchards, pasturelands, and mountain slopes), concluding that each environment represents a specific psychological state for the people who work there (924, 925). The development of the Côte d'Azur, as seen from the air, seemed to him "hideous, without imagination, without grandeur" (926). In a different mood, he sketched the place where the ashes of his wife had been reinterred, with close attention to details of its site overlooking the sea at Roquebrune (927; cf. Sketchbooks M53, 128 and S69, 1012).

Again airborne, this time to Frankfurt on September 14, 1962, Le Corbusier commented on the lack of space given over to sports in the garden suburbs of the cities (934). At Erlenbach (935-942) he visited the site on the Main River for which an international arts center was proposed. He made several sketches of the site, noting immediately the river's fluctuations in level (938-941).

A list of current projects — "Museum of the 20th Century... Erlenbach... [Quai d']Orsay, Olivetti, Baghdad, Embassy Brasília, Maison de France Brasília, Congress [Hall] Strasbourg" — is dated September 28, 1962 (947). Of these, only the sports complex at Baghdad was completed, and this posthumously.

892

LE CORBUSIER. // Paris, June 5, 1962 // Gustave Eiffel Ceremony // JUNE 1962 // Eiffel TOWER // VILLA SAVOYE // *FIN D'UN MONDE – DELIVRANCE* // FONDATION L-C // YVONNE'S TOMB // ERLENBACH am MAIN // L-C Museum themes // S67

893

LE CORBUSIER // PARIS VI // 35 rue de SEVRES // TEL[EPHONE] LITTRE 52 60 // Begun in Paris on June 5th, 1962

894

Fondation L-C
here: // page 27 (July 31, 1962) members of the future "Foundation" // page 37 (September 11, 1962) 24 rue Nungesser-et-Coli = Association // page 38 La Roche house // page 41 (September 12, 1962) Association // page 40 (September 20, 1962) Association // page 52 October 4, 1962 // page 54 // page 57

895

Monday September 14th (?), 1963 I took the Sketchbook along // S67 // Erlenbach for Oubrerie 35 rue de Sèvres

896

Eiffel memorial // June 5, 5:30 PM, 1962 // On Platform I // Drawn from the Eiffel Tower

897

from the Eiffel Tower // hello Paris! // ([Quai d']Orsay) L-C

898

Villa Savoye June 8, 1962 + sketch *Immeubles villas* 1922? // the dwelling temple of the family 1919 text printed in large type
1 the dwelling 1907 – [1918] *L'E[sprit] N[ouveau]* // Ema 1910
sketches gallery and interior garden // Entrance hall
2 the city for 3 m[illion] inhabitants Paris is poorly settled Urb[anism] 1922.
3 The 3 Establishments of Man 1942 // a/ b/ c/
4 1942 1962 discovery: The linear industrial city // = the machine-age peasant // the surplus hunger of the peasant = the refinement of the tentacles // solution to the disorder consummated since then // highway street

899

June 8, 1962 Métro 9 AM
Entrance hall: painting 226 in height // B // In one of the Ground Floor bedrooms // 1918 drawing volume light space // picture 1919 [*Nature morte à l'*]Œuf] 1920 La Roche // 1923 // 30 years of silence // 1953 // photographs [of] studio 24 rue Nungesser-et-Coli L-C at the easel // La Chaux-de-Fonds Drawings nature L'Eplattenier // : trips to Italy // [trips] to the Orient // other trips Ghardaïa, Rio New York 1935 43rd Street India // Sculptures Display case // A very large photograph 226 // + Murals // + Sculptures // + Litho[graph]s

900

Algiers Urb[anism] 1931 model (alone) + with Statue Cassou exhibition 1953 // A setback [scheme] 1933 models ? photographs // Nemours Mess. 19? // Berlin 1959 or 1960. Urb[anization of the] center // and center [of] Paris (Series) // Baghdad.

901

Books: *Poème de l'angle droit. Sur les 4 routes* // *Quand les cathédrales étaient blanches* // bulletin on the villa – sales zero
Photo Journal article P[on]t des Médecins Seine // + *Vers une Architecture* 1919-20 *L'Esprit Nouveau* // *Urbanisme* // *L'Art décoratif d'aujourd'hui* 1923-24 *L'Esprit Nouveau* // letter Valéry Montmollin. // *Précisions sur un état présent de l'architecture et de l'urbanisme* // *Croisade ou le crépuscule des académies ...* // + (*Poème de l'angle droit*) Sack of one's own skin) // exhibit the book *Cheval de Troie du Bolchévisme* // Senger // *L'architecture va-t-elle mourir?* // C[amille] Mauclair his letter. + the newspaper *Le Figaro* // Stalin sidebar report on Moscow personal freedom

902

drawings enlargements purist sketches Barcelona // Exhibition June 1962 // Hervé picture // After Thomas // "+ a silverpoint (after Friedrich's Picture" 1928 // engraved 20 × 15 purist *Nature morte*

903

Color code: black = arch[itecture] // dark blue = urb[anism] // red = pictures // brown = tapestry // yellow = drawings — purist T 40 Fig[urative] 1919 1920 // lemon [yellow] — arch[itectural], urb[anistic] Sketch[es] // — technical = working drawing plans // golden ochre = books // exhibit the colored pencils

904

Excerpt Delouvrier's letter June 1962: "photocopy statements // CIAM 30 years // CIAM Laws // typewritten // 1926-62

905

polychromy: Salubra I 1932 (?) // [Salubra] II 1960 (?) // the covers + the series of 40 – colors + the windows for each one = felt will be proper and personal trembling before the color // La Roche. // TN * // MMi. // Chandigarh Assembly. High Court // Polychrome statues +(my definition of drawing (typo[graphy]) Jardot *Dessins de le Corbusier*, Jardot text // L-C [text] // Salubra // Sculptures // verso Mural [of] photographs

906

Architecture.
Assembly Chandigarh High Court idem // Burri Burri // go there in December 1962 // La Roche // Olivetti (grid) June 1962 = Zip-a-tone only. // Zürichhorn color book H[eidi] Weber. // Stockholm museum L-C Ahrenberg. // (under cellophane Bouxin): large working plans Paris Chandigarh // Boston – including the article in *Combat* June 21, 1962 // newspaper

907

Arch[itecture] + technique
Sun control = 24 rue Nungesser-et-Coli // Algier 1931. make sketch Section [of] hollow perpend = 1st Onslaught *brise-soleil* 1936. Rio ministry // (It's the sun that moves, and not the Venetian blind) // India Ahmedabad Chandigarh *pilotis* La Roche 1923-24 // L[eague] o[f] N[ations] 1927 // = Centrosoyus 1928
Multi-level interchanges 1st 4-way cloverleaf. // Pav[illon de l']E[sprit] N[ouveau] 1922 1925
neutralizing walls opposition of the contractors = sketch lecture B[uenos] A[ires] 1929 // the new house 1929

908

June 25, 1962 Cassou Exhibition // storage paintings + sculptures
1/ 24 rue Nungesser-et-Coli (vault) (return 10 years Boston 1918-1928 / 1929-1939 / 1940-1962
2/ Musée [National] d'Art Moderne (vault) // "Capitales" Exhibition, return [from] Milan
3/ Pierre Matisse + Paul Rosenberg // (*Taureaux*)
4/ La Roche + Basel Museum

909

Besset Cassou Exhibition
see Boston catalog 1948 (?) 1958
see Zurich catalog 1957 (?) 1962
see classification with postage-stamp-size sketches // Paul Rosenberg Pierre Matisse
Heidi Weber appoint Bellin agent in Paris
enlargement model 23A UNO
Tapestries 1/ UNESCO
2/ a/ "red night" = 2 L-C cartoons Finished July 1942
3/ b/ "black night"
4/ *L'Etrange oiseau et le taureau*
5/ *Les Dés sont jetés*
6/ New York 1947 pictures
7/ idem Zodiac enamels // to ...

910

Villa Savoye. // Maxims (Excerpts manuscripts + books "Acrobat" // "Zehrfussiade" // "UNESCO" L-C: enough to make a magnificent concrete sea shell.

911

"Linear City" see Jean Massé "Planning director" // after having discussed with Delouvrier // + Delouvrier July 12, 1962 De Gaulle – Adenauer dialogue proposes Delouvrier No to 10,000 dwellings district of Paris but linear city layout [from] Paris towards the East [in the] Direction [of] Germany Strasbourg or Nancy. Rhine. in order to contain the invaders of Paris.
Cap Martin July 12, 1962
prepare 1 note for General De Gaulle // Meuse + Strasbourg + Paris. + Frankfurt

912

L-C's Studio = total silence // 35 rue de Sèvres. // Acoustic garden // at A = Total silence garden B // street noise // is not heard. // railroad the cut // cabanon // the sea // noise deflected
Artaud peasant from Nîmes Tour [of] MMi declares: It's the peasant sort of house (= result of cooperatives)

913

July 2, 1962
80 m. in height // 12 centimeters cm. thickness of The shell [of the] thermal energy facility // ... Courrières // M. du Forestot ? // M. Delouvrier // Mr. Couture P[residen]t of the // (very nice) // Northern Mines (?)
for Meuse linear city ask Couture Northern Mines name [of] young engineer in the second factory visited

914

July 9, 1962 Schelbert Bado[vici] C[ap] M[artin]
Colors paints // guest room medium cadmium red // 2 light cadmium yellow // 3 grass green // 4 find photographs
24 rue Nungesser-et-Coli = bottom of the painted surface where the piece of furniture [was]
5 // under pilotis // black line (only)
6 next to guests' door very much damaged (on plastering à la Lyonnaise) quid
7 Bar Level 7 light chrome yellow
8 orange or vermilion
9 dark cobalt
10 and light [cobalt]
11 light yellow ochre →

915

12 Light grass green
13 red-brown Venetian red
14 pinkish mauve
Entrance 15 medium violet

916

July 17, 1962 // Write the book. // Fin d'un monde – Délivrance
The 8 million in Paris // the 1 [million] dwellings [in Paris] in ten years. Delouvrier
Quid? 1 peasant manpower (the old mercenaries) ownership preserved (grandeur conforme) flocks to Paris's golden market for manpower the wife the sons disappearance of the "clodhoppers" girls in the city call after their man No!!
2 the "tentacular cities", Sudreau's sketch. L-C's Sketchbook = satellite cities! Dautry disperse industry L-C: concentrate Dautry had said: →
the appeal of the Polytechnicians: their letters in the deluxe book "Bal de l'x" 1962. their letter of July 30th, 1962 = glory to the Modulor the inexpressible space. Pavillon Suisse painting etc.

917

– Would you like to build one of your big things for Marseille, communist municipality? Yes. Homeric 5 years. All the Morbihan architects except you ......
They had asked him for workers' housing: he's making slums!
Afterward (before the completion of the work: "they had asked him for workers' housing; he's making apartments for American billionaires!

918

Dr. Heim de Balsac // 104 Avenue Raymond Poincaré // Dr. Levernieux // 114 Avenue de Wagram Paris 17 // periarthritis. // right shoulder
July 24, 1962 / L-C Buy dictaphone Like Dr. de Balsac // "a complete blockage of left bronchial tube with coronary arteriosclerosis. // + periarthritis right Scapula

919

Fondation L-C July 31, 1962
ASCORAL 2 // is on page 37
a/ Founders // b/ the board // c/ members
Sponsors // – Malraux // – Anthonioz // – Claudius[-Petit] // [Foreign] – Ducret // – La Roche Wogenscky. // [Foreign] Montmollin – // Besset – // Cassou // Jean Petit – // [Foreign] J. L. Sert – // [Foreign] Boesiger – // Jardot – // [Foreign] Giedion – // G. Salles – // Chéreau // Duval – // Gropius [Foreign] – // Costa [Foreign] – // Rogers [Foreign] – // Soltan [Foreign] // Kim. Seoul [Foreign] // Colley [Foreign] – // Nivola [Foreign] // P[ierre] J[eannere]t? // – [Foreign] Prabawalkar // – [Foreign] Doshi
+ page 37 // 38 // 41
promises // Guénassia // Ecochard // foreigners // French – [Foreign] G. Samper // – P. Baudouin // – Savina // – [Foreign] Justino Serralta // – [Foreign] Saka[kura] // – [Foreign] Maekawa // Maisonnier // Xenakis // Gardien / Aujame" // – Candilis // – Woods // – Niemeyer // – Olivetti // Présenté. // Ecochard // Pierre? no he is a relative (?)

920

La Fin d'un monde – Délivrance
July 31, 1962 1 Japanese X great urbanist from Tokyo (he says) came and gave Henri a hard time (½ hour): Does L-C sometimes have parks in his urb[an] plans?!!!!
July 31, 1962 take to Cap Martin the preceding Sketchbooks

921

On Tuesday evening July 31st, 1962 The Eiffel Tower soars into the night, visible from its haunches to its head, dazzling with grace and youth. Its revolving searchlights beckon the Boeings the Caravelles or the Dakotas (?) from the 4 horizons from the east from Scandinavia, from Tokyo Delhi, Baghdad – Beirut, Rome – from New York, from Rio from Buenos Aires
Born in 1887, christened in 1889, having braved the storm of the intellectuals of the time (the protest of the artists and the intellectuals): "And Paris from now on will live in the shadow of the tower .... Go to sleep dear!
I had the good fortune to speak on the telephone with Gustave Eiffel. // in 1919. – I asked him for →

922

a photograph of Garabit (viaduct) for L'Esprit Nouveau (3 Rappels à Messieurs les architectes)? He was kind, friendly, cordial, saying: You want to talk about the beauty of my works? – Yes – I was accused of being a barbarian, a savage, an engineer ... // photo[graph of] Garabit L'Esprit Nouveau // photo[graph of] Eiffel Tower Cover [of] L'Art décoratif d'aujourd'hui.
Eiffel Centennial // or / in the Eiffel Tower
I recognize Georges Salles 200 persons And one of the speakers exclaims: Messieurs you are seated at the very heart of the Tower, in the lounge.
A horror of decorative art through a glazed door one sees the all-male band blowing on their cornet[s] and the tubas, + violins in the open air next to the Lounge. The [band is at] chez Eiffel's chez Koechlin's,...

923

of greatest resistance. Here is Eiffel: the speeches and the drinks are presented in the imperial idiocy of a quite wierd décor. = a real insult!: the Drawing Room of the Tower
Orly Airport 9:15 // August 1, 1962. Pleasant sun, fine airport many [positive] qualities! the concrete field is vast and beautiful. + the innumerable big airplanes – the very high light poles = crowns of diamonds
What a way since 1st trip to Moscow in the grass 1928 – I = only passenger vomiting for 6 hours (Paris – Berlin) →

924

At the Berlin airport, in the center of the city, = grass, alone stands Gropius waiting for me: You had a good trip Mr. Le Corbusier? — Take a look at my mug!!!

peasantry // scale of cultures // (?) Melun // wheat etc. 200 to 400 meters × 5 meters sometimes // Sens – Montargis // wheat etc.
(Polygonal) grove Moulins
pastureland Roanne

925

mountains // tiny scale 50 m. × 10 m. // Grenoble // Isère // = all the regions
Mont Blanc / the Matterhorn // Donzère-Mondragon dam // – farmlands = pocket handkerchiefs in the thalwegs the Alpilles // the sea
All this represents workers in a specific psychological state.

926

the airplane follows the Côte d'Azur: everywhere there it's hideous without imagination, [without] grandeur

927

here lies Yvonne Le Corbusier // born Jeanne Victorine Gallis on January 1st, 1892 // died on October 5th, 1957 in Paris.
here [lies] // Yv[onne] Le Cor[busier]
August 16, 1962

928

The caretaker of the cemetery Robert send him 2 [Thousand]
August 31, 1962 // Return Paris Plane (from Nice)
The contemplation of the settlement of a site is henceforth precluded. The world is new. Caravelle [at] 800 Kilometers an hour 10,000 altitude, shows the cities: Grenoble, Lyon, and others Le Creusot outmoded, dying, finished. Seen from above. Yes! On the ground the tree, the farmyard wall etc. remain = scale [of] human body. The other, it's the scale: [of the] human spirit which is totally outmoded: the fields, the highways, the villages = on foot And stubborn!
The planisphere returned to the traveler: a/ Europe b/ from Kamchatka to [Paris] puts New York and San Francisco before our eyes unquestionable phenomenon

929

September 2, 1962 // for September 1962 at 35 rue de Sèvres
cause: the telegram from Anthonioz to the cabanon August 1962 // The (obscure) conversation with H. Laugier at Menton – Cap Martin // Team action, with competent young people known to me or unknown [to me] // the close associates // Wog[enscky] // Emery // Miquel // Candilis Woods // Aujame // + Dubuisson + Jausserand // = Prouvé // Dubuisson C[ercle d']E[tudes] A[rchitecturales] // Tournon-Branly // Lionel Schein // Prouvé + dialogue [with] up-to-date engineers // lock + Zürichhorn // Effective dialogue
the traitors Vago Lods Meaux // eng[ineer] // arch[itect] // ASCORAL. 2. // Wog[enscky] in agreement September 5, 1962 // September 24th, 1962, Anthonioz puts L-C in Jean Petit's place // Prouvé Fruitet (metal panels Zürichhorn // decided with Anthonioz on September 11, 1962, 24 rue Nungesser-et-Coli // "Association for the L-C foundation." a board with 5 members Anthonioz, Wogenscky, Pomey. Besset and Jean Petit // Pages 27 38

930

La Roche // Palazzo Strozzi Exhibition // painting only
Give to the foundation "Lotti" Jeanneret address in Stockholm // Norr Mälarstrand 76 Stockholm
Présenté will leave on October 10th for La Roche will be gone
Heidi Weber being able to buy the Lotti house
Malraux write him that La Roche [house] is becoming the office of the Foundation
If La Roche gives his house to the Foundation then the Foundation has been founded in time for Foundation to host ... ASCORAL II
Lotti is at the end of negotiations with the P[residen]t of the Swedish Ch[amber] of Commerce in Paris
Designate the 2 houses La Roche + Lotti
Pages 37 27

931

Dr. H[eim] de Balsac
1 my ears are ringing (Dr. Ruedi Rovigore?
2 Too many pharmaceuticals = Drowsiness
6 hollow of the Groin (result of [too many pharmaceuticals]
3 inside [of] eyelids red (evening reading)
4 bags under the eyes
5 dizziness when walking (sometimes

September 10, 1962 // Dr. Levernieux // Bottoms of feet like paper from time to time (rare) cramp in one leg in bed // from time to time: a sharp pain at the end of one finger Swimming difficult turning my head to get air walking: stride weak

932

Attention: Claudius[-Petit] taste not like L-C's (as regards esthetics) // [Claudius] is backing La Défense Crime against Paris //[Claudius is backing] Paris parallel crime // He's backing [Zehrfuss] who betrayed With Bordaz did Moscow exhibition without Corbu and Z[ehrfuss] as leader September 20, 1962 35 rue de Sèvres Anthonioz conversation [with] L-C // adopted: Association for the Le Corbusier Foundation (= the title)
The Association is formed of young people without persons of title. It is temporary // + 5 members Anthonioz // Pomey // Wogenscky ASCORAL II // Besset (painting) // Jean Petit ("L-C's literature") // L-C does not belong to it // All letters require 3 signatures // office // Administration: Anthonioz // Legal expert Pomey // Arch[itecture] Wogenscky // decided // Anthonioz =ministry // Pomey legal expert // L-C management // Wog[enscky] Arch[itecture] // Besset paint[ing] // yes →

933

"Association for the Le Corbusier foundation" Receives from the State the right to receive and to pay if necessary, without paying taxes to the government (as of today "Association" consisting of 5 members only preparing for the creation of the Fondation L-C (State institution) The Association is formed of young not famous people. = 1 Anthonioz Cultural relations // 2 Wogenscky ASCORAL I // 3 Claudius[-Petit] // 4 Jean Petit. publisher // 5 Pomey Conseil d'Etat
September 11th, 1962 24 rue Nungesser-et-Coli / L-C // with Anthonioz
receives today the La Roche House occupied as of October 10th [La Roche House] La Roche House becomes the property of the State immediately by virtue of "the Association"
September 12th, 1962 35 rue de Sèvres Claudius objected violently to his absence from the board of the Association promoting // the Foundation.
So: Have admitted (both of us) // that he would be among the sponsors instead of Besset? He proposes: – Anthonioz // Pomey // – Wogenscky // – Jean Petit // + himself – // 5
who will preside over this association? It appears // Claudius / that he alone / is prescribed (?) or (L-C) He wanted to find out whether L-C cannot be a member // so Besset and L-C in addition = 7 members.
September 12, 1962 Tel... [from] Anthonioz, says that L-C impossible among the sponsors! L-C = in agreement the letters signed by Claudius should be approved by L-C How?

934

September 14, 1962 // Frankfurt Caravelle flight over huge suburban areas of little houses shoulder to shoulder = a neighborhood scuffle and this: over the gigantic extent of these garden cities or round about, there is not one square centimeter of playing fields (fields for sporting activities and not for financial exploitation of spectators.

935

Erlenbach September 14, 1962 with members of the Committee // South
Erlenbach // N[orth] // W[est] // E[ast] // South // Main // N[orth] // pine forest = protected site // Spessart Hill // hotel // pine forest // Erlenbach // the museum // M. [Niepert Ruths] // this horizon is protected by the [protected] sites

936

the hotel // the forest must not be touched // museum // pine forest // Erlenbach // hotel // the Main
The big Factory is beautiful (smokestacks)

937

Erlenbach September 14, 1962
forest // lawn // Main // meadow // forest // meadow // see the view from a to b facing the stream (over the meadow // page 46

938

Erlenbach
hill // 100-meter Mark // big forest // 1st-class highway // lawn with occasional trees // The River Main / 0 mark // the lawn // the small young forest 10 years old // 400 meters // flooded // 50 meters 100 sometimes

939

attention 100 meters = maximum susceptible to flooding // Hill // highway // River Main // meadow // little forest // the highway // M. Bock arch[itect] architect will send me the exact plan + contours [of the] "heights"

940

the view 1.2.3 4 5 is magnificent seen from the ...s situated between 2 and 3 // susceptible to flooding // the river
a b = 5%? slope very apparent to the naked eye. But place our forms with the same inclination // too bad! // the meadow a b (sloping) is very beautiful and the view m n p is very beautiful = sweeping // river

941

Erlenbach
forest / young forest / mature forest // automobiles at the bridge 1 page 42 // the facade will seem huge (= high pilotis // the lawn // the river

942

attention lots of mosquitos! MOSQUITOS! = Erlenbach September 14, 1962

944

L-C assets // the sponsors' association // the Primary sponsor is L-C he gives the meaning the direction. // dixit Claudius[-Petit] // L-C may be its P[residen]t the Foundation // Gift to Foundation // [Pt gd] ... // in the Musée du XXe Siècle vicinity of Paris Malraux // never // Pavillon de Marsan? // never = politics // + [former Musée des] Arts Déco[ratifs] Décoratifs
location // L-C's lifetime the phases // La Roche house October 1962 // The Founders // Headquarters // Villa Savoye = L-C Museum
Association // October 4, 1962 // 1 Anthonioz // 6 La Roche judicial requirement // P[residen]t 3 L-C // 2 Besset secretary // accepted // 7 Wogensky // 4 Claudius // 5 Jean Petit // Association Headquarters Villa La Roche
...
the P[residen]t L-C countersigned // signed // + Secretary designate Besset

945

Selected for Weber in Cassou Museum by L-C
— Léa / 1931 146 × 114 L-C.
— Mains croisées sur la tête // 100 × 80 T 40 fig[urative] // Le Corbusier 1928-1939
— Violon 1920 100 × 80 // signed Jeanneret
— Le Dé violet 1926 // 60 × 73 not signed on front = Jeanneret Series
September 27, 1962 taken from the Musée [National] d'Art Moderne
to have removed by Robinot send off posthaste

946

154 = Miró posters // in the Musée [National] d'Art Moderne // posters for Besset to be designed by Corbu February 26, 1962

947

September 28, 1962 // Musée du XXe Siècle Malraux // Erlenbach [Museum] // [Quai d']Orsay // . Olivetti // . Baghdad // Embassy Brasília // Maison de France Brasília // Congress [Hall] Strasbourg

948

Lotti Jeanneret // 76 Norr Mälarstrand // Stockholm // buy (Guénassia) / 25 [Thousand] the little white house previously yellow // empty // L-C write letter
attention: in the present Sketchbook there are Fondation L-C pages, these being. pages 40 + 41 + 38 + 37 + 27

949

November 4, 1962 after lunch // 24 rue Nungesser-et-Coli // and discussion about The Foundation // (from November 3, 1962) with // Olivetti and Jean Petit. I did some thinking last night
see page 40 (here)
I am making a correction = Anthonioz = (official) // (young and having founded the Foundation Adrien Olivetti // Olivetti // Wogensky // Besset / Secretary designate // Jean Petit. // = 5 // = 7 // and Jullian if La Roche // La Roche // resigns Claudius-Petit // who President? // not political // = Anthonioz P[residen]t // Besset // Jean Petit. // Board 3 young and available [people]
Olivetti says that I can set up the Foundation myself, if I join and pay immediately the starting capital, in which case the Foundation automatically goes to the State. // and the Association is no longer necessary
Note: there is 1 Foundation page in "Blue Notebook" begun on June 21st, 1961" 1 page 160 + 184 + 194 + 202-209

950

no lighting

Paris
October 22, 1962 + 1963
October 22, 1962 + 69 Bis 1963

Chronology

1963
Inauguration of the Carpenter Center for the Visual Arts, Harvard University, Cambridge, Massachusetts.

Commission from André Malraux, Minister of Culture, for the Musée du Vingtième Siècle.

Project for a center for contemporary art at Erlenbach near Frankfurt (not built).

Second version for the Olivetti electronic center at Rho-Milan (not built).

Discussion with Monsignor Lercaro, Archbishop of Bologna, for the transfer of the plans for a church at Firminy (not carried out).

Retrospective exhibition at the Palazzo Strozzi, Florence.

Sculpture: number 27, *Ozon*; number 34, *Icône*, second version; number 35, *Icône*, third version; number 36, *La Mer*, first study; number 37, *Petites confidences. "La Biche"*; number 37 bis, *Petites confidences*; number 38, *La Mer*, second study; number 39, *Icône*, first version.

This sketchbook, containing only twelve pages with written or drawn notations, includes on its cover (951) an allusion to a sketchbook "69 Bis 1963" that has never come to light. Perhaps Le Corbusier meant Sketchbook 70, but there is no substantial evidence to bear out this supposition.

Several notes concern the preparations for the retrospective exhibition of the architect's work in the Palazzo Strozzi in Florence: choice of tapestries (957); choice of sketches and models (961); and what may be a list of Purist paintings (953). This exhibition was held in 1963.

A very important sketch (959) seems to show the initial concept for a congress hall in Strasbourg that was never built. Le Corbusier's remark in reference to his design for the Venice hospital project might be applied to this project as well: "It's an animal sort of thing, if I may say so. When I get an idea, I ruminate it inside me, like cows do. And the idea starts to work, little by little, by itself. Several months later, if it's a good idea, it explodes. Other architects take up a pencil as soon as an idea comes to them. I don't" (Petit, *Le Corbusier lui-même*, Geneva, Rousseau, 1970, p.184).

951
LE CORBUSIER // Paris. / October 22, 1962 + [19]63 //
October 22, 1962 // + 69 Bis 1963 //S68

952
height 383 / plan for Paris // Berlin

953
[*See French transcription for list of Le Corbusier's works.*]

954
Mlle. Jacqueline Veigneau. // Medical secretary //
prof[essor] Aubry's Office // Hôp[ital] Lariboisière for
ears // ears.

957
November 26, 1962
Baudouin / Restaurant Yang TSE. // Tapestries for Palazzo
Strozzi Florence // Originals: [*See French transcription for
list of Le Corbusier's works.*]
The UNESCO one would be necessary

958
... // November 26, 1962

959
reception [room] + dumb-waiter + elevators

961
  Exhibition [in the Palazzo] Strozzi
Mme. Fougères // M. Pierluigi Saviarli. / arch[itect]
the envelope sketches [of the] *Taureau* // Talati's
Chandigarh drawing (Boesiger) // *Ozon* presculpture //
24 rue Nungesser-et-Coli preparatory sketches for the
Taureaux // 24 [rue Nungesser-et-Coli. preparatory
sketches] Sculptures // Lecture sketch visual aid + Rio
Drawing. 1936 // Models (Cassou) Saint-Dié Ronchamp
hyperboloid + Assembly Berlin roof // The Boesiger
preface [of] January 4, 1962 // drawing

962
soles of my feet [like] papier mâché // asthma from cold [in
the] Lycée Lafontaine // from time to time sharp pain in my
big toe // periarthritis in my right arm // sometimes blood
between my upper front teeth
November 29, 1962 // Partially clotted blood no pain.
quid? // left knee 2 bumps. upon Awakening little fleeting
pain. // ears // nose always dry // [Dr.] Heim de Balsac's
pill[s] + Rovigore

T69

Begun December 21, 1962 Orly - Rio - Brasília
Finished August 3rd, 1963 Cap Martin.
"Grandeur" Von's Tomb
Signs page 40 December 21, 1962
Finished August 3, 1963

Chronology
See S68.

This sketchbook contains a number of pages devoted to Le Corbusier's projects for Brasília: a French cultural center (967, 969, 975); the French Embassy (970-972, 976, 980, 1010); and a Brazilian national cultural center (977-981, 1003, 1004). The commission gave him great satisfaction. "Brasília," he wrote, "is a Radiant green city, the furniture, the 'decor,' must be Corbu: everything looking *ahead*. That's what they are expecting from France." At the end of his visit to Brazil in connection with these projects, he wrote a warm letter to Lúcio Costa: "Today I say good-bye to my friends in Brazil. First of all to their country... which I have known since 1929.... Brasília is built; I have seen the new city. It is magnificent in its invention, courage, optimism; it speaks from the heart" (*Le Corbusier 1957–1965*, Zurich, Boesiger, 1965, p. 8). An answer to this tribute soon came from Oscar Niemeyer, who, with Costa as chief architect, directed the construction of Brasília. Of Le Corbusier's contribution to architecture he wrote: "What beauty! What extraordinary work! What an example of idealism and professional conviction! What an untiring struggle to maintain a work which is already almost no longer his but the patrimony of all humanity" (*Le Corbusier 1957–1965*, p. 9).

On the return flight to Paris the architect came across a magazine article on India that made no mention of Chandigarh, while calling Brasília "the first great city in the world planned according to the most daring, advanced principles of contemporary architecture" (986, 987). He copied down this judgment without comment.

Once again current projects are cited (988) together with a list of the enamels being fabricated by Jean Martin in Luynes by the same technique used for the doors of the chapel at Ronchamp in 1955 and the Assembly building at Chandigarh in 1962. The architect's feelings about his work in enamel were revealed by Martin: "He is shocked that no other painter has been interested in such rich material and one full of possibilities. He avoids revealing this research, hoping to remain the only one to use this technique" (Petit, *Le Corbusier lui-même*, Geneva, Rousseau, 1970, p. 251).

In Florence, on the occasion of his retrospective at the Palazzo Strozzi, Le Corbusier received the Gold Medal of the City of Florence (995) and made several sketches of the city (993, 994). On subsequent pages are found, in succession, notes on the congress hall for Strasbourg (998-1000, 1004, 1006, 1009; see also S68); a note on a standardized module for the Olivetti project (1002); and a reminder about the polychromy of the sculptures made in collaboration with Joseph Savina (1002). Another note concerns the Zürichhorn project in Zurich (1005), commissioned by Heidi Weber. Le Corbusier believed this building would have important implications for architecture in general as well as for painting, sculpture, glazing techniques, and the modern life-style.

The last pages record — among other things — Le Corbusier's refusal to collaborate with a former apprentice, Shadrach Woods, on the design of several skyscrapers in New York City (1008) and the statement of a deep conviction, that "Architecture marches on, does not mark time!" (1013). He visited his wife's tomb in Roquebrune (1012) and recalled a poignant incident from their early life together (1011). The book ends with some sketches of his Purist paintings (1014 – 1017).

The cover of Sketchbook S68 (951) carries a note referring to another, "69 Bis 1963." No such book has ever been found, nor is there evidence of a chronological gap between this sketchbook — T69 — and the next one, number 70, which the architect began on August 4, 1963 at Cap Martin.

963
LE CORBUSIER // ARCHITECT // PARIS. 6. // 35 rue de
Sèvres // TEL[EPHONE]: Littré 52 60 // Begun
December 21st, 1962 // ORLY – RIO – BRASILIA //
Finished August 3rd, 1963 C[ap] Martin // "GRANDEUR" //
VON'S TOMB" // Signs page 40 // December 21, 1962 //
Finished August 3, 1963 // T69

964
Malraux // Musée du XXᵉ Siècle Paris see here:
pages 44.45
put in touch Basse + the half-Negro friend of Jean Petit
February 4, 1963 (Drahon)

965
Air France Plane Paris Dakar night December 21 22, 1962
Dixit Basse (young handsome and intelligent Negro was
called on the telephone by Senghor about Saturday
morning appointment in Dakar.
the new Rights of man // here: machine civilization
L-C send him *Les 3 établissements humains* + photocopy
of *Demain* – send to P[residen]t De Gaulle + Malraux. //
= // Africa IInd phase of harmony in the machine society

966
Maria-Elisa Sobral = daughter of Lúcio Costa
Ladies // Gentlemen // closet // noticed Hotel Glória //
Rio. // cabinets. at height a b c are good better than
under 113
possibly transparent plastic box for toilet articles open at A
A1 A2 // Hotel Glória this is made of mirrors and nickel

967
December 23, 1962
Maison de la Culture (Française) M C Fr with Oscar
N[iemeyer] + and his staff // indefinite program: //
Theater. //Committees // Commissions // Lecture Hall //
big. // + Visual Arts studios. Exhibitions + Alliance
Française // = m ... the Alliance Française // = study rooms
throughout the city // + an administrative center with
courses in conjunction with the university
attention! the MCF Maison de la Culture Française
belongs to the University (the minister of National
Education Mr. Darcy Ribeiro) had me to lunch at his place)
MacClenahan. Sʳᵉ French embassy in Brasília // Italo.
Campofiorito architect at Costa's.

968
the equator // North // sun at top =+ // Morning sun //
sunrise // evening sun = – // sunset // the Andes // wind
from the southeast // = Atlantic // South // N[orth] //
Northern hemisphere // southern hemisphere // S[outh]

969
the clubs // France // the embassies = 60 embassies // *cité
universitaire* + Maison de la Culture Française // E[ast] //
N[orth] / W[est] / S[outh]

970
lake // F[rance] // F[rench] Emb[assy] // or 200 to be
checked // Land the land rises from R l m n and higher //
Parliament

971
offices = *bureaux* // the Banks 3. = skyscrapers //
cathedral (the top part only is seen // ministries / Parlia-
ment
F[rench] Emb[assy] // F[rance] // Service // entrance road
Question should it be a/ 1 prism? or ([free-form]) // b/ a
[free-form]? // or c/ top prism at ground level [free-form] //
then: a or c line up with the parliament
answer = [free-form]

972
Fr[ench] Emb[assy] // service drive // street access to the
embassies // view // the lake // the lake

973
a — scaffold or possibly a Sun control // here = Yugoslavian
Embassy (under construction) by a Brazilian architect.
(Brazilian embassy in Belgrade (?) is under construction by
a Yugoslavian architect

974
Oscar [Niemeyer] Hotel Brasília
corridor = *rue intérieure* 120 meters (?) // at A = a
remarkable "screen" // 226 // 45 cm. // ext[erior] //
in[terior] // in blocks of 16 glass [elements] precast and laid
up // 100 meters long //whole thing in glass disks // here →
scale: 1 : 1 a disk of clear rippled glass

975
"Maison" de la Culture Française MCF December 25,
1962 (Malraux)
the lake goes on very far to the left // the dam // high-
way R // F[rance] (?) // regular slope MN // here the *cité
universitaire* // E[ast] / S[outh] // W[est] // N[orth] // R an
official entrance // here students' paths

976
embassy tour [of] President's palace (Oscar [Niemeyer]) //
Extensive space prolongation of the landscape for
swimming pool + view of the lake, artificial brook
b/ = ascent // a/ one goes down from b/ toward a/ =
chancellery // c/ from b/ one gets to c = embassy
reception = view + ramps into garden // service

977
NATIONAL CULTURAL CENTER CNC
Stadium // residential axis road = the housing sectors //
their fields // the theater is under construction // the
cathedral // the ministries // deputies + senators // High
Court // Government Pl[aza] // hotel // here P[residen]t's
Residence // select: (settle upon) 5a as cultural center

978
the 2 sites for the cultural center // (select a/ because
beautiful view over b which includes the theater
the banks // here sky // theater // offices // 500 m. ?? //
cultural center // greenery // 100 ? // the Cathedral
theater // the view is towards V // Theater // horizon //
bank / Petroleum products office // green / trees

979
One must try to create Emb[assy] // M[aison de la]
C[ulture] F[rançaise] // Cultural Center of Brazil // light //
air // Ventilate very well by obtaining, through siting,
natural physical phenomena
L-C consult in advance specialist [in] air flow
F[rench] Emb[assy] see here page 15 page 10 page 8 //
tour President's Residence with Oscar [Niemeyer] Here,
they are calling for a Franco-Brazilian tie through modern
life. Brasília is a green Radiant city, the furniture the
"décor" must be Corbu: everything looking ahead. It's
what they are expecting from France
CCB The Minister of the Interior is entrusting me with the
heart of Brasília capital of Brazil which will become the
heart of Brazil. They call on France through L-C (the CCB
The MCF will show the French spirit to University
students who will come to the MCF. = CCB1 // cathedral //
opening onto the space of the CCB2 connection with the
theater = CCB1 CCB2 = in the population center and [in
the] governmental [center]

980
F[rench] Emb[assy] saw governor's apartment: the
bathrooms swimming pool (L-C do something wonderful
with New York 1946 bedroom dark wood floors varnished
gleaming strips bedroom: one must look for the beds =
altars? contacts with the outside (open-air shallow ponds
under canopies and realm of breezes. Baudouin Tapestries,
possible Enamels [for] door // circulation // inside outside
inside // no marble (L-C)
Execution Oscar [Niemeyer] + Italo. and his staff will
execute my plans have them accepted by [the Ministry of]
Foreign Aff[airs]
Cultural Center of Brazil Large Museum of Knowledge //
2 types: the Erlenbach type // the Olivetti type or
Chandigarh or Porte Maillot // Spontaneous theater

981
December 25, 1962 Christmas.
The work will be handled by Oscar [Niemeyer]'s team with
His students from the university without charge,
considered as distinguished lesson // for // F[rench]
Emb[assy] // Cultural Center of Brazil // M[aison de la]
C[ulture] F[rançaise] // = admirable understanding
May 20th, 1963 Mr. Murtillho Murtinho cabinet chief of
the Ministry of Foreign Affairs of Brazil in Brasília // came
to 35 rue de Sèvres
Not once, not one question was I asked about Chandigarh
P[ierre] J[eanner]et's Opinion = Success!!!

982
eng[ineer] / arch[itect] // the builders

983
8 days at 6,300 cruzeiros

984

Boesiger V[olume] 8 or V[olume] 7 // Use as preface my
Brazil text done in Rio on December 29, 1962 Ask Italo for
photocopies

The evening of the 28th at Copacabana in the ''Golden
room'' (pompous) name // very sincere creation // The
[Negroe]s or The // Negro (of Tomorrow) = spontaneous
and sincere play passionately and perilously giving
everything sun, laugh and smile = the Brazil of tomorrow
(with Africa: here, page 1 the 5 drops of blood (those of
Portuguese origin = constipated // the violin has been
eliminated. admirable for 2 hours!

When one sniffs around the embassies of France + the
personnel It's Mauclair and Duhamel = the pretentious
brake

985

Rodrigo M. F. Andrade Ministério da Educação [Nacional]
8e cuadra // about tapestries in Rio

Was with me in the car from the Ministry of National
Education. Is very excited about the Corbu tapestries.
I must send him information – And make arrangements
with Embaixador Maurício Nabuco who was next to me at
the Capanema banquet (likes the Corbu tapestries a lot
December 29, 1962

questions 2 display cases for modern medals from the
Mint, anteroom to the auditorium of the French House.
There are Picasso, Saint-Exupéry Malraux Eluard etc.
medals. Corbu? = zero

986

Dakar Paris Plane December 30, 1962
Air France Magazine December 30, 1962 // 1st Article ''Sur
les Rives de l'Art'' // 1st page photograph tapestry
Traces de pas dans la nuit (L-C) = without indication
of artist

   The writer Franck Elgar distinguishes ''Mies van der
Rohe Gropius Aalto Niemeyer Le Corbusier'' Nevertheless
their successors, like J. de Mailly, Zehrfuss, Guillaume
Gillet ... in France . . . . seem to want to build with even
more freedom and variety of expression....''
page 5 // Eiffel [Tower] // the UNO (color) // Air France
Boeing
Second Magazine *Vacances aux 4 Coins du Monde.*
216 pages AIR FRANCE'' // Page 156 map [of] India ''New
Delhi'' But not Chandigarh // then: ''From New Delhi''
excursion [to] Chandigarh // = Zero = see page 26 here →

987

(Continuation) on page 192 // color photograph Oscar
Niemeyer's palace Brasília ... ''It's the first great city in the
world planned according to the most daring advanced
principles of Contemporary architecture (Arch[itect]
O. Niemeyer Urb[anist]: Lúcio Costa ... // etc.'' // =
Vacances aux 4 Coins du Monde AIR FRANCE'' plane
buy *Adam* magazine // advertising knitwear fitted
sweaters

988

French Embassy Brasília // Maison de la Culture Française
[Brasília] // Cultural Center of Brazil [Brasília] // see Malraux
Malraux // * Olivetti Plan Milan // * Congress [Hall]
Strasbourg Strasbourg // Church Firminy // *Unités
d'habitation* (Series) + equipment with Myon // * *Zürich-
horn* Zurich // Algiers – Africa // Electronic laboratory
Chandigarh // Musée du XXe siècle Paris // Erlenbach
[Museum] // * Ardennes – Meuse. // * Villa Savoye Poissy

989

Luynes // Beauvais // Jean Martin // Enamels January 29
28 27 26, 1963
to do: // 1 An *Ubu Panurge* Enamel 50 × 35 cm. (?)
2/ *Femme et taureau* 85 × 60 (?)
3/ *Femme rouge couchée* 65 × 45 (?)
4 *La Cité Linéaire Industrielle* (for Jean Martin) January 28,
1963 50 × 27 (?)

990

8 PM Luynes: Someone yells: the news on television,
Come on! ..

   10 people descend upon the dining-room table. The
announcer begins:

   The dinner too. Standing seated, in confusion, talking
bellowing, shouting. A frightful clatter. Everyone is talking,
no one is listening. It would make a great sound film.
(*Charivari!* There is a word of Greek origin, much more so
than ''Trojan War.'') We eat ''Have some ham, some
sausage, some bacon, some chicken, some steak, some
cheese, some ''cancaillotte'' (?) Some white, some rosé,
some red [wine] (direct from Jean Martin's grapevines;
it's the real thing something natural, admirable; in its verity
it kills, by comparison the *appellations contrôlées* which =
manufactured [in] dyeworks and pharmacy) →

991

Continuation
It lasts an hour, two hours. We go completely crazy,
except for the announcer who is in the TV studio, stranger
to our passions. . The word = Pandemonium.

   No one looked, no one heard, no one listened.

   4 days in a row like that! This time my nerves are about
shot!

   I say that these men are crazy (and the women as well)
Disarming if You Please. The enemies are there: the
Radio, the TV the talking movie Screen the father and his
authority. The mother with her chores. The little maid who
stays in the Kitchen. the kids who are having fun amid this
racket ......

992

Anthonioz assigned the mission for Creation and artistic
production (General management of the Arts and Letters
(Picon)

   April 14 through Jeanne [Heilbuth] give a dowry to
Jeannette [Gabillard]

994

February 7, 1963 February 1963 mayor La Pira

996

FLORENCE CHARTER February // February 6, 1963
Florence Charter // The Standard: The Standard: the
Baptistry = God // never God. // never palaces, ceilings:
here is the separation point.

Florence is a village there you think of a great sequence
sequence // = The open market
Florence Exhibition // ask Ragghianti for the photograph //
here the table ''of the open hand.'' = about ten gouaches
and drawing (could be used for cover
with Mayor La Pira // at the ceremony *honoris causa*
ceremony + the gold medal of the city from the city of
Florence
page 36 Sketchbook T69 Begun on December 21st,
1962 // this is the back of the double page Florence seen
from the Palazzo Vecchio

997

ja... // ...

998

February 15, 1963
screen // hyperbolic parabola canvas to receive color show
or cinema // Cable // prism skeleton // 5,000 persons
standing // Nighttime effects // Strasbourg electronic
effects (without actors) on the left roof 100 × 100 m.

999

the linear city // the builders // the 24-hour [cycle]
February 1963 // April 6, 1963 / AAR // The linear city //
Europe // the builders // the 24-hour [cycle] // Sun space
greenery

1000

Strasbourg congress [hall] roof // Egyptian scepter //
See page 39

1001

February 20, 1963 // Brasília
1 National Cultural Center // 2 Maison de la Culture
Française // 3 French embassy. // * 4 Olivetti. Rho. //
* 5 Pflimlin Strasbourg Congress [Hall] // * 6 Marseille 3
Dead-end units // * 7 church Claudius [-Petit] // 8 Stadium
for 100,000 // 9 the Meuse Linear City // * 10 *Zürichhorn* //
* Erlenbach Museum // * 12 Total Museum Les Halles
Paris
idem: send Fougères CEEMT P to mayor of Limoges
March 10, 1963 // ''Europe 1'' on March March 10th, 1963
at 2 PM Have made at my own expense recording of my
5 minutes on linear industrial city

1002

Standard 1 // Standard 2 // Standard 3 // = Olivetti (see page 45 // here decomposition of the office element, [from] the orthogonal.
March 10, 1963 March // SAVINA – L-C // will go to // to Tréguier about polychromy. Order from Jean Martin Stelaters colors small containers Red + orange + light cadmium yellow + ultramarine blue + cerulean blue + black + white large containers // + brown burnt Sienna.
April 5, 1963 April // Enamels Zürichhorn // exterior walls unplastered // floor solid white or partly black // plastic material // Enamel // glass wool // wood panel or enamel or cast pavement // horizontal with unfinished concrete motif + scallop shell // Zurich shell // Salubra

1003

labyrinth // Erlenbach // done by Oubrerie
here the 2 Niemeyer skyscrapers // National Cultural Center of Brazil // L-C // here park site // Commissioned from L-C by the Minister for National Education of Brazil west / east // Total museum // ''Modern museum of art and thought'' // Paris

1004

Brasília // N[ational] C[ultural] C[enter] = L-C
Olivetti
Strasbourg
Erlenbach labyrinth = plan done // = Paris [La] Défense (Malraux
west / east // total Museum at Les Halles // Seine // Paris
Marseille 3 Unités (Gardien)

1005

April 17, 1963 Nice-Paris Plane. 4 PM
Zürichhorn will demonstrate:
int[erior] arch[itecture]: polychromy [of] materials colors //
Floors walls ceilings // genesis of soundproof ''dry'' walls
painting pictures // murals // tapestries (acoustic)
tapestries // photomurals
sculptures
glazing // transparent translucent colored. // glass or plastic // idem. // = elimination of locks = windows – equipment: boxes and cabinets // tables: rigid panels //
seats = floor Dunlopillo [foam rubber] stools 1928 seats
work = A mental B – A manual
rest sleep (no bedroom) on the floor. // Nudity active appearance // = total reform of clothing

1006

L[evel] 4 // Halls // L[evel] 3 office // L[evel] 3bis administration // L[evel] 2 committees // L[evel] 1 // see page 50 // L[evel] 5 electronic effects
electronic effects
L[evel] 5 = electronic effects // L[evel] 4 = halls // L[evel] 3 = Forum Forum entrance // L[evel] 3bis = offices.
administration // L[evel] 2 = commissions committees etc. // L[evel] 1 = archives offices etc.
it is: 5 : 10 at Orly one hour away at height of 10,000 meters 800 Kilometers

1007

for Jullian: // Geneva restaurant on June 6th, 1963 //there is glazed woodwork with glass wool in plastic // to call SCOBALIT // is called [Scobalit] located in Paris also // ask // Alazard Jules // = 2 mm. (?) thickness

Geneva June 6 Honoris Causa! L-C!

What a nasty one, what a bore!! Gagnebin Dean faculty of letters with the Rector (X) bored us with a two-hour reading on the charming little things and big programs!

1008

June 14, 1963 // Nice Paris Plane // 3 PM
Yesterday evening Woods, Marseille alumnus (with Candilis) came to Etoile de Mer, at 10 PM to ask me to do with him some skyscrapers overlooking Central Park and Hudson River (AB) // Central Park // = 5th Avenue // Hudson River // I refused: I do not want to start working with the USA (Memory of UN 1946 + UNESCO 1954 (?) = the US vetoes of L-C
...; Woods: well, too bad, so agree to a youth center between the skyscrapers = ''a Corbusier House'' That's right! = some of Corbu's flair at low cost. It's the same proposal already made by Hilaire Harris!
Woods, 39 years old, American from Corbu's studio around 1950 MMi, has become fat, adipose thick, bourgeois, without any more youthfulness. ''It's my wife who cooks too well'' — L-C: And you have not taken the damned trouble to set her straight!'' USA – soft
I had come ''to the Cabanon'' on June 14th tired worn out

1009

See page 47, Number 1. // July 10, 1963 // ramp // at A = provide rooms available to commissions committees connected with L[evel] 2 // at B C [provide] various related [rooms for committees connected with L[evel 2]

1010

July 23, 1963 Métro. // French Embassy in Brasília
lake // MN = the 2 access streets. // Jullian: set forth, now, profile of the roofs // masonry // pilotis / Along MN see top of page 52 (= continuation (2 lines)
July 31, 1963 Paris Nice plane // Attention anti-mosquito architecture // the furnished cell // = the cabanon
Etoile de Mer C[ap] M[artin] // But with lighting in plastic + // here Z P Q R – it is a matter of research, ''in general''

1011

Continuation from 51: thesis: the client possesses no furniture = open road, green light
August 6, 1963 Cap Martin: Excerpt from the fly page of Don Quixote de la Mancha // Volume II, one of my bedside books
''Grandeur:
VON = And that time when I came down on foot from Montmartre all the way to the rue Jacob?
Corbu: But why did you come down on foot?
Von: because I didn't have the money to pay my way on the Métro!'' (The indicent recalled here takes place around 1921-22.)

1012

August 2, 1963 // Roquebrune
here lies Yvonne Le Corbusier

1013

Olivetti Rho // Standard walls
Zürichhorn // Standard dry walls // dry walls
Musée du XXe siècle Malraux // + Erlenbach
August 6, 1963 // 24 rue Nungesser-et-Coli 7th floor // Studio 35 rue de Sèvres // architecture marches on, does not mark time! // cabanon Cap Martin // L-[C].

1014

1922 // August 3, 1963

1017

1930
July 3, 1963 Cap Martin page LVIII Electa Editrice Florence

Begun August 4th 1963 at Cap Martin
Finished the 30th of August 1964

Chronology

1964

Twenty-third and last trip to Chandigarh, April 11 – May 1, 1964.

Inauguration of the Assembly at Chandigarh on April 15; presentation of the enameled door.

Completion of the Art School, Chandigarh.

Project for the French Embassy in Brasília (not built).

Named *Grand Officier de la Légion d'Honneur*.

Degree, Honoris Causa from the University of Geneva.

Sculpture: number 40, *Panurge* series, first study; number 41, *Panurge* series, first study; number 42, *Panurge* series, second study; number 42 bis, *Panurge* series, third study; number 43, *La Cathédrale*.

1965

Death of Le Corbusier, August 27, at Cap Martin.

Current projects: hospital in Venice (not built); French Embassy in Brasília (not built); Musée du Vingtième Siècle, Nanterre, near Paris, (not built); Congress Hall, Strasbourg (not built).

Works completed after Le Corbusier's death: Cultural Center, Firminy (1965); *Unité d'habitation*, Firminy (1967); Maison de l'Homme, Zurich (1967); Chandigarh Museum (1968).

This sketchbook, first taken up on August 4, 1963 at Cap Martin, follows the preceding one with no break in time. It is the last in the series "classified" by the architect and now in the possession of the Fondation Le Corbusier. There is mention, however, on the last page (1071) of a "Sketchbook Number 71," which we may suppose he had with him at Cap Martin when he died there in 1965; unfortunately, it has never come to light.

The architect began Sketchbook 70 with a drawing for a sculpture. At the end of August he was in Venice, a city he had admired ever since his first visit there in 1907, and for which he was now commissioned to build a hospital. A half-century had not changed his impressions of Venice as a "center *unique* in the *world*... [which] will not be destroyed by vandalism but saved by revival" (1022). He made several sketches of the city proper (1027, 1028) and noted the pattern of land use on the mainland, comparing it to that in France (1029). In designing the hospital he intended to respect the character of the old city while at the same time demonstrating the principles of twentieth-century architecture (1025, 1026).

Several references here bespeak Le Corbusier's sense of accomplishment at this time in his life. He remarked on the "magnificent presentation" of his tapestries in an exhibition to open in September at Felletin, near Aubusson (1032). Visiting the *Cité Universitaire* in Paris, he decided the colors to be used in the renovation of the 1930 Pavillon Suisse (1033-1035) and again used the word *magnificent* to describe the use of unfinished concrete and strong colors in the Maison du Brésil, built in 1959 (1037). Some months later, on hearing a visitor to Chandigarh praise the "indescribable shock, totality of boundless architecture" of the Assembly building, he responded simply, "I agree" (1059). He alluded also to the session of the Council of Ministers at which he was nominated *Grand Officier de la Légion d'Honneur* and recorded the remark of André Malraux, that it was "not necessary to explain 'who is the greatest architect in the world'" (1039).

Yet there was no lessening of his lifelong concerns, particularly about urbanism and land use, which are referred to often in these pages. On August 15, 1963 in Cap Martin, he wrote: "the key, it is *to look*, to observe, to see, to imagine, to invent, to create" (1038). Two pages later, he drew a rule showing the intervals of the Modulor and added: "Urbanism directs human actions. Urbanism is worldwide, its problems are worldwide" (1040). He then proposed "the three establishments of man" as a solution to the problems of land use (1041).

The architect used this sketchbook again while he was on his twenty-third and last trip to Chandigarh, from April 11 through May 1, 1964, during which the enameled door of the Assembly building was presented to the State of Punjab as a gift from the people of France (1044-1047). Although there are several notes on matters still in need of attention and projects yet to be undertaken, the tone of the visit was one of farewell. Le Corbusier attended a session in the Assembly chamber and remarked on the acoustical success of the hall. He saw the building as "a miracle of architecture: framework, proportions, materials" (1054) and expressed again his wish to see a thorough photographic record made of the Capitol: "There is in L-C's job a mass of solutions to details, important and subtle ones which should be photographed in order to make a book on these *themes of modern architectural anatomy* (the polychromy is terrific)" (1051).

An interesting page, written on April 19 in Chandigarh, carries a defense of his writing style, evidently inspired by his reading of *The Odyssey*: "I (poor Corbu having left school at 13 years of age), I write. I am condemned: 'That's a spoken language, not written.'... I had an idea. I spoke, said it. I take a pen and I write it. It's *spoken language*. I conclude: each word of this essay shows that 'to write spoken' is *true*" (1057). He took final leave of Chandigarh at the end of April, having made a note to distribute a set of lithographs to several of the men he had worked with there (1059).

Flying over France on May 2, he mused over the "crazy" pattern of land division: "It's the old, decayed, broken-down, 'inertized' world" (1062). At the same time, he was aware of technological progress, remarking on the swiftness of the flight. The last pages were filled in during his August vacation at Cap Martin the year before his death. He sketched the Nice-Menton boat (1064-1066), pods fallen from a carob tree (1067), and an inscription in the Roquebrune cemetery on which he commented wryly (1070). Other pages refer to various projects: a book of lithographs entitled *Unité* (1068), designs for engravings (1069), and finally a museum commissioned by André Malraux, of which he wrote, "The following Sketchbook Number 71 contains [on] page 1 roof structure for the Museum of La Défense" (1071).

Recording with almost daily regularity Le Corbusier's creative effort, the 4,000-odd pages of his sketchbooks bear out the declaration he made in Philadelphia when he received the Gold Medal of the American Institute of Architects in 1961.

"... There is not a breath of victory in life. Great things are made out of a multitude of little things, and the little things follow one upon another every day from morning till night.... Daily life is a matter of perseverance, courage, modesty, and hardships....

The problems are always before us.... The techniques change from day to day.... The world is exploding....

I live in the skin of a student."

(*AIA Journal*, June 1961, p. 97.)

1018

LE CORBUSIER // 35 rue de SEVRES // PARIS VI // Begun on August 4th, 1963 at Cap Martin // Finished on August 30, 1964 // Please return this notebook to this address. // Telephone number 15 // Kindly send this book to the address given in the corner Monsieur L-C Chief architect Office Sector 19 Chandigarh // 70

1019

August 4, 1963 at Cap Martin

1021

Venice normally had 175,000 inhabitants // there were (historically) industries = 1 Arsenal // 2 Shipyard // 3 Glass factory // 4 clock factory // 5 Flour mills // Republic of Venice Doges // [industries] have moved to Porto Marghera (on the continent // there remains the craftwork wood leather ** glass // population has dropped to 115,000 in the XIXth century tourism was born (= railroad) // today there is the image = the photo[graph] // Socialism [in] 1848 1885 // [in] 1930 paid vacations.
make 1 film exclusively from the terrace of hotel X = magnificent

1022

Venice [a] center unique in the world // Venice has this fortune: she has defenses = her defenses. // Thus she will not be destroyed by vandalism but saved by revival revitalization
Germany // Alps // Genoa 1st port // Venice 2nd port important // silence. get the boats to have quiet motors Venice is disturbed by the motors

1023

Two big freighters – 1 Greek *Rhythm* // 1 English *London* // (why? because perfect?) // bewildering as lines, structures, colors matte black – + white + medium yellow hull. = high-class seamen (sailor, not architects)!

''La Fondation L-C'' Building must be 1 cube // Like a Ronéo file // or // museum // theater

1024

Ask for 1 post card of Santa Ursula Carpaccio Doges' Palace // dead // Jesus dead naked (naked) Carpaccio in the Doges' Palace. // the individual // the group // = // or ''the individual'' = Man // Each is in his own sack of skin! (*Poème de l'angle droit*)

1025

1 Mr. Mazzariol. University professor of architecture = history of Art.
2 M. Virgili architect Paris
3 Mr. Ottolenghi President of the hospital (to be built)
1 = who accompanied me on the 1st day in Venice with Virgili
2 = who [accompanied me] For 3 days [in Venice]
3 = who is counting on me to solve his problem of a ''Venetian'' hospital

1026

1 There is Architecture // 2 [There is] the architect // 3 [There is] Art. // 4. Larousse: Art = the manner of doing August 31, 1963 // evening in Torcello

1027

Arsenal (abandoned // Land henceforth available // Venice

1028

Venice // The Procurators' offices / clock tower clock // Saint Mark's

1029

The plots of agricultural land in the Veneto continent are still much smaller than in France (It's the plain ''everything could'' be mechanized .... But .... ?!?!
— Correction 15 minutes away from Paris agricultural plots are much smaller than around Venice.
September 1, 1963 // Venice Paris

1030

land divisions // 20 minutes away from Paris // from Paris (from airplane) // there are not (yet) any houses on [them]

1032

in the chapel of ? // at Felletin near Aubusson // Le Corbusier Tapestries Exhibition on September 15, 1963 // = magnificent presentation of L-C's tapestries // c *Traces de pas dans la nuit* // c: *La Femme et le moineau* // b/ *Le Chien veille* // [b/] *Gentillesses*. // a = Tap[estry] from UNESCO from UNESCO // + on the back b¹ b² Total 4 / Total 1 // on the reverse = // Total 4 / = 9 tapestries by L-C. Baudouin.

1033

pale blue / dark gray / naturalistic microbiology photograph // black or burnt sienna light gray like stairway parapets / pale-blue Number 10 // glass panels pale blue C[ité] U[niversitaire] Pav[illon] Suisse colors decided paintings in the Hall + library

1034

– curved glazed wall / white ceiling // A₁ on the ceiling // bright green // bright yellow // director's office door // bulletin board.
(coat rack behind // on the floor. // line // idem

1035

light gray // yellow // the window // yellow // light gray // dark gray // wood // green // the mural painting by L-C 1948 *Mon Aile dans ta Main* // Pavillon Suisse Cité Universitaire = the lounge that is going to be painted with a 55-square-meter mural

1037

Pavillon [du] Brésil. Unfinished concrete ceilings (wood plank formwork) visible // [the ceilings] painted strong colors // the walls = white. // floor = large black Modulor slates white joints // all this = magnificent
November 11, 1963

1038

the key, is: to look ...... // To look to observe to see to imagine to invent to create
Cap Martin August 15, 1963.
See (Jeanne [Heilbuth] 35 rue de Sèvres) // L-C's letter to the Japanese August 15, 1963

1039

M. André Saghbazarian 14 rue des Saussaies Tel[ephone] Anjou 17 05
Television Sets for 24 rue Nungesser-et-Coli for repair and tuning (telephone him)
Some call me: ''The Lone Boar'' (!) November 21, 1963 L-C

1st trip to Italy + Vienna // I am + 19 20 years old = 1907
''the Council of Ministers in session on the 19th of December, 1963, with General De Gaulle presiding named Le Corbusier Grand Officier de la Légion d'Honneur. Mr. Malraux made it clear that it was not necessary to explain ''who is the greatest architect in the world.'' *Nice Matin* December 24, 1963

1040

Urbanism directs human actions. // urbanism is worldwide its problems are worldwide

1041

The settlement of land by the workings of machine civilization
The 3 Establishments of man farming unit a // linear industrial city. b // Radio-concentric city of exchange C — government 1 and ideas 2 // merchandise 3
Farming unit: the machine dimensioning // the peasant becomes mechanized
Linear industrial City on land route water route rail route // the Thalwegs // + air route
The 3 routes follow the Thalwegs: they are parallel, conjoined: they go out from a radio-concentric city of exchange and and they pass over fortified borders. from Saint-Nazaire they open up toward the Americas on the West [Saint-Nazaire they] go toward Asia as far as Japan

1042

[NO] 50 + 50 // Mme. Colusso Concierge 24 rue Nungesser-et-Coli = 30 thousand = Christmas gifts

1043

Le Lac business January 2, 1964 letter from Albert of December 30th, 1963 // L-C Tele... Boesiger alarms on Le Lac – // L-C telegraph Telegraph to

1045

Assembly // April 15, 1964 11:30 AM
all the interior shell is = = visible shuttering marks // — Clouds 2 [visible shuttering marks] + clouds // — Clouds 1 [visible shuttering marks] // absorbent perforated sheet metal ⅓ ? here slightly perforated sheet-metal squares 11:15 AM // Gandhi = half-naked in his native setting some persons present, they talk = no repercussion, no brouhaha.
the white and red turbans // of certain deputies are very ''chic'' here // the tables for 300 (or 600?) deputies are covered with stationery – files or other [thing]s →

1046

11:30 AM the session begins there are 20 (?) deputies = democracy

Malhotra innumerable photographs (before) 9 o'clock // from Water Boulevard because [of] light // reflections [in] water east north side

Prabawalkar. // 1 pedestrian path for going to north facade

1047

Assembly: the bearers of vases of flowers for the ceremony, remove them the next day. Pots on their heads, and walking in line one behind the other for a long way (see Black Album Nivola? 1951) same sketch made at??

Malraux + Anthonioz. tell them to publish in color a work on the Assembly with all details (same 1:1) of the enamel door. + view of the hall when colors are done // + the portico (volume and color // + reflections [in] pools northeast side in the morning.

1048

April 16, 1964 // 17 Bhakra put some happiness (make something beautiful // 18 // 17 Randhawa Museum + Picture Gallery

1049

concrete block = (executed) entrance to the dam on the lake corner of Water Boulevard // Chandigarh // power plant // water // [monument] to the dead // with same signs as lake dam

1051

New High Court (the small courts at the back of each court are without tree or lawn. + west side = filth and // disorder
Corbu's Criticisms for Prabawalkar or Malhotra
ATTENTION
  There is in L-C's Job a mass of solutions to details = important and subtle ones which should be photographed in order to make a book on these themes of modern architectural anatomy (The polychromy is terrific. [Terrific] photograph upon leaving the High Court Portico [on the] Assembly side
Write to Nehru design of Open Hand + of the Assembly = Monument of world-wide significance. Make 1 law proclaiming it "Historic Monument

1052

The interior of the Assembly = Forum is magnificent in the sunlight
Prabawalkar Assembly interior steel gray + rough "Clouds" (clouds the clouds) are to be preserved very carefully // the fronts of the booths (loges) [for] Ladies // o have an excellent profile
The Assembly is a total unanimous space. orator = Chairman // = one hears [orator] from the chamber = the deputies

1053

the signature on the Door // 20 cm. approximately //
Le Corbu Paris Luynes Jean Petit // *Etablissement* Jean Martin // Enamels [Les Ateliers d']Art Français" Luynes (I[ndre]-et-L[oire])
Photograph Assembly = with camels on the V2 Lake
Eulie Chowdhury 2360 Chandigarh
Let the polished steel sheets buckle [from the nap of the President of the Council Chamber]

1054

the lamps around Assembly room, in the Hall corrected: 1 single color dull gray like their stands P. // green
This Assembly Building is a miracle of architecture: framework proportions materials // The Chamber is a boundlessly wide and high Circus
white yellow red red and black // = famous // 1 enamel door interior face // is perfect in the "luminous" penumbra

1055

Thapar (High Level Committee) April 18, 1964 // said that the bicycles and pedestrians [going to] dam would cross the V3 and V2 horizontally via footbridges, or "red lights" [L-N] = no. // There is only one (V8 [for] bicycles) // From the lower part to the higher part of the city on West Sector Capitol V2
river (dried up) except monsoon.
huge fields for "daily" sports" // presently nonexistent // forest trees 10 m. high // "live work exercise circulate" // the 4 functions // f = forest presently wild // [s] = playing fields // engineering school // Thalweg dry steam

1056

Malhotra // to see. Open Hand + The Museum of Knowledge
Pierre // the dam proposed on the river, towards G 58? bringing water for daily sports east and west

1057

Chandigarh // April 19, 1964
In the time of Homer, "epos" meant: "word" from "epos" is derived in French *épique*, *épopée*.
Thus the word is epic And it's the word that is written on paper, with one's hands The fact, is: the word.
I (poor Corbu having left school at 13 years of age) I write. I am condemned: "that's spoken language [a], not written [b].
a/ act, I speak.
b/ I am seated I speak on paper, I write
  The spoken Style is condemned by "men of letters" (those who hold a pen). "Whatever could I say"? these men of letters wonder
a/ says: I had an idea. I spoke, said it. I take a pen and I write it. It's spoken language.
I conclude: each word of this essay shows that "to write spoken" is true.
(see prologue to the *Odyssey* Editions (Le Portique)

1058

Punjabi women [both] working-class + worldly have preserved the costume + sandals + hair with long braids
on the crest of the facade wall at height of 21 meters, at 6:15
High Court // 6:30 in the evening, the pigeons come, perch on the edge, stare at the sun, and say good-night to it (in silence) // They come from all over the Capitol

1059

April 27, 1964 Assembly with Praba[walkar]
  3 hours touring the building to confirm the interior colors.
  I meet a visitor who has arrived directly from the west via Egypt. – "After [confusion] this building produces an indescribable shock: totality of boundless architecture
  I feel authorized to answer: I agree.

L-C // Give away the 5 drawings litho[graph]s 51 × 80 // which are in my bedroom at Pierre's // – to Thapar // Randhawa // – Chief Minister // – Minister of Chandigarh // to Jeanneret to put on the wall of vestibule Chief architect's office

1060

On return // send to Malhotra the Open Hand done in plaster send the plaster to Malhotra
5 o'clock Monday April 27, 1964 Office with Malhotra + Prabawalkar

1061

May 1, 1964
2 Gentlemen + 1 lady = 3 pebbles from the River. At Pierre's

1062

coming from India and flying over France (Geneva-Paris) one sees the present land divisions appear. It's crazy! it's frightening, it's disastrous! It's the old decayed broken-down "inertized" world
May 2, 1964 Boeing airplane doing 1,000 kilometers an hour and taking 12 to 14 hours from Delhi to Paris Hope: vicinity of Paris: the consolidation of parcels has been accomplished.
the suburbs of Paris (the little houses) are extravagant

1063

Beirut Airport May 2, 1964
the fields // restaurant // notice the abundant lights

1066

the Nice Menton boat // Menton / Nice

1067

2 carob beans fallen from the tree C[ap] M[artin] August 19

1068

"Signs" for Cromelynk "*Unité*" // the Mourlot color litho[graph]s // to be used facing L-C's texts

1069

there are (I engraved) 8 Rhodoid plates 41 × 45 or 33 × 41 dated August 1964 // August 1964 // 1956

1070

"TO MY DEAR DEPARTED HUSBAND AND FATHER" // TO. MY. DEAR DEPARTED HUSBAND AND FATHER // = inscription on a sculpted white marble book, on a tomb in the Roquebrune cemetery. // (It's unwitting incest!) August 25, 1964

1071

The following Sketchbook Number 71 contains [on] page 1 roof structure for the Museum of La Défense
Ducret Passy 29 77
who came from 1 vast Germanic tribe and who ate sausage and beer the Franks had all been Germanic // Besset Passy 77 73
Robinot 5 rue Camulogène Paris 15 // Tel[ephone] Vaug[irard] 76 04

Le Corbusier Sketchbooks

1
INDES 57 // 11 Décembre // CHANDIGARH // BHAKRA, page 12 + 13 // JANVIER 58 // M51

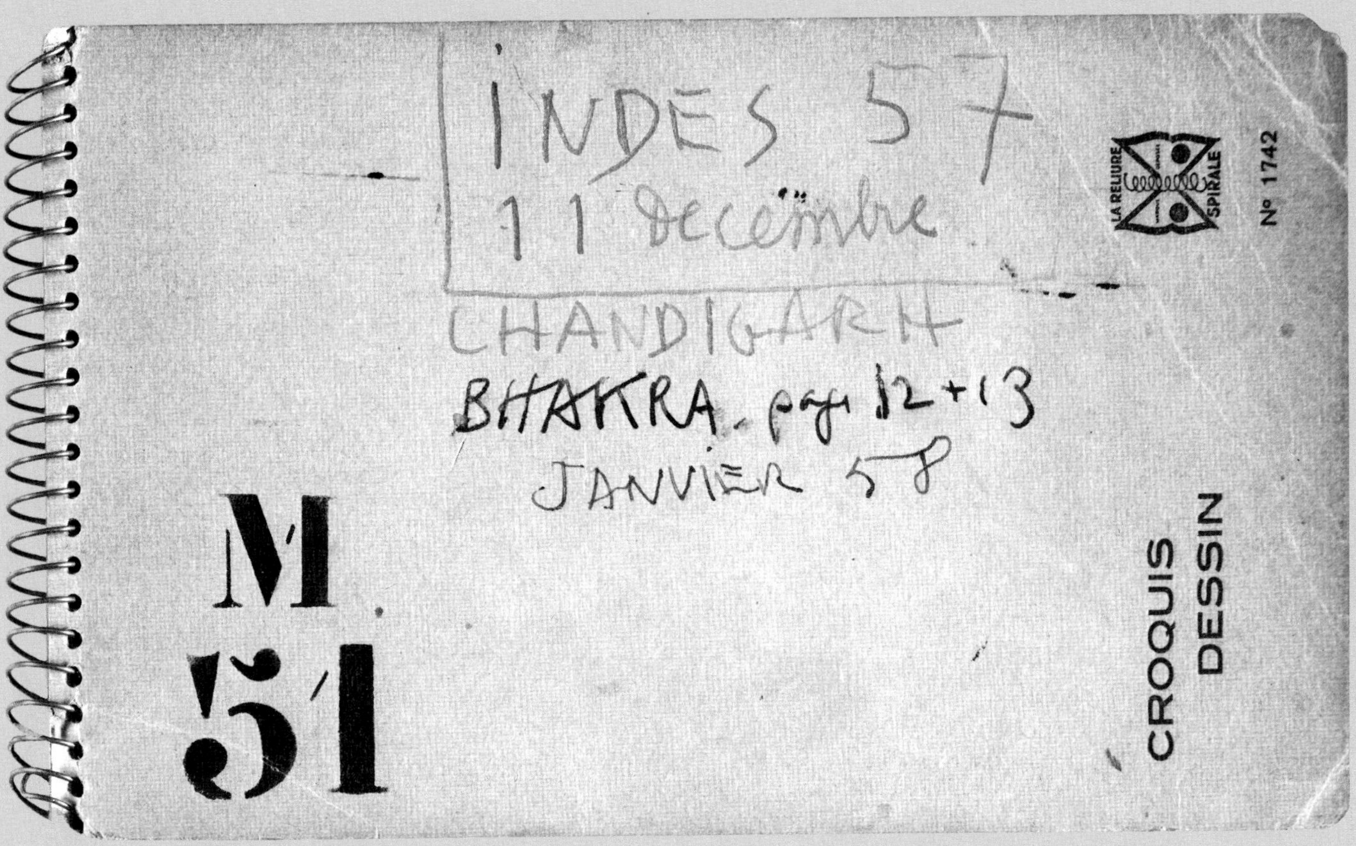

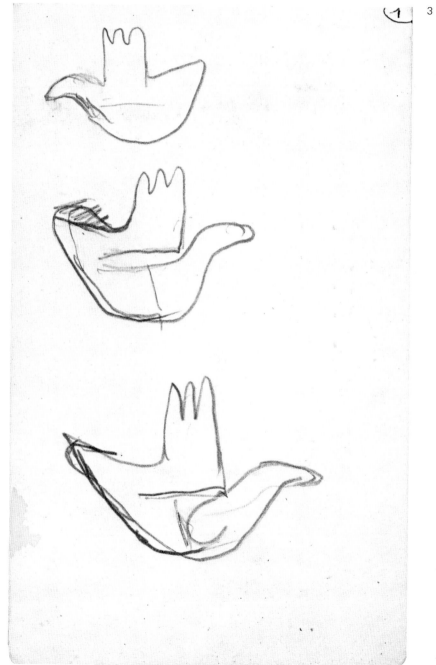

Déc 57

Patiala / Chandigarh Vorah // until now.
Niars / Sherma. // = chief ing. // North /
South // now / Sherma // Niars because
Secrétariat Chandigarh // New Punjab //
réorganisation Punjab PWD Headquarters
is in Patiala City. // a/ Sherma ne doit pas
devenir chief ing
Disponibles = 3 chiefs ingénieurs = CH-
ing – Nayer // – Sherma // – Hukany. //
now. // Khanna must be named: Chief
ingén // CH. ing / CH. ing // Punjab PWD //
CH-ing. // Chandigarh Capitol Project
Si Nayer est le Secrétaire Gal du Capitol
project il faut prendre un nouveau CH-ing
= Khanna et mettre Khanna / et mettre
Hukany sur / et Sherma // et ainsi Khanna
deviendra le Secrétaire du Board // les
grenouillent coasses

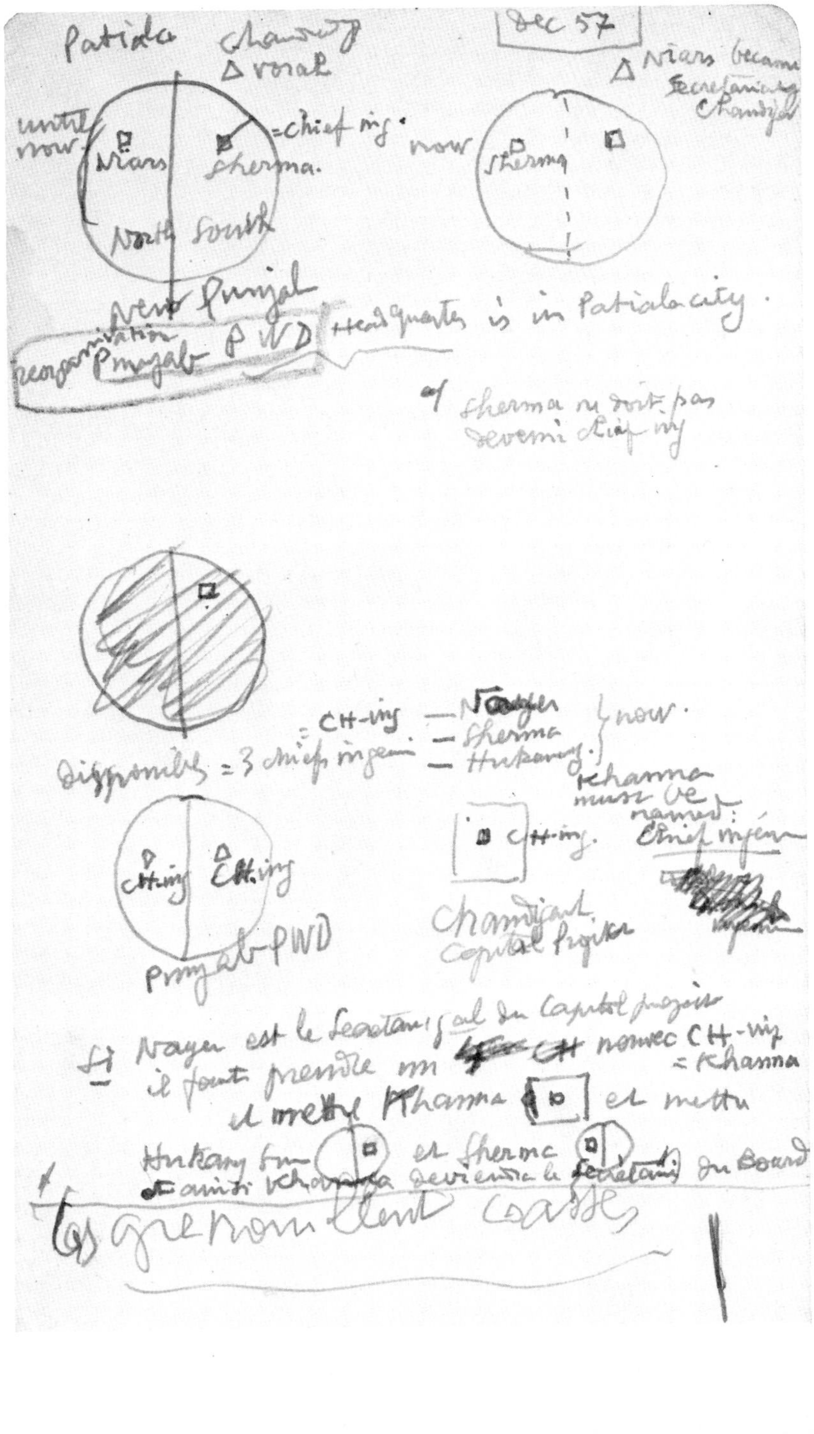

1° L-C exige que les minutes des meetings
soient signés par lui avant d'être remis au
Chief Minister
2° Le board doit être convoqué quand L-C
est présent à Chandigarh au printemps
2 meetings // à l'automne 2 [meetings]
3° La présence de Khanna

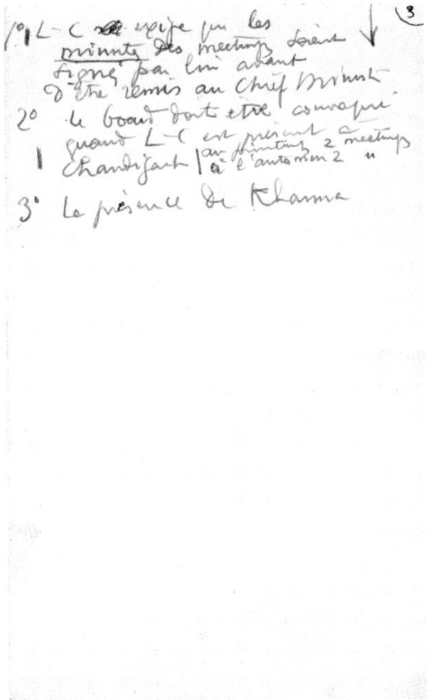

chercher 1 solution <u>mur</u> // H^g C^t <u>2</u> // H C^t
1. // mur A

6
Museum of Knowledge. par Mathu // j'ai
commencé à 50/
50/ Prabawalkar: des piscines d'entraîne-
ment // 12/12/57
Retour / Secrétariat UN // Secrétariat
Chandigarh // = <u>2</u> Secrétariats (probable-
ment = 1¾) // L-C obtenir les prix de <u>UN</u>
et comparer avec dépense Chandigarh //
Publier une étude dans Match. avec photos
+ comparaison avec Unesco
51/ Prabawalkar me remettre l'inventaire
des 65 000 arbres plantés avec la grille
d'arborisation
52/. Malhotra examiner solution étrangle-
ment toiture Secrétariat
53 Prabaw attention les murs de clôture
Capitol Nord <u>suivent la pente</u> = ligne <u>jamais</u>
brisée!!! // L-C lettre à Nyars

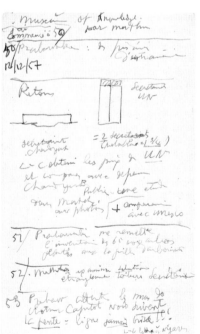

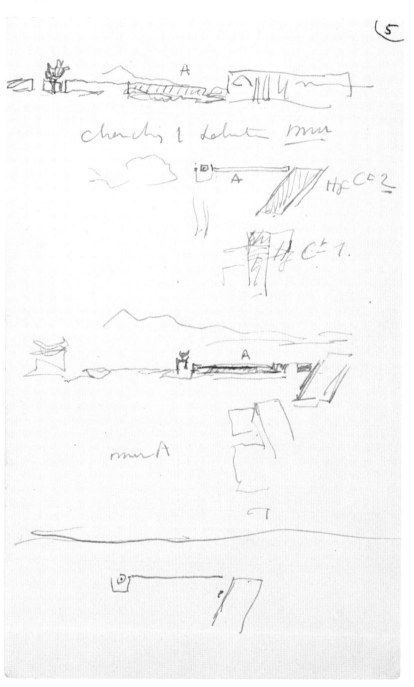

⑤

8
54/ Prabawalkar attention quid ce ? grand
drainage, limité au droit du National
Park? // terre / → Himalaya // le Capitol ←
+ la ville // on pourrait reporter le G^t H? à
200 m?
55/ Malhotra pourquoi ces 3 saignées
pignon Nord Secrétariat
56 Malhotra la fixation des Ondulatoires
est discutable!
57 Nayers faire <u>immédiatement</u> le dallage
entre Bassin H^t C^t
58 Nayers faire calculer à Paris le portique
Assembly
59 Malhotra faire photo L-C avec ma-
quettes dans office
60 Les couleurs H^{te} Court sont parfaites p.
Secrétariat mais au Secrétariat supprimer
1 orange // (il n'existe pas à la H^{te} C^t

9

Le Secrétariat est l'image d'Une Société: //
La masse cellulaire laborieuse // idées /
limité // les baies des Ministres animent ce
travail quotidien
Sur le toit, dans l'atmosphère, et bien
dessinés, bien qualifiés et disposés: les
entités de commandement et de pensée //
= considération valable expressive des
temps modernes!

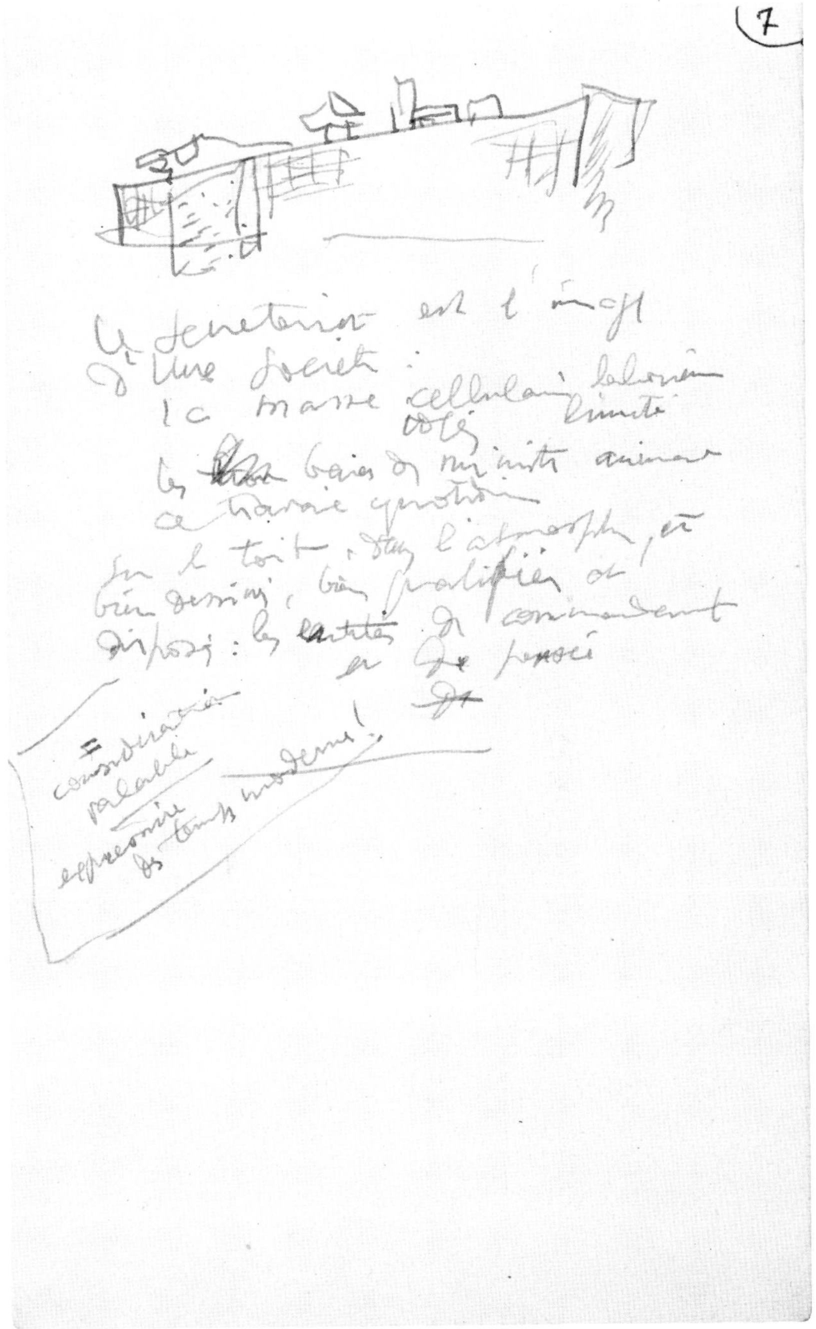

(7

10

Retour appliquer les ondulatoires p. Briez
(froid?)
Retour Girsberger Tapisseries // l'histoire
des Gobelins foutu dehors à Tokio – prêté
un temple
   Inde pauvre a fait le Capitol de Chandigarh
et m'a donné Bakra Dam

62 Depuis le hall H^t Cour l'horizon en face
est creux il faut installer une colline entre
Secrétariat + Ray Baber
63 Nayers faire le dallage H^t Court entre
piscines peindre le hall dès maintenant
64 Nayers Paris fera Calculation of the
porticus.
65 Assembly, on commence par hyperbo-
loïde + portique
66 Malhotra faire photo à 16 h Secrétariat
derrière la colline

15 Déc 57
  Parcourant l'espace entre le lac (le dam)
et le Capitol (= 1½ secteur (?)) je découvre
l'espace asiatique.
  Mes palais à 1500 de distance occupent
mieux l'horizon qu'à 650 m
  L'échelle est plus noble et grande, à dis-
tance
– Depuis la H^t Court, le Secrétariat est trop
proche. Il est beau, mais il est plein de
grandeur de là bas, en pleine campagne et
champs cultivés.

14
Landscaping Bakra // à la sortie sur la plaine,
côté + 50 m // plaine // faire the ''visual
Gates''

15
tunnel // parking
''câble // tunnel'' // culée
tunnel // P + P = piliers // A B = culée

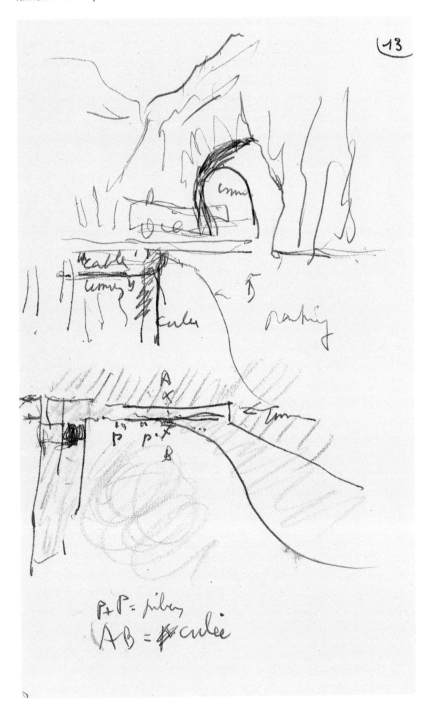

16
16 // 12 // 57 // Bakra
Depuis la route d'arrivée

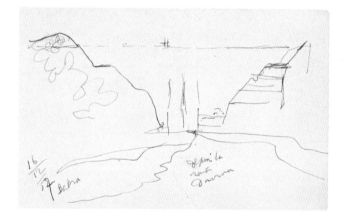

17
Ce croquis (exact) prouve que l'on voit le
barrage au total avant d'arriver au power
house par la route

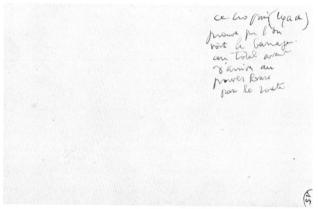

ce croquis (exact)
prouve que l'on
voit le barrage
au total avant
d'arriver au
power house
par la route

18
Demander photos paysage p. photo mon-
tage

19
Bakra 16 // 12 // 57
route A // A sautera p le Power house 2

20

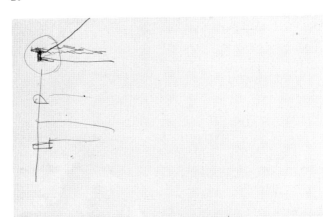

21
dam la tour <u>Sous</u> réservoir

22
ici A ceci = artificial Hills
f = cafeteria

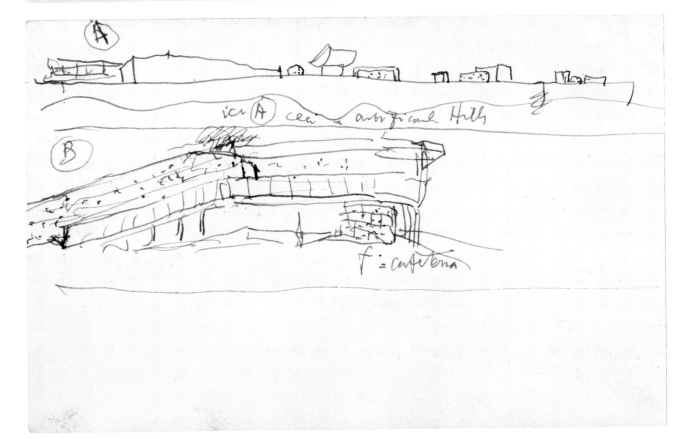

23

68 // aérateur toit métallique a + t + a¹
peints 1 seule couleur // aération // ça
développe 17 + 43 + 17 = 76 cm ou:
seulement t car, de l'intérieur a a¹ a² –. a⁷
font une cloison très belle (couleur)
69 Les horribles armoires ou // 250 + 20 =
270!!!
70 observation dramatique: la fixation au
plafond, des ''<u>ondulatoires</u>''

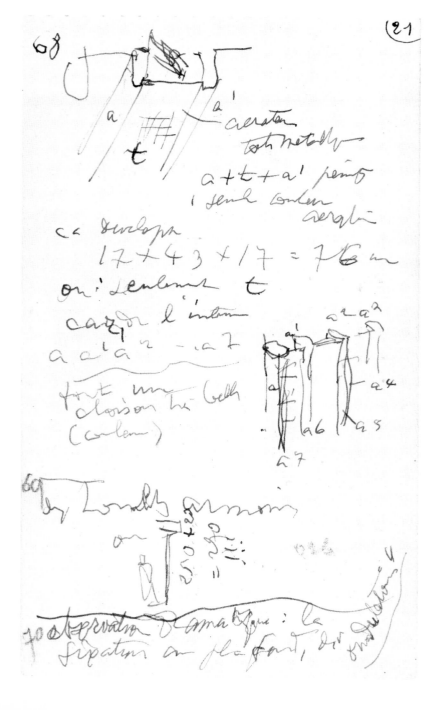

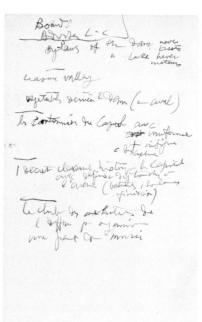

24

Board Adviser L-C
By-laws of the dam never auto [the] Lake
never moteurs
Leasure Valley
Vegetables derrière le Dam (en aval)
le cantonnier du Capitol avec uniforme +
insigne = discipline
1 décret classant historique le Capitol avec
défense d'y toucher à l'avenir (bâtiments,
couleurs finitions)
Le club des architectes de l'office p. orga-
niser une part du musée

remis Pierre 30 Rps // je lui dois / 20 //
50 = pa...
71 Prabawalkar relever dans rampe Secré-
tariat le dessin du muletier pour Assembly
72. les couleurs portique H^{te} C^t
73 le drapeau // carré
74 la route de Chand village

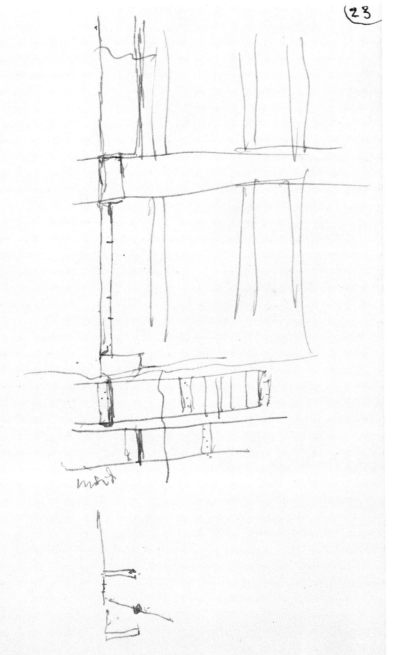

27

Retour faire dessin Bakra joindre bonnes
feuilles poè[me] < + avec texte le tout à
Nehru
Retour. Gᵗ Adviser Sub Committee organi-
ser les séries = action contre les ''pri-
vates'' // (demande du Dʳ de ''Design''
Board)
75 Prabaw // J'aimerais autant route du
dam Lake en brique rouge pilées // le ma-
cadam noir ou gravillon est mal // trottoir
supprimé!??
76 // interdire toute zone contact avec
Kalka
77 // nouvelle colline B // ancienne A //
(peut être joindre les deux?)

28

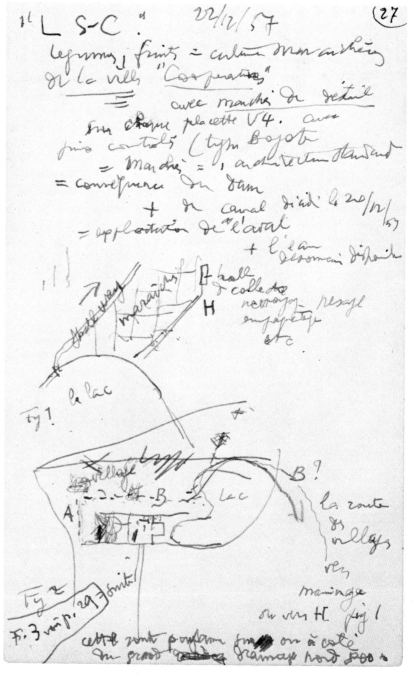

29

''L S-C.'' / 22/12/57
légumes, fruits = cultures maraichères de
la Ville ''Coopératives'' avec marché de
détail sur chaque placette V 4. avec prix
contrôlés (type Bogotá = Marchés = 1
architecture Standard = conséquence du
dam + du canal décidé le 20/12/57 // =
exploitation de l'aval + l'eau désormais
disponible
Spill way // maraîchers // hall de collecte
nettoyage pesage empaquetage etc //
Fig 1 le lac
village // lac / la route des villages vers
Manimaja ou vers H fig 1 // cette route
paysanne sur ou à côté du grand drainage
nord 800 m
Fig 2
F. 3 voir p. 29 = suite

30
depuis la rivière
Malhotra = très belle photo à faire depuis
la rivière:
Secrétariat // Hᵗᵉ Cᵗ // rivière
id depuis les fontaines nord avec pond +
Secrétariat au fond // id South avec Secré-
tariat et pyramides

31
Fig 3 / m route / ou / n route
La route paysanne sur droite nord 800 m
Capitol Fig 3m ou à côté du drainage Fig
3n et de là rejoindre par le nord est la tête
du dam côté Kalka, en direction de Mani
Madja
Praḅawalkar voir le plan pilote d'urb
régional 1951
78 Malhotra Couleurs portique Hᵗ Cᵗ noir
vert jaune rouge bleu pâle // celui existant
dans les brises soleils
79

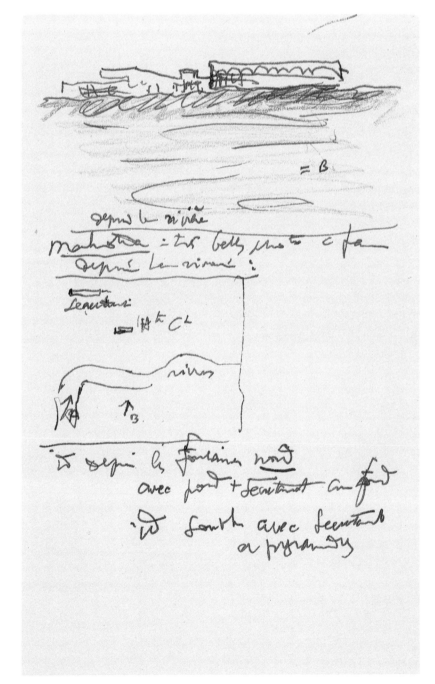

32
Baldew Kapoor à Delhi journaliste indien
de ''noir et blanc'' Georges Duchêne.
80 écrire G^r nécessité d'1 interlocuteur
valable (G^{re} Gé[néra]l du Capitol n'est pas
une personne)
81 Malhotra me montrer les dessins nou-
velle H^t C^t = important!
82 me donner photo pond 3 H^{gt} C^t pour
poème Electronique = Agostini
83 // female
84 Vestibule débarquement autobus //
paroi // a = < b
85 Hall B4 madras le sol

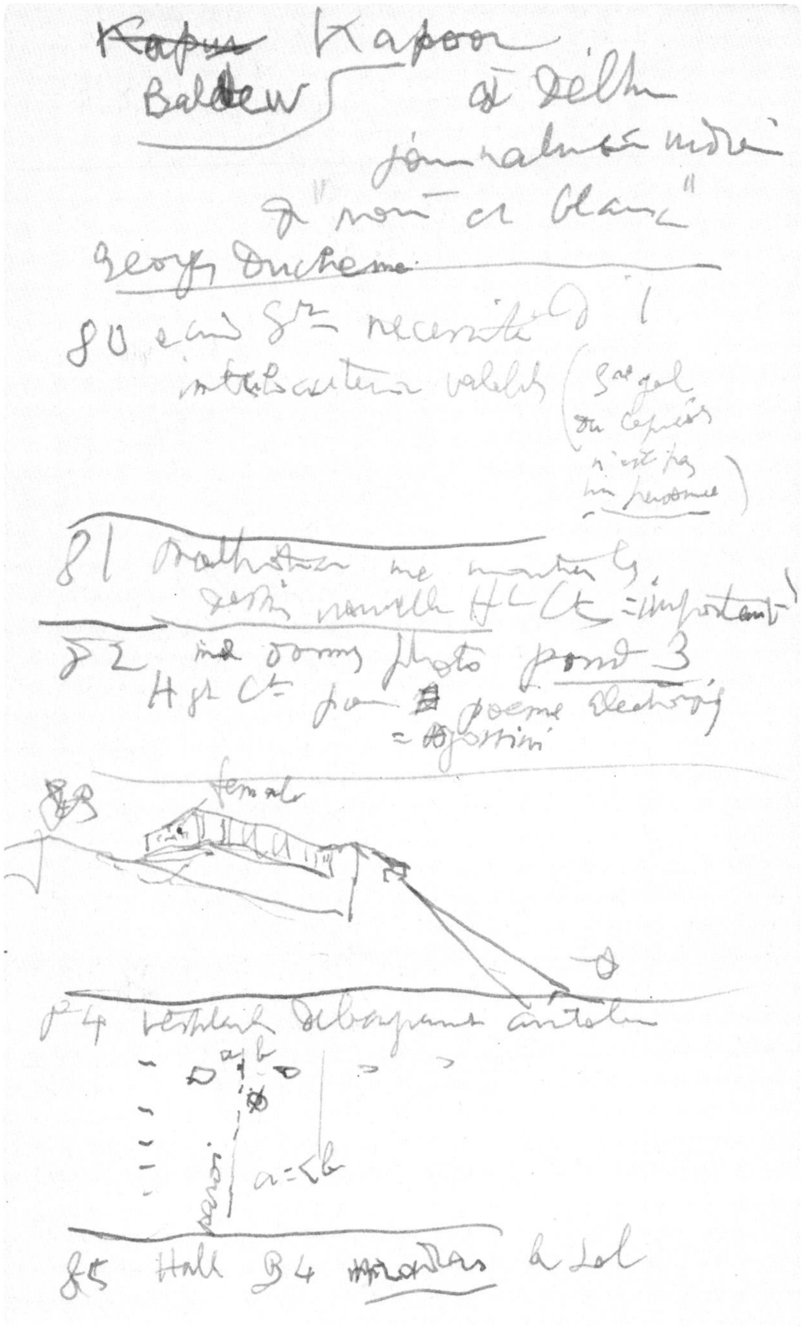

33

<u>86</u> Attention les portes vitrées des ministres (Sud) 6 level // doivent être repousées de a/ en b/
87 Prabawalk il y a Cafeteria / des coffrages tôle de 2 m × 1 m qui sont très beaux (sur le toit)
88 Toit Dais Ministres // Mâle // jaune et blanc // x x r et n / r et <u>noir</u> / bleu et blanc
89 attention pas de <u>trottoir</u> au dam // Prabawalk Nayers // L-C lettre à <u>Nayers</u> // double au gʳ et au board = determinant // joindre la note L-C 20 déc. au Committee // → page 34

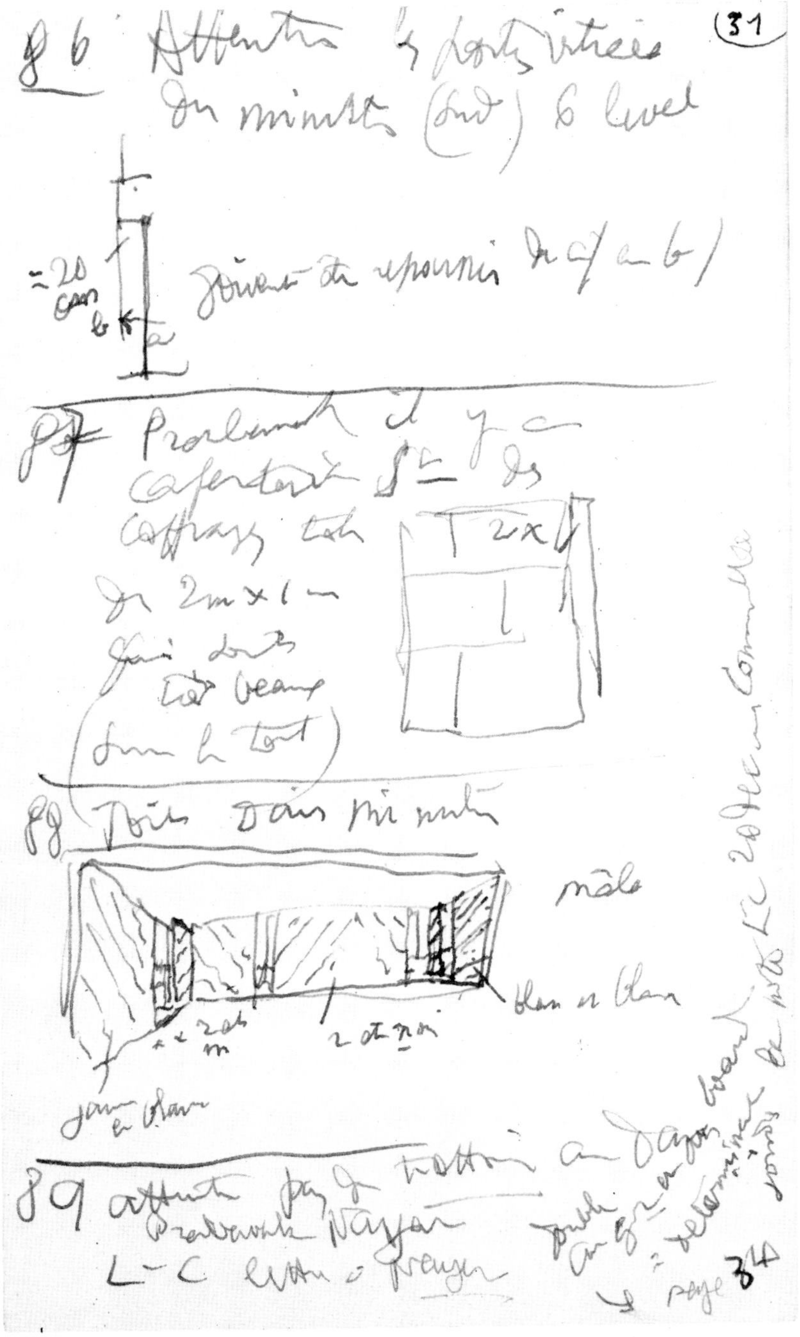

34
Malhotra photos bassins Hᵗ ct p Hatje.

35

26/12/55 Stadium // Le Stade Olympique (Prabawalkar) // une auberge (Inn) for the team visiting // Sherma a un programme Very good
= les Vignes de Tivoli = digression sur le parking des autos pour les ... = question p. Randhavar
Car les magnifiques arbres (Sheeshan tree) doivent être réservés p. fêtes et Quichotteries // sera à l'usage de l'Université et de la ville et entretenu par l'Université L-C retour faire une communication au board advisory Committee // important

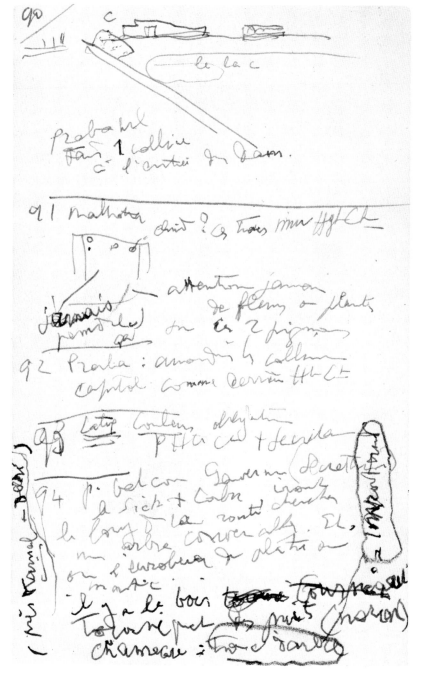

36

90 // le lac // Prabawal Faire 1 colline à l'entrée du dam.
91 Malhotra quid? Ces trous mur H^{gt} C^t // attention jamais de fleurs ou plantes sur ces 2 pignons // jamais peindre ça
92 Praba: arrondir les collines Capitol comme derrière H^tC^t
93 Latex Couleurs obligatoires P H^t C^t + Secrétariat
94 p. balcon Gouverneur (Secrétariat) le Sick + Corbu iront le long de la route chercher un arbre convenable. Et, on l'enrobera de plâtre ou mastic. // (près Karnal – Delhi) il y a le bois tourniquet des puits (norias) Chameau = Tronc d'arbre // = important

37

RETOUR

Chastry arch. à l'office de Pierre est celui qui a fait l'horoscope du 1/1/58 // lui envoyer quelque chose (livre)

Envoyer à Mathur équipe // Prabawalkar // 1 litho + à l'autre qui m'a donné une peinture

Envoyer Bibliothèque Office Les Plans de Paris L-C

Envoyer informations utiles à Malhotra p. les 2 villages grands péon sect 3

38

Retour Xenakis Bhakra // décidé avec P Jᵗ / 2 // 1 // 58

l'office architectes m'envoie en 2 exemplaires ozalide à Paris p. acceptation (il s'agit des plans essentiels)

 Alors L-C corrige et approuve et il établit sur calque 1 acceptation ainsi rédigée // (comme une étiquette qui sera collée à l'office sur le plan

Architecte LC / faire pour tampon // acceptation du présent plan Nº X... du X January 1958 // Power Plant. Scale ... // Bhakra dam // L'architecte adviser Le Corbusier 25 janvier 58 ou autre

39

Rhandavar Board // 2 // 1 // 58

1 Les parkings autos verdure treille

2 Neogi Culturel Center // Plan Quinquennal

3 Le Lac autos cycles moteurs bateaux // campagne: Savoir nager // Swimming pool

4. Les cultures maraichères

5 Une politique de vente des terrains + advertising + méthodes

6. Jardin Capitol doit être un Miracle!

7 publication Indes ''3 Ets H'' // ''Minuit

8 Bhakra a/ La Main Ouverte // b/ les 2 mains la droite et la gauche

40

Dam. // briques // ou // voile béton // un
voile // 2 escaliers
Prabawalkar // L-C l'avertir.

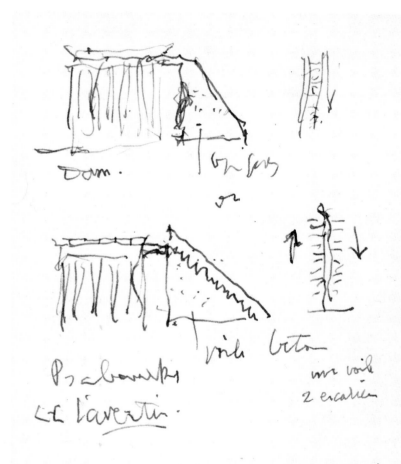

41

"Soleil / eau / l'homme debout. / méan-
dre / les 2 mains (la gauche et la droite) /
 "la maison. / la course du soleil /. Modulor /
"Belzébuth / Je dormais. / la coquille / la
femme / la galère vogue /
 / "Fusion /
"Les amazones. / Caractères / je suis un
constructeur
 "La Main Ouverte.
 "l'Angle droit
milieu // esprit // chair // Fusion // carac-
tère // la Main Ouverte // l'angle droit
Von // le poème < + 1947 – 1954 (?)
Auto Chandigarh Delhi / 2 // 1 // 58 //
(mile 19)

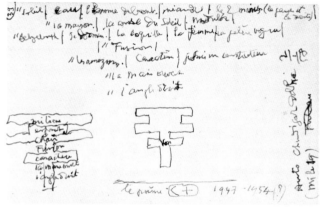

42

advisory committee // le type de l'Universi-
té voulait agrandir le committee
L Adv–. Committee reçoit et répond à la
partie / a architectes // b ingénieurs
Retour L-C publier dans Tapisseries H^{gt} C^t
la description (déjà faite p. le Chief Justice)
en 56 ou 55 expliquant les signes + la
note-rapport explicant les modalités: Cou-
leurs, modules échelle de dessins, étapes
(les 3 séries L-C Kim, Arch Office)

43
à 9 h. 20 (départ N Delhi = 9.00 h // nous
survolons les champs cultivés // . les
champs sont de Colza jaune //blé / vert //
labour / brun / grenat // C'est presque
textuellement le ''pattern'' des tapisseries
de la H^te Court

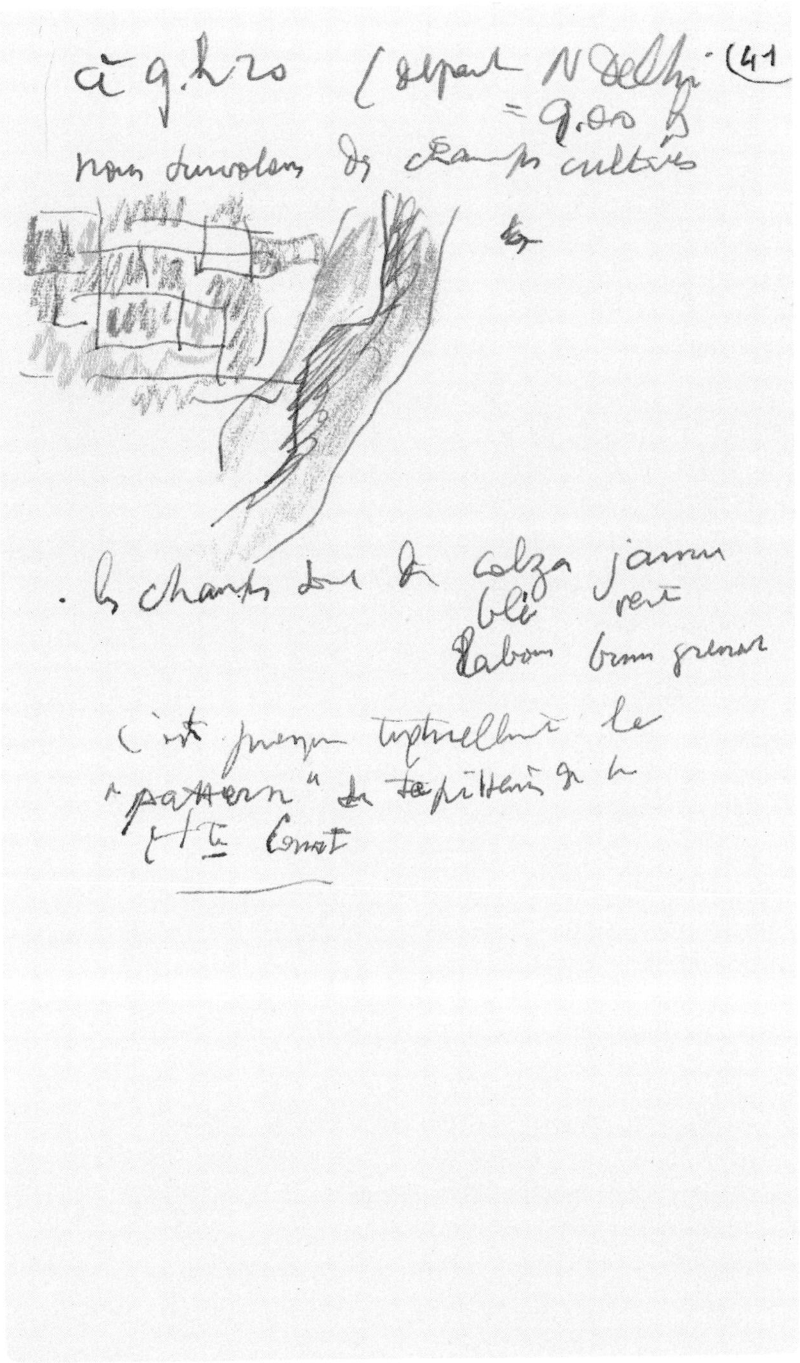

44
Quels amphithéâtres! // en route //
Karacchi Téhéran // 3 // 1 // 58

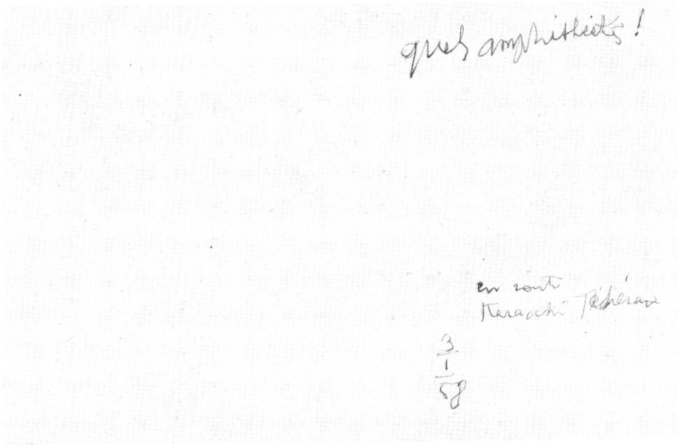

45
érosion de plateaux entiers // 3 km (environ)

46
Ce pays est fantastique, effarant. à perte de vue, de 5000 m, on ne voit pas une herbe [pas une] arbre [pas une] mousse // Des méandres illimités, à <u>sec</u>; des érosions par vent [par] eaux // des plissements gigantesques
15 h ½ (o'clock N Delhi) (Il faut ajouter 2½ au temps soleil // Depuis des heures (à 500 Km heure), Ça continue: sable rocs et érosions: herbes zéro, arbres zéro. routes zéro, maisons zéro // eau zéro
Sables en méandres [en] désert [en] Dunes (la morphologie des dunes gigantesques (du sable aux 3 horizons // c'est un jeu aigü tranchant (arêtes) et gauchi = ''hydraulique'' des vents // mais ça se simplifie en sable <u>unique</u>

47

1 érosion formidable sur le Golfe persique sur 10 ou 15 km = 1 arène magnifique // 14 o/clock heure de Delhi (parti à 9 h. // a/ = montagnes // b = effondrements érosiques, tronc de conique sur bancs horizontaux

48

1 ''hippodrome'' avec des ''Défilés'' pour entrer ou sortir // 4 km // vu de 5000 m // 14 h ½

49

(Suite de la page 44): il s'agit d'un espèce d'estuaire à bras unique de près de 100 km de large (sable total) 17 h (Delhi) + 2½ = ça continue! Pas de vaches dans ce pays pas d'oiseaux, pas d'hommes, pas de routes, pas de maisons! Sur l'immense désert de sable, maintenant s'étend une espèce de ''brûlure de poterie'' comme un effet de fusion sur les poteries grès noire du Punjab, ou les préhistoriques du Musée Nat de Zurich (vues autour de 1913 (?)

C'est comme une métallisation. Rien d'organique, de végétal. Voici 2000 à 2500 km que ça dure!!!

Attention! Voici un reflet de soleil sur la nappe grise et jaune sable; ça brille. Sous moi c'est blanc. C'est du sel, ça doit être du sel sur des marécages métalliques.

..... A 17 h 40 apparaît une piste droite et des villages et quelques toufes d'herbes et d'arbres. Voici les cultures. Nous devons survoler des terres très hautes certainement (altitude)

50
Poème électronique
GENESE D'ARGILE ET D'ESPRIT DES
PROFONDEURS A L'AUBE DES DIEUX
FAITS D'HOMMES AINSI FORGENT LES
ANS HARMONIE! POUR DONNER A
TOUS …
D'après partition L-C du 27 Nov 57. // mise
au propre par Jean Petit.

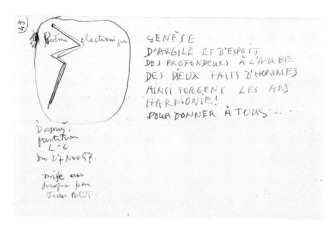

51
A B = beaucoup plus allongé // ''Mains au
dos'' // promeneur // rue Molitor // 10 // 1 //
58
faire poser quelqu'un c'est d'une profusion
extrême!

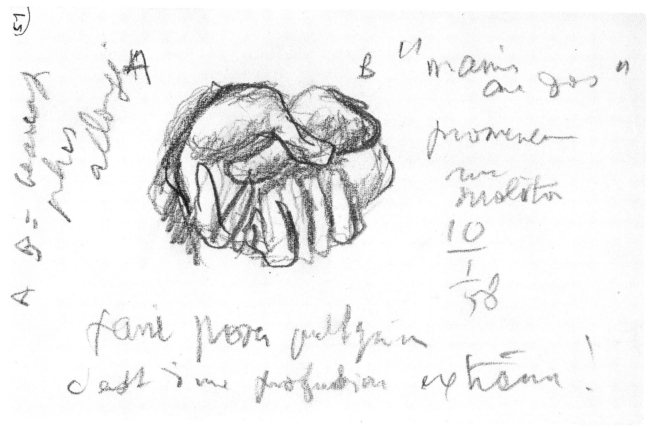

52

65 AV Georges Mandel // Aubry = son
médecin pour // oreilles // à Michel Bataille
''V.A'' cliché <u>urb</u> Chandigarh // H^te C^t

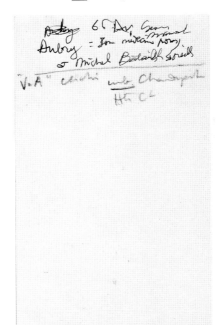

53

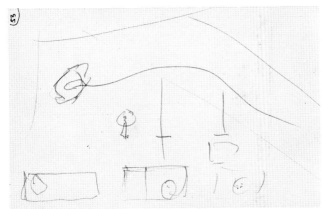

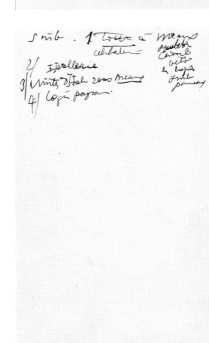

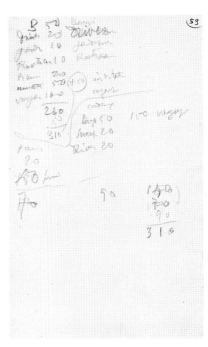

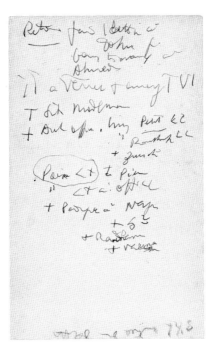

54

Snib. 1 Tour à célibataires // Meaux // sque-
lette // Central // béton // les logis // Snib
panneaux
2/ Hôtellerie
3/ Unités d'Hab 2000 <u>Meaux</u>
4/ Logis paysans.

55

Les Modulor // la V-R // La Charte
d'Athènes // Le Poème <+ // Le Poème
électronique

56

B 50 Banzi // Driver 20 Driver // Jard 10
Jardinier // Rostran 10 Rostran // Pierre
20 //invitation 50 + 50 invitation // voyage
100 voyage // 260 // 50 // 310
cadeaux // taxi 50 // Sweep 20 // Driver
20 // 150 voyage
Pierre // 20 // 50 prix // 70

57

<u>Retour</u> faire 1 lettre à Doshi p bons travaux
à Ahmed // id à Verret + emery T VI //
+ Sik Madema // + Arch Offices. Livres
<u>Petit</u> LC // [Livres] Ronchamp LC // +
<u>Zurich</u> // poème <+ // à Pierre // [poème]
<+ à office // + ... à Nayer // + G^r // +
Randhavar // + Varma
3½ h entrée du dam

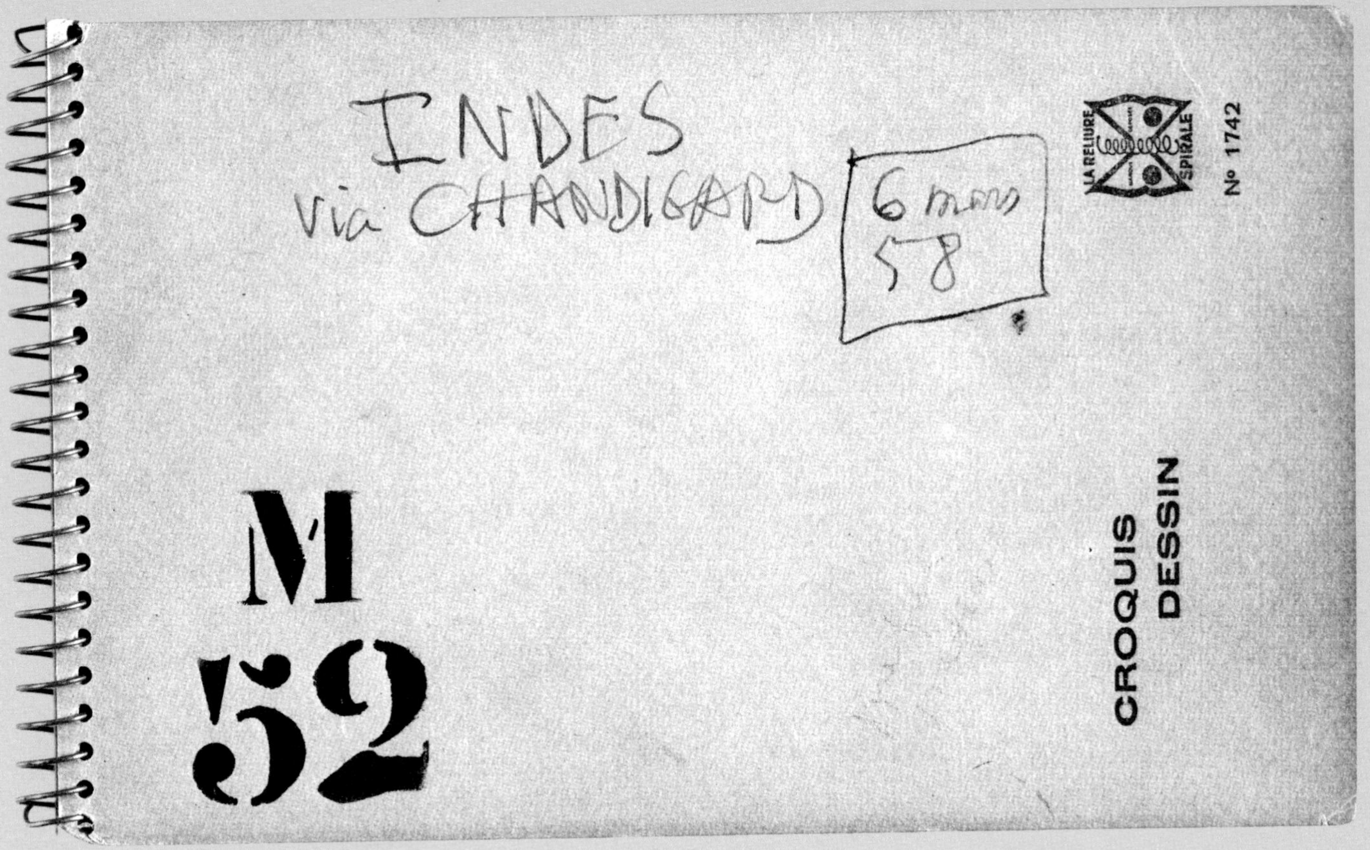

INDES
via CHANDIGARD  6 mars 58

N° 1742

M
52

CROQUIS DESSIN

58
INDES // Via CHANDIGARD 6 mars 58 //
méfier méfiait // M52

59
LE CORBUSIER // ARCHITECTURAL
ADVISER // CHANDIGARH // March 58 //
This Sketchbook is very important // Please
bring it to the Architects Office //
Chandigarh

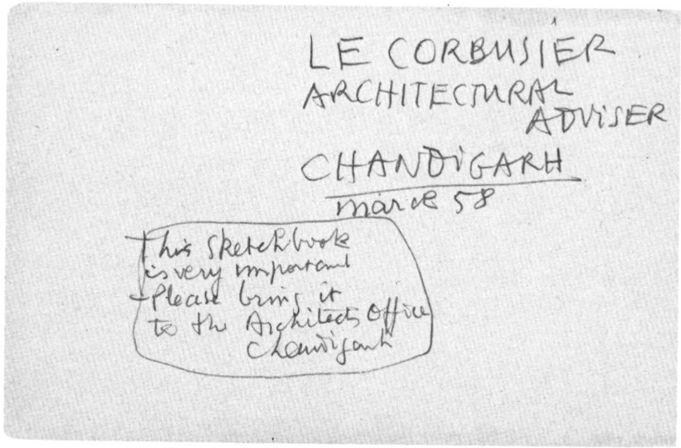

60

''jeux électroniques mot trouvé spontané
le 4 mars 58
valise pantoufles // chapeau toile // baton
encre Chine // corrections V et A. // livre
Ronchamp p PJ^t // chemise blanche bleu
pâle // dollars // + roupies // + pharmacie
''les jeux électroniques'' et non pas le
Théâtre électr ou [pas] music hall [électr]
[ou] concert [électr] [ou] la tragédie [électr]
[ou] la comédie [électr] et Les jeux électro-
niques faisant appel à tout ce qui est
aujourd'hui et demain et jamais hier.
= total

61

6 Mars 58 // Avion Paris Genève – Delhi //
14^1/$_2$ h.
Ecrire Marg direction m'envoyer N°
Volume XI. Déc 57. N° 1 (Theater of imagi-
nation) j'ai intention créer Chandigarh des
jeux électroniques (au stade ou à la Boîte à
Miracles = coordonner les efforts.
Marg Publications 34-38 Bank Street
Bombay

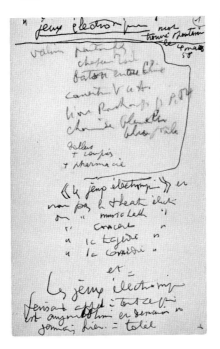

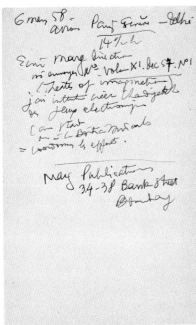

62

Avion Paris Genève Delhi // 15 h.
à 12000' = 4000 mètres environ la Paix!
 – Dessous: la mer des nuées lissées,
unies repassées.
 L'horizon, une ligne marque le repos du
ciel bleu si clair, sur le plan, (le disque) des
nuages en mer calme Ciel! limpidité, Sim-
plicité Fluide. Immanence!
 Dessous, là-dessous? La saloperie, les
conflits, les débats, la haine, l'anta-
gonisme
 Et toute la surenchère, l'antagonisme, la
bagarre, – le monde fou, fou à lier, loup-
phoque. Pas drôle, hélas
 En une heure = 60 minutes, Paris Ge-
nève. J'ai eu le Temps de lire Thésée (Gide)
Arianne et Dédale: + Marg, et avoir changé
d'atmosphère. Etre // jeune, à nouveau!!

63
dallage <u>Air-Port</u> // Cointrin Genève // Dalles
de 880 × 2½ // P Verre écrire à Mr Bertoli
Air India Genève // demander quelle tech-
nique du pavement qui est excellent

64
Alpes // ¾ après Genève // mer de brouil-
lard

65
Retour: AD ... // meubler la cellule MMi //
visitée Ros...
Jeanne rechercher dans les dossiers les
traces utiles pour 1 note aux gens
d'Ahmedabad paiement 16 voyages Bom-
bay Ahmedabad et Ahmedabad Chandi-
garh 2 fois // 7 mars 58 / avion
Ecrire Ducret j'autorise paiement 20 + 20
= 40 à Tob + Xenak. surprime p. travail de
Berlin ouvrir un compte des 12 surprimes
répartitions
Tours Meaux // sur a b

66

67
prodigieuse érosion // ½ h avant Delhi

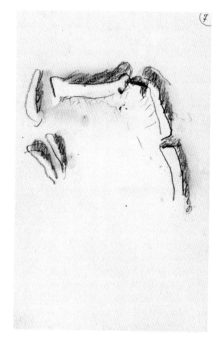

O // N // non? // oui

69

bain royal // Red Fort // 70 cm // blanc jau-
nâtre // 8 m // 150 × 130 jaune
2 lumière // 1 en A // 1 en B. // = ça suf-
fit! // très reposant // très frais
P éclairage jour Musée de Chandigarh
(avec Varma)

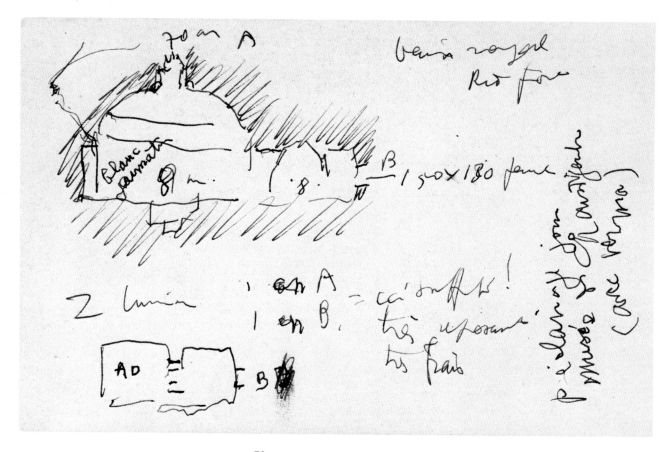

70

8 Mars Varma dixit: L-C dixit entreprendre
Leasure valley + Stadium + Museum.
L-C installations balnéaires d'apprentis-
sage = Chaine des bassins etc.
+ Varma dixit L-C doit dessiner tout le
paysage autour de la ville (le terrain appar-
tient à la ville. (Prabawalkar) vegetables?
coopérative? pour la ville (L-C)
Varma L-C Tour du lac + un temple de
méditation p. 15 à 20 personnes allant y
faire une retraite de 15 jours ou 1 mois.

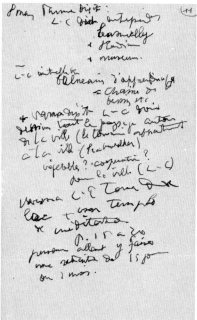

71
dam

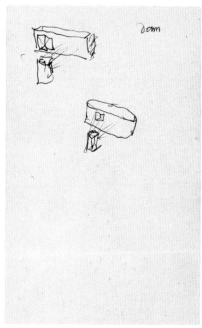

72

Jeanne envoyer Nayers + G^r listes accord,
<u>Corbu</u>
Rapport Board
  Je vous demande instamment de faire
cesser le scandale de la H^te Cour inachevée
et sans entretien depuis sa mise en service
(1954 (?)
  Les plans établis sur les informations
fournies par une enquête à Simla en 1952
Signés ensuite par les responsables, muti-
lés par la suppression des archives, ont dû
être complétés par une verandah assurant
la protection contre la pluie au long de
certains parcours.
E^ts de bain // Ecole ... = Prabawalkar
projet // + arrachage des Epineux avant
montée de l'eau

73

H de proue Fin: les 5 doigts à répéter puis
dire: Mais ça fera baisser l'activité des
hôpitaux (Tuberculose) des asiles (fous
alcooliques) // Baisser l'activité des P^ts et
Ch^ssées (50 m de passerelle au lieu de
10 km Nantes 1400 personnes.

74

1 Prabawalkar les palmiers royaux // B^d des
eaux = Seconde lignée sans soins =
crève
2 Etudier Leasure Valley de suite L-C
3 le B^d des Eaux épaisseur sur 150 cm (?)
+ les parcs H^te Court → le <u>Lac</u>
Soit 2 murs // Soit 1 mur ou voile qui sépare
la montée de la descente

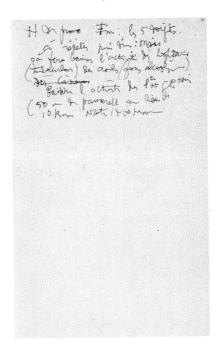

75
V et A
PNF 4213
télé Mourlot // petite confidence // atten-
tion // pour tapisserie

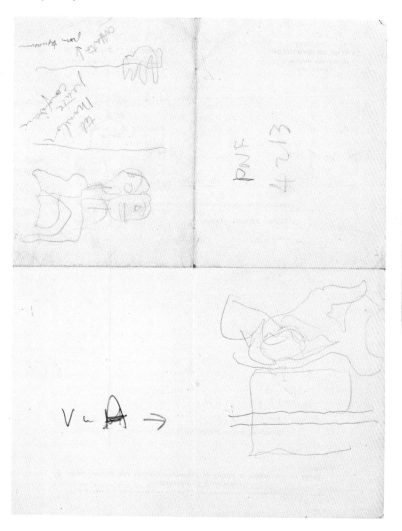

76
Prabawalkar
  attention! faire un V8 sur le dam côté
haie. Non! il y a le grand parking de vélos à
l'entrée: A partir de là: à pied = prome-
nade.
– Ecrire Néogy venir ici
– Organiser sous présidence de P Jᵗ, des
comités loisirs // Arch // Théâtre // Chant //
Musique // Danse.
Prabawalkar établir le type de scène et
coulisse + lumière électrique + ban-
quettes
Prabawalkar – page 13 = les bains école
Lac

Faire quelques collines dans Leasure
Valley // C'est trop plat // Prabawalkar
Dais en cotton sur les clubs, en soirée
route // N // à orienter // plan
[rue]

18 // 3 // 58
City Center façades Standard // nuancer
les colonnes et amincir en façade
Une note à Board! autorité donner conces-
sion fabrication coffrages V 2 Capitol // V 2
Station // City Center

79
Envoyer Electa Edition à G^r Nehru + Nayers + Office
Urgent Praba faire dès maintenant le plan d'irrigation des eaux jardin du Capitol
Prabawal Solution corridors des bureaux Parlement // grille bois / a b c d = peint en noir ou gris noir tuyaux couleurs dedans visibles la grille à jour peinte en brun ou jaune etc. Selon les étages

80
Malhotra attention pas de céramiques en façades principales (rampe et Cie)
Prabawalkar attention le parapet nord end du Capitol sur talus = en béton net comme le 86 de la plateforme
Prabawalk attention ne pas conduire chemins au sommet des collines sud H^{te} C^t + Secrétariat = on ne doit jamais voir la ville
Malhotra présenter les échantillons couleurs Secrétariat // bloc 3
Urgent les ondulatoires caféteria + la paroi briques

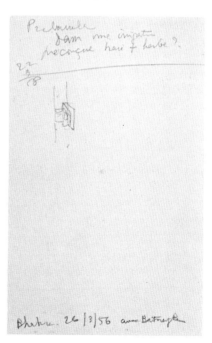

81
Prabawalkar enlever le bout de la colline Sud est pour border la rue descendante et boucher la brique rouge
Prabawal lettre à Hukansing le drapeau le type qui grimpe! il faut 1 moyen technique du drapeau!!!
Urgent! Malhotra décider les carreaux émail // Caféteria? où est l'escalier du jardin inférieur Sud?

Malhotra = faux plafond sous g^{rds} pilotis Secrétariat? // passage ministres voitures autos?
Prabawalkar donner au Sik sculpture le Muletier
L-C écrire Nayers merci + eau 2ème [pond]

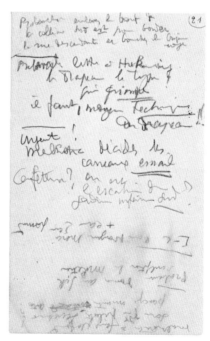

82
Prabawalkar // dam une irrigation préconçue haie + herbe? // 22 // 3 // 58
Bhakra. 26/3/56 avec Bat...

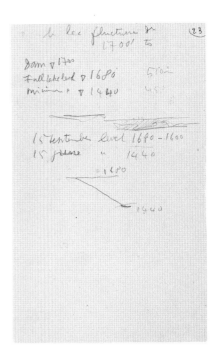

83
le lac fluctuera de 1700' to // Dam
1700 // Full lake level 1680 / 510 m //
minimum [level] 1440 / 450
15 September level 1680 – 1600 //
15 June [level] 1440

84
point de vue sur Nangal // p. mur relais // la
plaine // R // R // R = route

eau future

86

87

M52

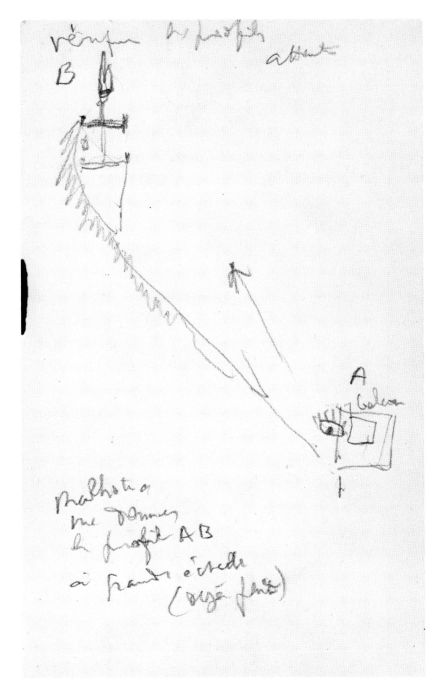

90
planter les arbres ''humanisés'' aux
approches // laisser aux Silhouettes mon-
tagnes leur naturel
4½ miles de galeries intérieures // faire
graphique + paroles + dessins avec sym-
boles
H^te Cour Couleurs portique // rouge /
jaune / blanc // noir ou blanc // noir
fin mars 58
couleurs gum or rubber mêmes qu'à
Secrétariat

89
5 Avril 58 Ecrire Nehru // rédiger les sen-
tences du Mémorial des victimes de
Bhakra // joindre photos de mes dessins
du dam à coloriées à Paris. –

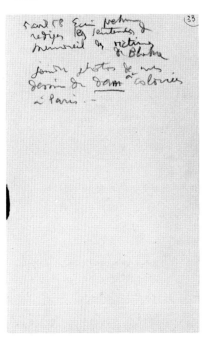
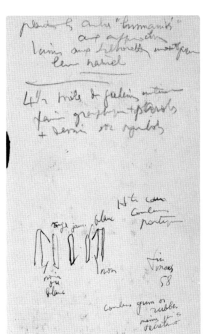

88
Vérifier les profils // attention // balcon //
Malhotra me donner le profil A B à grande
échelle (déjà fait)

91

<u>Retour</u> écrire Nehru faire classer le Capitol et ses bâtiments. 1 décret interdisant de plâtrer le <u>béton brut</u> = clef de l'assiette plastique // IMPORTANT

Retour // Dire à Match ''les <u>reporters</u> – prendre Hervé p. photos architecture = spécialiste // Il y a une foule de docus <u>en construction</u> et <u>terrassements</u>

92

Attention urgent // le B^d des Eaux ne doit pas être coupé par des ronds points – il faut chercher

Nayers: // ''Delenda Chandigarh est'' / = le complot // on peut attendre une perfidie de ''Life'' (Lamba-Stephen) début avril 58

93

4 avril 58

Dixit V<u>arma</u>: Le G^r resterait encore 8 mois (Décidé cette nuit avec Nehru) Aimerai je voir loin Nay? Et le remplacer par Doghar ou Khanna? Khanna = mieux, Réfléchi. Verrai Var. à Bombay le 7 soir, airport 22 h. (Il s'agit de place du Chief Secr. du Cap. Proj)

Dixit P.J^t Kharma manque d'autorité p. Chief Secretary // Le G^r aurait proposé Monyoshi (?) = jeune. – d'après Thapar le Chief Secretary ne doit pas être ingé-nieur // Doghra peut être Ch. ing. Kharma [peut être Ch. ing.] // L-C demande à Manjatray s'il connait 1 candidat p. Ch. Secretary non professionnel

5 avril 58

Manjatray // N.K Mukatji ici Secy: // = Secretary // Irrigation and Power Kharma // <u>pour</u> // chief ingén. dixit Manjatray = parfait dit il – <u>solid</u> (je décide écrire 1 l. à Neh p. le salut de Chand. // mutation utile = gens efficaces // + Secretary // = Khanna // a/: Muhadji // b/ Kharma // c/ indépendance du Senior Architecte. // sub com: Rhandava // Varma // Manjatray // L-C

1ère Séance du Sub Committee = <u>sans espoir</u> avec Nayers et Hukum Sing // Reprendre <u>en mains</u> / sinon: érosion et tempête de sable

G^r Sunday 10¼

94

p. lettre à Nehru

les ing. font bien routes et Cie délaissent totalement l'arch l'urb les jardins (mainte-nance) Capitol plans finis depuis des années: routes, jardins gazons arbres. Rien n'a été fait pas <u>une herbe</u> plantée // l'eau de la H^te C^t une semaine avant arrivée Nehru après 3 années.

La rectification vérandah plan fini depuis 2 à 3 ans = rien On m'a refusé l'auto me prendre à l'airport et refusé p. me re-conduire (avant arrivée Nehru) c'est en ordre depuis le <u>5</u> ap (= 2 jours après visite et 2 jours avant départ avion Paris

95

policy Barracks // atelier // total surface
a b c
7 // 4 // 58
Kemp... 11.50 // Bansi 50 // Sweeper 20 //
jardin 5 // Driver 20 // [=] 106.50 // 65 + 62
[=] 171.50 / 230''
Diner Delhi 5 // p. revenir 50 // + Delhi
Moti Mal p emporter 10 // [=] 65
62 + Malhotra
P.J^t Attention retour payer à BNCI 133 B^d
St Germain // Paris 6 // Compte 9858

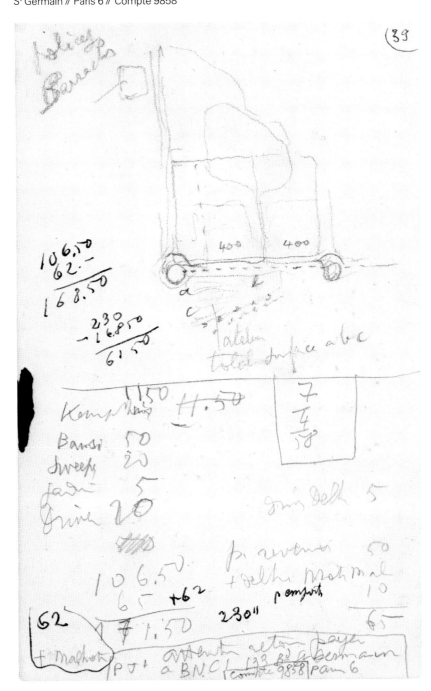

96

7/4/58
Retour envoyer Nehru agrandissement
2 dessins L-C <u>Dam</u> d'après photos Delhi
par Malec et avec couleurs par Maisonnier
ou Xenakis avec lettre explication = Som-
met du Dam + photos agrandies // Turbine
Hall et aquarelles = intérieur 2 Mains
éclairées
Tout par l'ambassade de l'Inde à Paris +
Photo la petite main ouverte Secrétariat
qui ''fait colombe volante) + Photo
maquette plan Capitol avec Main du Sik. (à
réclamer à Prabawalkar)
<u>Nehru</u> dixit: L-C = The first World thinking,
Brain on this matter →

97

Voir Thapar // Randhawa à convoquer
→ suite de // page 40
lui parler doctrine générale d'Urb (G^t Cen-
tral) Citer: 3 Ets H. à éditer par Cultural
Center Museum Chandigarh. Lui donner
liste de personnes idoines: a/ les 4 Mem-
bres du Sub Committee. b/ le Senior arch
P J c/ le club des jeunes de l'office arch.
d/ + Neogy = fil conducteur. e/ = divers:
Doshi Talati
zodiac à Nehru
le dixit Nehru // page 40 // devant 50.000
paysans 3 avril 58, le donner à Gallimard p.
hommes de pointe + Jardot p Hatje +
Match

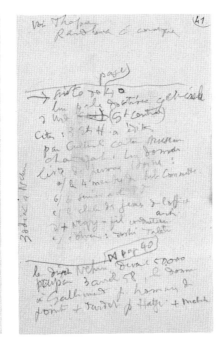

98

à Prabawalkar // à <u>envoyer</u> // blanc //
blanc // DAM // briques 43 //
plastered // murs de briques <u>43</u> cm épais //
+ enduit blanc
Temps = 23 de route // 22 à Bombay //
B 23 / P + 16.45

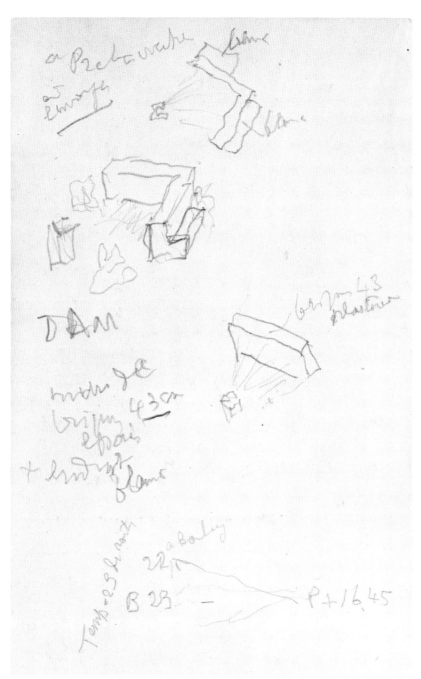

99

Palam 7.00 p. m // Bombay 9.50 h // dép.
11.00 // Paris 16.35 // 6¼ à Palam
Thapar est nommé Secrétaire de la
recherche atomique (avec Bhabha)
il m'a demandé 4 juniors de l'Arch Office,
j'ai cité Praba Malhotra Sharma Mathu Je
lui ai dit: je vous défends de les prendre, il
a dit qu'il n'en avait pas l'intention.
   Il m'a demandé un ingénieur calculant:
Gulzasingh j'ai dit: il est avec Chowdry
Prenez KHINNY de Bombay = 1ère classe
   Il m'a demandé 1 Architecte J'ai dit <u>Doshi</u>
= 1ère classe Seul valable p cette tâche

100

7 // 4 // 58 // Delhi – Bombay
Maisonnier // il faudrait pour le SNIB pren-
dre des contacts avec des constructeurs
de carlingues d'avions, équipeurs (en USA?
en Angleterre?) en France.
ici: Suite de la page 37: Avion // Beyrouth
Genève // 8/4/58
Hier soir à Sta Cruz Air Port, Varma était là.
Je lui dis avoir écrit à Nehru proposant
Mukatji. Il saute en l'air: C'est une īmense
erreur! – C'est Manjatray qui me l'a
recommandé (écrit de sa main ici p. 37).
Le Gr aussi me l'a dit. Le Gr l'avait cité à P
Jt – Bref, désastre dit Varma. Je déclare:
j'écris de suite au Gr. Le Directeur de l'Air
Port me prète son bureau et papier.
J'avertis le Gr disant que ce n'est pas à
moi à juger des personnes etc. Varma lit
ma lettre. On l'expédie. Je me fâche un
peu, disant à Varma: N. de Dieu, c'est vos
oignons! Son avis: un seul personnage:
Secretary Chief ing Kharma ou Dhogra.

104

Air India avion
zip // Un Japonais Sérieux (ministre peut
être, a cette sacoche cuir Souple fauve
peau de porc // rechercher ça pour rempla-
cer la mienne

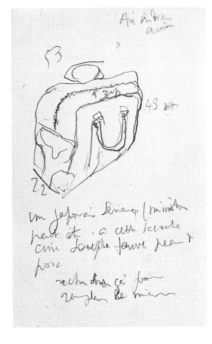

103

18 heures (temps Bombay)
on vient de passer le Mont Blanc immense
mer de nuages sur l'Italie et les Alpes. Les
sommets dépassants, à bout portant - ont
reçu une neige formidable avec des effets
de vent complets.
. Alpes = le drame, sublime et rebutant,
anti-homme mais assez accessible, par le
bas, aux âmes qui n'ont pas le sens de
l'impossible et du fatal (parce qu'elles
n'ont pas d'outil de mesure)
   C'est la splendeur du contraire du beau:
une harmonie des éléments brisés et sac-
cagés
   Splendeur tout de même mais je n'ai nul
goût à une aventure de fourmi! J'ai vu ce
matin les plages de Beyrouth, de Chypre
et de l'Archipel, de Tarente et du littoral
Italien. Là on est debout

102

Jeanne // écrire AIR INDIA Bombay //
Directeur // prière de remercier l'artiste qui
a dessiné le ''Route – Maps en couleur
(Géographie et Histoire.) // me réjouis à
chaque voyage
14 h (heure de Delhi) on survole l'Archipel
grec, on arrive au continent. Ce n'est pas
la terre qui commande, – élément second,
résultant. C'est l'eau qui commande, élé-
ment premier qui attaque, corrode, érode
fait des criques rondes, des plages arron-
dies. Je vois exprimant 3 profondeurs, au
dessous de nous: un grand avion deux
navires à vapeur. Nous volons à 5000 m,
l'autre à 3000, les autres sont à zéro.

101

S // E / O // N // le mur // talus // Stadium
Beirut orienté est ouest // talus tournant le
dos à l'ouest

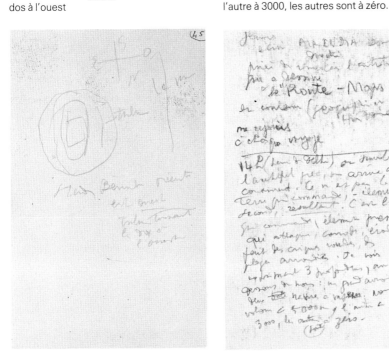

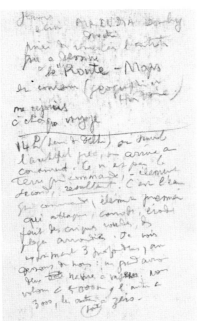

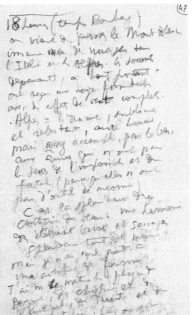

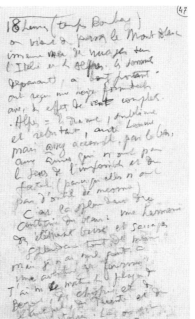

105

1 zodiac
2 homme St de Proue
3 Presse misérable

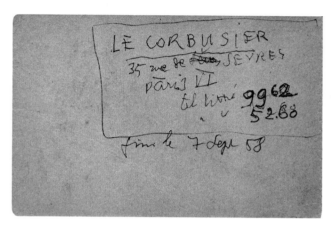

107
<u>LE CORBUSIER</u> // 35 <u>rue</u> de SEVRES //
Paris VI // Tél Littré 99 62 // [Tél Littré]
52.60 // fini le 7 Sept 58

108
jaune // clair // entrée // jaune // v // r //
Vert // r
Vert // Ciel // Ciel // blanc r / r

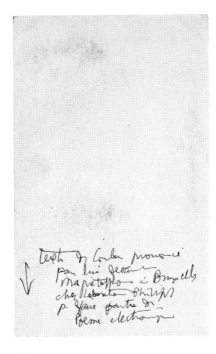

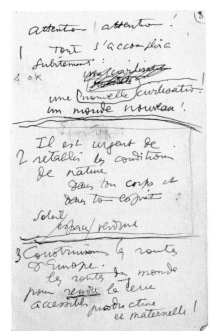

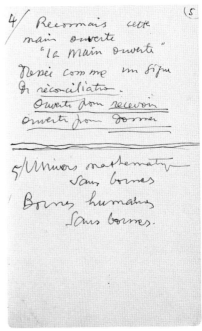

109
Texte de Corbu prononcé par lui devant
Magnétophone à Bruxelles chez Labora-
toire Philips p. faire partie du Poème
électronique

110
Attention! attention!
1 Tout s'accomplira subitement: // 2 ok //
une nouvelle civilisation! // un monde
nouveau!
2 Il est urgent de rétablir les conditions de
nature
   dans ton corps et dans ton esprit:
Soleil/ espace/ verdure
3 Construisons les routes d'Europe.
   les routes du monde pour rendre la Terre
accessible productive et maternelle!

111
4/ Reconnais cette Main Ouverte ''La
Main Ouverte'' // Dressée comme un
signe de réconciliation. // Ouverte pour
recevoir // Ouverte pour donner
5/ Univers mathématique sans bornes //
Bornes humaines sans bornes.

112
39'' multicouleur // non. // 281 // l'ingénieur
atomique

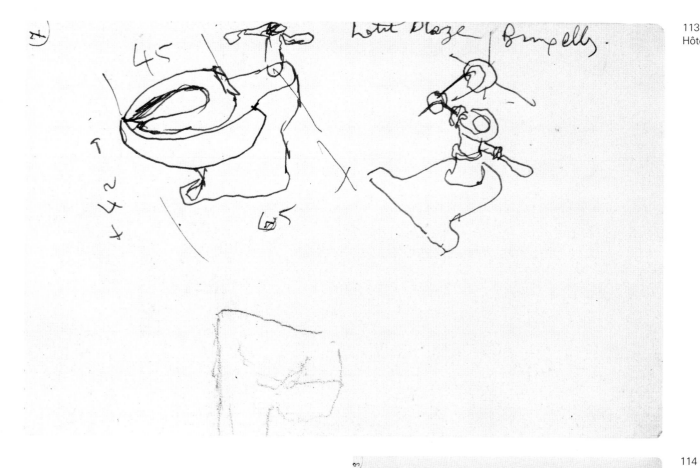

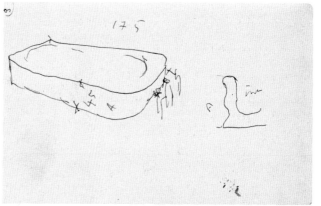

115
Parc des Princes Paris // 20 // 5 // 58
Cᵗ Guilbaud // 4 passages de caisses //
25 m m d'escaliers // 7 passages de
caisses
porte // ici rue // rideau fer ajouré
porte bois // a rideaux en grille roulante
très haut environ 1.50 m // rue

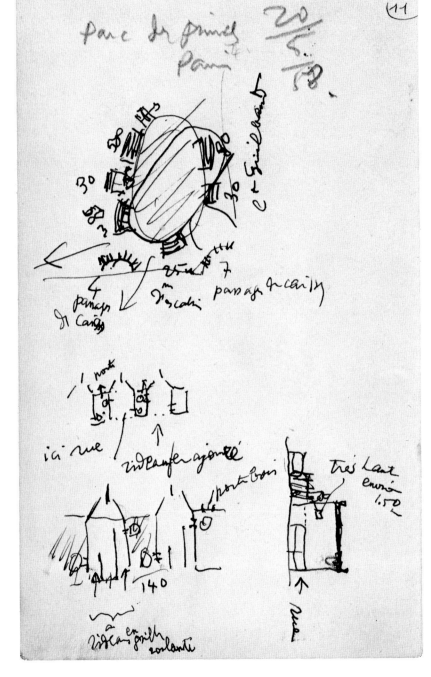

116
28 // 5 // 58
Mon oreille gauche sonne terriblement
(cigale) après le dîner (21 heures) Après
déjeuner vers 15 heures, les mêmes
cigales très fort oreille droite (la baignoire)
très lointain

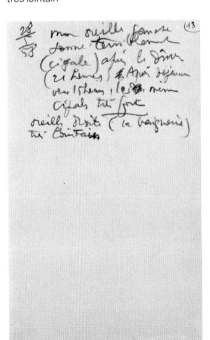

117
6 // 6 // 58 // via Lyon Tourette
Meaux.
1.º sous l'instigation du Préfet Gaignère
2 – à la suite de la Décision du Conseil
municipal de Meaux "L-C chargé de.,"
(donner extrait décision conseil municipal
3. Les éléments ayant été soumis discutés
en réunions nombreuses toutes présidées
par le Député Maire toutes instances utiles
étant chaque fois présentes – Préfet // –
Maire // – Collectivités // P et Ch // MRL
(Siadoux)
4 l'enquête // l'enquête Officielle d'urba-
nisme ayant été remise à L-C par l'Urba-
niste de Meaux Mʳ X
5 un premier projet // très détaillé //
"5 unités" a été soumis en réunion plei-
nière.
6 transport sur le terrain avec Maire et Cⁱᵉ
MRL . Pᵗ et Chˢ, sous préfet
7 En séance pleinière →

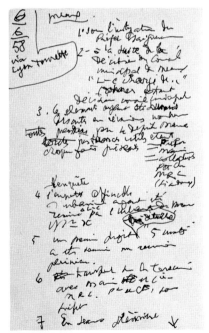

118

Décision prise de porter à 15 unités = 30000 habitants pour créer une unité urbanistique efficace, (autopayante des frais d'Urb,

8 Le MRL a consacré la décision établissant un contrat d'Urb L-C MRL

9 Séance pleinière de décision au Ministère de l'Int Président Gaignereau (Titre): Vous avez l'unanimité de toutes les instances et l'enthousiasme de la totalité des représentants ici rassemblés.

Le IIème projet de 15 Unités étant accepté (Plan N°)

10 Délai fixé p. le plan D'urb = X. 1 octobre 57

11 1 oct 57 le projet est remis sous forme de grilles à Maire et MRL Siadoux accompagné de 2 documents photographiques vue d'avion

12 L'Etude avait duré 2½ années

119

13 Malgré tout son désir la mairie n'avait pu verser une avance sur les honoraires, aurait recherché le moyen.

mais avait envisagé la Construction immédiate de 5 unités

14 (Date?) Arrive l'austérité Félix Gaillard. Visite de M Siadoux 35 Sèvres = Il a été décidé que le projet de Meaux commencerait janvier 58 Sur les comptes de l'exercice 1959 par l'éxécution de 2 Unités dès 1958.

15 Le Cabinet L-C architecte et le Cabinet Présenté bureau techniques unissant leur discipline décident de tout faire pour répondre aux prix de logements limite de la loi

Ils constitueront un team // Snib // Schwartz // Haumont // etc // d'études éclairant la réalisation d'un prototype parfait, total, minutieux qui sera installé sur le terrain et visitable p les

120

autorités, les services et le public. Pas décisif sur la route de l'industrialisation du bâtiment.

16 Meaux représente le premier jalon d'une cité linéaire type décrit dans les 3 Etablis Humains de l'Ascoral apportant des conditions extraordinaires à la vie de famille, bénéficiant alors des services communs allégeant les tâches de la maîtresse de maison, organisant la vie domestique par des économies d'argent et d'efforts Démontrant une véritable socialisation et introduisant les nouvelles conditions dans les transports des personnes (Temps et argent) // (Suppression du Gaspillage éhonté actuel)

121

10 cm béton // Brique 6 trois // 15/20/40 // poteau béton // 10 cm béton // pour La Tourette dixit Bertocchi Roquebrune 10 // 6 // 58
Dijon 6 / 6 / 57
Maisonnier quel est ce couvent façon URB Fort l'Empereur qui se trouve en aval de Dijon (depuis Paris) au pied d'un sommet couronné d'une Vierge

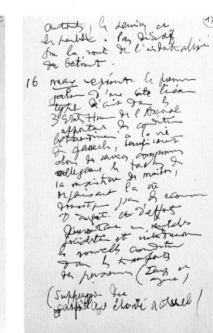

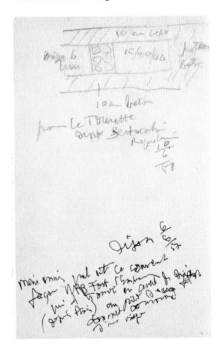

122
Nehru // 6 // 6 // 58
joindre pour les grads LC en anglais // –
Chief Ministre // – + Nayers // – + –
Pose 1ère pierre Assembly // Question
''Désirez-vous que M Nayers vous pré-
sente à M Nehru ? // à citer dans mon
texte

123
Saxifrage dans 2 pots // Tombe Famille
Otto // ou / * // en artichauts // carré L à ma
droite // N // S
famille Dietz-Silve // Saxifrage // 1 ramifié
30-40 cm haut // non! // K
famille Mille / K // Lavande (bon) 60 cm
haut // en face de Gonzalès
famille Gonzalès // et Sigaud // à droite en
regardant la mer // grosse camomille / Ga /
K // 35 cm haut
Urne remplie de 2 saxifrages = Très bon
** // Famille Piano. // Carré M

124
Giovanni Samedi matin
1 buis // ici lavande // ici saxifrage //
saxifrage

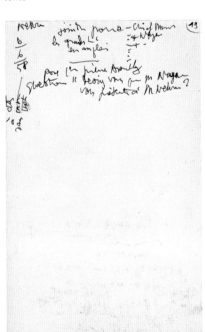

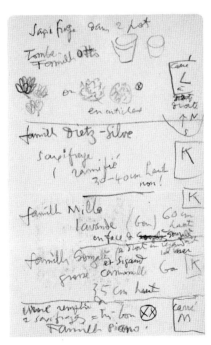

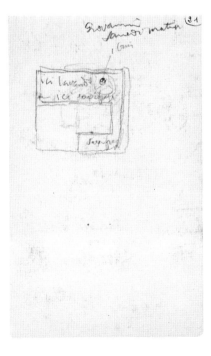

125
miroir // niche // miroir grossissant avec
lampe incrustée
je préferais le miroir à l'intérieur de la porte

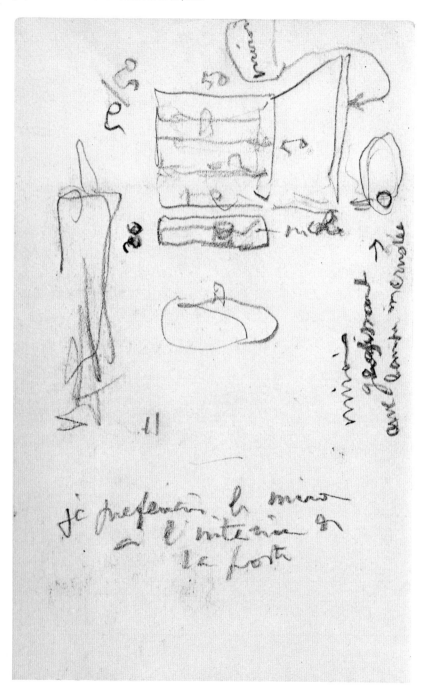

126
Stade St Siro agrandissem... // Milan //
descentes en spirales

127
ꞮꞮ / séquences séparées = interludes //
Les 7 V. // Mod // Arborisation // Grille
CIAM // Charte d'Athènes rédac L-C
P^t de la Fête de St Louis 100 // maire pour
ses bonnes œuvres 200 // Vincento / 50 //
La Cousine?
5 juillet Auxerre – Appoigny // 4 juillet 58.
Théâtre d'Orange

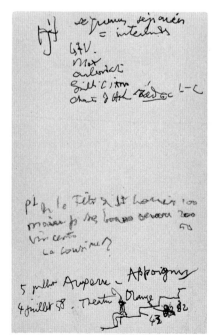

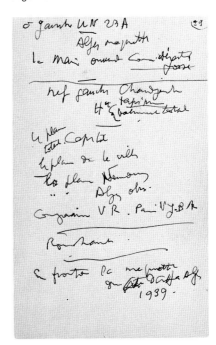

132

(31)

133

la 1ère année // le premier aspect des choses (évènements, hommes, idées etc)

Vingt ans après // : On a pris du <u>recul</u>, la silhouette, la courbe d'intensité etc: les mamelons ont fondus // la chaîne des monts apparaît mieux

40 ans plus tard. // Le recul est acquis, la silhouette des monts est désormais ponctuelle // : On voit le plus haut sommet la plus haute idée, l'homme éminent.

134

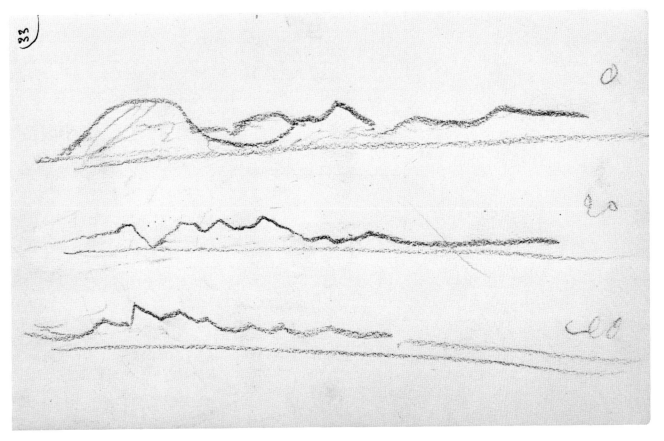

135
<u>CUB</u> // divan

136
Commission sécurité mixte // (?) // Meaux
Lods. // 4 // 8/58 chez Sudreau
5 // 8 // 58 // écrire Charlotte pour son mari.
L'Aérogare nouvelle a bon coup d'œil Mais
l'acoustique est a/ <u>catastrophique</u>: Haut
parleur inintelligible, vacarme des assiettes
et plateaux du Bar. b/ On y étouffe (et
pourtant on est à l'ombre!!!)
   Ce vacarme est <u>abominable</u> le moindre
coup de tampon humide est une explo-
sion // j'ai en ¾ d'heure, attrapé une mi-
graine effroyable
Chez Phillipps Bruxelles 300 hauts parleurs
= zéro parasites = les plus grandes subti-
lités
   Ici on a oublié l'acoustique →

137
à Marseille on a voulu me faire payer
20 millions p offense à l'esthétique de la
France.
 J'y avais réalisé le silence total et la soli-
tude pour 1600 habitants

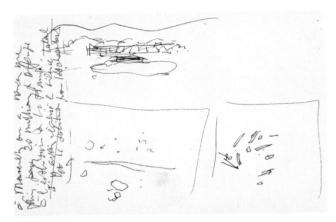

138
Nayeberg Villa Sta Pace // Chemin du
Sémaphore // St Jean Cap Ferrat // Tél
250.41
= type de Montévideo pour Air France
Nice se dit ami de Guillot Munoz

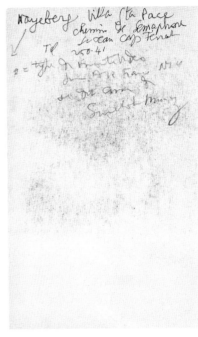

139
30 // 8 // 58 // C-M // volet cabanon C-M
(daté de 52?)

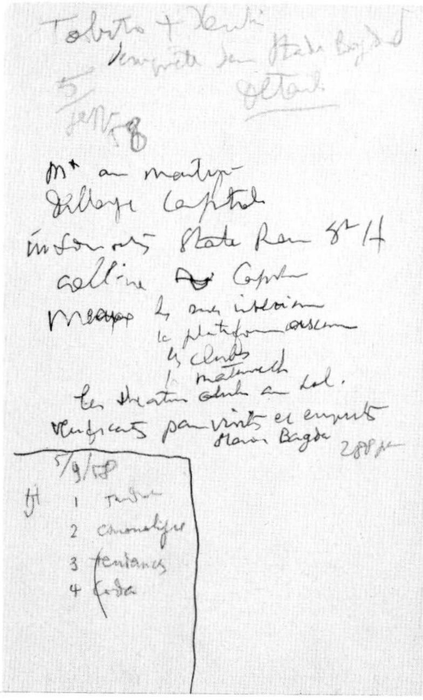

140
Tobito + Xenakis l'enquête sur Stade Bag-
dad <u>Détails</u> // 5 Sept 58
M^t au martyr // dallage Capitol // insonori-
sation State Room G^t H // colline / Capitol
Meaux les rues intérieures // la plateforme
ascenseurs // les clubs // la maternelle //
les théâtres clubs au sol.
Vérifications pour visites et enquêtes
Stade Bagda // 288 pag...
5/9/58 // Ħ 1 Jardot // 2 chronologie //
3 tendances // 4 Coda

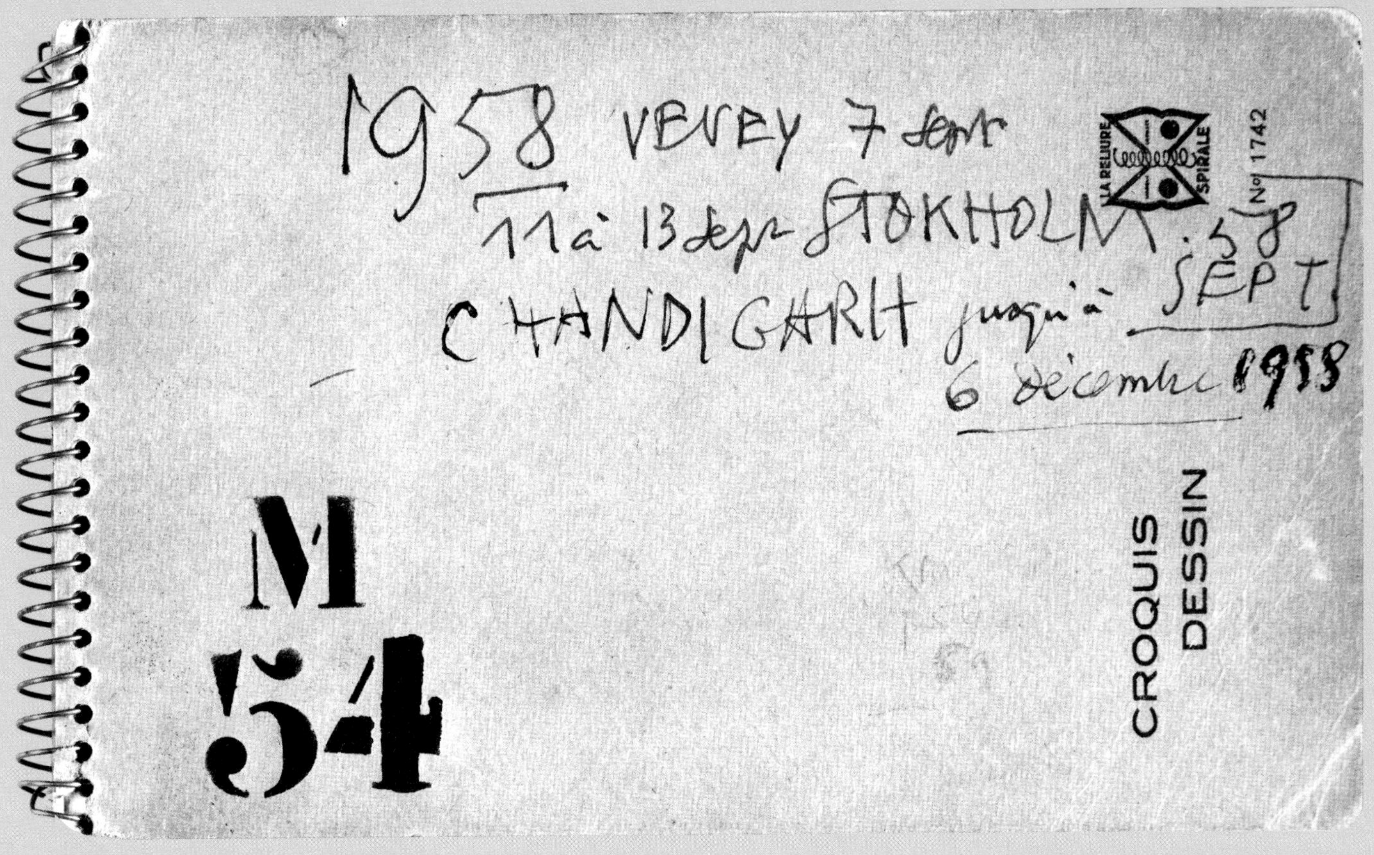

141
1958 VEVEY 7 Sept // 11 à 13 Sept
STOKHOLM. // 58 SEPT // CHANDIGARH
jusqu'à 6 décembre 1958 // KM // p 54 //
59 // M54

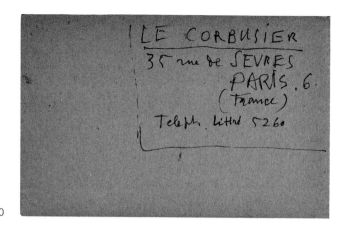

142
LE CORBUSIER // 35 rue de SEVRES //
PARIS. 6. // (France) // Téléph. Littré 52 60

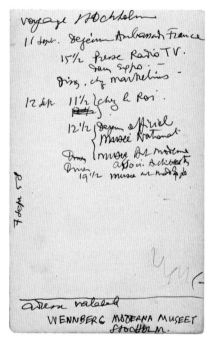

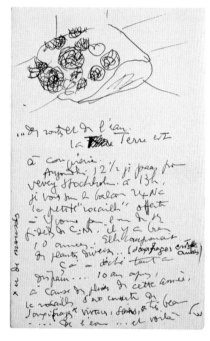

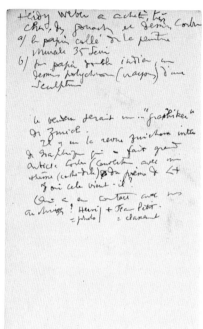

143
Voyage Stockholm
11 Sept. Déjeuner Ambassade France //
15½ Presse Radio TV. dans Expo. – dîner.
chez Markelius.
12 Sept 11½ chez le Roi. // 12½ déjeuner
officiel // Musée National // Musée Art
Moderne // Dîner Associ. Architectes //
19½ Musée Art Mod Expo
7 Sept 58
adresse valable // WENNBERG MODERNA
MUSEET // STOCHOLM.

144
... des routes et de l'eau. La Terre est à
conquérir.
  Aujourd'hui 12½ je pars pour Vevey
Stockholm. à 13 h, je vois sur le balcon
24 NC la petite ''rocaille'' offerte à Yvonne
par l'un de ses fidèles de C.M. il y a bien
10 années. Elle comprenait des plantes
diverses.. (saxifrages entre autres)
  Ça a séché tout a disparu .... 10 ans après,
à cause des pluies de cette année, la
rocaille s'est couverte de saxifrages*
vivaces, sains, très beau .:.. de l'eau ... et
voilà // * et de mousses

145
Heidy Weber a acheté, très cher, des
gouaches et dessins Corbu
a/ le papier collé de la peinture murale
35 Sèvres
b/ sur papier double indien, un dessin
polychrome (crayons) d'une sculpture
le vendeur serait un ... ''Graphiker'' de
Zurich.
  Il a eu la revue Zurichorn inter de Graphi-
que qui a fait grand article Corbu (couver-
ture avec un thème (cathédrale) du poème
de <+
  D'où cela vient-il?
  Qui a eu contact avec mes archives?
Hervé = photo // + Jean Petit. = classe-
ment

146
Comiba = 2 / 1 / Equiba = i // programme
éminent: le logis paysan l'hôtellerie

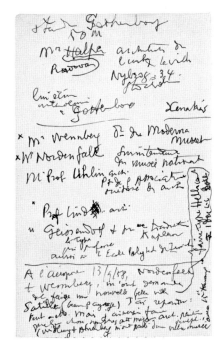

147
Stade Gotheborg // 50 m // M^r // Radovan //
Halper architecte de l'urb de la ville Nybrog.
34. Stockholm // lui écrire intervenir à
Gotheborg / Xenakis
* Mr Wennberg d^r du Moderna Museet //
* Mr Nordenfalk Surintendant du Musée
National // Mr Prof Uhlin arch. P^t de l'Asso-
ciation suédoise des Arch // [M^r] Prof Lind
arch. // [M^r] Geissendorf // le type qui pro-
fesse aussi à l'Ecole Polytech de Zurich //
+ p^r traduction Kaplan
A l'aéroport 13/9/58, Nordenfalk + Wenn-
berg, m'ont demandé de faire une nouvelle
belle ville // faire type Hellocourt = idée
L-C Bat... // Satillite (beau paysage) J'ai
répondu: Peut-être. Mais j'aimerais faire
quelque chose synthèse arts majeurs
arch. peinture sculpt. (Widlung + Ahren-
berg m'ont parlé d'une villa musée // avec
15 ''taureaux''

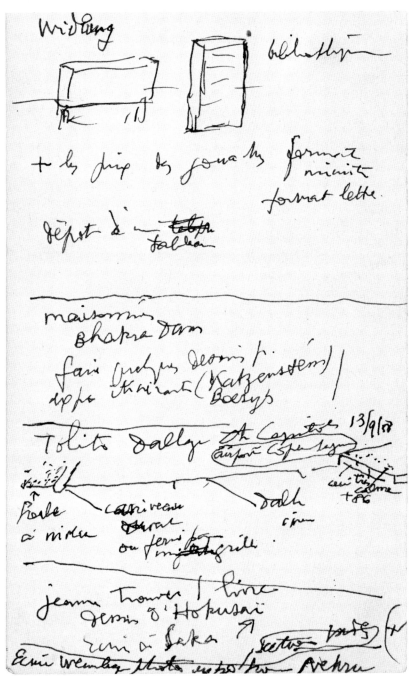

148
Widlung // bibliothèque // + les prix des
gouaches format ministre format lettre. //
dépôt d'un tableau
Maisonnier // Bhakra Dam // faire quelques
dessins p. expo itinérante (Katzenstein) //
Boesiger
Tobito dallage Ch Capitol 13/9/58 // airport
Copenhague // herbe à niveau // caniveau
ouvert ou fermé par une grille // dalle en
pierre // ceci très calme + 86
Jeanne trouver 1 livre dessins d'Hokusaï //
Ecrire à Saka
Ecrire Wennberg photo expo // Section
Indes // pour Nehru

151

<u>Comiba</u> // + 40. // Widlung // rechercher
les combinaisons L-C d'Autrefois = loggias
p. Unités, avec changement de niveau
bibliothèque // 40 cm. // coussins = la
différence de niveau fournit 5 sièges
ciel // + 40 // recherché autrefois.

149
Couleurs H^t C^r // p 53

150
Stockholm Plan Berlin 58 Ici Stockholm
rien n'est réglé du piéton et auto (parking,
respect du piéton) La ville est belle, sur
son plan d'eau. Mais il faut presque mourir
p. la regarder à ses risques et périls.
Rembrandt: le serment de Brabant = vrai
et splendide // les autres = des siècles de
sophistication par vernis, + mollardises.

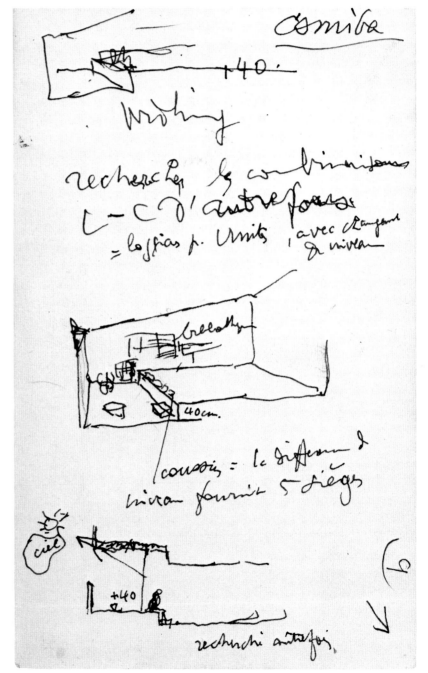

152
COMIBA
attention chez Widlung (au bord du lac)
Son R de ch à niveau sol. n'a pas 2 m de
haut (plafond) (= vers 195) les locaux petits
et grands sont étonnement confortables
et sympathiques

153
13/Sept/58 // avion // Stockholm 8h1/2 //
Copenhague 11h // Paris 14h.
jour de veine = soleil // Stockholm –
Copenhague, pays plein d'eau, (des lacs,
des bras etc) je suis épaté. Des forêts, des
prairies et fermes. de granit.
Copenhague – Paris // 101/2h / les Belt (le
petit, le grand etc) de l'eau partout!
mais ici elle est de bords nets, ceinturée
de routes, de forts. Partout des paysans
en Ferme familiale = répartitions indivi-
duelles = vaches et beurre...
– la lumière adorable (aujourd'hui miracle)
Ici c'est de l'eau de mer. C'est la mer. La
MER. lisse plate. Et la terre idem, lisse et
plate.
  A bord, – whisky + saumon fumé. +
caviar, Bon, excellent = la mer (– souvenir
du Japon) La mer à Stockholm: les cre-
vettes roses.
  + ici: paté de foie gras = oie = Madame
l'Oie = la Terre = terre = les hommes de
terre ... France et des hommes honnêtes,
des honnêtes hommes

154
Puis Belt et Sund = mer et terre à niveau //
Poissons dans l'eau, vaches dans l'herbe,
et route nette de bord tout autour, pour
marquer eau et terre.
  Ici mer (la grande) bancs de sable, vents
et tempêtes. Sable immense sans une
herbe, mer tout autour. Ce sera Héligoland
(ethimologie?) = Guerre = Guillaume II. =
l'Angleterre en face! l'Angleterre = terre
d'angle (?!?) (voir)
  Eh bien, ces Danois étaient gentils à
Copenhague (20 minutes) Et ces Suédois
sont ... aristo, collets montés, et bien gen-
tils aussi.
  La question: ''Funktionnell! Voici MM'S.
l'Orthographe + la syntaxe. Yes! OK, dac,
dac! Mais que voulez vous me dire? De
l'épicerie ou du cœur? Et amis, attention
au mal de cœur. au mal au cœur. Il faut
rester

155
les pieds par terre et lever le nez, la tête,
regarder l'horizon. Si vous attérissez sur
l'esprit, attention aux rochers, – c'est sec
.... et dur. Si vous chavirez dans le cœur
c'est le mal de mer ou Dante au purgatoire
(J'ai choisi le purgatoire, plus humain et
varié que le paradis)
  La Palice a dit (à peu près) quand c'est
bien, c'est bien. Quand c'est beau, c'est
beau! Etc

tuyau // pour CUB // lampe luninescente //
Station Service carrefour Mirabeau rive
gauche
29/9/58 Pénisulfa – Mons via Bruxelles

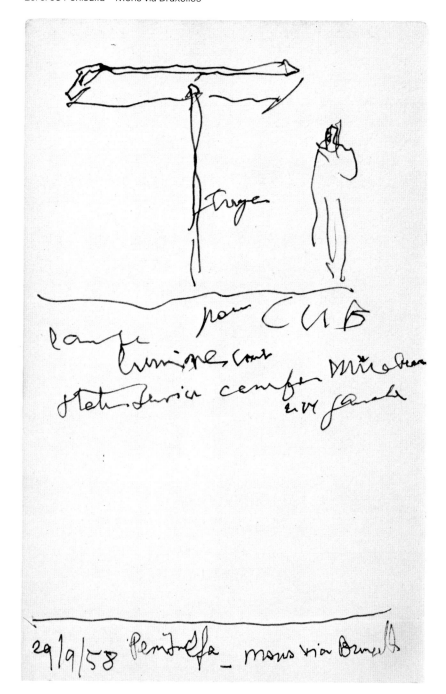

156
   Cette distribution hollandaise de la terre
me paraît très ''Funktionnell, très Van
Eesteren = très idiot = bouché à l'émeri,
constipé, fini. Il ne reste plus qu'à mourir:
on a fait son devoir Ici la purge humaine
(organisée, réglementée, fonctionnelle);
après: le paradis (des imbéciles): on sera
heureux (on va pas rigoler! on chantera
des psaumes, avec les nichons croulants
sur les genoux) Amen!
   Le déjeuner s'achève (pas mal pour des
Scandinaves) Voici le raisin de serres hol-
landaises cultivés sous verre, pour les
cours royales. De quoi rigoler, hélas. les
grains sont 3 fois trop gros: ils sont royaux!
Je voudrais sur ce problème agricole (avion
sur le Danemark, la Frise, la Hollande,
entendre gueuler Bézard.... l'organisateur!
   Ce voyage d'avion (par Soleil) est

157
utile: sur Danemark – ferme familiale (sur
Suède lacs, forêts bras de mer clairières, –
c'était pas mal = homme et éléments
naturels) puis Frise (?) avec une systémati-
sation agricole examinable. Puis Hollande
avec FUNKIONNEL! N. de Dieu! Tout est
en règle: la mer est dominée par les dunes
(les polders) les canaux p les bâtiments,
les autoroutes avec croisements ponctuels
etc.... et cités jardin paradisiaques où la
famille s'emmerde, dans ses clôtures, ses
haies, son jardin etc: on dirait un plan
d'Architecte!
   Foutez les moi en pile, sur 50 de hauteur,
à 2000 ensembles! Brassez, rassemblez,
et attendez que la commune se forme. =
la vie: heurts et frottements, mais au lit:
chacun chez soi!

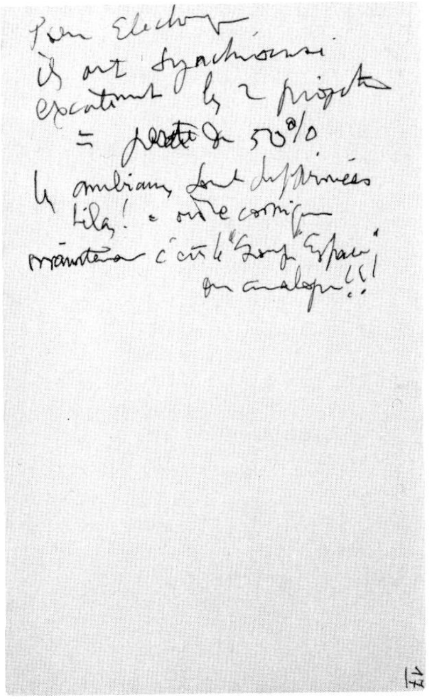

161

Argument / ╫ / Jardot // 2.c / 32 pages
 Chronologies
a/ 1900-1918 – 3 c / 48 pages
b/ 1918-1939 – 3 c / 48
c/ 1939-1958. – 3 c / 48 // 144 pages
 Thèmes // 8 C // 128 / 2⅓
304 pages // 1920 / cliché plein / 1900-
1918 // id / 1918-1939 // 1920 // id / 1939-
1958
– Thème A // thème B // Thème C // etc

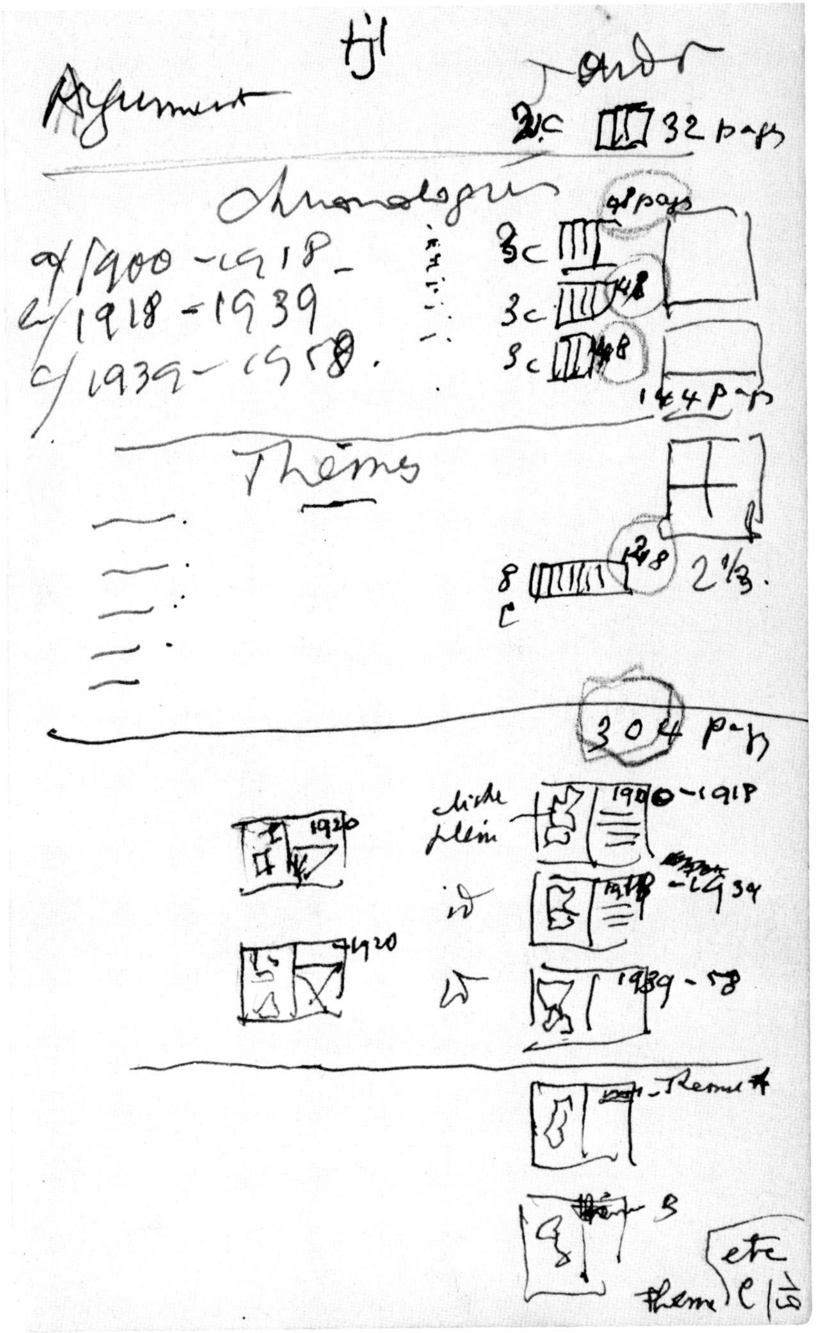

159

Poème Electronique // ils ont synchronisé
exactement les 2 projecteurs = perte de
50% // les ambiances sont supprimées
hélas! = ordre cosmique // maintenant
c'est le ''Groupe Espace'' ou analogue!!!

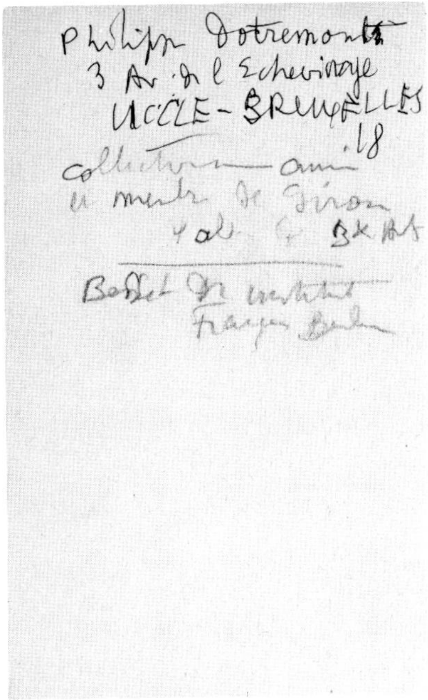

160

Philippe Dotremont // 3 Av. de l'Echevinage
// UCCLE – BRUXELLES 18 // Collection-
neur ami et membre de Giron Palais des
Bˣ Arts
Besset Dʳ institut Français Berlin

162
M Guillemin // 55 rue Molitor // Tél Jas
6123 // Paris // pauvre imbécile préten-
tieux!!
Delaunay // Léger / LC
5 Nov 58 / Musée Cassou // blanc / bleu /
rouge / noir // harmonie périlleuse T 60 //
T 40 // 3 bouteilles // T 40 Guitare 1ère ver-
sion 1919 // T 120 Taureau V // V 1954 //
Taureau XVI 1958 // nature M 1923

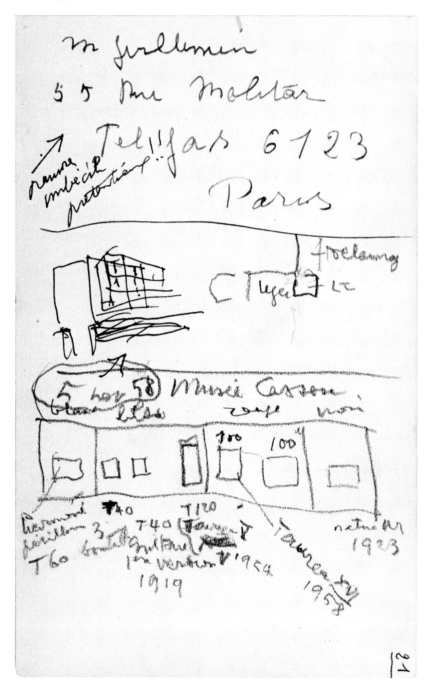

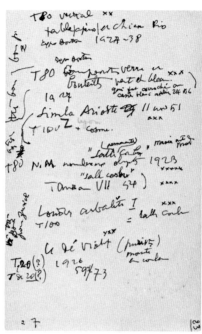

163
3 émaux (de Lyon) // Wid // Z
Trois émaux
a/ LC // 14 // 2 // 56 // Taureaux // Lyon //
très bien // 54/65 Z // inventaire Tableaux
L-C Caves Cassou 24 oct 58
b/ L C 2 // 56 // 55/65 – Lyon // 3 musi-
ciennes. // très bon
c/ LC // 2 // 56 // – Lyon // Z 55/46 Vertical
/ (tête) // Z // 2 têtes femmes poissons /
1 Taureau'' // la tête d'homme // très
bon // wid // = 3

très beau // T 60 // nature-morte au livre
1928 // Z
très beau // t 80 Verre et bouteilles avec
vermillon *** // Expo Boston / 1928 // Z
très beau // t 80 nature-morte en gris
vert* // ou Stok // Expo Boston 1940
(d'après 1923) Z
très beau // T 40 3 bouteilles 1928 *** //
Expo Boston
bon // T 80 Violon et St-Sulpice // 1930 //
Expo Boston // = 5
24 oct 58 // Musée Cassou // inventaire
toiles L-C

164
T 80 vertical ** // table papiers/ et Chien
Rio // Expo Boston 1927-38 // bon p. Z
T 80 // expo Boston // Composition verre
et bouteilles vert et bleu.*** // qui fut
accroché au casier blanc atelier 24 NC //
1927 // très bon
Simla Arioste / 11 nov 51 // *** // Lyon //
T 100 Z + Cosme. // ''Salle permanente
Corbu'' Musée art mod // très bon
T 80 N. M nombreux objets 1923 // ''Salle
Corbu'' / ***** // Taureau VII 54) // ****
très Bon pour Zurich // Londres arbalète I /
*** // T 100 / = salle Corbu
Le dé violet *** (puriste) monté en cou-
leur // T, 20 (?) 1926 // T de 20 (?) / 59/73 //
= 7

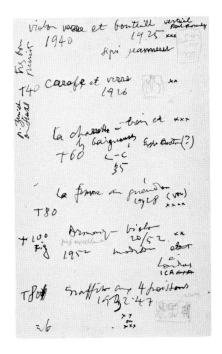

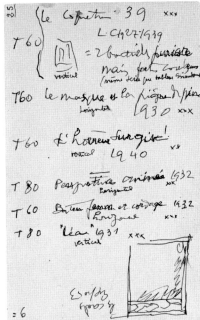

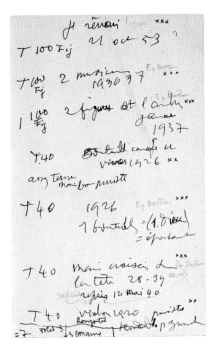

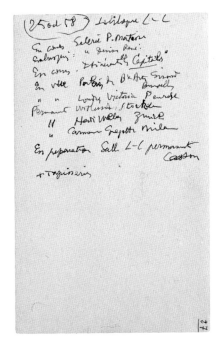

165
Violon verre et bouteille vertical // Paul
Rosenberg // 1940 1925 *** // signé
Jeanneret // très bon puriste
T 40 Carafe et Verre ** // 1926 // p. Zurich
ou Stockh
La charrette à bois et les baigneuses *** //
T 60 / L-C 35 // Expo Boston (?)
La femme au guéridon // T 80 / 1928
(von) // ****
T 100 Fig // Armorique violon // pas excel-
lent 20/52 / ** // 1952 / Modulor étant à
Londres ICA
T 80 Graffito aux 4 poissons // 1932-47 /
roches // ** ou *** // = 6

166
T 60 // Le Coquetier 39 *** // L-C 1927-
1939 // vertical // = 2 bouteilles puristes
Mais fortes couleurs (même série que
tableau Giraudoux
T 60 Le Masque et la pigne de pin // hori-
zontal 1930 ***
T 60 L'horreur surgit! // vertical 1940 **
T 80 Perspective animée 1932 // horizon-
tal **
T 60 Bâteau femme et cordage 1932 //
horizontal ***
T 80 ''Léa'' 1931 // vertical *** // = 6
les ca...s Expo 53

167
T 100 Fig 21 oct 53 // Je rêvais Lyon ***
T 100 Fig // 2 musiciennes Ex Boston //
*** // 1936 37
T 100 Fig // 2 figures et l'Arbre jaune // Ex
Boston // *** // 1937
T. 40 Bouteille carafes et verres 1926.** //
assez terne mais bon puriste
T 40 / 1926 Ex Boston *** // 1 bouteille =
(1. Dieu) = épatant
T 40 Mains croisées sur la tête 28-39 //
*** Expo Boston // mais repeint repris
12 Mai 40
T 40 Violon 1920 puriste ** // horizontal //
vendable p Zurich
= 7 / total 31 + 3 émaux

168
25 oct 58 / Soliloque L-C
En cours Galerie P. Matisse
Embusqués: [Galerie] Denise René:
En cours. Itinérante ''les Capitales''
En vue Palais des Bˣ Arts Girond Bruxelles
[En vue] Londres Victoria Penrose
Permanent Widlund, Stockholm
[Permanent] Heidi Weber Zurich
[Permanent] Carmen Gregotti Milan
En préparation Salle L-C permanente
Cassou
+ Tapisseries

169
Salle permanente L-C Cassou
antérieur Nature morte ***** 1923. T 80 //
Londres Arbalète I *** / T 100
Fig // Taureau V ou VI **** ? 1954 T 120
marine
nouveau Taureau XVII **** 1957 T 100
Fig // la femme au guéridon **** 1928
T. 80 marine
Maquette Ronchamp 1953
métamorphose // harmonie périlleuse //
Taureau XVI à envoyer à prêter avant fin du
mois // 1923
80 T 80 Fig // Nature morte nombreux
objets // 1923
60 T 60 ou 80 Harmonie Périlleuse
100 T 100 Fig. Londres Arbalète I.
120 T 120 marine Taureau VII / 1954
T 100 Fig Taureau XVI 14 Juillet 58 1958 //
100
Maquette Ronchamp.

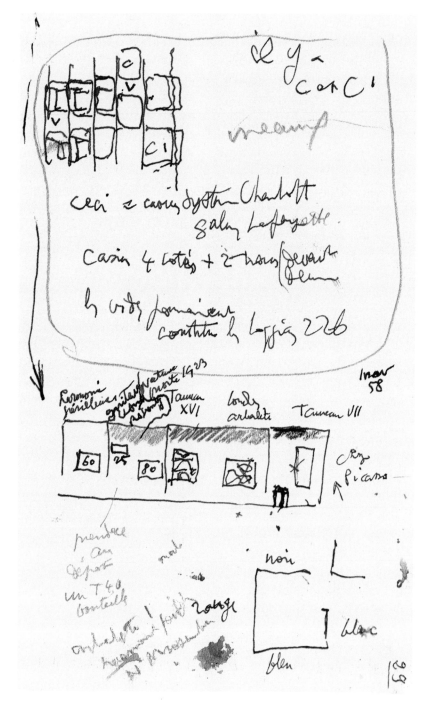

170
il y a C et C' // Meaux // ceci = casier sys-
tème Charlotte // Galeries Lafayette //
Casier 4 côtés + 2 trous devant // der-
rière // les vides pourraient constituer les
loggias 226
harmonie perilleuse // guitare Léonce
Rosenberg // nature morte 1923 // Taureau
XVI // Londres arbalète / Taureau VII //
1 nov 58 // chez Picasso // prendre au dé-
part une T 40 bouteille // ... // arbalète I //
harmonie périlleuse // N M Rosenber
rouge // noir // blanc // bleu

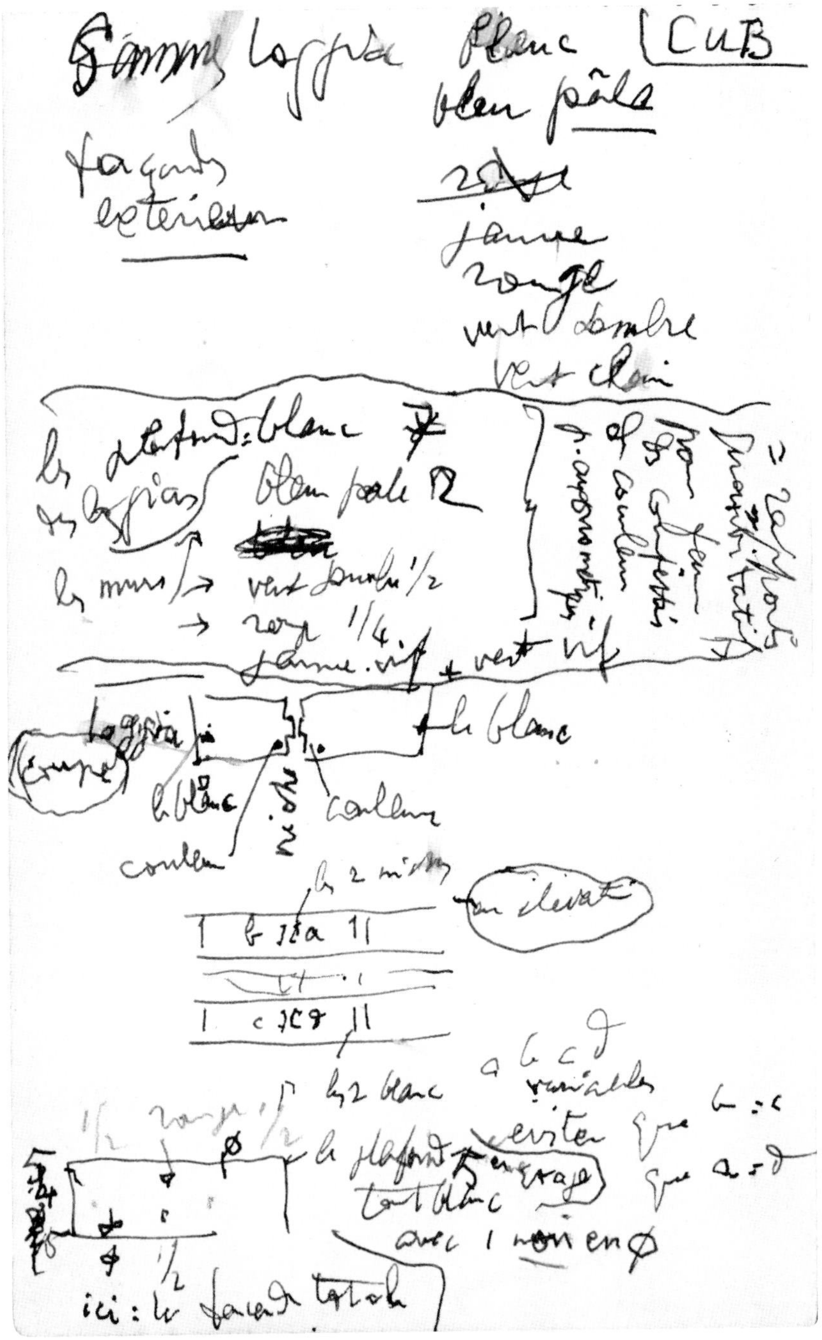

171

CUB

Gammes Loggia // façades extérieures // blanc // bleu pâle // jaune // rouge // vert sombre // vert clair

les plafonds // des loggiaṡ // = blanc 7 // les murs // bleu pâle 2 // vert sombre ½ // rouge ¼ // jaune vif + vert vif // = rapports quantitatifs pour faire des confettis de couleur p. axonométrique

coupe // loggia // le blanc // le blanc // couleur // niche // couleur

en élévation // les 2 niches // les 2 blanc // a b c d variables // éviter que b = c // que a = d

rouge // le plafond 5ᵉᵐᵉ Etage tout blanc avec 1 noir en ∅ // ici: la façade totale

172

blanc // rouge // jaune // vert // blanc /
vert // blanc
vert // jaune // rouge // blanc // jaune //
blanc // blanc / blanc / vert / blanc
<u>CUB</u> Couleurs échantillon d'une cham-
bre // 5/11/58

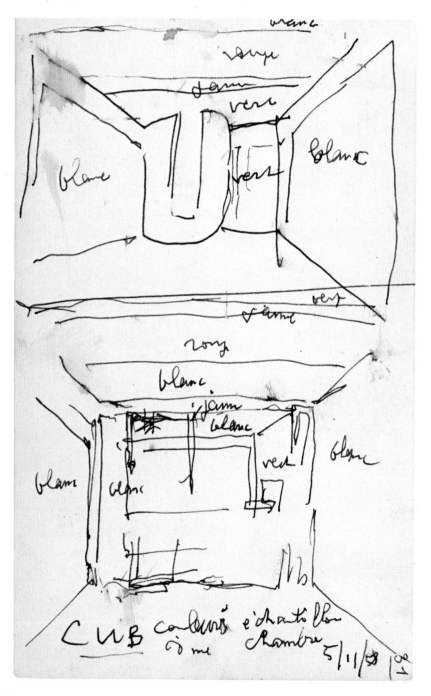

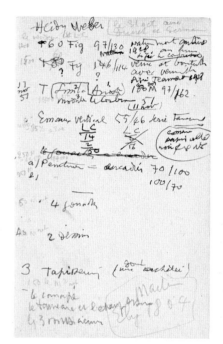

173

le 31 oct avec Ducret et Germaine
Heidy Weber // le vendeur est L-C // 1200
T 60 Fig 97/130 Nature morte au livre //
1928 au livre // signée Le Corbusier
1500 T 60 ? // Fig 146/114 // ? // Verre et
bouteilles avec vermillon signé Jeanneret
1928 au dos
11 nov 51 T 15000 // 2 Simla / 1. Arioste /
100 M 97/162. // ... 3 Modulor Le Corbusier
11 nov 51
Emaux vertical 55/46 série <u>Taureaux</u> // 400
- 25% = 300 / LC // 14 // 2 // 50 // comme
papier collé noir 24 NC
250 M - 6250 à 187500 // a/ Peintures =
encadrés 70/100 // 250 M b/ [Peintures]
100/70
50 M net 4 gouaches
40 M net 2 dessins
3 Tapisseries (dont une achetée) // 150 le
m² net // – le canapé // le taureau et
l'étrange oiseau // les 3 musiciennes
Martin // Ely 18 04

174
pour Meaux et autres // revoir le 4ème Mur
de la chambre // avec plaques d'émail
10/11/58
LUYNES. (Martin) // 11 Nov 58
faire sur émail avec couleurs du Tabernacle
des interprétations des Tableaux et des-
sins puristes.
Faire souder supports à distance du Mur.
ou du Poème de <+ ou les 5 femmes
(Falaise) ainsi que les papiers collés non
employés dans <+
ou mettre en ''émaux: la Petite confi-
dence // Grande [confidence] // sur fond
noir = plus puissant // = important

175
jaune / rouge / vert / Bleu / blanc // Meaux
– // Email façades // 11 nov 58 (Luynes)
Voir aussi dans ''L'ŒIL'' N° article sur
Prouvé 1 panneau avec trous de 12 cm
9 trous de // trous de 30 m/m // = 1 : 1. //
tôles perforées 1 m × 2 m tous les 10 cm
= très bien p brise soleil

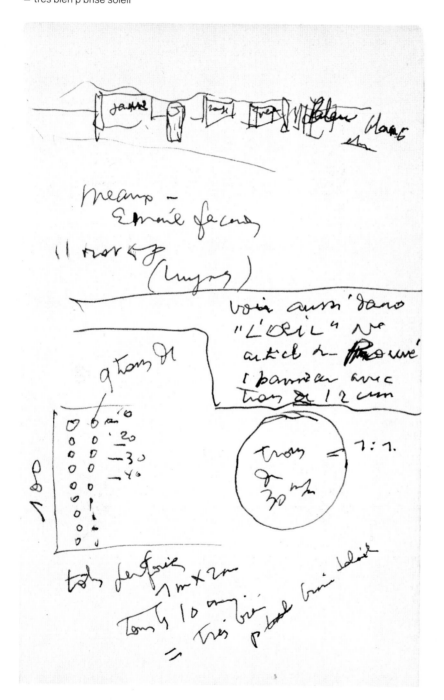

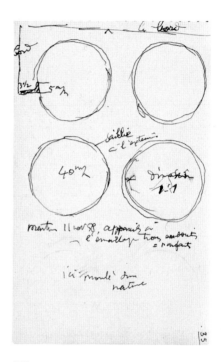

176
le bord // bord // 3½ // 5 m/m // saillie à
l'extérieur // 40 m/m // dimension 1 : 1 //
Martin 11 nov 58, appareils à l'émaillage
trous emboutis = parfait // ici moulé sur
nature

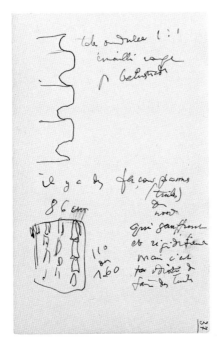

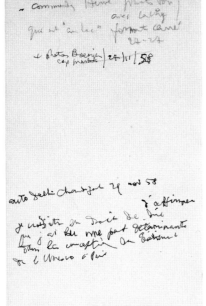

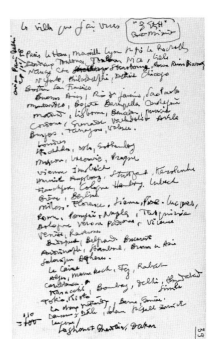

177
tôle ondulée 1 : 1 émaillé rouge p balus-
trade
il y a des façons pannes (tuiles) du nord qui
gauffrent et rigidifient mais c'est pas idiot
de faire des tuiles // 86 cm // 110 ou 160

178
– Commander Hervé photo Von avec Lacky
qui est "au Lac" format carré 27-27 // +
photos Boesiger Cap Martin // 27/11/58
auto Delhi Chandigarh 29 nov 58
Je crois être en droit de dire // d'affirmer //
que j'ai eu une part déterminante dans la
conception du bâtiment de l'Unesco à
Paris

179
avion Paris Delhi // 28/11/58
Les Villes que j'ai vues "3 Ets H" Edit
Minuit
Paris Le Havre, Marseille Lyon St Dié La
Rochelle // Bordeaux Toulouse Toulon
Nice, Lille // Nancy Etc Strasbourg, Rouen
Reims Biarritz // N York, Philadelphie,
Détroit Chicago // Boston San Francisco
  Buenos Aires, Rio de Janeiro, Sao
Paolo // Montévideo, Bogota Baranquilla
Carthagène // Madrid, Lisbonne, Barce-
lone, Murcie // Cordoue, Grenade Valladolid
Avila // Burgos, Tarragone, Valence.
  Londres // Stockholm, Oslo, Gotheborg //
Moscou, Varsovie, Prague // Vienne Inns-
brück // Munich Augsbourg, Stuttgart,
Karslruhe // Franckfort, Cologne Ham-
bourg, Lubeck // Brême, Berlin. // Milan,
Florence, Sienne, Pise. Lucques, // Rome,
Pompéï, Naples, Tarquinia // Bologne
Vérone Padoue, Vicence // Venise,
Ravenne
  Budapest, Belgrade Bucarest // Andrino-
ple, Stamboul, Brousse en Asie //
Salonique Athènes.
  Le Caire // Alger, Marrakech, Fez, Rabat //
Casablanca. // Karacchi, Bombay, Delhi,
Ahmedabad // Tokio, Kioto / Simla // La
Chaux de Fonds, Berne, Genève. // Lau-
sanne, Bâle, Soleure St Gall Zurich //
Lucerne // Laghouat Ghardaïa, Dakar
= 110

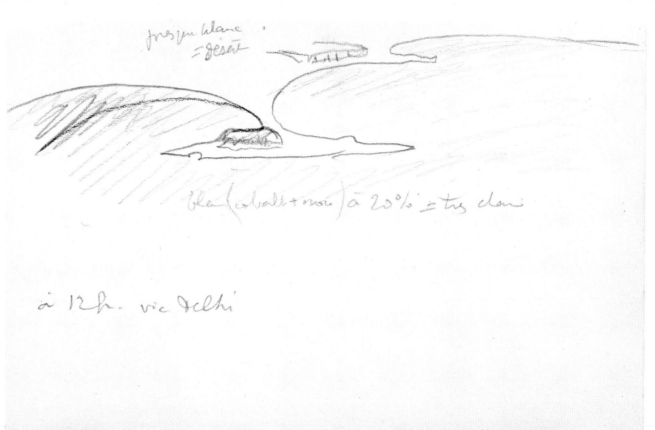

180
presque blanc = désert // bleu (cobalt + noir) à 20% = très clair // à 12 h. via Delhi

181
Malraux Chandigarh Paris Orsay = clef de la volumétrie de Paris // Y créer le bâtiment des Ministères (et non pas Air France

182

29 // 11 // 58

Delhi / On achève la Suprem Court style
Anglo Indien Red Fort + Vignole = impec-
cable mais mortel. Bon pour les juges, pas
pour Rabelais: les gratteminauts!
Ecrire à l'idoine Citröen ''Splendeur de la
DS'' dixit Varma (vue dans 1 magazine de
Londres. Effet serait sensationnel dans les
rue de Delhi en opposition à voitures US

183

30 nov 58

1 Dam interdire les vélos dès maintenant
2 Organiser un corps de jardiniers et can-
tonniers du Capitol
3 Vohra imédiat remplissage [pond] H Ct
4 L-C vérifier les éclairages Dam
5 Vérifier arbres Parc National (canal???)
6 Dam. Vohra, le gravillon est désagréable
sous le pied
7 Urgent Convoquer le Hig Level Commit-
tee
8 Faire rapport L-C au [Hig Level Commit-
tee]
9 Confirmer les murs des V3
10 exécuter le tank métal (seulement) du
Dam
11 Le Chef juge désespéré
12 les gazons de Ht Courts immédiate-
ment
13 le jardin des avocats [immédiatement]

184

14 Ecrire à Nehru faire un prisme dédica-
toire au Dam avec un texte de lui: les fon-
dateurs de Chandigarh ont offert ce lac et
ce dam aux populations de la nouvelle
ville.
15 Dohgra la terminaison entrée vélos +
autos devant Secrétariat ascenseurs
menacés!
16/ le pont Ht Ct.
17 reconsidérer façade P T T. City Center
18 Le Sik me faire un moulage main
ouverte comme Pierre ou l'autre du Secré-
tariat.
19 Malhotra: les rideaux Couleur des
offices Secrétariat?
20 quelques verres de couleur dans les
jallies ciment basement Secrétariat
21 Ministres les chambranles couleur. Les
portes = teck
22 Prabawalkar dessin du réservoir du
Dam

Pasban Changigah Monthy ... // rencontré
sur le Dam avec son gamin

185

1 déc 58

Télé visite Gr 2 // Appeler chez moi Dhogra
1 // Télé Chief Ministres 3 // aller Ministre
de Chandigarh 4 // Faire convoquer High
level Committee // Etablir rapport pour
[High level Committee] l'envoyer à Pt
Rhandavar
23 Dogra, la chaîne autour. Dam
24 [Dogra] enlever réservoir tôle Dam
25 rideaux Secrétariat blanc partout: quel-
ques couleurs dessus maintenir blanc
partout + couleurs // (ils ont collé des
papiers blancs sur verres!)
26 Prabawalkar faire 1 chemin pound III
H Ct p. vision pignon double et chemin de
la // autour // fontaine et de la colline +
reflet Secrétariat pound III
Governor Mr N.V. Gadgil // Chief Ministre
Pratap Singh Kairon // Ministre de Chandi-
garh Ch. Suraj Mal PWD and PWD //
Secretary of capitol project and Pwd. Sarup
Krishan // additionnal Secretary B B
Vohra // Chief ing. R N Dogra. // Chief
Secretary to Gt of Punjab EN Mangat Ray

186
Cafétéria

187
white // ondul // white / blanc // ondula-
toires // cement (grey) // Ciment
à l'étage // concrete // below / from out-
side.
rouge et vert / vert et jaune // from inside.

188

le pavillon des Ministres. 3 Tapisseries du
Cachemire
– 1 voiture arrêt début pond // 1 G^de Chief
Justice Court
visit H^t Court voir 2 plusieurs tapisseries //
3 aller au bout de l'aile sud // 4 voir les
fontaines pyramides + vue // 5 Secréta-
riat // 6 autour bassin 7 Collines artificiel-
les // 8 à la rampe 9 toit bibliothèque //
10 escalier toit 11 toit 12 rampe

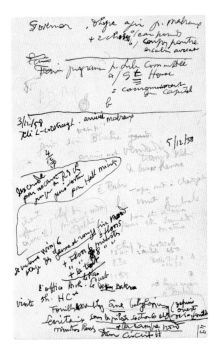

189

Governor /. Dhogra agir p. Malraux // +
2 choses a/ eau pounds // b/ couper poutre
escalier avocats
Faire programme p. Sub Committee //
a/ G^t House = couronnement du
Capitol // b
3/12/58 // Télé L-C = Ostrorgh. arrivée
Malraux // train p. // jeudi soir Bhakra //
4 // 12 // 58 // arrive matin Vendredi
5/12/58 // train de Delhi de bonne heure //
à Bhakra // – après midi à Chandigarh // la
nuit à Ambala // pour être sur train // pour
être Samedi matin // Chef du protocole
1245 = Ambala 6.50 // 8.30 / Delhi 2.30 =
14.30 / A // 1155 / B // ont boggie wagons
à Ambala
descendre par ascenseurs jusqu'à R d ch
puis sortir par Hall Ministres
ils ont affaire avec le Chef du protocole
Indien à Delhi
Secrétariat Wing 6 // étage des jaune et
rouge fin nord = floor 5 // + floor 6 Minis-
tres [+ floor] 8 [Ministres] + le toit
L'office Arch. // le Plan d'urb // Le dessin
Bakra // visite 5 h. HC^t // Fouilles Assembly
ânes babyloniens (depuis ouest de la fouille //
Secrétariat sous les pilotis sector 6 et 5 +
la rampe nord // Ministres houses Dam
circuit H

190
ordre donné à Malhotra le 12 // 5 // 57 //
L-C

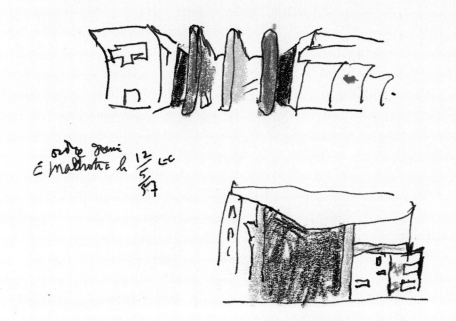

$\frac{4}{6}{57}$ Paris A.M (?)

I rouge // colonnes blanc et noir en quin-
conce // blanc // sous la pergola. // blanc /
bleu pâle // noir / jaune // vert / rouge

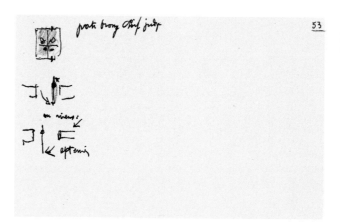

porte bronze Chief judge // ou mieux: //
extérieur

194
Sud // paroi pleine // façade sud = 1 voile
béton + vide (isolation) + briques // 20 m
demander Rhandavar plans et coupes de
Chiamani

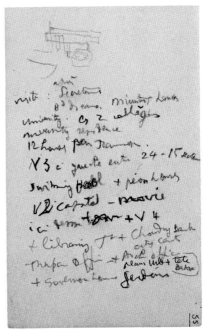

195
visite: // après // Secrétariat // B^d des eaux.
Ministres houses // University. les 2 col-
lèges // University résidence // 12 houses
par Jeanneret. // V 3 à gauche entre 24 –
15 sectors // swimming pool + péon
houses // V 2 Capitol – movie // ici demi
tour + V 4 // + library J^t + Chowdry Bank
City Center // Thapar office – + Arch office
plans Urb + tête Bakra // + Governor house
jardins

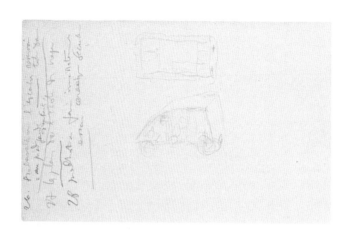

196
26. Prabawalkar <u>l'escalier</u> réservoir tôle
Dam // = au pied jardin d'enfants.
27 les plans de l'école de nage
28 Malhotra faire immédiatement essais
céramique Secrétariat

197
ville // H Cᵗ // H / —haie = ici profil // buissons
sommet colline I p cacher la ville // haie des-
cend sur plaine pour cacher Secrétariat //
chemin // ici Bassin II H Cᵗ // 1ᵉʳ mangos //
2ᵉᵐᵉ mangos // en O = observatoire sur
sommet p. H Cᵗ + 3 bassins // chemin
descend et va sous les mangos + point de
vue général

198
nef libre

199

200
Retour, voir dans quel Sketchbook

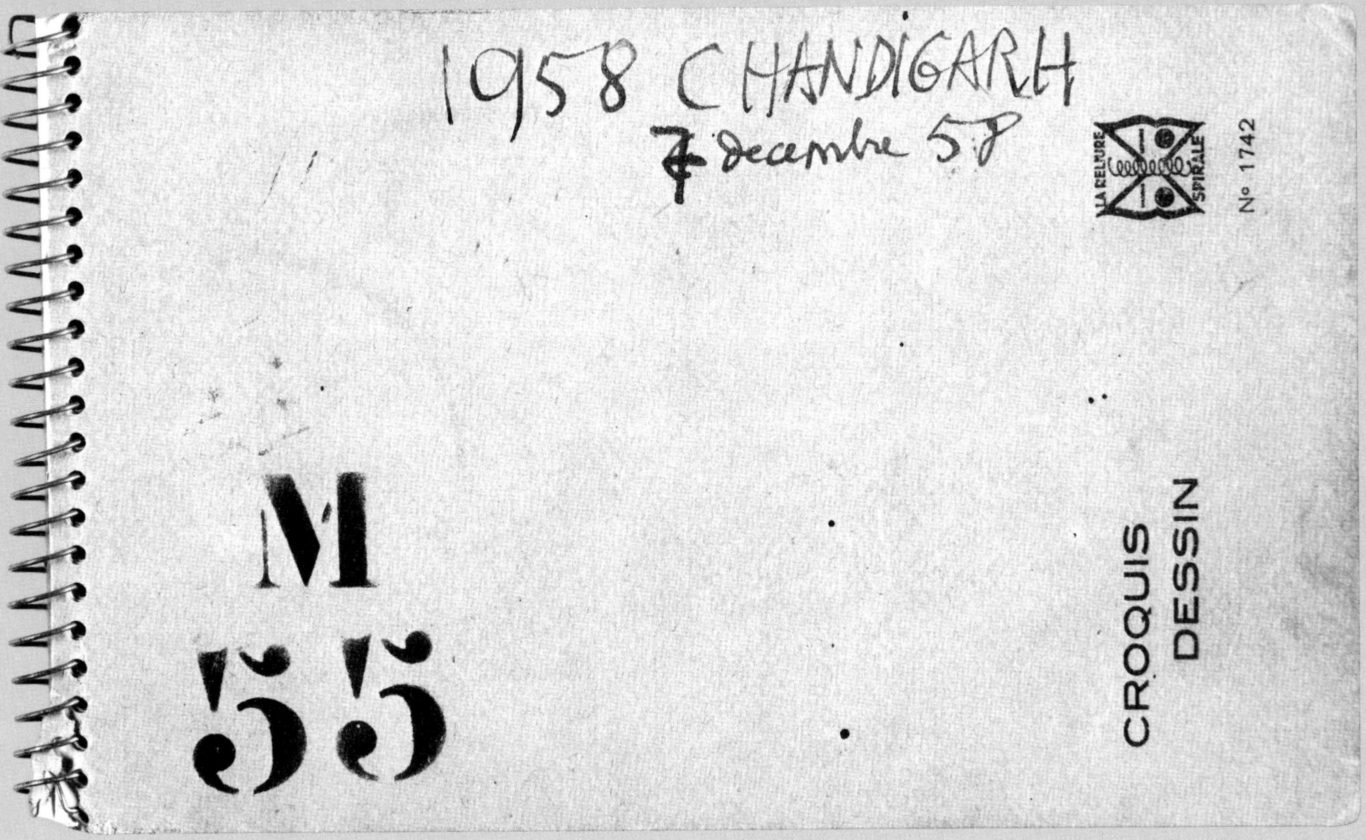

1958 CHANDIGARH

7 decembre 58

N° 1742

CROQUIS DESSIN

M 55

201
1958 CHANDIGARH // 7 décembre 58 //
M55

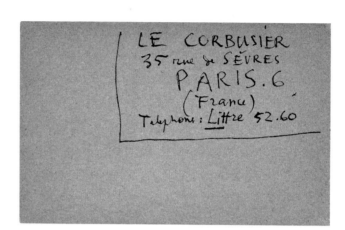

202
LE CORBUSIER // 35 rue de SEVRES // PARIS . 6 // (France) // Téléphone: <u>Littré</u> 52.60

203
la grande pond du village derrière le Secrétariat

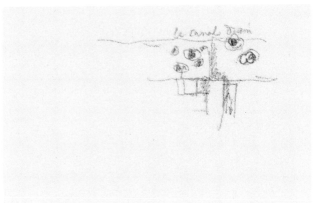

205
le canal drain

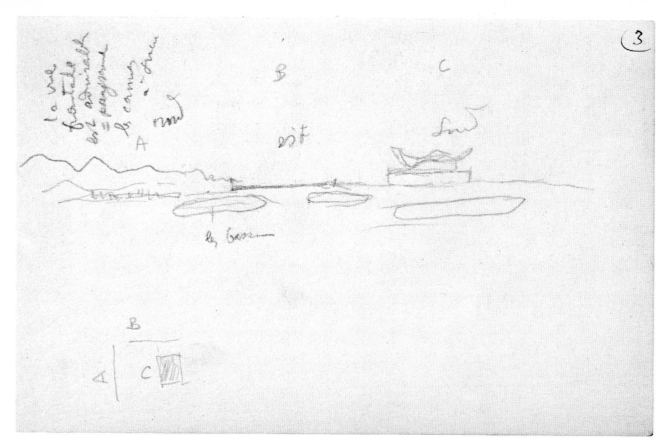

206
La vue frontale est admirable =
paysanne // les cannes à sucre // nord /
est / Sud // les bassins

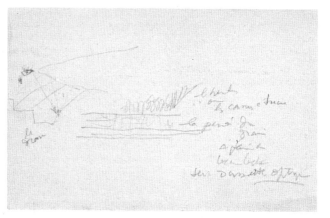

207
l'herbe ou les cannes à Sucre // la paroi du
drain à faire en beau béton // Sert d'assiette
optique // le drain

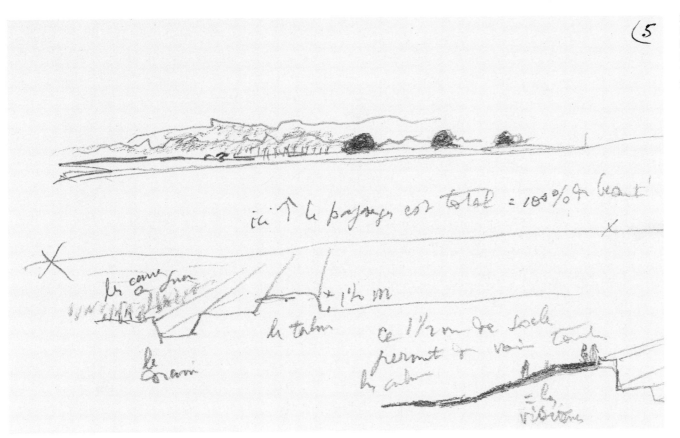

208

ici ↑ le paysage est total = 100% de beauté

les cannes à Sucre // le drain // le talus // + 1½ M // Ce 1½ M de socle permet de voir tous les arbres // = les visiteurs

209

Observation.

Nangal etc. Ils ont raté la Cité linéaire industrielle // ! Ils avaient — eau routes // — fer // — terre // l'une à côté de l'autre!

voir ancien Sketchbook L-C

210

10/ déc 58

30/ les fers I (dessous) + les parapets (en gris artillerie sombre).

31 Supprimer (?) les bassin du B^d des Eaux / = terrains foutus

32 attention Sub Committee + Dograh // pas de vigne vierge sur les murs des V3

33 Malhotra — les céramics // — le dessin switcher // — [le dessin] Faire power Plant // — couleurs ministres rooms. // — dessins tables ministres.

34 Prabawalkar réserver le terrain B^d des eaux. Pas ponds? ou ponds avec bâtiments futurs

35 16 // 12 // 58 // les ondulatoires couleurs à l'intérieur identiques

36 Conserver esplanade sablée?? ça ferait économies???

tank // ne pas peindre en blanc le béton.

211
avec Chopra (à son bureau) le 11/12/58 //
[Chopra] dixit
en aval // Building A = 1 Salle avec cartes
Shémas une glace pour voir l'eau du Spill-
way // = pour visiteurs parking / réception
– cars petit musée. sur 2 étages éventuel-
lement // + lavatory bathroom // photo aux
parois (éventuellement 1 photo mural) / à
la gloire de Bakra Construction
les glaces = 3' × 5'

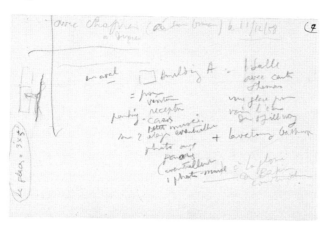

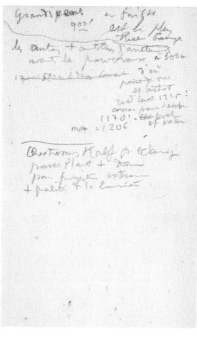

212
Grandixens / en Suisse // 900' / est le plus
haut barrage
les autos + autobus s'arrêtent avant la
powerhouse à 300 m d'où point de vue et
bistrot road level 1225! // comme power
house // 1170' = level of water // max =
1206
Questionner Kalf p. éclairage power Plant
+ dam par projecteurs extérieurs + qualité
de la lumière

213
les pylônes peinture aluminium // power
house

214
"timber ropeway Towers": les laisser en
rouge y compris les chariots téléfériques
la tour de transbordement des bois" (de
flottage) d'amont en aval par dessus le
dam.

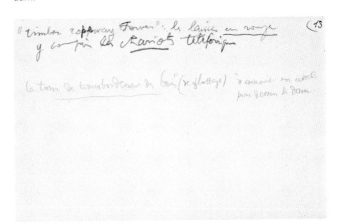

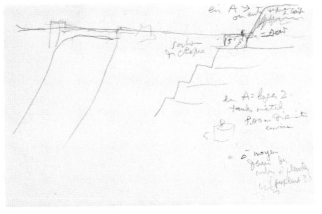

215
en A on entre depuis le toit // road // 15' //
Salon de Chopra // en A = loger 2 tanks
métal 8.00 m diamètre environ // à noyer
dans des arbres à planter (poplars?)

216
téléphérique // vers le West // côté dam

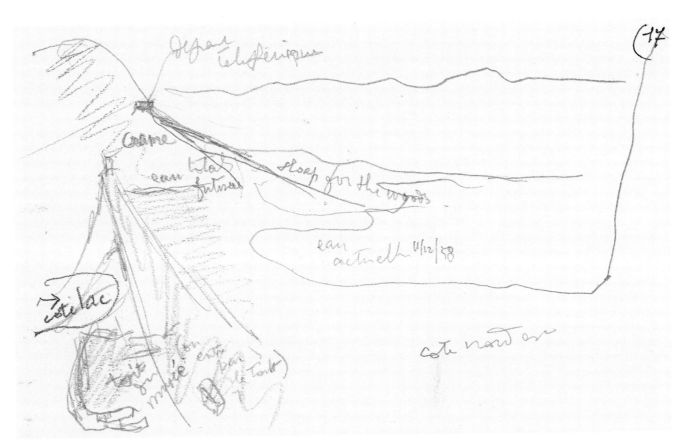

217
départ téléphérique // crane // eau totale
future // sloap for the woods // eau actuelle
11/12/58 // côté lac // côté nord est // toit
du musée // (on entre par le toit)

218

le musée // couvrir a b c d // pour gagner place // le dam // éventuellement un souterrain à petits touristes café. // parking? // colline A // colline A à couper // route vers l'hinterland // à placer 2 tanks tôle ou ciment

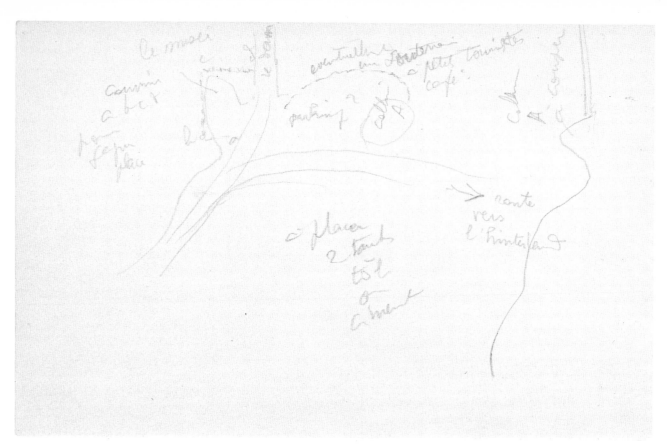

219

dam // but no parking! // recherche d'un terrain pour le restaurant

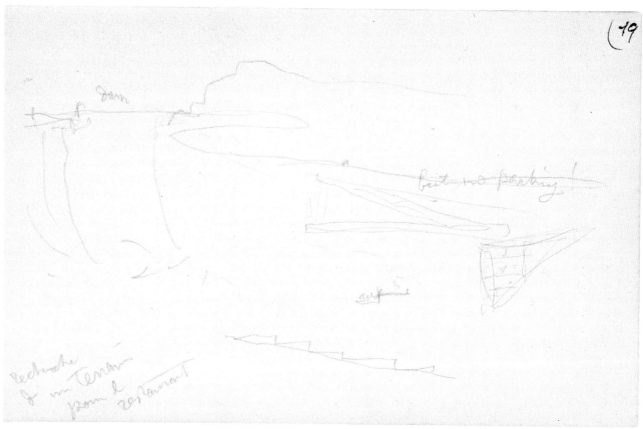

220
Décision. Rien à faire sur rive droite // –
Sur rive gauche au niveau power plant. //
vers le fond, en coupant le cône de
roches // Non! Peut être non // Cars, venir
sur rive droite // arrivée 1 // 2. parking //
3. Spillway // 4. bistrot, vue excellente //
lac // restaurant // (note du 25/12/58 //
→ // on arrive au bistrot par le dam à
pied = = no parking // bistrot populaire

221
18 heures // 11 // 12 // 58
côté lac / 1 / côté dam // 2 // lac / Power
plant // place p. café / 3 // ici un bout du
parking pour les ingénieurs // 4 / crane
(son logement)

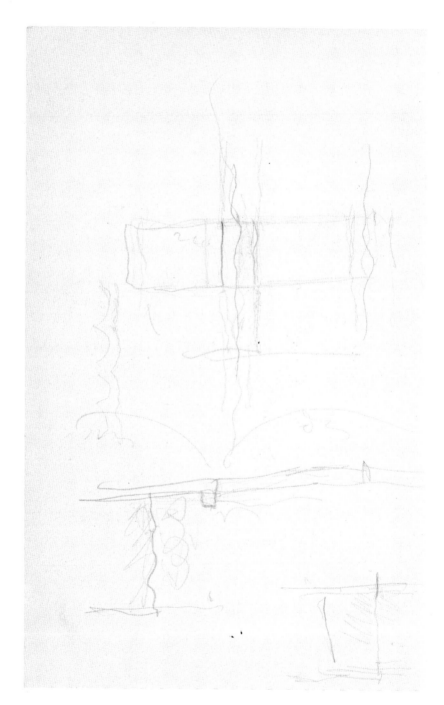

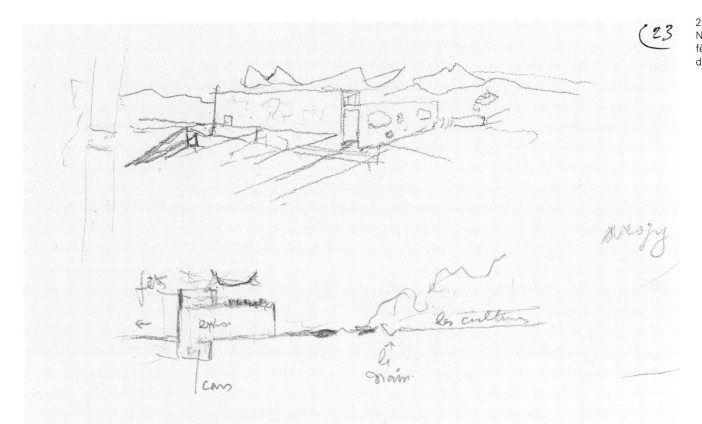

223
Neogy
fêtes // expo. // cars // les cultures // le drain

224
obélisque 400 m- // obélisque 800 m // ici
solde 150 m? // l'école de natation // le
warf

225

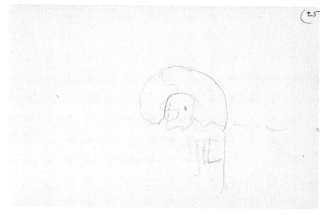

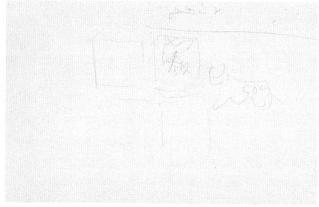

226
jardin de // 5 m/m // 50 cm

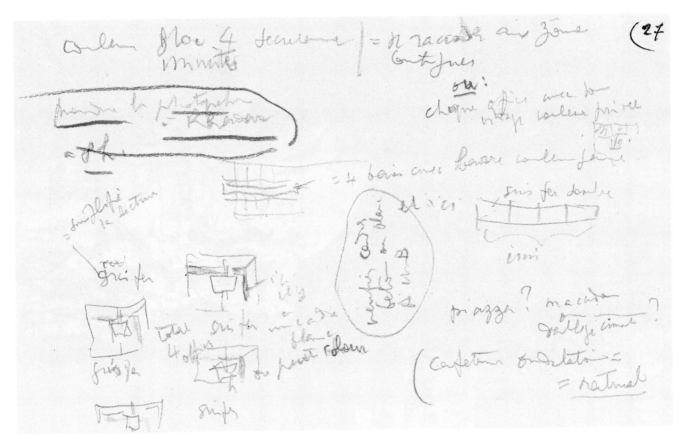

227

couleurs Bloc 4 Secrétariat Ministres // =
se raccorder aux zones contigües ou:
chaque office avec son vitrage couleur
privée
prendre le photographe Rhadawar // à 8 h.
= 4 baies avec barre couleur jaune // et
ici / gris fer sombre // uni
= simplifie la lecture // gris fer // ici il y a un
cadre blanc // ou peint colour // total
4 offices // gris fer // gris fer // gris fer
vérifier cadres béton ou blanc A et B
piazza? macadam ou dallage ciment? //
(cafétéria ondulatoires = = naturel

228

17 // 12 // 58
a/ aller vérifier les bandes béton ministres
fenêtres
b/ donner les tons de la rampe fenêtres +
plafond // a/ la rampe rouge (sud) // b/ la
rampe jaune (nord)
c/ donner pleine couleur tout.
d/ accrochage des rideaux Ministres

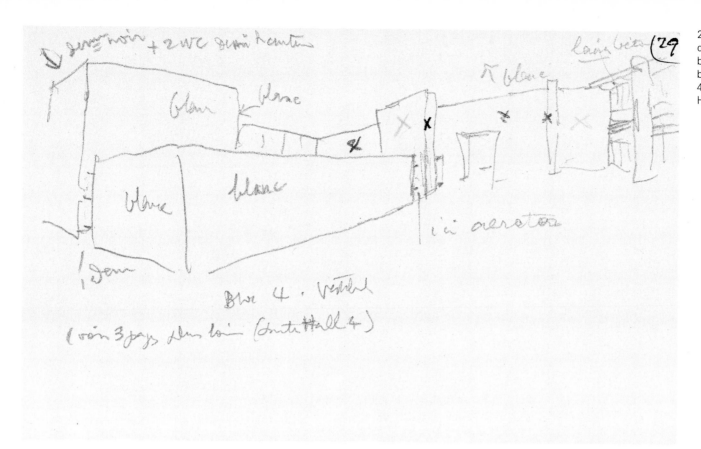

(voir 3 pages plus loin (suite Hall 4))

229
dessus = noir + 2 WC demi hauteur //
blanc / <u>laisser</u> béton // blanc / blanc //
blanc / blanc // ici aérateur // idem // Bloc
4. Vestibule // (voir 3 pages plus loin (suite
Hall 4)

230
garages piazza pas nécessaire / plastered
les plafonds = non // les beam = <u>oui</u>
office Chief Ministre // la table // + chez G^r
idem
Floor 4. vestibule des ascenseurs
ministres // tous murs = blanc
Gouverneur. au fond, sous la soupente,
peindre plafond béton brut = + railing
balcon à droite
Floor 6 ascenseur Ministres // il faut pein-
dre les ondulatoires à l'<u>intérieur</u> = rouge //
orange

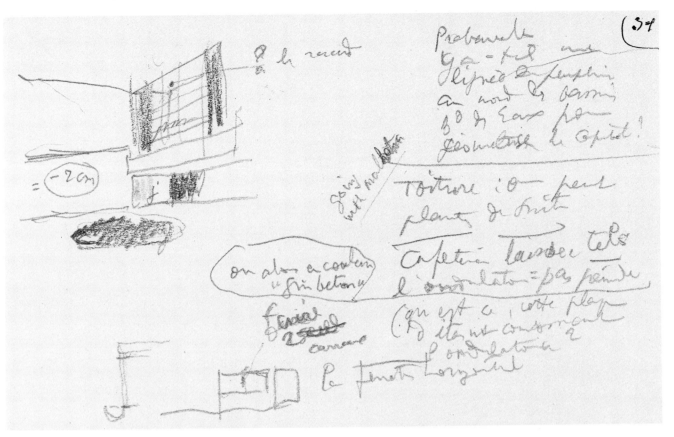

231
? le raccord // = − 2 cm // ...
Prabawalk // y a-t-il une lignée de peupliers au nord des bassins B^d des Eaux pour géométriser le Capitol?
going with Malhotra // Toiture: on peut planter de suite // Cafétéria laisser tels l'ondulatoire = pas peindre // ou alors en couleur ''gris béton''
(qu'est ce, cette plaque d'éternit couronnant l'ondulatoire? // faire 2 carreaux // la fenêtre horizontale

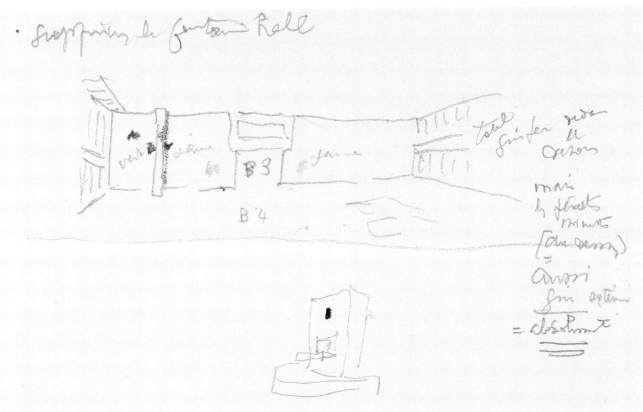

232
Supprimer la fontaine hall // vert / jaune / jaune / total gris fer dedans et dehors // mais les fenêtres ministres (au dessus) = Aussi gris extérieur = absolument

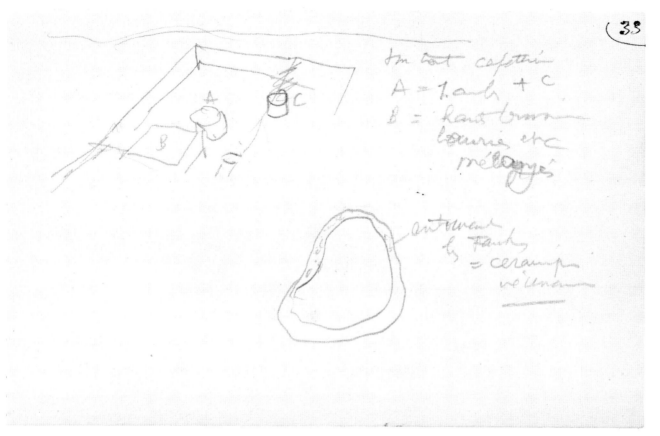

233
sur toit cafétéria // A = 1 arbre + C // B =
hauts buissons lauriers etc mélangés
entourant les Tanks = céramiques
<u>nécessaires</u>

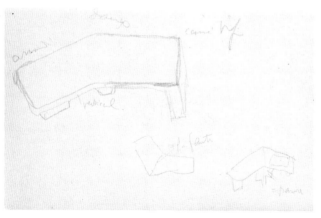

235
18 // 12 // 58

234
arrondi // doux // carré vif // vertical.
= la faute
= pauvre

236
Cafétéria ondulatoires: les plantes mon-
tent // ''ne descendent pas'
fer // ciment

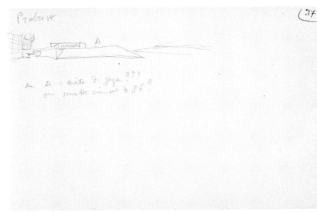

237
Prabaw // en A = arête de gazon??? ou
murette ciment de 86?

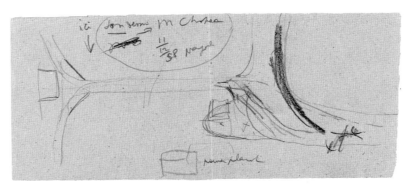

238
ici / <u>son</u> dessin M Chopra // 11 // 12 // 58 /
Nayers // power plant

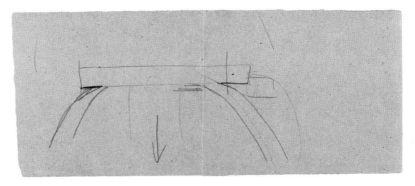

239

240

241

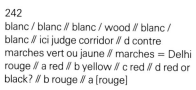

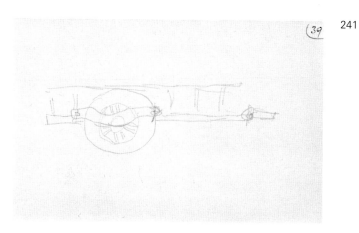

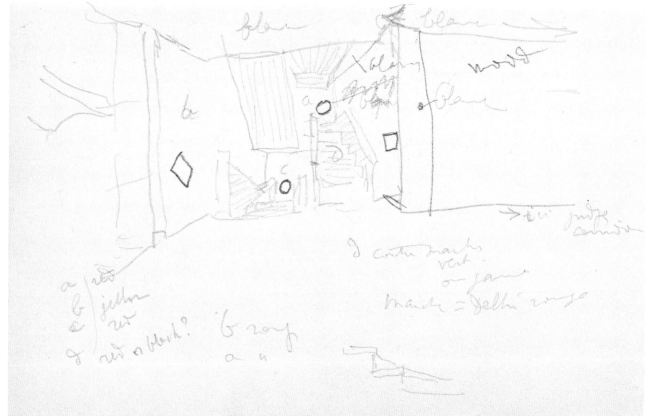

242
blanc / blanc // blanc / wood // blanc / blanc // ici judge corridor // d contre marches vert ou jaune // marches = Delhi rouge // a red // b yellow // c red // d red or black? // b rouge // a [rouge]

243
rouge // béton // blanc // rouge // yellow

244
éventuel // casquette // non

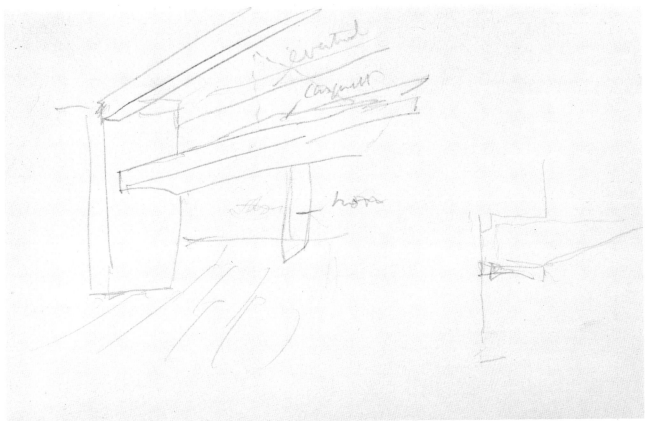

les bordures de trottoir verticalement //
Secrétariat // retaining wall

246
enlever 1 petit bois // ça va! non!
Cafétéria éclairage

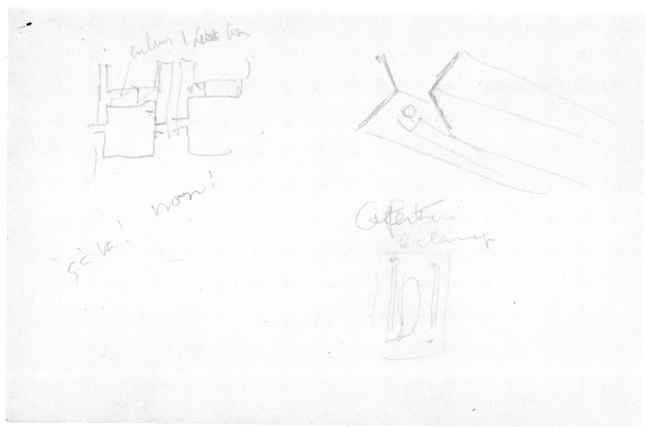

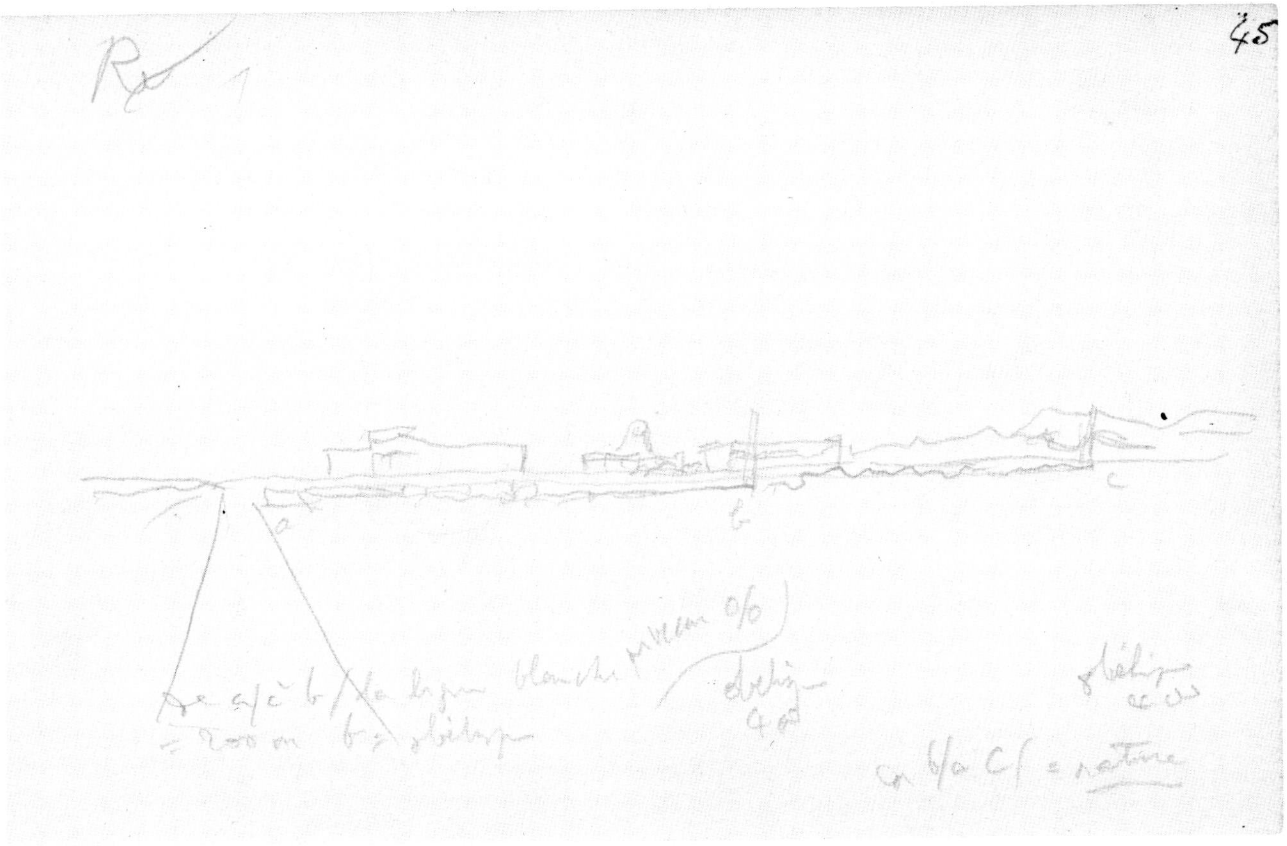

247
de a/ à b/ // = 200 m // la ligne blanche
niveau % // b = obélisque / obélisque
400 / obélisque 400 // de b/ à c/ = <u>nature</u>

248
à répondre Vohra // Cité industrielle: //
1 édition // 2 impression // 3 lithographies,
affiches. tapis tapisseries? attendre Ecoles
industrie <u>par</u> L C // [industrie] légère

250
Retour <u>Jeanne</u> // 28 // 12 // 58 // à <u>11</u> heures matin
Ecrire Dr de Elita // paratonnerre pour tremblement de terre 28 déc = le paratonnerre remuait de 20 cm sur le ciel (J'étais au Sommet du toit de la cafétéria
Je venais de dire à Pierre :: ce soleil qui tape sur le mur jaune (dont nous échantillonnons la couleur) me donne un éblouissement. J'ai la sensation de perdre l'équilibre; j'ai peut être un petit coup de sang.''
Le dessin Malhotra nous montre le paratonnerre dansant du sud est à nord ouest

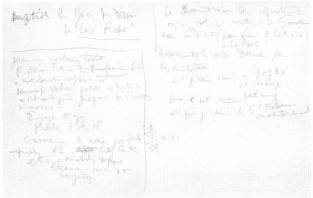

252
Baptisé le lac du dam le ''Lac Rose''
Le Baudouin du Secrétariat m'a dit ce
matin. Le Gouverneur nous interdit (pour
finir le bâtiment) à la date! d'exécuter les
ordres donnés par les architectes.
  L-C je vais écrire à Dogha et Saroap que
c'est mon bâtiment et que je suis le
Gt Adviser architectural
28 // 12 // 58 // midi
Jeanne réclamer texte Radio France 3.
Profession L-C // = introduction rapport
Saroap Vohra petite industrie // = Chandi-
garh préparer des hommes nouveaux. //
Engager Neogy // Publier 3 Ets H // Com-
mencer les séries préfabriquées V2, City
Center etc = modèles déposés licences.
mieux des royalty

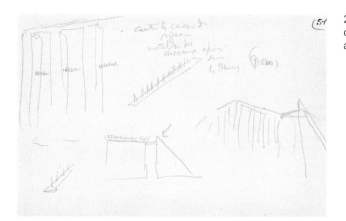

253
contre les cacas des pigeons installer des
artichauts épinés sur les barres (Dam)

254
[Monts]

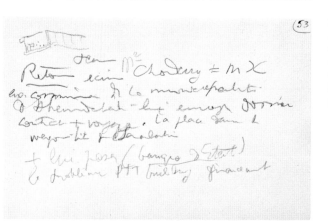

255
Jeanne // Retour écrire Mʳ Chodury = M X
ex. commissaire de la municipalité
d'Ahmedabad – lui envoyer dossier contrat
+ voyage. La place dans le wagon-lit de
Sarabahi // + lui poser (banque d'Etat) le
problème PTT building financement

256

2 // 1 // 59
les jallyes Basement extérieur peindre
en noir
Ordre formel à P Jᵗ faire photos office
Secrétariat à vide avant meubles petits
moyens grands offices // + du toit cas-
quette sur plaza + Assemblée extérieur //
groove. brise soleils Chief Ministre
Jamais d'alu sur railing Bloc 4 // choix lino
Hall ministres blanc marbre
Toit Pav. du thé reporter les 2 tuyaux pluie
à l'extérieur
Malhotra mes couleurs les réservoirs tôle
toit 3 couleurs par tank // blanc noir bleu
jaune vert rose

257

l'échantillon damier noir cafétéria 91 × [43?] //
??? // = non // Fenêtre // couper ce barreau
Ecrire Malhotra, reporter à avril le porch du
Bull-House. // house Bull Wheel = le nom-
bre des rayons doit être exact = Héraldique
= très important

258

Retour Andréini Faire 1 grille ''Main
ouverte'' pour le Vice président + Pant +
Rhandawa Président Sub Committee
Lindon // Minuit // Edition indienne des
Carnets R patiente // 3 Ets H / . label
''Chandigarh''
Ecrire Gadgil Gʳ remercier de ses vœux lui
dire L-C: confiant
[Ecrire] Prabawalkar: vérifier // à la latitude
Chandigarh // le Soleil hiver // Eté // Monu-
ment des 24 h Tour D'Ombres
attention: avertir nécessités de Tak
chambres électriques Radio à réserver

259

H L // gold mine // L-C préparer
1 – industrialisation // V2 // City Center //
Privates
2 – programme calendrier // vente des
plots
3 – Préservation des architectures.
4 – Loi du dam –
5 – petite industrie // = Musée // + Ecole
d'art // – Edition Chandigarh
6 / – Neogy
7 – Swimming Rose Lake
8 – PTT total (Bank and Insurances) //
centre ville ''Punjab = Banques City Hall
etc.

260
2 // 1 // 59
décidé ''High Level Committee // Swim-
ming School // + golf behin th dam // golf
= because water // swimming [because]
the water is filtred (purifiée pour la nage)
Varma 3/1/59 // me conseille de faire plan-
ter au dos du Dam, des buissons et non de
l'herbe (en particulier, les petits bambous
sont adorables.) les buissons = pleins de
Fleurs

262
LE CORBUSIER // 35 rue de SEVRES //
PARIS. 6ème // Commencé le 5 janvier
1959 // à Delhi // Nehru

263
2/1/59
Nehru / 2 // Il y a Khanna Financial adviser
qui paralyse tout
emporter les Photos
1 // Situation transformée depuis nov.
(Nayers)
3 Il faudrait 2 Crores en deux années
4 Faire le Government Building = Musée
de la connaissance
5 Secrétariat = magnifique // Hg Ct un
grand lieu (ponds lighting)
6 Bhakra dam photo // Main Ouverte
Nehru // 7½ p.m Prime Minister House //
+ photos // Sunday dimanche 4/1/58

264
4 Sunday // déjeuner // Moti Mahal /
Neogy // Neogy dîner // 1¼ Ostrorog
déjeuner // 4½ Neogy // 7½ Nehru
photos // Varma / Moti Mahal
5 lundi // Nagar // Sundar Nagar // déjeu-
ner // 12 h Barthélemy // 25 Ambassade //
2 Aurangzeb Road // 19 Palam
Marcel Barthélemy 45585 // 29 Sundar
Nagar
16 Harding Av // ambassadeur 1¼ h
Ostrorog // dimanche
office // 46575 // Varma Tél 31246 // house

265
12½ Dolphin House // Varma // pour voir
Singh the Governor
Varma dit que oui L-C le met oblique

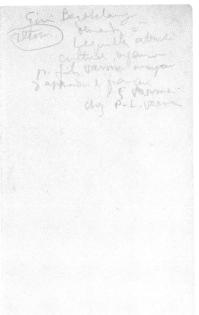

266
retour // Ecrire Barthélemy demander à
Lequilles attaché culturel, organiser p. fils
Varma moyen d'apprendre le français // S
Varma // chez P-L. Varma

267

Chez Varma // expérience LC // A banquette 27 de long 7 haut // B Hauteur favorable = 31 cm // on N'emploie pas le couvre siège // bord horizontal // on est assis directement sur la faience = accroupi = effectif // Pour personnes agées il faudrait poignées pendantes pour se lever

268

Occupation du Territoire // Les 3 Etablisse-ments Humains // Ascoral // Collection . . . ''d'une civilisation machiniste // ''Chandi-garh publications
4 // 1 // 59 // Varma + Neogy

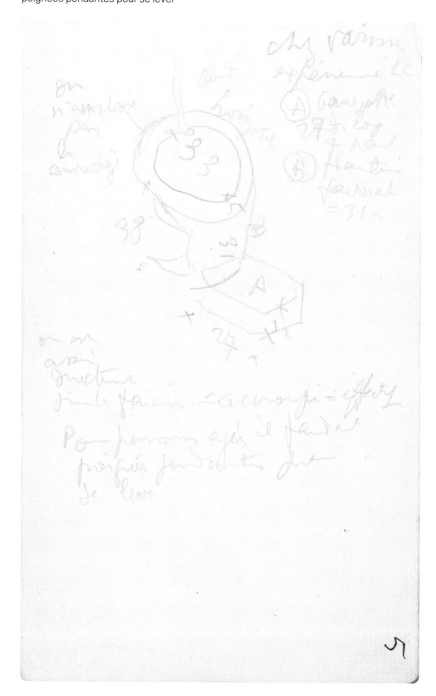

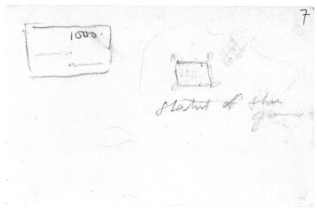

269

Statut of the Gov...

278
6 // 1 // 59
Comité H-L // faire des prospections //
(voir celui de Bombay // H-L Committee
Neogy // préparer de l'hôtellerie Motel ou
autre (fruit de Corbu SNIB) Et dire à Pierre
qu'il obéisse et ne fasse pas ce qu'il ignore
Delhi 3 h // nuit 7 Local Time // Bombay //
10 h // nuit 23 h id // Beirut // 8 h idem //
Chypre / Asie Mineure

279
Athènes // îles Grecques Corfou Cephalo-
nie Ulysse // Tarente plaine // Italie sous
catastrophe neigeuse d'hier // Apennins //
Rome // 12 midi idem // Piémont plaine
sans neige // Alpes

280
atelier d'art V2 Capitol // shed / ou / V2 //
sheds with holes

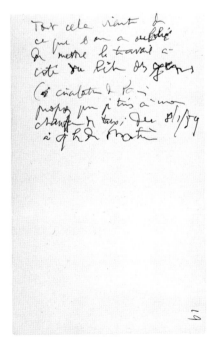

281
Tout cela vient de ce que l'on a oublié de
mettre le travail à côté du lit des gens (cir-
culation de Paris propos que je tiens à mon
chauffeur de taxi; du 8/1/59 à 9 h du matin

276
Beyruth 6/1/59 aéroport
Il y a: Flying Dutcher // : Super Constellation
Air India // Boac jet (?) // avant le lever du
Soleil. // les avions = aluminium brillant
couleur d'argent (= vif, lumineux opti-
miste) les drapeaux et signes sont peints
en pleine force: Bleu blanc rouge = Hol-
lande // Vert blanc – orange = Indien.
Il apparaît que: // Sommet Bhakra // et //
power plant Bhakra une solution existe
   1° aluminium étincelant riveté en finesse
= technique accomplie
   2° peinture puissante (se renseigner.
a/ = léger: b/ résiste aux intempéries // et
supprime // évite // l'émaillage

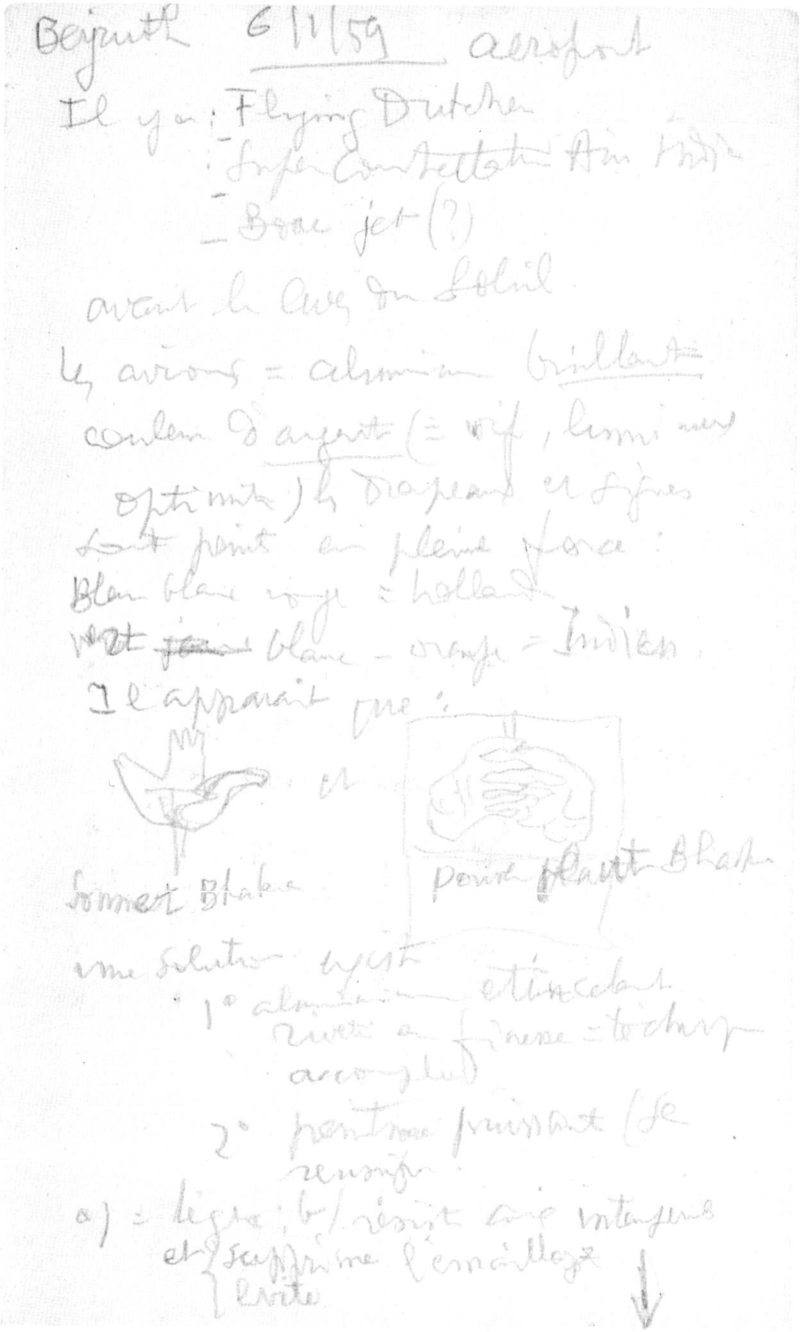

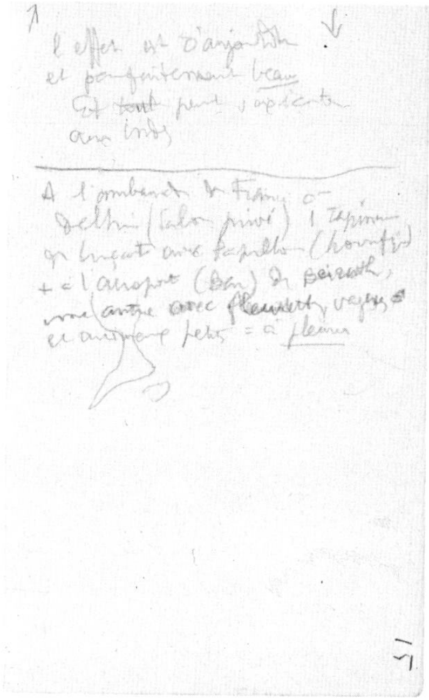

277
l'effet est d'aujourd'hui et parfaitement
beau // Et tout peut s'exécuter aux indes
A l'ambassade de France à Delhi (Salon
privé) 1 tapisserie de Lurçat avec Papillons
(horrifique) + à l'aéroport (Bar) de Beiruth,
une autre avec fleurettes, vagues et ani-
maux petits = à pleurer

273
retour // revoir porche Bloc 4 Secrétar... //
attention! // pilotis Gowern // 2 murs
courbes?
Ecrire Prabawalkar conjuguer Neogy +
Jacques Carluy attaché agriculturel Am-
bassade France p. valuation de l'aval //
légumes + etc // arbres fruitiers // Spillway
du dam Chandigarh
5 // 1 // 59

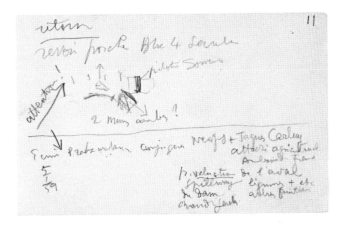

275
! Visite Malraux Chandigarh: // Malhotra a
déclaré à Barthélemy: Je suis le 1er per-
sonnage après l'architecte en chef
arrivée Beyrouth // Vu d'avion = une belle
rue éclairée // a/ buissons // b-c chaus-
sées // d. luminescent accouplé
6 // 1 // 59

274
P.P. Jt aller voir Barthélemy Sundam Nagar
Road 29
les rues a b c d ont d'excellentes maisons
à la moderne plastered blanc C'est étudié
p. le climat, en partie. ça a du souffle / [en
partie]
noté Ambassade de France // + logis //
portes de 38 cm généralisées // En réalité
76 cm mais ½ seulement s'ouvre ou est
ouverte

270
Retour / revoir dans Schuré les G^rds initiés //
Brahma // taureau et agneau
dans bible // La prophétie d'Ezéchiel et
Apocalypse // (conférence Fiorini, occulte)
Tracés régulateurs
Retour Praba envoyer pour le S. Com HL
High Level // envoyer les plans H^g C^t 1951
avec disposition noir face lumière + rédiger
une lettre d'explication pour les HL et
prière de faire taire les juges
Ecrire 1 mot à Telly Tata saluer // féliciter
Tata p. les peintures de ses menus – mais
cuisine deep freeze

271
PRITHWISH NEOGY // APARTMENT 8 //
8 PARLIAMENT STREET // NEW DELHI //
INDIA
Museum of the Knowledge

272

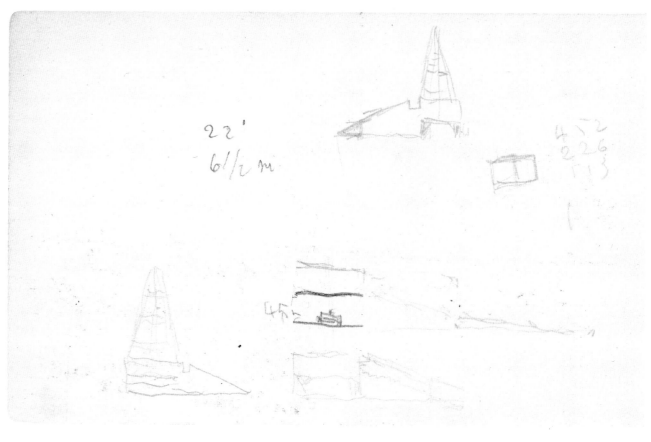

282

L-C à relire le soir

283

12 // 1 // 59 // visite usine Budin
– fabrication de
 I / pans de verre 4ème mur 366 × 226 // +
accrochage des tables à machine à écrire
+ bureau + établi de bricolage. p.
 II Vasques Sanitaires // Ugines //
inoxydable
 III plancher panneau
à la mémoire d'Yvonne, ma femme.
Santé. 26/1/59
– après le lunch = les oreilles sonnent Fort
(cigales) les deux
– après dîner, dès que étendu (lit) déman-
geaisons cutanées depuis chevilles
jusqu'au cou.
– nuit réveillé par aigreurs d'estomac
– après 14 heures goût de m'étendre (je
ne le fait pas!)

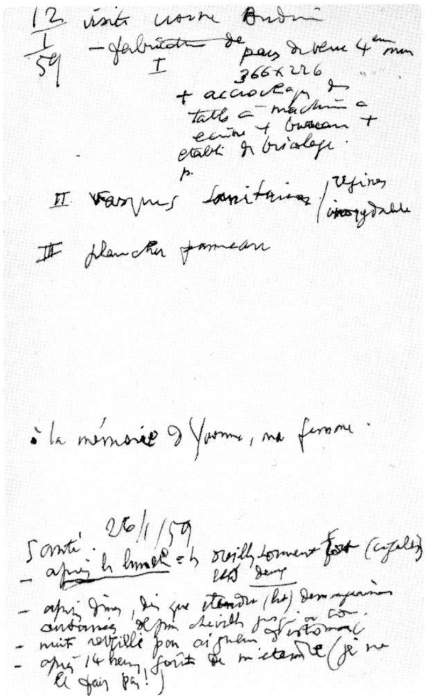

284

Mural Tokio // Protestation des artistes
Eiffel // ornements bijoux, escalier de
l'Opéra // les toilettes Haussman // les
cabriolets // le vélo // insérer le texte ''Plan
L-C Paris'' Minuit p 121.
(Jardot) Adhémar conservateur
bibliothèque Nationale // Téle de la part de
Jardot // avant 9 h 30 // Richelieu 00 06 //
Biblio ouverte de 10 – 5 h.

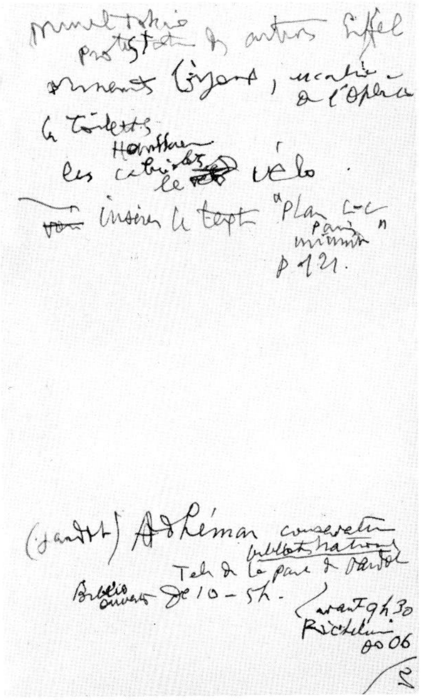

285

Toilettes / à réurbaniser // Meaux
Paris est un désert magistral // Science //
des photos les quais de la Seine // Louvre
etc

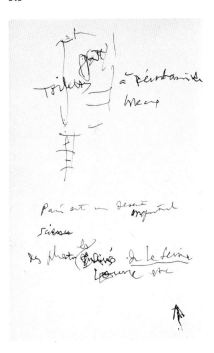

286
Plans de Paris 37 // Tokio photo mural //
''l'esprit de liberté'' // Rude La Marseil-
laise. // Le Louis Philippard // les rois // les
mauvais rois
architecture qui prévoyait le ''pont des
arts'' en ... pont Royal // Delacroix barri-
cades // radeau Méduse // Chez Georges
Salles
La locomotive. // Thiers chemin de Fer //
Rue de Rivoli Eiffel les Machines // une
couronne d'hommes de pensée // Aug.
Comte = Sonrel // Murphy // Claude
Bernard // Fourrier. // Prudhon. // PG, non)
dessiner la Rotonde

287
installer 2 pédales articulées
février 59

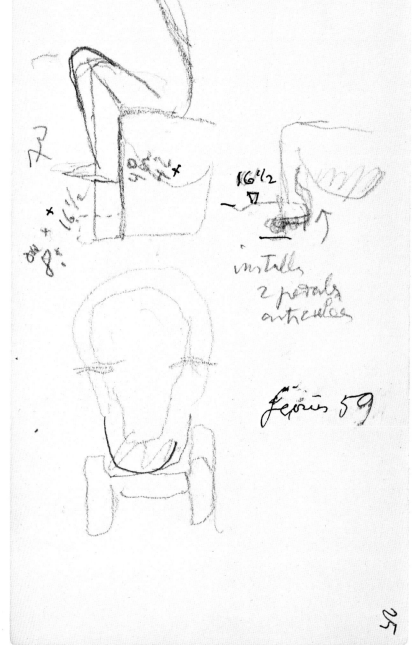

288
idem // 20 briques nevada verre // sommier
183

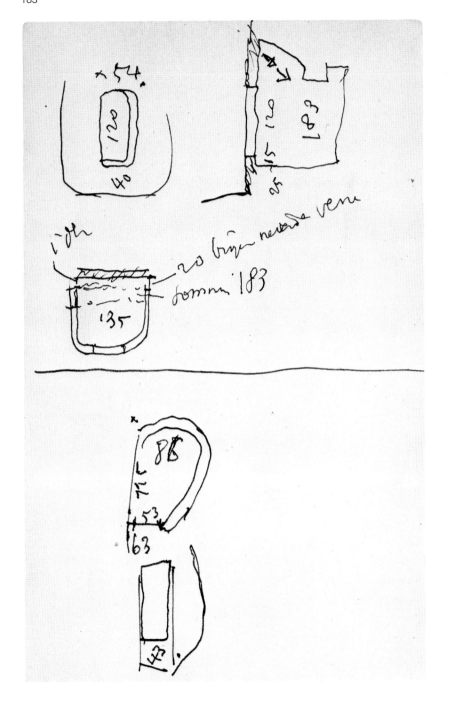

289
tout ouvert en haut // la vapeur dans la
chambre = ça ne gène pas
rideau très mauvais
douche hôtel Metz en tôle = Mal comprise
et la pomme d'arrosoir est misérable // et
''méchante''

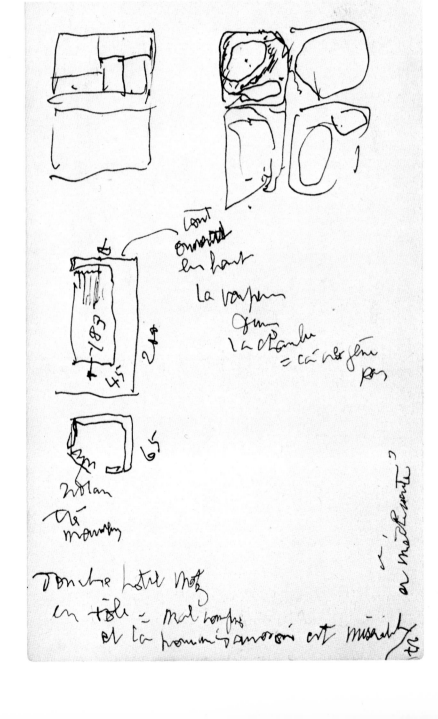

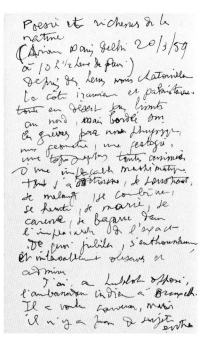

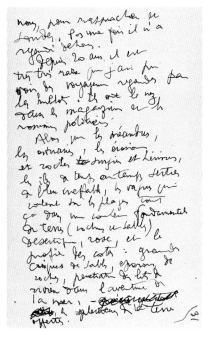

290
Espace Indicible // Indicible la vie nouvelle de la <u>Cité linéaire</u> industrielle // lit-travail-lit // à <u>pied</u> à ''usine verte'' // dans l'harmonie // = indicible social)
Il s'attache à Briey-en-Forêt le premier geste de l'Urbanisme de la Société machiniste = la cité linéaire industrielle = l'usine verte.

291
Milan <u>mai</u> // Prague juin juillet // Tokio août septembre // Téhéran oct. nov. // Delhi <u>décembre</u> janvier // bonne saison Boesiger 19 // 3 // 59 // Zurich escale ½ heure

292
Poésie et richesses de la nature.
(Avion Paris Delhi 20/3/59 à 10 h½ heure de Paris)
 Depuis des heures nous chatouillons la côte iranienne et pakistanaise toute en désert sans limites au nord, mais bordée sur les grèves par une physique, une géométrie, une géologie, une topographie toutes animées d'une implacable mathématique. Tout s'additionne, se soustrait, se mélange, se combine, se heurte, se marie, se caresse, se bagarre dans l'implacable de l'exact // De quoi jubiler, s'enthousiasmer, et intarissablement observer et admirer.
 J'ai, au hublo opposé, l'Ambassadeur indien à Bruxelles. Il a voulu converser, mais il n'y a pas de sujet entre

293
nous, pour rapprocher et souder. Pas une fois il n'a regardé dehors.
 Depuis 20 ans, il est très très rare que j'aie pu voir des voyageurs regarder par les hublots. Ils ont le nez dans les magazines et les romans policiers.
 Alors que les méandres, les estuaires, les érosions et roches surgies et hérissées, les îles de temps en temps serties du bleu ineffable, les vagues qui roulent sur les plages tout ça dans une couleur fondamentale de terres (rochers et sables) désertique, rose, et le profil des côtes: grandes criques de sable, éperons de roches, pénétration des lits de rivières dans l'aventure de la mer, les splendeurs de la terre offertes.

294
Présences: chez Varma, le Salon jusqu'ici,
était ''sans rien'' empty! Aujourd'hui aux
murs, deux chromos excellentes de Gau-
guin. // + (miracle) un casier peint // Ça
marche ''au pied'' // 2' × 4' // Ce meuble
sonne le réveil
le petit-fils // 6 ans // fait du holla hoop //
Corbu doit s'en acheter contre le ventre
envahissant
mince = 1

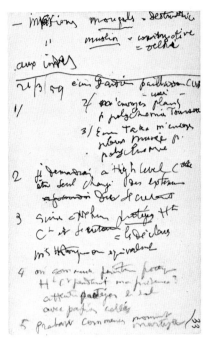

295
– invasions Mongols = destructrice //
[invasions] Muslin = constructive // =
Delhi // aux indes
21/3/59
1/ // écrire Gardien paillasson CUB // = uni
– // 2/ m'envoyer plans p polychromie
Tourette // 3/ Ecrire Taka m'envoyer plans
Musée p. polychromie
2 je demanderai à High Level Ctte être seul
chargé des extensions du Secrétariat
3 Ecrire à Nehru protéger Hte Ct et Secréta-
riat = les déclarer Mts Historiques ou équi-
valent
4 On commence peinture portique Ht Ct
pendant ma présence? attention protéger
le sol avec papiers collés
5 Prabaw commencer monument martyr

296
voir aussi Sketchbook <u>suivant</u> ''du 2 avril
59 Chandigarh'' page 6
2 types Sick sur vélo. // couleurs: turbans
– vert // – rouge + du blanc (ou pantalon? //
dessous)? // + : l'assiette de l'<u>équation</u>
<u>colorée</u>, // c'est la chèmise W qui est ''rom-
pu'' = noir – rouge – blanc // autorise varia-
tion selon les <u>quantités</u> de rouge // [autorise
variation selon] nature [de rouge] // mixés
<u>valeur</u> 40%
Il pourrait y avoir equation), noir + ocre
jaune + blanc // en [noir] vert + [blanc] //
[en noir] bleu + [blanc]

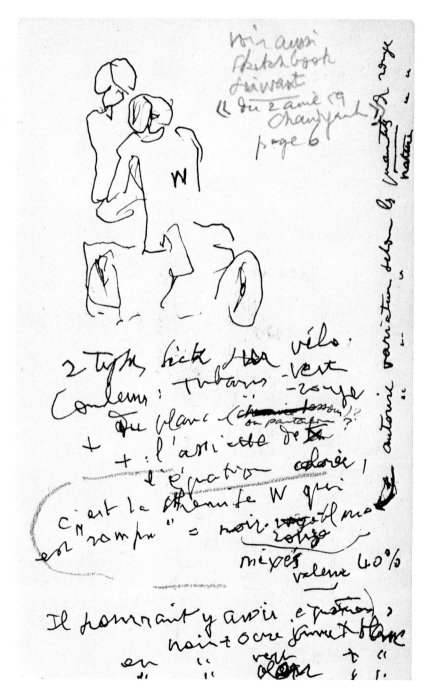

6 Prabawal vérifier trouée désagréable sur V2 Cap depuis Esplanade.

7 Malhotra faire photos Assemblée niveau entrée députés

 a/ en direction H^t Court avec les tranchées de terre à 3½ h pm

 b/ en vue du Secrétariat 9 h matin depuis le fond

8 Prabawalkar faire des emprientes de sabots, pied pneus etc p. Assembly

9 Sub Committee le dam Rose Lake + le Capitol considéré comme monument historique et publique par vote Parlement plusieurs toilettes sur le dam

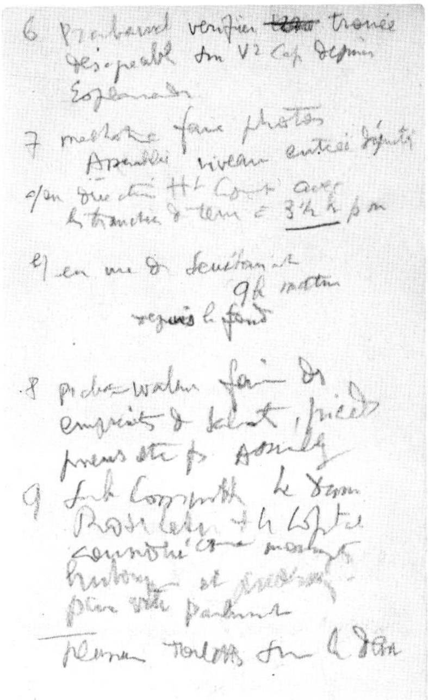

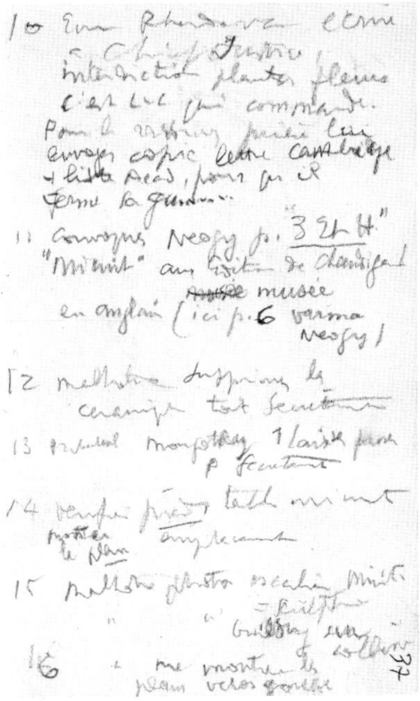

10 Ecrire Rhandavar écrire à Chief Justice, interdiction planter fleurs C'est L-C qui commande. Pour le rassurer prière lui envoyer copie lettre Cambridge + liste Acad, pour qu'il ferme sa gu......

11 Convoquer Neogy p. ''3 Et H'' ''Minuit'' aux Editions de Chandigarh musée en anglais (ici p. 6 Varma Neogy)

12 Malhotra supprimer les céramiques toit Secrétariat

13 Prabawal Mangatray 1 laisser passer p Secrétariat

14 Vérifier pieds, table ministres emplacement // monter le plan

15 Malhotra photos escalier Ministres = Sculpture // [Malhotra photos] building sur colline

16 [Malhotra] me montrer les plans vélos porche

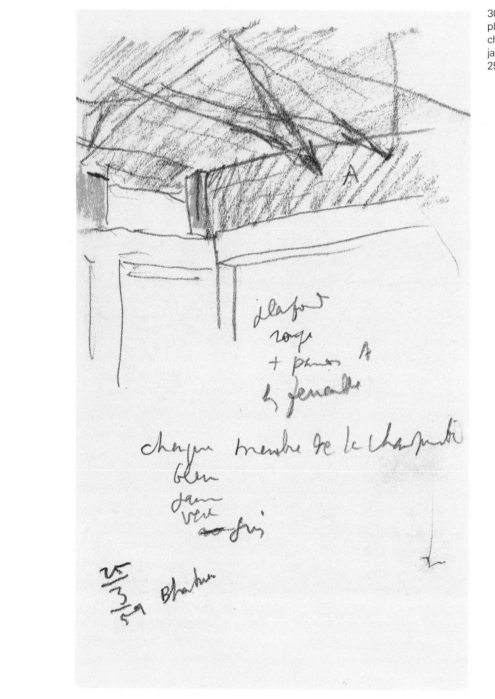

300
plafond rouge + parois A les ferrailles //
chaque membre de la charpente // bleu //
jaune // vert // gris
25 // 3 // 59 // Bhakra

N56

301
pour le restaurant // 1230'?

302
jaune // 2 ponts roulants de 2 couleurs
différentes // les rochers extérieurs // (l'un
vert autre jaune)? // vert // alu brillant
avion // béton // béton // turbines Couleurs
verre // alu
25/3/59 Bhakra

303
public gallery level entrance
ici glass et alu // métal

304

Suite p 37

17. Supprimer le portique Ministre = vue sur H^t C^t

18 Ecrire Paris Nautic club

19 laisser plafond garage cycles = béton poutrelles + tuiles nature // dessous

20 Secrétariat extension dam City Center // = H-L

21 Secrétariat les voitures des ministres doivent être garées (pas devant la porte.

22 Pourquoi V2 Boutiques // non terrazo colonnes informe?

23 attention fenêtres escalier app^t = fentes verticales

305

24 Prabawalk le plan des clubs Sport (terrains)

25 les esquisses maraîchères Spillway

26 Praba. décision p H–L sect L-C commande p. plantation Capitol.

27 Prab les chemins dans gazon Capitol HC^t

28 Prab Pourquoi pas finir la plateforme 86 HC^t

29 Attention!! Praba je refuse plantation régulière arbres sur le canal droit fond cote 800. // voir ancien Sketchbook

le profil / paysage // canal drain // de A, la vue est admirable sur l'Himalaya

306

30 Praba. Son comité édite sans un nom cartes postales de petites et grandes choses = même vente à l'étranger

31 Neogy Praba ''Edition Chandigarh'' (Musée of the Knowledge A // [Musée] audio-visuel / B) // Editer 3 Ets H // [Editer] cartes postales: l'architecture de Chandigarh

32 Malhotra donner couleurs niches H^{te} C^t portique

33 Praba installer les motifs sculpt Béton sur les plans (il y a l ozalide répertoire?

34 donner Sik les sculptures du muletier

35 et aller dans village avec Sik p empreintes pas

36 Demander Malhotra journal discours Nehru Delhi envoyer à Malraux

37 Ecrire Nehru remercier + le prier obtenir crédit p. Esplanade Capitol + les monuments // dire la splendeur de la région agricole à la limite du Musée de la Connaissance

38 Malhotra au matin faire photo sur village depuis drain 800

307
A = un Kiosque à la limite 800.
n v r j n // les couleurs 29/3/59 // non //
parce que jaune <u>éclaire</u> à droite le rouge à
gauche le vert // n v j r n // oui

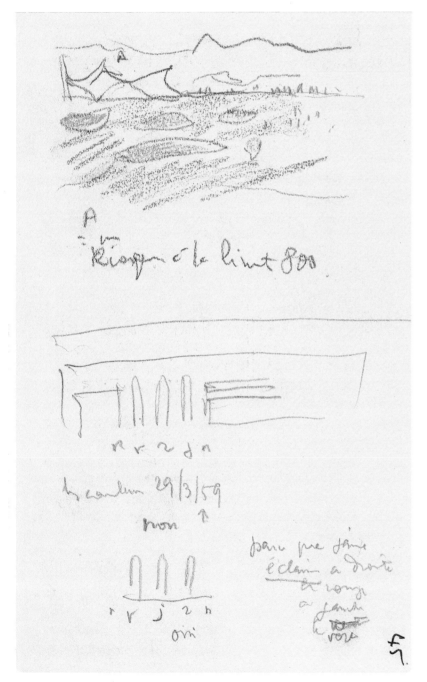

308
39 Reviser (Prabawalkar) le bouchage avec
arbres // V2 Capitol MLA depuis axe G^t H.
40 Prabaw. Peut être shuttering Assembly
escalier Ladies + Secrétariat comme
ascenseurs H^t Court // = bon // béton //
plancher // petit joint = saillie
41. Malhotra urgent "we have the money
for linoleum Secretariat
42. The peopel does not appreciate the
new furniture Secretariat // (M Chowdery)
43 télé Dogra // L-C commencer couleurs
H^{te} C^t
Gupta ingén
44 [L-C] + écrire Doghra planter les collines
during monsoon
45 Attention le PTT avec brise soleil
comme Secrétariat
46 Etudier remettre couleurs cadre derrière
pour arriver à esprit (Secrétariat)
47 Malhotra. bureau poste Bloc 3 peindre
derrière colonnes

309
High Level C^{tee}
Créer une force de rayonnement
1 Musée Connaissance Etat
2 [Musée] Audio-visuel
3 Club Architecte // "Editions Chandigarh"
Reliées à 1 + 2
4 La Fosse de la Considération

310
Musée de la Connaissance // aveugle au
jour
1 le grand goulet d'absorption // 2 le déver-
sement sur le toit // 3 les nefs de démons-
tration
mur aveugle // sud / nord // la rampe

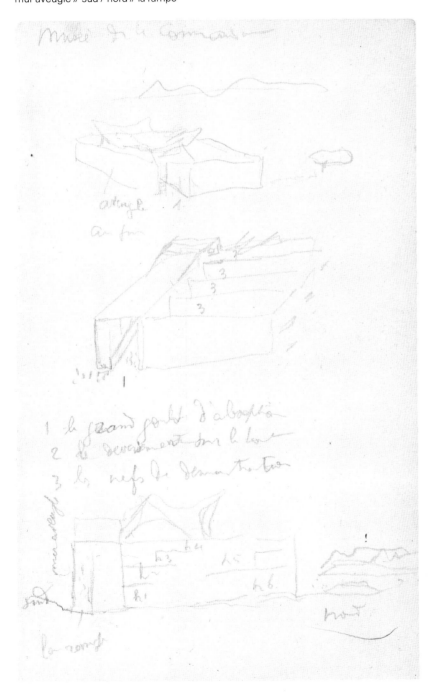

311
coupe
réception d'est // montée des hôtes //
183 cm Secrétariat // here should be 226
or more
mur aveugle avec reliefs // toit jardin
ou plan: // Sud // élément visuel important
= étend la façade aveugle

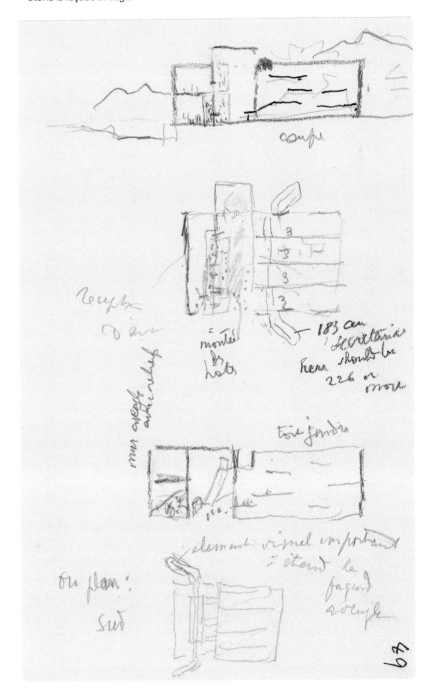

Pour PTT prendre brise soleil du Secrétariat
+ ondulatoire // ça fait plus ferme en
grande surface
ici c'est l'angle brise soleil H^g C^t pour
library // pour <u>PTT</u>
méplat excellent // = H C^t // Attention le
module $^b/_{b'}$ doit être plus grand que celui
du Secrétariat <u>vérifier</u>

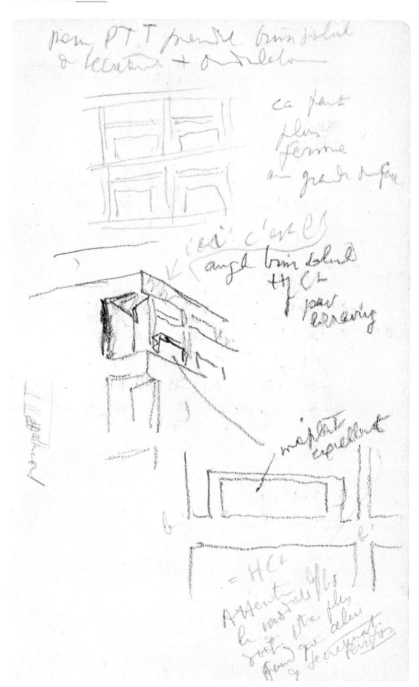

312
<u>Cinéma + photos</u>
Depuis le [pond] du village il y a des vues
sur H^{te} Court admirables.
  Depuis le chemin creux allant du village à
Secrétariat, (à la sortie du village, apparition
du <u>Secrétariat</u> **
Note quand on voit la <u>nature architecturale</u>
de H^{te} C^t dedans et dehors // On s'indigne
devant l'indigence de la SDN Genève +
UNO N York <u>+ Unesco Paris</u> + Défense
Paris
** Au droit du <u>drainage</u> 800 et chemin
creux village, Apparition H^g C^t + Secréta-
riat // + trajet 800 drain derrière G^t H allant
à <u>travers</u> <u>les blés</u> au village = vues sur HC^t
+ Secrétariat // (Ecrire lettre à Nehru
Classer ces valeurs uniques <u>au monde</u> // et
faire fosse Considération au bord des blés

313
on pourrait (Editions Chandigarh) à propos
3 Ets H indien donner photos admirables
par Suédois ou autre demander à ($S^{té}$ //
Magnum // Cartier Bresson (Paris) / faire
un reportage avec Editions Chandigarh
L'agriculture, = art des hommes, et
l'architecture (H^t diapason) atteignent au
même diapason.

315
48/ table G^r // faux? // est réal // est réalisé
à angle vif!!?
49 H Level C^{tee} le problème du mobilier
dans Secrétariat l'évacuer dans le PTT
50 ½ paroi des entrées bureaux du Minis-
tre. A peindre en <u>noir</u>. (portes bois naturel
51/ ondulatoires // la nouvelle porte //
peinture <u>noir</u>

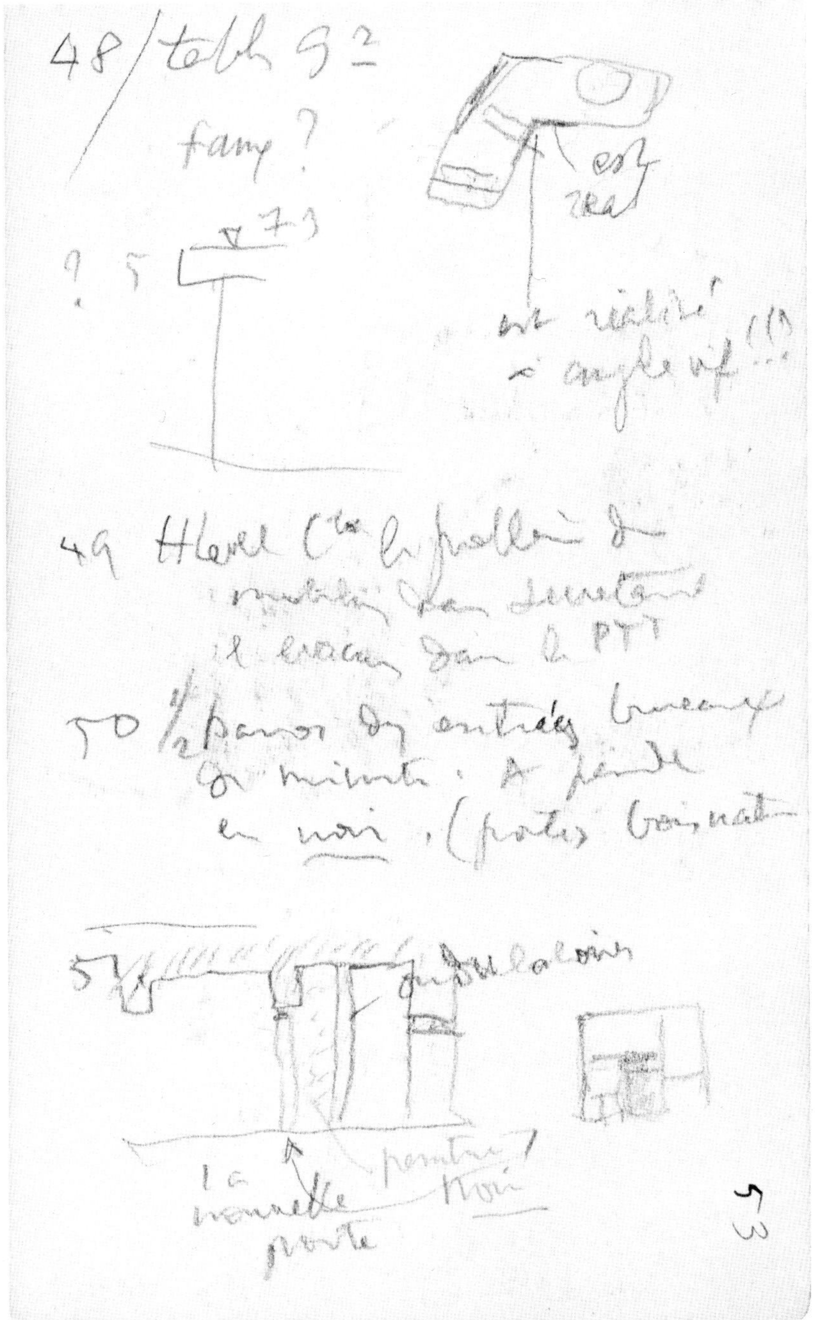

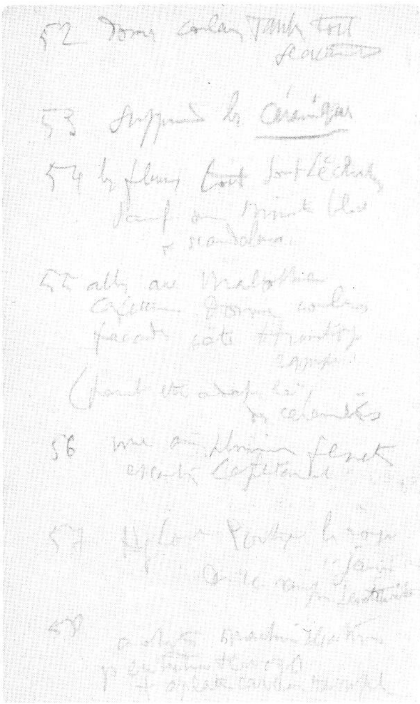

316
52 donner couleur Tank toit Secrétariat
53 Supprimer les <u>céramiques</u>
54 les fleurs toit sont sèches sauf sur
Ministres bloc = scandaleux
55 aller avec Malhotra // Cafétéria donner
couleurs façade côté Himalaya // rampe //
(peut être adopter là des céramics
56 une ou plusieurs fenêtres escalier
Cafétéria
57 H^g Court Portique le rouge // [le] jaune //
de la rampe Secrétariat
58 acheter machine électrique p entretien
terrazzo + aplatir carreaux rampe

317
59 note H Level Ministres cars à l'abri ou
derrière l'œuf vert Mangat Ray
60 L-C parle à Chief Ministres Cairon
donner de la money pour le ''furniture'' du
Secrétariat (dixit Dogra)
61 écrire 1 lettre à Ministre des coope +
double à Nehru: L-C ayant étudié la
réforme agraire (. . . .) désirant établir
1 type de Coopérative de village derrière
800 m au titre de modèle et pour protéger
le site Capitol et le site agraire

318
31 mars. 59 // pour Governor Gadgyl. (9 h.
matin)
Chandigarh créer une Force of radiation
Label Chandigarh
  a/ = Museum of Knowledge.
  b/ institut ''audio-visual'' // training //
exhibitions and school of arts.
Edition: Label ''Chandigarh Editions''
Engager Neogy, here immediately // Create
Small Commette. // The Governor //
Mr Nehru // [Mr] Radha Krishna. // Mangat
Ray // Le Corbusier

319
Havre Marseille / 3 Ets H // Amsterdam //
Hamborg Trieste // [Hamborg] Salonique //
Dantzig Odessa // Leningrad Moscou Tur-
kestan Tashkent // Londres // Paris // Mar-
seille // Alger // Toggourt // eau // terre //
fer // Combiner Cartes
La Main Ouverte pour recevoir et pour
donner // au moment où le monde moderne
éclate d'infinies richesses, illimitées intel-
lectuelles et matérielles
(autographe sur Gd Dessin L-C sur sommet
Bhakra dam 24/3/58

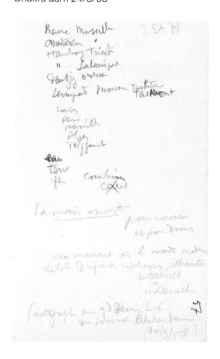

320
plaza devant Secrétariat

321
obélisque with mirrors

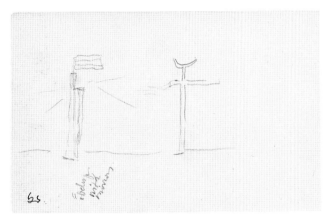

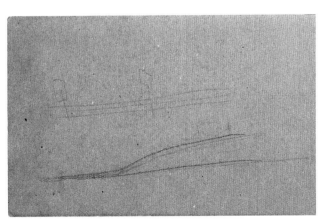

323

322
1 Seul local avec forêt de poteaux ?? // ou
5 murs portants p.

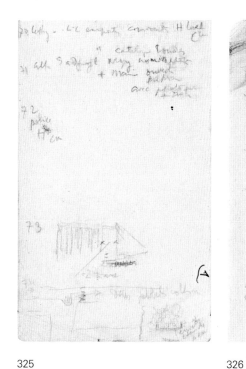

325
70. lithy – L-C emporter convocations H
Level C^{tee} // [emporter] catalogue Londres
71 lettre Gadgyl Neogy nomination // +
Main Ouverte // Bakra avec photograph +
arch
72 police H^t C^t
73 // = 2 travées
74 // dam pebbels colline // cuvette étanche
p eau // réserve

326
75 ... après texte anglais Bahkra // Main
76 Malhotra faire photo modulor fer p
Modul 3
77 Malhotra me montrer les couleurs
H^g Court Cafétéria et Cie
78 Ecrire G^r + HL Committee rédiger pro-
tection des architectures du Capitole
79 L-C avec photos + kodachrome du
pignon H^t Court faire 1 communication à
Paris // Une œuvre plastique au canon à
ciment = une Sixtine de ciment
80 Ecrire Vohra L-C maître du parc Capitol
interdire aux juges de prendre des initia-
tives

327
Know // collection / workshops // audio
visual // training institut
l'Agora

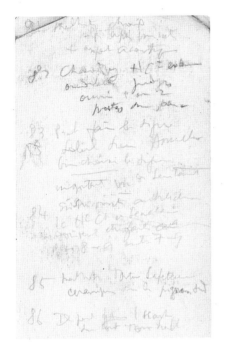

330
tableaux // Erasmus: la petite caisse de maisons de l'eau est peinte en <u>ocre rouge blanc</u> valeur 30 à 40% // = une nappe de couleurs valables // se souvenir pour tableaux // ocre rouge blanc à 30 ou 40% // éclatait en plein soleil comme couleur <u>d'ambiance</u> (faire en matroil des papiers de cette <u>valeur couleur</u> p. ambiances à 40 ou 50% de valeur

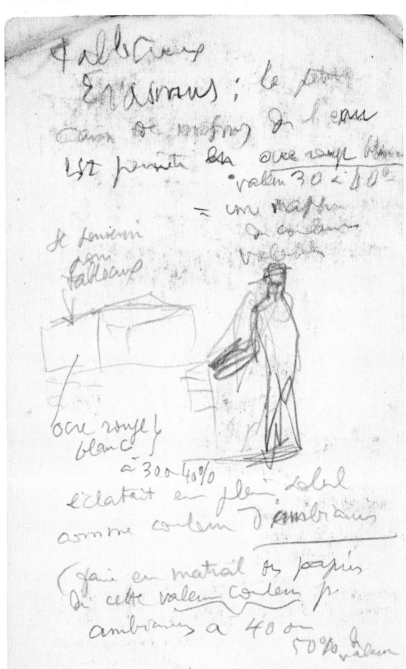

328
81 Malhotra choix du tapis ministres + aspect acoustique
82 Chowdry HC^t extension ondulatoires judges ouvrir 1 ou 2 portes sur parc
83 Prab faire le signe Soleil Sur Assemblée <u>bien choisir</u> le signe important <u>Vu</u> du Secrétariat
84 Guider visites architectures la H^t C^t et Secrétariat doivent être faits en 8 – 9 entre 7 – 9
85 Malhotra Toiture Cafétéria céramiques sur le pignon Sud
86 Il faut faire 1 search sur toit Town hall

329
87 Pierre Prévoir extérieur bureaux Town Hall <u>à côté</u> = nécessaire pignon toit abris
88 Prabawalkar Esplanade Capitol // revoir dessin planter quelques arbres dans le ciment <u>isolés</u> // et eau courante? caniveaux
89 Praba exiger régulation dans niveau eau [ponds] H^t C^r
90 Malhotra les finitions H^{te} Court tout le fretin?
91me Donner spécification Couleurs Secrétariat pour Berger Harris Paris

331
très beau sous l'arbre = collines et Mon-
tagnes
sud / nord // Coupe
à peindre = [pluie] à l'est
est // ouvrir // vu du nord

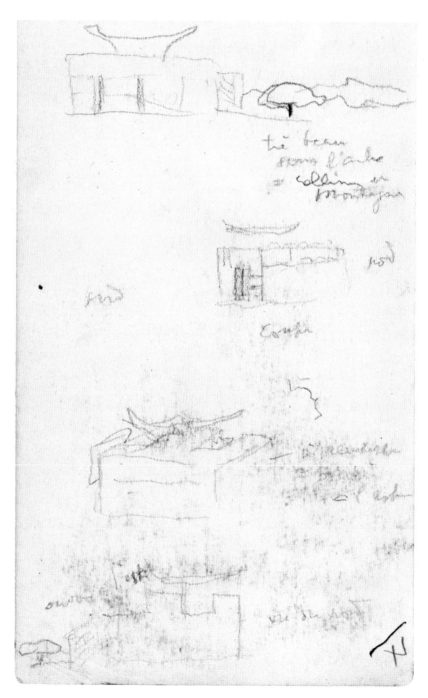

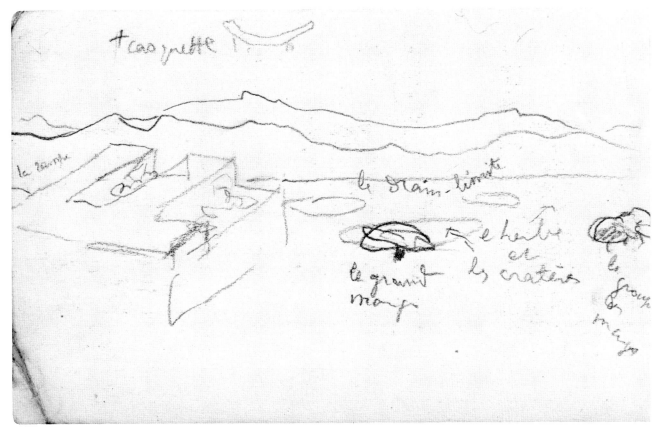

332
+ casquette // la rampe // le drain – limite //
l'herbe et les cratères // le grand mango //
le groupe de mangos

333
vide / plein / vide / poteaux
ou // vide // ple... / plein

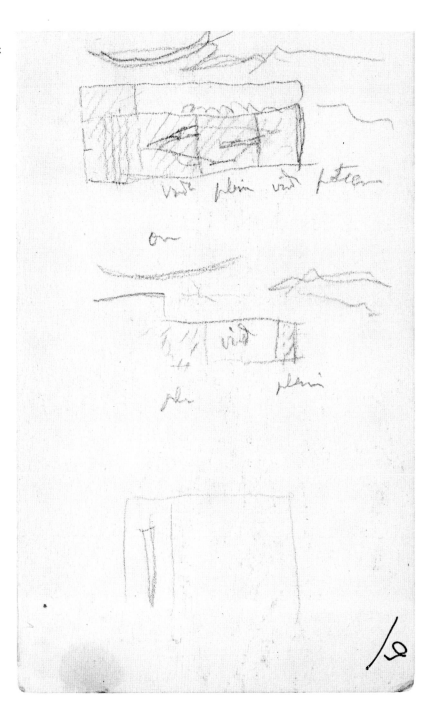

334
maison // mangos // cattle / wheat /
paysan
photo p. Malhotra. // jardin de Knowledge

335
Ecrire Randhakrisna vice président // p.
Main Ouverte // Bhakra et agora Chandi-
garh // lui envoyer la Grille agora // Fosse
de la Consideration

336
93 Eclairage nuit façade Secrétariat // + H
Level, tables des Ministres
94/ Dogra!
95 arbres à feuilles
96 Ecrire Chowdry j'exige voir le mobilier
et les signes
97 Urgent Chowdry // les opus brique et
béton pour HC[t]
98 je ne veux pas de petites fenêtres / H
Court.
99 Attention Praba les autos Cachées
dans les tranchées!!!

337
chef d'œuvre / Chandigarh dimanche
12/4/59
les montagnes // la fenêtre qui regarde: //
le bois // = 224 // – 090 // 1.30 m² de bois //
le verre 4 fois // le vide = 2 m² 24 // la vue
est gratuite. le bois est cher // il s'agit ici
d'une villa faite par un idiot près de la
maison habitée habitée par P J[t]

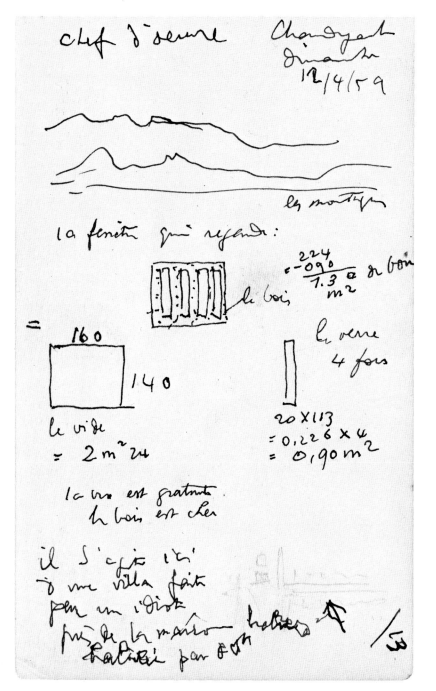

338

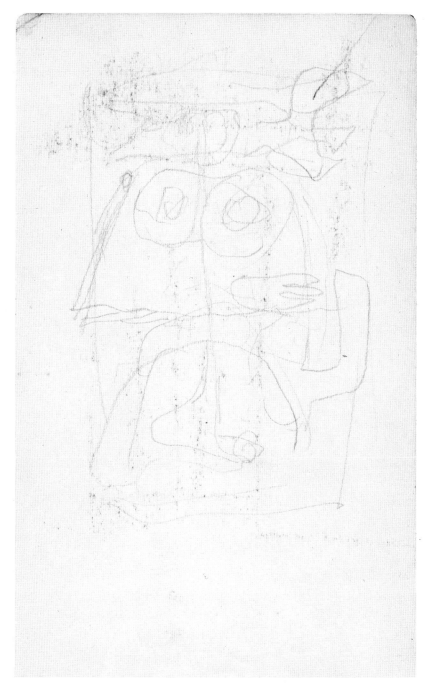

340
Salle Governor
la table est bien la place est bonne. // A
l'extérieur le Cadre // extérieur blanc //
jaune // peut rester jusqu'à prochain
voyage // Attention la prise de courant
devant la porte balcon = très dangereux!.!
// le tuyau a été refait par Mathu!! // à refu-
ser // les ... exiger mobiles // les autres
tables en jaune // [en] noir // en blanc.

341
Dogra. L-C accepte les plafonds 2′ × 4′ à
condition que économie soit employée
pour l'angle
ici = béton brut
à peindre en noir // en jaune

339

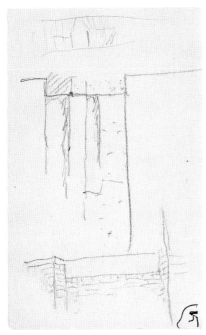

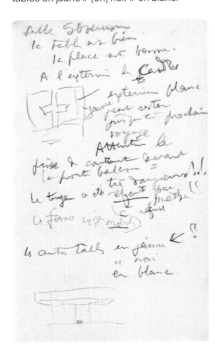

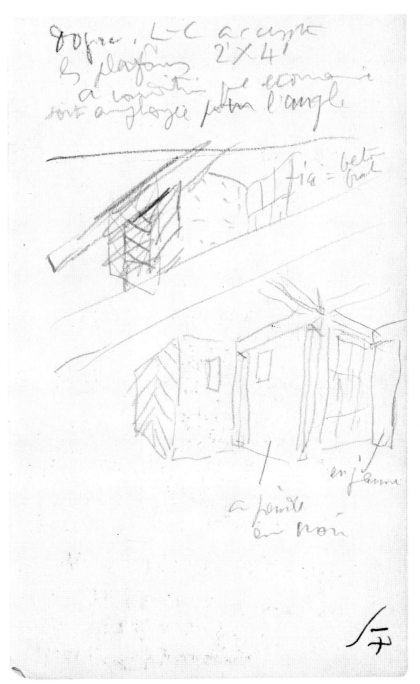

342
porte double // jaune // bleu // fond / sur
ciment // = au sommet cafétéria / à
reconstituer.
vert / jaune // extérieur // niveau dessous
Cafétéria
bout cafétéria

343
Praba Dogra // Totaliser économies sur
Colline Secrétariat (cesser bull dozer)
Eclairage Ondulatoire // = 0 // 1 lampe
toutes les 3 travées // lampes le plus faible
possible
Retour <u>CUB</u> les Ondulatoires en couleurs
différentes à l'ext + int

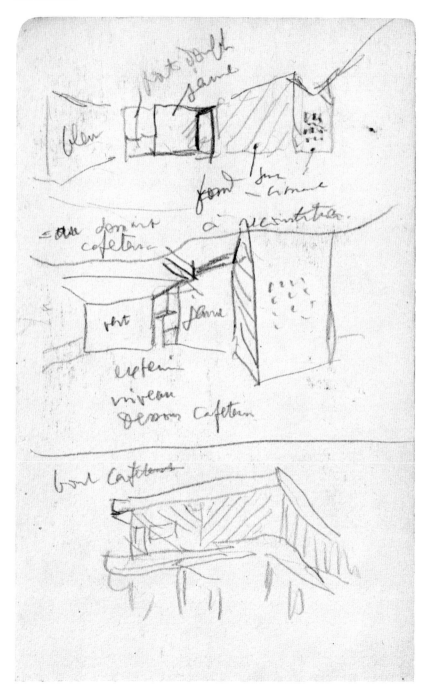

344

chaises level Chef Ministre dans vestibule
ascenseurs = canné et métal = bonnes p
ministres
Parking vélo // = 2 // et non superposé //
??? // = 4
!! je refuse les fenêtres garage vélos

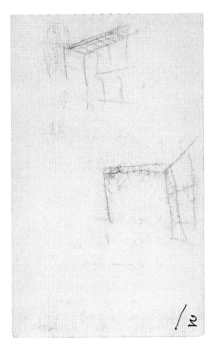

345

346
Pierre Jeanneret // W-C anglo indien – //
baignoire assise

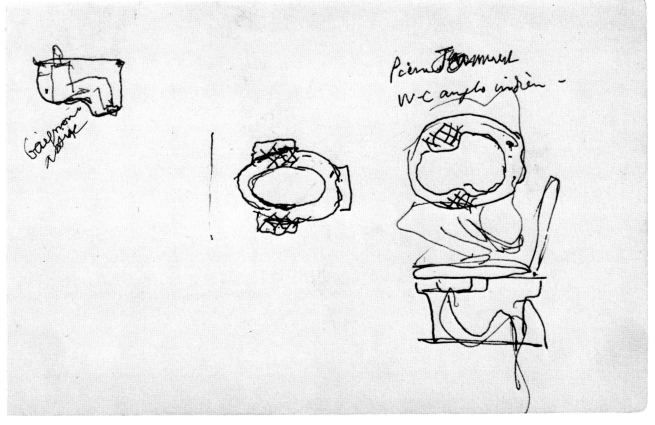

347
spillway // tout le terrain en <u>peupliers</u>

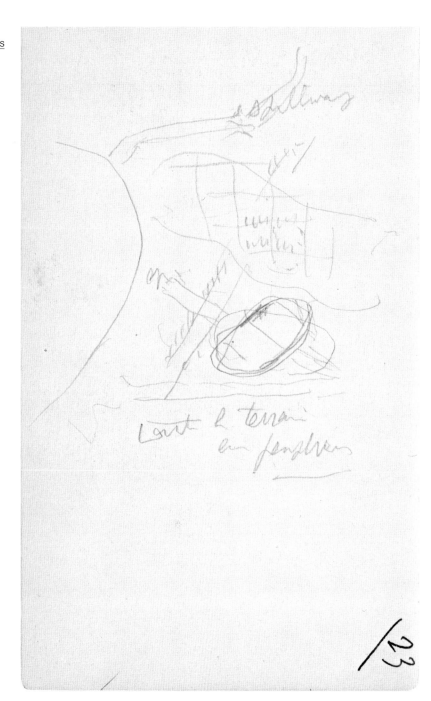

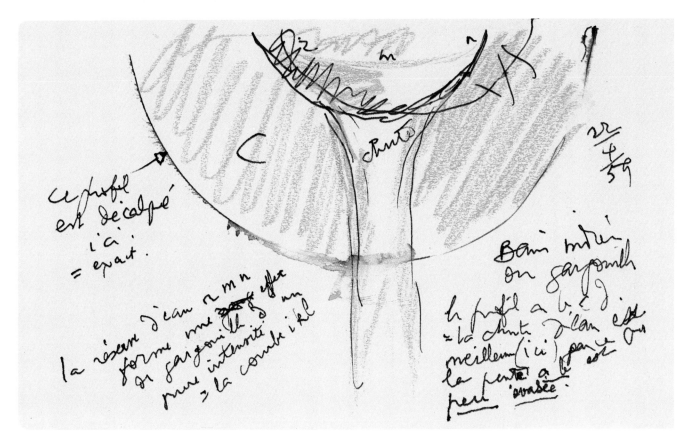

348
22 // 4 // 59
chute // Ce profil est décalqué ici = exact.
// la réserve d'eau r m n forme une effet de
gargouille d'une pure intensité = la courbe
i k l // Bain indien ou gargouille le profil a b
c d. = la chute d'eau est meilleure (ici)
parce que la pente a b est peu évasée.

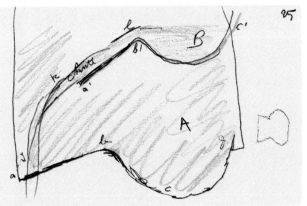

349
chute

350

Sub Committee H-L // Delhi 23 april //
Rhandhava office
1° (Journaux) "State building + Museum
of the knowledge" // urb du morceau //
note Neogy // 1° engager Neogy (le convo-
quer à 5 heures pm)
2 // urb V2 Capitol université // (1) étant en
contact avec "Audiovisual Teaching Insti-
tut" (inclusive Art Science)
3 // + collections + Expo temporaires +
[Expo] itinérantes // plan Maisonnier
4 PTT building offices p. Bureaux Secréta-
riat extension
5 Monument Esplanade a/ 24 heures
solaires // b/ course soleil // c/ monument
de l'ombre // d/ monument modulor // e/
main ouverte
6 paiement honoraires pour 3 + 2 + 1

351

7 The preservation of the Building and
plantations in the Capitol

352

V^ce Président Rhandakrisna 23/4/59 à 19½
1 les monuments Cosmiques Humains =
Esplanade
2 la Main Ouverte = la page tournée =
recevoir et donner = les temps modernes
= nouvelle phase.
3 les Signes contemporains: // a/ Cosmi-
ques = Soleil // b/ humains = 24 heures
ombre et respiration // unité = modulor
martyr m^t // c/ Solution = Open Hand // d/
exploitation = Museum of knowledge. //
e/ préparation = audio-visual teaching-
institut // f – contact: les collections + les
échanges // (la photo (agrandie) = nouveau
type de collection et musée

353

23/4/59 Nehru
1 . de G + mal + slg
2 lettre à droite automobiles
3 une langue internationale de travail La ré
(son)
4 le modulor paix Pied pouce et déci-
mètre // = harmonie humaine beauté // =
la fabrication mondiale
2, King Edward's Road // 7.30 pm.

354
Mesha the cooling with pipes! interdire
généralisation autres cooling // Dogra
Retour // envoyer Ministres Chandigarh //
+ Vohra // + Bandari + Kairon // chief jus-
tice // Strassova organiser ça // magazine
avec photo H Cᵗ // article fait par moi // où
je porte le problème devant l'opinion //
(suite incident Savoye // blasphèmes H Cᵗ
à Delhi etc // Secrétariat j'ai fait Contrôle
Soleil aérateurs // et créé arch indienne
des temps modernes →

355
la table des Ministres // le problème avec
Kairon // + ministre de Chandigarh // ''Nous
Sommes en démocratie'' // L-C [démocra-
tie] = ordre : la tête sur les épaules, // les
mains au bout des bras.
et room // table le ministre saura qu'il est
ministre // le visiteur saura qu'il est chez
1 ministre
joindre photo maquette Capitol // + [ma-
quette] Assembly // + Sculptures gravures
du Sik

356
Retour envoyer Ministre de Chandigarh //
+ Vohra // + Chief ministre // pedigree L-C
académies
The dam // Lumières a et B // désigner par
1 ABCD // 2 ABCD // 3 ABCD // 4 // 10 // à
envoyer à Prabawalkar
les Signes ozalid à renvoyer à Praba.

357
Pour les Signes Esplanade // Capitol //
introduire quelques [ponds] // comme à
Delhi astronomie // Mᵗ
Expo itinérante // Delhi, // Boesiger écrire à
Varma // + [écrire à] Rhadakhrisna // +
Nehru // catalogue // Neogy // Rhandavar //
+ Vohra.

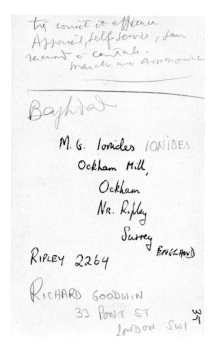

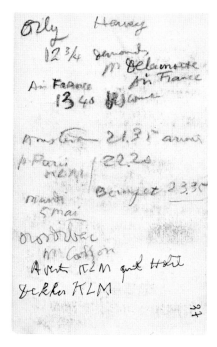

358
Rectifier documents // H L Committee //
dates 24 // 4 // 59 // et non 23
Air-Port Santa Cruz // Bombay // le dᵣ de
l'aéroport (que je connais) m'abrite dans
son bureau (très chic!) // Air conditionné //
70 × 50 cm // coute 200 £

359
très correct et efficace // Appareil, self
service, sans raccord à centrale. // marche
avec ammoniac
Baghdad

360
Retour // acheter rasoir électrique de
1ᵉʳᵉ classe // (Air India)
Air Port Rome 26/4/59
a/ les grandes pistes lisses d'envol //
(Esplanade Chandigarh il faut courage de
la simplicité // triple // b/ les avions alumi-
nium brillant + héraldique puissantes cou-
leurs = 1. esprit neuf hors des "arts-
lézards"!!

361
Orly / Harvey // 12 ¾ demander M Dela-
motte // Air France
Air France // 13 40 Viscount
Amsterdam 21.35 arrivée
p. Paris KLM // 22.20 // Bourget 23.35 //
Mardi 5 mai
... // Mʳ Cosson // Avertir KLM quel Hôtel //
Dekker KLM

362
autos // autos // fossé d'eau // les auto-
routes Baghdad // 2 troènes + fossé =
eau deux fois par semaine (irrigation)
M. Djell N. JALILI // acting Director General
Development Board Section II //
Mr. PLATOUNOFF
René Dumas // Equipement International //
4/6/35 Masbah Baghdad // Post office
BOB 327

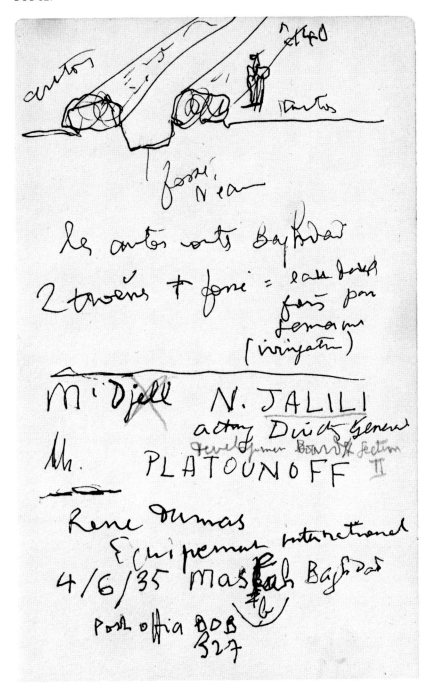

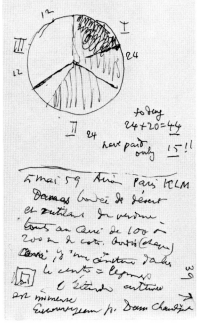

363
today // 24 + 20 = 44 // have paid only
15!!

5 mai 59 Avion Paris KLM
Damas bordée de désert et rutilant de
verdure tout au carré de 100 ou 200 m de
côté, bordé (chaque) carré, d'une ceinture
d'arbres // le centre = légumes // l'étendue
cultivée est immense
  Encourageant p. Dam Chandigarh →

364
La ville de Damas (l'ancienne) semble
admirable, intacte hors de toute atteinte
moderne // Les places, les arcades, palais.
etc le dédale homogène, serré des rues.
Toutes les toitures blanchies à la chaux ..
Des carrés et rectangles roses (briques) =
dallages ou terrasses des places de palais
entourés d'arcades.

Puis une seconde enveloppe de ville
arabe, homogène. Puis les assauts
modernes, autour.

Beyrouth est à 10 minutes d'avion, le
Liban touche à Damas. Montagnes et
jusqu'à le mer, forêts, cultures, verdures
et le territoire entier constellé d'habitations
parsemées – Puis la mer.

A 32 minutes: Chypre   A 2½ de Beyrouth
Athènes // à 11h08 Chypre est extraordi-
nairement, admirablement, totalement
cultivée = un soin parfait

365
A 12h20 Rhodes (le port) puis les Iles
montagneuses peu habitées, pas d'agri-
culture.

Adorables profils sur l'eau bleue mate
(cobalt + blanc = à 20%)
Chypre a eu des criques prodigieuses: les
cobalts, turquoises, intensités sous
marines (vert acide) // Chypre une croute
de pain dorée

Cette vie des archipels sans routes
d'autos, sans autos fait rêver, les rives
désertes
L'Asie mineure est au contact permanent
(le littoral) // Anciens bateaux de pécheurs,
mer vide

Nyarkos

366
Survolant Athènes Salonique la Macédoine
les Balkans à 15 h ½ (heure Bagdad): Ron-
champ est pur, totalement fondamentale-
ment. Le Baroque est baroque! Ça suffit. Il
illustre la cause qui fît se dresser l'Europe
contre le faux, l'abus, l'emphase le men-
songe de Rome et provoqua le schisme.
– Le schisme ne conduisit à rien en matière
d'expression humaine.

Mais Ronchamp échappe à Rome, trouve,
sans l'avoir cherché, le contact avec l'ori-
gine. Rome est un immense poison.

Je survole Danube, Balkans Athènes, les
Archipels. J'avais en 7 mois fait ce voyage
sac au dos, il y a 50 ans. Et j'ai

367
vu et appris l'architecture
   Et je n'ai pas rencontré Rome qui n'était
pas sur cette route. Rome qui a façonné
l'Occident, mais avec quels dégâts, non au
prix de répertoriés encore: l'esprit de vérité
y fut molesté!
De Salonique (avant et après = belle agri-
culture géométrique et ordonnée)
à Belgrade // par Macédoine garder le
grande épine dorsale militaire des Alliés –
la route moderne, – suit le thalweg, traver-
sant tout. Les cultures très soignées La
grande route est dérivée à côté des agglo-
mérations.
Tant de pays tant de surface →

368
Sont réglés par le thalweg = le chemin
naturel des hommes. = entente, = utilité
= accord
L'avion, imperturbable, ne cesse d'être en
accord avec la grand route qu'il retrouve à
tout instant
Attention: la Main Ouverte // Bhakra
dam // Aluminium: + vermillon // + jaune
cadium moye // + peut être noir // [peut
être] blanc
– jamais bleu (ça ''espace'' et il ne faut
pas // + éventuellement rouge cramoisi (?)
Au nord de Belgrade, les cultures sont
exemplaires: tracées sur vastes dimen-
sions, très grande échelle, et beau! Ça a
quitté l'individuel.

369
De Belgrade au Nord, l'avion suit une auto-
strade formidable un peu sinueuse mais
immenses ondulations
   Tout ce pays entre Belgrade et Budapest
est en pleine grande culture agraire (Il
semble que ce soit la plaine hongroise)
– A l'Escale de Budapest un Egyptien tra-
vaillant à Baghdad (architecte) me dit: ''Il
paraît qu'on vous a expulsé de Bagdad!!''

370
Audiovisuel // Les Etudes operationnel-
les // ainsi analyse // solution // exposé //
aff Meaux // Conf Presse // = plusieurs
ministres // grandeur et décadence // chez
Ch de commerce // conséquence = //
prévisions // dispositions nouvelles // a/
Knowledge Capitol // ...: b/ + audio Visual
teaching institut // Cultural center // a/ p.
ministres G^r et députés // b/ p. education
formation

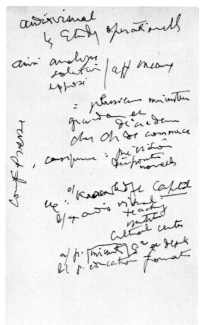

371
cuvette pieds – // bidet – // torchons – // +

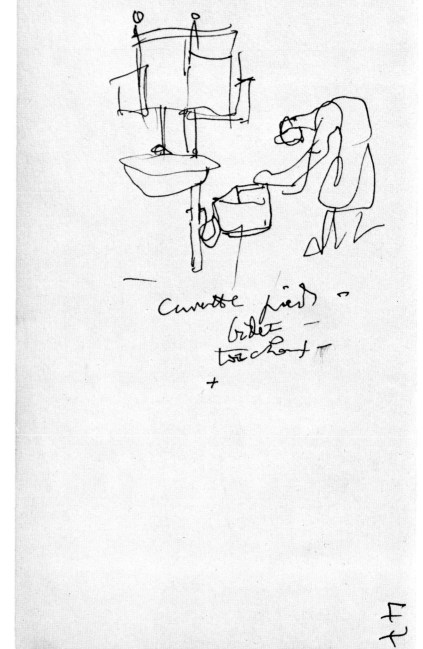

372

''Vous avez atteint un niveau....// !'' // oui oui, supposons un niveau de un mètre, une altitude de un mètre. Cela signifie mille millimètres conquis l'un après l'autre, successivement, inlassablement: patience, persévérance, obstination, volonté, désir, = caractère.
''Ecraser l'infâme'' // Vu chez Leslie Martin // Sandy Wilson ou Voltam chez Leslie Martin // envisager 1 petit bouquin Corbu peintre Collection METHUEN and C° // Methuen London // ''The little library of art = (achevé d'imprimer par J. Monnier Clichés Perrot et Griset // format 15 cm × 11 cm // 15 planches couleur 16 pages de textes et graphisme

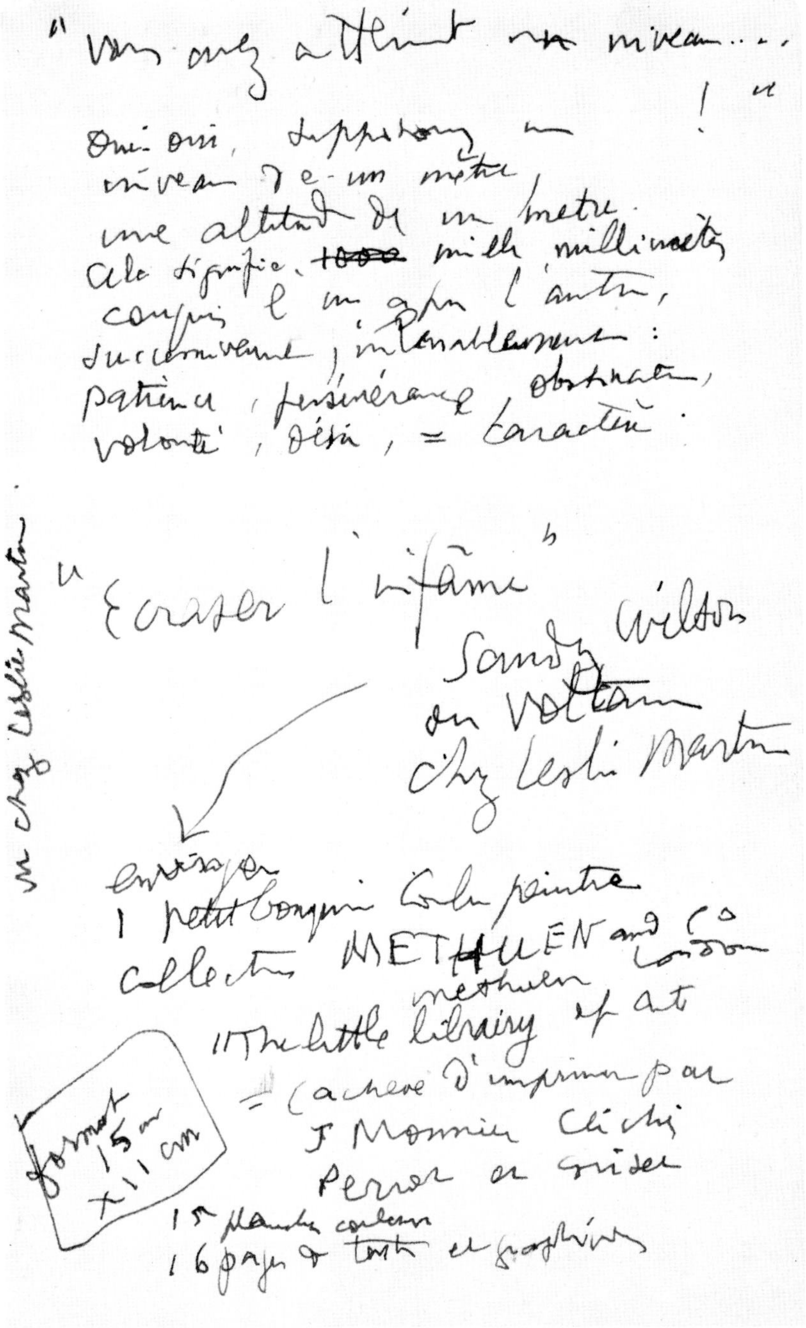

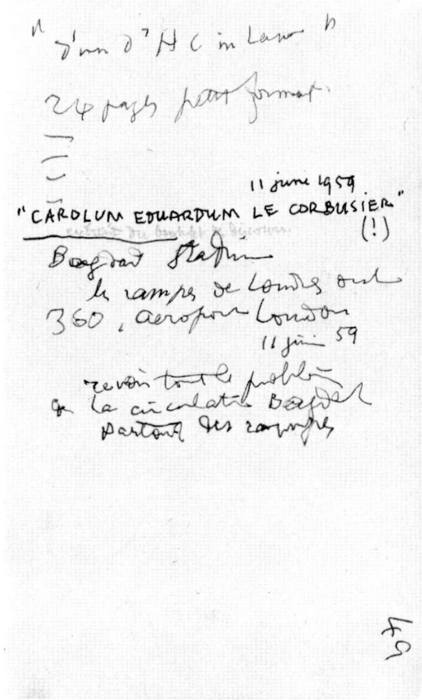

373

''d'un dr HC in Law'' // 24 pages petit format. // 11 june 1959 // ''CAROLUM EDUARDUM LE CORBUSIER'' // (!) // extrait du booklet des discours. Bagdad Stadium // les rampes de Londres ont 360, aéroport London // 11 juin 59 // revoir tout le problème de la circulation Bagdad partout des rampes

374
L-C I // I les HC assis // II un HC (L-C) est consacré (sacré con) par le Chancellor // III l'HC va s'asseoir // le cortège à travers les squares de l'University // la procession à travers la ville // rues // les rues // la foule // green ...

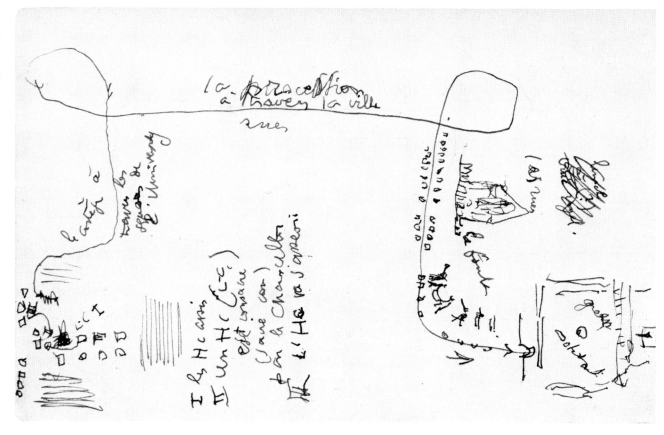

375

Moore / L-C / Chancellor // 300 hôtes / à
bas l'Académie!! // Chancellor // L-C //
Finch // Bhaba // Moore // T Williams // L-C

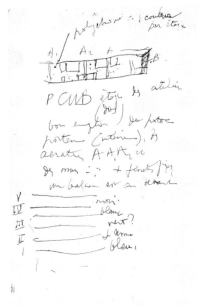

376

polychromie = 1 couleur par étage // P
CUB étage des ateliers // (dos) // bon
emploi du poteau porteur (intérieur) des
aérateurs A A_1 A_2 et des murs / + fenêtres
fixes un balcon est au devant
V / noir // IV / blanc // III / vert? // II /
jaune // I / bleu,

378

émau très bon taureau / 54/65
très bon 55/46 1 LC/2/56 // très bon /
2 LC/2/56 // 55/46 les mauvais
3.5 T100 Fig arbalète Wells coats
100 Fig je rêvais 1953
4 / 100 2 musiciennes // Expo Boston /
Expo Boston // 1936-37
100 F. 2 figures et arbre jaune 37 // Expo
Boston
à conserver 100 F, Taureau XVI 1958 //
oiseau Banzi
T80 Fig // 2.8 // Scraffiti aux 4 poissons //
1932-47
T80 Fig Léa 1931
T60 table apéritif et chien // 1938
T60 Violon et St Sulpice 1930
nature morte 1923-40 // T60 (double de
1923) // aux nombreux objets
21000 Fig 60 Le coquetier 1939 1927-39
à conserver Nature morte jeanneret
1926 // Fig 40 violon verre + bouteille
1925
Fig 40 Carafe + verre 1926 jeanneret

379

Dr H.C. in law Cambridge // 11 Juin 59
CIAM la Sarraz 28 SDN // langue de travail
unique
Le Modulor = décimales dans Pied
Pouce // [Modulor] // Fabrications
mondiales // [Fabrications] normalisées
conserver // T40 // Trois Bouteilles 1928
Jeanneret 22 // T40
conserver // T40 violon 1920 [Jeanneret]
T40 1.4 Mains Croisées sur la tête 28-39
à conserver // T40 Bouteille et livres 1926
[Jeanneret] // = idem
à conserver // T60 la charette à bois et
baigneuse 1935 L-C 35
T50 Compotier et bouteilles vert et bleu
Jeanneret 27
T60 le masque et pigne de pin 1930 LC
à conserver // perspective animée 1932 //
la femme au guéridon Jeanneret 28

377

Musée Stockholm tableaux
type Copenhague 5 tableaux // tapisse-
ries // rideaux acoustiques
Osaka / rideau
Bouxin // Malraux ministère tapisseries le
taureau et l'étrange oiseau
Seydoux ambassade de France // tapisse-
rie
Sydney Australie = mural
Tokio / photo mural
Philips Eindhoven musée
Heidi Weber mezzanine carton ''le
moineau // 2 émaux dessin arch // papier
collé grand

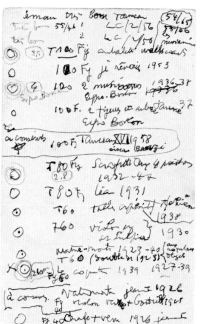

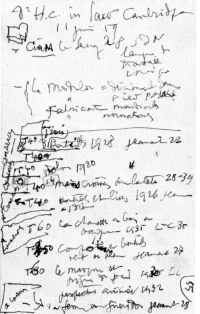

380

Bouxin 17 juin 59 // Malraux Palais Royal
Tapisseries // les 4 dessins conf
Bruxelles // tapisseries Ambassade avec
Seydoux Majestic
1 Seydoux // 2 Fouchet // 3 Muracciolle //
traite // traite l'árgent // ''les postes cultu-
rels'' à l'Etranger à Berlin frère Seydoux

381

19 Juin 59 – 17 heures
 Télé: du Cabinet de Mr Sudreau: le
ministre quittant Paris a laissé une note
me chargeant de vous dire qu'il vient
d'accorder l'autorisation à Claudius Petit,
de vous confier la construction d'une Unité
d'Habitation à Firminy
18h¹/₂ Cabinet de M Diebold Hôtel de
ville, commissaire de l'habitation à la
Région Parisienne: Présence de son chef
de Cabinet + Siadoux – L-C et Présenté.
Dans le programme actuel vous allez avoir
à Meaux une unité à realiser en 1960, la
seconde en 1961 sur votre plan d'urba-
nisme de 5 unités incorporé dans l'ensem-
ble de Meaux. J'ai demandé d'être obligé
d'obtenir et d'organiser dans chaque unité
les services communs (spécialement,
ravitaillement + maternelle)
 Les types du Lot et Garonne ont écrit à
Présenté qu'ils avaient le financement
d'une unité là-bas.
 Présenté + Rosset // a le concours finan-
cier du problème Gare d'Orsay Paris avec
L-C (financiers: notaires allemands) =
100000 m² de plancher dont un hôtel de
1000 chambres.
 — on bâtit actuellement l'unité de Briey
en Forêt. = 1 // Meaux = 2 // Lot – Garonne
= 1 // Firminy = 1 // + Malraux Demande
pour // note pour midi sur ambassade de
France Brasilia

382

Salma –
Oreille [Fenestration] // dessous pied =
mort (parfois) // ongles poussent très
vite // temps passe [très vite] // marche
matin souffle poumon un peu // (hiver
davantage

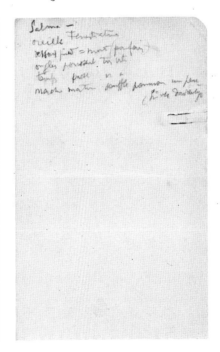

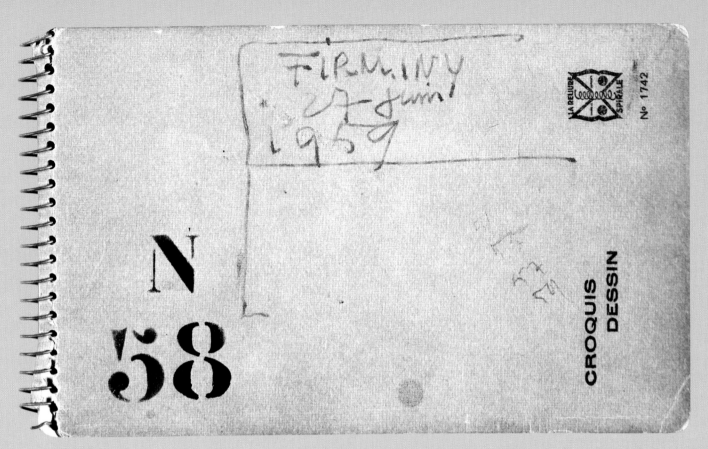

383
FIRMINY // 27 juin // 1959 // 51 // 55 // 57 //
59 // N58

384
<u>LE CORBUSIER</u> // 35 rue de Sèvres // Paris 6 // Telé Littré 9962 // [Littré] 5260 // Ce carnet important peut être envoyé à cette adresse.

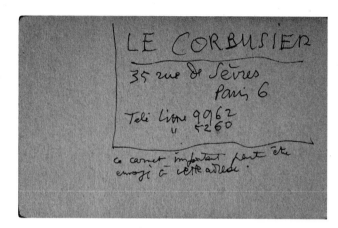

385
27 juin 59. // Unité Firminy
  le complément en maisons familiales type lignée La Rochelle + [type] familles = 1 peuplier // le tout extrait de l'Unité =logis type.
<u>Firminy</u> // L-C // Maisonnier = Unité / CAB // Xenakis / M. des Jeunes // Tobito / Stade en terre
Présenté Gardien + Rebutato // A Bona? // BC

386
Stade Firminy // côté ''M. des Jeunes'' // on maintient les rochers visibles. pour scène
Dixit Claudius le stade + M des Jeunes // est réalisé en dossier administratif qui est actuellement en circuit
Stade en remblai terre + crassier // gradins dessus
Entreprise ''Stribick // (Polonais) // Jean Charles (?) // faire 1 lac piscine façon ''<u>Melèzes La Chx-de-Fds</u>'' à la place du foot ball actuel // Réponse Claudius <u>non!</u> il y aura lac artificiel vers petite rivière en bas, à l'ouest de l'Unité Corbu // (L-C Etablir un chemin vers ce lac

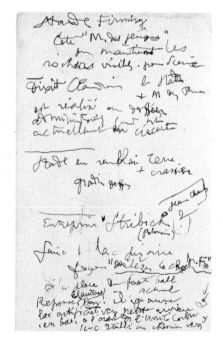

387
le parc // Unité // ''Firminy Vert'' // Terrain
foot ball // la carrière // + Stade

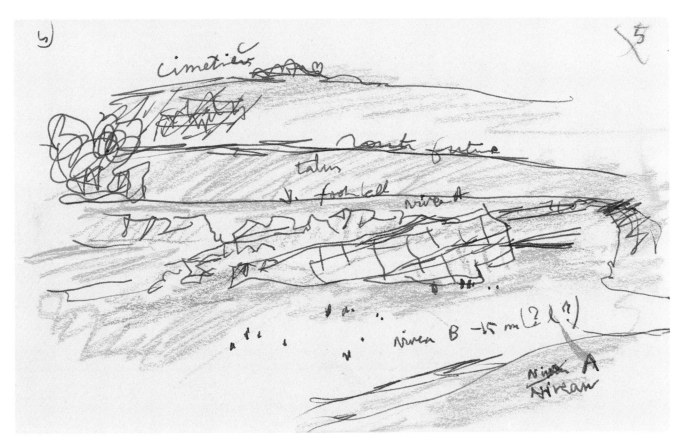

389
cimetière // route future // Talus // foot
ball // niveau A // niveau B – 15 m (?) (?) //
Niveau A // Niveau

390
Henri // m'acheter chez Henri // Rue de
Rennes // Rapidographe // (Allemand) // à
remplir avec encre de Chine ordinaire. //
(pour le plus pointu) // il y a 3 sortes de
grosseur de trait) il vaudrait mieux mettre
de l'encre <u>sépia</u>.

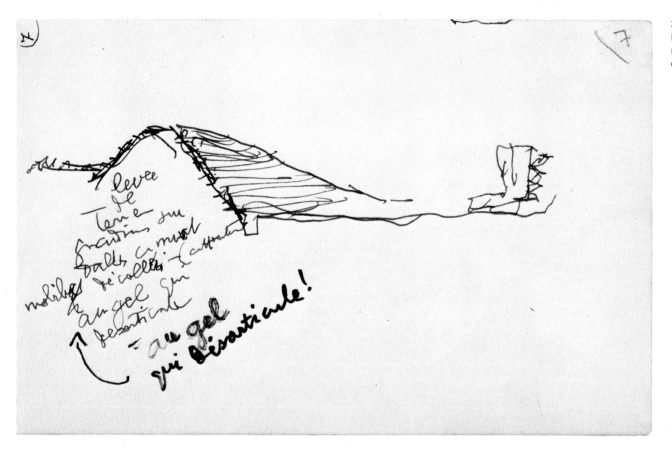

391
levée de terre gradins sur dalles ciment
mobiles décollés – (attention au gel qui
désarticule = au gel qui désarticule!

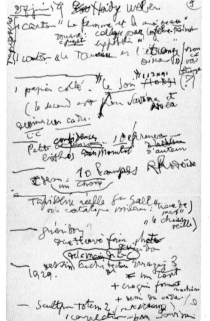

392
27 juin 59 Heidy Weber
Tapisserie
1 carton ''La femme et le moineau'' //
douane: = projet // collage par Lefebvre-
Foinet // exposition [par Lefebvre-Foinet]
1 carton ''Le Taureau et l'étrange
oiseau'' // non ça va au tissage
1 papier collé. ''Le soir'' 113 × 91 (?) // (le
second est pour Savina et Nola // dessiner
un cadre. // L-C
Petites Confidences – 10 épreuves
d'auteur // Lithos Edit. Mourlot
Idem = 10 lampes Rhodoïde // un choix
Tapisserie réelle St Gall // voir catalogue
Milan: ''trace de pas'') // ''le chien veille)
guéridon? // dire Hervé faire photo
guéridon
1929. // dessin de la main de L-C architec-
ture Errazuriz 3 // de / = un tout // + croquis
format machine // + dessin du cadre.
Sculpture Totem 2 (vert et rouge) // 1 cor-
rection par Savina

393

1 // UTSON. // de Copenhague // 5 tableaux
(1927 1938) // 1937 2 Figures et arbre
jaune // 100 Fig // Table d'apéritif et
Chien'' // T60 paysage. // le coquetier 1939
60 Fig // Nature morte bouteilles et verre
Jeanneret 40 Fig // 1ere facture / Nature
morte rose gris et vert T60 Fig.
2 // 3 Tapisseries (retour de Londres) // b'/
les huit/ a) le chien veille // b) Traces de
pas dans la nuit // c) à tisser le taureau et
l'étrange oiseau // d) + la femme et le
moineau // 5 émaux // 1 tableau T80 //
''1923-43-59'' = nature morte aux nom-
breux objets 2ème version
4 // Sydney Opéra // ambiance dans rocher
= panneaux émail = muraux
3 tapisseries acoustiques
Savina L-C La Femme (Bois) 5

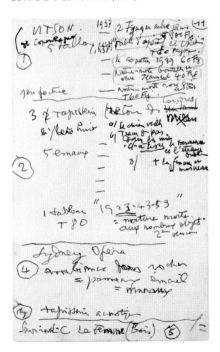

394

sur fond noir et peint Fort
HUTSON Martin // les grands émaux pro-
menade rochers + Salle opéra? mural
émaux // Note importante On exécuterait
chaque chose en 2 ex – 1 p. Musée d'Eu-
rope, l'autre p. Sydney. Si, un élément
cassait on aurait possibilité de disposer
d'un modèle (le double) p. réassortir
6 // Hutson encadrer ensemble 4 émaux

395

27 Juin
1 Firminy // 1 Stade // 1 maison jeunes //
1 Unité 400 logis
2 Meaux 1960 1 Unité // 61 1 [Unité] // = 2
1 Briey 1 [Unité]
1 // 5 // Lot et Garonne. 1
Tourette Mimi + Gardien // Bagdad //
Tokio // Knowledge musée Capitol // PTT.
City Center // Bhakra // Visual Museum
Boston Sert

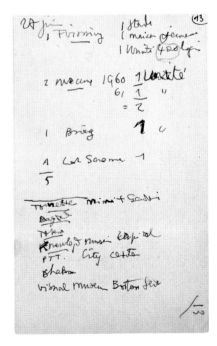

397
Savina à faire en Grand: // les 2 mains. //
Corriger la grande polychromie 1957 ou
58. // + en grand la polychromie femme et
l'enfant // d'après dessin (dernier) //
photo Hervé existe. // + la tête les Cornes
et la nageoire en grand.

396

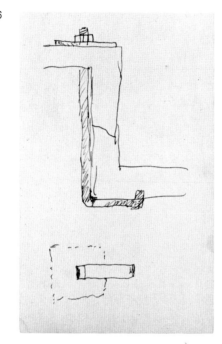

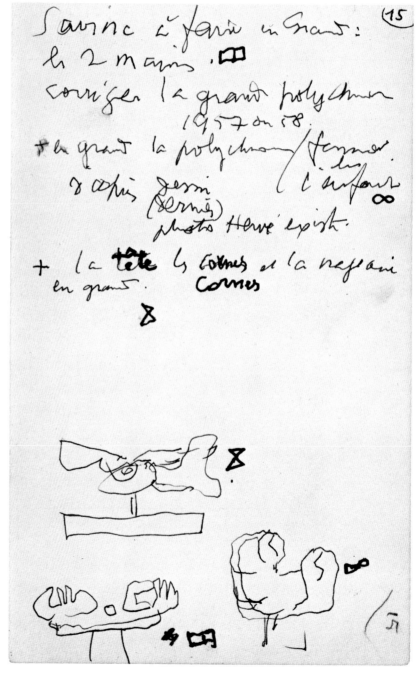

398
parler à Présenté! // fissure 24 NC // Gardien + Mimi + Bona Firminy // Stade Firminy en terre + Crassier // + gradins dessus // Entreprise Stribick, hors d'œuvre + plancher artificiel

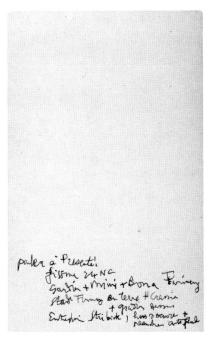

399
Atelier 35. S. Gardien // Rebutato / Chantiers // Faucheux / calendrier // 1 // Maisonnier // Xenakis // Tobito
le 20 // 7 // 59 // je découvre dans revue "Forum" une école de Reydi (Rio) gabarit de notre maison de jeunesse Claudius Firminy. Ce projet fait en 1953 (?) 35 Sèvres à "fini" à Rio et est exécuté avant le. nôtre

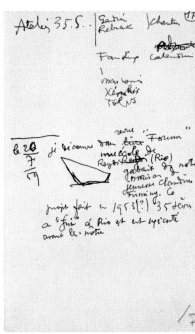

400
16 Juillet 59 (Métro)
ou // P^t // rampes 9m large // Secrétariat Chandigarh

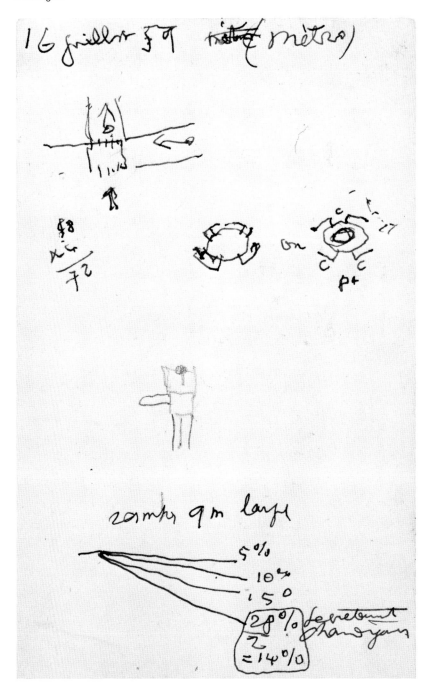

401
Bagdad Stade // Sortie

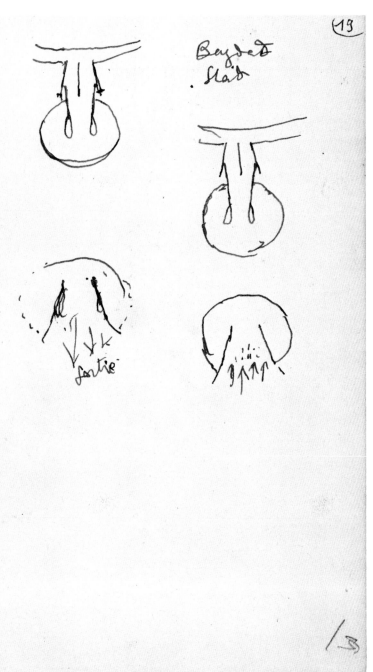

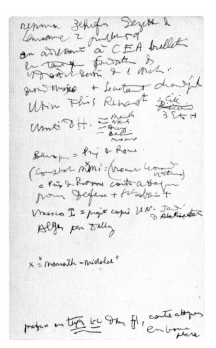

402
réponse Zehrfus Gazette de Lausanne
2 juillet 59 // en adressant à CEA bulletin
en tant que fondateur des ''Droit et Destin
de l'Arch: dessin Unesco + Secrétariat
Chandigarh // Usine Flins Renault = cité
linéaire // 3 Ets H // Unité d'H. //
Marseille // Nantes // Briey // Berlin //
Meaux
Baroque = Prix de Rome. // (complot MMi*
... Leonard victimes) // = Prix de Rome
contre attaque pour Défense + St Gobain
+ Unesco I = projet copie UN. Jardin
d'Acclimatation // Alger par Dalloz // * =
''Marseille-Michelet''

préface en <u>texte L-C</u> dans Ħ contre atta-
quer en bonne place

403
31 Juillet 59 Matin Métro
Décision Atelier 35. Sèvres
principe // ing / arch // = conclusion du
livre ⊞ // renvoi des dattiers
L-C // Andreini // Dessin Jullian //
Oubrerie // Calendrier Tavès // Présenté //
Gardien // Mimi // = direction // Présenté /
L-C // Ducret
hier j'ai reçu le Who Who de Londres avec
mention YV Gallis mariée 1930
Meaux // industrialisation // isothermie //
insonorisation // appartement équipement
travaux // Meaux // Firminy // Stade // Jeu-
nesse // Unité Habit // Musée Boston //
[Musée] Knowledge Capitol (Chandigarh)
à terminaison // – Couvent // – Briey // –
Tokio musée
Signes: il se trouve que pour la première
fois depuis la mort d'Yvonne, j'ai mis (hier
avec tache verte, aujourd'hui // avec tache
rouge, la cravatte N.Y 1946 tache rouge

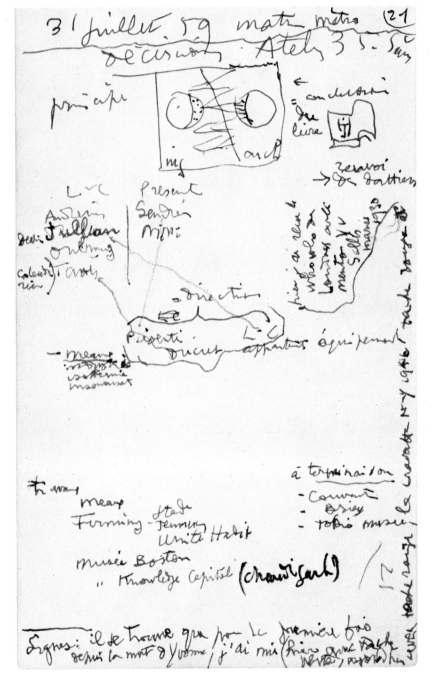

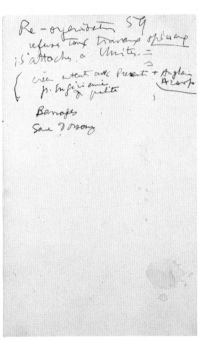

404
Ré-organisation 59 // refuser tous travaux
spéciaux // ... s'attacher à Unités = // créer
entente avec Présenté + Anglais Aroop //
p. ingénieurie de qualité // Barrages // Gare
d'Orsay

Ré-organisation 59 (Suite)
Ce 31 juillet il se trouve qu'à Bercy je déjeune avec Baudoin + M^r et Mme Faucheux + Boulanger (Boulogne sur Mer)
  J'entrouve la ''fenêtre'' de mon projet (du métro ici page 21). Je leur reparlerai en Septembre.
  Faucheux p équipement
  Boulanger comme adjudant (calendrier, prix etc) l'après-midi Baudoin me dit: le toréador à besoin impératif d'une équipe: les banderilles, le picador le mantaña, lesquels surveillent le taureau lui assurant sécurité, passage etc.
  La page 21 pourrait donc se compléter par Faucheux // Self made man ayant fait ses preuves. // et Boulanger 35 ans // (études de droit jusqu'à 20 ans. A partir de ce moment s'est voué au bâtiment (les dommages de guerre de ses père et mère à Boulogne/mer. // Désire champ de bataille à Paris.
— J'ai parlé à 16 heures à Ducret d'un intérêt plus grand qu'il pourrait prendre dans la firme Corbu. Il est enchanté!
Je pourrais baptiser: Etape 72 (ans) //
= Et 72
1907 L'Eplattenier // 1908 Perret // 1917 Ateliers d'art réunis // 1921 Bornand // Dubois // 1925 Ozenfant // 1939 P J^t // 1956 Wog // 1959 les dattiers

le gros catalpa // mur // 2.50 haut // 50 cm épaiss // fusain 250 // libre // le tronc // th Voisin // mur 10 cm épais 200 haut // mur 160 haut
route du Simplon // profil // Jardin
en A: l'immense bruit (les autos qualifié par chaussée [par] vitesse // réflexion par 3 maisons et murs de soutenement ... volet // par murette 123 croquis Ƶ // en B intenable. Carré de 10×10 gazon + catalpa // [en] C supportable. Il y a thuya compact th et la maison // [en] D. presque parfait, utilisable. presque silence // [en] E [presque parfait, utilisable. presque silence] surtout en E'
toit hautes herbes et mousse // mur trottoir // route Simplon
le toit est en herbe les murs sont doubles: Sud + en aluminium nord en fer étamé

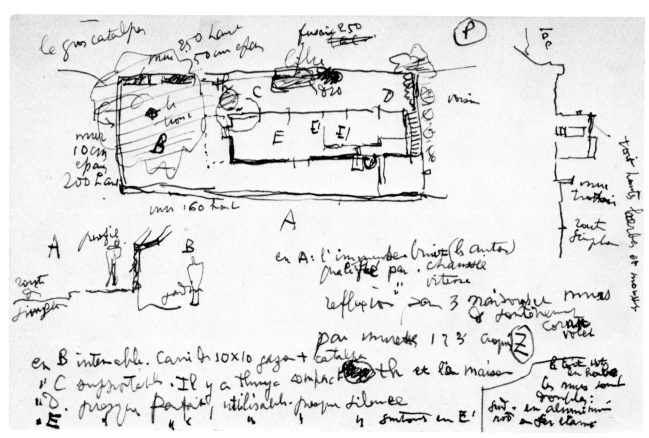

407
Z // ''Le lac'' // route de Lavaux
Il serait utile d'instituer une section
Ascoral Acoustique pour mettre au point
les problèmes d'émission et d'arrivée des
bruits (vehicules etc) et acquérir, conquérir
le silence –
le 10 août 59.

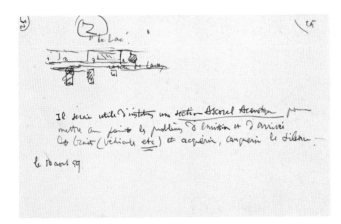

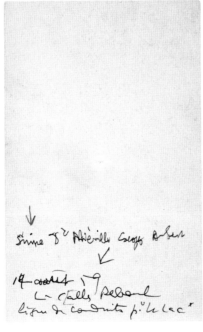

408
Suisse Dr Miéville Georges Aubert
14 août 59 // L-C aller Reboul ligne de
conduite p. ''Le Lac''

409
Electronique // Le Music-hall
Mr Cogatrix // Spectateur idéal dans le
Music Hall ''les Monstres Sacrés'' // Edith
Piaf Josephine // Brassens // Ecrire // Radio
Genève 7 h 45 // ''Le Miroir du Monde''
Genève // interview de Cogatrix le 11 Août
59
L-C: = important = électronique peut être
la révolution avec musique concrète +
toutes les autres musiques

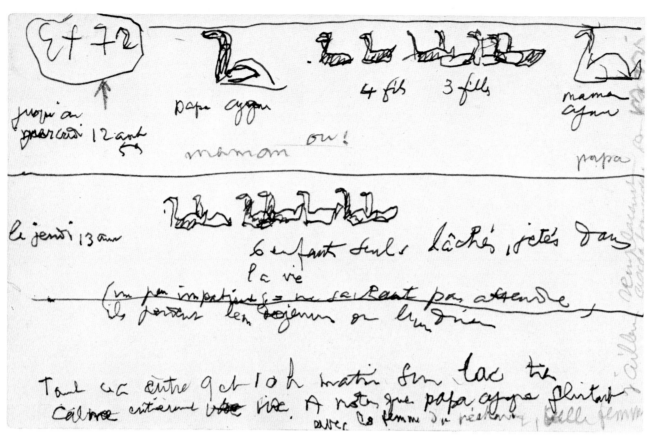

410
Et 72
jusqu'au mercredi 12 août 59 // Papa
Cygne // ou! Maman // 4 fils / 3 filles /
maman cygne // papa
le jeudi 13 août / 6 enfants seuls, lâchés,
jetés dans la vie // (un peu impatients = ne
sachant pas attendre, ils perdent leur
déjeuner ou leur dîner
Tout ça entre 9 et 10 h matin sur lac très
calme entièrement vide. A noter que papa
cygne flirtait avec la femme du pêcheur,
belle femme // d'ailleurs remplaçant
exeptionnellement son Mari

411
vendredi 14 août 59
toutes voiles dehors: papa cygne est en
chaleur; il convoite maman cygne: Elle
fout le camp à plein vol jusqu'à Vevey
2 Km. Elle revient, il retourne vers elle.
Voilà du nouveau: il y a deux dames cygnes
dans le circuit. Le papa toujours gonflé.
J'ai observé cet immense va et vient pen-
dant une heure. // Une seconde femme
avait surgi, prétendante pour la seconde
couvée!

412

Et. 72 // ici: p21+23+28−29 // =
Etape 72 // = âge Corbu
= 6×12 12 = 3/6/12
note pour p 28. Quand les 7 + 2 = 9 arri-
vaient pour bouffer (avec voracité) le papa
cygne se tenait derrière et ne mangeait
jamais (presque)
Corbu de 1945 à 1955 a fait bouffer l'Ate-
lier. (1946-47) // Yvonne L-C empruntent
de l'argent à Soltan et Aujame
Calendrier 12 ans // 24 ans cycle chx
de F. // 36 EN // 48 VR // 60 UN N York //
72 Etape nouvelle

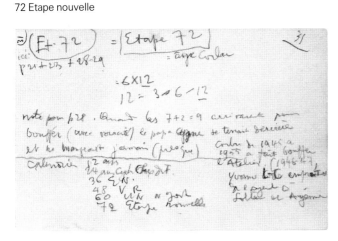

413

27/8/59

Faucheux // Demander SNCF plans
(Wagon) Voitures d'aluminium wagon lit
train Bleu à 19.08 Monte Carlo Voiture
N° 10
Dessin 35 Sèvres // pour Meaux // : repen-
ser les 2 deux chambres compound du
Dr Winter 24 NC
les petites chaises tube chez Robert avec
déchets d'emboutissage. // Sieges caisses
à trous +
le plafond en panneaux diversement colo-
rés. la banquette sous fenêtre = armoires
horizontales le meuble toilette cabanon à
combiner avec nouvelle grille tubes eau
chaude eau froide armoirettes et cuvette

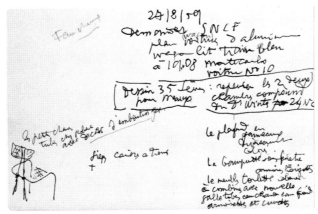

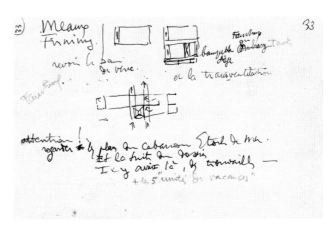

414

Meaux // Firminy. // revoir le pan de
verre. // Faucheux // Faucheux ou
Tavès // banquette siège // et la transven-
tilation
attention! // regarder les plans du Cabanon
Etoile de Mer. Et la suite du dossier // Il y
avait là, des trouvailles + les 5 "Unités de
vacances"

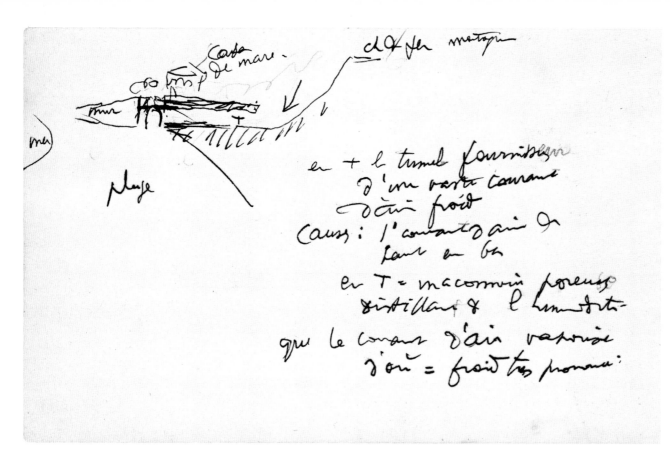

415

ch de fer montagne // casa de mare. //
mur // mer // plage // en + le tunnel four-
nisseur d'un vaste courant d'air froid
Causes: 1' courant d'air de haut en bas //
en T = maçonnerie poreuse distillant de
l'humidité que le courant d'air vaporise
d'où = froid très prononcé:

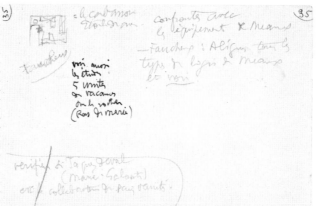

416

= le cabanon Etoile de mer. confronter
avec les équipements de Meaux // — Fau-
cheux: Aligner tous les types de logis de
Meaux et voir. // Faucheux // voir aussi les
études 5 Unités de vacances sur le rocher
(Raz de marée)
Vérifier si Jacques Deval (Marie-Galante)
est le collaborateur de Paris Variétés.

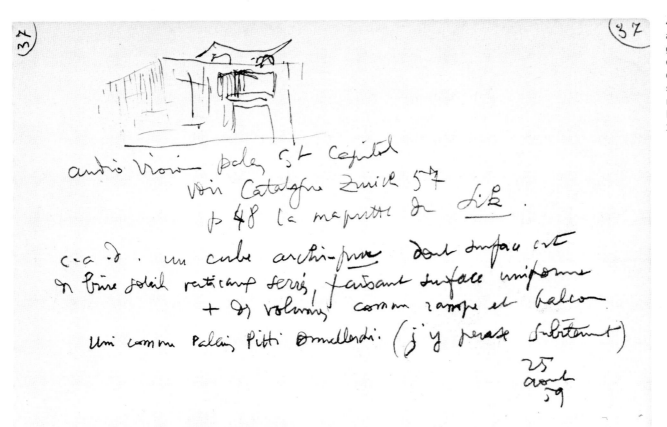

audio vision palais Gᵗ Capitol // voir Catalogue Zurich 57 // p 48 la maquette du Sik. // c-a-d un cube archi – pur dont surface est de brise soleil verticaux serrés, faisant surface uniforme + des volumes comme rampe et balcon Uni comme Palais Pitti Brunelleschi. (j'y pense subitement) 25 août 59

417

418

blanc / bleu // vert / blanc // blanc / rouge // jaune // blanc // noir // noir // nature

419
blanc / jaune // rouge / blanc // blanc /
vert // bleu / blanc // noir / blanc /
blanc // nature / noir // noir // porte en blanc

420
L'arch moderne triomphe en France elle
est adoptée. Vous pouvez aujourd'hui y
trouver un champ d'application de tout ce
que vous avez acquis par vos mains et
aussi de votre travail avec moi vous a
apporté.
Je vous rends donc votre liberté. à partir
du 1er sept.
   Il est bien entendu que je remplirai à v.
égards toutes les obligations légales et
aussi celles qui découlent naturellement
de l'amitié pour autant que les circons-
tances me le permettront
   Vous avez accompli une étape de votre
vie 35 rue de Sèvres. Je suis // bien per-
suadé qu'en pleine maturité vous poursui-
vrez une brillante carrière comme tous
ceux qui vous ont précédé ici et qui ont fait
leur propre vie.
(Train Bleu, arrivée Paris // 8½ h 28 août
59.

421

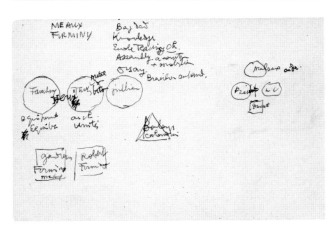

422

MEAUX // FIRMINY // Bagdad // Know-
ledge // Ecole Teaching <u>Ch</u>. // Assembly
acoustique + mobilier // Orsay. // Brasilia
ambassade.
Malraux aide. // Présenté / LC // Ducret
Faucheux // équipement Equiba // Hervé //
Tavès // métal ou béton // arch Unités //
jullian // Boulanger // Calendrier //
Gardien // Firminy // Meaux // Robert //
Firminy

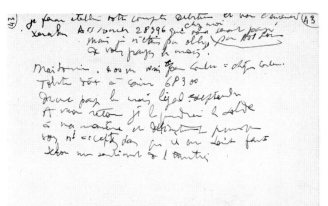

423

Je ferai établir votre compte débiteur et
vous l'enverrai // chez moi // Xenakis Assu-
rance 28396 qui vous seront payés par
Ass Soc // Mais je n'étais pas obligé de
vous payer le mois.
Maisonnier. 400 m versés par Corbu =
chèque Corbu. // Tobito doit à caisse
68300 // Ducret paye le mois légal: sep-
tembre // A mon retour je liquiderai le solde
à ma manière et définitivement puisque
vous n'acceptez pas qu'il en soit fait selon
mon sentiment de l'amitié

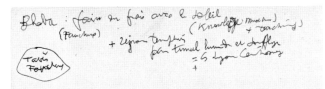

424

Bhaba: faire du frais avec le soleil // (Fau-
cheux) / (Knowledge Museum + teach-
ing) // + régions tempérées par tunnel
humide et soufflage = G Lyon Centro-
soyus // + // Tavès // Faucheux

425
Le 10 sept 59 Vevey Centenaire de
Maman. Cérémonies amis, Conseil d'Etat
1 préfecture, Commune Fleurs et bou-
teilles Télégrammes innombrables
le 11 au retour 9 h. Jeanne téléphone que
l'usine motrice de Bhakra s'est éffondrée
bâtiments et turbines, catastrophe natio-
nale Ce jour, les Journaux annoncent la
tension Sino indienne. Nehru sur la
brèche.

426
Aéroport Genève Cointrin // Les Portes
Coulissantes (vers gauche ou droite des
hangars de réparation // environ 10 m //
pour gymnase Bagdad ou système bascu-
lant Wanner

427
gazon // eau // niveau d'infiltration des
eaux souterraines // 25 m. // 4 à 5 bassins
de 50 m de côté donc 1 compétition =
25 m. // Trouin // Ste Baume
15 sept 59 avec Trouin.

428
obligation 4 m égout de toit? // N // O / E //
S // ...
plancher béton avec grillage à poule ou
treillis soudé à l'autogène // plancher de ...

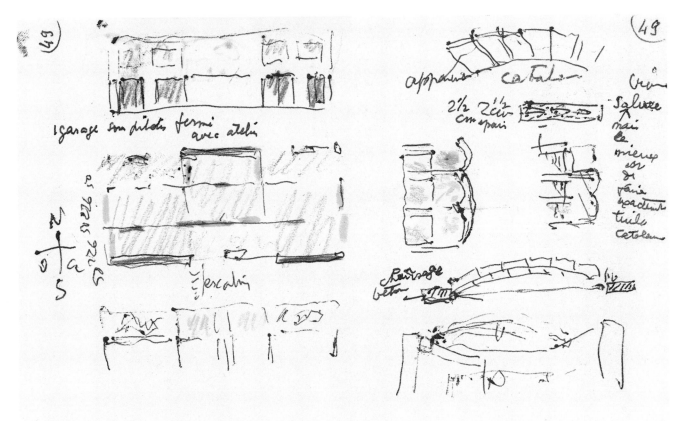

429
1 garage sur pilotis fermé avec atelier //
N // O / E // S // escalier
apparentes // catalane // 2½ cm épais //
2½ cm // brique Saluce // mais le mieux
est de faire exactement tuile catalane //
chaînage béton

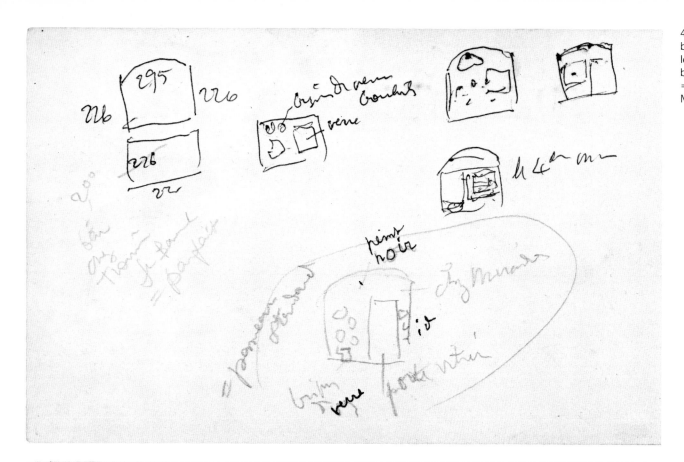

430
briques de verre bouteilles // verre
le 4ᵉ mur
bar chez Trouin Sᵗ Baume = parfait
= panneau standard // peint noir // Chez
M... // id // briques de verre / porte vitrée

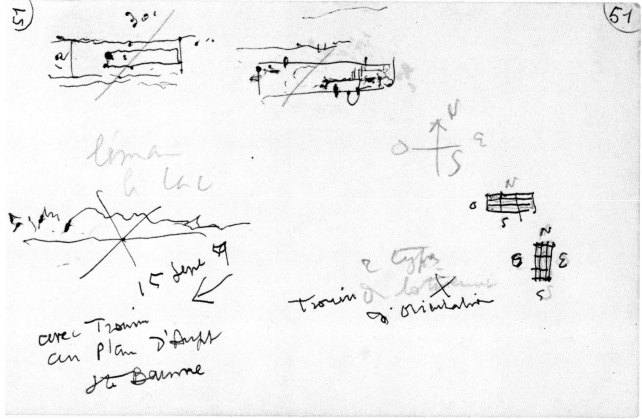

431
léman le lac // N // O / E // S
N // O // S // N // O / E // S // Trouin // 2 types
de d'orientation
15 sept 59 // avec Trouin au Plan d'Aupt
Sᵗᵉ Baume

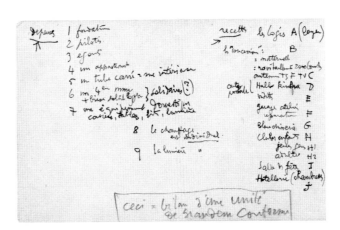

432
Dépenses / 1 fondation // 2 pilotis //
3 égout // 4 un appartement // 5 un tube
carré = rue intérieure // 6 un 4ème mur +
brise soleil loggia solidaires (?) // 7 un équi-
pement domestique casiers, tables, lits,
lumière // 8 le chauffage est individuel. 9 la
lumière [individuel]
recettes les logis A(loyer) // les ''conces-
sions'': / B // = maternelle // = ravitaille-
ment 2000 bouches // antenne TSFTV C //
cartes postales Hall kiosque D // visites E //
garage atelier réparations F // Blanchisserie
G // Clubs enfants H // jeunes gens H1 //
adultes H2 // Salle de fêtes I // Hôtellerie
(chambrette) J
Ceci = bilan d'une Unité de grandeur
conforme

433
5 // Un tube carré longitudinal // 4 // une
boîte jaune de 3m 66 × 18 m. // 6 // une
façade = 4ème mur et loggia brise soleil //
3 // les égouts et canalisations // 2 les
pilotis // à Marseille 250 autos // 1 la fonda-
tion

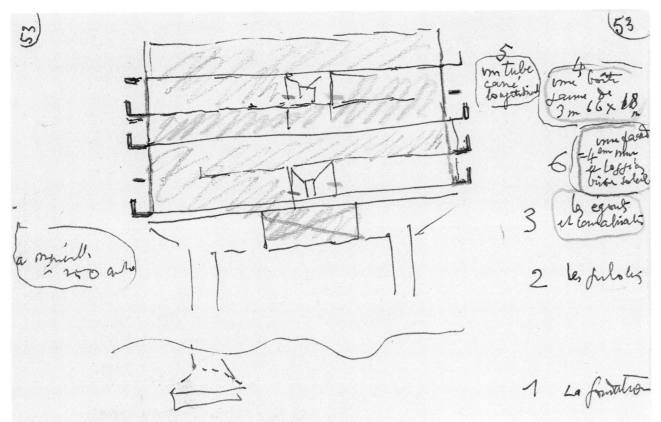

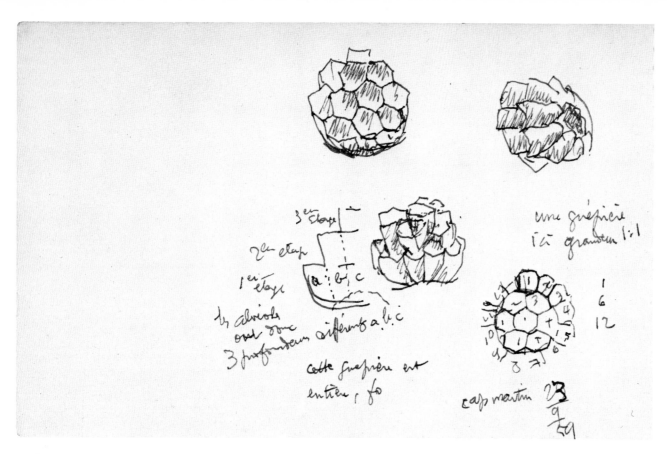

434
Une guépière ici grandeur 1 : 1 //
3ème étage // 2ème étage // 1ère étage // les
alvéoles ont donc 3 profondeurs diffé-
rentes a.b.c. // cette guépière est entière,
fo
Cap Martin 23 // 9 // 59

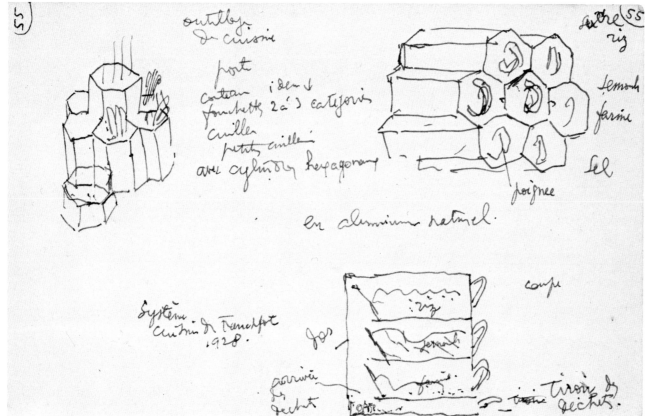

435
outillage de cuisine // porte couteau idem
fourchettes 2 à 3 categories cuillers petites
cuillers avec cylindre hexagonaux
Sucre // riz // semoule // farine // sel //
poignée // en aluminium naturel.
Système cuisine de Francfort 1928. //
dos // arrivée des déchets // riz //
semoule // farine // coupe // Tiroir de
déchets.

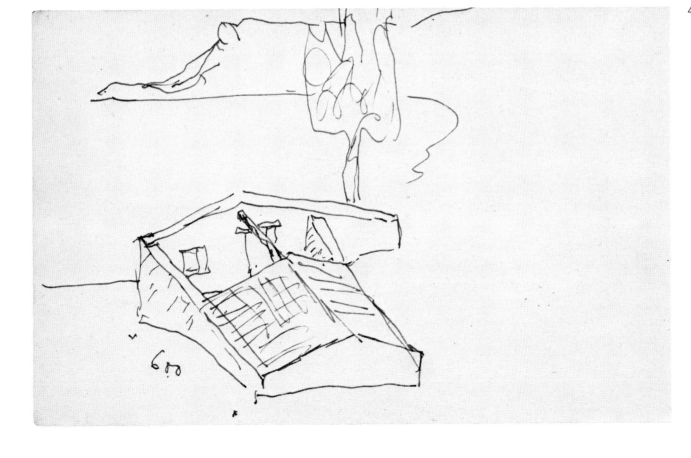

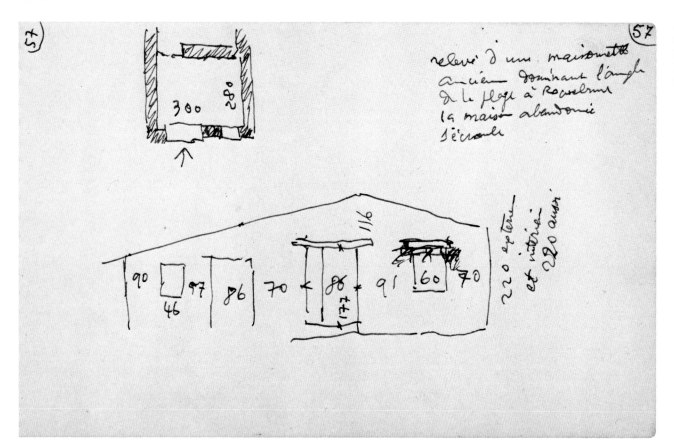

relevé d'une maisonnett
ancienne dominant l'angle
de la plage à Roquebrune
la maison abandonnée
s'écroule

220 extérieu
et intérieu 220 aussi

437
relevé d'une maisonnette ancienne domi-
nant l'angle de la plage à Roquebrune la
maison abandonnée s'écroule // 220 exté-
rieur et intérieur 220 aussi

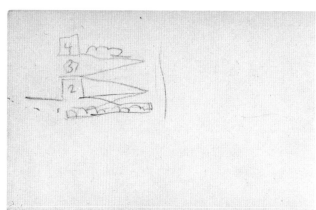

438

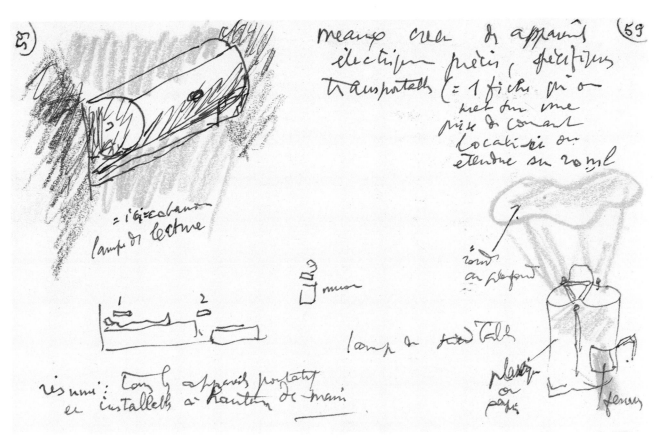

439
Meaux créer des appareils électriques précis, spécifiques transportables (=
1 fiche qu'on met sur une prise de courant localisée ou étendue sur 20m // = ici = cabanon lampe de lecture // mur // ''ronds au plafond // lampe de Table // plastique ou ou papier / fenêtre // résumé: tous les appareils portatifs et installables à hauteur de main

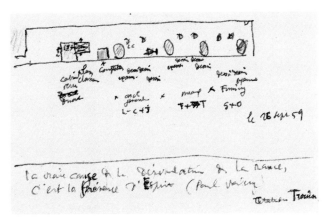

440
cabine // verre // plan // classeur // comptable // examen. // dessin / dessin // dessin // examen // dessin / dessin // dessin // dessin / dessin // examen // Ducret / × arch générale. L-C + J // × Meaux F + T // × Firminy G + O // le 26 Sept 59

La vraie cause de la dépopulation de la France, C'est la Présence d'Esprit (Paul Valéry) // Citation Trouin

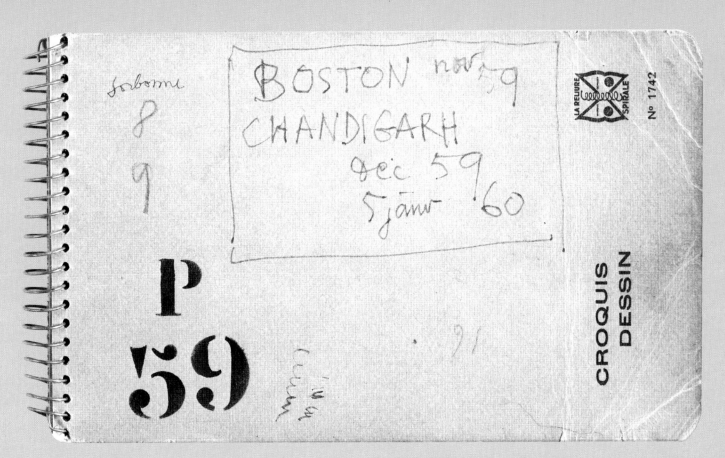

441
Sorbonne / BOSTON nov 59 //
CHANDIGARH // déc 59 // 5 janv 60 // P59

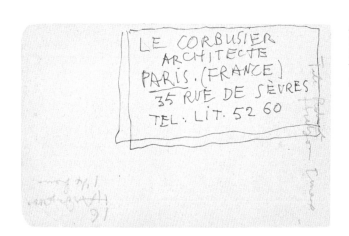

442
LE CORBUSIER // ARCHITECTE // <u>PARIS.</u>
(FRANCE) // 35 RUE DE SEVRES //
TEL: LIT. 52 60 // Télé Robert Hutzon
Emaux // 16 // Harding Avenue // 1¼ heure

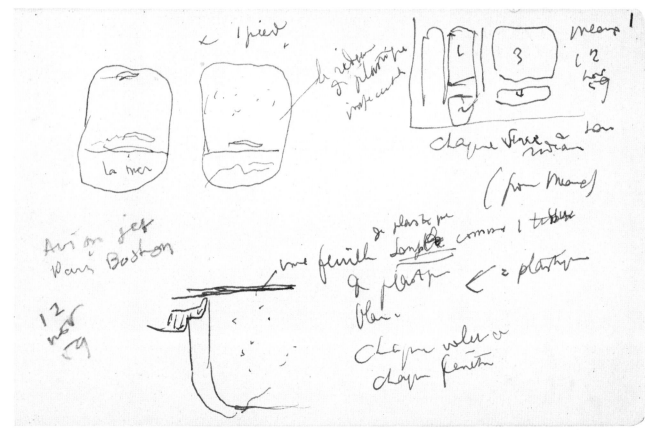

443
Meaux // 12 nov 59
1 pied // le rideau de plastique impeccable //
la mer // chaque Verre a son rideau //
(pour Meaux) //Avion jet // Paris Boston //
12 nov 59 // une feuille de plastique <u>souple</u>
comme 1 tissu de plastique // blanc // =
plastique // chaque volet et chaque fenêtre

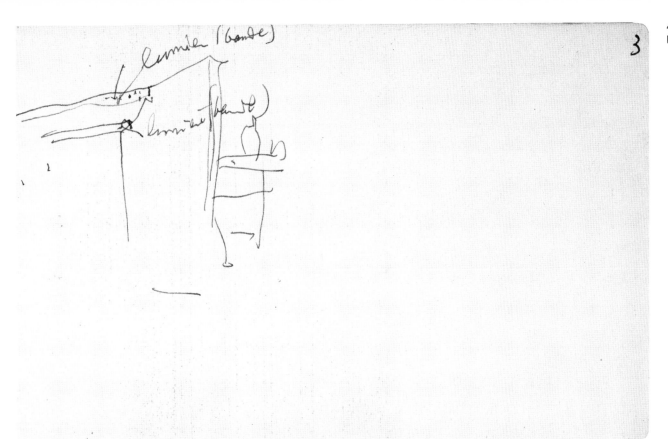

lumière (bande) // lumière (bande)

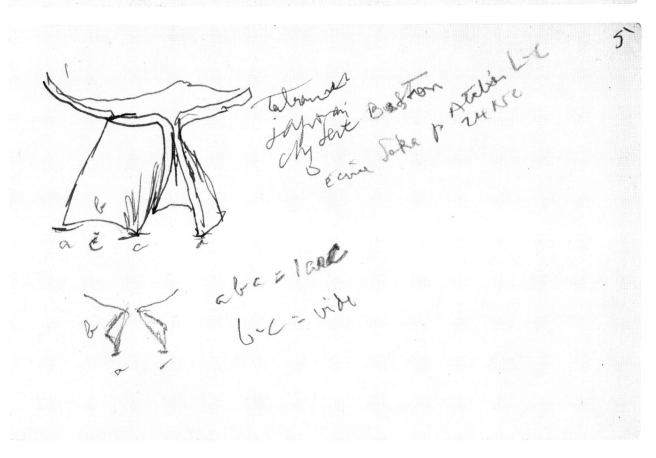

Tabouret Japonais // chez Sert Boston //
Ecrire Saka P Atelier L-C 24 NC //
a b c = 1 arc // b-c = vide.

447
attention Boston
  il faut qu'il y ait un Cavedji (à la Turque)
pour établir contrats. // contacts // Boston //
Visual museum // 12 - 15 nov 59
il y a du granit gris
la spirale du toit du musée doit devenir
une piste de jardins et rocailles dressée
dans le paysage et formant paysage.

446

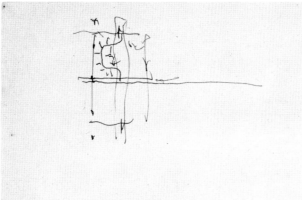

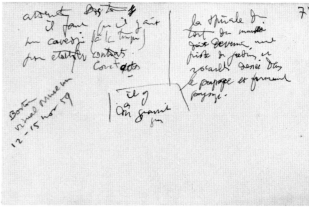

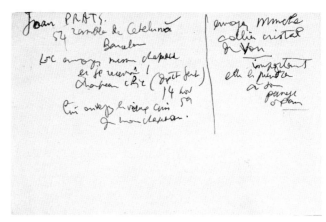

448
Attention Braziller // Hervé refuser énergi-
quement
Retour // il s'agissait que L-C fasse critique
avec photos Capitol de Hervé
le president de Harvard University
Nathaniel Pussey. //vice Président
m^r Réginhald (finances) // Doyen du College
de Harvard / Georges // Mac // Bundy. //
13 dean // = 9 department // Sert
Cambridge (Boston) // 12 - 15 nov 59

449
Joan PRATS. // 54 rambla de Catalunã //
Barcelone // L-C envoyer mesure chapeau
et je recevrai 1 chapeau chic (dixit Sert) //
14 nov 59 // lui envoyer le vieux cuir de
mon chapeau.
envoyer Muncha collier cristal de Von //
important elle le prendra à son passage à
Paris

450
St Savin Voûte // Dieu recevant l'offrande

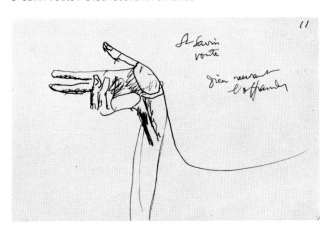

451
Harvard Boston // John Wiebenson //
auteur des dessins hall de la Party Corbu
du Samedi soir // Vendredi 13 nov 9

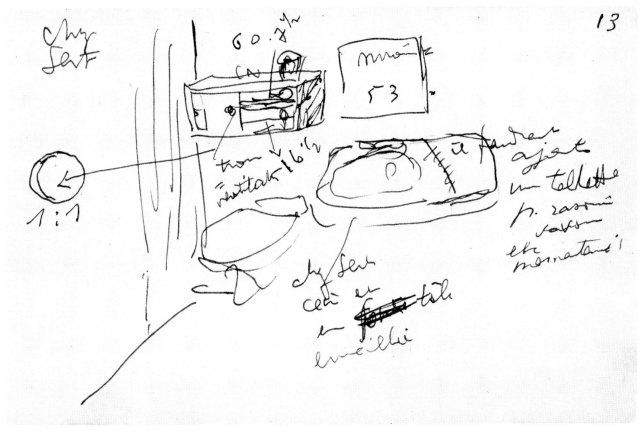

452
Chez Sert // CN // miroir 53 // trou = venti-
lation 16½ // il faudrait ajouter une tablette
p. rasoir savon etc momentané // chez Sert
ceci est en tôle emaillée

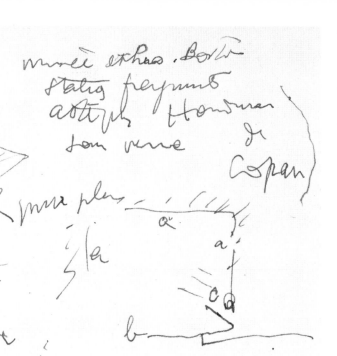

453
Plant Boston // musée ethno. Boston // Statues fragments Aztèques Honduras de Copan // sous Verre // ici fenêtres plein jour // mur plein // verre // la niche entièrement noire - lumière électrique derrière le pourtour. = la Statue éclate de lumière // a = noir // b = verre // c = lumière

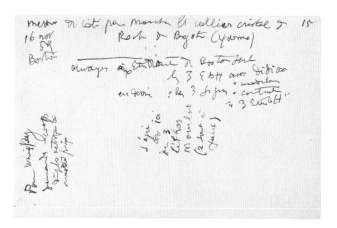

454
Mettre de côté pour Muncha le collier cristal de Roche de Bogota (Yvonne)
16 nov 59 Boston
envoyer aux Etudiants de Boston Sert les 3 Ets H avec dédicace // [avec] modulor // en dessin: les 3 signes [avec] constructeurs // [avec] 3 Ets H
s'agit ici des 3 lithos Mourlot (2 sont à faire)
Pour Whisky demander corps diplomatique à moitié prix

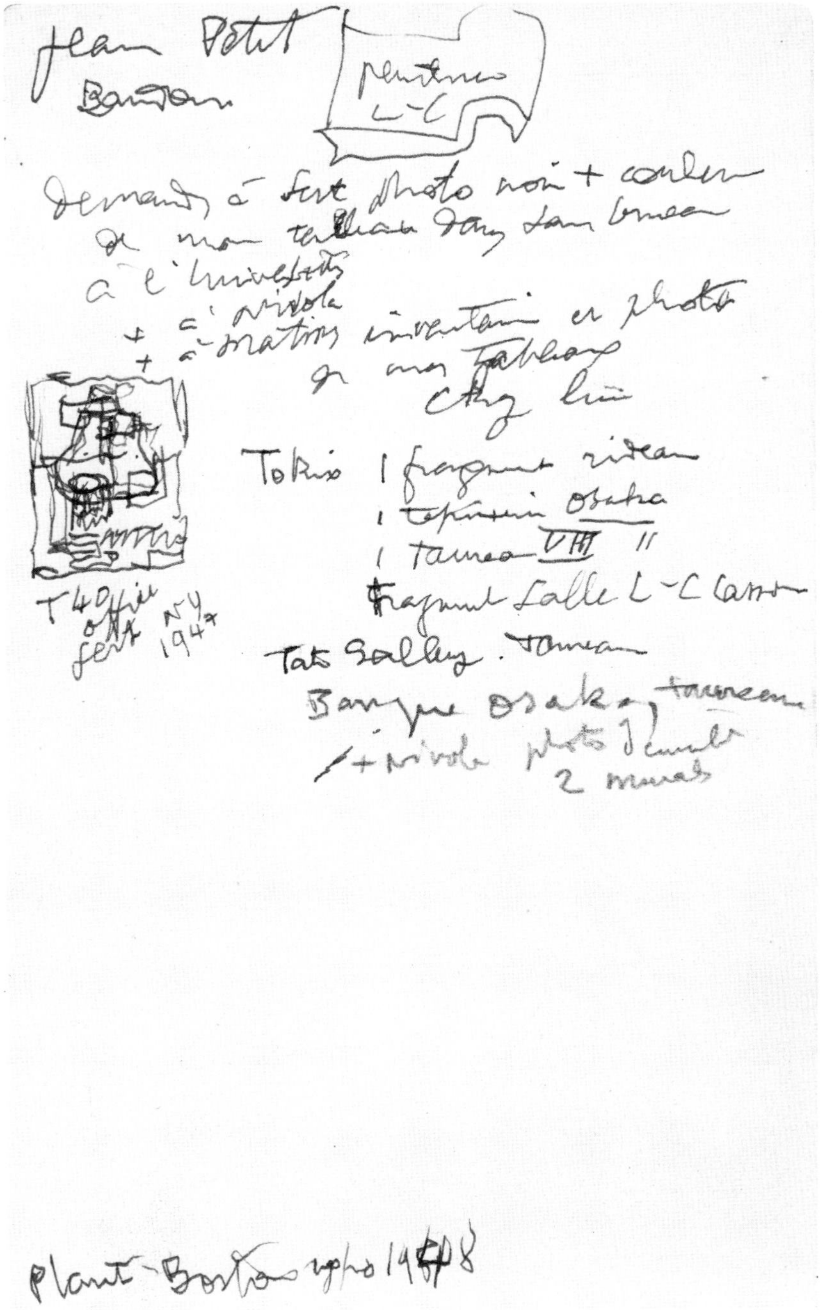

455
Jean Petit // Baudouin // peintures L-C
Demander à Sert photo noir + couleur de
mon tableau dans son bureau à l'Université //
+ à Nivola // + à Matisse inventaire et
photos de mes tableaux chez lui
Tokio 1 fragment rideau // 1 tapisserie
Osaka // 1 Taureau VIII [Osaka] // Fragment
salle L-C Cassou // T40 office Sert NY 1947 //
Tate Gallery. Taureau // Banque Osaka,
taureau // + Nivola photo d'ensemble
2 murals
Plant - Boston expo 1948

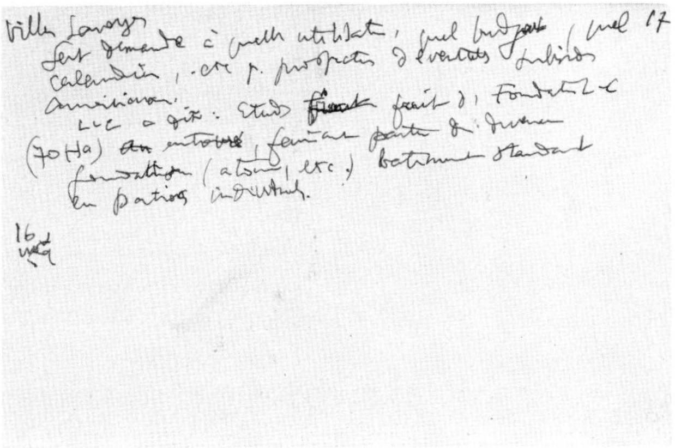

456
Villa Savoye // Sert demande à quelle utili-
sation, quel budget, quel calendrier, etc
p. prospecter d'éventuels subsides
américains.
  L-C a dit: Etudes fruit d' 1 Fondation L-C
(70Ha) entourée, faisant partie de diverses
fondations (..., etc.) bâtiment standard en
patios individuels.
16 nov 59

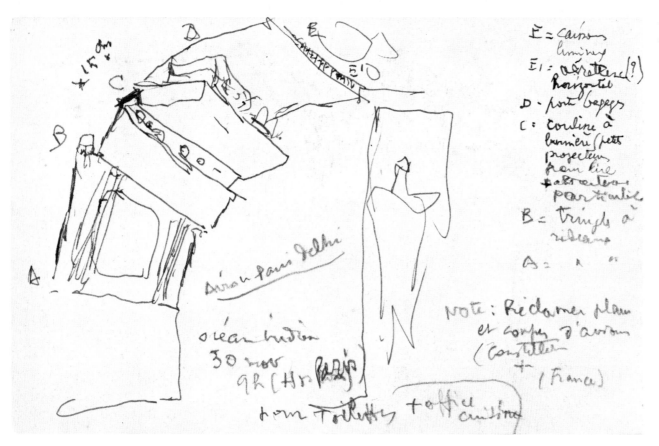

457
<u>Avion Paris Delhi</u> // océan indien //
30 nov // 9 h (H de Paris) // pour toilettes +
office cuisine
E = Caissons lumineux // E1 = aérateur (?)
horizontal // D = porte bagages //
C = coulisse à lumière (petits projecteurs
pour lire + aérateur particulier // B = tringle
à rideaux A = [tringle à rideaux]
Note: Réclamer plan et coupe d'avion
(Constellation + (France)

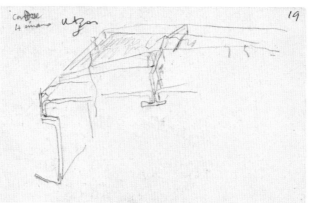

458
Cadre // 4 émaux Utzon

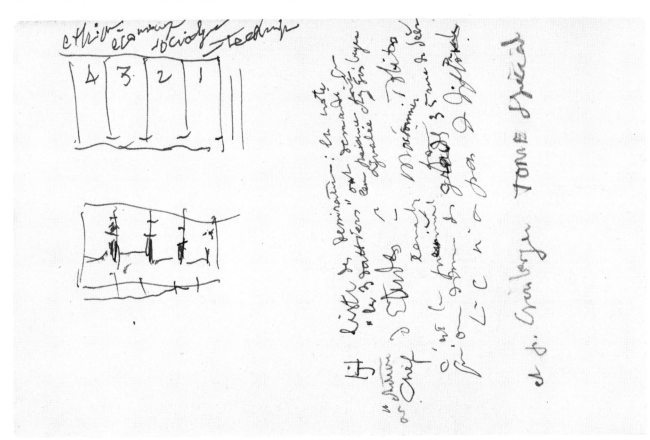

459
éthique // économique // sociologique // technique
Ħ liste des dessinateurs: en note ''les 3 dattiers'' ont demandé que leur présence soit signalée chez Gisberger // Architecte // Chef d'Etudes // Xenakis Maisonnier Tobito // c'est la première fois qu'on donne des grades 35 rue de Sèvres // L-C n'a pas de diplôme // et p. Gisberger TOME Spécial

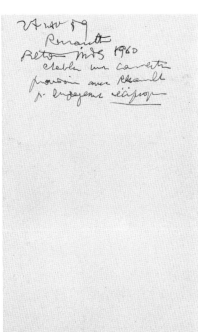

460
27 nov 59
Renault // Retour Indes 1960 établir une convention provisoire avec Renault p. engagement <u>réciproque</u>

461
Retour Indes // Jeanne envoyer Telly Tata les 10 litho Mourlot Confidences

462

Nehru - ''Ils'' seraient capables de foutre
sur le barrage (Bhakra) des bronzes en
turbans, etc etc..

Il faut donc affirmer: la 3ème force, celle
qui construit et mettre la Main – Ouverte
en Aluminium en haut du barrage. Avec
couleurs peintes violentes sur Aluminium
poli – Sur le ciel 30 nov. Avion 3 h 40 H de
Paris
– Nehru: réinstaurer Varma comme
Secretary Chief (?)
– instituer Neoghy coordinateur
des 2 musées. (... coordinator)
1 déc 59 ce matin le prof de yoghi de Nehru
était chez Varma

463

Ecrire Marg j'exige lire et voir épreuves sur
Chandigarh
Chandigarh Edition / a architecture //
b couleur // Dogha // hospital //
school // housing. //audio visual teaching //
KM. // School
Clubs // Mrs Chodurry // Bullgumm

464

2 déc 59. // dam Rose Lake
1/ A // Walking on the grass is forbidden;
only seat around the lamps. // B/ The grass
is on the protection of the Visitors.
2/ Stadium: Urb + construction // qui?
Praba + Sherma
3/ swimming schools urb // arch // qui.? /
Praba // Sherma
4. H^gh Court Extension Chowdry.
5 revoir implantation éclairage dam
cat. A // [cat.] B. // Praba
6 les clubs Lake Rose côté H Courts Praba
boulevard horizontal niveau dam
7 Pan coupé toiture hyperboloïde
Assembly // doré (métal) ou cuivre (?)
8 Park Capitol revoir arborisation L-C // +
[Park] K M ... Shamiana // tente // qui. les
parcs?

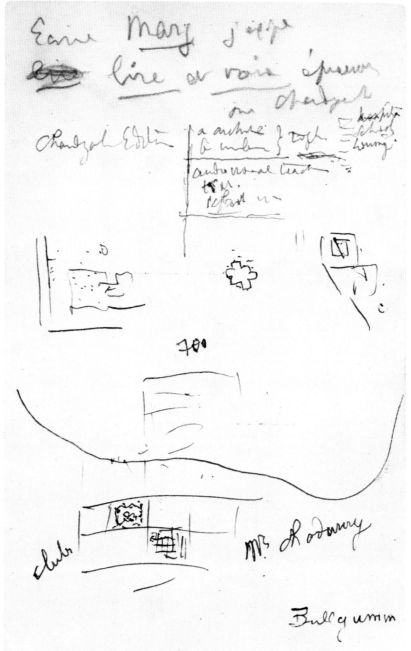

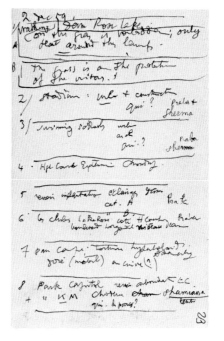

467

14/ Exiger H Lev Commitee que les
maisons d'angle secteur près Dam soient
dessinées par P Jᵗ // rest house // dam //
lake.
15 Chowdry attention HCᵗ Extension revê-
tement briques en parement // bricks //
here cement
16 ajouter rapport Hᵍ–L Cᵗᵉᵉ Chowdry que,
d'ailleurs l'institut of audiovisual Teaching
Will prepare the people (le personnel utile
pour les travaux du Knowledge Museum)
eau lac // mur calme en briques conte-
nant // contenant les clubs

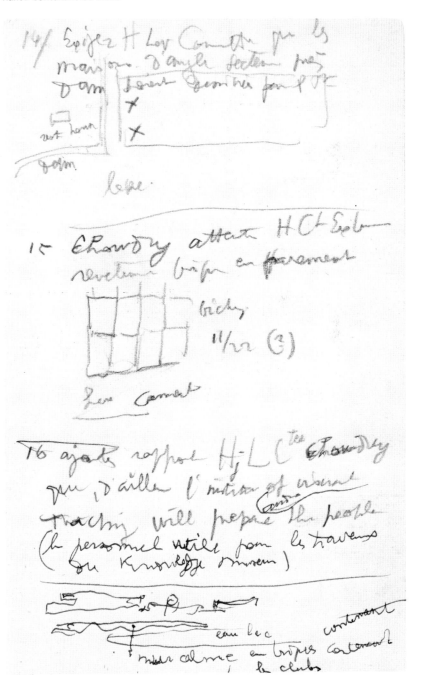

466

9/ // Vohra. face au dam, autre côté du lac
équipement rural moderne exemplaire =
centre cooperatif
10 Prabawal Nouvelles Collines pour
boucher MLA depuis KM // attention! pas
de collines dans les gazons + cratères
nord KM: le site rural doit demeurer intact
= vue sur les collines d'Erosion + ''Pointe
de Chandigarh''
11 Praba Colline entrée Dam avec pubbels
contre érosion
12 Chowdery. Y a-t-il des ondulatoires
pour baie New Hᵍ Cᵗ
13/ extension Secrétariat intervalles
remplis de peupliers P-P1

465

a/ attention, les murs clôture secteurs
doivent être 226 ou 183? = hauts

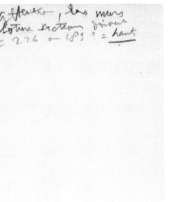

468
17 ne pas mettre lampe sous portique A
mais sous portique B // car les gens iront
sous A = faute
18 Dicter KM reporter les dîners et lunchs
à foules se font dans le jardin sous
Chamanga = spectaculaire et pratique
19 Ecrire Talati feuillage Cafétéria
Secrétariat // quid?

469
20/ // pyramide High Chamber // attention
imperméabiliser sans bitume ou combiner
des plaques revêtement
21 Tous plans d'urb + arch concernant
V2 + City Center +nord B^d des Eaux
doivent m'être soumis à Paris pour
approbation
22 J'interdis tous bandeaux en lait de chaux
sur H^g C^t extension: // Ex mauvais: les
polices dortoirs actuels derrière H^g C^t
affreux sur les lanternaux des toits
23 Clubs // couronnement // ondulat en
shuttering rough concrète // je veux voir
les plans nouveaux faits p. Office Arch

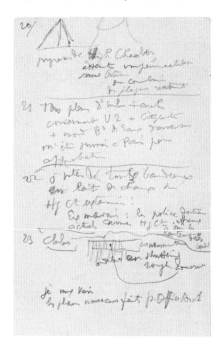

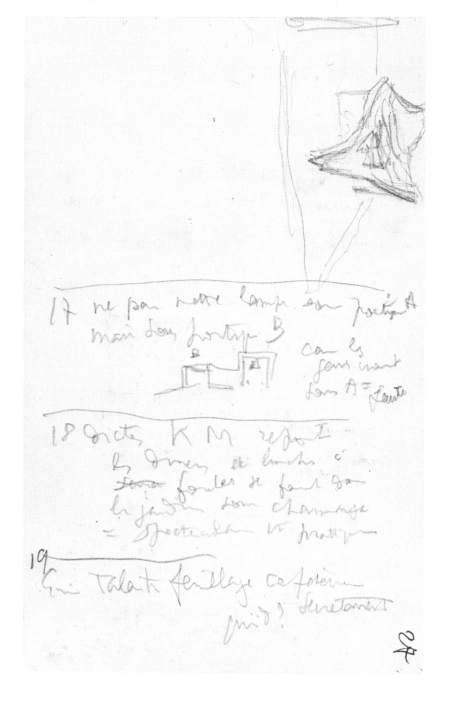

470
BY-LAW
Bylaw Ch. // décrire le secteur = 24h ravi-
taillement quotidien // la collecte // C //
des nourritures p^te Camion // ''halles
centrales'' H // distribution quotidienne D.
dans marchés de Secteur à uniformiser
(Type Bogota) // collecteur
les 7V qui sont 8. // le partage des trafics //
1° le travail les heures de pointe aller et
retour // 2° l'entre temps (les femmes) //
3° les alternatifs: gare rail way // air
planes // gare [air] autobus = les environs //
4° les extra: foot ball // Stade // fêtes
Géographie les lieux: Concentration //
dissemination // en ville // hors ville →

471
Suite = désignation des lieux biologie de
chaque valeurs indispensables + [valeurs]
inacceptables
Propriété: droits et devoirs // Statut du
terrain droits // devoirs // Valorisation par
l'organisation des étapes
fatalité de l'Evolution. // la prévoir //
la guider // la préparer

472
PHOTOS Malhotra
a/ Extension H Court: les fouilles dans le
mod = fantastique
b/ Level 1. Assembly = Colonne avant les
plafond = soleil
c le + les mangos KM. avec la petite
maison dessous
Marg Photos: me soumettre la maquette
du livre = j'exige Photos possibles: choix
de Zodiac H^g C^rt + Secrétariat

473
24 faire signer par Vohra ordre limite des
eaux bassin H^g C^t // à vérifier sur plans de
Malhotra // dimanche 13 déc !!?
25 Complément de 24 jamais de
nénuphars !! // Toujours purs miroirs !
26 Prabaw. FORUM Fontaines // Comme
H^g C^t avec Céramique Female
27 Forum les ondulatoires du salon des
juges sont bons pour Façade portique
Assembly (et pour les autres façades ?? à
vérifier)
28 Vohra entretien H^g C [spillway] +
Secretary. Entretien achète aspirateur de
pous + sur Terrazz = cireuse come 42
street Central RailWay

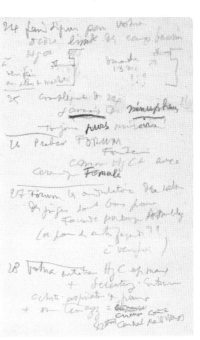

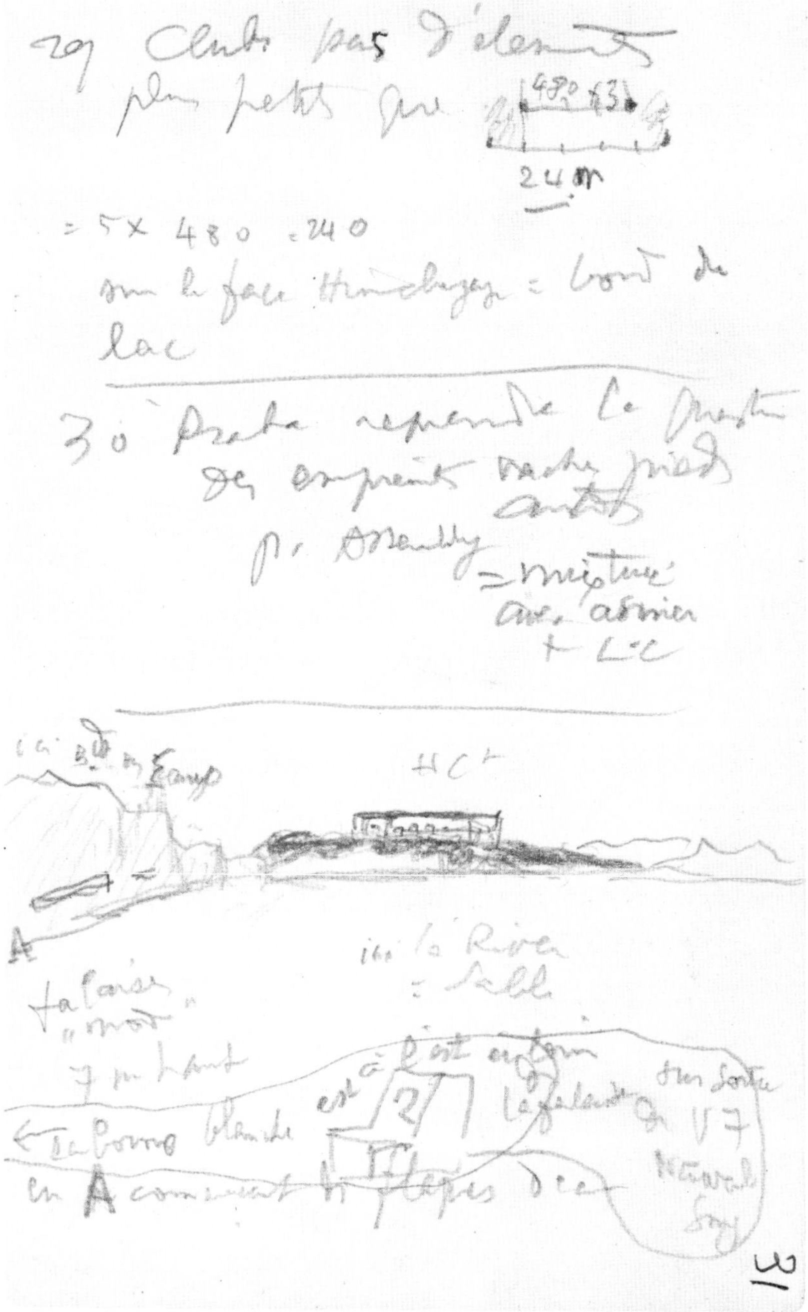

474
29 Clubs pas d'éléments plus petits que //
= 5 × 480 = 240 sur la face Himalaya =
bord du lac
30 Praba reprendre la question
des empreintes vaches pieds autos
p. Assembly = mixture avec asnier + L-C
ici B^d des Eaux // H C^t // A // falaises ''mod''
7 m haut //ici la River = Sable // la borne
blanche est à l'est et loin de la falaise // sur
sortie de V7 Nawal Sing // en A commen-
cent des flaques d'eau

475

KM. La façade Himalaya sera à contrejour
Sous le Mango = danses. lampes dans
l'arbre + Hᵍ Cᵗ + Assembly éclairer façades
Minist // les / le // créer 1 mur d'appui lumi-
neux (électrique) // l'obélisque 800 //
Drain // Himalaya
ici un miroir d'eau

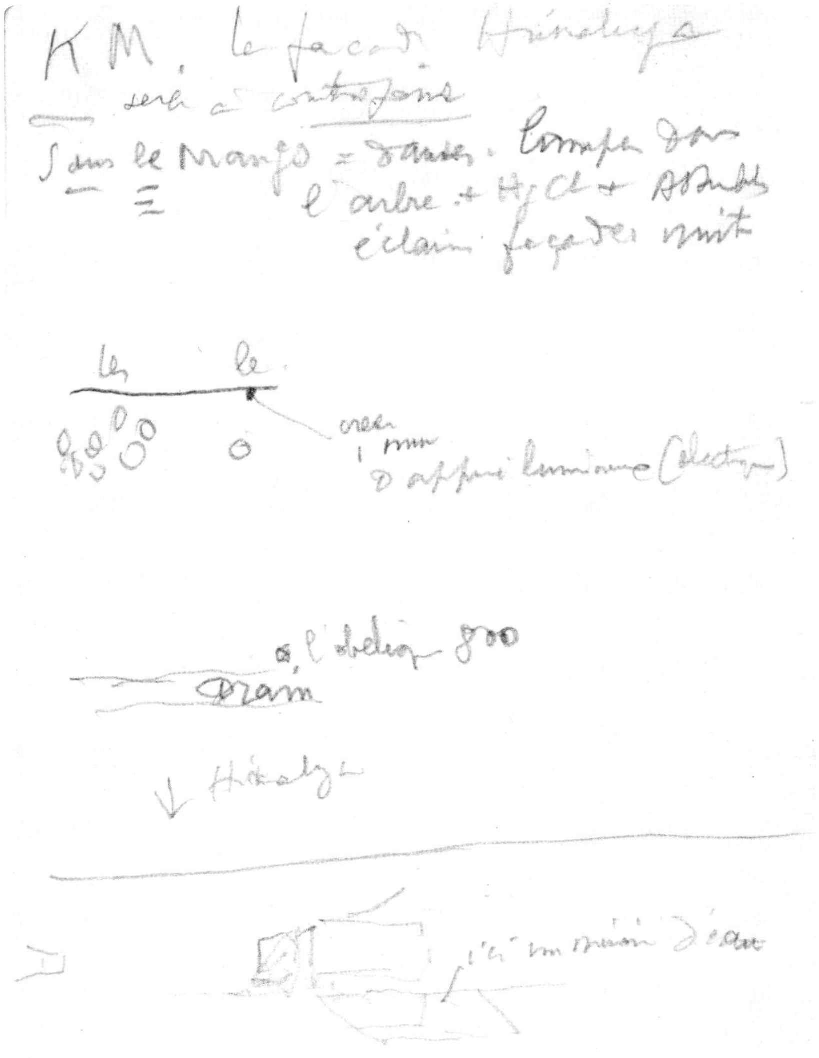

476

31/ Malhotra toit Secrétariat // balcons de
la Cafétéria = 226 de haut ou 366 avec
brise-soleil = compartimentage épatant
du paysage // (= Application à Bhakra salle
du Musée à côté rampe sommet du dam
32 attention le drapeau Secrétariat ne doit
pas être placé dans l'axe des Ministres
mais à la place de l'obélisque 400
33 Praba dès maintenant // empreintes
dans portique Assembly
34 Malhotra photos 9½ le matin // mur
pignon Secrétariat = Opus // + Schuttering
Level 1 Assembly

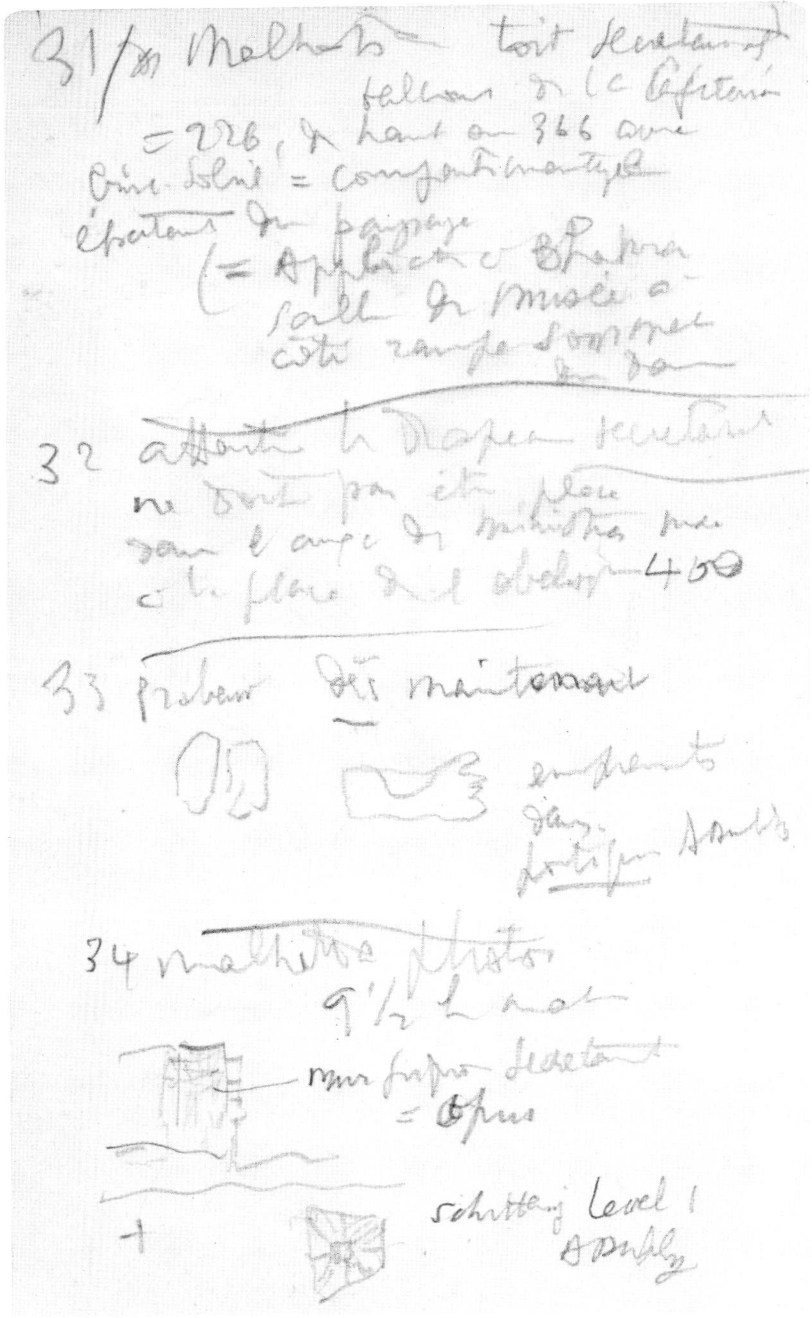

477

+ photo Couleur / les couleurs derrière les brise soleil // Secrétariat // idem ministres // + portique Ministres (traversant) // + balcon Gouverneur.
35 Assembly // L-C charger l'ingénieur Bajwa surveiller d'établir une note sur le shuttering p ''édition Chandigarh'': Rough Concrete son nom sera cité // ''Le Béton armé entrant dans l'architecture'' // faire communication à Moreau tôles Présenté
36 Praba Urb Chandigarh pour Edition Ch. L-C demander Vohra une note historique (pour ouvrir la Série 1 (La ville)

478

Sorbonne / janvier 60 // – les médecins // – les Ecole Polytechnique // Centrales // Manufacture // – B^x Arts etc // – Péda-gogues // leurs études accordées aux innombrables programmes précis (détails et ensembles) de tâches cet équipement destinés à la jeunesse et que les jeunes peuvent investiguer à leur mesure.
The Steel Shuttering = nouvelle Stéréomie // developper le thème
Le ''parti'' = mousquetaire, théâtral comico tragique // = attitude // a/ // b/ = la Solution et innombrable attention portée à toutes les faces du problème // = modestie, rigueur, honnêteté totale inno-vation illimitée, rayonnante biologie créative = architecture

479

Sorbonne les 3 = Le Modulor // litho-graphies = 2 les constructeurs // 3 les 3 Ets H // + grille d'arborisation // [+] [grille] CIAM d'arch // j'écris citer dans le power plant de Bhakra.
SDN. Le Maresquier encre de chine cliché Centrosoyus et PdS accusé d'architecture capitaliste par Moscou // [cliché] UN 1947 LC et Oscar accusé d'être communistes par la haute presse USA // Unesco 3 vetos. // Observer // Découvrir

480

37 Malhotra me donner nom + références + échantillons Couleur H^t Court façades // + 2 portes en saillie noire Secrétariat R d Ch
38 Chowdhry - plafond entrée HC^t avec shuttering apparent dalles
39 dam planter arbres entre à gauche en M route B^{d}des Eaux // colline dam
40 ordre formel P J^t + Malhotra // peinture Entrance H^g C^t // 25 déc 59

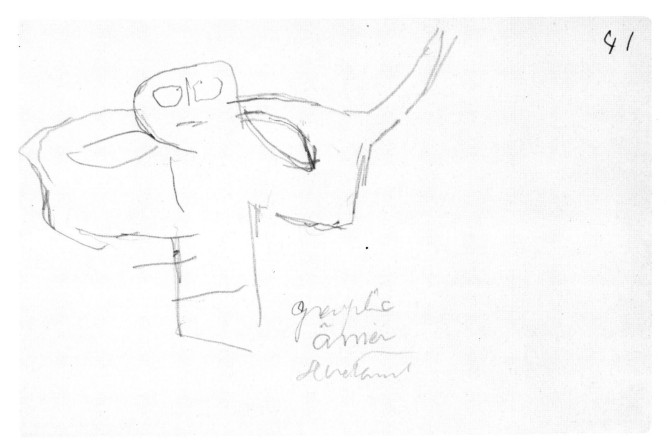

41

481
graphic ânier Secrétariat

482
Bhakra 20 déc 59 // Charpente couleurs à
l'extérieur en a/ // pont roulant
... 1 green // ... 2 // l'autre bleu // vertical et
cadres verticaux = 1 couleur // m vert //
n jaune // o rond

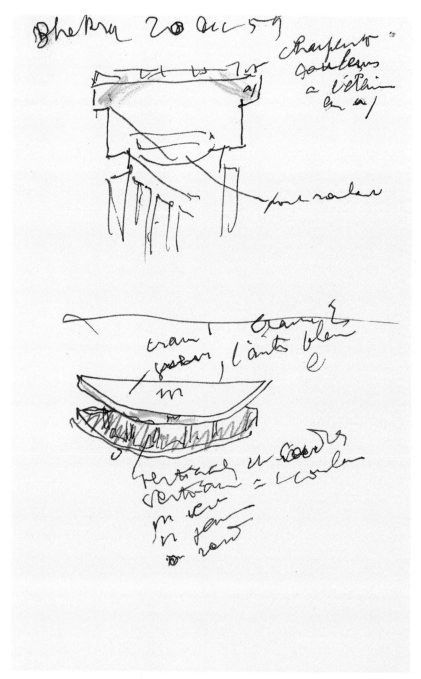

483
eventually couleurs différenciées par
chaque plaque // turbines de couleurs
différentes chaque turbine
le 2ème Power Plant right drive est décalé
de 7 m en aval // cette façade tout en verre
// the new B // chercher une combinaison
de B/ avec A // A/ existing

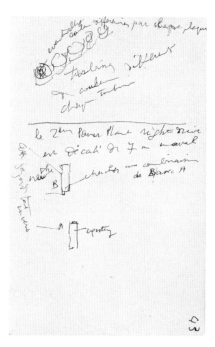

484

il y a en m. une échelle des niveaux peinte
en graduations rouge-noir et blanc. puis-
sants – // Toute la power house est mono-
chrome béton verre + les rochers + le
barrage // Donc les transformations a a^1 a^2
et b b^2 seront en couleurs <u>crues</u> bb sur noir
par ex a a^1 sur rouge (avec blanc en 5 points
= vitaux + c = the crane roulant // perma-
nent par ex en brun rouge indien

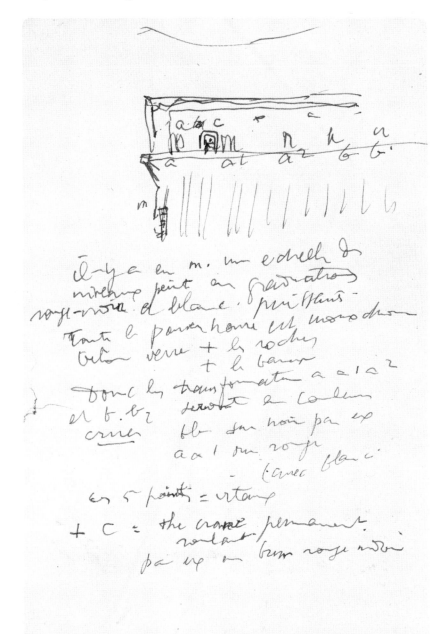

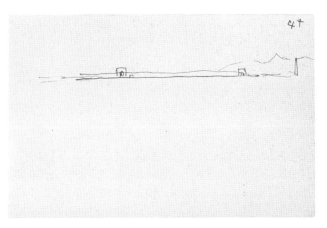

485

Mme Marie Corlin… de N York a fait photos
HC^t avec reflets parfaits à 5 h + // le
22 décembre 59 à 5¼ heures 17¼. //
à 5½ c'est foutu! // soleil couché et rides
sur l'eau
Retour: V Gal de Gaulle offrir porte émail
de l'Assembly

486

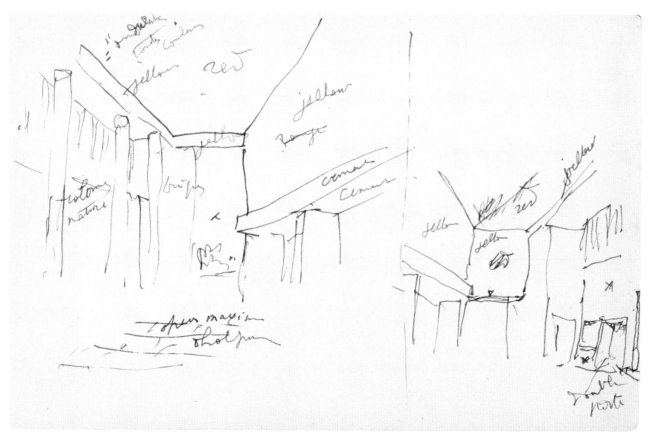

487
= ''ondulatoire // toutes couleurs // jellow /
red // jellow // jellow // briques // colonnes
nature // cement // cement // opus maxi-
mum // Dholpur
jellow // red // jellow // jellow //double porte

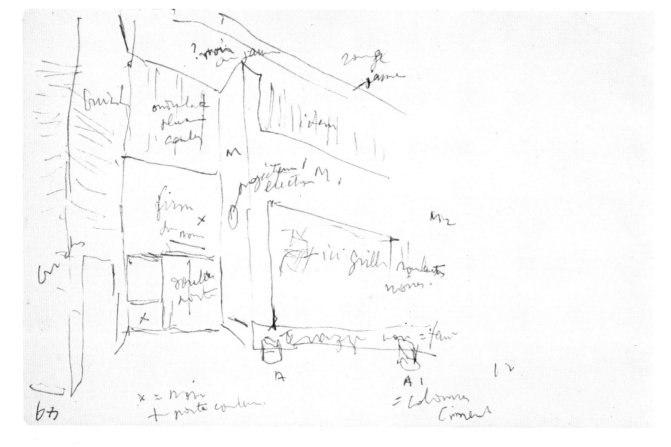

488
? noir ou jaune // rouge // jaune // bricks //
ondulatoires plusieurs couleurs // idem //
M // projecteur électrique // M1 // M2 //
firm // * // sur <u>noir</u> // bricks // double porte //
ici grilles roulantes noires. // * // Terrazzo
noir = faux // * = noir + porte couleur //
A / A1 // = Colonnes Ciment

489
Retour // Acheter La vie des Fourmis
de x Dʳ Forel // Morges

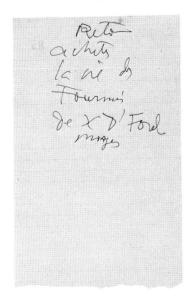

490
Pilotis Secrétariat // Les Salles se feront
avec parois à sec + tube // Scaffolding
comme support 25 déc 59

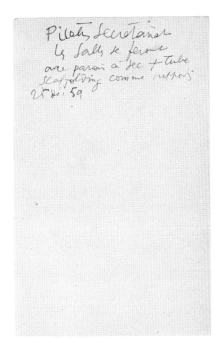

491
jaune / vert / blanc // bleu / vert / rouge /
bleu // jaune / bleu // ondulatoires cou-
leurs // façade // green / jellow /
blanc // ondulatoires couleurs / blanc
niche noire // ondulatoires couleurs /
show // jaune // noir

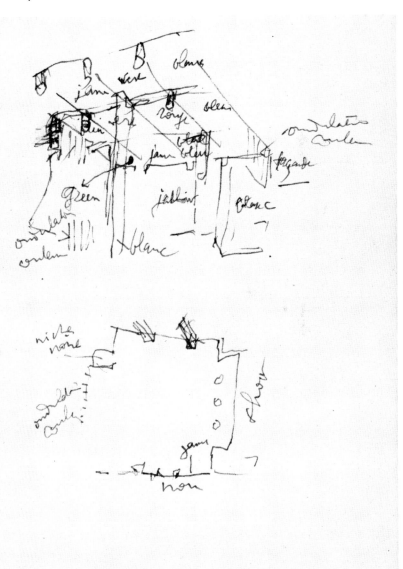

492
Assembly // intérieur entrée députés //
question: 1/ brise soleil a = a' // 2/ vitrage
intérieur: b = b' // et c/ est à cheval
sur b b' ???

493
1% hydro Cortisone pantoténique // [7] %
Editions Chandigarh // Jean Petit // retour //
Opuscule arch + Urbanisme // Divers //
publier mes notes, rapports lettres à Vohra
Déc 59 + à Nehru (à réclamer à Praba-
walkar. // + organiser School of audio-
visual teaching concours d'élèves //
a/ photos les meilleures de la H^te Court
(concours permanent. avec maillot rose
qui s'en va au dernier gagnant etc //
b/ photos Secrétariat // c/ [photos] Rough
concrète etc etc = émulation générale

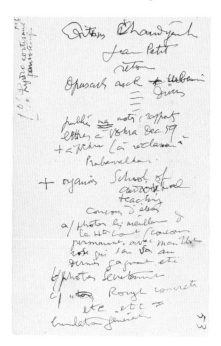

494
4 janvier 60 3½ heures Ponika
Chandigarh Delhi auto après une heure de
route, le tuyau du frein à huile pète! //
(réparation village)
– une heure plus loin: à la croisée de la
route et d'un village, arrêt de ¾ d'heure à
cause de rassemblement (fête Sik). Des
guerriers font (au Tam-Tam) des simula-
cres de duels: lances, sabres, batons =
Violence et habilité totales = dangereux
Hier sur la route de Lukcnow, avons ren-
contré 4 à 6 guerriers sur ânes →

495
ou sur cheval, la lance à la main, un turban
bleu mirobolant avec métal dépassant. Ce
sont les Don Quichotte redresseurs de
torts, veuve et orphelins, parcourant le
pays, sans logis, mais établissant campe-
ment chaque soir nouveau !
– A 17 heures arrivée à Delhi // il n'y à plus
d'essence chez Shell ! oui Pierre ! ! !

3 Janvier 60 = Sorbonne // Village
Dhubiki = toute la vie pastorale totale //
+ 1920 Serbie Hongrie Balkans Turquie =
le même // lire la phrase // L-C voyage
d'Orient: (tout s'écroule etc (V. u. ... ou Art
Déco

496
Avertir Prabawalkar // une voûte P-H en
plâtre Delhi
Voutes P H l'un des créateurs 1933 à
Algésiras // + Madrid Hippodrome //
+ Stade Barcelone // Engineer Eduardo
Torroya
jeanne acheter Time June 1 1959 avec
photos couleurs des stades.

498
24 mai 60 // incident Meaux // alerter Sert
+ Costa à Stockholm // Tokio // + Londres
etc // joindre // double d' // une lettre expli-
cative à Malraux ministre de la Culture
LE CORBUSIER, // 35 rue de Sèvres //
PARIS – 6 // Téléphone: Littré LIT 5260

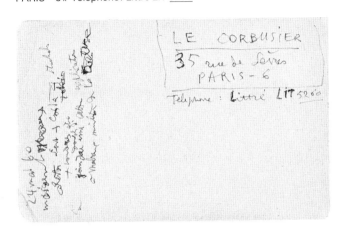

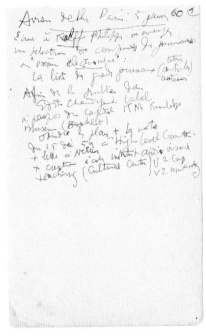

499
Avion Delhi Paris 5 Janvier 60
Ecrire à Kalff Philipps m'envoyer une
sélection de coupures de journaux sur
''Poème électronique'':
   La liste des grands journaux // titres //
(articles) // auteurs // Afin de la publier
dans Edition Chandigarh label à propos du
Capitol KM Knowledge Museum.
(Booklet)
   Joindre les plans + la note du 15 déc 59 à
High Level Committee. + lettre à Nehru +
création école institut Audio visual teaching
(Cultural Center) V2 Cap // V2 University

500
Il y a une profusion un système (peut-être
enfantin // ingénu //) qui montre l'Asie à
l'assaut // 5 janvier 1960 // 20 heures
5/1/60 // L'arrivée de nuit sur Bombay (de
Delhi) est saisissante. Ce dessin (ici) est
fantaisiste, fait 2 heures plus tard // a/ les
bords de mer ceinturés exactement de
lumière. // b/ A l'intérieur les rues. // c/ =
le noir de la mer et du ciel. L'avion plane et
tourne.

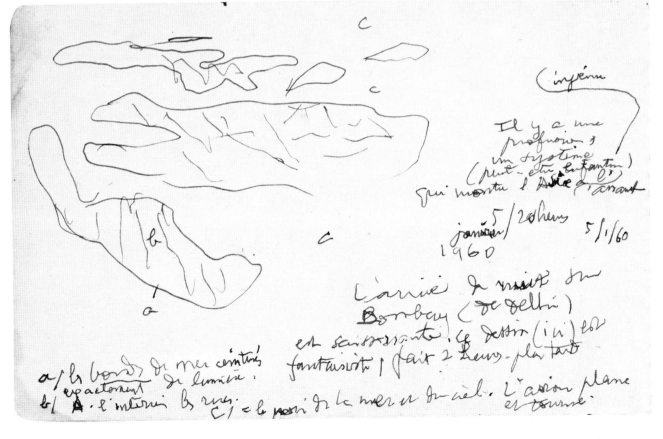

497
VOYAGE INDES // DEC 59 // JANV 60
Delta Nil // Tapisserie Demeure //
AGADIR // TOURETTE // BRIEY // + // +
IDEM INDES // AVRIL MAY 1960 // AGADIR
p<u>24</u> // P60

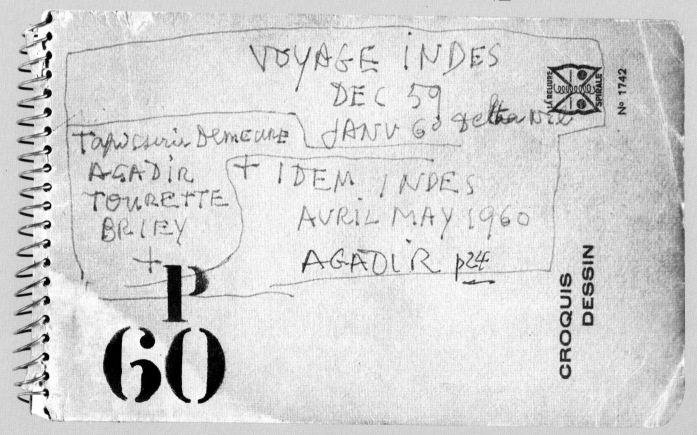

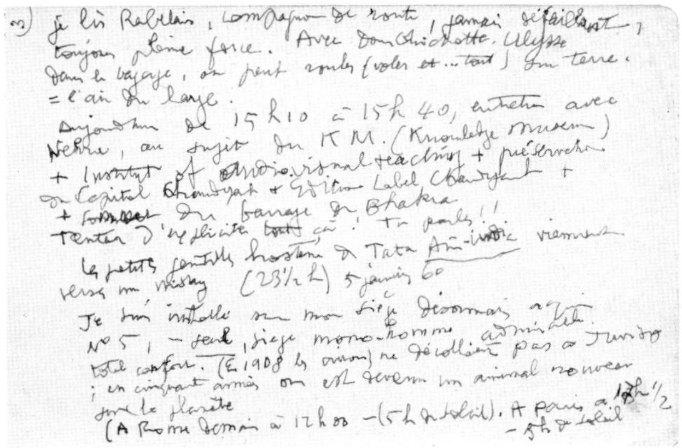

501

je lis Rabelais, compagnon de route, jamais défaillant, toujours pleine force. Avec Don Quichotte, Ulysse dans le voyage, on peut rouler (voler et... tout) sur terre. = l'air du large.

Aujourd'hui de 15 h 10 à 15 h 40, entretien avec Nehru, au sujet du KM. (Knowledge Museum) + Institut of Audio-visual teaching + préservation du Capitol Chandigarh + Editions Label Chandigarh ++ sommet du barrage de Bhakra Tenter d'expliciter tout ça: tu parles!!

Les petites gentilles hostesses de Tata Air-india viennent verser un wisky (23½h) 5 janvier 60 Je suis installé sur mon siège désormais acquis N° 5, – seul, siège mono-homme admirable. total confort. (En 1908 les avions) ne décollaient pas à Juvisy; en cinquante années on est devenu un animal nouveau sur la planète.

(A Rome demain à 12 h 00 – (5 h du soleil) A Paris à 17 h ½ – 5 h du Soleil

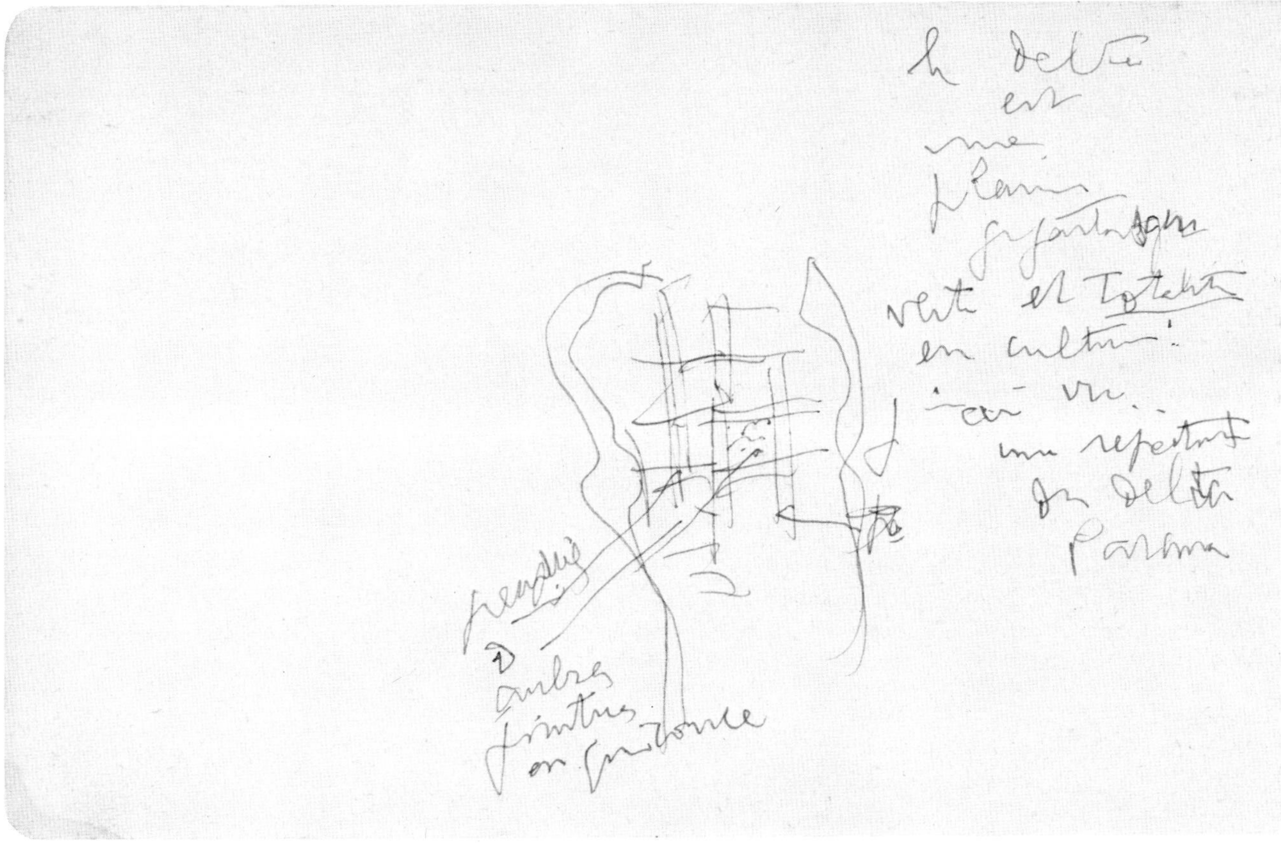

502

le delta est une plaine gigantesque // verte et totalité en culture. // J'ai vu une répétition du delta Parana // peupliers // D // arbres pointus en quinconce

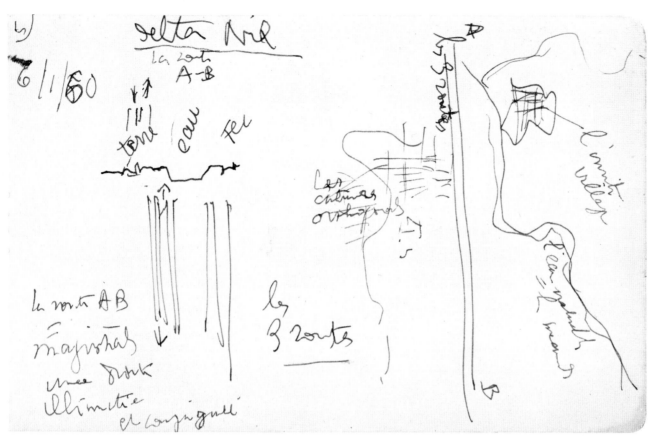

503
6/1/60 // <u>delta Nil</u>
La route A – B // terre / eau / Fer // la route
AB = magistrale une droite illimitée et
conjuguée // les <u>3 routes</u>
A // les 3 routes // les cultures orthogo-
nales // limite village // l'eau naturelle = les
méandres // B

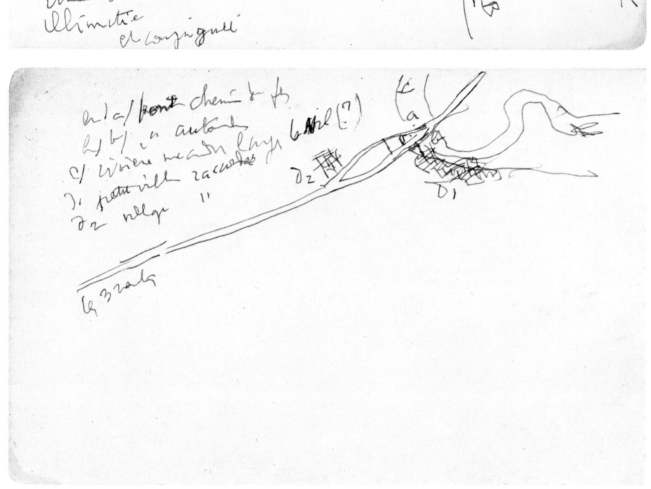

504
en/ a/ pont chemin de fer // b/b/ [pont]
autoroute // c/ rivière méandre large Le
Nil(?) // D1 petite ville raccordée // D2 vil-
lage [raccordée] // les 3 routes

505
Ecrire à Pierre J^t
Je te donne un franc (versé à ton compte à
Paris) chaque fois
1 que tu effaces un crochet quelque part
2 chaque fois que tu étends, projettes en
avant ton intention
3 chaque fois que tu additionne un élément
commun.
4 [chaque fois que tu] multiplie une solu-
tion
5 [chaque fois que tu] découvres appliques
en série l'expression architecturel d'une
fonction vraie
6 chaque fois que je renonce à être original
[que je renonce] ''à les épater''

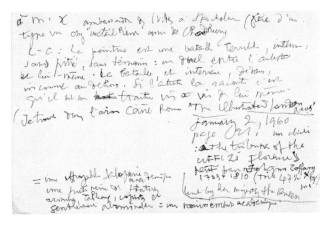

506
à M. X ambassadeur des Indes a
Stockholm (frère d'un type vu chez coctail
Pierre ami de Chodhury.
L-C: La peinture est une bataille terrible,
intense, sans pitié, sans témoins: un duel
entre l'artiste et lui-même. La bataille, est
intérieure, dedans, inconnue au dehors. Si
l'artiste la raconte c'est qu'il est un traitre
vis à vis de lui même.
(Je trouve dans l'avion Caire Rome
''The illustrated London News'' //
january 2, 1960 // page 21 un cliché: The
tribuna of the UFFIZI Florence'' // peint par
Johann Zoffany 1733-1810 (toile 47½ ×
59½ ... // Lent by her majesty the Queen //
= une effroyable Saloperie académique //
une putinerie de statues armures,
tableaux, copistes et gentlemen abomi-
nable = un vomissement académique.

507
Jullian acheter The illustrated London
News. // = 1 cliché p. 11 sur Squaw Valley //
California USA // The vast covered skating
ring for the Winter Olympic Games
PEINTURE L-C // Papiers collés // Hier au
Red Fort (pierre rose de Delhi, pavillons
2 étages murs pleins (a peu près) =
ocre rose (moyen 40% ou pâle 20% // =
grande force // = fond général //
en papier mat d'emballage ou fait au
matroil. // Coupé par gazons verts + thème
en papier glacé genre Chandigarh // les
femmes en sahri rouge, vert et jaune / +
blanc
15 mai 60 avion Karachi Bahrein: // Comme
ce ton ''ocre rouge pâli'' est introuvable le
faire au matroil sur feuilles de papier puis
faire mes compositions en ''papiers
collés''

508

6/1/60 à 17 h on passe le Mt Blanc. //
Couchant étincelant sur une épouvante
alpestre ! // ça fait mal à voir // ouest //
le Jura // France // le Jura // est // Suisse
à 17 h 20; soleil disparu. Plaine d'Auxerre?
sous demi brouillard, les sols sont bleu
foncé comme la mer. Les flous des zones
de nuages étalés. A l'est une aurore
boréale mauve splendide. A l'ouest
le portail de la H^{te} Court; rouge jaune vert
formidable
Drôle de truc la terre et ses adjuvants et
aventures, depuis le petit poux qui vit sa
vie...

509

Sorbonne / 24/1/60
voici un dessin qui termine une histoire de
France // parue à Noël // Ce travail dura
plus de deux années, dirigé par 1 comité
de 5 // – Gropius... // – Brasilia // – Markélius
Suède. // – Roggers Italie ... // L-C
  Une page entière écrit d'un journal
étranger la Gazette de Laus... (24 pages
d'exposé français en tous domaines.)
1 page entière signée de l'un des bénéfi-
ciaires du travail de 5. Disait la France dis-
posant de ses prix de Rome, élite créative
de l'arch moderne
  a eu 2 grands éclaireurs Auguste P^t et
L-C. Aug étant le classique. il vient de
mourir L-C est cet homme incontrôlable
mais d'un caractère impossible individua-
liste total avec qui on ne peut travailler en
commun aux grandes tâches de demain
..... les 5 remettant la conclusion de leurs
travaux, aux bénéficiaires, je déclare =
... →

510

Voici un outil efficace une biologie parfaite
une symphonie impeccable de formes. //
Une économie totale de l'aventure archi-
tecturale. // organise cosmiquement
d'après le soleil // En fait c'est un orga-
nisme harmonieux exposé à toutes les
incidences favorables du soleil. 100% de
verre. Installez-y le contrôle du soleil par
les brise soleil pour créer un coquillage
éblouissant, une grande serre de béton //
On ne voulut pas faire de brise-soleil.
  Rentrant à Paris en mai 59, et j'appris
l'affollement de l'Unesco en avril début du
printemps on y étouffait
Impossible de collaborer avec L-C 1920-
1960 quarante années de R. de Sèvres:
les 7 volumes d'œuvres complètes // faits
dans l'enthousiasme et le dévouement de
200 jeunes

511
ꟾ invinciblement vers le sud // vers le
soleil // implacablement depuis l'âge de
19 ans // jusqu'à ce jour 72 ans

512
Raymond Hood = Rockefeller Center

513
Loubet directeur Cᵗ Malraux // Perchet
directeur // inspecteur gᵃˡ des Bâtiments
civils // Schmitz Equipement scolaire
Education Nationale // Chevalier
inspecteur

18/2/60
Malraux est venu un instant // ''Mʳ le
Ministre, je me suis permis de déposer, ici
un petit œuf: il s'appelle le ''statut du
terrain'' c'est dans ces lieux qu'il se doit
d'éclore.

514
Corbu Dʳ / Ongles striées // poches sous
les yeux // point sur poitrine // sonnerie
oreilles // exema sec // Genou droit rouillé

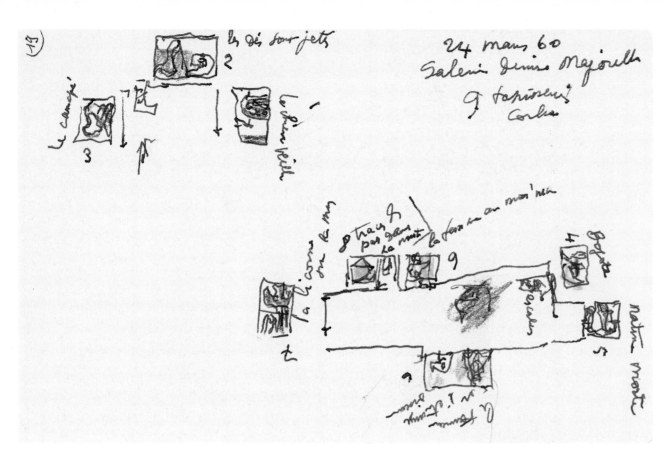

515
24 Mars 60 // Galerie Denise Majorelle //
9 tapisseries // Corbu
3 le canapé // 2 les dés sont jetés //
1 le chien veille
7 la licorne sur la mer // 8 traces de pas
dans la nuit // 9 la femme au moineau //
4 Bogota // 5 Nature Morte // escalier //
6 le taureau et l'étrange oiseau

516
Ḥ 4 mars 60 // Lumière et espace // L'atelier
de la recherche patiente // un métier: // le
dessin // a/ la peinture // b/ la sculpture //
c/ l'arch et l'Urb solidaires // la parole
Le Verbe // d/ la parole p. formuler // desi-
gner // animer // merci à ceux qui ont aidé.

517

Portefeuille pour téléphone + argent //
grand imperméable // Smoking // chemise
blanche // NÔ boutons // chaussettes
noires // chaussures noires // Gillette +
Philips // cravatte noire

518

24 // 3 // 60 // P. Agadir
L-C Étonné rendez vous si hâtif
j'ai fait: Chandigarh // Ahmedabad // –
Bagdad // Alger // Bogota // Rio CUB //
Brasilia / [Rio] Ministère // Buenos Aires //
N York UN – battle … // Moscou Centro-
soyus // + PDS // note à la suite du télé de
Sudreau et de Seydoux // Architecture:
Meaux // MMi. Marseille // Nantes //
Berlin // Briey // Pavillon Brésil Paris //
URS USA 1947 Dîner Rockefeller // Rotival
Royer // Prince Moulay Hassan

519

les Equipes L-C internationales. //
35 Sèvres // Bureau Technique // Présenté //
– Wog // – Auj // – Olek // – Michel // ''La
Grille Climatique'' // Le Modulor harmonie
et série // Habitation ''les Unités'' // Renault
Série // 7 années préparées
Le programme // Les 3 Ets Humains //
a la région plan régional // b/ la ville //
les 4 fonctions Habiter // travailler //
cultiver le corps et l'esprit // circuler
Les CIAM 1928-58 // j'ai fait la Charte
d'Athènes
L-C // Retour à // M le ministre (sans nom)
des Travaux Public. // ou son Altesse //
le Prince Moulay Hassan // envoyer copie
lettre Electricité // Abdelali Ministre des
Travaux Publics // Bagdad

520

Parinet polytechniciens au Min MRL //
Clos polytechnicien // Mas urb.
Firaoui arch chef service urbain ami de
Tavès
Rabat // 25-26 Mars 1960 // Mission pour
Agadir

Gardien: Tourette me soumettre la nature
des couleurs église

521
La Tourette Couvent // 28 - 29 Mars 60
le prieur = Verrier
attention L-C étudier acoustique église
Tourette 29/3/60

522
1 avril 60 pour Boston Visual Art. // I pilotis
totaux // II sculpture // III peinture //
V exposition // route ascensionnelle. //
ondulatoires partout

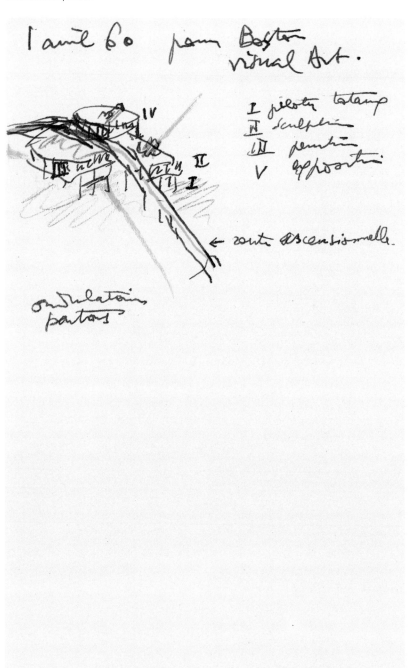

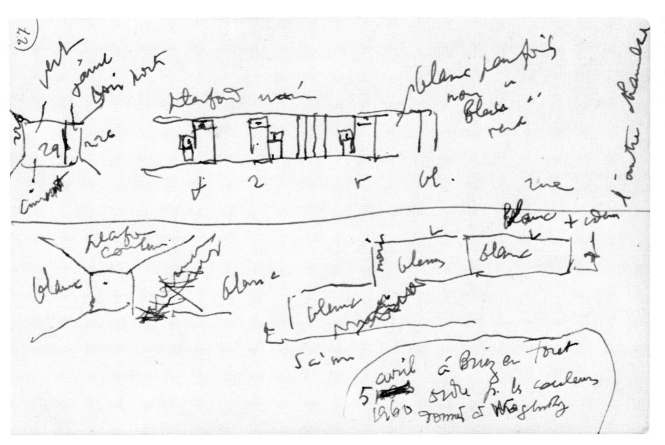

523
vert // jaune // noir porte // Ciment
plafond noir // blanc parfois // noir
[parfois] // bleu [parfois] // vert // j / r / v /
bl. / rue
plafond couleur // blanc / blanc
blanc // noir // blanc // V // blanc +
idem // l'autre chambre // V // blanc // s à m
5 avril 1960 // à Briez en Forêt // ordre p.
les couleurs // donné à Wogenscky

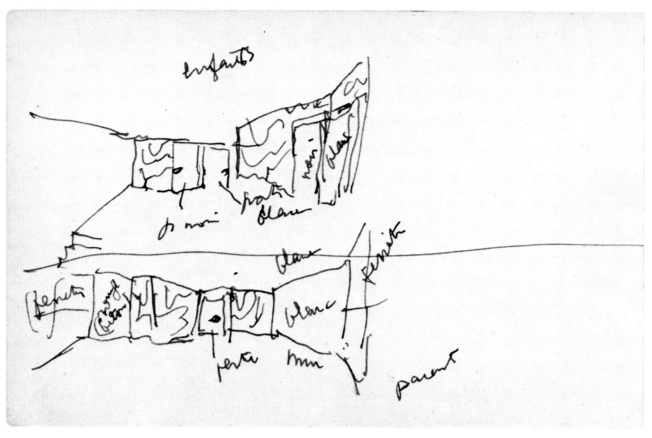

524
enfants // noir / blanc // porte blanc // p noir
blanc // fenêtre // fenêtres / rouge béton /
blanc // porte / mur / parents

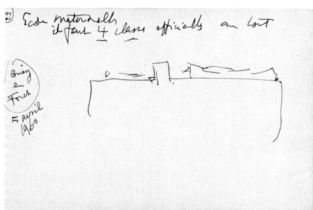

525
Ecole Maternelle // il faut 4 classes offi-
cielles au toit
Briey en Forêt // 5 avril 1960

526
Randet + le Préfet Seine et Marne +
50 000 personnes 1959 // 1ère tranche 59
850 appartements à Ginsberg! //
2ème tranche 1000 / à Ginsberg! //
Plan Masse Lods / ! // L-C en 1955
Sudreau

527
Roberto Olivetti // + Musati? // débouché
peinture editions
a/ magasin à Milan tapisseries proposé
par Musati
b/ Musée électronique
c/ Usine // machines à écrire? // cerveau
électronique? // calculatrices?
Jean Petit // Baby 37.94 // Lindon //il y a
Note

528
Capitol Chandigarh. // arrivée le 17 avril
1960
21 avril 60
un quinconce d'arbres boules (grands) a
feuilles vertes et épaisses // Attention!
réserver un grand vide dans les arbres
pour visibilité façade // latérale

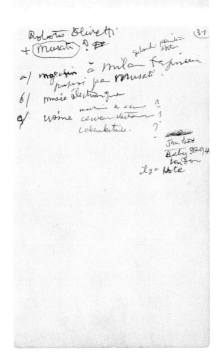

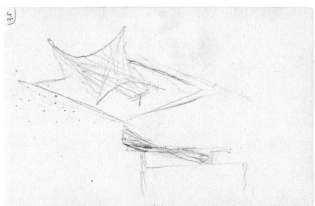

530
Water // ± O // les bassins au dessus mur
± O

532
Prabawalkar // me renseigner sur le pont
de l'Esplanade

533
le canal limite 800 // il est après la H^t C^t //
obélisque 800 // = Tour ronde ou // à
combiner avec ''main ouverte'' = 400 m //
tout gazon
la limite 800 // ici double mur béton
86 haut?
attention! côté bassin B^d des Eaux, faire
collines fermant les MLA vus depuis le
musée
attention étudier ce profil: →

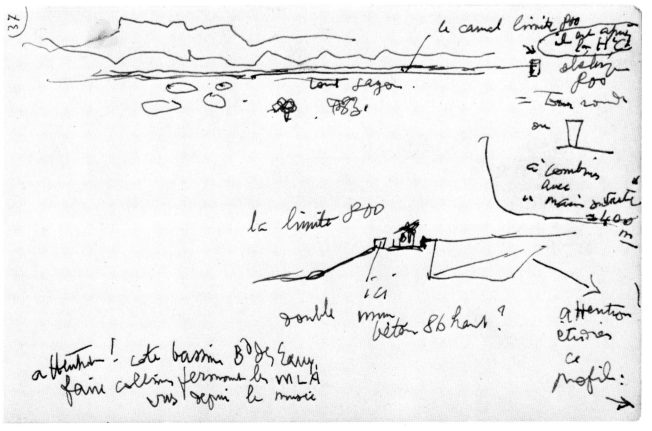

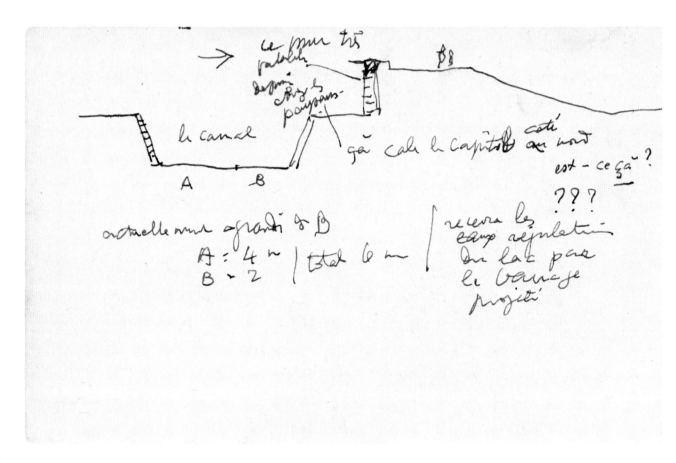

534
Ce mur très Valable depuis chez les
paysans. // le canal // ça cale le Capitol côté
nord // est-ce ça? // actuellement agrandi
de B // A = 4 m // B = 2 // total 6 m //
recevra les ??? eaux régulatrices du lac par
le barrage projeté

535
Obtenir décision High Level C^tee qu'il
constitue le point fixe de clientèle. où
l'adviser peut adresser ses dessins //
[ses] inquiétudes // [ses] certitudes // son
testament intellectuel relatif à Chandigarh //
[relatif à] Capitol)
Car il (n'y a aucune âme fidèle dans tout
Chandigarh. Je dis fidèle et porteuse de
responsabilités // voir feuille de note
dossier Retour = organigrammes de
H^gh Level C^t // décision // exécution

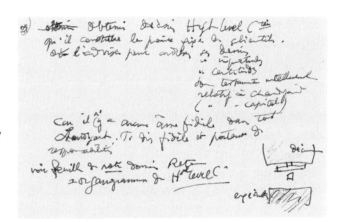

536
2 oreilles // une bouche // à établir pour
Olivetti

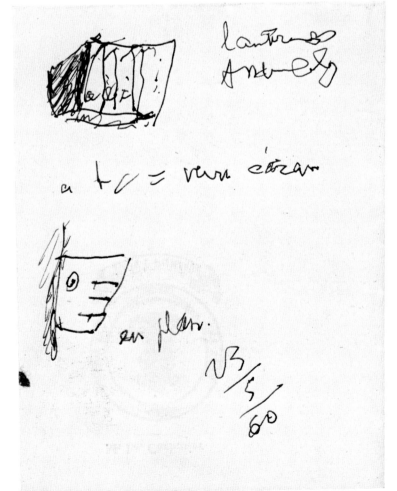

537
lanternaux Assembly // a b c = verre
écran // en plan. // 23 // 5 // 60

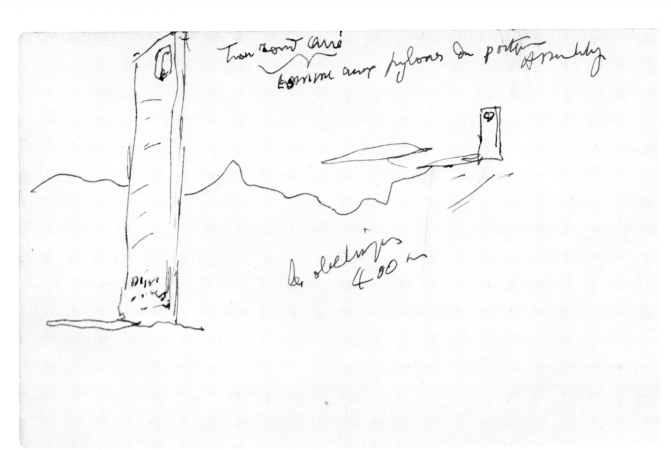

538
Trou rond carré // comme aux pylônes du portique Assembly // les obélisques 400 m

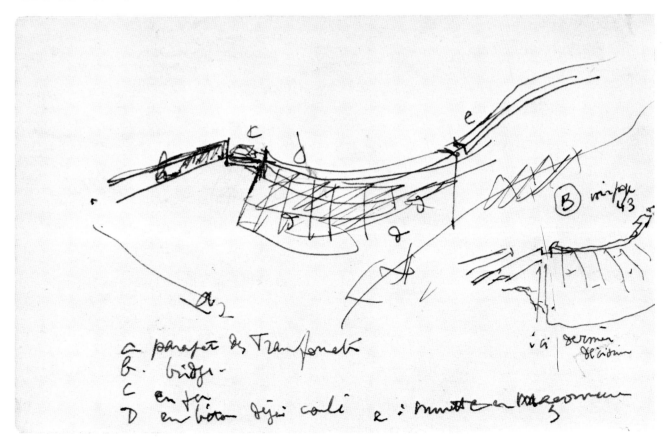

539
voir page 43 // a parapet des transformateurs // b. bridge. // c en fer // d en béton déjà coulé // e: murette en maçonnerie // ici dernière décision

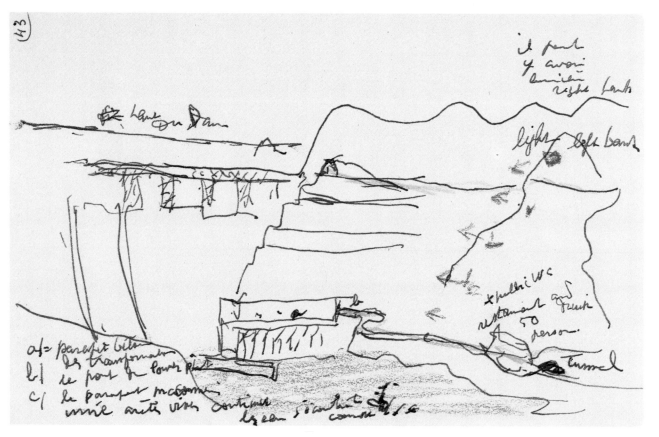

540
il peut y avoir lumière right bank // haut du dam / light left bank // * public WC // restaurant and drink // 50 personnes. // tunnel // a/ = parapet béton des transformateurs // b/ le pont de Power plant // c/ le parapet maçonnerie unie arêtes vives continues // les eaux s'écoulent comme b/c

541
Dam // en M il y a: / il faut faire courbe hyperbole / right bank // going for the gallery // un jardin derriere l'usine // 3 jeux de projecteurs // A B et C + D // D = très proche du dam

542
light A // light B // light d // a/ restaurant
tow

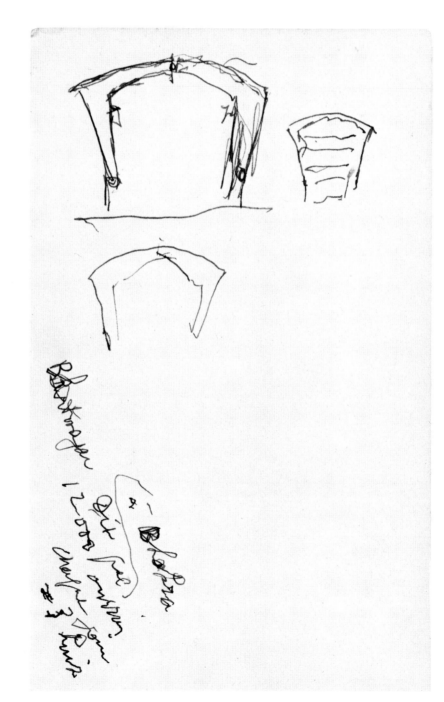

543
Bhatnagar dit que // à Bhakra //
12 000 ouvriers chaque jour = 3 huit

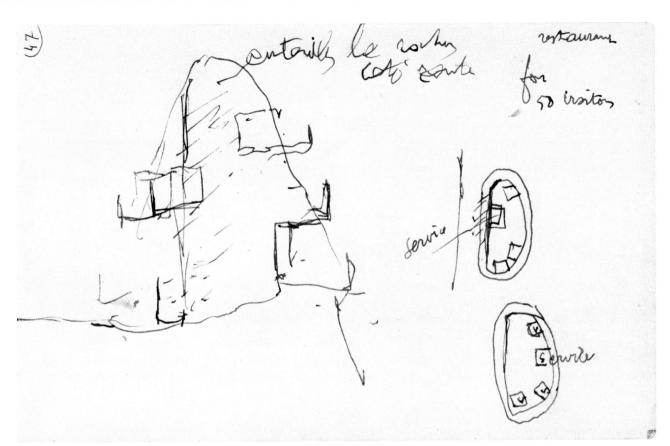

544
entailler le rocher côté route // restaurant //
for 50 visitors // service // service

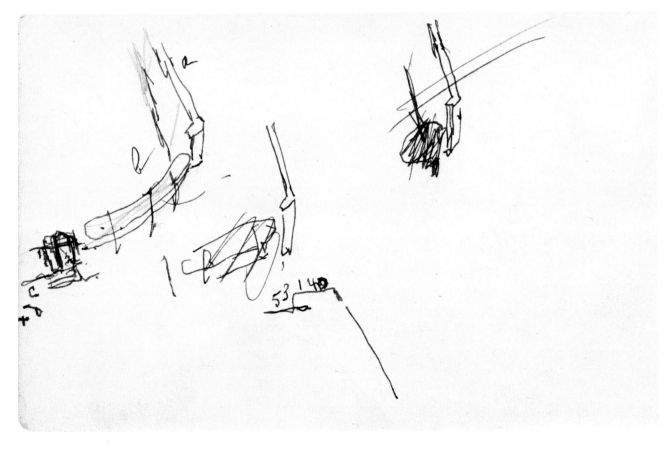

545

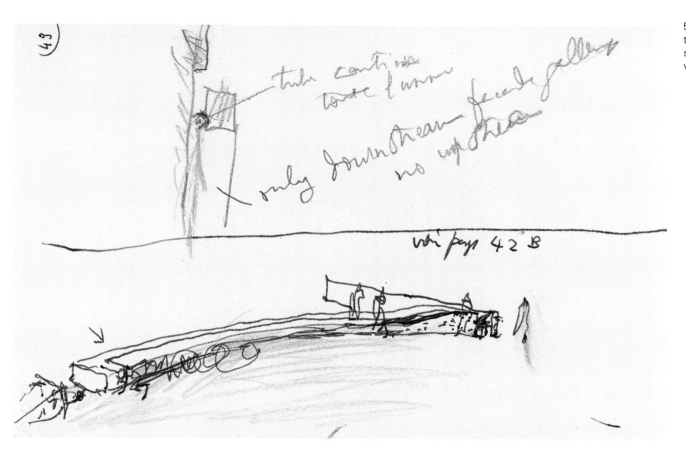

546
tube continu toute l'usine // only down-
stream facade gallery // no upstream
voir page 42 B

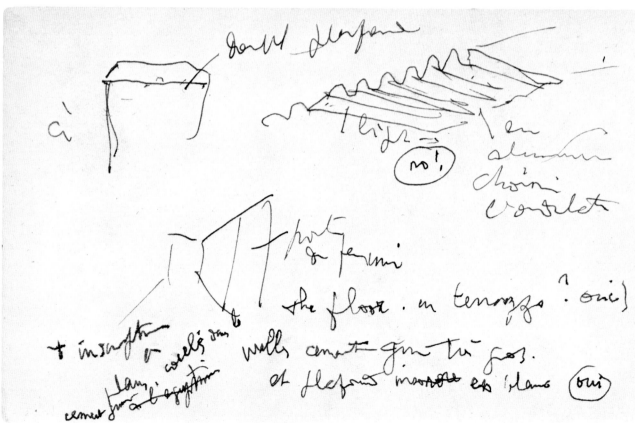

547
double plafond
light // no! // en aluminium choisir
l'ondulation
porte de fer uni // The floor. en terrazzo ?
oui) // + inscription et plans coulés dans le
cement [gunite] // Walls cement gun très
gros. // et plafond insonore en blanc oui

548
Power Plant // l'éclair Béton est excellent
les 2 mains au contact pourrait être faits
en ronds et feuillards avec le Sik allant sur
place à Nangal ateliers.
L-C noter L-C occupé à Bhakra // le 4 mai
½ jour // le 5 [mai] total // le 6 [mai] total à
Bhakra

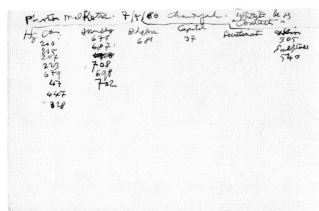

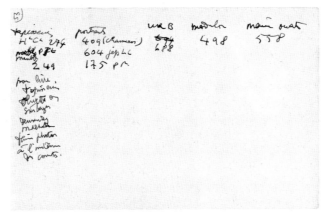

550
tapisseries // Hᵗ Cᵗ 274 // meubles PJᵗ //
249 // pour livre // tapisseries // Olivetti ou
Girsberger // Demander Malothra faire
photos à l'intérieur des courts. // portraits //
409 (Chameau) // 604 jep L C // 175 PJᵗ. //
URB // 688 // modulor // 498 // main
ouverte // 558

549
Photos Malhotra. 7/5/60 Chandigarh.
extrait de ses ''Contacts''
Hᵍ Cᵗ: // 210 // 215 // 207 // 223 // 679 //
47 // 447 // 328
Assembly // [675] // 687 // 708 // 698 // 702
Bhakra // 681 / Capitol // 37 / Secrétariat /
dessin // 305 // Sculpture // 540

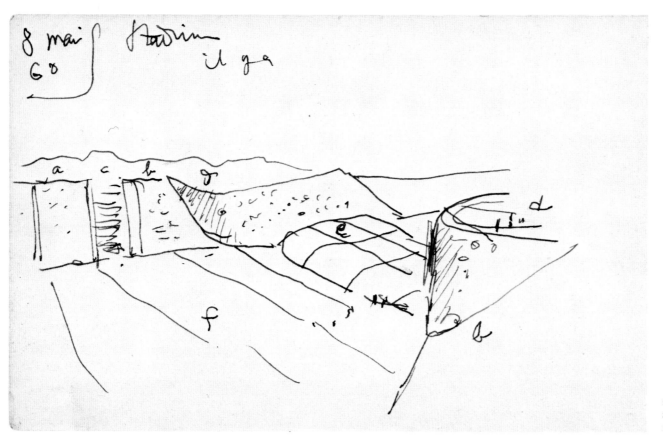

551
8 mai 60
Stadium il y a

552
le canal de décharge du spill way du dam
de Chandigarh
les volumes de terrains en argile //
a/ placage de briques sur talus, //
en fougère horizontal collant à la pente //
2 briques // b/ en briques assemblage
banal placage contre talus // c/ escaliers //
escaliers en briques // d/maçonnerie de
moellons (tête cassée des pubbels) par
assise horizontale // e/ grand béton vaste
dessin // joints au bitume //f = sol remplis-
sage // briques à plat sur champ

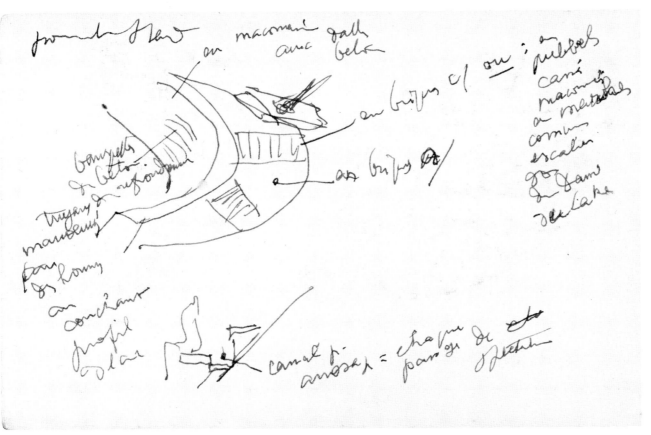

553
pourtour Stade // en maçonnerie avec
dalles béton // en briques c/ <u>ou</u>: en pubbels
cassé maçonnés et marches comme
escalier dos du Dam du Lake // banquettes
de béton // tuyaux de refroidissement
manœuvrés par des hommes au couchant
profil ... // en briques a/ // canal p. arrosage
= chaque passage de spectateur

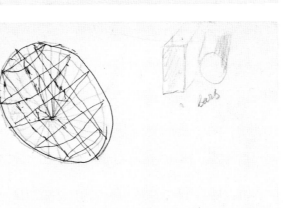

554
empty
bars

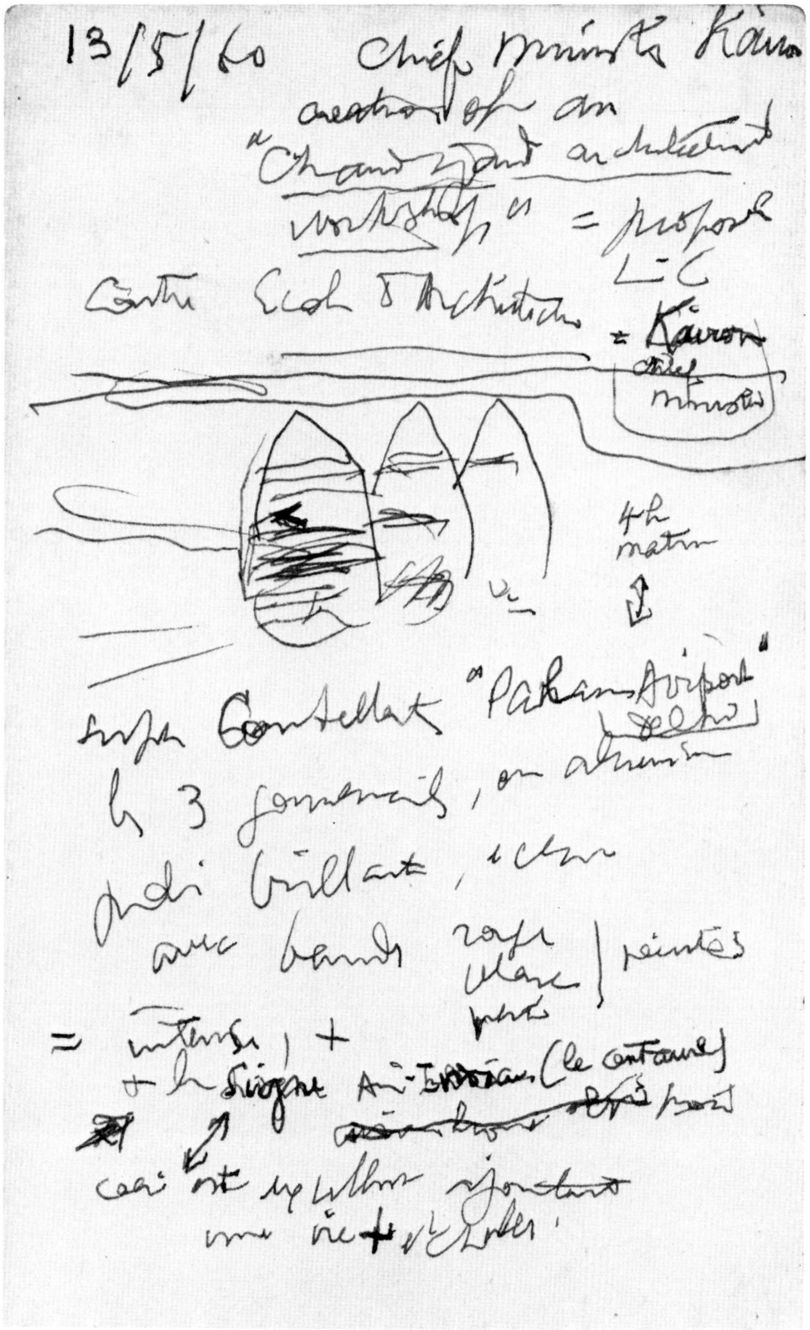

555
13 / 5 / 60 Chief Ministre Kairon // création of an "Chandigarh architectural Workshop" = proposé L-C // Contre Ecole d'Architecture = Kairon Chief Ministre 4 h matin // Super Constellation "Palam Airport" // Delhi // les 3 gouvernails, en aluminium poli brillant, éclair avec bandes rouge // blanc // vert // peintes // = intense, + // + le signe Air-India (le Centaure) // Ceci est excellent ajoutant une vie + échelle.

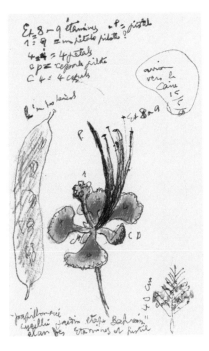

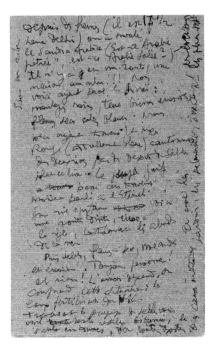

556

Abordant (10 ¾ heure Delhi) // l'Arabie:
c'est effarant. // l'avion s'en va sur des
montagnes sans un arbre, sans un chemin,
sans une maison: Rien, totalement rien! //
des érosions cruelles. ''Tout enfin arrive à
la mer'' // Voici enfin une route! // mais
sans arbre ni présence humaine Puis des
arbres très clairs semés par groupements
de soldats en route (à un moyen-âge) //
Puis le sable infini puis la mer. // Ça doit
être Muscat et Oman et nous voici entrés
dans le Golfe persique

El Bahrein // à propos de l'Esplanade du
Capitol Chandigarh. on pourrait faire à
niveau du ciment, des signes blancs(b) à
côté du noir n/ en pierre ou terrazzo.

557

avion vers le Caire 15 // 5 // 60
Et = 8 ou 9 étamines = P = pistil // 1 = ?
= un pétale pilote? // 4 = 4 pétales // CP =
cépale pilote // C4 = 4 céphales // l'un des
haricots // – papillonacée // Cueillie jardin
étape Bahrein // élan des Etamines et
pistil // = 40 cm

558

Depuis des heures (il est 17 ½ heure Delhi)
on a survolé le Saudia Arabia. (Est-ce
Arabie pétrée'', est-ce Arabie salée?) //
sans un arbre // Il n'y a eu une route, une
maison, un arbre !!! Nous voici ayant passé
le Sinaï: montagnes noires, terres brunes
érosives fleuves secs sables blancs. Nous
voici ayant traversé la mer Rouge (adora-
blement bleue) cantonnée des deux rives
par des déserts de sable plat et lisse. Le
peuple Juif a passé au travers Moise a
parlé à l'Eternel. Sur rive egyptienne voici
une route droite, tirée à la règle, Cont... les
abords de la mer.

   Puis sables, fleuves à sec, méandres et
érosion. Toujours personne! et rien!
L'avion descend, on comprend cette
situation: les eaux fertilisantes du Nil.
Traversant le paysage de sable voici une
route rectiligne bitumée, le sable en dunes,
des routes droites // Des camps militaires.
Et voici les jardins, les palmeraies d'un
coup // les lotissements les plus
modernes.

559
BOSTON // Juin 1960 // FIRMINY // PARIS 15 OCTOBRE. 1960 (FIN) // p. 10 ... / p. 7 '' + Hervé // p 13 // P61

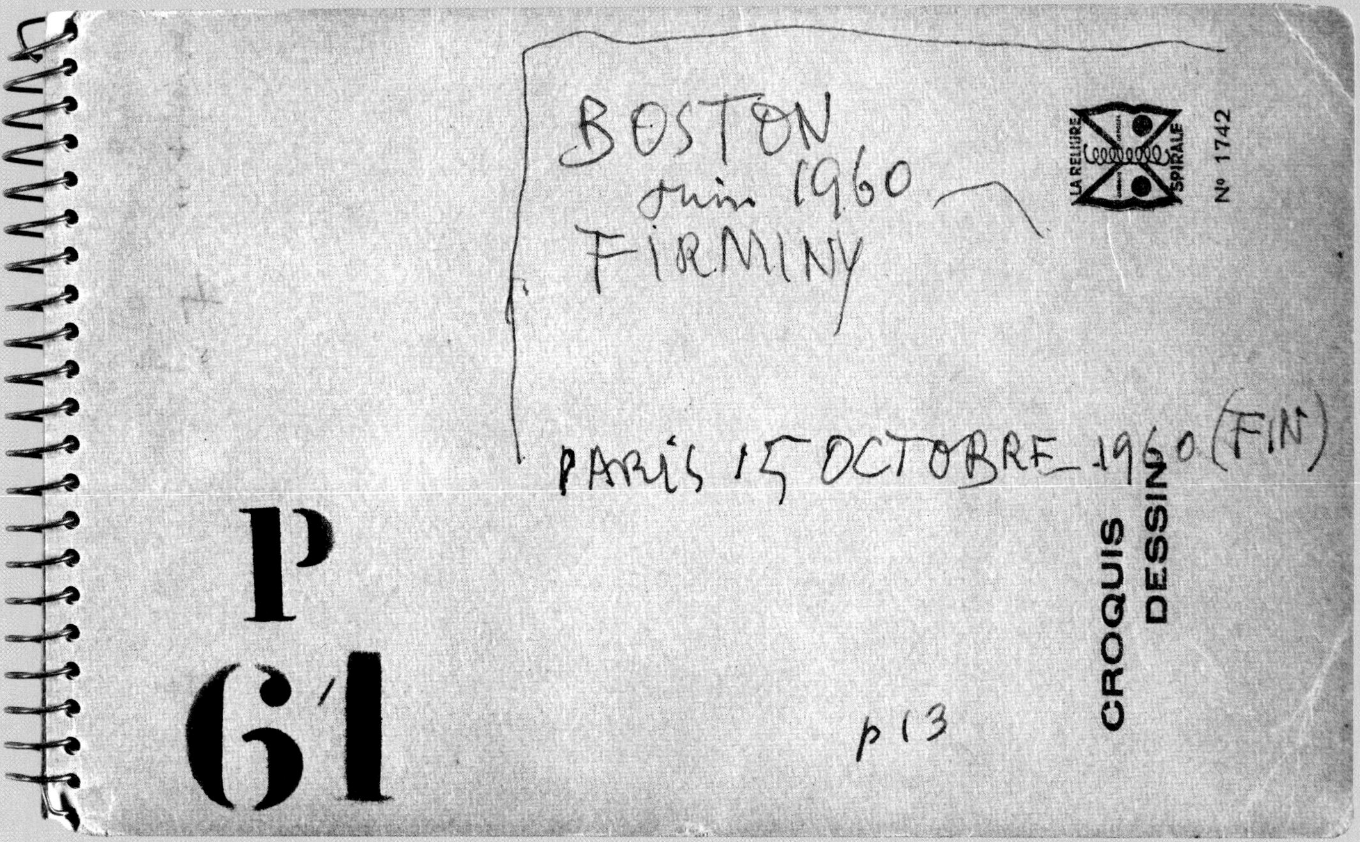

560
<u>LE CORBUSIER</u> // 35 rue de SEVRES //
PARIS. 6ème // Téléphone: Littré: Lit <u>52.60</u> //
Commencé Mai 1960

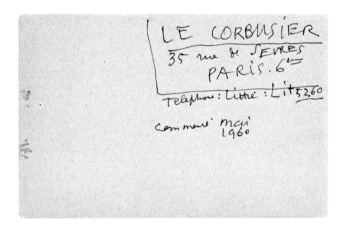

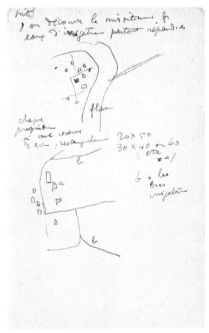

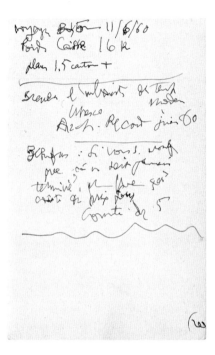

561
Commencé au Caire le 15 Mai 1960 //
à 18 heures (heure Delhi) rentrant à Paris
par Air India.
19½ h (h Delhi) delta Nil // Je revois les
3 routes parfaites parallèles // terre. //
eau fer
  Les orangeraies sont à grande échelle
(grand style!) // les coupe-vent d'<u>arbres</u>
dans un seul sens 400 × 100 (et non en
damier // (il faudrait écrire au Caire pour
avoir des cadastres de ces maraîchers. //
(à l'Etudiant qui a écrit) // (pour Chandigarh
down stream)
à mi chemin de la mer, les tracés dispa-
raissent. C'est le mouchoir de poche du
Fellah!
Avec l'incidence du soleil de 4 heures →

562
suite
on découvre le miroitement des eaux
d'irrigation partout répandues // fleuve //
chaque propriétaire à une réserve d'eau,
rectangulaire 20 × 50 // 30 × 40 ou 60 etc
= a/ // b = les bras irrigation

563
voyage Boston 11/6/60 // Poids Caisse
16K // plans 1.5 cartons +
Breuer l'urbaniste des temps Modernes //
Unesco // Arch. Record juin 60
Zehrfus: Si vous voulez que ça ne soit
jamais terminé? et que ça coûte des prix
fous // Comité des 5

564
des kilomètres // Stratification de nuages
sur terres = 3 émanations centrales se
groupant à l'oblique les unes // s'addition-
nant // au dessus des autres. // Répétitions
latéralement 1 fois // 2 fois // etc // les vides
sont bleus // d'ombre // à l'emporte
pièce // = // de Terre Neuve à Boston //
naissance des petits nuages alignés

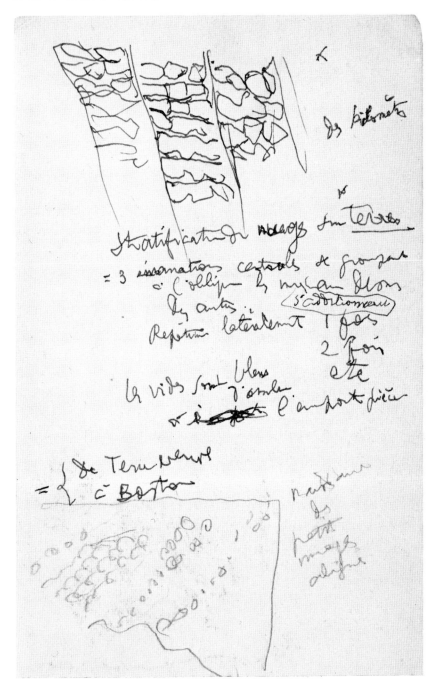

565
id
125 voyageurs // BOING avion Paris
Boston

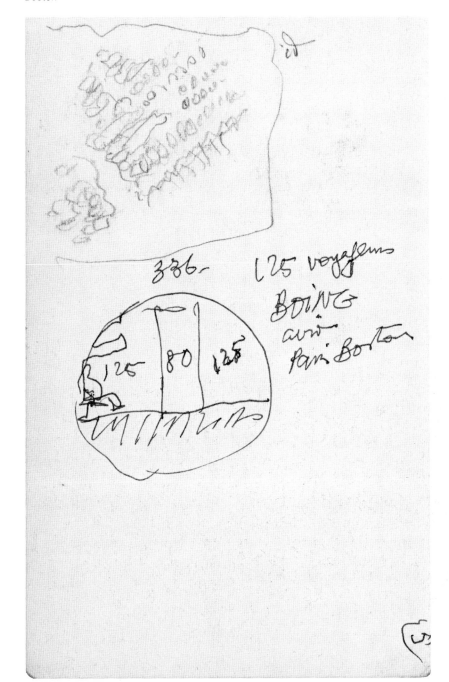

566
l'ensemble du campus // Quency Street //
hors university // mais ils achètent le ter-
rain // Presscott Street // sens unique.
12 // 6 // 60
envoyer photos Kodachrome du jardin
24NC // a/ = le projet VAC BO Corbu
L-C + J-L Sert // Mᴿ A.D. TROTTENBERG

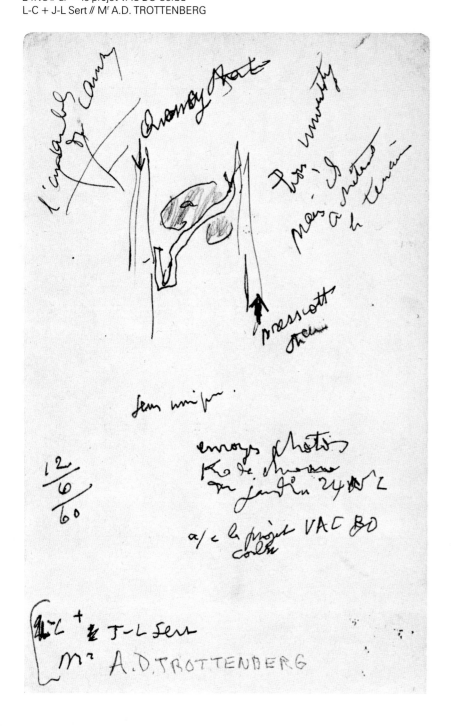

567
attention Strassova // Editeur Braziller. la
nièce de Gropius travaille chez lui. // par
combine. Hervé + Mᵐᵉ Choé // un livre
qu'on ne m'a jamais montré
J'avais dit à la nièce de Gropius devant
Sert et Gropius: je vous défends de faire
ce livre Brasiller est un bandit!
Retour Boston // Réclamer Sert écrire
Sudreau à cause de Meaux rapport
Blachère. Chance p. France d'avoir
la 1ᵉʳᵉ réalisation (Renault)

568
Zalevsky chez Sert // 1946 47 Sᵗ Dié // MMi
Bundy Doyen de ''Harvard College''
JOHN COOLIDGE (...) // FOGG ART
MUSEUM, HARVARD UNIV //
CAMBRIDGE, MASS. // organisera les
tapisseries (expo à Boston // 15 Tapis-
series // 3 ou 4 achats d'avance
Le président // Mʳ. Pusey // désire accès
transversal des étudiants (du dehors) = p.
aller au restaurant // beam 7 m //
poutrelles 366
12/6/60 // bureau de Sert avec Ses
3 dattiers

571

Meaux Renault // comme cars de Lincoln –
Idle-wild NY // des porte bagages (pour
rangement) // et retrouver l'étude des
doubles plafonds // = planches K. 226.

Capitol. Esplanade // Idle Wild // dallage
ciment // 366? // 180? // environ //joints
nets // très proprement coulé au goudron //
de 10 à 15 cm cm de large ou des bandes
de 30 × 1.4 // a/ Contraste avec parties
macadam uni // b/ des lignes ou traits
blancs

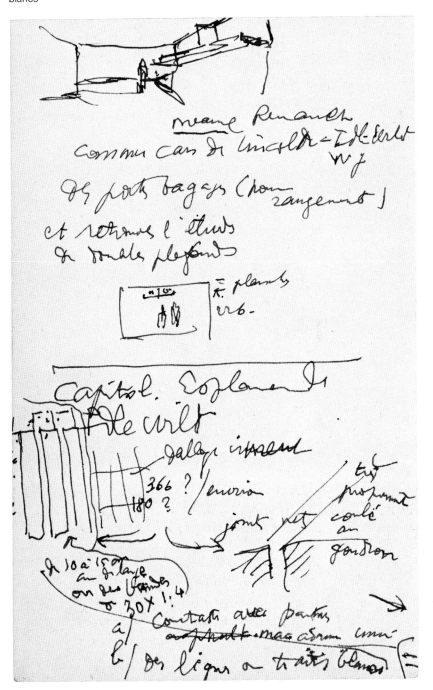

569

Retour Ronchamp. // trouver un tronc de
chêne.
Jeanne // Commander Aluminium in
Modern Architecture // Vol I. II and 1958
Supplément // Edit John Peter // 320 East.
50 Street // N York // jeanne

570

Jean Petit // 2 livres L-C a/ dessins puristes //
+ pointes d'argent // + autres // b/ pein-
tures // puristes // entre // actuels.
format Editions Skira // [Exclusivité Weber] //
le goût de notre temps // Weber = celui
de Crès. L-C = // comparer planches en
couleurs // format 17 × 16 // existe chez
Sert Piero Francesca // le Cubisme

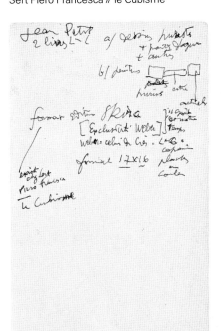

572

Les avions en aluminium. // alu // couleurs //
super intenses s'informer à Aéronave de
Mexico // X A M E C // Tenocticlan // couleur
orange Autour des hublots // demander à
Gonzalez de Léon
pieds papier maché // Orteil goutte?
arrivée à 22–23 h.

573

Attention! p. Docteur
Le 15 juin matin à N York (faux départ du
Boing // = nuit à l'hôtel
j'ai craché un caillot de sang très ferme
(élastique) au réveil à 7 h ½ matin. Mon
oreiller avait une grande tache de sang
bien compacte sur le blanc de l'étoffe //
grandeur 1 : 1
de 19 à 20 h = avion de Boston à NY. // le
11 Boeing Paris Boston // 12 // 13 // un
malaise indéfinissable // le 14 au matin
(dans air frais de Boston) sentiment de
morsure de respiration (comme déjà les
matins frais vers Stade Jean Bouin // à
Paris vers 9 heures // j'ajoute que depuis
10 jours j'ai saignement + gonflement de
gencives (inter et exter) à droite en bas. Le
caillot s'est-il formé là?

575

15/6/60 Paris demander <u>Air France</u>
<u>Boeing</u> // 15 Juin 60 // où je peux acheter
des plats métal embouti. comme ceux
employés dans l'avion N Y-Paris
le 15 Juin. // Ce sont des plats très simples
mais très nuancés. // très brillants // Service
à bord

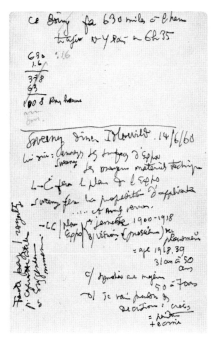

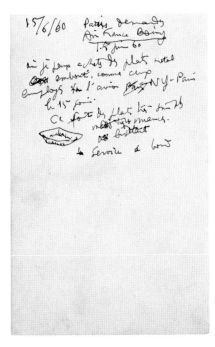

576

15/6/60 17 heures (temps N York) // =
20 h [eures] [temps] Paris
Avion Boeing. 1000 Km à l'heure (6 h ½ //
de trajet // N York – Paris) dejeuner magni-
fique = cuisine racée (après tant de
cochonneries) Altitude 11 000 m Strato-
sphère = 5000 m au dessus de la mer de
nuages. Le soleil se couche = Ciel de
ponant (arc en ciel de lumière) mer infinie
de nuages illimités, déjà dans l'ombre. Le
soleil est à l'horizon // Soleil // Solstice
juin // NY / Paris
Ce matin cauchemar // N York // 85ème rue //
Hotel Lincoln // hier soir [cauchemar] //
Départ de 23 h // renvoyé à 1 heure matin //
à 2 h. = on interdit le vol pour ne pas
réveiller le quartier // = ''jet''

574

Ce Boing fa 630 miles à l'heure // trajet
NY Paris en 6 h 35 // 1008 Kms heure //
bon.
Sweeney dîner Idlewild 14/6/60
Lui dire: envoyer les surfaces d'Expo //
Sweeney les moyens matériels techniques //
L-C fera le plan de l'Expo // Sweeney
fera la proposition d'application // ..... et
nous verrons.
– LC / Plans Expo // a/ jeunesse 1900-1918 //
B/ visions: (préscience) des phéno-
mènes // = age 1918.39 // 31 ans à 50 ans //
c/ synthèse arts majeurs 50 à 70 ans //
d/ je vais prendre des décisions = <u>créer</u> //
= peindre + écrire
Faire payer 1 royalty p. cagnotte atelier à
Guggenheim Museum.

577

On s'embarque dans la nuit, la fatigue et la
mélancolie, dans un car de 50 américains
(pas drôle!) Idle Wild Long Island.
Manhattan = une nuit dégueulasse. // =
un hôtel [dégueulasse]. // Matin 8½ h
marche de retour On ne décolle qu'à midi
au lieu de 10 heures.
De la 85 rue Hotel Lincoln (cafard) bus à
travers Amsterdam Street + Broadway
puis 75, 64 = 63 et Street jusqu'à 19ème (?)
Street = tunnel.. Brouillard (Que fais-tu
juin. aujourd'hui ???) des rues (streets) ...
Nuremberg guerre de 70, décourageant =
bête. puis Broadway puis 5ème Av + Park
Av + Lexington Av etc. On voit dans ce
crépuscule du matin, lugubres des gratte
ciels idiots, puis les modernes) les ''après
l'UN'', lisses, nets tristes, bêtes, énormes,
une texture gigantesque et multipliée,
d'esprit vide. Ces gens ne sentent rien Ils
vivent ''modernes'', une vie abrutissante
– Oh!. Ce campus à 2 étages dans Boston
fait par des gens sensibles!
17¼ h. (de N-York) Cette fois ci la nuit
s'empare de toute l'étendue à 5000 m
plus bas = les nuages = bleu sombre
d'ombre

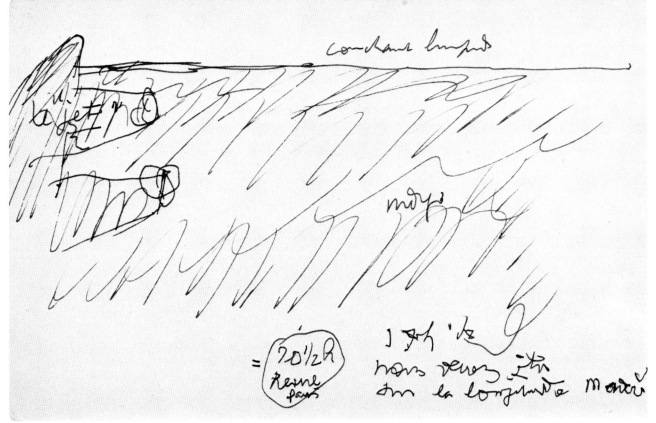

578
Couchant limpide // le ''jet'' // indigo //
17 h ½ // = 20½ h // heure Paris / nous
devons être sur la longitude de Madère

579
¼ d'heure après, la plaine de nuages //
nuages // est noire // le ciel de droite est
½ noir // [le ciel de] gauche // bleu limpide
très clair avec zône orange très pâle sur
l'horizon
Un passager me prie de lui signer 2 cartes
postales quadruples (en format) en cou-
leurs = Gratte ciel UN + environnement
  C'est l'épouvantable vol. Mais ça
écrase / tout ce hérisson de petits hauts
prétentieux gratte ciels américains.
Celui de Corbu (UN), est l'œuvre d'un
conquérant: l'architecture proclame!

580
18 juin 60 // Je relis les pages précédentes (dans le wagon lit de Firminy)
1/ voir page 2) le bassin réserve distributeur des eaux d'irrigation arabe à employer p. Bagdad = les parks du Stadium. bassin plus élevé que le niveau du parc (pour pression)
  voir page 1. les arbres coupe-vent pour ceinture Stadium Bagdad. // (lire la lettre L-C à présenté dictée le 18 juin spécification pour irrigation arabe.
Page 3 LC écrire à ''Arch Record'' USA // [L-C] = pas d'accord avec ''Breuer urbaniste des temps modernes'' // = Unesco
p6. exact: // Le départ de la rampe // VAC Bo)
p7 Braziller // écrire engueuler // réclamer 30 ex en Français (Edit Bloc?) // p7 Sert + Costa écrire à De Gaulle par Malraux
p9 Trouver tronc chêne = L-C p. Ronchamp.
[p9] commander Revue Aluminium USA.

581
horizon vaste // ici Centre Commercial // ici l'église // voir plan.

582
les immeubles Sive-Roux // Culture et jeunesse L-C. // Stade L C // nouvelles routes

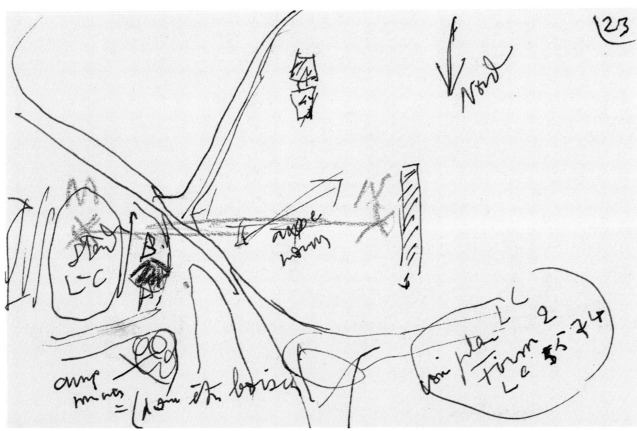

583
Nord // Stade L-C // axe ... // ... // ... // = (pour être boisées
Voir plan L C // Firm 2 // LC 5574

584
fabrique chez à Vilaines / Touraine // en
faire envoyer rue 35 Sèvres

585
Chez Jean Martin // Château de Beauvais //
Luynes // 26/6/60
Coussin // diam 47 // niv 66 // niv 35 // en
osier
2 15 m/m // 7 cm

586
Boussois Hébert 7 // 7 // 60
le livre doit // avoir des dessins techniques //
Sections et plans // à faire par Alazard //
vitrages fenêtres ondulatoires // – la pro-
tection contre la pluie // le vent //
la rouille // le contrôle des rideaux // le
nettoyage personnel

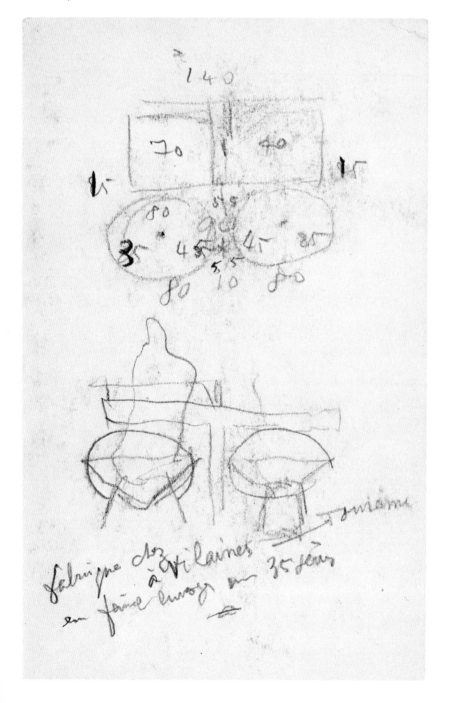

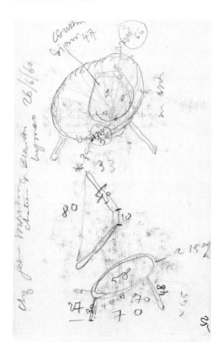

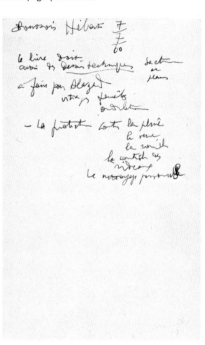

587

Boussois 500. Droits d'auteur Boussois //
Glaces // Livre // pour Mazet 350 ou 400
Bado 4M // Albert = 1M 500 Aubert 500 //
Mad 1 // Grey ou 1 // Jeannette 500
noter 300 // Jeanne 300 / 200 // Hen... //
Cendrars 500

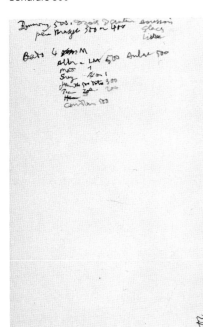

588

La jeunesse quittera les lieux fin 1961.
Les 3 Ets H. // ''Fondation'' L–C? oui?
non? // localisée aux 3 Ets H
les cités linéaires / 1961
La question est: les engagements annon-
cés par le maire. // maire // de Poissy //
M. le Maire // Anthonioz // Perchet //
Aujame // Chauriat arch // 12 // 7 // 60 //
3 rue de Valois

589

rue intérieure // panneau chauffant // loggia //
logis // banquette // contact électricale //
M = miroir p. doubler l'effet de la fenêtre

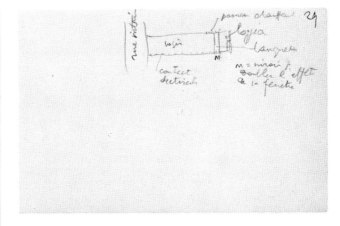

590

Electronique outil à penser // [outil] d'action //
6 août 60: contacter (écrire) Maurice
Ponte // Pierre Braillard // (autour du petit
livre // ''L'Electronique''

Envoyer Sudreau // page 3 Domus ''Nantes //
La nouvelle ''Unité d'Habitation'' de
Le Corbusier à Nantes la page ''passerelle''
et le prier de réfléchir

591
réduire // Ch d'enfants // Meaux // R =
rangement de 26 cm sur 4 m de long.
= Cabanon Cap M. // logis Meaux //
Le Sarcophage debout // Caisson arbre
sanitaire
Caisses siège (Whisky)

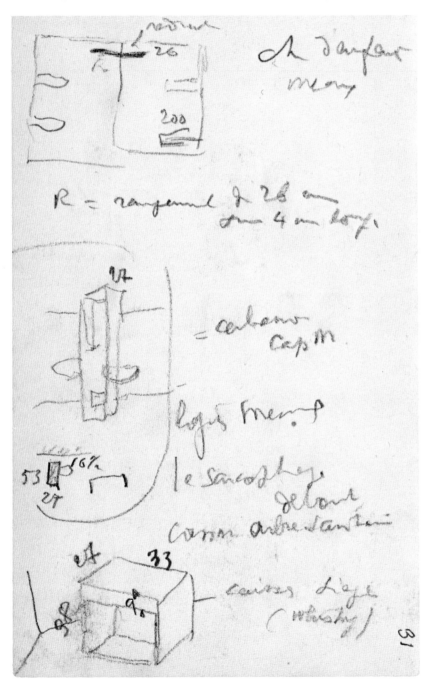

592
vertical // lames bois // Fauteuil // Etoile
mer Cap Mart // tube de 22 m

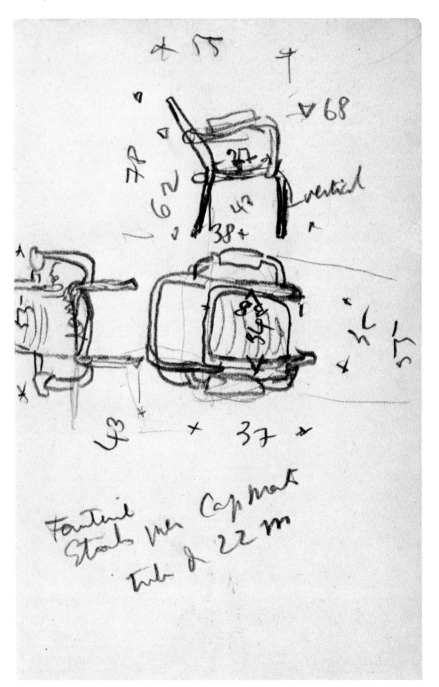

603
Cap Martin // (discussion)
M le Maire Tours // Mr Royer // lui envoyer
les 3 Ets Hum // + les plans Tavès Meaux
Coupe et Présenté // + Hardyon ou Hardion
arch (plan Masse) // L-C // Beaugency

601

602
Mʳ NON // Mʳ DSÉ – SÉ / They say

599

Cité linéaire. Le 28 Sept 1960, les deux ingénieurs de Kembs, M[r] et M , après avoir discuté l'Ecluse de [Kembs], me sortent de leur serviette un plan: Cité Linéaire industrielle du Rhône – Rhin, leur œuvre, leur proposition au cœur de l'Administration Rhône Rhin; ils disent: Cité linéaire L-C de l'Ascoral (d'après édition 1945). Mais: votre nom n'est pas prononcé encore, car il ferait des remous. (même état: paysannerie, Jean Deyre, prie Présenté de prendre en main sans me citer encore, car... ...) Canal Rhône Rhin, cabinet consulté: Sayas (2) Av de Messine
déjeuner L-C le 26 chez Ledoyen, banquet du mur rideau.

Rend avec le Lionnais: urb et recherche opérationnelle Peugeot = 1ère Unité Cité Linéaire Rhône Rhin.

600

Gaudi // armoires // = ... // porche // Secrétariat: Chandigarh

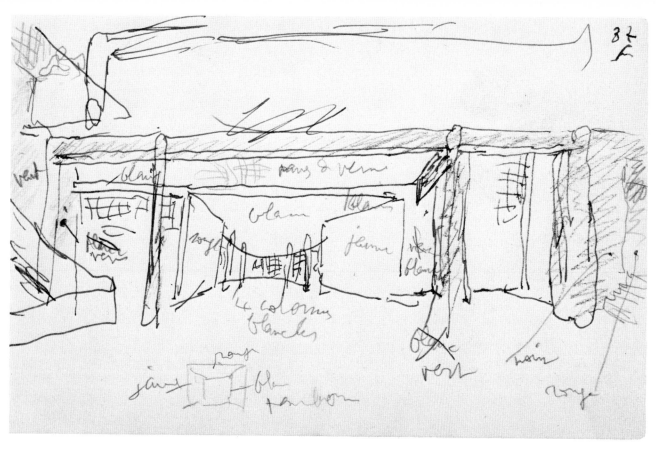

597
vert / blanc / pavés de verre // blanc / blanc //
vert / rouge / jaune / blanc / 4 colonnes
blanches // vert / noir // rouge
rouge // jaune / blanc // tambour

598
226 de haut
rechercher dans Sketchbook ancien. visite
à Versailles 1.95 Mme de Magny? +
Louis XV Café + Pompadour chambre
Envoyer // la conférence 26 Juin
Bruxelles // à Peugeot // à Sommer // à
Bouchet // à Le Lionnais // Lesourne //
D^r G^al de la S^té des mathématiques appli-
quées // Abel Thomas // Jacques Rueff //
+ Louis Armand // – Le Demi Siècle // –
Parodi vice président Conseil d'Etat // –
Joxe ministre Ed Nat // Roger Seydoux
Ambassadeur à Rabat

595

596
10 Sept 60 Cité Refuge Couleurs nouvelles avec Gardien // plafond blanc / rouge ou vert // noir / noir // rouge / vert / vert // ferraille noir // jaune / vert / jaune / vert / vert // noir

593
Copier ici Don Quichotte // Partie II //
chap. LVIII p 937 // ––– Pour la liberté
autant que p. l'honneur

594
noir / bleu / vert / rouge // Etoile de Mer.
les lumières = parfaites

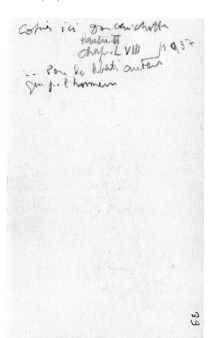

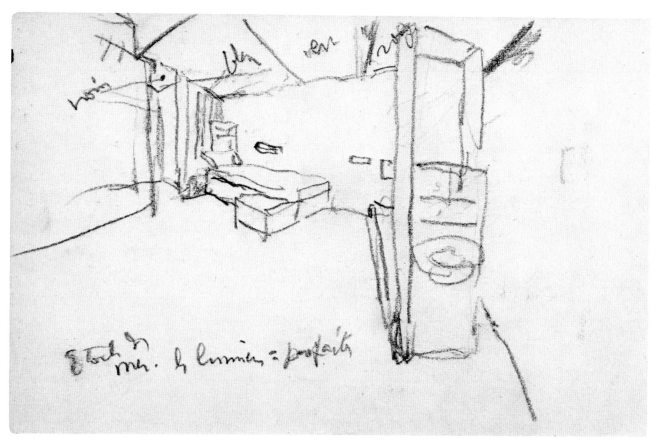

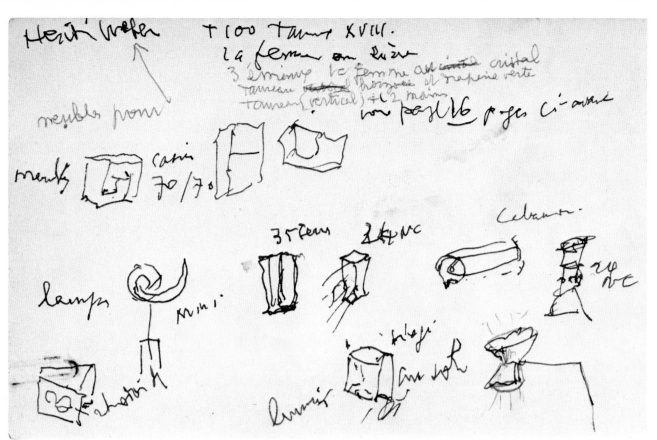

604
Heidi Weber / T 100 Taureaux XVIII. // La femme au livre // 3 émaux la femme au cristal // Taureau horizontal et draperie verte // Taureau (Vertical) + (2 mains // voir page 16 pages ci-avant // meubles pour // meubles / casier 70/70 // lampes // MMi // 35 Sèvres / 24 NC / Cabanon. // 24 NC // rhodoid // Siège // lumière // au sol

605
La Fin d'un Monde // Délivrance Le cocher de Fiacre // Le Taxi // 11 000 architect Louis XIV = 7 // Commencer par 1922 automobile // l'Avion a depuis 1945 = des hommes // MM^rs les Ambassadeurs?? // hauteur 226. avion navire // le Modulor échelle humaine Speiser // les standards // Afnor et Cie // ''le pied du roy'' // des mesures de la standardisation // 1 Civilisation machiniste // Teilhard de Chardin // article L-C // ''Les fourberies de Ford'' // (le gaspillage) // 4 h par jour // la Cité-linéaire // un lit – travail – un lit // suppression des transports 4 h de travail par jour →

606
le sport au pied de la maison // les V //
Canal Rhône Rhin // Loire Danube et // les
3 routes / [Danube et] // la 4ème route air.
Regard en arrière: les routes du jade, du
silex, de la soie – Tchad Chine. // Regard
en arrière: le cycle solaire de 20 000 ans
(s'informer) nouvelle période glaciaire
Europe autrefois = des lions des tigres
des mammouths des nègres la marche à
pied (pour simplement croûter (Attila,
Gengis Khan – etc – le troupeau, les
chevaux, la Steppe, les nomades. La
musique et la danse. Lyrisme-et action =
le lendemain different

607
Teilhard de Chardin // (Variétés Jacques
Clair) // oct 1960 // Mon tableau // T 100
1957 Taureau XV // ''Eveil de l'Asie'' // =
l'organisation spirituelle, // = la nouvelle
étape

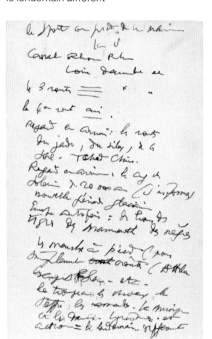

608
''Mort de la rue'' // à réimprimer pour Fin
d'un monde

La photogravure! le document authentique
est là, désormais. Tout a changé! le docu-
ment! Ethnographique, plastique, scien-
tifique
La rapidité instantanée: l'électronique
Téléphone, Radio, Télévision puis l'Elec-
tronique outil Scientifique de l'action et de
la solution: plan universel, cosmique, ex-
périmental et d'hypothèse, de sécurité
analytique, conceptif, par preuve + ou –
électronique
La Contiguité, la Terre, la Solidarité
des termes patents: organique, biologique,
humain, Cosmique corporel, mental,
fraternel

609

Lettre à et de Albert legat. // maison //
Donation civile à L-C = 60% + des frais //
(si don entre vif = 60 + frais) // La Roche //
Si vente acquisition = 7% // payable en
chèque ou espèces // 4 ou 6 M // ici la
Société peut s'appeler ''Fondation L-C'' //
Chez Maguet qui paye à La Roche par
chèque et La Roche rend le chèque //
2e Stade Fondation L-C en Suisse? Secret //
j'y mets ce que je veux // je désigne
2 personnes à mandat irrévocable // donc
de suite avec Montmollin // espèces hono-
raires droits d'auteur // Testament à
refaire // Legataire universel Ducret +
Duval
Dire La Roche pas faire de donation //
ça coûte trop cher // donc La Société
(La Fondation achète)

610

1 Fondation en Suisse ... // grande guerre
2° Sté civile (Fondation L-C à Paris // a/ qui
achète la maison La Roche // b/ sera léga-
taire de l'actif intellectuel L-C. manus-
crits. // documents // dessins etc // docu-
mentation 24NC // manuscrits // dessins //
Archives // droits d'auteur. // Tableaux.
3° Testament: // à faire de suite // L-C lègue
à Duval. le solde à ... Fondation L-C de
Paris // + éventuelles en gratitude certains
tableaux amicalement // Tableaux // Duval
et les autres. // Sert et Cie // Speiser
La Roche

611

14 oct 60 ''demi siècle'' // Bollaert (Rhône) //
15 oct Randet MRL

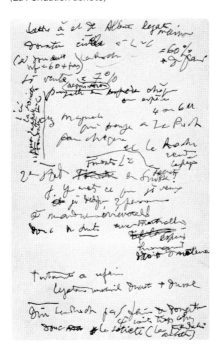

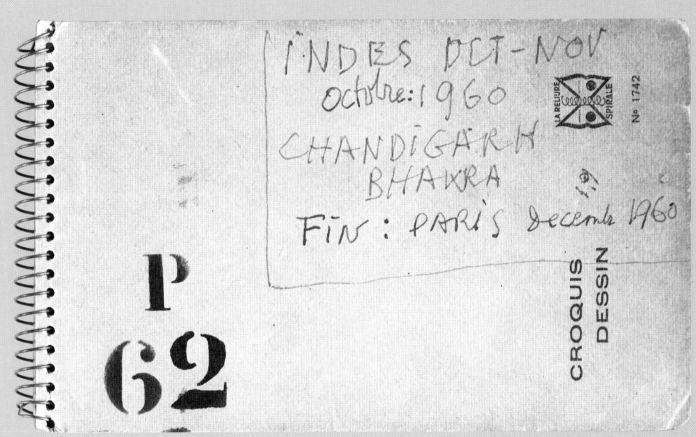

613
LE CORBUSIER // 35 rue de Sèvres //
PARIS 6 // Télé Littré 52 60 // Commencé
le 2 nov. 1960

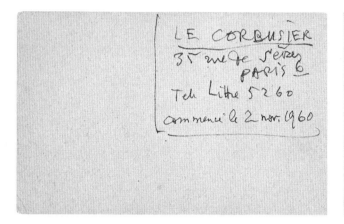
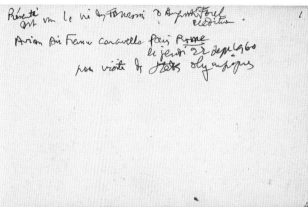

614
Présenté // dit vu la vie des Fourmis
d'Auguste Forel réédition. // Avion Air
France Caravelle Paris Rome // le jeudi
22 Sept 1960 // pour visite des Stades
Olympiques

615
Lake Rose. // 3 reflets I // II // III // parfaits
2 nov 60 // 10 heures // The limits
Ecrire Nehru envoyer double lettre L-C du
8 Septembre 60, avant le Comité Milit...

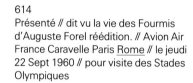
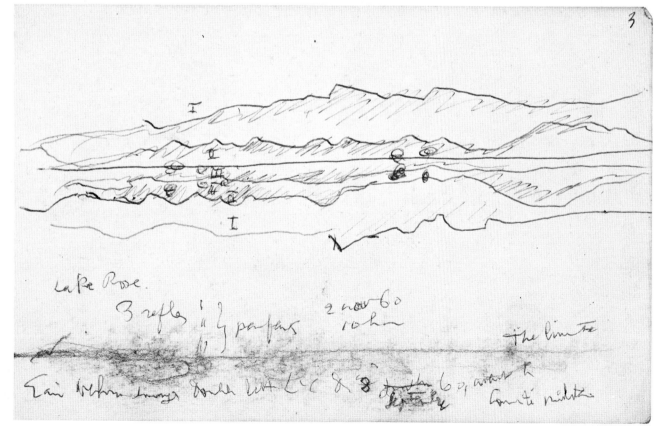

616

Prabaw Assembly
1 urgent sculptures murs // S // façade
sous concil + à gauche porte émail
2 Plafonds bar Couleurs diverses entre
beam // Forum (sous council.)
3 sculpture rampe Forum – council / S //
Urgent // forum
4 Sculpture parapet Floor II // offices / S //
South // Very urgent
5 S urgent // coffrages // Salle = rocher
des invités / S
6 urgent vérifier où? cloison fermant north
wing. // ici? // ici?

617

Praba 7 / Mobilier Assembly Salle // Sur
tables // un N° visible // 150 ou 28 ou 202
etc
8 journalistes Tribune Salle Ass. // cette
pente = possible
ladies
9 sculpt sur le parapet S // a/ côté Forum –
sous passerelle speaker // b/ de temps à
autre côté corridor offices

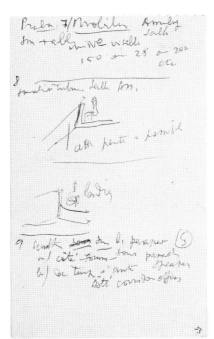

618

arrivée / 12 hommes // 5 hommes // level
Ladies // 30 femmes // retour //
15 hommes // et Level Forum // pour
apporter le béton
rives // Offices // 30 hommes + gosses //
ouvrir // = béton // mur

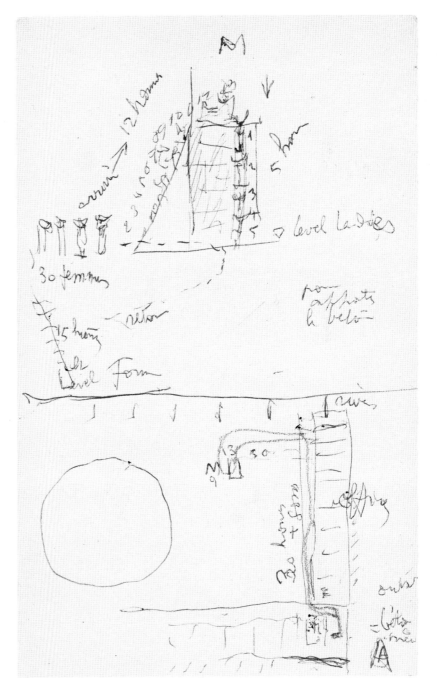

619

<u>Ecrire</u>? Nangha: // la collaboration technique amicale et fraternelle de l'ing et de l'Arch s'est réalisée dans la qualité de Conception et d'éxécution de l'Assembly

620

Malhotra Cantine // Cafétéria Secretary // 6 nov 60

Sur le toit = herbe avec quelques dalles 5 cm posées sur herbe (à la japonaise) = chemins pour photographes, aux points culminants

621

Attention! retrouver <u>fiche</u> // papier à lettre poche) // du croquis fait le 3 nov à l'Assembly = petits offices avec brise soleil // sans ondulatoire // formant 4ᵉ mur observés ici pour emploi à Boston
Prabawalkar // dam // éclairage les lampes <u>froides</u> sont meilleures

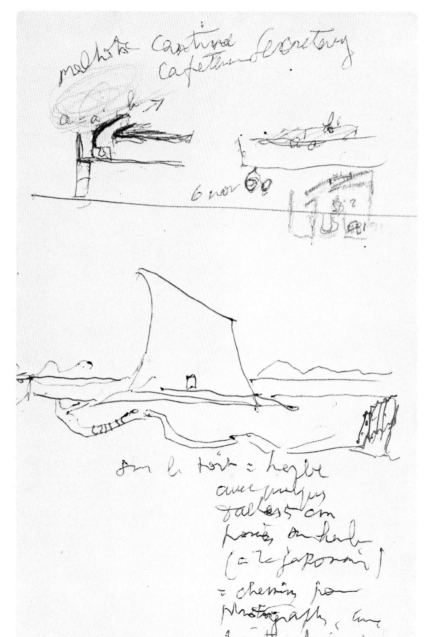

622
important!
Assembly trouver 3 signes // fonte fer
(Nangal) // sur porte entrée députés a/ //
invités b/ // chairman c/

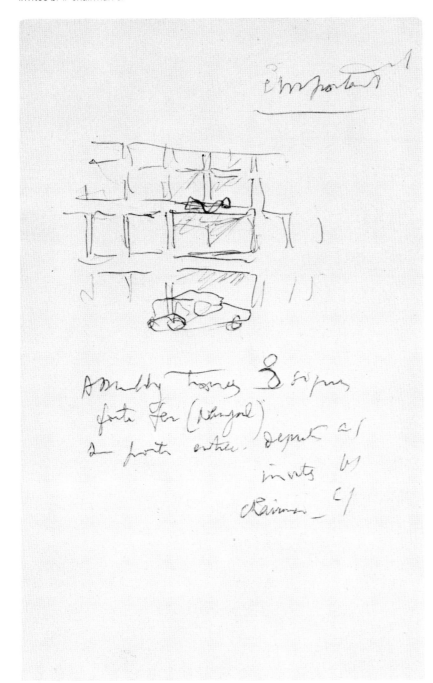

623
Memorandum High Level C^tee // réclamer
Varma + Rhandavar // Signes p. // Tapis-
serie chairman // entrée [chairman] // +
députés // + invités // + Extension H.C^t //
Protection classement Capitol

624

Prabawalkar // les joints Esplanade avec
briques noir? // dehors // briques //
cement // marquant le joint // voile // Voile
10 cm // + petit quadrillage // + tenons I

625

Urgent // écrire 1 lettre à Chief Architect
(pas bien compris avec les pergolas de
Tivoli. Jamais de treilles au long des murs
qui doivent rester nus, mais ''en lacs'' //
12 // 11 // 60 / oui / non
Praba Porticos // how will it be realised the
continuity of the 7 differents parts // ?
Praba revoir les gradins toit Assembly =
espace sous hauteur totale d'acrotère // +
les 2 cages d'escalier (au sommet

626

a = actuellement libre, fers apparents //
b couler 2 consoles béton // [vid] // vide //
c/ pour installer la sculpture fer C // c^1 peut
pendre dessous le beam

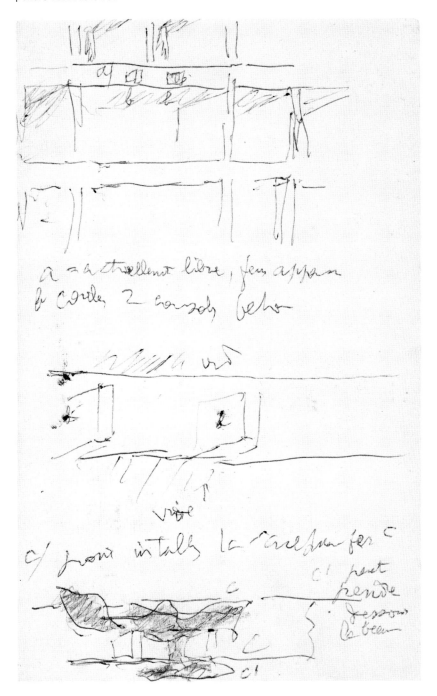

627

L-C // faire une tapisserie Entrée // Base-
ment // députys // dessin nuageux,
Serpentant fondus / fonte // béton
Speaker office // balcon symbole la roue? //
socle béton // entrée ici // une roue coulée
fonte sur roue authentique en bois //
Dessin de charrue // roue ronde.

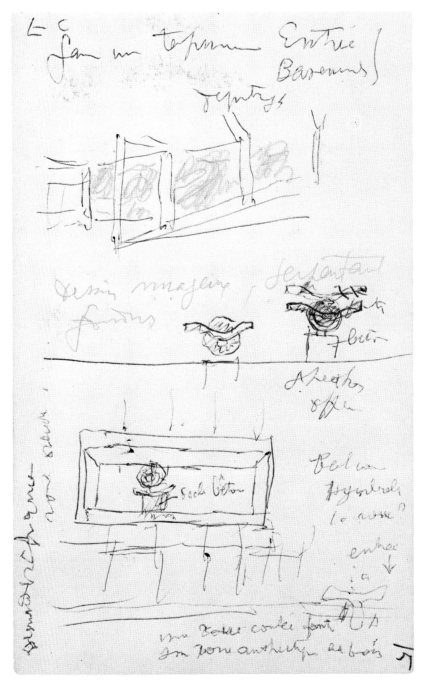

628
<u>Attention</u>! Chowdhury // pas de plate
<u>bande</u> blanche sur extension H Court //
Idem sur B...
laisser libre // jardin // archives // les
jardins // <u>Malhotra</u>

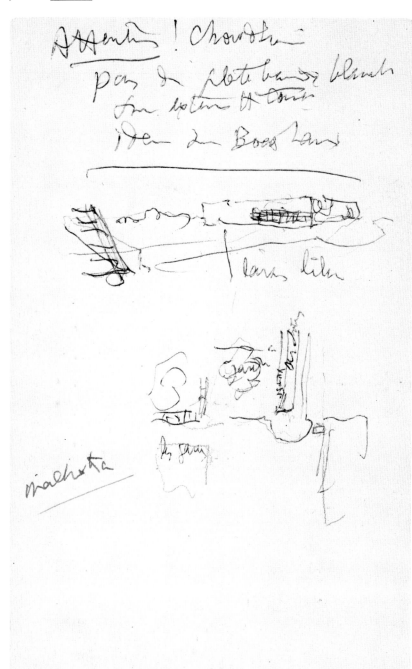

629
<u>Classification</u> du Capitol // avertir les amis
de Chandigarh que j'écris (lettre // copie à
joindre) aux universités dont je fais partie
leur demandant d'appuyer
La classification comporte // 1 le Parc
National // 2 le Capitol // 3 a/ le B^d des eaux
et b/ Hinterland au dos de la High Court //
4 le Dam. // 5 le site frontal à Cha...
3 = b/ réserve impérative pour liaison
<u>par nature</u> de la ville à la paysannerie
nord // exploitation rurale // transformée
par cooperative
3 a/ les 2000 palmiers royaux // les 3 bas-
sins de 800 = 2 k 400
jamais plastered les buildings
Hukan Singh a dit: je vais passer tout ça à
la chaux après avoir <u>plastered</u> le concrete
jamais add... building

630

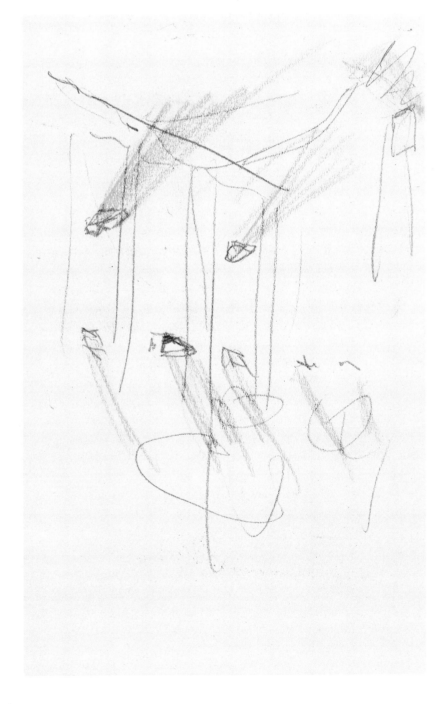

631
pont roulant jaune // profilés porteurs du
transformer vert // bleu pâle // St Gobain //
110 m // = ab // trottoir // croquis // à
envoyer à Malhotra. (ici, p. 39

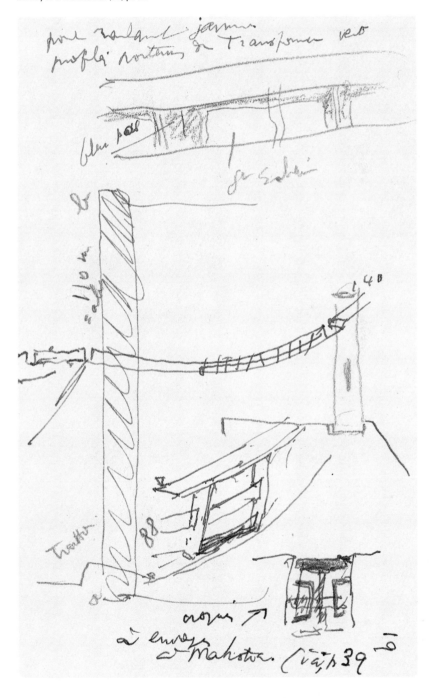

632
trottoir

633
Situé // 57 cm // Mercury catalog p. 17

634
green // yellow // red // Assembly behind
Sun breaker

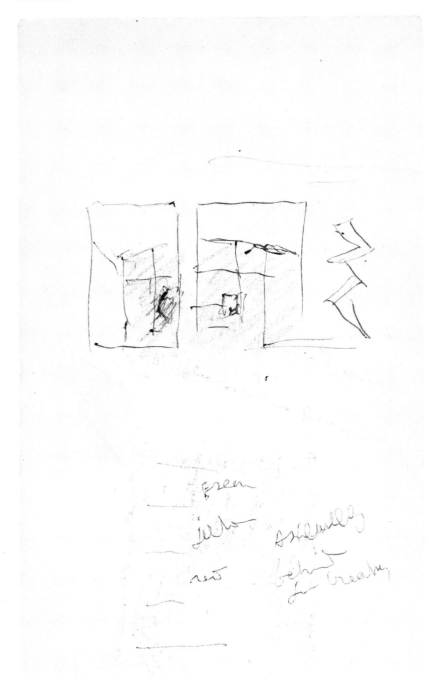

635
le point de distribution est ici en P – // à
installer le groupe G en <u>dessous</u> // le plus
bas possible en direction de MN

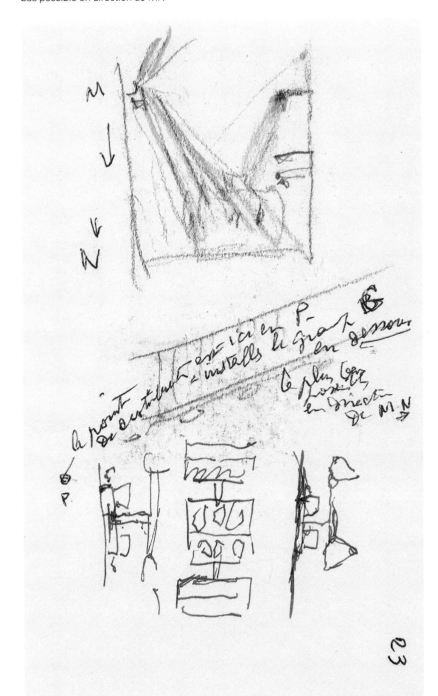

636
route // A = musée left driver // B = Som-
met right driver // Son lumière: les phares
se logeront sur ces montagnes // C =
relais téléférique du bois.

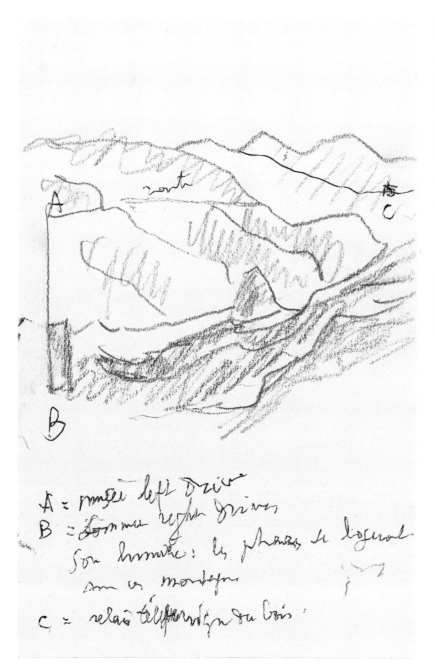

638
1 // très attention il faut être plus bas
que 12′ // attention on doit pouvoir voir A
2 Praba = <u>pas</u> de joint brique Esplanade
3 Malhotra faire photo couleurs H^{te} Cour
quelques tapisseries. p Anand
4 // L-C // Bajwa ing
5 Praba L-C donner Couleurs des balcons
corridors étages Forum.

639
Märg // Anand L-C fera une notice et plan
théâtre spontané: j'offre aux Indiens..... //
Contents // master Plan // ... // ...

640
Préservation: Capitol // adresser à
Académie réponse // adressée à G^t Punjab //
Kairon // par Vohra // double à L-C qui
groupera et fera la demande globale //
Hukan Sing voulait plâtrer le béton + le
peindre en Couleurs style indien jaune. //
exceptionnelle démonstration de béton
moderne et polychromie

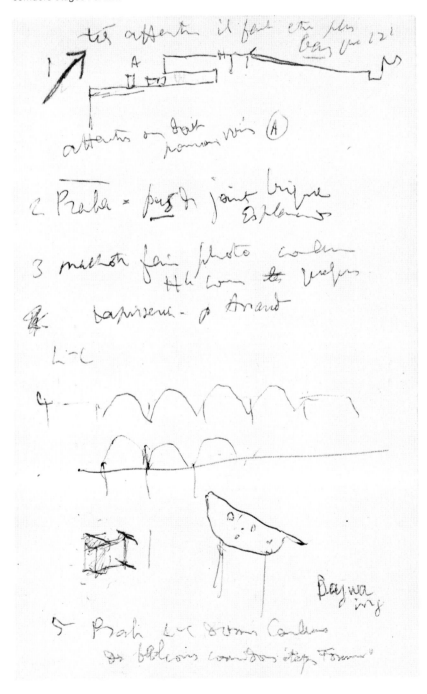

643

<u>Tapisseries</u> Extension H C[t] + Council. //
Signes 12 × 12 la main // le méandre
rouge / blanc / jaune
COURT ROOM 8 // HON'BLE // Mr Justic
Bisham Narain // est le seul qui n'a pas
replacé sa tapisserie
le plafond asbestos est peint en gris très
clair = bon

641

Märg. <u>Anand</u>. // fin de l'article (j'offre à
M Nehru pour la jeunesse enfants et ado-
lescents cette forme de théâtre spontané
(donner plan et perspectives) à construire
dans les banlieues des villes et dans les
villages (clubs de jeunes)

642

Epure bouchon // attention il n'y a pas
d'escalier de la passerelle!

644
le lobby salon H^t Cour avec meubles // de
cuir différent // et tapis rouge // d'accord
for ministres
1 // Praba // tout est très bon.
2 Quid couleurs ondulatoires 3 façades
Assembly?
3 Décider le toit (Suppression des gradins) //
important
4 Malhotra // here face // toit assembly
parapet // green?

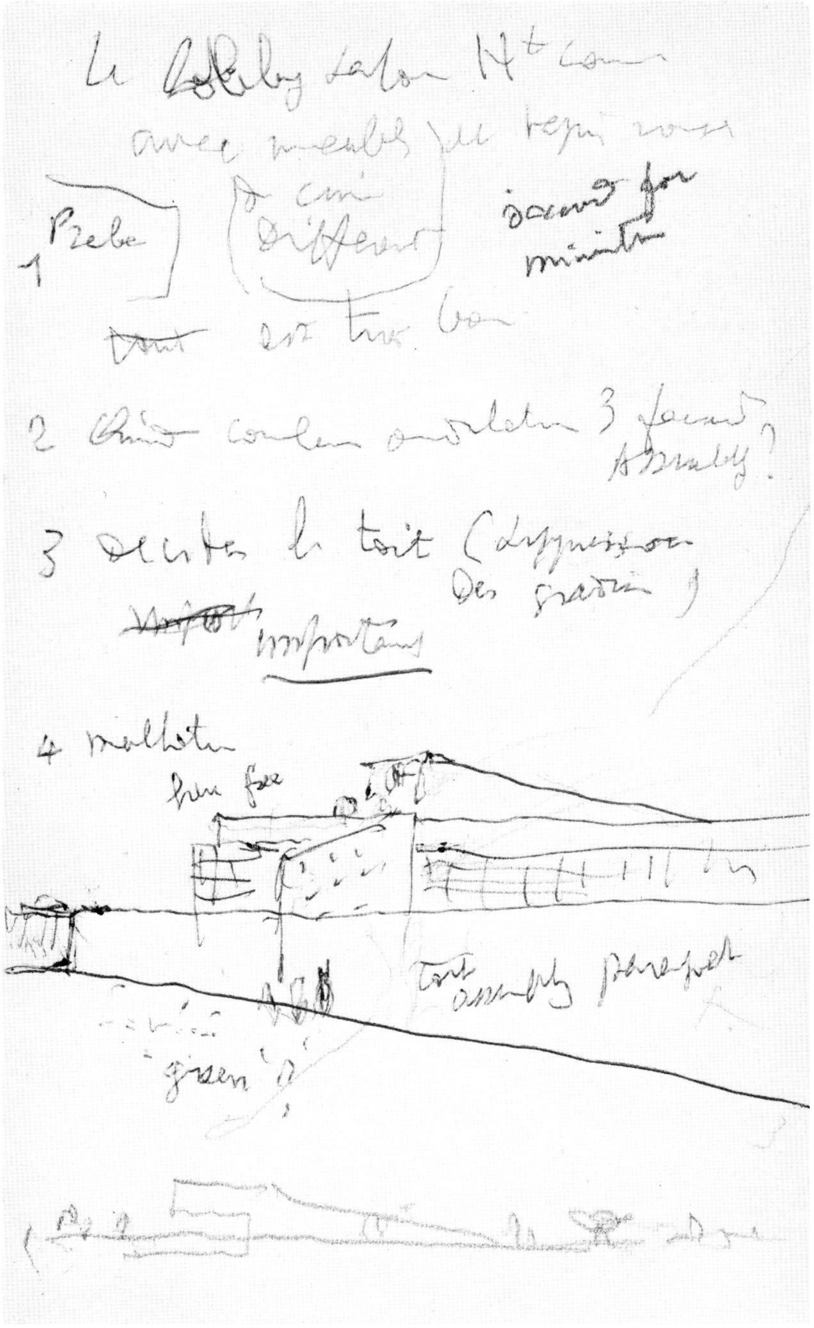

645
5 Praba y aura-t-il une fenêtre de dilatation
sur parapet côté H Court et idem côté
Himalaya // créer // trous échelle humaine
6 Malhotra // pilier // chapotis
7 Prab What is the reinforcing // 183? //
south west // ... // council // ramp Council
8 // Kemchand // Urgent // Télégramme
Boesiger If possible convocation // Burri
Magnum on my passage Zurich 24
9 Photos coffrages chapiteau, tôle en
chantier + As prêts à 8 h – 9 h. matin

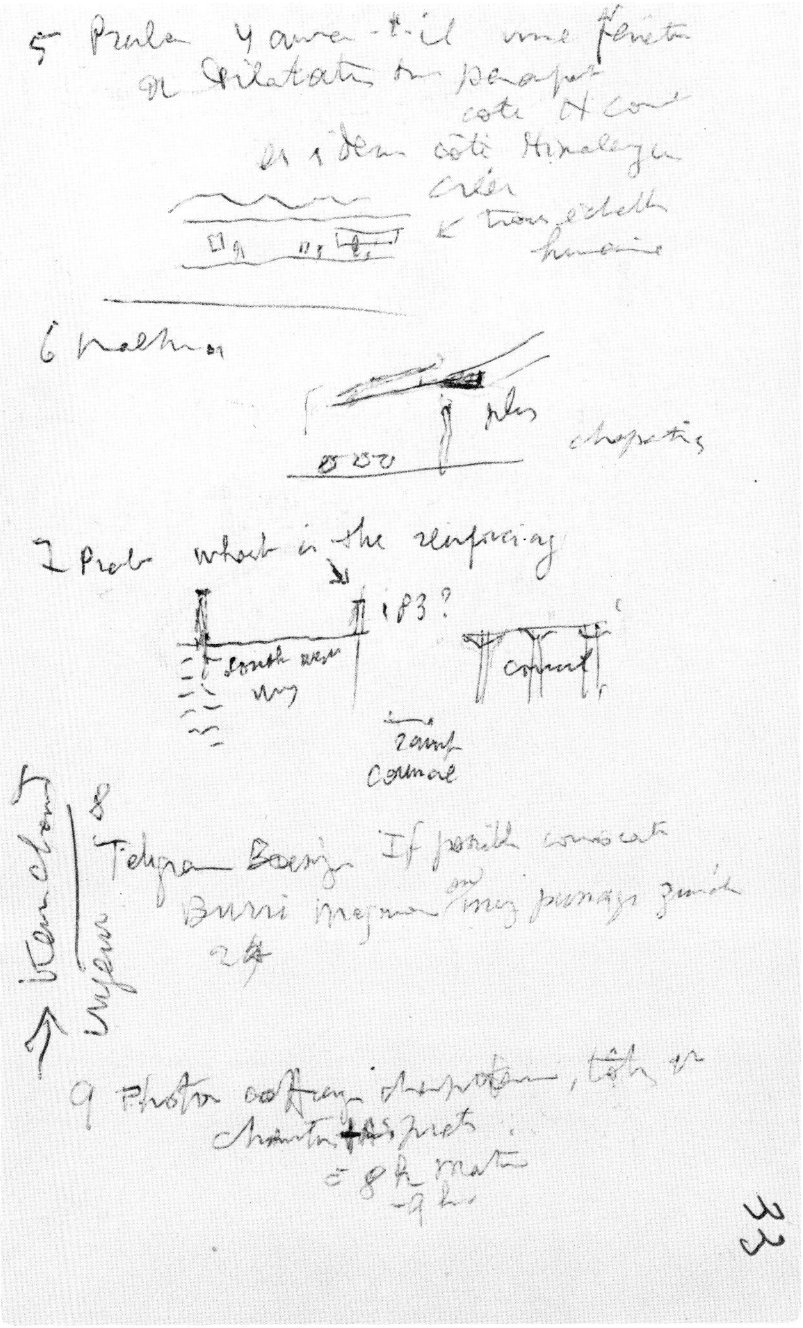

646

Chapoti. // 2 ventilateurs // 366 ? // ou 295 //
ens // open // ils s'... // La cage descentes //
320 ou 360 // 120 crochet // isoler ça! // 86
= bon // sortie cendres // charbon // only
inside // ...head
10 L-C faire 1 fiche p – dossiers Museum
Knowledge – les ondulatoires comme
Secrétariat

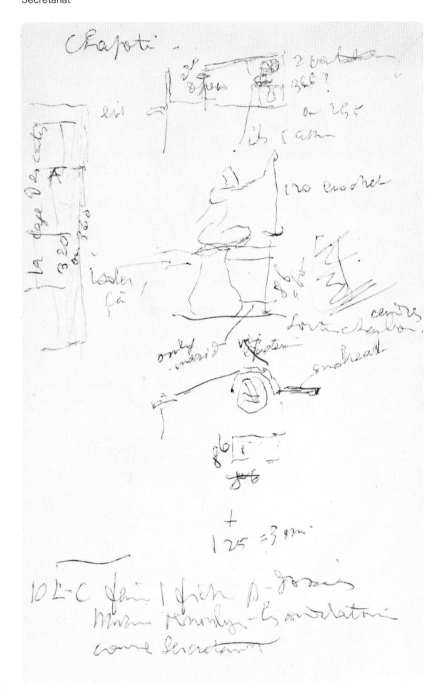

647

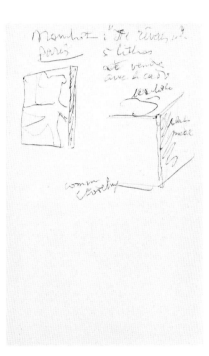

648

Mourlot // Paris // : ''Je rêvais....'' // 5 lithos
à vendre avec le cadre // les lithos // plat
métal // comme Chowdhury

650
TASU = $\underline{4}$ cm. // 3 dimensions de roues //
5 cm p. M = exact

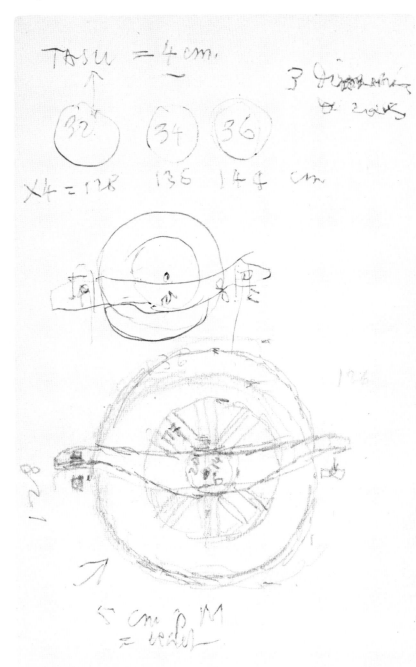

649
18/11/60 // 1 Praba couler // pied et main
Corbu // dernier voile côté nord est

651
Rouleau papier dessin 70 net // donc 72 ou
74 // Urgent // Retour // Voir Bernhardt
acoustique // + croquis p Malhotra Bhakra
ici p 19 // Ecrire Praba voir avec Philips
Delhi si asbestos plafond
Faire 1 lettre de confirmation du meeting
Chief minister 23/11/60 à 9-10 heures
(voir fiche) L-C a refusé bureaux du G^t-Build-
ing définer le programme: // définition du
gouvernement // déclare ! = Service per-
manent. // Offices avaient été décidés au
City Center PTT // L-C promis envoyer
1 rapport à Kairon (voir fiche 23 // 11 // 60

652
– from entrance // coming back

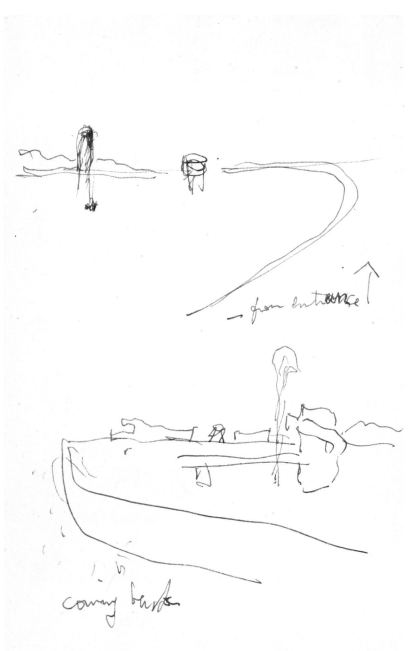

653
betwen tower and entrance le jet d'eau
dans le lac (Dam réclamé par le chef
ministre // 22 // 11 // 60

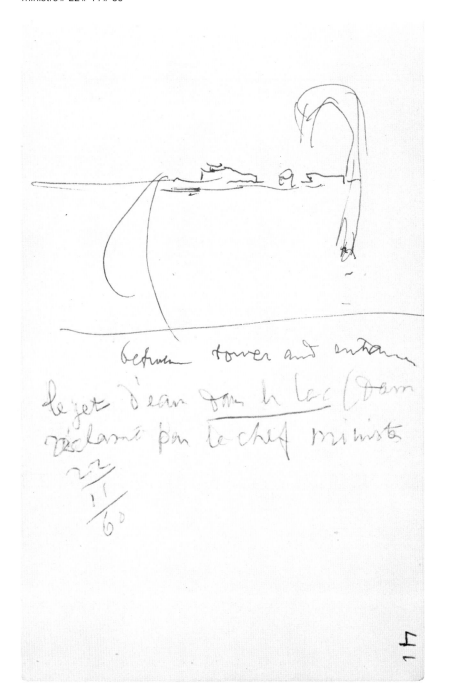

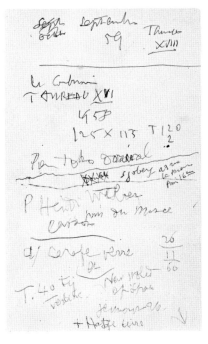

654
Octob / Septembre 59 / Taureau XVIII
Le Corbusier // TAUREAU XVI // 1958 //
125 × 115 T 120 // 2 // Pour Tokio Dorival
Sjoberg 23 rue La Pérouse Paris 16ᵉᵐᵉ
P Heidi Weber // pris du Musée Cassou
a/ Carafe // et // verre / 26 // 11 // 60 // New
World of Space
T. 40 Fig vertical. // Jeanneret 26. // +
Hatje livre

655
b/ Bouteille carafe et verre // 1926 //
T40 fig horizontal
c/ Arbalète 2 Londres // 1953 //
Le Corbusier // 100 Fig horizontal
d/ Nature morte en rose gris et vert //
T60 Fig / 1923 // 1940 // (thème Nature
morte aux nombreux objets 1923)
e/ Composition violon et os et Sᵗ Sulpice. //
1930 // T60 T ''paysage'' vertical //
130 × 89

656
''Laboratory of Scientifical decision'' and
(Government) Center of inquiry [...] deci-
sion and General explanations'' // = a tool
of audio-visual use.
Shoberg 80 Fig // Robinot 5 rue Camu-
logène // Vaugirard 7604 // Paris 15 //
Divinités Marines // 1933 // Signé
Le Corbusier en bas à droite // 15 000 NF.

657
Yvonne des Aubrais et Rillette de Tours //
marquis de // Casa Riera = Toto de Mora //
dixit madame De Fonds Lamotte dite
''Bounette'' chez Ducret // déc 1960

658

<u>Télé Dorival</u> // 25 nov 1960 // 81 × 65 /
73 × 60 // N° T 25 à 20 / 1 m // 116 × 89 //
[T] 50 2½ à 3 m // 162 × 130 // [T] 100 /
5 m. // T40 = 100 × 81 = 2M

660

silhouette // main ouverte // plan nouveau
les plans / les coupes.
le laboratoire
toit // gabarit
laboratoire // cinema // G^t

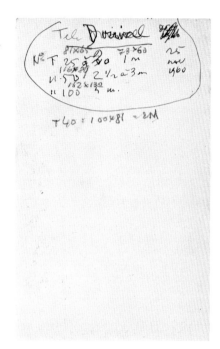

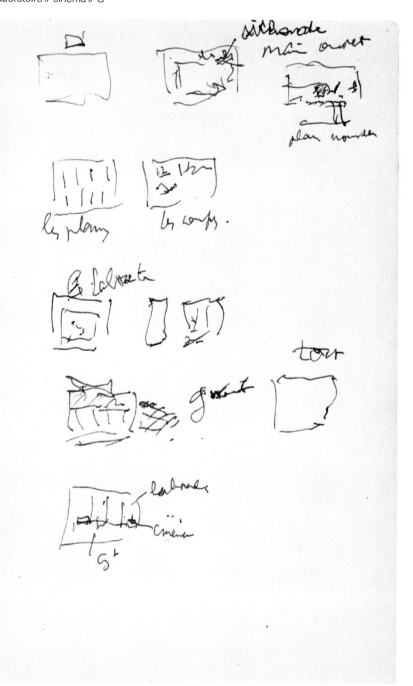

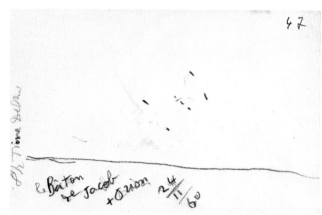

659
8 h Time Delhi // le Bâton de Jacob +
Orion // 24 // 11 // 60

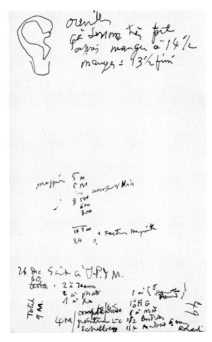

661

oreilles // ça sonne très fort // après manger
à 14½ // manger = 13½ fini
[mezzanin] 5 m // 5 m // aéroport Nice //
3 500 // 600 // 300 // 14 300 // + Factures
Marguerite // 24 ?
24 déc 60 // Ecrit à J-P. d M. // testa: 2 à
Jeanne // 2 à Mad // 1 à ...
Total 9M. // 4M // Compte Bado // peinture
L-C // Schelberg // 1 à J // Jeannette //
Henri // 1 à HG // 1 à Mad // ½ Cendras //
½ Aubert G ou Robert

662

Michelin. Michel Bataille Mathey // Film
série 3 Ets H. // équipe L-C Bataille. Jean
Petit // + Pt Conan (?) des ing des Pts et
Ch // Atelier 35 Sèvres + Burri +
Agostini // Le Lionnais recherche opéra-
tionnelle // Films internationaux: les 3 Ets
H. F // La Cité linéaire industrielle // =
Gds Films + documentaires // pour tous
pays. // [documentaires] // [documentaires] //
Films Les Constructeurs (internationaux) //
F // Le Modulor // international / F //
"Le Plan Michelin de Paris" – F // L'opera-
tion de Paris. Centre + cités linéaires //
faire de la richesse supprimer le cancer //
gaspillage

663

Edition Chandigarh // Doshi parfaites
photos de Shodan + Mill Owners =
remarquable // à précéder par éléments
antiques (livre I de Mazenod) // les archi-
tectes // Faire valoir les splendeurs l'inci-
sive la dure et radieuse architecture.

664
4 façades / et 4 / plafonds // Roque-
brune 29 // 12 // 60

665
4 // 1 // 61
Zurich horn // *VAC Boston // Ambassade
Brasilia // *Maison des jeunes Firminy //
Stade / [Firminy] // Unité d'habitation
[Firminy] //Fort Lamy // Museum of
Knowledge Chandigarh. // *Stade
Chandigarh // *Parlement [Chandigarh] //
PTT [Chandigarh] // Bagdad: stade //
piscine // *gymnase // Basket.-tennis //
5 Unités à Meaux // *1 [Unité] à Briey en
Forêt // 2 [Unités à] Brétigny // 2 [Unités à]
Tours // ½ (demi) Unité à Roussillon // Cité
linéaire industrielle de la Meuse // *Ecluse
de Kembs. // Villa Savoye

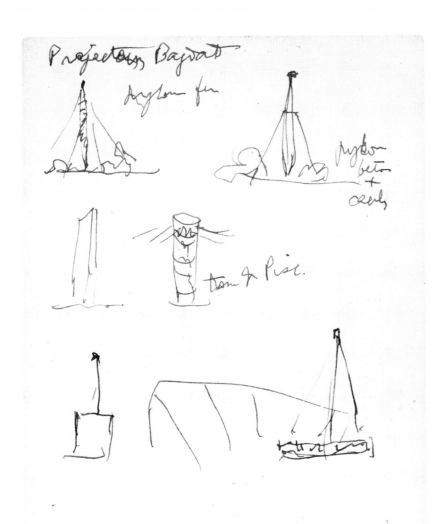

666
Projecteurs Bagdad // pylônes fer // pylône
béton + câbles // tour de Pise.

667

Lab décision Scientifique // M... + Le Lionnais // 2 thèmes // a/ La Meuse Cité linéaire // b/ Centre de Paris // ici: détailler toutes les données de la recherche.

668

Architecte conseil de la région = // frontière Belge // Meuse // Saône // Doubs
MEUSE
pour 3 années. // (en contact assuré par contrat avec recherche opérationnelle // en contact avec laboratoire Electronique de décision Scientifique
habiter // travailler // Cultiver le corps et l'esprit // circuler // Etablir le plan pilote et le statut du terrain // obtenir loi mobilisant le sol p bien public au prix du jour du [Décret] des années 1958-1960
Etablir les éléments types // 1 habiter // loisirs // 2 travailler // usine verte // 3 les 4 routes // voir p. 58

669

7 // 1 // 61 // Team ASCORAL 2 Comité L-C // Présenté: // Le Lionnais // enquête ... // Michelin Bataille // Jean Petit // L-C // arch Wog. // Aujame (groupe) = Chenut // Equipe 35 Gardien // Jullian // Tavès // Oubrerie // + les ôootres! // Zerfuss // Conan Pt // étudiants P et Ch // ordre "les constructeurs" // les 3 Ets H // Modulor / Cité linéaire // ing Présenté // Alaurent // Myon Renault // Villanova // Bouchet ing // José Bernard. Conan Pt élèves Pts et Ch // publ relations // Vitalis Cros Dolfus. Louis Armand // Claudius Petit // Remondet // Georges Salles // Boesiger // H Weber // Strassova // Besset // Musée Savoye. // Etudes financières le type groupe Schneider // Roussillon // 2EMTP // "Livres Ronds" 35 ans électronicien (Présenté) // Chombard de Lauwe // Hindermeyer.

670

Suite "Meuse" Voir page 56
1 Désigner a l'industrialisation // b la stan-
dardisation // définir c les techniques à
intervenir
2 indiquer les groupements féconds des
constructeurs // ing / arch W- // Auj / Wog //
Aujame // Candilis // désigner des gens
préparés à cela + préparables Chenut
3 Passer au groupe L-C-Présenté"
"constructeurs" // : Commande suffisante
de prototypes // logis // loisirs // Usine
Verte // écoles etc. // p. expérimentation,
vérification amélioration

671

Meuse
Mission L C = // 1 // architecte conseil de
la région: en vue de l'occupation l'aména-
gement du territoire déterminés par un
Statut du Terrain
2 l'équipement réclamé par les 4 fonctions
exprimant l'intervention // la présence //
humaine: // habiter // travailler // cultiver le
corps et l'esprit // circuler
la mission 1 avec le concours de la
recherche opérationnelle Le Lionnais et
laboratoire électronique de décision
scientifique (Livres ronds)
Etablir un plan pilote et statut du terrain
Proposer les dispositifs légaux capables
d'assurer la correcte disposition du terrain

672

Michelin: 1. Séquence // Eviter le désastre
de "la Défense" = "Paris-axe Est-Ouest"
Budget M... recherche opérationnelle //
[Paris-axe Est-Ouest"] // et prolon-
gement // livres ronds // Voir Cahier bleu
ASCORAL 2 une page du programme.
occupation – territoire Ilot 6 // Randet
Malraux
"Maison Savoye" à Poissy // Maintenir ce
terme // R de Ch. ch. domestiques // murs
colorés // porte émail // ouvrir la paroi sur
Hall = contrôle // photo mural de fragments
de tableaux // Tapisseries mobilier Nat //
Etage un chambre EN Corbu // + couver-
tures livres LC // la salle: les 3 Ets H

673
PARIS janvier // 1961 // CHANDIGARH //
Mars avril 1961 // Paris avril 61 // STOCK
TABLEAUX L-C (retour de l'Expo des
Capitales // R63

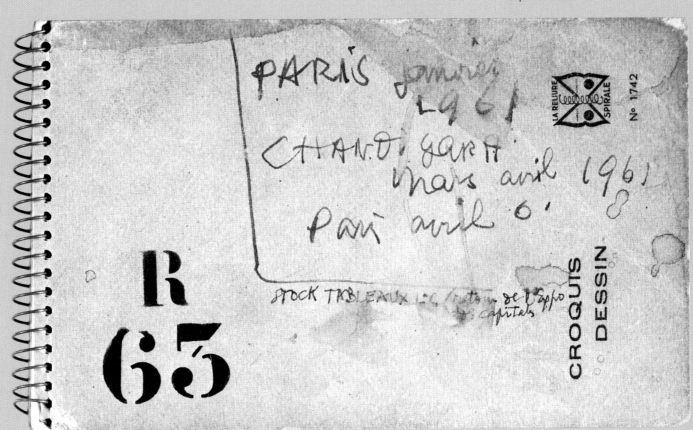

674
COMMENCÉ // le 19 janvier // 1961 //
LE CORBUSIER // 35 rue de Sèvres
SEVRES // Télé Littré 5260

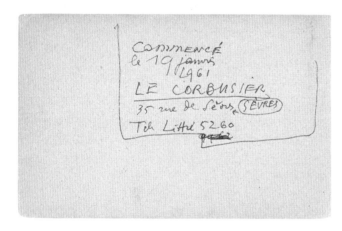

675
19 // 1 // 61
Equipement Atelier 24.NC
Cartables A 80 × 120 = 4 pièces //
B 75 × 105 = 4 [pièces] //
C 50 × 65 = 4 [pièces] //
D 60 × 80 = 4 // E 38 × 56 4 //
– Vieux // Cartables Existants: //
80 × 120 = 1 // 80 × 105 = 1 //
55 × 75 = 8

676
4 × 80 × 120
brun
Grands papiers collés // grenat
orange
Tapisseries // vert

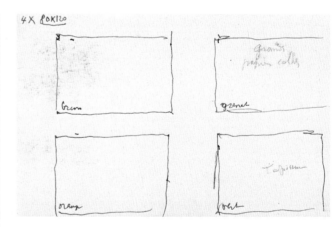

677
Grands papiers Collés Vendables à
Mezzanin et Cⁱᵉ // tapisseries (cartons)
papiers collés

679
7/2/61 ''Demain L-C'' // ''Entretien'' Force
Vive // ''....Toute idée débarrassée de
l'argent et de la vanité peut se frayer un
chemin, dessiner sa trajectoire.'' //
6 sept 1957
Aviser Jacques Rueff rapporteur économie
générale // La clef: ''un lit – travail – un lit'',
– Vous êtes un ''misogyne'' // Louis
Bonnier 1922
le vol en hélicoptère // Spécialiste: ''Voyage
en ballon'' // Lamorisse // production
scénario // Il est en Afrique (chasse) //
Par Strassova = une projection privée.

680
4 = 50 × 65
brun
grenat
orange
vert

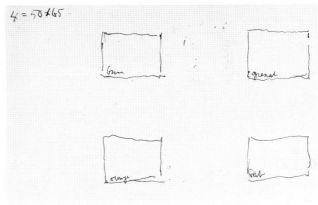

678
4 = 75 × 105
brun
55/72 // lithos = Modulor litho // grenat
orange
Emaux // vert

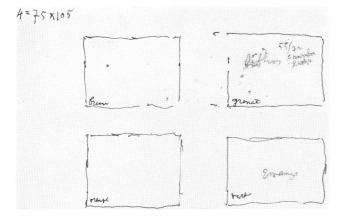

681
Tél Dorival / 25 nov 1960
N° Fig 20 à // (73 × 60) // 25 (81 × 65) =
1 m
Fig. 50 116 × 89 = 2½ à 3 m
Fig 100 162 × 130 = 5 m.
Fig 40 100 × 81 = 2 M
le tableau Albert T60 Fig la Main + boîte
allumettes = 6 M 1930 = ancien rare

682
PARIS // 13 février 1961 35 Sèvres visite
Claude Serreuille (de. Edmond Rotchild) //
objet // = Hôtel quai d'Orsay appui
Malraux.
L.C dixit: nombril de Paris ils accepteraient
équipe Corbu Rotchild avec les millions +
recherche expérimentale frais préalables
= Le Lionnais. M... Laboratoire électro-
nique de décision scientifique traversée
Est Ouest de Paris

683
15/2/61
Tapisseries // Tokio Saka expo
Gᵈˢ Magasins
— Exiger achat 5 tapisseries d'après
modèles nouveaux Chandigarh 1960
papiers collés
— demander à Utzon un nouvel acheteur
tapisseries
— Savina prix petites statues Weber Heidi
cadeau L-C // [Savina] 1 statue Utson
commande d'après carton Février 1961 //
2 La Femme quel prix Savina second
exemplaire
— Mourlot quid Petite Confidence // qui
paye à L C ???
— émaux. Utson // a/ "main ouverte"
b/ "modulor" // 2 ou 3 nouveaux //
Saka 2½ M. = 2m²
— Tériade <+ quid finance ex L-C //
l'Iliade

684
Unités d'Habitation // 1 Firminy // 1 Anne-
masse // 1 Aulnay s/bois // ¼ Roussillon //
3 Tours

685
Salubra: papiers Collés H Weber //
— 5 Femmes. Chastenet

686
Sorbonne 2
1 // on commence par "Dessin" 1:1 au
tableau noir (fresques abstraites
concrètes) = belles
2 le cinéma 1914: Hetzer // Meyer //
la ch de Fonds / maison dessous //
tous les corps de métier 400 fr or de retard
par jour // ! (neige, eau, catastrophe //
Chauffage central = toit en creux, écoule-
ment à l'intérieur // 1914 la solution pro-
phétique / = leçon à Corbu // = comment
j'ai appris l'architecture // à 17½ ans la
maison Fallet. Scraffiti // meubles sapin //
mural plâtre // modelé. // Le poème à
olympe garde barrière de Sceaux

687
Binôme // l'homme + Cosmos + hasard
Mallarmé // individu // Collectivité //
1 / 2 / 3 // Telle est la Trinité qui anime ma
recherche // 2 / 3 / 61
individu / collectivité / cosmos. // = leit
motiv en couleur du film "Demain"

688

Zurich. 3 // 3 // 61 // a 13½ on décolle dans
AIR INDIA ma place traditionnelle N° 5 =
immense espace dans ''Super Constella-
tion'' Nous sommes 10 passagers // sur
61 passagers // sur 80 ou 100 ?) dans mon
salon arrière =une dame + Corbu =
2 Voyageurs
J'ai refusé le Boeing parce que c'est
American taste, même tenu par les
Indiens!! Constellation = 550 Km au lieu
de 1100. Mais ici je suis chez moi, aux
indes aériennes, l'hôtesse et le stewart =
gentils Constellation Air India est très bien
tenu (Tata) Indiens et Français s'entendent
naturellement. Mais l'USA inonde le
monde de sa bêtise et médiocrité humaine.
Hier téléphone Washington Paris Phila-
delphie Paris, N. York Paris = = désarroi
parce que j'ai refusé d'aller en USA p. Gold
Medal
L-C = Ecrire à Nehru + Tata = continuer
India psychological Confort

689

(Suite) Beyrouth (20 h Paris) (22 h locale)
Totale Euphorie: Paris fut loufoque. dérai-
sonnable, menaçant d'imbécillité =
Rotschild – maquignon (affaire Orsay nom-
bril de Paris. Présidents Américains
(Orsays) = bons idiots – – Signature Film
Corbu ''Demain'' avec Michelin. Affaire
Stade 100 000 Paris (Anthonioz) – Malraux)
Stade Bagdad (monnaie) VAC Harvard
Boston, plans finis expédiés Un atelier L-C
35 Sèvres ramassé en un Secrétariat:
Jeanne, Jeannette, Henri – : en trois des-
sinateurs Jullian Tavès Oubrerie – Associé
avec le Cabinet Présenté (y compris Gar-
dien et Cie — une masse formidable de
travaux où temps et têtes doivent être
conjugués = les CONSTRUCTEURS =
nouvelle attitude de l'Architecture et de
ses architectes (décadence)
   Alors depuis Zurich 13½ h je suis en
Super Constellation à ma place N° 5
dénommée ''place L-C''
   Ai vu les Alpes; horribles! l'Adriatique les
mers grecques (nuages d'hiver). Lu
Rabelais: Bacbuc la dame de la dive
Bouteille. Ce Rabelais en feu d'artifice
avec toute la connaissance de l'antique
Grecs, Assyriens, Egyptiens etc. Rabelais
l'homme de la santé morale: unique.
   J'ai compulsé des dossiers arrachés ce
matin 24 NC à mes tiroirs: dossier
Taureaux et un autre – Prodige de l'imagi-
nation →

690

(Suite) des croquis, des observations des
esquisses, des projets de tableaux!
   Ces ''Taureaux'' = total et intime confes-
sion Corbu–Yvonne ma femme présente,
malade, mourante, morte = les Taureaux !!
Des incitations! Par qui? des actes sub-
conscients! Oui. Des divinations, de la
hausse du cœur et de l'esprit. Oui!
   Cet avion asile de salut Atterri à Beyrouth.
Silence? Tu parles!!! les sweepers sont
ici, venus nettoyer, équipes pour la nuit.
Qu'importe! Ceci n'est point cacophonie.
   Paris est devenu un crime, une folie, un
méfait: Paris la ville aimée!
   Tout à coup je me souviens des aéroports
de Londres, du Bourget, d'Ascension, en
herbe, dans l'herbe. Avions à 150 km
heure, on degobillait pendant 4 ou
6 heures. Pilots Mermoz, St Exupéry, morts
dans l'action, disparus !!! = 1928
arrivée à N Delhi 6 h (temps Paris) =
1/h time N Delhi

691
5 mars 61 // ASSEMBLY
1 faire une fenêtre dans parapet toit sur
''rivière'' p. montrer sommet de l'hyper-
boloïde
2 balcon speaker extérieur // remplir en
béton avec un petit bas relief
3 // porte députés
4 // Garage Vélos

692
6 mars 1961
9 h matin. // Pour Columbia speach L-C
Assembly crédit ⅕ budget Unesco splen-
dide architecture totale Je peux le dire!
18 heures, après réception cup of tea
Jardin du Gouverneur: Compliments cha-
leureux du Gᴿ + Chief minister + Speaker
— ...voici un turban distingué qui se pré-
sente: ''I introduce my – self'' (= perver-
sité maximum!!!) ''Je suis député; oui on
entendait mal.'' L-C si on avait inauguré
après réalisation de l'acoustique; vous
auriez entendu mais vous auriez déclaré.
Je n'aime pas cette architecture —
Réponse ''J'appartiens à'' l'opposition!''
   La totalité, des députés étaient présents
autour des tables'' of tea) Je n'ai pas reçu
un seul mot de compliment
UN – L-C n'avait pas de contrat = 18 mois
à NY Payé par UN //Harrison trahison
amitié // Assembly = ⅕ budget

693
Ecrire Boesiger Girsberger que Hervé
prépare une publication géante sur L-C. Il
fait le tour du monde. // Ecrire Hervé
quelles explications [quelles] autorisations
RETOUR PARIS. // Jullian faire les shutter-
ing + 4eme mur, à 2 cm p. M // les aérateurs
aluminium de Assembly = très beaux +
les lampadaires Assembly // 226 // en
terrazzo noir // 183 // blanc

694
5 // Speaker entrance door // 8 et
9 / 3 / 61 // intérieur // Speaker
intérieur // définitif = exact.

695

6 // – Quid..? // en aluminium ou
asphalte? // ?
7 // cette épaisseur? comment
8 Lettre à Nangea // ordre finir peinture
H^{te} C^t

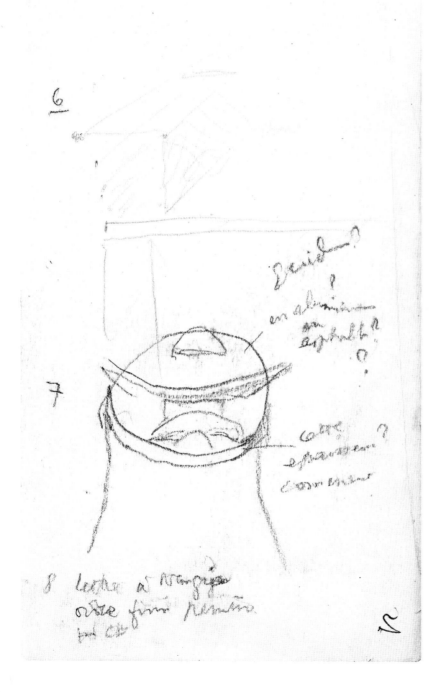

696

9. revoir dallage devant ''pound'' milieu
H^{te} C^t – si gazon / au bord eau ou ciment //
ciment?
10 Les couleurs actuelles dans brise soleil
H^t Court sont mauvaises: rouge trop
sombre vert trop terne Ces couleurs
semblent avoir noirci
11 L'eau pounds H C^t est 15 à! 20 cm trop
haut. // 7 cm seulement!
12 // en A planter gros arbres pour détacher
les 2 palais

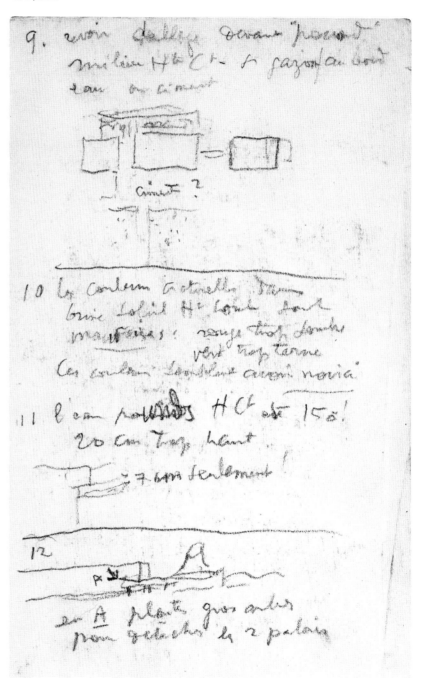

697

13 Câbler Burri ne pas venir encore Zurich
(Boesiger ou Weber <u>Mezzanin</u>)
14 Nouvelle H^g C^t scandaleux chantier qui
commande!!!
15 me montrer plans de gunnite Ladies
Galleries salons p forme et gunnite
16 me montrer le profil // arbres // feuilles
larges pleines en quinconces taillés //
B^d des Eaux // peuplier palmiers etc
En <u>A</u> = parc à jeux avec ombrages Mais
les V7 existent!? // en A Hautes futaies +
peupliers + ''chemins des ânes'' 3 m
larges et bitumés fin

698

Fort Lamy – musée // le mur et objets /
poteaux / id

699

Yatck club // la largeur nef 452 = 2 × 226 est opulente après le 366 des Unités // on pourrait pousser à 4.52 des Unités d'Habitation de luxe // p. Paris // 10 // 3 // 61

700

11 // 3 // 61 // reçu télégramme Ambassade France Delhi = donner mon adresse = Probablement affaire Columbia Gold Medal

a // à Colbert Voici photo couronnement du dam Bakra ''Globum'' les papiers de sur L-C je m'en torche le cul.

b // à Malraux envoyer télégramme ''mirobolant'' Sudreau (ai demandé 5000 logis p. recherche Renault. Réponse ce sera affreux Voyez Lopez Sudreau me donne 200 logis! se décide pour 400 – Sudreau m'avait envoyé à Agadir déclaré (Parodi) ma mission excellente.

Total Récompense L-C = Zero Exhibition Moscou 11 Km On donne 100 000 Stade à Perret à Gillet qui n'en ont jamais fait (Urb et arch) Nous = 1937 // L-C pas commande Ambassade Tokio – id Brasilia

701

12 // 3 // 60 // B.B. Vohra Télégramme Colbert
1 Classement Capitol
2 [Classement] B^d des Eaux
3 Statut Yacht Club et Cie
4 Je refuse d'être battu peinture Hall H^g C^t
5 pas d'eau dans 2 pound H^g C^t depuis
6 mois
oui le 24 ici délégué G^t Français commissaire à Moscou.

702
17 / Le carré 86 cm se poursuit pour les
bancs prévus
18 Chowdry. Electro Museum // potatoes
H^te Court portique
19 / ?
20 // fleurs et rocs // juges
21 / Quid cette tour d'ascenseurs des
ministres (Toit Secrétariat) le shuttering
passé au lait de ciment?? Commencement
des imbécillités?

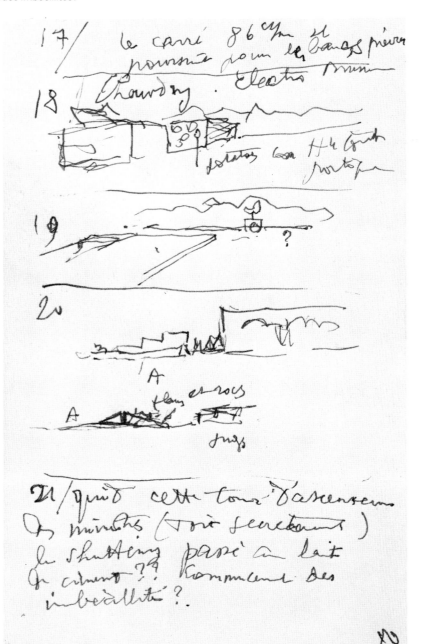

703
16 // 3 // 61 // P W D Ministres L-C écrire
<u>Chief minister</u> // Je refuse toute intrusion
au moment de l'achèvement (période de
conclusion)
Exigences qui n'ont aucune semblance
avec ce dont se contentent les autres
Etats
   Punjab pays pauvre veut le confort inlas-
sable
   J'ai fait Ronchamp devenu <u>mondial</u>
Chandigarh appartient aussi au World
(joindre AIA + téléphone) désignation
Chandigarh

704
restaurant // Faire place de jeux // D... // ici un stupide escalier Qui? // a b c doivent faire <u>espace</u> = surfaces // en E il faut plancher 1 ou 2 m plus haut que terre actuelle p. faire le plancher du restaurant intérieur et terasse extérieure // = 2 pieds plus haut que le dam (gazon) // Rest house // = le niveau de la plateforme de l'entrée du dam // Prabaw le restaurant reste à l'intérieur de l'angle // la haie demeure H H' avec 2 coupures C C'

705

17. H Cᵗ extension // L-C écrire à Khosla
finir la 7 + 8ᵉᵐᵉ Court maintenant, sinon
dégats après
18/

706

18 // 3 // 61 // Assembly // The ''Thron'' du
speaker a (modestement) 1.70 de haut
Jullian Boston // les brise-soleil Assemblée
= 260 de large = bon
The colours of Assembly Chamber are
given on one ozalide (last travel)
26 // 3 // 6 // Praba Attention! – que les
jardiniers (+ Sharma) n'en profitent pas
pour planter des fleurs. fouilles électricité
remblayer Dam (éclairage) le Red Fort
Delhi = herbe exclusivement

707

Vohra B B Nanghea
le 24 [ponds] of Chandigarh eau
2 Peinture Entrance Hᵍ Cᵗ
3 Metha pounds air conditionned payer
consultation à Présenté
4. interdire aux ''privates'' peindre leur
maison en jaune pâle Delhi =blanc ou
briques.
5. Stadium Cricket?? // Prakash // oui
6 Nangea (?) Quid Stadium indiqué par
équipement de Jullian = nécessaire.

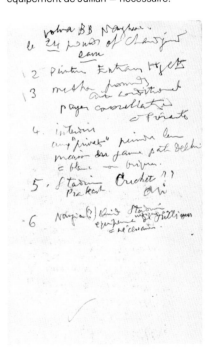

708

"Demain" film le Pubble // "– le galet est poli." Il est roulé par la vie ou les évène-ments ou les évènements. Il perd ses arêtes, mais pas son caractère, Il est devenu sociable – et social. il a perdu un peu de poids (à peine!) mais il a conservé son intégrité, son caractère, son individua-lité etc etc. Il est élégant. —

709

Stadium. Sharma le revêtement des talus en briques à sec // 8 m de large // 15 à 20 m de haut // 2 rangs = 30 + 30 cm décidé grand pubbles gris de rivière sur la face extérieure des ... (dos du stade // — Face intérieure = ciment étalé rude (L-C trous + tenons ciment p. bancs // — Bancs = planches de béton rude (pouvant être réalisés par étapes)

710

HERVE photos // Vues Secrétariat entre les 2 collines
idem Assembly
idem H Ct
27 / 3 / 61 le matin 9 h par la rampe Hg Ct et ses trous, monter et prendre les vues Cinéma du portique etc // puis depuis toit cafétéria Hg Ct photo de la corniche haute "Est" // la sculpture asnier north avant 10 heures

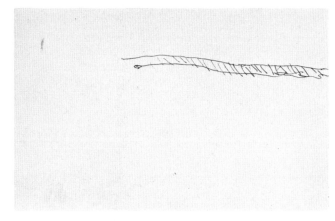

711

713

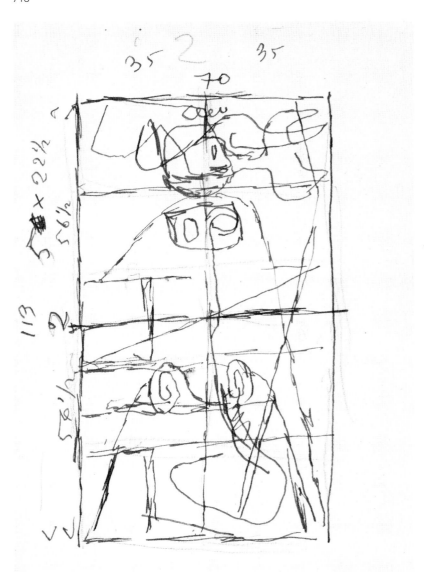

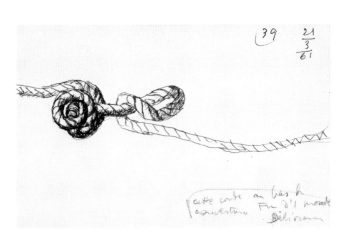

712
21 // 3 // 61 // Cette corde au bas de
couverture Fin d'1 monde Délivrance

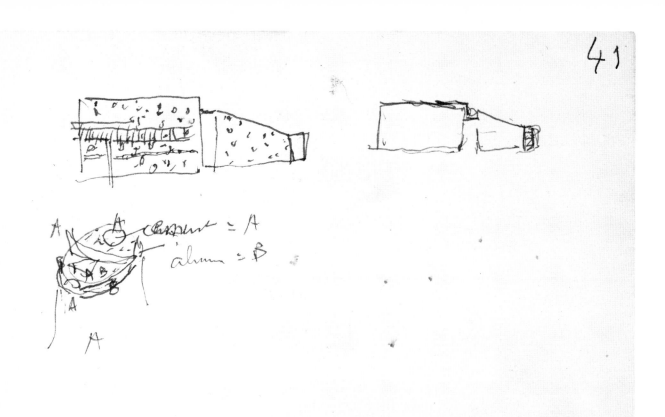

714
cement = A // alumin = B

715
Retour
Consultation Présenté, sur pound air-
conditionned Metha 25 / 3 / 61
Leisure-Valley // = Murondins bâtis par les
jeunes
Envoyer Note sur G^t House // Electronic
Laboratory à Dhogra, par Varma à N Delhi

719
28 // 3 // 61 // Bhakra power pl // le fond //
les rails
l'erreur Homais des <u>joints</u> horizontaux du
barrage

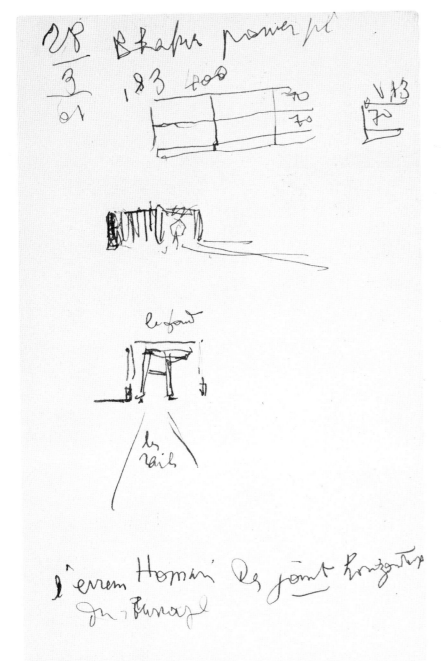

720
30. // 3 // 61 // Time // Le type offre à L-C
<u>450</u> $ pour son portrait couverture sur
Time. Je refuse tout préliminaire à Time
avant mon arrivée à NY 28 april Le type
offre alors à LC 1500 $. Je lui dis: good by

l'ensemble A B C = une forêt linéaire de
100 m × 500 (?) 1 km
4 // 4 // 61 // E' = grands arbres d'ombre //
E = plantations nourries d'arbres, buissons
roseaux, herbe, eaux de pluie
12 m = A = Chaussée = niveau domi-
nant // 8 m = B = herbe ou mud pour
charrois, bétail, vaches buffalos ou goats //
30 m = C = défoncement d = terres
enlevées pour faire A

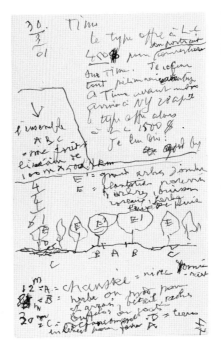

717

P = le Park Capitol // R = Plantations faites
par Rhandawar // R$_1$ = compléter la planta-
tion // M = le mur de retenue des eaux
contre le ''sliting'' (Nangea. de M à M^1 =
très important
1 Chowdhury = laisser apparent le coffrage
plafond salle (Boats House) // 2 pas de
blanc extérieur !!!
Malhotra Praba eau [ponds]? 20 cm
Couleurs portique échantillons: accepter
l'échantillon orange moyen Vert terne.
bleu = bon

716

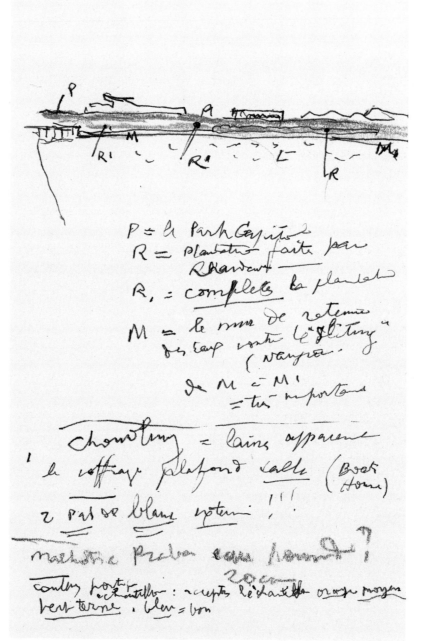

718

HERVE // Chowdry qu'elle demande à
Khosla judges, enlever les pots de Fleurs
p. Hervé film

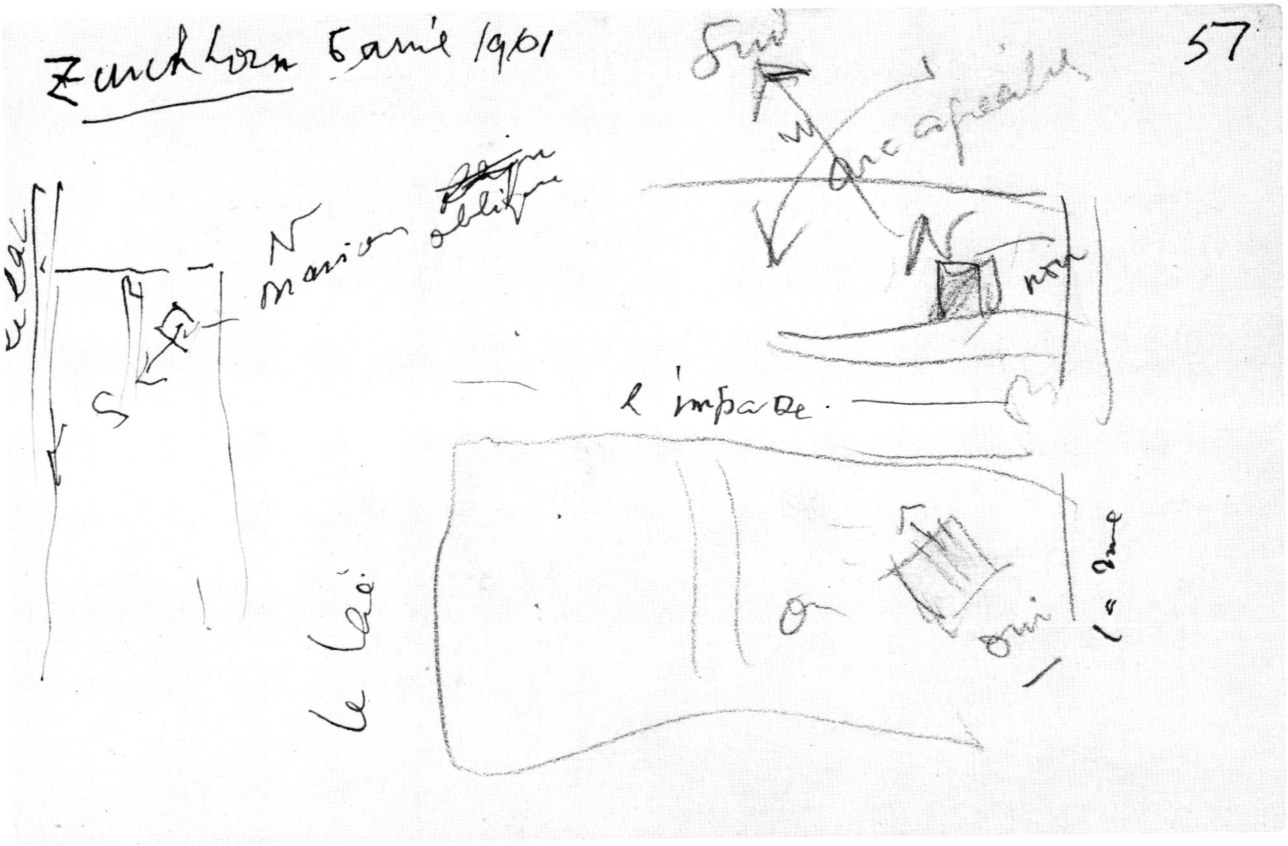

724
<u>Zurich horn</u> 6 avril 1961 / Sud // W // arc
agréable // N // non
le lac // S // N // maison oblique // l'im-
passe. // Le Lac // oui // oui // la rue

721
Café 50 // Driver 20 // Sweeper 20 //
jardin 10 // 150 // prêté par Kemchand
Retour envoyer B B V les 3 Ets H en
anglais
L C retour / Montmollin // Nehru // Elisa //
faire croquis 18 ordinaires 2 Elite
Attention. ajouter Anand // 1er livre Rond,
consacré au problème de l'industrialisation
du Punjab + Secteurs = jamais transit
[jamais] autobus à l'intérieur

722
route Delhi // Nous avons dépassé // le
camion // de la mort est rempli sur 3 m de
haut, de squelettes de têtes et de corps
de vaches ou bœufs, sans maîtres, ayant
trainé sous le soleil dans la mud ou l'herbe:
''le Triomphe de la mort'' par Salvador
Dali, par ex. // 4 / 4 / 61

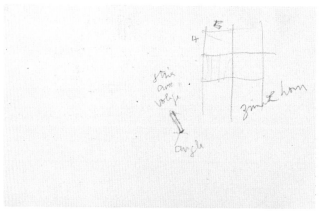

723
Striés avec Voliges // angle // Zurich horn

725
8 avril 61 ... // Garage L-C 24 NC dépôt
tableaux
sont repérés en rouge au catalogue Expo
des Capitales Zurich 1957 // entre autres:
T40 le silence du Columbarium = guitare
verticale 1920
T40 Nature morte à l'œuf 1919
T25? Le Bol rouge 1919
T20 I La cheminée 1918
T20 Nature morte à la lanterne et bouteille
vin rouge 1922
T100 Taureau XI Noel 55 // NA 56
T100 Icône 3 6 oct 56 // Taureau XIII 1956
T100 Naissance du Minotaure
T100 Taureau XV Janvier 57 // réveil de
l'Asie
T100 Grand Ubu 1949
T100 Taureau XII février 56
T100 paysage // Appuyés à la rambarde
36/53

726
7 // 4 // 5 // T100 marine Arcole Simla 1951
T10 paysage // Alma Rio 36 // (2 femmes) /
1949
T la fille du gardien de phare / 1929
T80 Grand nature morte 1922 // Aller Salon
indépendants
T80 St Sulpice
T80 Nature morte à la poire 1929
T80 [Nature morte] clair de lune 1929
T60 Pêcheuse d'Arcachon
T60 Totem I 29/38

727

728
TURIN // MAI 61 // LE CORBUSIER //
TURIN MAI 1961 // 35 rue de SEVRES //
PARIS VI // Télé Littré 52 60 // 99 62 //
Ahrenberg p. 29 + 31 // le 24 mai 1961 //
FINI 26 // 7 // 61 // Arenbg. p 29 // R64

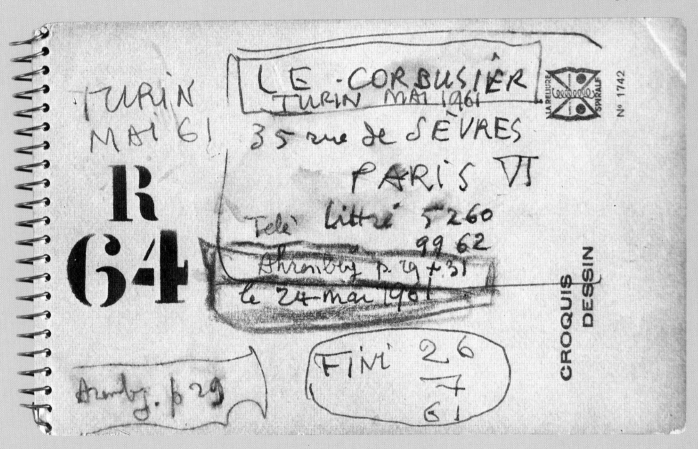

729

Mounier notaire [pour testament]... titres
de propriété // faire société avant de voir
Mounier // le Principal... est à Grimaud. //
Par chèque de la Société de la Fondation
L-C (la Société est faite)

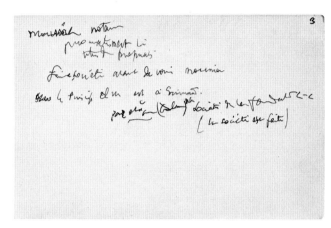

731

1 // Musée = le mot chéri respecté adulé: //
car apprendre savoir
face l'un à l'autre = les acteurs // des objets
= des hommes / un homme une femme
vous moi nous tous // les objets: le grand
objet = la nature // = illimitée qui contient
tout
notion musée = jusqu'à aujourd'hui =
art. // Mais la civilisation machiniste désire,
a besoin de connaître ''Musée de
la Connaissance''. le [Musée de la Connais-
sance] les nombreux
[Musées de la Connaissance]

732
Turin 24 et 25 / 5 / 61

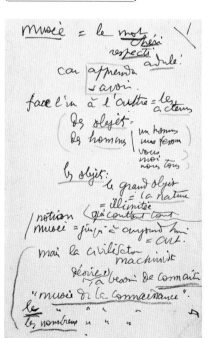

730
Turin 25 mai 1961

733

2 // les musées d'art proviennent des rois
des princes // répandant le goût royal,
princier. Le faste Les courtisans parfois:
des tas d'horreurs et parfois perver-
tisseurs
Le Musée de la Connaissance Museum
of Knowledge pour connaître la présente
contingence: j'ai proposé le laboratoire
électronique de décision scientifique //
1 enquête // 2 solution // 3 expositions //
4 explications
   Et cela peut devenir un outil de
gouvernement.

734

3 // Le musée princier = la pensée sous
le manteau du faste = le bel endroit dans
la ville // La FAÇADE du Musée // les lam-
bris [du Musée] // le hasard des choix
Puis aujourd'hui: une particularité:
le musée de grand goût de goût sûr. //
car photogravure // Et voici l'incidence
moderne le Musée devient personnel. il
s'attache à la personne il dispose de
moyens désormais personnels: les livres
les photos la photogravure a tout changé
= l'information la possession personnelle:
livres et documents. →

735

4 // intervention du moi de l'individuel et
naissance de la collection privée = ma C-P
des os de boucherie, des bouts de bois,
des racines une coque d'oursin
   J'ai dit os de boucherie scié par le boucher
= les splendeurs de l'objet = ivoire =
coupé et modelé.
les galets l'un des objets les plus beaux
à voir, à tenir, dans sa main: à méditer /
poli = politesse intégrité de la matière
roulé par la mer apparition éventuelle des
veinures adorable.
L'homme peut s'entourer de sa C-P et
être heureux ça ne lui pas coûté un sou →

736

5 // MAIS. lui il est intervenu! il a participé
historiette // Le Musée ethnographique de
Paris (Trocadéro), rotonde de 1889. //
Caisses paille nuit Breton et boniche
Mes dessins de 1908 devenus = Salon
carré du Musée de l'homme Glélé,
Behanzin .... l'homme en tôle martelée
Et les pré-colombiens
l'Evènement: la Découverte personnelle –
l'individu

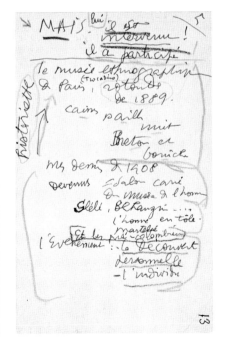

737
6 // Je connais un musée où l'on a ras-
semblé salle par salle des décors
royaux . . . .. Un jour, au Directeur: enlevez
1 salle sur 2 intercalez: ''ceci était la salle à
manger d'un honnête // homme sous le roi
Paul X Paul Y, Paul Z.
1928 Bruxelles au Palais du cinquantenaire
Paul Otlet Le Mundaneum. // dans //
la salle // – gravures de l'épopée Napoléo-
nienne. // — un trait de crayon //
1,58 m = hauteur de Napoléon Bravo!
suite page 19

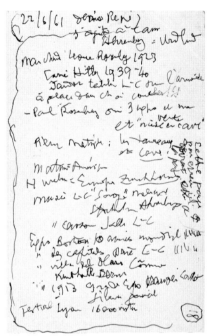

738
cette page par erreur ici devrait être
à la page
22/6/61 Denise René s'agite à cause
Ahrenberg = Widlund Marchand Léonce
Rosenberg 1923 Carré Hitler 1939–40
Jardot tableau L-C sur l'armoire à placer
dans ch à coucher ! ! ! // – Paul Rosenberg
oui 3 expo et une [expo] vente et ''mise en
cave'' // Pierre Matisse: les Taureaux et
Cave. // Matisse = Amérique // H Weber
= Europe Zurichhorn. // Musée L-C
''Savoye'' Malraux Stockholm Ahrenberg
[Musée] Cassou Salle L-C // Expo Boston
10 années mondial // [Expo] des Capi-
tales … L-C // [Expo] Villa del Olmo Côme //
[Expo] Kunsthalle Bern // [Expo] 1953
Grande Expo Musée Cassou // Silence
général // Festival Lyon 16 000 visiteurs

739

7 // Le musée fait partie d de l'outillage
contemporain // – musée sans façades
[musée] à croissance illimitée on entre
par dessous au milieu. // 1929
Mundaneum // 1928 / 2 km ½ // Otlet //
cosmique // a/ géographie b/ objet
c/ histoire = 3 nefs // 2 kil de promenade
en spirale // temps modernes // hall // expo
temporaires

740

8/ Berliner Tagblatt. 1928
Ahmedabad.
vide des éclairages nocturnes
mi-hauteur orientable // toutes expositions
possibles changeables flexibles
Spirale carrée = l'alternatif = humain
continu la Machine

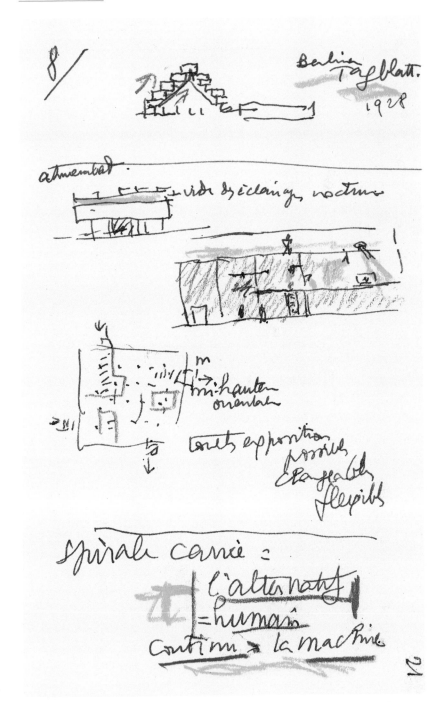

741

9/ Les musées ne sont pas des palais
mais des outils outillage municipal
d'Etat ou de groupes // Il n'a pas de façade
il peut croître sans arrêt il peut commencer
avec 5 poteaux (musée Bauchant vers
1929.)
un exemple // Il. est à un étage avec un
demi-étage d'orientation. // Il peut être
construit avec 3 moules métalliques //
a/ colonne b/ poutre c/ tuile verticale de
façade temporaire
1 maçon permanent avec 2 aides. →

742

10/ Je construis à Chandigarh le Museum
of Knowledge = laboratoire électronique
de décision scientifique Outil d'Etat // avec
''les livres ronds
Conclusion // Nature Source totale //
Homme = l'objet du débat // Découvrir //
Connaître // Art? quel? quoi? // Civilisation
Machiniste tout est changé [tout est]
neuf // Abstract art Concret musique? =
événement qui déferle nettoie, ouvre. //
Musées la Connaissance: De Toutes
Sortes →

743

11/ Toutes sortes = outil d'exposition
d'examen d'explication
Toutes formes toutes dimensions toutes
techniques // mais non plus // un dôme
[un] fronton [un] colonnade! // plus de
façade!! // exemple pour finir
diversité // imagination // têtes de 5 cm –
Afrique agrandir photographies à 6 mètres //
Etc Etc. Afrique et Inde // FIN

744
Doux–dur

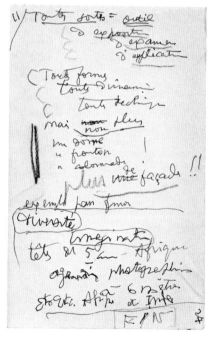

745

19/5/61 Tél Dorival

T 40 : 4 // 60 5 // 80 6 // 100 – // = très raisonnable

+ émaux + sculptures + tapisseries + litho // p. Ahrenberg. faire 1 seconde Salle Corbu // ''New deal'' = plan nouveaux (au pastel) Harvard // écluse Kemps // Orsay. // = apparaît une architecture

Salle I // 50 M. // 22 M. // + 1 Sculpture + papiers et dessins émaux // suite →

746

BONNARDOT claude // 10 rue d'Alsace // St Germain en Laye // 9630173 // 7 // 6 // 61 // metteur en scène du film sur la Corée (projeté Studio C^{hps} Elysées avec Michelin) Bonnardot est bien, un peu avide. Son film = vie et mouvement

747

facture 15. m factures // Mt Mollin 50 – // convenu avec Ahrenberg déjeuner 24 NC 9 juin 1961 // 5. NF before 1 July // 45 1 durant Août.

Plan de ''Stockholm'' urb Norrmalm ''refusé.'' Salle II // [Plan de] ''Berlin [refusé]'' // G^d maquette redents (photo) // grandes photos urb // [grandes photos] arch // esquisse et épure d'une construction // et d'un urb // + tapisserie + tapisserie // = 9 juin 1961

visite Ahrenberg + sa femme 35 Sèvres, 7 octobre 61

1 salle + tableaux T120 T100 T80 T60 T40 5 tableaux // émaux + quelques dessins gouaches burins papiers collés + 1 ou 2 sculptures = 50 // 1 tapisserie à faire très moderne payable à part?

748

Assembly Chandigarh // céramiques carrées de 33/33 avec peinture par emaux ou oxydes comme Unesco (Miro) // 11 juin 1961 // 11 juin 1940 débâcle Paris exode // en I sur fond blanc [en] II [sur fond] noir + etc

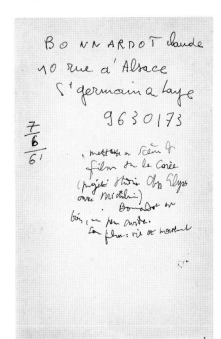

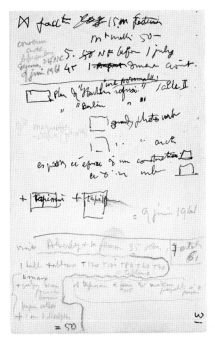

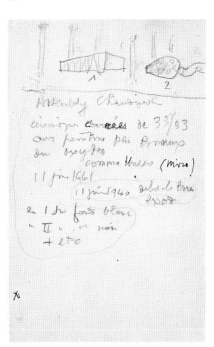

749
4 juin 61 // eau pluie

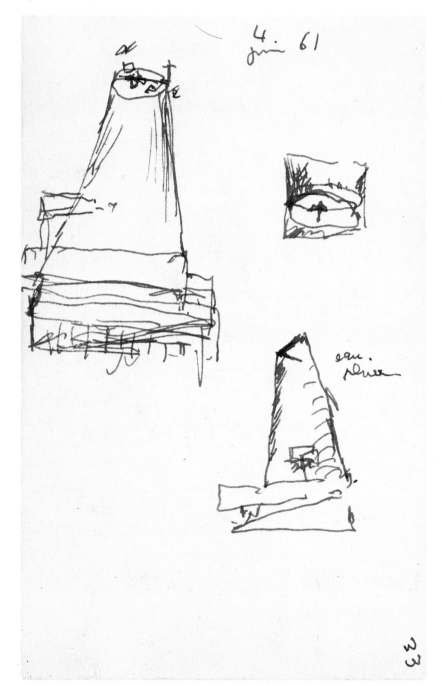

750
béton brut de décoffrage = fin // verre //
tapisserie // ici // glace fenêtre // frêne clair
= la porte // moquette gris clair // la paroi
en face en contreplaqué frêne
ab est plus haut que cd de 50 cm environ
11 juin 1961 avec Baudouin Unesco Salle
"Suisse"

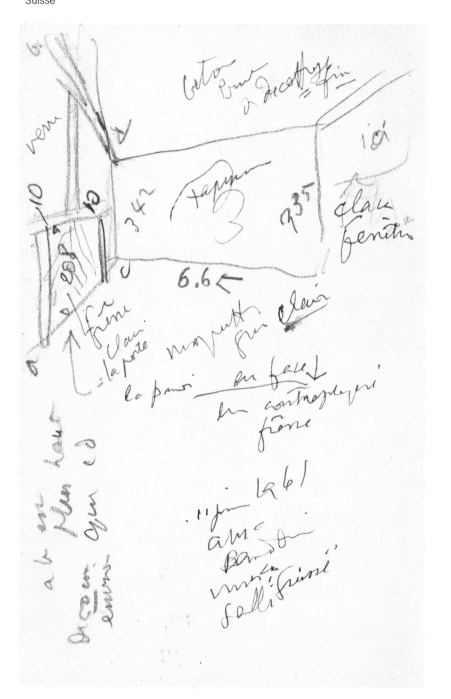

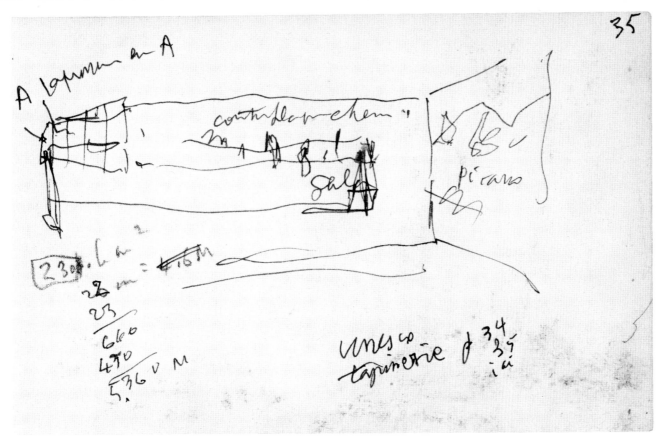

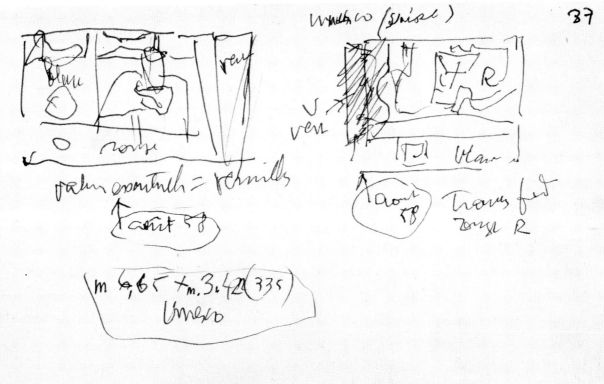

751
A tapisserie en A // contreplaqué chêne // Picasso // gal... // 230. le m^2 // Unesco tapisserie p 34 35 ici

752
Unesco (Suisse)
blanc // vert // rouge // valeur essentielle = vermillon // Août 58
V Vert / R // blanc // Août 58 // trouver fond rouge R
M 6,65 × m. 3.42 (335) Unesco

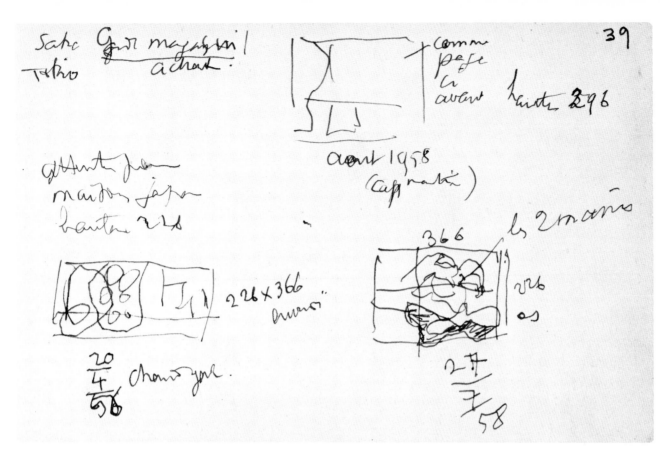

39

753
Saka Tokio // Grand magasin achat.
comme page ci avant hauteur 296 //
août 1958 (Cap Martin)
Attention pour Maison Japon hauteur 226 //
226 × 366 environ //
20 // 4 // 56 Chandigarh.
les 2 Mains // os // 27 // 7 // 58

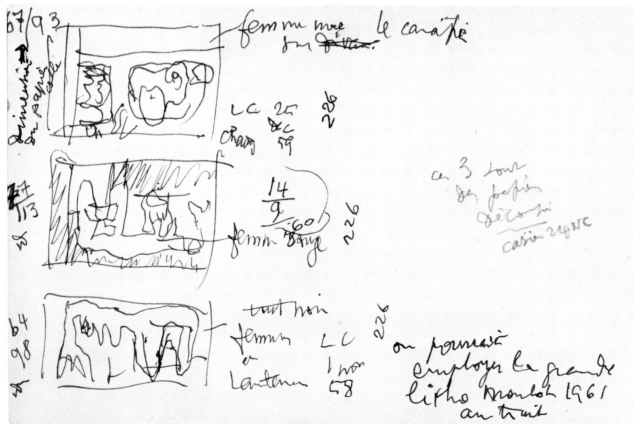

754
Dimensions du papier collé // 67/93 //
femme nue sur le canapé // LC 25 déc 59
chadg
77 // 113 id // 14 // 9 // 60 // femme rouge
64 // 98 id // tout noir // femmes et
Lanterne // LC 1 nov 58
ces 3 sont des papiers découpés
casier 24 NC
On pourrait employer la grande litho
Mourlot 1961 au trait

R64

755
Heidi Weber. ''Les dés sont jetés'' =
1 exemp. p. Weber // Utzon

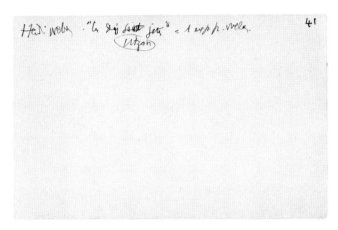

757
2 carrés // E // N / S // Chantres //
11 ou 12 juin 61 // T6
Firminy Eglise Claudius

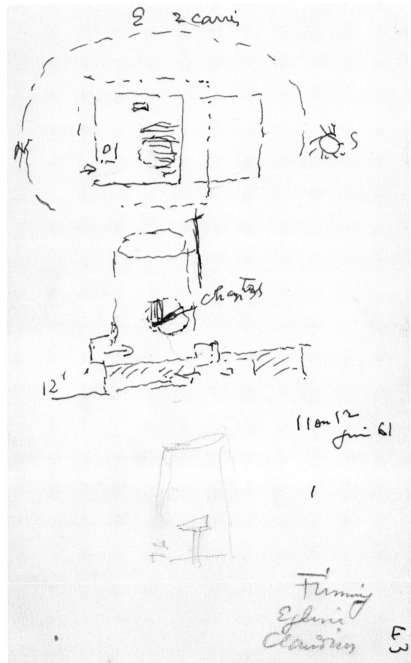

756
Mme Barrangaud Prunier Passy 75 55 //
M Barrangaud Opéra 11.40

758

Sacristie // 18 juin 61 // 1. oculus minuit
Noël // 2 oculus Pâques (heure exacte) //
3 croix métal // 4 2 cloches commande
électronique // 5 la Chaire et abat-son.
Questionner Varèse p. chantier

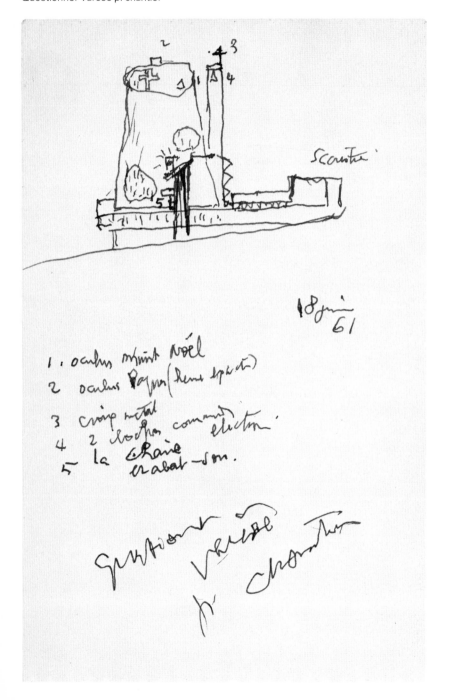

759

1: atelier // 2: appartement // E // N /S //
O // Zurichhorn 18. juin 61

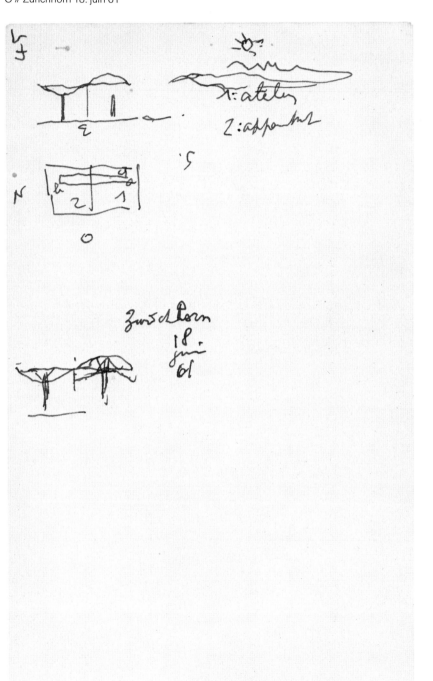

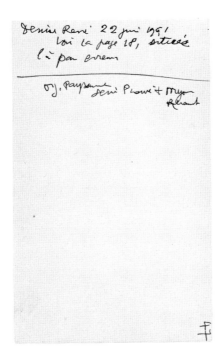

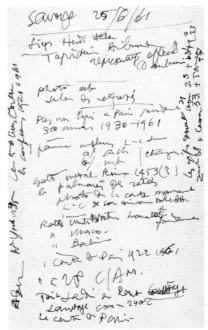

760
Maison Savoye Musée: // aménagement
19 // 6 // 61
1 paroi UN 1946-47 Dessins L-C. + courrier
Rockefeller
Berlin échec L-C 1959.
SDN 1927 demander 1 dessin original
Université de Zurich ou photo: d'un
des plans ''pas à l'encre de Chine
Lemaresquier''
Le seul concours gagné par L-C un insigne
Riehl La Chaux 1903
La liste des échecs (Gold medal Elisabeth)
L-C jamais d'examen pas de diplôme
''Autodidacte'' en français de Paris // =
péjoratif
1 Salle photocollages (voir ⵑ Recherche
Patiente) // début croquis voyages Biblio-
thèque etc // Voir dossier casier blanc
24 NC La Chaux L'Eplattenier + croquis de
voyages
1 Salle avec dessin ''La cheminée'' ⵑ p 54
+ tableaux p 56 57 + p 58 + 64 + 65 + 71

761
Denise René 22 juin 1961 voir la page 18,
située là par erreur
org. Paysanne // Serie Prouvé + Myon
Renault

762
Savoye 25/6/61
Sièges Heidi Weber
Tapisserie Aubusson représentatif officiel
d'Aubusson
photo urb salon des refusés
Pas un logis à Paris pendant 30 années
1930-1961
1 panneau influences L-C sur a/ arch
b/ urb / étranger
Gold Medal Reine 1953 (?) // le palmarès
des ratées // photo de la carte manuscrite
L-C de son discours à RIBA.
Raté United Nations honnêteté fondamen-
tale // [Raté] Unesco // [Raté] Berlin
1 Centre de Paris 1922 1961 // 1928 CIAM. //
Toit jardin en haut Savoye comme 24 NC //
Le Centre de Paris.
Alger N York 1935 Les 50 livres Corbu les
conférences 1921-1961
les expo Druet 21 [Léonce] 23 + Indép /
2 // 23 Zurich 38 p Cassou 53 + Taureaux 57

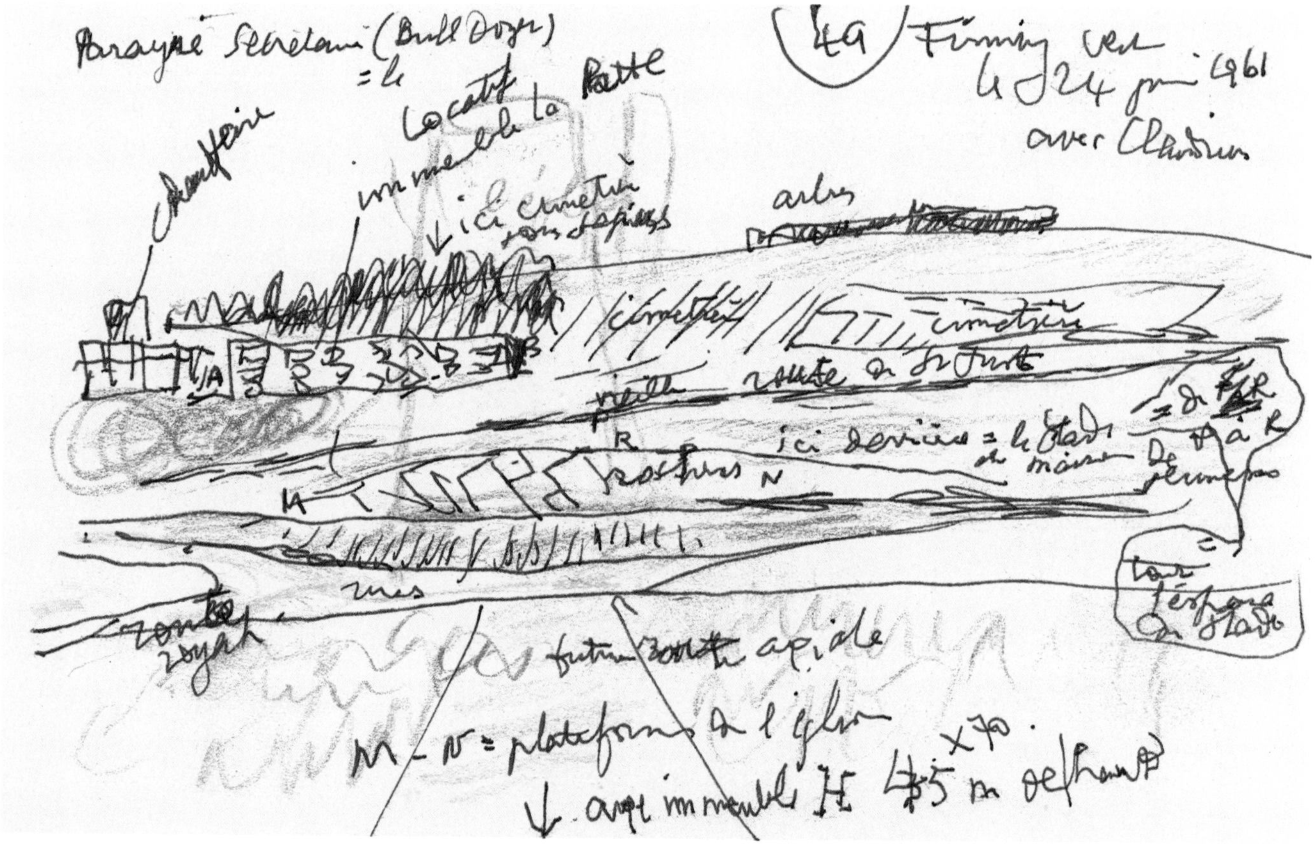

763
Firminy Vert le 24 juin 1961 avec Claudius
Parayre Secrétaire (Bull Dozer) // chaufferie //
= le locatif immeuble la Patte // ici cime-
tière sous sapins / arbres // cimetière /
cimetière // vieille route de St Just // ici
derrière = le Stade et Maison de Jeunesse
= de R P à R // = tout l'espace du Stade //
rochers // rues // route royale // future route
axiale // M – N = plateformes de l'église //
axe immeuble H 45 × 70. m de haut

764

wagon lit // 24 juin 61 Olivetti Milan retour de Firminy

Demander Alsace information sur usine Vogelgrün salle des machines (turbines?) sol et murs en ''abstrait très moderne = réussi par Jean Petit

Meaux Ecrire Debré + DG J'entreprends la Vallée de la <u>Meuse</u> paysan.

Cité linéaire industrielle ce sont des prototypes fruits de 50 années. // + Bézard Dayre // + Ascoral

765

Savoye plans <u>exacts</u> de Villa de Palais de Ville // 1 panneau photo Villa Palais Villes // Chandigarh // SDN. // UN. // Garches // La Roche // Le Lac // Centrosoyus l'art est greco latin // Sculpture Ozon encombrantes

''New World of Space 1946'' // p 24 - 25 2 photos conjuguées 1 fragment tableau 1 Maison La Roche + p <u>26</u> - <u>27</u>

+ p 34.35 ... // 32 + 33 // 46 + 47 + 50 + 51 // + 1932 PDS = 2 pages // + 1932 Barcelone + Beistegui + 1933 CIAM sur Patris II // Ferme radieuse 1934 + Arcachon 1935

Nègres // Musée spirale // usine verte // = 2 pages

+ 1935 Expo primitifs 24 NC + NY 1935 + Rio 1935-36 = 3 pages

766

Savoye. // St Dié rejeté Prothin actuellement Défense

A // 1 Sert p^t // 2 Lucio Costa // 3 Giedion CIAM // 4 Picon // 5 Anthonioz // 6 Wogenscky // 7 Jean Petit // 8 Claudius Petit // 9 un conservateur du Musée d'Art Moderne // 10 Oubrerie

la villa appartiendra aux relations culturelles // es qualité mais devient bien inaliénable

Fonds: Picon paiera pour l'Etat D^r G^{al} des Arts et des Lettres // + internationaux par Sert

Fondation L-C // Déjeuner 24 NC du 26/6/61 // Dorival. Besset. Anthonioz L-C (en A) désignation du Comité. // Il faudrait ajouter Ducret Chéreau + Nantes avocat

767

Demain film // le lit l'usine le lit // (usine verte) // la cité radieuse dedans = logis // dehors = sport au pied des maisons

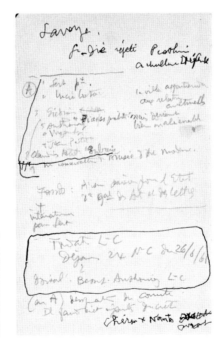

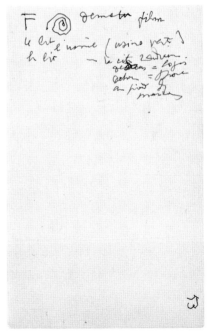

768
19/5/61 Dorival // T 404 // – 605 // 806 //
1007

769
Orly via Milan
rectangulaire // Présenté p. Bagdad
pylônes de Trappes (gare de triage) //
17 // 7 // 61 // Section carrée
Orly via Nice 28 // 7 // 61
La [troisième] tour en béton // salle en
verre // ascenseur // béton // ? //
la 4ème tour de Bagdad = en béton avec Ch
de commande films Radio etc

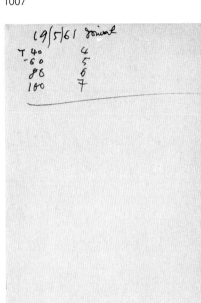

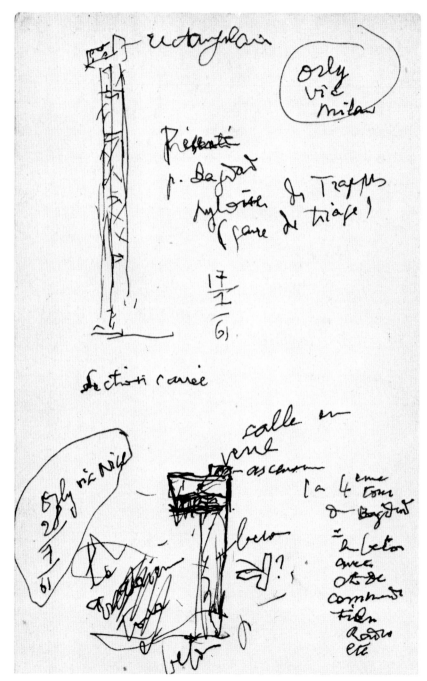

770
avenir d'une Société machiniste et d'une
civilisation Révélation et prise de
conscience // du travail et homme
Roberto Olivetti // Hotel Principe Savoya //
Milano // 18 // 7 // 61 // Milan
Homme travail destinée // définition de
L-C // 19 // 7 // 61 // Milan // Avenir d'une
Société machiniste But d'une civilisation
machiniste Révélation et prise de
conscience.

771
Olivetti RHO Milan // 19 / 7 / 61
Turin // ligne H^te Tension // 220 000 Volts //
dont tenir compte 300 000 m² // + une
petite ligne électrique sur poteaux. (pour-
rait être enterrée) // 11.000 Volts. //
Ch de F. // ici Olivetti a commandé un 1er
bâtiment provisoire // autoroute // Milan.
Attention autoroute = bruyant // très obse-
dant // faire? talus collines au long pour
rejeter le bruit // Terrain plat. Collines artifi-
cielles possibles
Nature du terrain. voir document Olivetti /
= 2 couches hydrologiques
Etape 1ère 30.000 m² de sol d'usine et
bureaux // créer des clubs sport du
personnel (façon Mangat Ray Chandigarh) //
Sports / eaux piscine etc (pompage + anti
moustiques.

772
On peut imaginer 2ème Etape avec quelques
Unités d'Habitat pour nouveaux ouvriers
ou employés qui <u>préféraient</u> renoncer à
Milan (familles modernes et nouveaux
foyers)
Je recevrai 1 photo d'aire par hélicoptère
planimétrique
l'autoroute // remblai à faire // le bruit //
autoroute // le bruit // talus
Soit: une ferme radieuse 20 Hª soit berger
et brebis et gazon par ex sous
la <u>Hte Tension</u>.
sol // 200 m sable et alluvion // 6 m eau //
10 m eau // eau potable // Zone du Ticino
(rivière)

773

26/7/61
Mme Riand est venue en Ambassadeur de
St Gobain: demander que Corbu le toujours
jeune, vienne parler aux ''jeunes de
St Gobain'' de Voguë + Aigu... +
Lacharme. Pour les éclairer ... etc
J'ai dit: Boussois publie L-C et l'histoire
moderne de la Fenêtre'' (Alazard +)
Mme Riand apportait le grand album couleur
des bureaux St Gobain Neuilly, pour
réclamer ma parlotte la dedans devant les
idoines.
  L-C repartit: St Gobain s'est sali dans les
Curtain Wall des USA. = Unesco + Sécu-
rité Sociale. On a bien chaud (dit Riand)
derrière les curtain de Neuilly – L-C
rétorque: à Chandigarh Secrétariat
4000 employés.

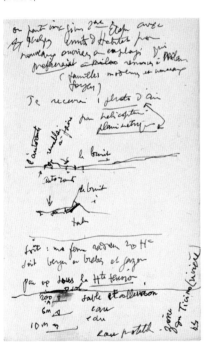

774
LE CORBUSIER // architecte // 35 rue de
SEVRES // PARIS. 6 // Télé Littré 52 60 × //
99 62 // Août 1961 // fini 10 // 12 // 61 // à
Chandigarh // Prière instante de rapporter
ce carnet très important. Merci! // R65

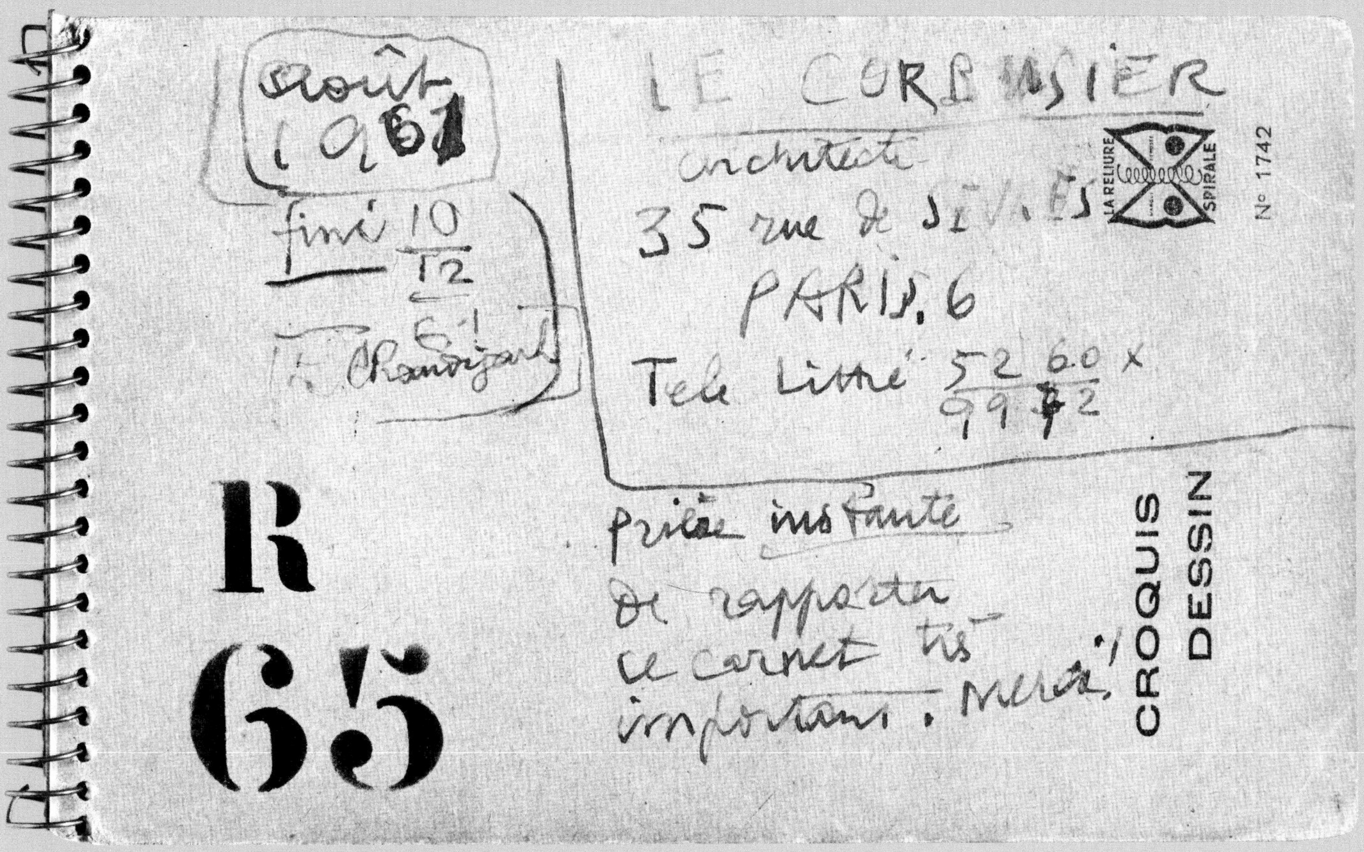

775
Santé Corbu (d^r Vergoz)

776
cobalt // à nouveau: // 1 = noir // 2 = violet
(mauve) // 3 = jaune cadmium clair // 4 =
vert // 5 = cadmium rouge vif // 120 envi-
ron // Cap Martin Schulberg 24/8/61 <u>jeudi</u>

777
Quelle nature de couleurs? // avec vernis?
Ça arrachera les dessous // Matroil? ou
plastic. ou latex? // radiateur gris foncé

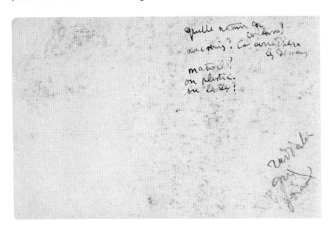

778
effacer ici // blanc // id // chrome citron //
outremer // id // ocre jaune clair // blanc //
outremer // rouge
ou: en A peut être noir massif ou blanc
total avec traits minces // épurer affermir
les 3 motifs supprimer les ajoutis de 1949
Fernand Léger me dit vers 1938: Tu crois
pas que tu es allé fort en couleur, pour de
l'intérieur?

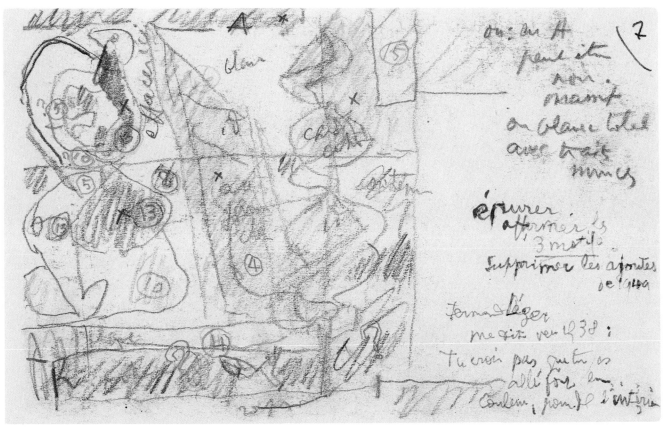

779

29 // 8 // 61

Quand on survole la France (Basses Alpes Nièvre etc) on constate avec gravité que la terre française est de vieille texture et fait crever son homme (morcellement effarant de la propriété et des cultures) Salut: intervention immédiate, courageuse et salvatrice des coopératives agricoles à l'échelle suffisante

(Pour Vallée de la Meuse évoquer la solution)

Etudes Bézard – Corbu / les 30 + la suite

780

la Seine

Salon Nautique: // prendre film jeudi jeunesse – à 15 heures = les visages des gosses + des zazous blousons noirs etc // = rayonnants photo de ski – master (engin) + canoes + hors-bord // des ancres des hélices

[Hall] Suffren. Stand Sulzac Rhodes les ''10 raisons'' = Dessins techniques très forts

781

Dr Vergoz – 11 oct 61

Hoquet (estomac) 1 Vomissement = glotte (savon à dents) Angine en Sept // pieds dessous en papier. // Yeux oct – spasme de Pascal 2 heures // Pissement faible pression nuit (je bois beaucoup d'eau ou tisane

782

Route du Bourget 11/10/61

Groupe lotissement 9 ... étages + 4 [...] étages (Lopez ?) // revêtus de céramique mosaïque de 5 × 5 cm) bleu pâle = très aérien = très bien! // = revêtement total

Voyage auto Paris – Mézières // 11 oct 1961 // pylônes électriques // de Paris 20 ou 25 k à Oisy

type 1 // type 2 // il y a des pylônes // à distance de 400 m environ (se renseigner en téléphonant // = magnifique ordonnance dans la nature ''Oui Mr Sudreau''

783
Mézières // Unité d'Hab. façades // [Unité
d'Hab.] en Emaux // (plaques) // W
Branner. M'établir vues d'avion de
13 villes + livre campagne environnante =
très important // ... // direction de Sedan
près de Mézières il y a un canal rectification
de la Meuse // VI
L-C Relire Charte d'Athènes + Grille CIAM
...

784
La Meuse est elle assez large? Mézières
Sedan
En Somme: Mézières – Sedan c'est tout
en verdure = conditions de nature // obtenir
vues d'avion. planimétrique // + [vues
d'avion] perspectives
canal écluses

785
MᵗM. / 35 Sèvres / BNCI = 60 //
= CCF BNCI
Banque Nationale Commerce et d'Indus-
trie BNCI 37 Av Champs Elysées Compte
L-C 13064

786
Prendre Vitamines A et E tous les matins
1 le matin 150 dragées à la
Rovigore dragées 1 grosse Vady (?) pren-
dre 1 dragée par jour. Prof F Ruedi Zurich
2 nov 1961 (L-C envoyer 1 livre à Ruedi Ħ
ou 3 Ets H
De Balzac Boing se reposer la veille le
lendemain

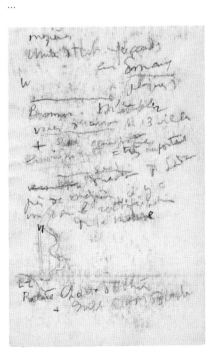

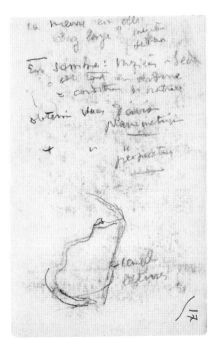

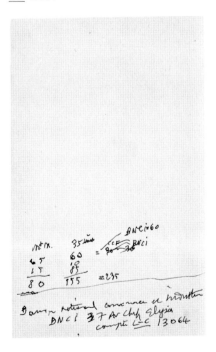

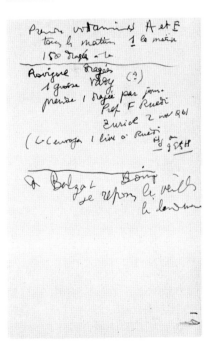

787

avec Ducret <u>Airport Orly</u> prime des 3 des-
sinateurs // 3 dessinateurs une augmenta-
tion de 20 000 par mois soit 240 000 par
ans // et Ducret a donné 3 mensualités
d'un coup = 3 × 20 = 60 000 // reste
180 000 p. chacun.

Boeing Air India Orly 11/11/61 // 15 h. //
vide = les hublots des Boeing // air // vue
siège // dalle verre coulé // tube // Sol église
Firminy

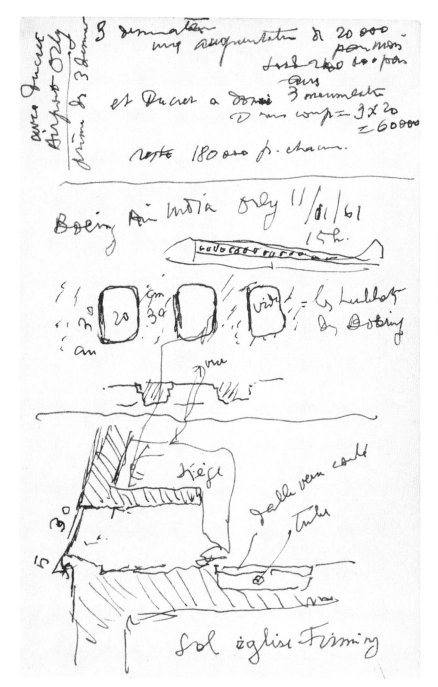

788

Fondation L-C. au Musée d'Art Moderne
Avion Paris Delhi (sur le Caire)
Faire un groupement // Jean Petit L-C //
des œuvres disponibles destinées à consti-
tuer les salles d'expo de la Fondation dans
le Musée actuel (ou dans celui à
construire)
Par ex: Série <u>pointe d'argent</u> (24 NC)
période 1930 (?). et selectionner
''Le déjeuner au phare'' (photo Franceschi)
<u>excellente</u>, celles d'Hervé sont médiocres
Ainsi un choix de 10 à 15 pointes d'argent,
mises à l'abri de toute vente.
Il y aura série papiers découpés [série
papiers] Ingres etc
Instituer sur la <u>fiche</u> de chaque œuvre du
casier: a/ l'œuvre se trouve à ..... // b/ est
réservée à la <u>Fondation</u> L-C // c/ est à
vendre // d/ est vendue ou donnée

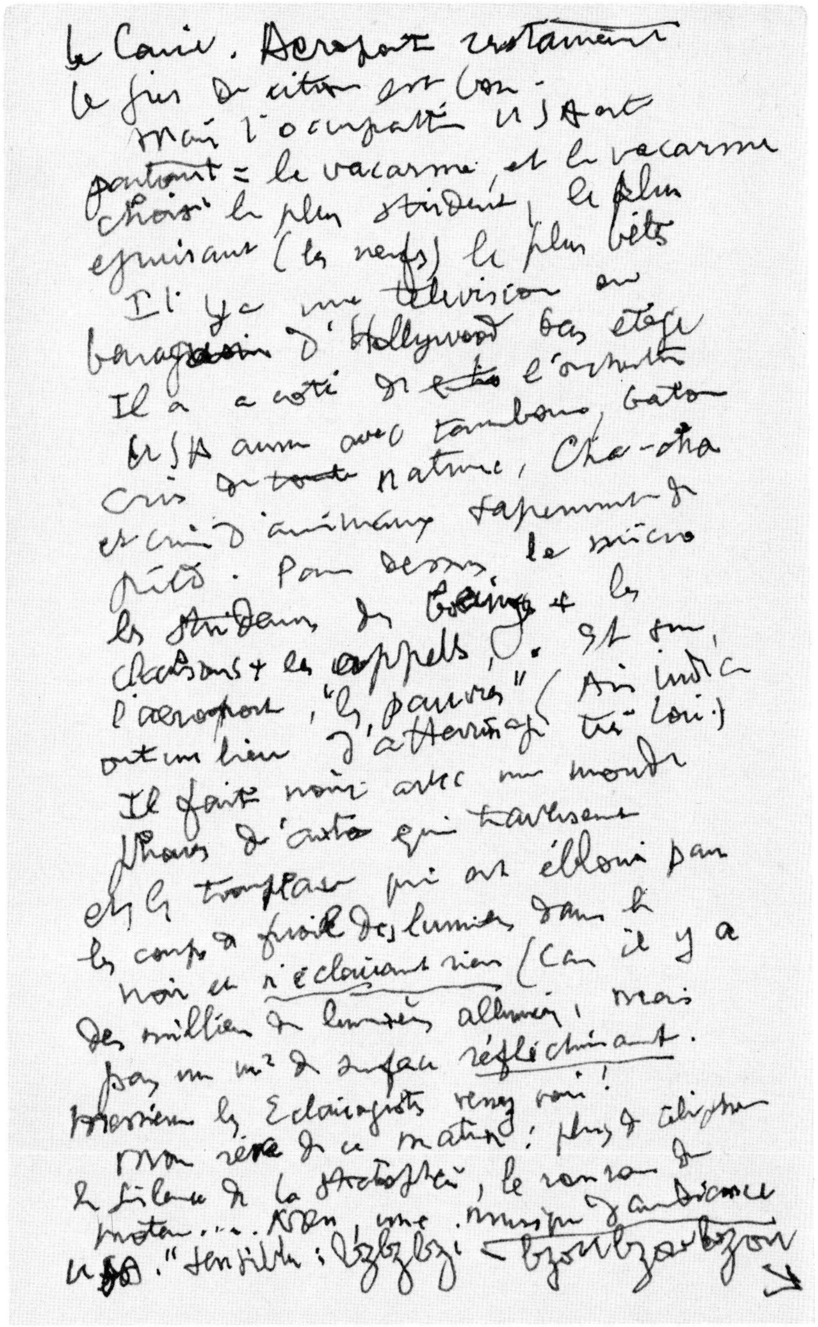

789

Le Caire. Aéroport restaurant le jus de citron est bon.

Mais l'occupation USA est partout = le vacarme, et le vacarme choisi le plus strident, le plus épuisant (les nerfs) le plus bête

Il y a à une télévision en baragouin d'Hollywood bas étage Il a à côté de l'orchestre USA aussi avec tambours, batons cris de toute nature, Cha-cha et cris d'animaux tapement de pied. Par dessus le micro les stridences des Boeings + les claksons + les appels,. Et sur l'aéroport, "les pauvres" (Air India ont un lieu d'attérrissage très loin). Il fait noir avec un monde phares d'auto qui traversent et le troupeau qui est ébloui par les coup de fusil des lumières dans le noir et n'éclairant rien (car il y a des milliers de lumières allumées, mais pas un m^2 de surface réfléchissant. Messieurs les Eclairagistes venez voir!

Mon rêve de ce matin: plus de téléphone le silence de la Stratosphère, le ronron du moteur.... Non, une. musique d'ambiance USA. "Sensible: bzbzbzi bzonbzonbzon →

790
Et des indiens (ordinaires cette fois-ci) qui parlent leurs voyelle en vacarme.

Ce matin à midi à Orly tout est ''acoustiqué'', silencieux propre et vaste. C'est un très beau bâtiment. Et les gens critiquent.

J'écrirai une note à l'architecte ingénieur d'Orly Des salauds ont installé dans le G^d hall 14 horribles lustres dorés en couronne.

Je quittais Paris – rues devenu folie, devenu catastrophe. Et cet américanisme s'attaque partout. Dans le monde, aux usages révolus, mais avec quelle malfaisance!

— Il est 20 heures (Paris) Dîner venu de N York ce matin: sauf deux sardines classiques c'est une avalanche de cadavres transparents d'asperges de tomate, d'œuf dur mayonnaise (de l'Usine de Brooklin), le menu est mirobolant, grande couverture indienne: Boudha et une dame. Libellé comme chez Prunier, mais cadavre partout. J'en rote, bien qu'y touchant à peine
Le Caire – Delhi 4750 km = 5 h

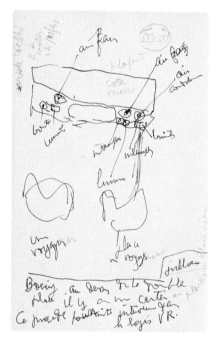

791
Arrivée Delhi 2 h matin 12/11/61
air frais // plafond // côté vertical // air frais // air conditionné // bouton // lumière // interrupteur // lumière // lumière // interrupteur // un voyageur / place du voyageur Jullian // Boeing au dessus de la double place il y a un carter en plastique blanc crème // Ce procédé pourrait intervenir dans le logis VR.

792
Pour Bagdad // Gymnase toiture pour
remplacer aluminium (pour l'ingénieur du
Loiret
Malhotra donnera adresse firme Alle-
mande (from the industrial ... in Delhi.) qui
fabrique en matière translucide et ondulée

793
Prabawalkar / 13/11/61
A faire L-C maquette Tapisserie acoustique
du Sénat
Praba. Quid dallage esplanade H C¹? la fini-
tion?
mouvements des 4 lampes
céramique rouge / 8 m vert // lumière
rouge // au début et à la fin // à 8 m:
A (lumière) éclaire tuiles B ... on peut aller
à 12 m
"L.3. red" ou L.7. blue // = line des lights. //
[buissons] fleurs dessus // les ... artifi-
cielles

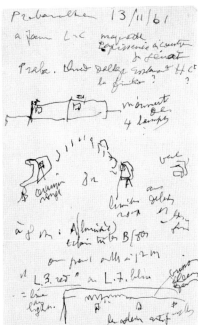

794
L-C calendrier Chandigarh 1/ convoquer
High Level Cᵗᵉᵉ décision Stade. lieu paie-
ment honoraires L-C

795
Chowdhury H Court
Demander Rhandawar plantes pour couvrir
briques Extension H C^t
Plans Museum of Knowledge
+ plan restaurant <u>dam</u>

796
H-Level C^{tée}
Sport développer derrière le lac . Stade +
terrains d'entraînement + école de nata-
tion + le dam.
X faire 1 centre populaire 14 ans // 18 ans //
25 ans // foot ball // basket // base ball //
nage plongeon compétition // Théâtre de
plein air m<u>es</u> petits ''théatres spontanés''
dédiés à Nehru
affermir expression Technique (10 années)
+ Humaine PJ^t Praba béton l'Assembly B^g
<u>sans une faute</u>, béton armé le plus
moderne du monde = expérience unique
Classer Capitol + les Edifices Monuments
historiques

797
Malhotra // blanc // Dam top d'après les
bivouacs = M N = projecteur blanc éclaire
à 15 m.

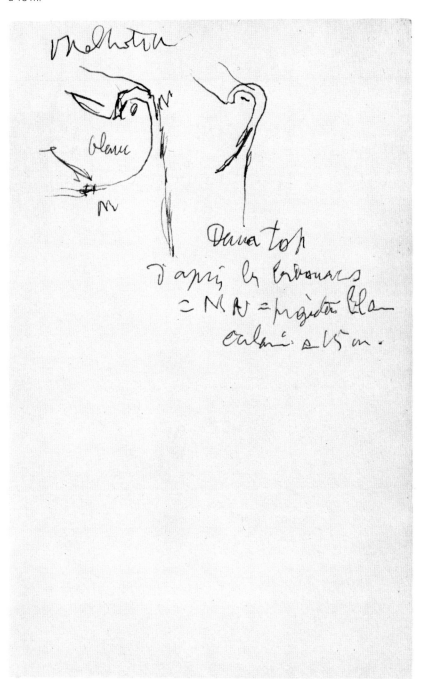

798
Assembly aile Nord, Salle de débats régio-
naux. J'ai fait ici standard =]3.66 + épais
+ 366] salles à Marseille] 2.26 + épais +
226 [logis // c'est bon

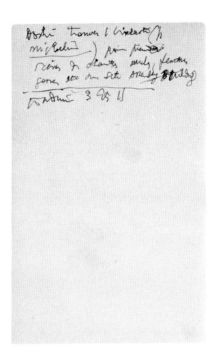

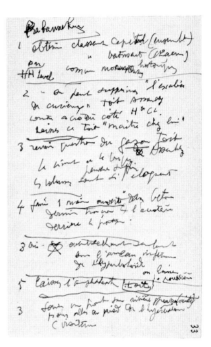

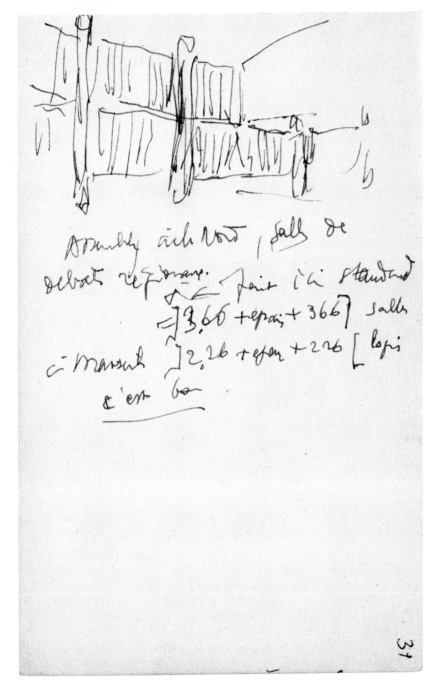

799
Doshi trouver 1 cinéaste (p Michelin) //
pour prendre scènes de chantier, mules,
femmes gosses etc sur site Assembly
Building
Traduire 3 Ets H

800
Prabawalkar
1 Obtenir classement Capitol (ensemble)
[classement] bâtiments (chacun) comme
monuments historiques // + par H Level
2 On peut supprimer ''l'escalier des
curieux'' toit Assembly contre acrotère
côté H^{te} C^t. Laisser ce toit ''maître chez
lui''
3 revoir question du gazon toit * Assembly
le ciment et la brique. peuvent suffire les
volumes sont si éloquents
4 faire 1 main ouverte'' dans béton dernier
tronçon de l'acrotère derrière le portique.
3 bis — * éventuellement seulement sur
l'anneau inférieur de l'hyperboloïde ou
laisser la poussière
5 laisser l'amphithéâtre toit
3 faire un pont sur rivière speaker (aile)
pour aller au pied de l'hyperboloïde
(visiteurs

801
Prabawalkar.
attention vitrage des lanternaux toit
Dallage Esplanade // pattern (dimensions)
comme devant offices entre les 2 bassins
m'expliquer et montrer plans détails
nuages Assembly
Vohra Prabawalkar me montrer situation
plans Swimming School Etc et faire un
schéma des 6 – // 12 – // 18 – // 24 – // ans
dévelop corps et esprit
Vérifier Vohra Prabaw les 4 bornes éclai-
rantes du Monument Dam = leur place
exacte
M'expliquer construction serrurerie porte
Email
V² Capitol Office Building comme façades
Assembly 100% verre, Aérateur. Contrôle
soleil = prisme définitif

802
tôle noire // blanc // de Pierre J^t chez lui
une lampe au sol, courante

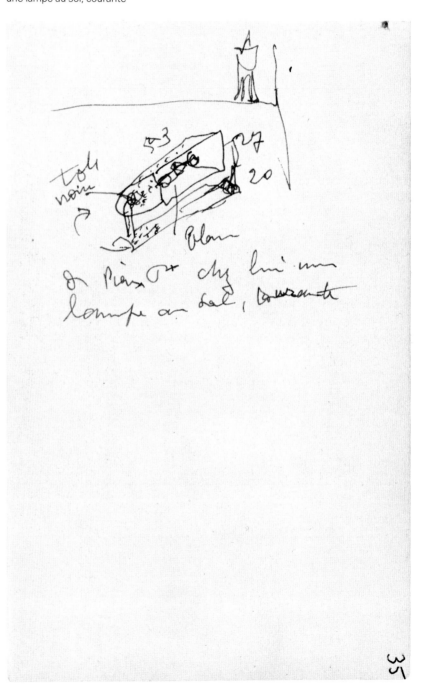

803
<u>L-C</u> porte émail Retour Paris ajouter calque
<u>ânier</u> Secrétariat (les calques de Praba. me
faire tirages p Luynes // + animaux du
tapis de Banzi — p. Luynes

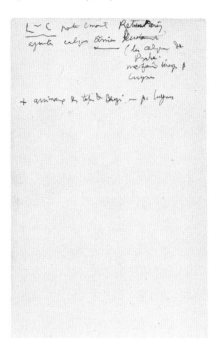

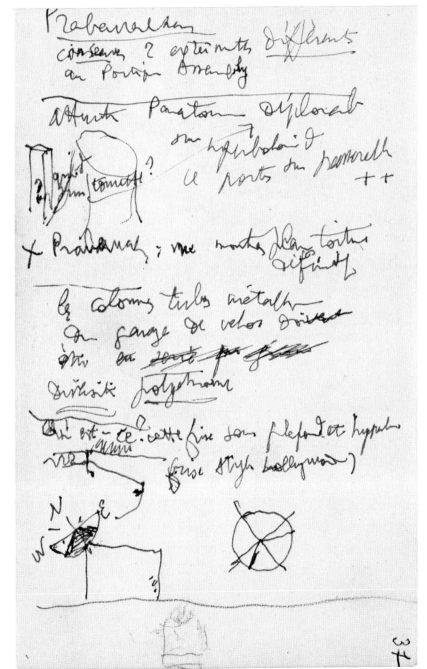

804
<u>Prabawalkar</u>
con<u>server</u> 2 extrémités <u>différentes</u> au
portique Assembly
Attention Paratonnerre déplorable sur
hyperboloïde le porter sur passerelle //
quid sur tourette? // × Prabawalkar: me
montrer plans toiture définitifs
les colonnes. tubes métalliques du garage
de vélos doivent être en <u>diversité
polychrome</u>
Qu'est-ce cette frise sous plafond et
hyperboloïde // frise Style hollywood? //
N // W / E

805
Prabawalkar
piqueter sur place le monument aux
martyrs
City Center modification d'après façade
nord Assembly // Sunbreaker obliques ou
perpendiculaires selon orientation // ondu-
latoires // façade nord // demander ozalid
du brise soleil // façade nord // better than
fac Sud

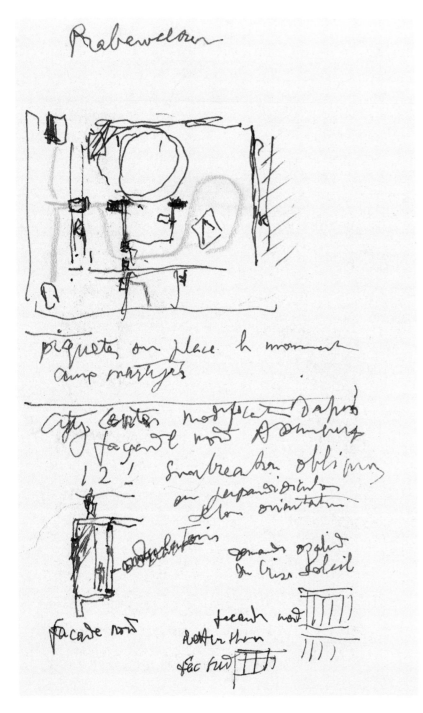

806
lisse plein // pour <u>Knowledge Museum</u> et
[pour] <u>V2 Capitol</u> voir détails de <u>ces</u> sun-
breakers = les ondulatoires sont <u>bons</u>

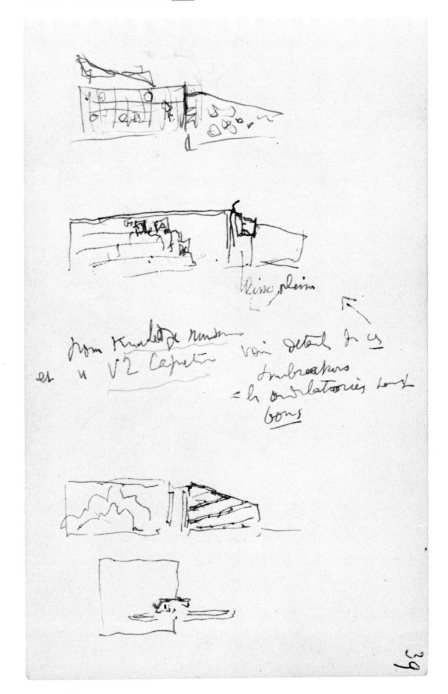

807

Prabawalkar

demeure ciment // le / bouchon hyper-
boloïde // devient alu
me montrer portique noir jaune quid où.
blanc = équilibre de la porte émail
Co / Ho // Na / No. // = la plaque blanche
dédicacée // cette porte offerte par
le Gᵗ Français et l'Adviser L-C (peinte de
ses propres mains.

808

[H o] L'homme est apparu placé sous le
destin [sous] le pouvoir sous du cosmos et
de la nature
No. Pour répondre à son destin il a décou-
vert ou il inventa les nombres
rouge // vert // jaune (ocre) ou cadmium
clair // bleu ciel ou blanc // porte émail.

809

24/11/61

écrire Doshi il y a des vues près et loin, y
compris confusion toit Secrétariat avec
Assembly — le tout avant 10 h. (depuis
7 heures) = extraordinaire. photos pour-
ront être vendues à éditeur livre sur
Capitol

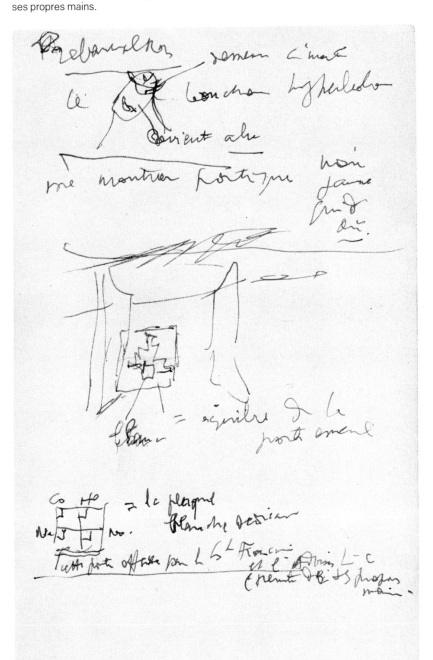

810
Prabawalkar 24/11/61
couleur blanc // Sous le portique extrémité
nord
y a-t-il prévisions autour oval intérieur
Salle p = descendre corde et siège pour
réparer.
quid cette porte si haute?

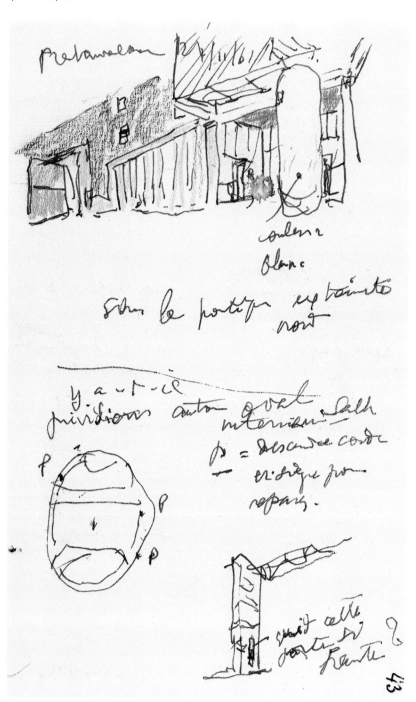

811
Prabawalkar
Praba. l'escalier du Speaker doit rester en
ciment
j'interdis un porche au sol // ou basement
p. le Chairman ''Upper-house''
les [ponds] H^t Court sont trop remplies

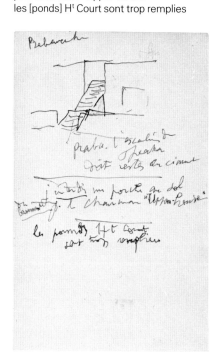

812
g^r // G^t Room

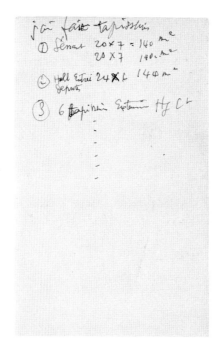

813
j'ai fait tapisseries
1 Sénat 20 × 7 = 140 m² ∥ 20 × 7 140.m²
2 Hall députés Entrée 24 × 6 = 144 m²
3 6 tapisseries Extension H^g C^t

814
C o ∥ rouge ∥ N a ∥ vert
H o ∥ jaune ocre ∥ N o ∥ bleu ciel ou blanc
porte émail

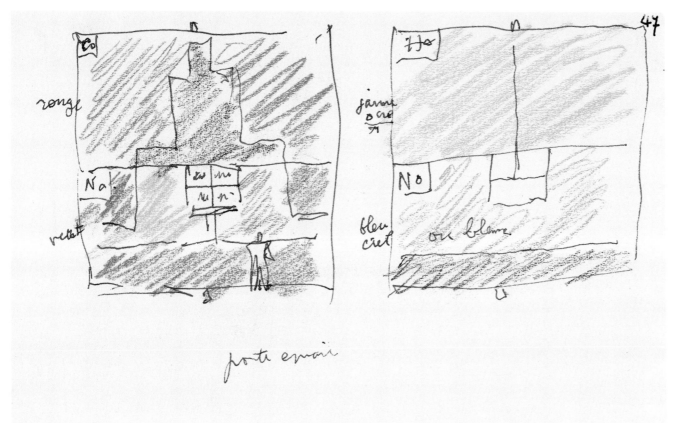

815
la fonction se réalise par bd et ac // DC
étant porté ... ... Direct light

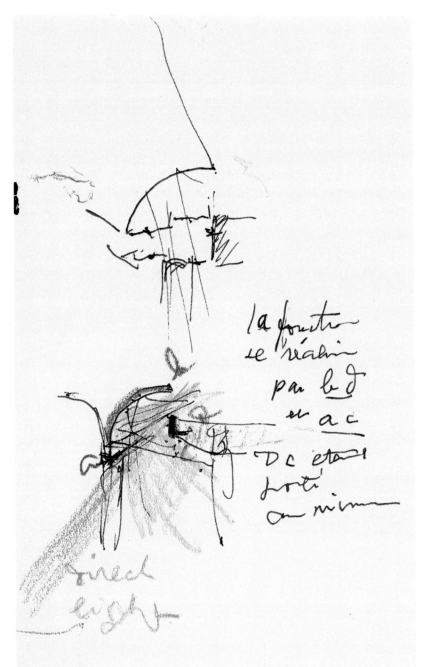

Assembly, aile Est-nord
L'éclairage ne suit pas la spirale carrée //
hypothèse pour // p. Musée Picture
Gallery // rivière p écoulement des eaux

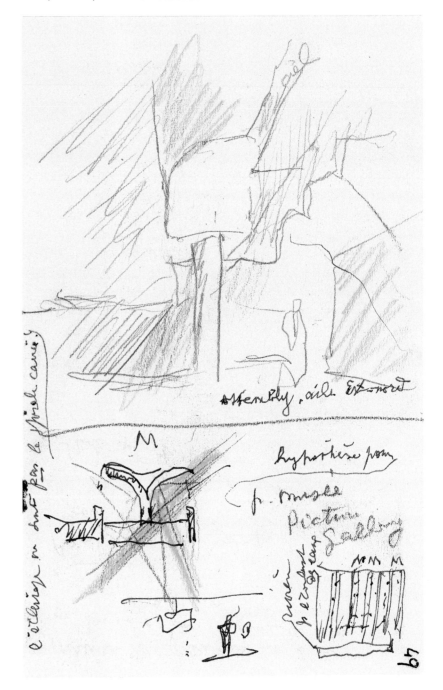

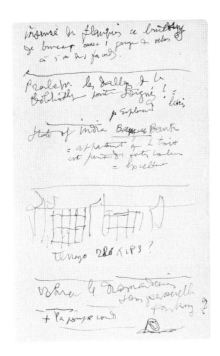

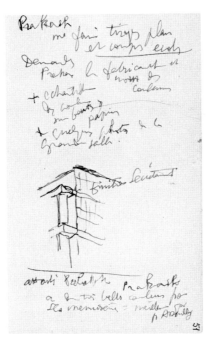

817
insensé de flanquer ce building de bureaux
avec 1 garage de vélos à 5 m des façades.
Prabaw. les dallages de la bibliothèque
sont soignés! = lissés // p Esplanade
State of India Bank // = appartement sur
le toit est peint de fortes couleurs =
excellent
Terrazzo 226 × 183?
Vohra les dromadaires sous passerelle
parking? // + la pompe ronde

818
Prakash me faire tirages plans et coupes
écoles
Demander Praka le fabricant et nom des
couleurs // + échantillon des couleurs sur
bouts de papier // + quelques photos de la
Grande Salle.
finition Secrétariat
Attention Prabaw / Prakash a de très belles
couleurs pour ses menuiseries = meil-
leures que p Assembly

819
Prabawalkar sa classe dessiner les troncs
parapet Bhakra.
G U L A B   S I N G H. // l'ingénieur Sick du
Power house qui doit m'écrire lettre
couleurs
Urgent. Voir les Dromadaires de la passe-
relle. assembly –

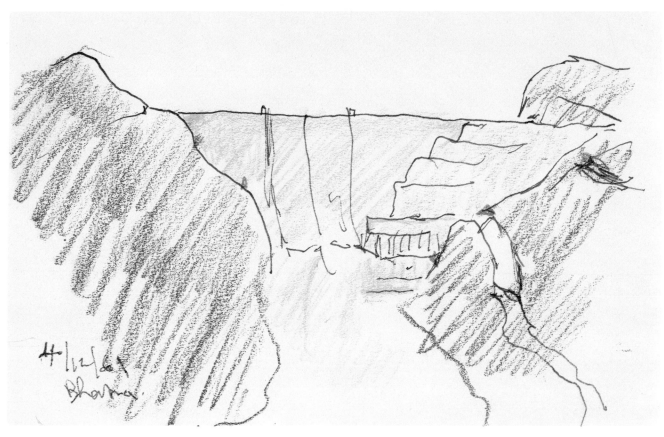

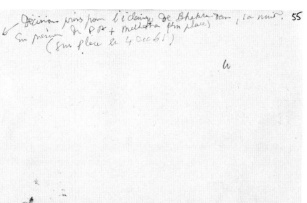

820
4/12/61 Bhakra.

821
Décision prise pour l'éclairage de Bhakra
Dam, la nuit. En présence de P J^t +
Malhotra sur place) (sur place le 4 déc 61)

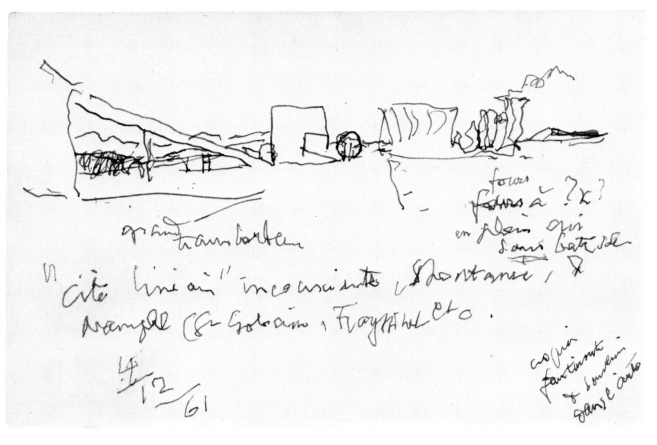

822
grand transbordeur // fours fours à ? X? en plein air <u>sans</u> bâtisse
''Cité lin<u>é</u>aire'' inconsciente, Spontanée, Nangal (St Gobain, Frayssinet etc. //
4 // 12 // 61 / croquis fantaisiste de souvenir dans l'auto

823
6 et 7 Déc 61 // j'ai fait ici les projets de 6 tapisseries de 8 m × 4,50 =
<u>36,00 m^2</u> × 6 = <u>216 m^2</u> // pour Extension H^{te} Court.
10 jours Auparavant // j'avais fait pour le Hall d'entrée des députés 1 tapisserie de //
+ pour le Sénat 1 19 m × 7,2 m = 140 m^2 //
1 22 m × 7 = 154 m^2 // + 23½ m × 5½ = 112½ m^2 // 306½ + 216 m^2 // <u>522</u> m^2

824
Chantier d'Assembly B^d // les aides de
Prabawalkar sur place // Sahny Engeneer
Telluran le brave type Bajwa (Sikh)

825

826

pour porte émail // Ce diable noir est le
label de la S^té de camionnage peinture
improvisée, variable. Ce présent signe
était plus beau que les autres //
30 Centimètres / Il y a à côté des fleurs
peintes. des figures etc ... ... coloris
noir sur fond blanc peint sur un Camion
Société Publics transports. // à Manimadja
9/12/61

827

Retour des indes.
Envoyer Praba le texte des lois Malraux
classement + loi en général. p. appliquer à
Chandigarh.
Appeler Arup ingénieur pour travaux L-C
calculs (Arup avait acheté une tapisserie)
L-C // p Orsay
Claudius Mission Chandigarh p. inaugura-
tion Assembly il représentera le G^t Français
donateur de la porte d'entrée
Retour Paris mettre Sert sur route classe-
ment Capitol Chandigarh avec toutes mes
académies
Michelin cinéaste p. Chandigarh qu'il y soit
avec Doshi pour le piloter. Ne travailler
qu'avec le soleil c'est capital!

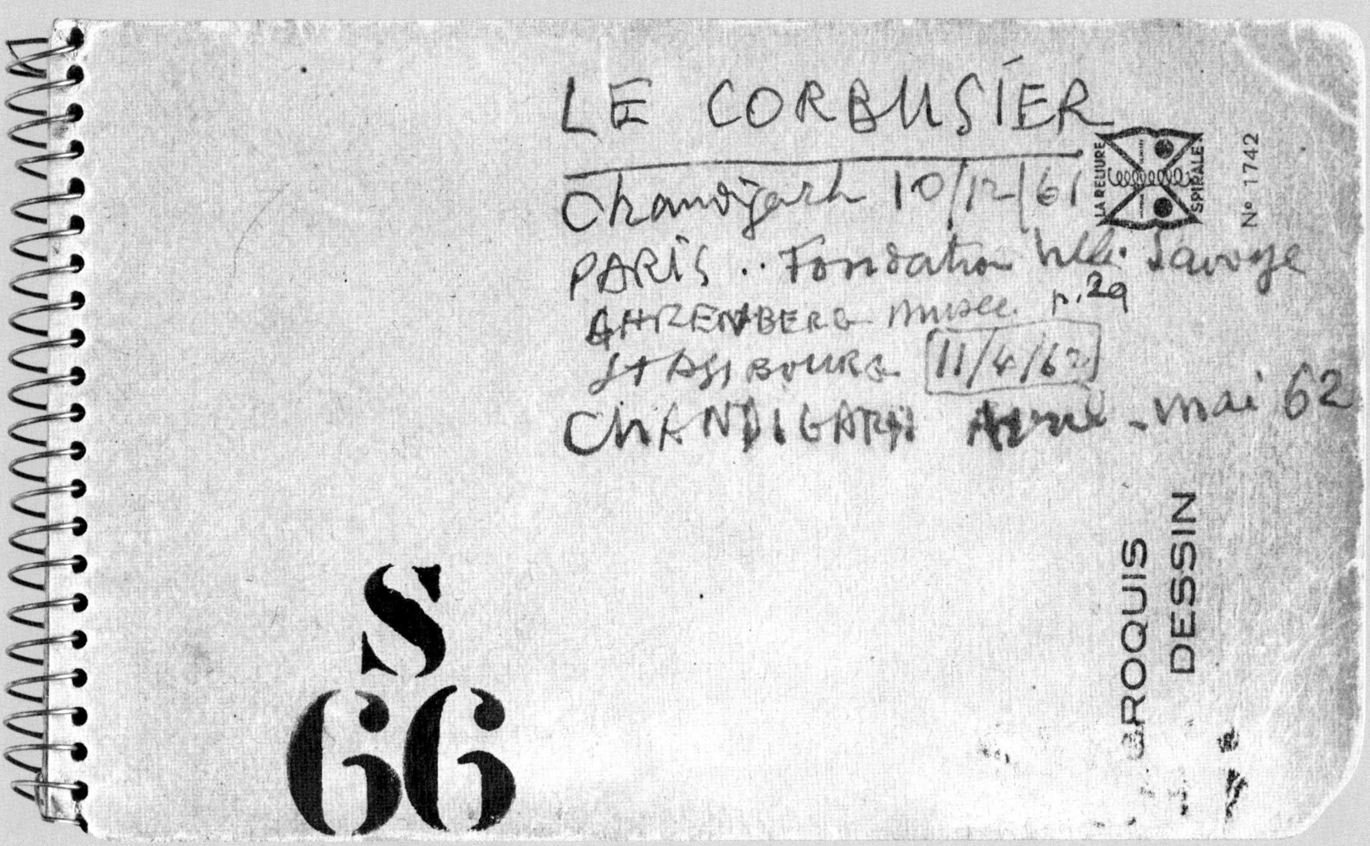

828
LE CORBUSIER // Chandigarh 10/12/61 //
PARIS .. Fondation Villa Savoye // AHREN-
BERG Musée p. 29 // STRASSBOURG
11/4/62 // CHANDIGARH Avril—Mai 62 //
S66

829
LE CORBUSIER // PARIS . VI // 35 rue de
SEVRES // TEL: LIT. 52 6.0 // Commencé à
Chandigarh le 10 Décembre 1961

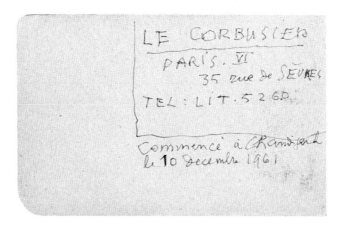

830
69 // 103 // Dimension format indien très
beau
le 10 déc 61 ai fait un pastel (avec couleurs
craies de couleur (Allemandes) fournies
par Andréini. // à Chandigarh. cadeau à
Pierre Jt ''Naissance du Minotaure (Extrait
de Sketchbook 1952 Cap Martin

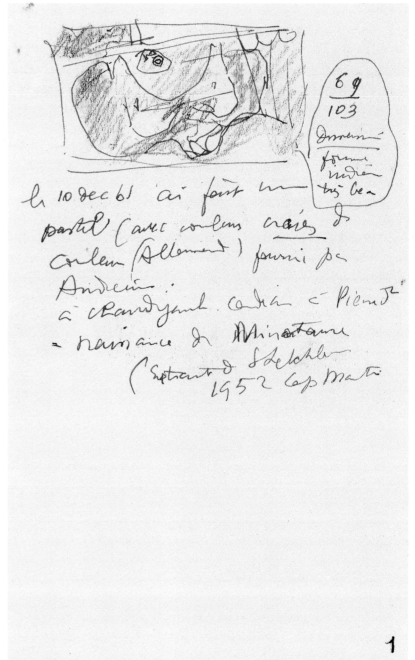

1

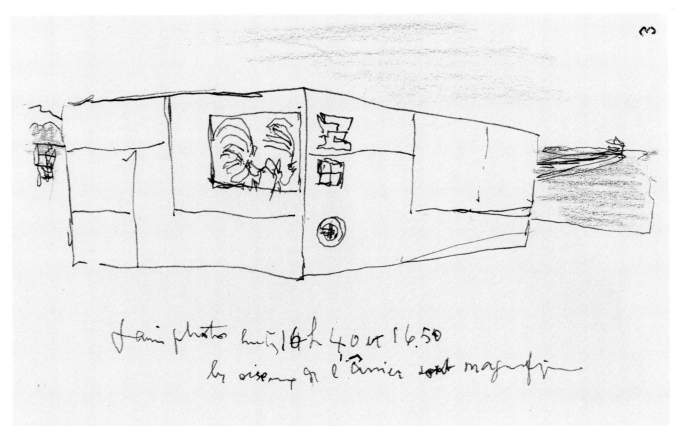

831
faire photos entre 14 h 40 et 16.50 les
oiseaux de l'ânier sont magnifiques

832
Porte Email panneau 4
blanc / noir Sur plaque grise
Assembly // rouge // vert ou bleu pâle //
ocre jaune de ru ou d'or // blanc
12 décembre 61 auto via Delhi

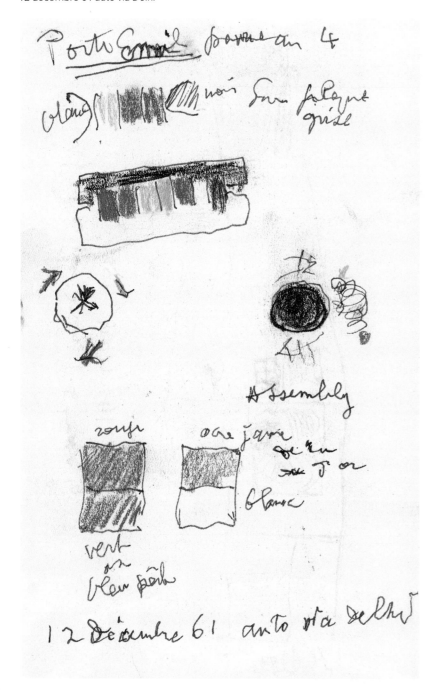

833
Dr Handa de ''Marg'' (?) vient d'être
nommé Prof d'Art histoire à l'université de
Chandigarh (peut aider p 3 Ets H.
  Edition label Chandigarh et divers extraits
de L-C par Doshi et Chohdhury
qu'il contacte Mangat Rey Secrétaire
Général du G[t] Punjab + B B Vohra Secré-
taire du Capitol Project
tous deux aimant leur tache et leur pays et
cherchant à découvrir les voies utiles.
(3 Ets h) // + Nehru
Handa Marg. p recruter le personnel du
Laboratoire Electronique
fera comprendre les ''livres Ronds'' // +
Varma = trop âgé // = le Museum of Know-
ledge pour Rhandava

834
Urgent // Jeanne / écrire Malhotra portique
HCᵗ // vert jaune rouge // + Jean Petit
envoyer Varma Urgent les 3 Ets H. //
— Retrouver le livre Pondichéry que Varma
m'avait donné en Avril 61

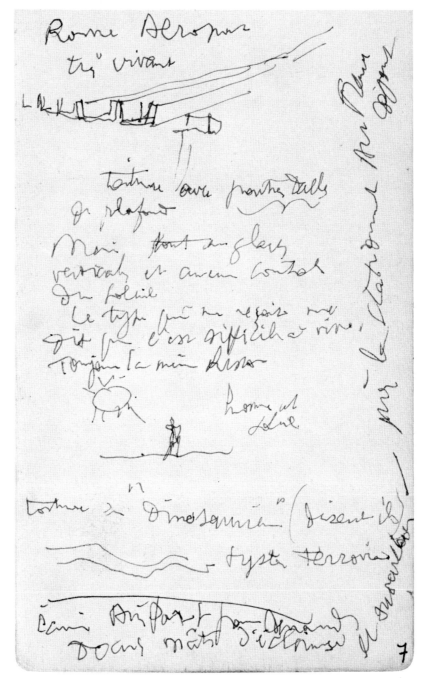

835
Rome Aéroport très vivant // toiture avec
poutres dalles de plafond Mais tout en
glaces verticales et aucun contrôle du
soleil // Le type qui me reçoit me dit que
c'est difficile à vivre. Toujours la même
histoire // homme et soleil // toiture de
''Dinosaurien'' (disent-ils) // Système
Ferroviaire
écrire Airport pour demander Docus Mâts
d'éclairage et surveillance — près
le stationnement Air France départ

836
portes Email // les hommes // ou

837
ombre unie gris bleu // stries rocheuses
ocre de ru le reste = blanc // le massif du
le Mont Blanc

838
le Mᵗ Blanc // 13 // 12 // 61 // à onze heures
matin avion Boeing Delhi Paris // le Mont
Blanc

839
Genève (qui crâne !!!) vue de haut est
miteuse Il y a la nouvelle autoroute Genève
Lausanne. = bien.
Mais la nuit dernière, vers 2 h du matin,
c'était la vue de nuit de Téhéran (Iran)
immense, ''palacieuse'' (tracé mongol
géométrique), immensément étalée et
géométrique // immense
éclatante d'électricité! de jour ? Qui sait ? //
la page décidément →

840
tourne sur le ''Western''. décadence vieux,
perclus, sans force juvénile sans rire et
sans sourire, sans destin tragique et étin-
celant, (homérique)
   Dans la Caravelle on m'a passé France
Soir = hélas!!!!!

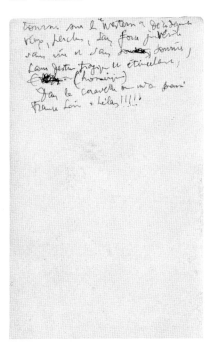

841
15/12/61
La Villa Savoye devient siège de la Fondation L-C
L-C doit apporter capital utile pour faire fonctionner la Fondation
L-C donne tout ce qu'il possède à la fondation.
Parfois p. Oliv. les fonds sont exigés versés à valoir.
— car Bagdad pas pu payer de 1958 à 61.
= trou terrible (pour questions politique étrangère.
Meaux 8 années sans un seul paiement.
— Firminy paiements à peine commencés
— Chandigarh pratiquement rien. pas même remboursement de dessin L-C a considéré Chandigarh comme opération amicale.
Film Michelin
Montmollin cahier bleu du 21 juin 1961 indications utiles.

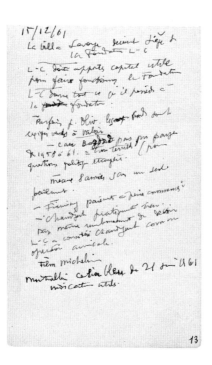

842
N // rivière // entrée // ou // descente. // ou trémie // archives atelier // bibliothèque directeur

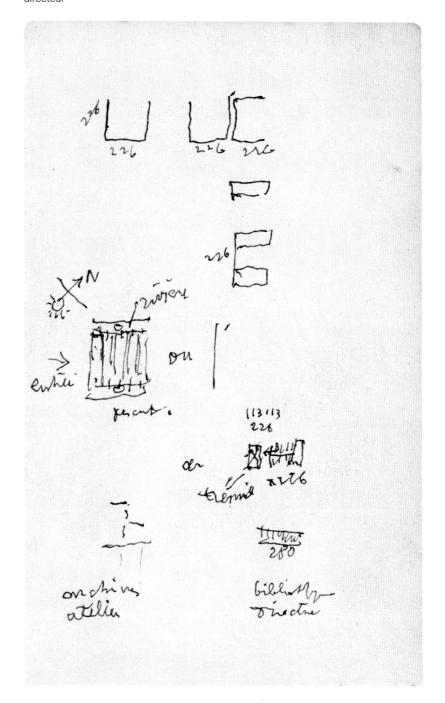

843
28 Déc 1961
Villa Savoye // Musée Ahrenberg–Jullian //
Zurichhorn = Jullian // * Musée Erlenbach
Oubrerie Jullian // Musée Chandigarh =
Oubrerie // Bagdad // * La Meuse vallée
Jullian // * Olivetti Tavès Oubrerie Jullian //
Porte Assembly L-C // Boston L-C // Unité
Firminy // Maison de jeunes Firminy //
Stade [Firminy] // église [Firminy]
Inventaire Tableaux // L-C Jean Petit.
Piscine Juan Les Pins // Congrès
Strasbourg.
7/6/62 Maison des jeunes (Montmollin) //
Pozzi plastic couleur // Expo Cassou //
Porte émail Tokio

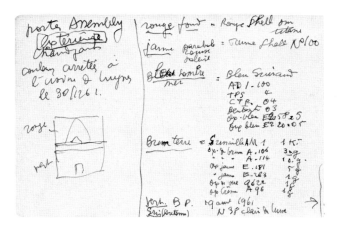

844
porte Assembly extérieure Chandigarh //
Couleurs arrêtées à l'usine de Luynes le
30/12/61 // rouge // vert
rouge fond = Rouge Shell sur titane
jaune parabole course soleil // = jaune
Shell N° 100
Bleu sombre mer // = Bleu Guiraud //
AD 1 – 100 // TPS 4 // CTP. 04 //
Bentozit 03 // Ox-bleu E 258 = 5 //
Ox bleu E 220 = 05
Brun terre = Grenaille AM 1 1 K. //
Ox. de brun A.106 30 g. //
[Ox. de brun] A.114 10. g. // Ox jaune
E. 181 5 g // [Ox] jaune E. 283 1 g // Ox de
vert 9622 1 g // Ox crème A 96 1 g
Vert. B P. 19 août 1961 // gris (soutenu)
N 38 clair de lune →

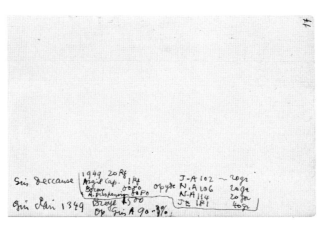

845
gris Deccause 1949 20 kg // Argil Cap.
1 Kg // Borax 0080 // A. suspension 0080 //
J-A 102 20 gr // oxyde N-A 106 20 gr //
N-A 114 20 gr // JE 181 40 gr
gris clair 1349 Broyé 1.500 //
Ox gris A90-3%

846
Suite Porte Assembly // Chandigarh //
INTERIEUR // Luynes 30/12/61
Rose 21 Juin 61 // = Pinck El à 3% //
Grenaille 1000
Bleu pâle = dépôt Usinor N° 54
Rouge (mains) Prototype St Gobain
le 29 mai 61 // 1000. + ajouter 14 gr //
Rouge M 182 20 g // [Rouge] M 184 3 g //
Rosé Pinck El 5 g // Orange A 120 12 g.
jaune N° 58 Ducelier N° 58 //
app. Sur. XT 101
jaune Lafarge par grenaille 1949 1 kg. // +
oxyde Jaune M47 40 gr // [oxyde] d'étain
10 gr // application sur masse.
Brun A.106 à 3% AD1 1 Kg // Terre de pipe
0 Kg 050 // C^t de potasse 0 Kg 006 //
Bentonite 0,004 // oxyde brun 106 OR =
030

847
vent olive pâle / AD1. 100 // oxyde jaune
E 181 S½ // Vert 9622 OI
vert grenaille 1 Kg // ajouter oxyde vert
TS 643 = 10 g // [oxyde] jaune E 181 =
30 // [oxyde] d'étain sur titane // 16 g
violet (moyen) = violet SNCF
gris moyen N° 38 (v. p. 16) // [gris] clair
1343. (v p 17) // [gris] très clair Decausse
(v p. 17) // + blanc // + noir
ou bleu 1949 // jus de pipe S 60 g //
et potasse 6 g // Bentosite 4 g // Oxyde
bleu n6 40 g // [Oxyde bleu] E 258 4 g //
[Oxyde] gris A . 90 2 g // d'ain 32 g //
Eau 450 // 1.1
décidé 2/1/62 envoyer photostats des
pages 16–19 à Mʳ Granger chez Jean
Martin

848
3/1/62 La Charme // Jean Martin 7½ chez
Pierre 15 rue des Petits Champs
a/ le dossier Sᵗ Gobain Gustave Lyon 1928
Centrosoyus // b/ Zurich horn 1914 1961
L-C – Orsay triomphe contrôle soleil 100%
verre loggias
Myon Renault Sudreau
+ Luynes Plexiglas Polyester
Bhakra Nangal usine Chohdhury
Décidé avec La Charme //: Etudier verre
ou * plastique transparent incassable =
nouvelle marchandise + glace – // +
dossier Sᵗ Gobain Gust Lyon // ou mieux?
avec Alazard Boussois 7/6/62

849
Télé Alazard: thème // verre remplacé par
plastique // question: plastiques Boussois //
Sᵗ Gobain // quid?

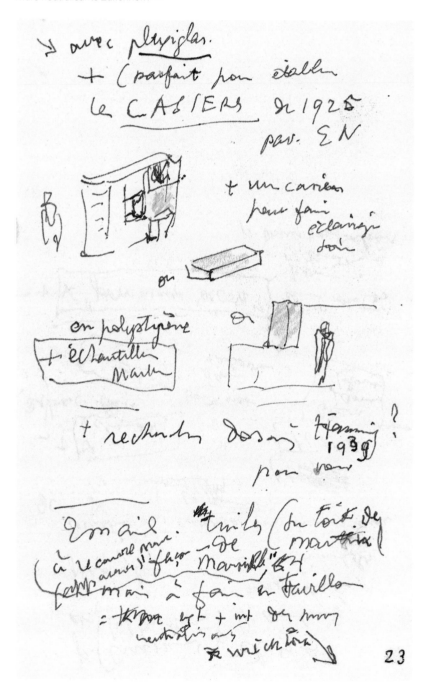

851
avec plexiglas. + (parfait pour établir les
CASIERS de 1925 pav. EN // + un casier
peut faire éclairage soir // ou // en poly-
styrène // + échantillon Martin // ou
+ rechercher dossier Hanning? 1939 pour
voir
Email tuiles (sur toit de Martin) // à recou-
vrement. apparent ''façon — de Marseille'' //
Mais à faire au Pavillon = ext + int des
murs neutralisants Zurichhorn →

850
Martin 3/1/62 Luynes
''E'PLAST 3715'' // = plastification pour le
ciment et le bois même s'il pleut ou sous
l'eau application au rouleur pinceau et
pistolet // Couleurs jaune noir vert //
seulement 20 // pour Gardien
Plexiglas = SHELL // 120 grandes
coquilles
a/ p. Zurichhorn // moules par air
comprimé. p. murs neutralisants =
modèle
b/ ''Onduclair'' en polyeurétane // se fabri-
que à // ou plus grande ondulation // (ceci
pourrait se faire chez Martin avec →

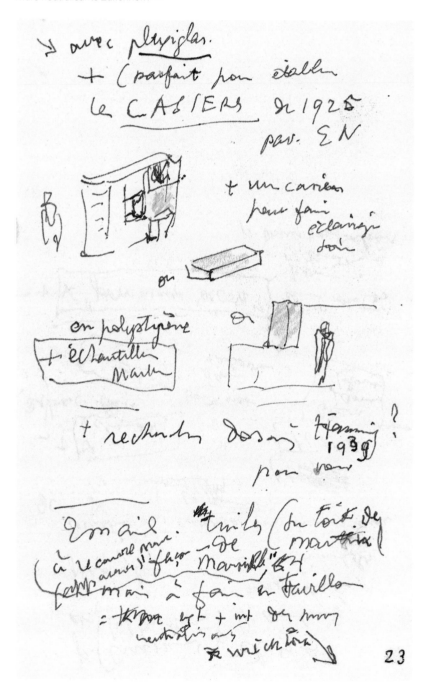

23

S66

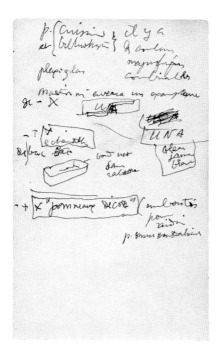

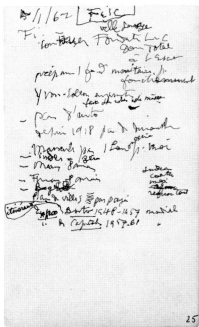

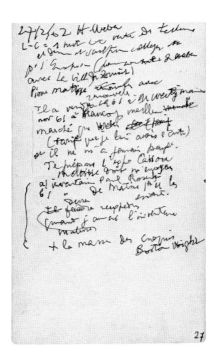

852
p. cuisine et bibliothèque // il y a des
couleurs magnifiques combinales // plexi-
glas // Martin m'enverra un exemplaire
de – X // U N A // – + X échantillon //de
bac // bord net sans rabattre // UNA //
bleu jaune blanc
– + X ''panneaux décor'' (emboutis pour
raidir p. mur neutralisant

853
5/1/62 FISC
Fi. / Villa Savoye // Constituer Fondation
L-C Don total à l'Etat
préparer 1 fond monétaire p. fonctionne-
ment
Yvon-Soltan emprunts fait ses robes elle
même
— pas d'auto // depuis 1918 pas de
Dimanche
Marseille pas 1 honoraire p. moi
— indes = zero
— Meaux 8 années
— Firminy 8 années
— Bagdad
Plans de villes pas payés
Sudreau contre moi refuse tout
Expo itinérant Boston 1948–1957 mondial
[Expo] des Capitales 1957–61 [mondial]

854
Savoye // le client? écrire à Malraux // où la
clef? // L-C y aller avec Bertocchi //
25/1/62 // Porte entrée = émail // gout-
tières? // façon Ronchamp // au sol?? //
Eléctrique S à M // Enduit façades = blanc
lissé à la truelle Bertocchi
a b c / émail // bain de soleil toit // a b c
3 panneaux émail géométrique fortes
couleurs noir (?) jaune rouge?
Hall palier Salle – jardin (émail? non! bac à
fleurs?) // + allèges. // Salle divan et table
façon CU Suisse // afficher Pl Palais Soviets
PdS // UN // + Plan UN — // maquette 23A //
couverture EN // livre VR 1924 =2 Millions
agrandissement photos Assembly
Chandigarh à 2½ de haut

855
27/2/62 H. Weber
L-C = 1 mot L-C vente de tableaux et
dessins et sculptures collages p l'Europe
(pour contrat H Weber avec la ville de
Zurich)
Pierre Matisse renouveler avec
renouveler
Il a vendu 1961 à M Weitzmann nov 61 à
beaucoup meilleur marché que Weber //
(tarif que je lui avais écrit) et il ne m'a jamais
payé.
Je prépare l'expo Cassou Matisse doit
m'envoyer a/ inventaire Paul Rosenberg
b/ [inventaire] de Matisse 1er et les
suivants. // Il // Matisse // ferra // devra //
réexpédier quand j'aurai l'inventaire // + la
masse des croquis Boston Wright

856
Ahrenberg Stockholm 25/1/62 métro
appartement ? = non = gênant // toute la
famille les gosses M^r Mme domestiques //
Salle Matisse [Salle] Picasso [Salle] Corbu
peinture + salle arch. // logis ''au bout du
monde''.
réunions clubs. // demander Ahrenberg //
dimensions et nature // des œuvres //
parois vitrées plastique translucide murs
neutralisants

857
métro // rampe // quai // = 4 points bas p
neige et eau

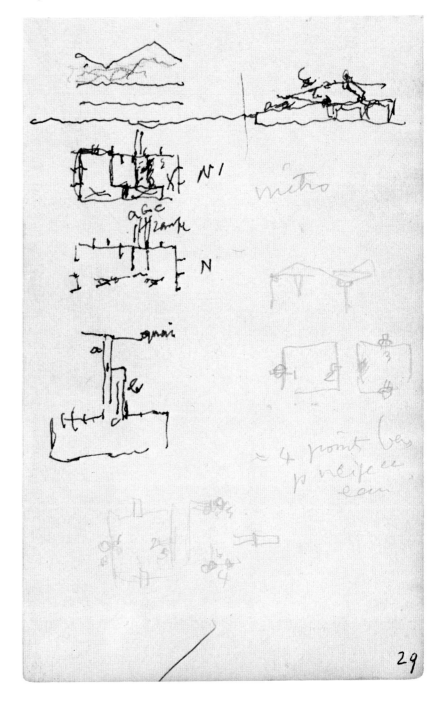

858
Mathey 16 // 2 // 62 // métro
366 en couleurs // vitrine maquettes // des
mains // dessin Jardot // Etc // etc // Etc //
Etc. // galets // ma C-P fondée Pav EN
1925 // 1 casier 2 logis 3 arch 4 Redents
5 Plan Voisin 1940

859
= Ahrenberg // Zurichhorn // air // atelier
jusqu'en haut

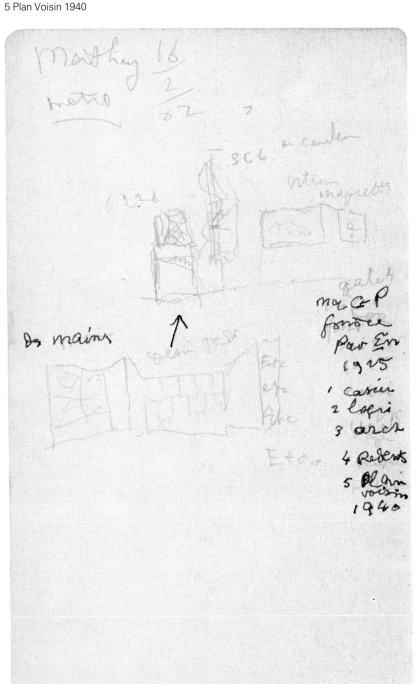

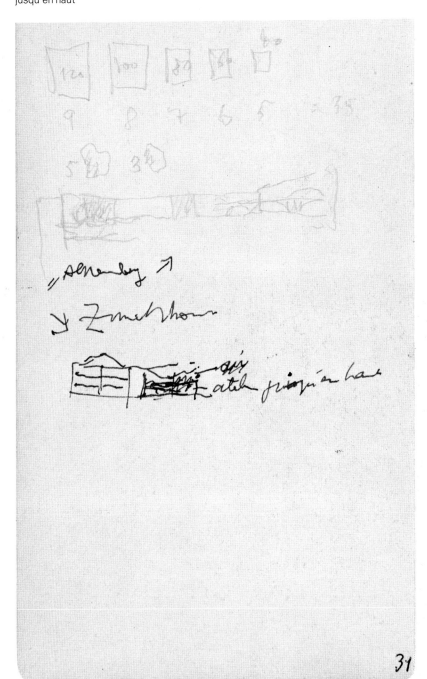

862
administration // poids lourd birail // N6 ou
N0 // rampes piétons // retour / arrivée
7 // 3 // 62 // jardin merveilleux N. 6 m //
manutention // Olivetti // retour // arrivée
Quelques jours plus tard dénommée // =
''l'Usine merveilleuse''

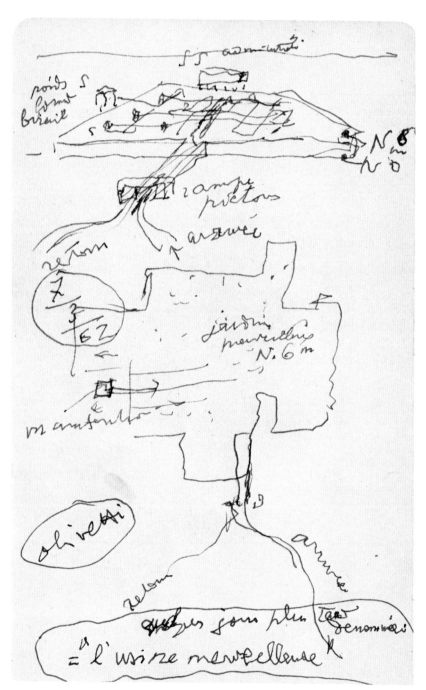

860
La Roche m'avait donné son <u>pouvoir</u>
<u>La Roche était Baron</u>?? notaire de La Roche //
1.80.000 NF estimation de la maison //
L-C paiera à L R maison // voir Anthonioz et
réaliser avec La Roche // = ma visite à La
Roche le 1/3/62 1/3/62 à Square
Dr Blanche // = La Roche retour de
15 mois de clinique à Bâle (arthritisme)

861
Savoye // Musée L-C // Expo schéma Cité
linéaire industrielle avec émission voix L-C
= énoncé

Mr Beullens – Taylor // 12 rue de la Paix //
enverra Mr Mallasset peintre // p tableau
retour Indes Divinites Marines

P. Barcelone expo Corbu . Picasso
''Latté'' 151 × 300 cm // 150 × 244 cm //
Candilis dixit // épaiss. 13. 15.18.19
22 25 30 // m/m
Tavès // 410 × 153 ''Latté'' // [+] /
185 × 153 = 2 fois 306 // [=] // 267 × 172
= dimensions pour faire les grands ''Para-
vents'' // 10 // 4 // 62

864
11/4/62 train Paris Strassbourg.
L-C à un ''Contrôleur'' du quai Gare de
l'Est 7¾ h - 8 h matin. ''combien de voya-
geurs de banlieue descendent par chaque
train.'' // Le contrôleur: ''1500 à 2000.
C'est l'heure des gens de bureau = jeunes
femmes et hommes Les ouvriers de ban-
lieue ont débarqué avant sept heures. Se
sont levés à 5 h du matin.
   Cet écoulement, ce torrent qui dégueule
des quais, est effarant, épouvantant,
insensé, fou, lamentable.
   Le train a démarré: banlieue est, atroce,
idiote. Les petites maisons = ta gueule!
   Le train continue: la campagne, la rivière,
le canal, les prés, les champs les arbres, le
ciel = présents et gratuits.
   La Cité linéaire s'imagine fabuleuse,
seule salvatrice.
   Il faudrait pouvoir concevoir ces convois
matinaux debarquant un million? d'êtres
chaque matin. Et le coût!?!

865
à Strassbourg le 11/4/62
M Wack 1er adjoint au Maire Sénateur //
VIVIEN // Vivien // Architecte CEA et du
G^d Palais (!)

866
14 avril 62 // Boeing Paris Delhi.
La banlieue de Paris, vue d'avion est un
scandale, une maladie // toutes les maisons
se touchent mais se voient, s'entendent
s'entendent. Il n'y a pas un moindre
espace // 500 maisons = immenses sur-
faces // 500 × [(20 m × 10 m) = 200 m²]
100.000 m² = 500 m × 200 m² // =
10 Ha // les Unités requièrent 3 à 5 Ha
et = Soleil, espace, verdure.

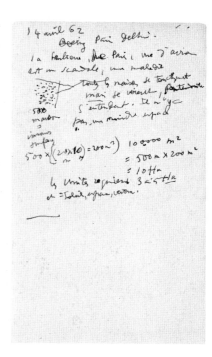

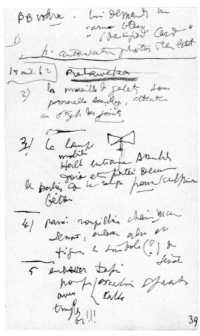

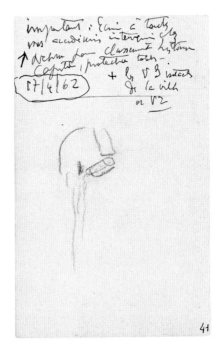

867
1/ // B B Vohra. lui demander un carnet
bleu ''identified Card'' p. autorisation
photos Jean Petit
15 avril 62 Prabawalkar
2/ la muraille de galets sous passerelle
Assembly, attention au style des joints
3/ la lampe mobile Hall entrance Assembly
doit être portée derrière le palier de la
rampe pour sculpture béton
4/ paroi ... chairman Sénat, enlever alu et
figures le symbole (?) du Sénat
5 enlever tapis // pompe avec tringles
or !!! // escalier Salle // speaker

868
parapets fer rond // à installer à gauche
speaker // gouverneur // = casse-gueule
éventuellement remplacer le rouge par le
jaune de la salle // Supprimer tapis rouge
du secrétariat du speaker
6. portique Les ondulatoires rouges
(supprimer) = jaune
7 attention porte émail à ouvrir pour gauche
''Forum'' // portique
8 réaliser le mur noir du portique socle =
béton brut
9 lettre à Prabawalkar + // à Chef architecte
+ Chef urbaniste // à ... chef engeener
Nangea // J'interdis toute plantation de
fleur // non signée de moi

869
important: Ecrire à toutes mes académies
intervenir chez Nehru pour classement
historique Capitol, protection totale — //
+ les V3 intacts de la ville et V2 // 17/4/62

870

12 // Roof Assembly. un parapet simple à l'amphithéâtre du toit because = danger casse-gueule!

13 Le salaud de jardinier du dam côté est est en train de préparer une bordure de bégonias entre bitume et gazon // on peut tolérer brique // gazon // bégonias // brique // mais interdire toute plate bande large de fleurs

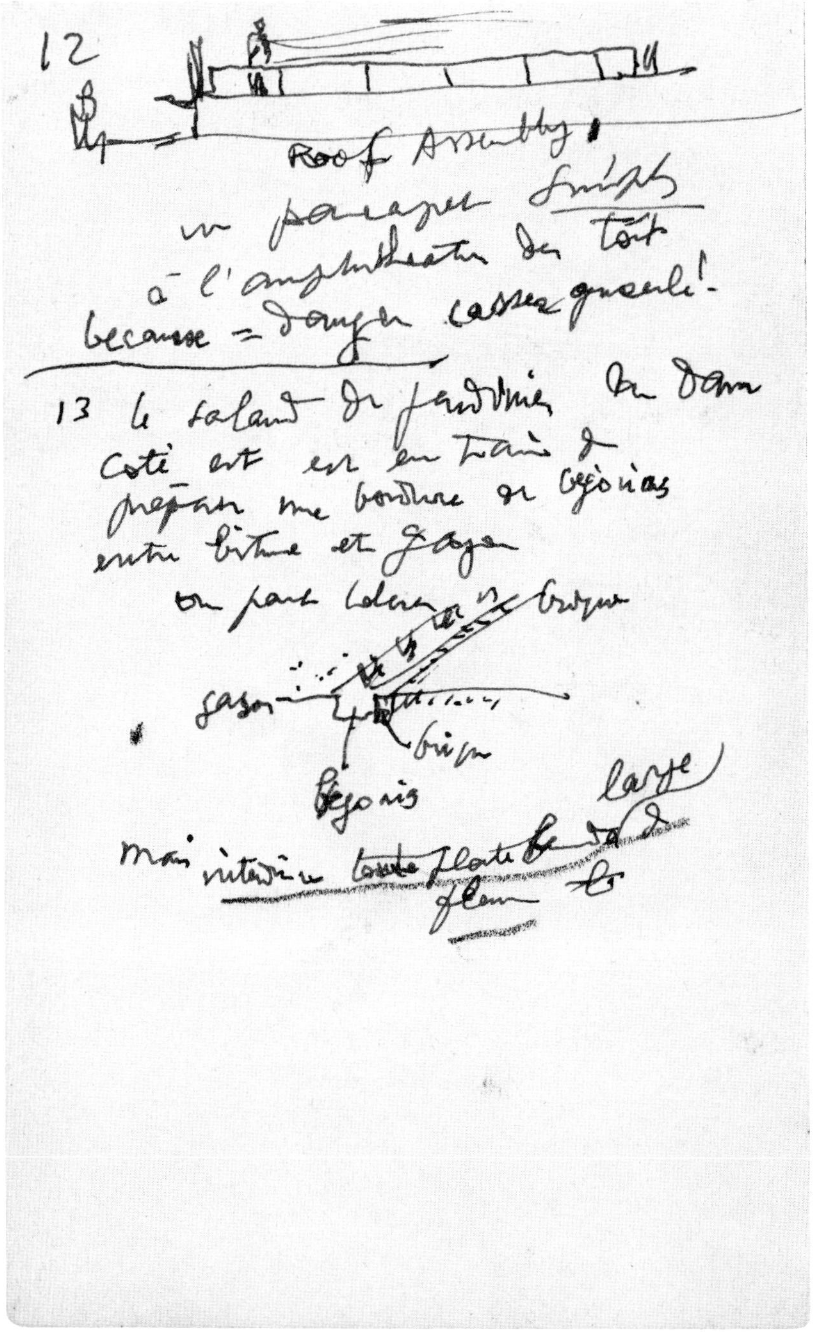

871

10/ Ce carré = noir ou couleur // ou couleurs comme en b // C = noir // ici béton porte revit // ondulatoires jaune // a rouge // a'?? jaune // show me my sketches // = Prabawalkar or Vohra

11 Toiture Roof: sur les chapiteaux des colonnes, installer des bacs à arbres + pelouses ou fleurs irriguées
– Cette géométrie (des colonnes) sera favorable. // Ceci concerne le dessus du Forum, autour de l'hyperboloïde installer aussi une scène + commodités pour festivity

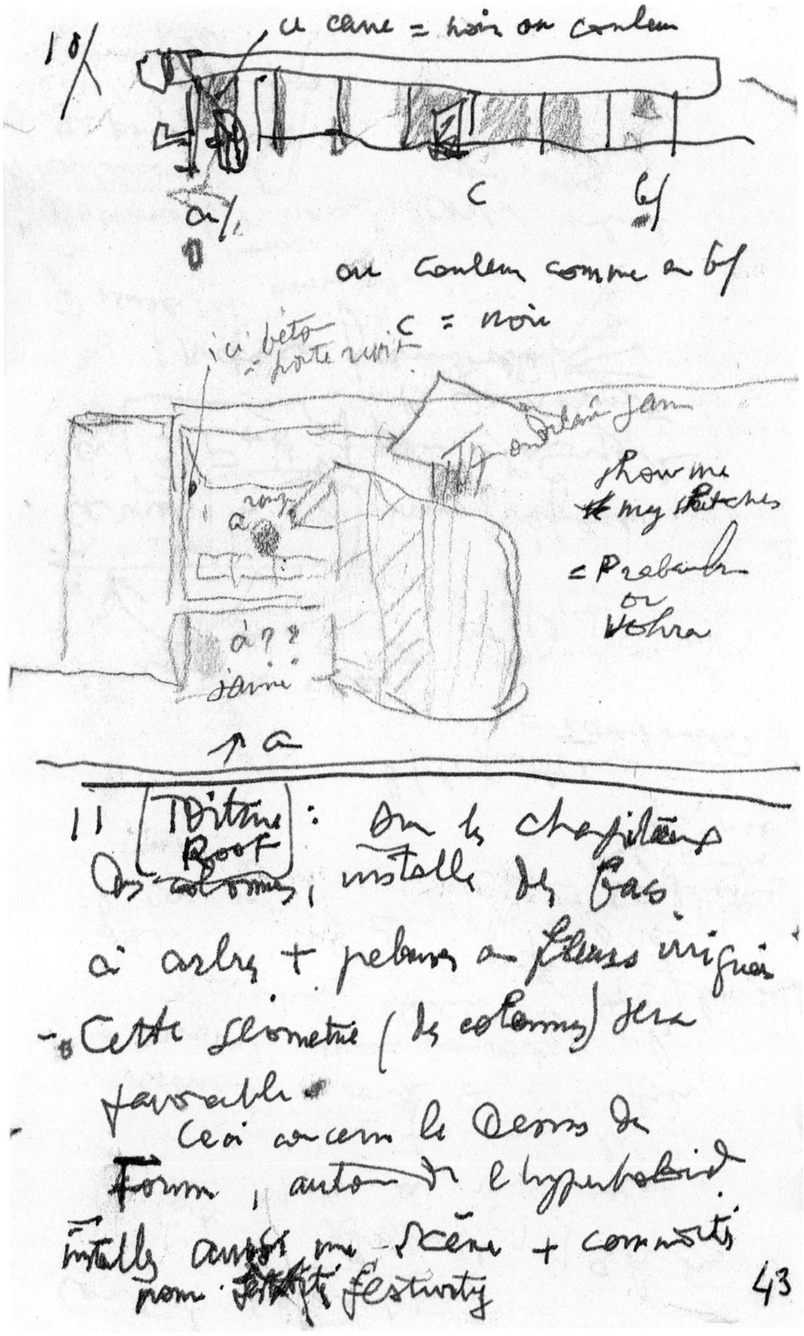

43

873

12/ Praba/ quelles couleurs l'auréole
conoïde autour du rouge de l'hyperboloïde
sur Forum?? = béton brut
13 demander Prabawalkar me faire tracé
brise soleil du Knowledge. pour vérification
because absence d'horizontale // Chodury
Chodhury = Praba Assembly il y a des
Shuttering // = tour de la passerelle base-
ments à la passerelle
15 Prabawalkar quand les tapisseries
Assembly achevées?

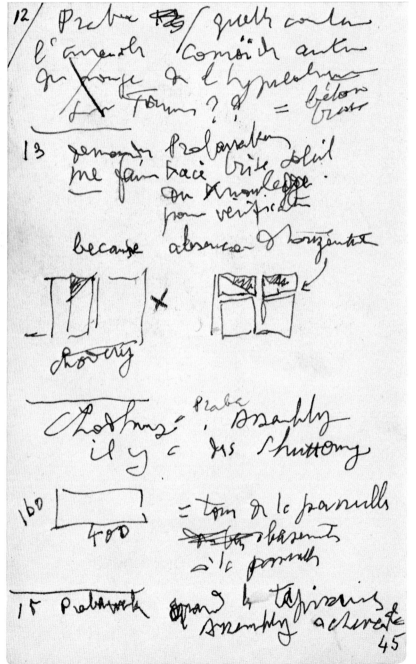

872

Contrôle Soleil.
   Assembly 13 h sur le <u>toit</u> chaleur à crever,
soleil brulant. Je franchis le vestibule de
sortie de l'escalier = <u>ouvert</u>, mais couvert.
   Fraicheur formidable. le soleil n'a pas
chauffé. De plus: le courant d'air vient
d'en bas = 2 choses a/ l'air température
de l'ombre fermée // b/ le frottement air =
évaporation // outside // inside // contraste
inouï
Jean Petit // Ecrire L-C une préface à
3 Et H pour Chandigarh + commenter //
1 préface formidable
je pense ici mon chapitre a pour
''<u>Documents de France</u>'' Delouvrier
21 pages écrites à Chandigarh avril 1962
contrôle Soleil remarquable dans HCᵗ <u>2</u>

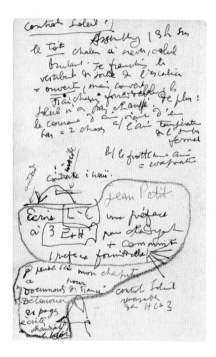

874
16/ Prabawal // hyperboloïde Salle // chenal
p. pluies ruisselantes // +. pipe eau arro-
sage // herbe // Tour // des prismes
d'accrochage pour terre et racines
17/ Prabawalkar si possible aluminium
rétablir courbe solstice d'hiver sur salle.
18. Respect! M' Methaphisic! le tuyau
jaune horizontal plus haut que n'importe
où coupe par le milieu les sculptures
solaires, la Main Ouverte
19. Praba commencer le noir sous portique
P. me soumettre couleurs sous portique //
sud et nord

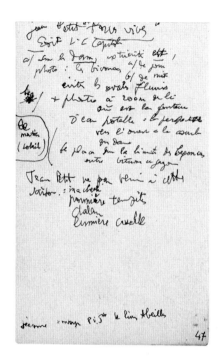

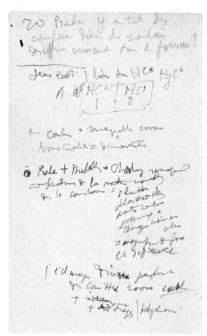

875
Jean Petit ''Forces Vives'' Edit L-C Capitol
a/ sur le dam, extrémité est, photo: les
bivouacs a/ de jour b/ de nuit // éviter les
ovales fleuris
b/ + photos à 200 m de là où est la fontaine
d'eau potable = la perspective vers l'ouest
= la courbe du dam // le matin (Soleil) se
placer sur la limite des bégonias entre
bitume et gazon
Jean Petit ne pas venir à cette saison =
inachevé // poussière tempêtes // chaleur //
lumière cruelle

Jeanne envoyer Pi.J^t le livre Abeilles

876
20 Praba y a t il des couleurs dans les cou-
loirs des offices ouvrant sur le forum?
Jean Petit 1 livre sur HC^t H^{g}C^t // HC^t 1
HC^t 2 // en couleur = remarquable comme
ponctualité = démonstration
Praba + Malhotra + Chodhury remarques
compréhensives de la nature nouvelle de
la construction = Shutter // plastered
blanc // portes couleur // panneaux en
terrazo noir ou bleu // = magnifique de
forme et différence
l'éclairage diurne parfait du committee
room east + rideaux + sièges poly-
chromie

877
Secrétariat / Assembly 1200 m au parapet
5 // cote 900 le Capitol est bien aligné mais
l'encadrement est mauvais
1 // b – bouée = place du jet d'eau //
E escalier
6 La ligne de bégonias de 2100 à spill way
coupe le chemin du gazon direct sur
bitume
2 // 12/5/61 le jet d'eau pourrait aussi être
cote 900 = c à d // 300 m plus loin //
Prabawalkar
3 Il y a une autre bouée à cote 1200 * qui
offre .... Zut! c'est mon idée du N° 21
(ici →) donc j'avais raison et je biffe la cote
900
* Secré Ass HC^t cote 1100 –
mais plus favorable à cote 1200

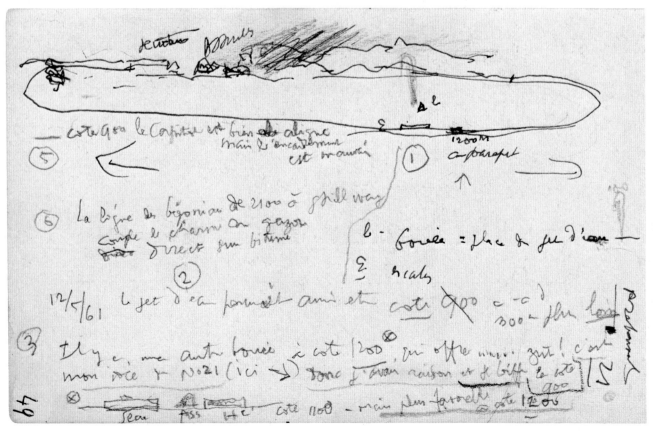

878
Praba 22 pour petits cafés <u>Leasure Valley</u>
type café indien dans les villages et au
bord route de Bhakra

879
tour / tour / crane // (B) Bhakra // Cette
saillie est (A) en poutres [cantilever] qui
peuvent porter 200 pounds square foot =
2000 pounds square meter 1 tonne square
meter // malhotra // Bhakra
Prabawalkar 23 // entrée // sortie //
parking // 2 portes suffisent //
Bouchon 3,45
24 // le cache tuyau jaune PJ^t Tour doit être
en <u>noir</u> ou rouge
25 les ondulatoires salon journalistes 16
ouvrant sous plafond noir dans le forum
doivent être polychromes

880
26 Praba lettre à Kairon <u>réclamer</u> finition des monuments // je crie je proteste // = long travail Corbu unique au monde. // <u>Praba</u>
27 Praba me montrer les plans des ''monuments'' à revoir + martyrs ? — // + le shuttering de la pyramide <u>24</u> Heures
28 Praba les ondulatoires de la pyramide du Sénat en glace, Mais les traverses horizontales en béton brut
29 Mettre plaque épaisse <u>alu</u> sur passerelle

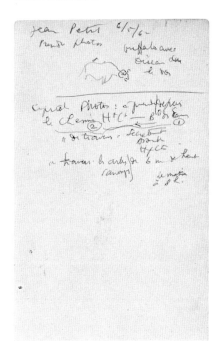

881
Olivetti 4/5/62 son ''couvent'' pourrait être comme l'Assembly côté basement avec murailles de brise-soleil + Tempête du Portique à l'est.
— pour Strassbourg Pfimlin béton brut parfait + émail + blanc noir etc couleurs // plafond
Voir page <u>62</u> // le matin à Rome Delhi–Paris 14 mai 62 // longue attente. dans immense hall: Stand des cartes postales: je revois la Rome telle qu'elle est (Prix de Rome) + les quartiers nouveaux titanesquement <u>inhumains.</u>
  Ce Rome n'est plus, – devant tous les peuples <u>mis désormais debout</u>, marchant.
  Et les bibelots à vendre, assez amusants, affirment la caricature.

882
Jean Petit 6/5/62 // Prendre photos buffalo avec oiseau sur le dos
Capitol photos: à prendre / depuis le chemin H^t C^t — B^d des Eaux // ''de travers: Secrétariat Assembl H^g C^t // à travers les arbres sauvages // de 6 m de haut le matin à 8 h.

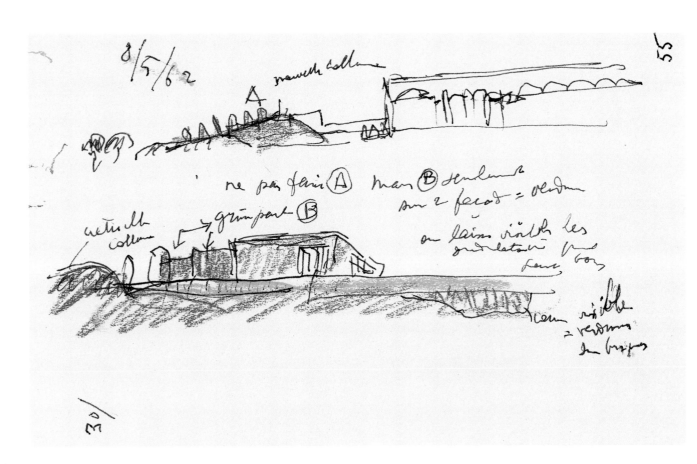

883
30 / 8 / 5 / 62 // A nouvelle colline // ne pas
faire A mais B seulement // actuelle colline /
grimpant B / sur 2 façades = verdure // ou
laisser visibles les ondulatoires qui sont
bons // Terre visible = verdure sur briques

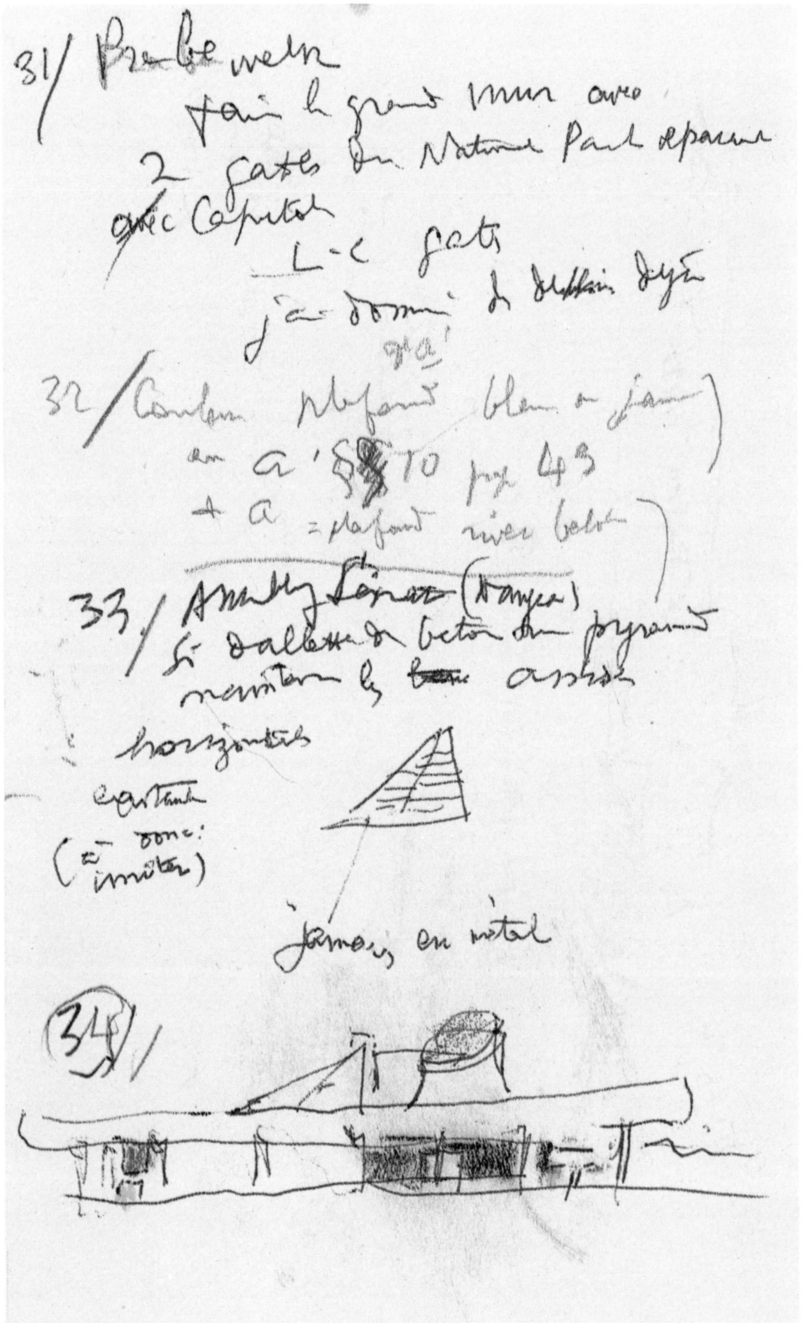

884
31/ Prabawalkar // faire le grand mur avec
2 gates du National Park séparant avec
Capitol // L-C gates // j'ai donné des dessins
déjà
32/ Couleur plafond // de a' // bleu ou
jaune) // en a' 10 page 43 + a = plafond
river below)
33/ Assembly Sénat (Nangea) // Si dallette
de béton sur pyramide maintenir les
assises horizontales existantes // (donc: à
imiter) // jamais en métal
34

885
(35) // 12 // 5 // 62 // les nuages glasswool à
asperger avec odeurs et poudre contre les
pigeons
ici joint vif avec le verso // joints //
le module 120 60 / 120 est-ce exactement
la mesure ? // existe déjà // ciment nature
en saillie (existe) // ici shuttering 33 cm (?) //
même joint que C = (la tour escaliers)

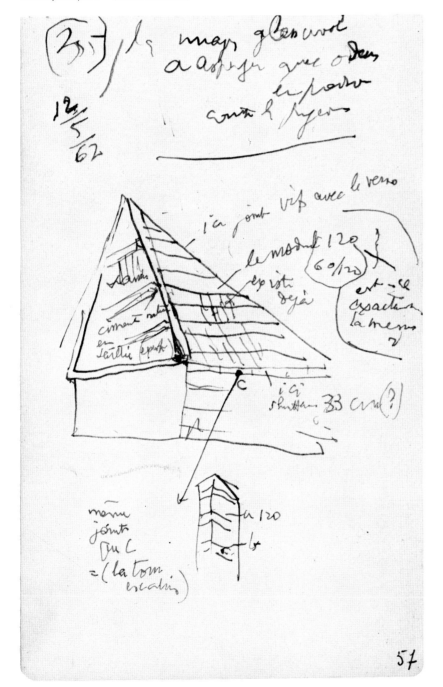

57

59

886
12 / 5 / 62 ecrire aux Académies L-C // L-C.
= arch + peintre sculpteur // + à Nehru
Chandigarh menacé –
1º arch a // réalisation béton armé total
esthétique accomplie // b/ Air son lumière.
contrôle soleil accompli. 100% + aération
+ traversée des vents
2º Sculpture // dans béton // ânier + L-C. //
tour d'ombre // 24 heures // Martyrs //
Main Ouverte. // revision des dimensions //
La sculpture est le bâtiment même.
3º peinture = La polychromie Assembly
salle + porche HC[1] (à faire) la porte émail
Assembly
le cas des artistes: l'intervention Thapar =
fausse problème non posé p:

887
(Suite) L'art est devenu individuel =
conquête des temps modernes (rapport
L-C Turin) à domicile: livres estampes
tableaux Muralnomad // (le jardinier
Rhandawa, le tapissier des grands
mères !!
= 1 lettre ouverte de L-C aux Académies
sauf à l'Institut.
le phénomène // l'indicible // regarder /
voir / observer / inventer / créer // l'indi-
cible // l'individu, la personne
(jeunesse) // Main ouverte: Dubois et
Lepeu: a fait devis + dessin à réclamer

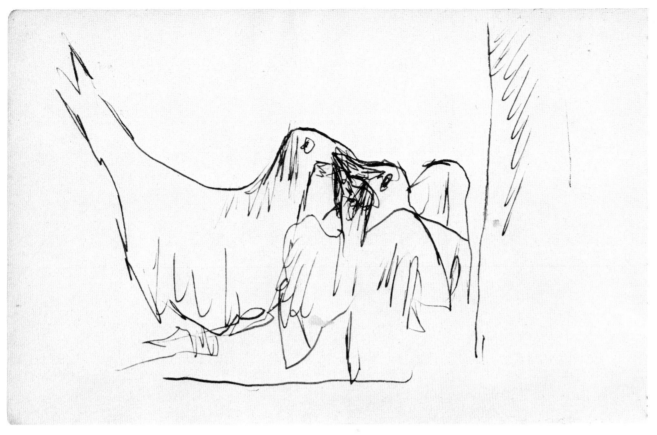

888

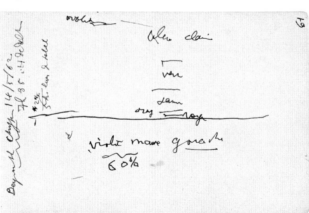

889
Beyrouth Chypre 14/5/62 // 7 h 35 H de
Delhi // −2½ [=] 5 h. lever de soleil
violet // bleu clair // vert // jaune // orange //
rouge // violet mauve <u>gouache</u> // 60%

890
CIAM
avec D^r JO Hamburg // à Transvaal // Retour
mai 62 Ecrire Hanand (Marg) // p Albert //
m'enregistrer braiement âne sur bobine
(au Capitol V2 et palais Chodhury
Retour Jeanne écrire Editeur USA sur
L-C // envoyer livre (avec 1 mot de moi à
encarter) à Kan Varma Thapar Handa /
Peter Blake
voir page 53 ici
L-C à G Henri Rivière ex... rapport LC Turin
<u>anglais</u> à Rhandavar + Varma + Thapar +
Chief minister + P J^t
l'Italie

891
pendant une heure le Boeing survole des
îles infinies, rocheuses sans plage // Ulysse
20 années ''les croisières noires'' les tem-
pêtes féroces les franges rocheuses //
Grèce // asie mineure

892
LE CORBUSIER. // Paris, 5 Juin 1962 // Cérémonie Gustave Eiffel // JUIN 62 // TOUR Eiffel // VILLA SAVOYE // FIN D'UN MONDE DELIVRANCE // FONDATION L-C // TOMBE YVONNE // ERLENBACH. a/ MAIN // Musée L-C thèmes // S67

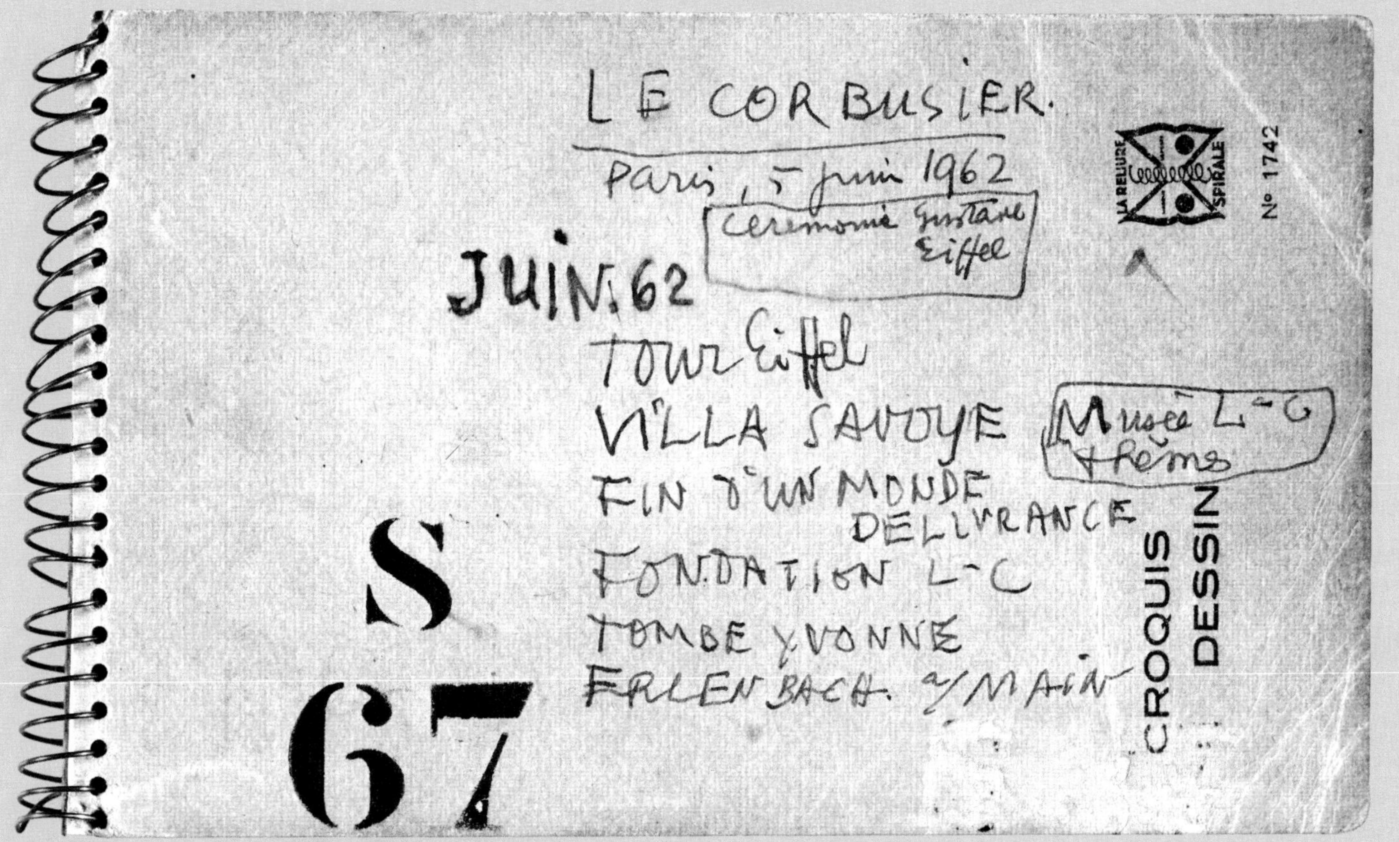

893
LE CORBUSIER // PARIS VI // 35 rue de
SÈVRES // TEL. LITTRÉ 52 60 // Commencé
à Paris le 5 Juin 1962

894
Fondation L-C
ici: // p 27 (31/7/62) membres de la
''Fondation'' future // p 37 (11/9/62) 24NC.
= Association // p 38 maison La Roche //
p 41 (12/9/62) Association //
p 40 (20/9/62) Association //
p 52 4/10/62 // p 54 // p 57

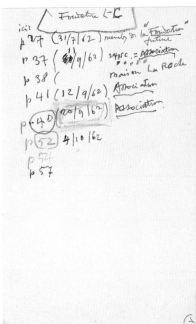

895
le lundi 14 (?) sept 63 j'ai emporté le
Sketchbook // S67 // Erlenbach p. Oubrerie
35 Sèvres

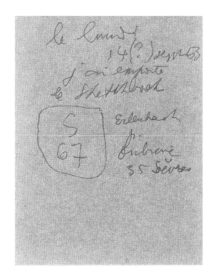

896
commémoration Eiffel // 5 juin 17½ h.
1962 // Sur la galerie I // Dessiné depuis la
Tour Eiffel

897
de la Tour Eiffel // salut Paris! // (Orsay) L-C

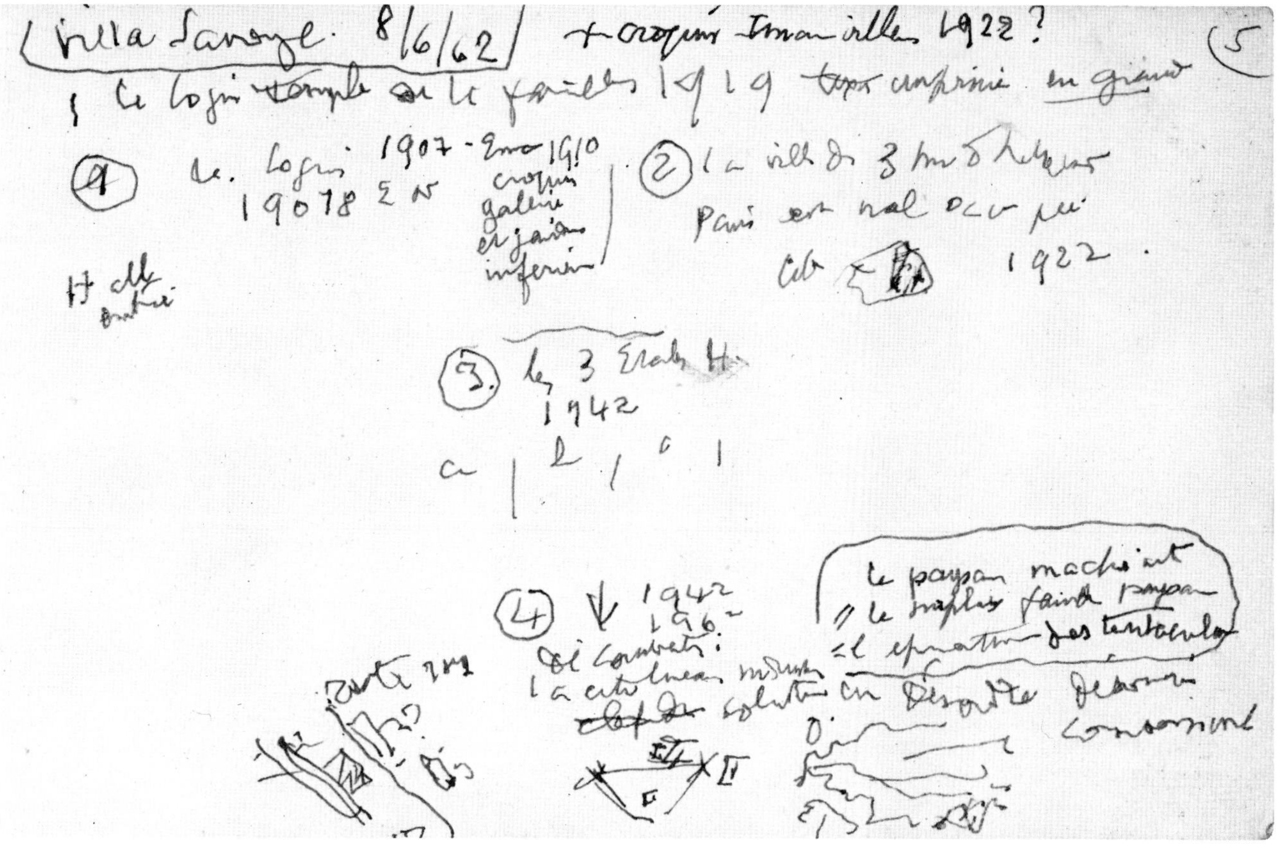

898
Villa Savoye 8/6/62 + croquis Immeubles villas 1922? // le logis temple de la famille 1919 texte imprimé <u>en grand</u>
1 le logis 1907 – // 19018 EN // Ema 1910 croquis galerie et jardin inférieur // Hall entrée
2 la ville de 3 m d'habitants Paris est mal occupée Urb 1922.
3. les 3 Etab H. 1942 // a/ b/ c/
4 1942 1962 découverte: La cité linéaire industrielle // = // le paysan machiniste // le surplus faim de paysan = l'épuration des tentacules // solution au desordre désormais consommé // route rue

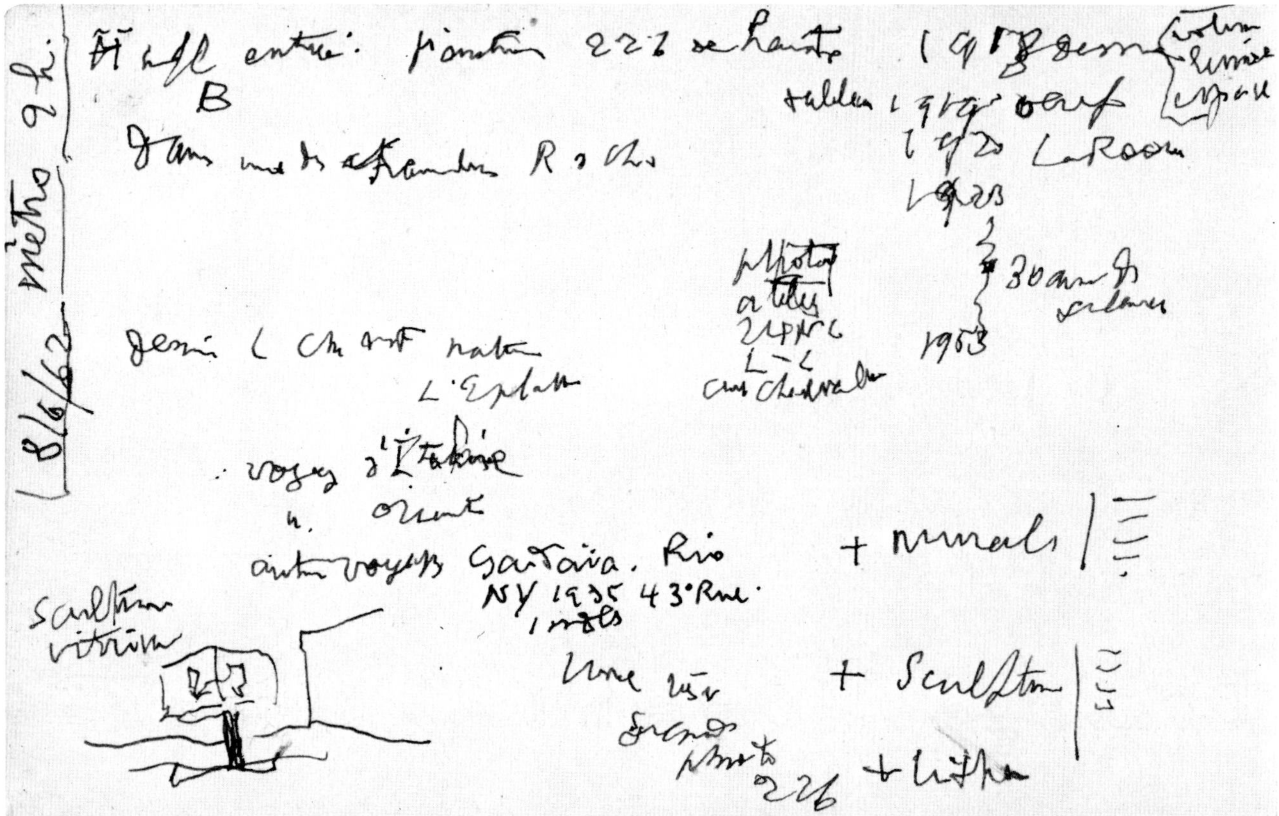

899
8/6/62 métro 9 h.
Hall d'entrée: peinture 226 de hauteur // B // Dans une des chambres R de Ch. // 1918 dessin volume lumière espace // tableau 1919 œuf // 1920 La Roche // 1923 // 30 ans de silence // 1953 // photos atelier 24NC L-C au chevalet // Dessins L Ch de F nature L'Eplattenier // : voyages d'Italie // [voyages] d'Orient // autres voyages Gardaïa, Rio NY 1935 43ᵉ Rue Indes //Sculptures Vitrine // Une très grande photo 226 // + Murals // + Sculptures // + Lithos

900

Urb Alger maquette 1931 (seule) + avec
Statue expo Cassou 53 // Un redans
maquettes 1933? photos // Nemours
Bordel. 19? // Berlin 1959 ou 60. Urb
centre // et centre Paris (Série) // Bagdad.

901

Livres: Poème <+. 4 routes // Cath
blanches // bulletin sur la villa – vente zéro
Photo Journal article Pᵗ des médecins
Seine // + V une Arch 1919-20 EN // Urb //
L'Art déco. 1923 24 EN // lettre Valéry
Montmollin. // Précisions // Croisade ... //
+ (P. <+) Sac de sa peau) // exposer le
livre Cheval de Troie du Bolchevisme //
Senger // L'arch va t elle mourir? //
C Mauclair sa lettre. + le journal Figaro //
Staline Exergue rapport sur Moscou liberté
individu

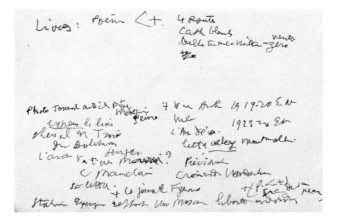

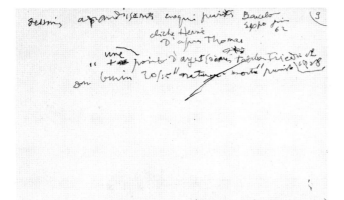

902

dessins agrandissements croquis puristes
Barcelone // Expo Juin 62 // cliché Hervé //
D'après Thomas // ''+ une pointe d'argent
(d'après Tableau Friedrich 1928 // au
burin 20/15 ''nature-morte'' puriste

903

Classement couleur: noir = arch // bleu
foncé = urb // rouge = tableaux // brun =
tapisserie // jaune = dessins — puriste
T40 Fig 1919 1920 // [jaune] citron —
Sketch arch, urb // — technique = épure
plans // ocre d'or = livres // exposer les
crayons couleurs

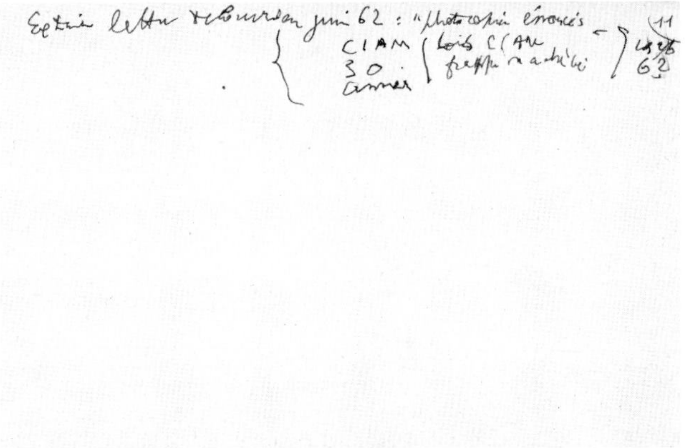

904
Extrait lettre Delouvrier juin 62: ''photo-copier énoncés // CIAM 30 années // Lois CIAM // frappe machine // 1926 62

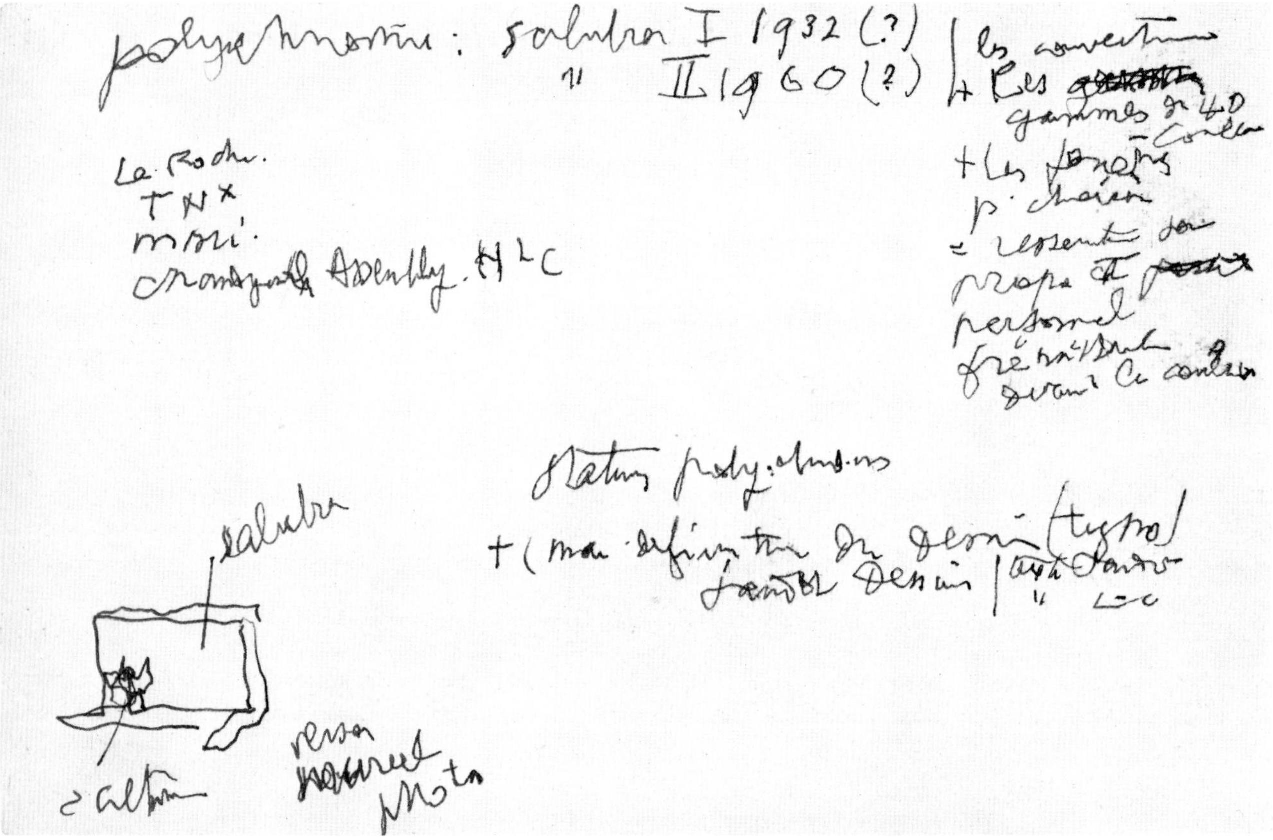

905
polychromie: Salubra I 1932 (?) // [Salubra] II 1960 (?) // les couvertures + les gammes de 40 – couleurs + les fenêtres p. chacun = ressenti sera propre et personnel frémissant devant la couleur // La Roche. // TN * // MMi. // Chandigarh Assembly. H¹C // Statues polychromes + (ma définition du dessin (typo) Jardot Dessins, texte Jardot // [texte] L-C // Salubra // Sculptures // verso Mural photos

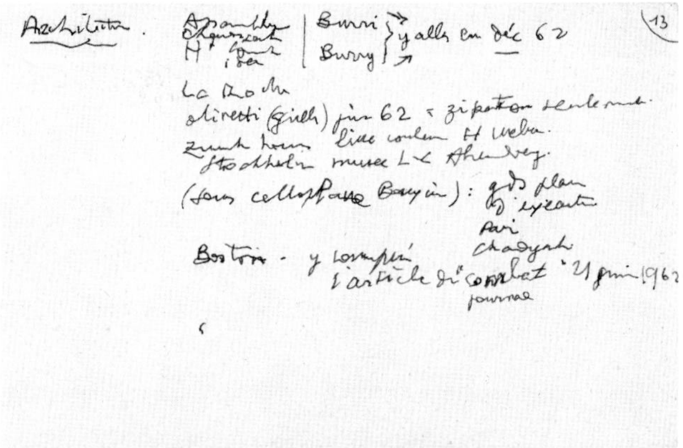

906
Architecture.
Assembly Chandigarh H¹ Court idem // Burri Burry // y aller en déc 62 // La Roche // Olivetti (grille) juin 62 = Zipaton seulement. // Zurich horn livre couleur H Weber. // Stockholm musée L-C Ahrenberg. // (sous cellophane Bouxin): g^rds plans d'execution Paris Chandigarh // Boston – y compris l'article de ''Combat'' 21 juin 1962 // journal

S67

907
Arch + technique
Contrôle soleil = 24. NC // Alger 31. faire
croquis Tranche parpaing creux = 1er Choc
brise soleil // 1936. Rio ministère // (C'est
le soleil qui bouge, et non la persienne) //
indes Amedhabad Chandigarh
pilotis La Roche 23.24 // SDN 1927 //
= Centrosoyus 1928
Croisements à niveaux différenciés
1er trèfle à 4. // Pav EN 1922 1925
murs neutralisants antagonisme des
entreprises = croquis conf. BA 1929 //
la maison nouvelle 1929

908
25/6/62 Expo Cassou // dépôts tableaux
+ sculptures
1/ 24 NC (cave) (retour 10 ans Boston
1918-28 / 29-39 / 40-62
2/ Musée art moderne (cave) // Expo des
Capitales, retour Milan
3/ Pierre Matisse + Paul Rosenberg //
(Taureaux)
4/ La Roche + Bâle musée

909
Expo Besset Cassou
voir catalogue Boston 48(?)58
voir catalogue Zurich 57(?)62
voir nomenclature avec croquis timbre
poste // Paul Rosenberg Pierre Matisse
Heidi Weber designer Bellin représentant
à Paris
agrandissement maquette 23A ONU
Tapisseries 1/ Unesco
  2/ a/ ''nuit rouge'' = 2 cartons L-C Finis
juillet 42
  3/ b/ ''nuit noire''
  4/ ''Taureau et étrange oiseau''
  5/ ''les dès sont jetés''
  6/ N York 47 tableau
  7/ idem émaux Zodiac // a ...

910
Villa Savoye. // Sentences (Extraits
manuscrits + livres "Acrobate" // "Zehr-
fussarde" // "Unesco" L-C: de quoi faire
un magnifique coquillage de béton.

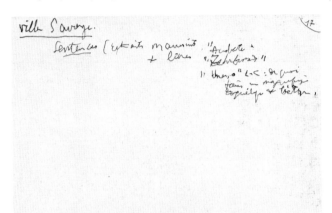

911
"Cité Linéaire" voir Jean Massé
"directeur du Plan" // après avoir discuté
avec Delouvrier // + Delouvrier 12/7/62
dialogue De Gaulle – Adenauer propose
Delouvrier Non à 10 000 logis district de
Paris mais tracé cité linéaire Paris vers
l'Est Direction Allemagne Strasbourg ou
Nancy. Rhin. pour localiser les envahis-
seurs de Paris.
Cap Martin 12/7/62
préparer 1 note p le Gal de Gaulle // Meuse
+ Strasbourg + Paris. + Frankfort

912
Atelier LC = silence total // rue de
Sèvres 35. // jardin Acoustique // en A =
Silence total jardin B // rue vacarme // on
n'entend pas. // ch de fer la tranchée //
cabanon // la mer // bruit rejeté
Artaud paysan de Nîmes Visite MMi
déclare: C'est le type de l'habitation
paysanne (= conséquence des coopéra-
tives)

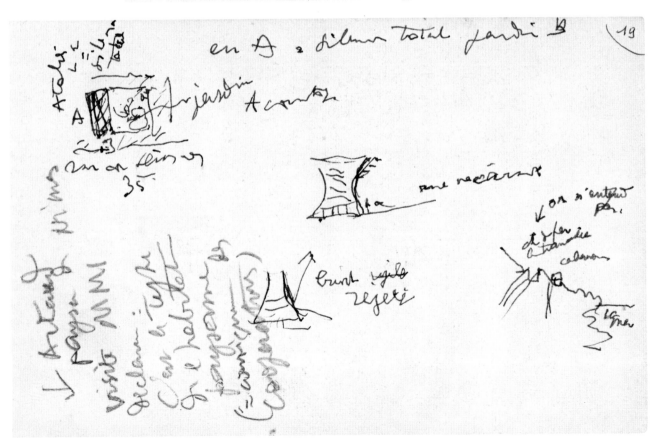

913
2 juillet 1962
80 m de haut // 12 centimètres cm épaisseur de La coque usine thermique // ... //
Courrières // M du Forestot ? //
M. Delouvrier // Mr Couture Pt des // (très bien) // Mines du Nord (?)
p cité linéaire Meuse demander à Couture mines du Nord nom jeune ingenieurs de la seconde usine visitée

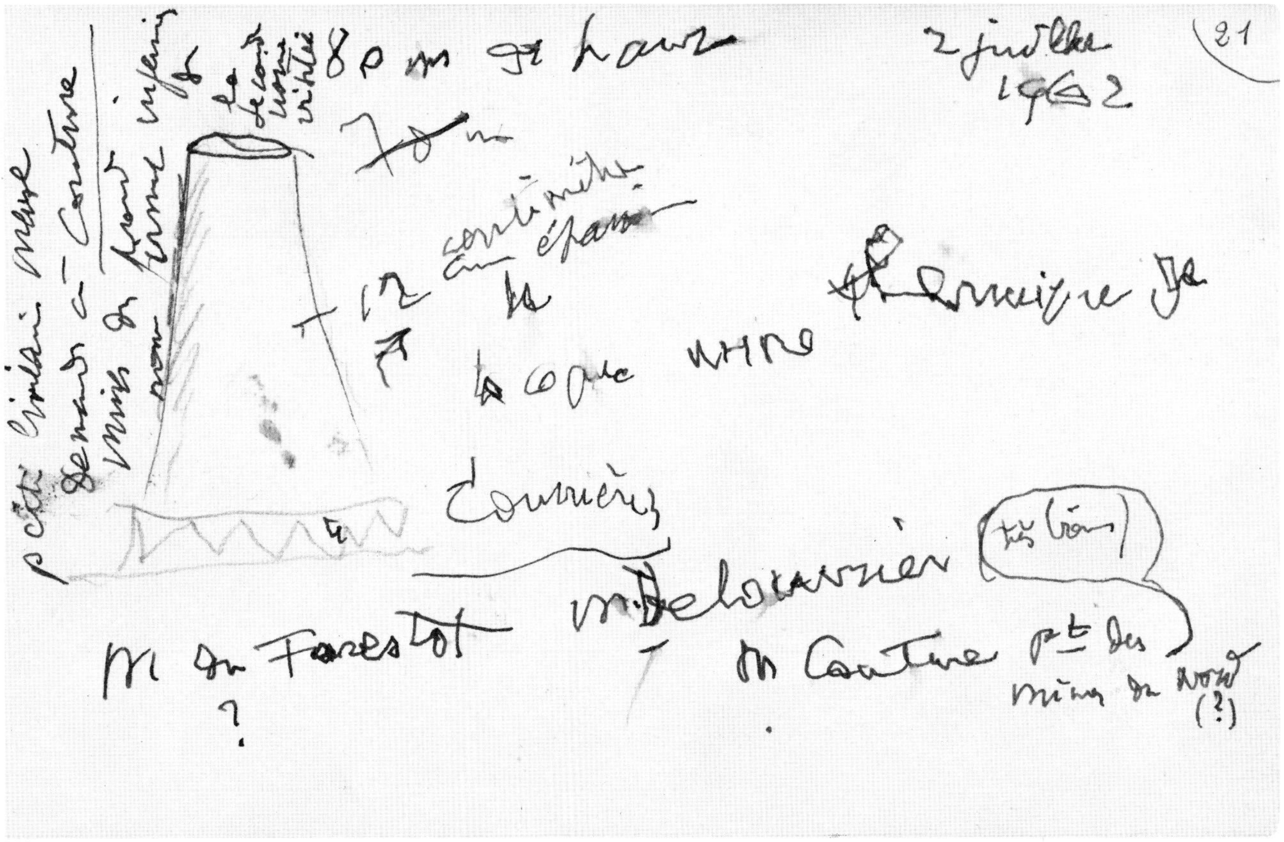

914
9 juillet 62 Schelberg Bado C.M
Couleurs peintures // ch. d'amis rouge cadmium moyen // 2 jaune cadmium clair //
3 vert jardin // 4 retrouver photos 24NC =
bas de la peinture à la place du meuble
5 // sous pilotis // trait noir (seulement)
6 à côté porte d'amis très abimé (sur plâtre à la lyonnaise) quid
7 Etage Bar 7 jaune chrôme clair
8 orange ou vermillon
9 cobalt foncé
10 et clair
11 ocre jaune clair →

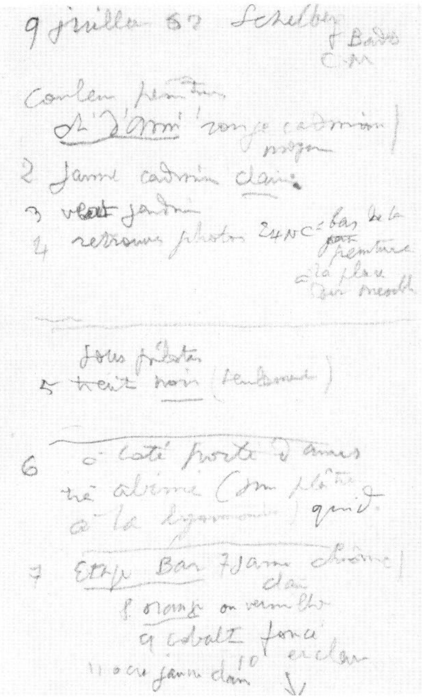

915
12 Vert jardin clair
13 brun rouge rouge de Venise
14 rose mauve
Entrée 15 violet moyen

916
17/7/62 // Ecrire le livre. // Fin d'un
monde // délivrance
les 8 millions à Paris // les 1 [million] de
logis [à Paris] en dix ans. Delouvrier
Quid? 1 la main d'œuvre paysanne (les
anciens mercenaires) propriété maintenue
(grandeur conforme) elle afflue à Paris
marché or de main d'œuvre la femme les
fils disparition des "cul terreux" filles à la
ville appellent leur julot Non !!
2 les "villes tentaculaires", croquis de
Sudreau. Sketchbook L-C = les villes
satellites! Dautry disperser l'industrie L-C:
localiser Dautry avait dit: →
l'appel des Polytecniciens: leur lettre livre
de luxe "Bal de l'x" 1962. leur lettre du
30/7/62 = gloire au modulor l'espace
indicible. la peinture Pav Suisse etc

917
– Voulez vous bâtir un de vos grands
machins pour Marseille, municipalité com-
muniste? Oui. Homériques 5 années. La
totalité des arch du Morbihan sauf
vous......
On lui avait demandé des logis ouvriers: il
fait des taudis!
Après (avant la fin des travaux: "on lui
avait demandé des logis ouvriers; il fait
des appartements pour milliardaires
américains!

918
Dr Heim de Balzac // 104 A. Raymond
Poincaré) // Dr Levernieux // 114 Av de
Wagram Paris 17 // périarthrite. // épaule
droite
24 // 7 // 62 / L-C Acheter dictaphone
Comme Dr de Balzac // "un bloc
de branches complet gauche avec
coronarite. // + périarthrite Scapul droite

919
Fondation L-C 31 // 7 // 62
ASCORAL 2 // est à la page 37
a/ Fondateurs // b/ le comité //
c/ membres
Promoteurs // – Malraux // – Anthonioz //
– Claudius // E – Ducret // – La Roche
Wogensky. // E Montmollin – // Besset – //
Cassou – // Jean Petit – // E J.L. Sert – //
E Boesiger – // Jardot – // E Giédion – //
G. Salles – // Chéreau // Duval – //
Gropius E – // Costa E – // Roggers E – //
Soltan E // Kim. Séoul E // Colly E – //
Nivola E // PJ¹? // – E Prabawalkar //
– E Doshi
+ p. 37 // 38 // 41
promet // Guenassia // Ecochard //
étrangers // Français
  – E G. Samper // – P. Baudouin //
– Savina // – E Justin Serralta // – E Saka //
– E Maekawa // Maisonnier // Xenakis //
Gardien // Aujame'' // – Candilis //
– Woods // – Niemeyer // – Olivetti –
Présenté. // Ecochard // Pierre? non il est
un parent (?)

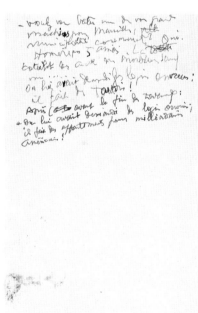

920

Fin d'un monde // délivrance

31/7/62 1 japonais X grand urbaniste de Tokio (dit-il) est venu casser les jambes à Henri (½ heure): L-C a t-il parfois des parcs dans ses plans d'urb? !!!!

31/7/62 emporter à à Cap. M. les Sketch-books précédents

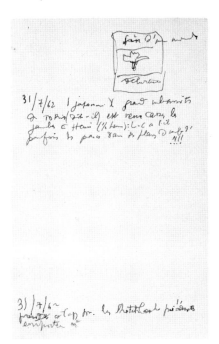

921

Le mardi soir 31 Juillet 62 La Tour Eiffel s'élance dans la nuit, visible des hanches à la tête, éblouissante de grâce et de jeunesse. Ses phares tournants appellent des 4 horizons de l'est de Scandinavie, de Tokio Delhi, Bagdad – Beyrouth, Rome – de N York, de Rio de Buenos Aires les Boing les caravelles ou les Dakotas (?)

Née en 1887, baptisée en 89, ayant traversé la tempête des intellectuels d'alors (la protestation des artistes et des intellectuels): "Et Paris désormais vivra dans l'ombre de la tour.... Dors chérie!

J'ai eu le bonheur de parler au téléphone à Gustave Eiffel. // en 1919. – Je lui demandais →

922

une photo de Garabit (viaduc) p. "l'Esprit Nouveau" (3 rappels à Mʳ les Architectes)? Il fut aimable, amical, cordial, disant: Vous voulez parler de la beauté de mes œuvres? – Oui – J'ai été accusé d'être un barbare, un sauvage, un ingénieur... // photo Garabit EN // photo Tour Eiffel Couverture Arts Déco.

Centenaire d'Eiffel // ou / dans la Tour Eiffel

Je reconnais Georges Salles 200 personnes Et l'un des orateurs s'écrie: MM vous êtes assis au cœur même de la Tour, dans le salon.

Une horreur d'art décoratif par une portière vitrée on voit l'orphéon pousser du cornet et du tuba, + violons en plein air juste à côté du Salon. L'orchestre est chez Eiffel chez Kœchlin, ...

923

de plus grande résistance. Ici est Eiffel: les discours et les drinks sont offerts dans l'impériale idiotie d'une décoration toute étrange. = une vraie insulte! : le Salon de la Tour.

Aéroport Orly 9 h ¼ // 1 Aout 62. Soleil adorable, aéroport valable plein de qualités! l'aire de béton est vaste et belle. + les grands avions innombrables – les lampadaires très hauts = couronnes de diamants

Quel chemin depuis 1ᵉʳ voyage à Moscou dans l'herbe 1928 – moi = unique voyageur dégobillant pendant 6 h (Paris – Berlin) →

924
A l'aéroport Berlin, <u>au centre de ville</u>, =
herbe, seul debout Gropius m'attend:
Vous avez fait bon voyage M^r Le Corbusier?
— Regardez ma gueule !!!

paysannerie // échelle des cultures // (?)
Melun // blé etc
200 à 400 m × 5 m parfois // Sens –
Montargis // blé etc
Bocage (polygone) Moulins
pâturage Roanne

925
montagnes // echelle minuscule 50 m ×
10 m // Grenoble // isère // = toutes
les régions
M^t blanc / Cervin // barrage Donzère
Mondragon // – cultures = des mouchoirs
de poche dans les thalwegs
les Alpilles // la mer
Tout ceci représente des travailleurs avec
état psychologique déterminé.

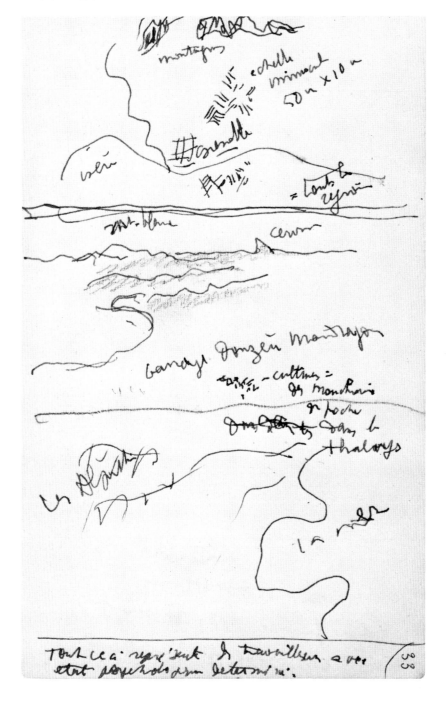

926
l'avion suit la Côte d'Azur: là partout elle
est affreuse sans imagination, [sans]
grandeur

927
ici repose Yvonne Le Corbusier // née
Jeanne Victorine Gallis le 1ᵉʳ Janvier 1892 //
morte le 5 Octobre 1957 à Paris.
ici rep... // Yv Le Cor...
16 Aout 62

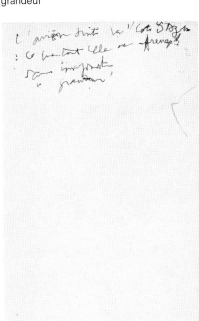

928
Le gardien du cimetière Robert remettre
2M
31 // 8 // 62 // Retour Paris Avion (de Nice)
La considération de l'occupation du site
est désormais anéantie. Le monde est
neuf. Caravelle 800 Km h 10 000 altitude,
montre les villes: Grenoble, Lyon, et autres
Creuzots demodée, à l'agonie, à la page
tournée. Vu du haut. Oui! Au sol il reste
l'arbre, le mur de ferme etc = échelle
corps humain. L'autre, c'est l'échelle:
esprit humain qui est totalement perimée:
les champs, les routes, les villages = à
pied Et la tête près des talons!
Le planisphère remis au voyageur:
a/ l'Europe b/ du Kamtchatka à [Paris] met
sous nos yeux NY et San Francisco phéno-
mène indubitable

929
2 // 9 // 62 // pour Septembre 1962
à 35 Sèvres
cause: le télégramme d'Anthonioz au
cabanon août 62 // L'entretien (obscur)
avec H. Laugier à Menton – Cap Martin //
Equipe action, avec les jeunes valables
connus de moi ou inconnus [de moi] // les
proches // Wog // Emery // Miquel // Candilis
Woods // Aujame // + Dubuisson +
Josserand // = Prouvé // Dubuisson CEA //
Tournon-Branly // Lionel Schein // Prouvé //
+ dialogue ingénieurs à la page // écluse +
Zurich Horn // Dialogue effectif
les traitres Vago Lods Meaux // ing // arch //
ASCORAL. 2. // Wog d'accord 5/9/62 //
Le 24/9/62 Anthonioz met L-C à la place
Jean Petit // Prouvé Fruitet (tôles Zurich
horn // conclu avec Anthonioz. le 11/9/62
24NC // ''Association pour la Fonda-
tion L-C''. un comité de 5 membres
Anthonioz, Wogensky Pomey. Besset et
Jean Petit // P27 38

930

La Roche // Expo Palazzo Strozzi // peinture
seule
Donner à la Fondation adresse "Lotti"
Jeanneret à Stockholm // Norr Mälar-
strand 76 Stockholm
Présenté quittera le 10 octobre à la Roche
sera parti
Heidi Weber pouvant acheter la maison
Lotti
Malraux lui écrire que La Roche devient le
bureau de la Fondation
Si La Roche donne sa maison à la Fondation
c'est que la fondation est fondée à temps
pour Fondation hébergera ... l'Ascoral II
Lotti est en fin de pourparlers avec le Pt de
la Ch de Commerce Suédoise. à Paris
Classer les 2 maisons La Roche + Lotti
P37 27

931

Dr H de Balzac
1 les oreilles sonnent (Dr Ruedy Rovigor ?
2 Trop de pharmacies = Sommeil
6 pli de l'Aine (effet de
3 le dedans paupières rouge (lecture le
soir)
4 des poches sous les yeux
5 déséquilibre en marchant (parfois

10/9/62 // Dr Levernieux // Pieds dessous
en papier de temps à autre (rare) crampe
d'une jambe dans le lit // de temps à autre:
une pointe aigüe au bout d'un doigt Nage
difficile tourner la tête p prendre air
marche: enjambée faible

932

Attention: Claudius goût pas semblable à
L-C sur plan esthétique // [Claudius] épaule
la Défense Crime contre Paris // [Claudius
épaule] Paris parallèle crime // il épaule Z.
qui a trahi Avec Bordaz a fait expo Moscou
sans Corbu et Z comme leader
20/9/62 35 Sèvres Anthonioz conversa-
tion L-C // adopté: Association pour
la Fondation Le Corbusier (= le titre)
L'Association est formée de jeunes sans
personnes titrées. Elle est temporaire //
+ 5 membres Anthonioz // Pomey //
Wogensky Ascoral II // Besset (peinture) //
Jean Petit ("littérature L-C") // L-C n'en fait
pas partie // Toutes lettres exigent 3 signa-
tures // bureau // Administration:
Anthonioz // Juriste Pomey // Arch
Wogensky // décidé // Anthonioz = minis-
tère // Pomey juriste // L-C direction // Wog
Arch // Besset peint // oui →

933

"Association pour la Fondation
Le Corbusier" Reçoit de l'Etat le droit
de recevoir et payer si nécessaire, sans
payer de redevances à l'Etat (dès aujour-
d'hui "Association" formée de 5 membres
seulement préparant la création de
la Fondation L-C (institution d'Etat)
L'Association est formée de jeunes non
célèbres. = 1 Anthonioz Relations
culturelles // 2 Wogensky Ascoral I //
3 Claudius // 4 Jean Petit. édit. //
5 Pomey Conseil d'Etat
le 11/9/62 24 N-C / L-C // avec Anthonioz
reçoit aujourd'hui la Maison La Roche
occupe dès le 10 octobre [Maison
La Roche] Maison La Roche devient
propriété d'Etat immédiatement, du fait de
"l'Association"
le 12/9/62 35 Sèvres Claudius a crié
violemment contre son absence du comité
de l'Association promoteur // de la Fonda-
tion.
Alors: Avons admis (tous deux) // qu'il
serait dans les promoteurs au lieu de
Besset? Il admet: – Anthonioz //
Pomey // – Wogensky // – Jean Petit // +
lui – // 5
qui présidera cette association? Il appa-
raît // Claudius / que lui seul / est indiqué
(?) ou (LC) Il voulait s'informer si L-C ne
peut pas être membre // alors Besset et
LC en plus = 7 membres.
12/9/62 Tél Anthonioz, dit que L-C impos-
sible dans les promoteurs! L-C = d'accord
les lettres signées de Claudius devraient
être approuvées par L-C Comment?

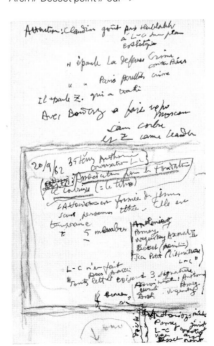

934
14 // 9 // 62 // Frankfort Caravelle survol
d'immenses banlieues de petites maisons
coude à coude = bagarre de voisinage et
ceci: <u>sur</u> la gigantesque <u>étendue</u> de <u>ces</u>
cités jardins ou <u>autour,</u> il n'y a pas un centi-
mètre carré de <u>terrains de sport</u> (terrains
d'action sportives et non d'exploitation
financière de spectateurs.

935
<u>Erlenbach</u> 14/9/62 avec membres du
Comité // Sud
Erlenbach // N // O // E // Sud // Main // N //
forêt pins = site protégé // Colline
Spessart // hôtel // forêt de pins // Erlen-
bach // le musée // M [Niepert Ruths] // cet
horizon est sous protection des sites

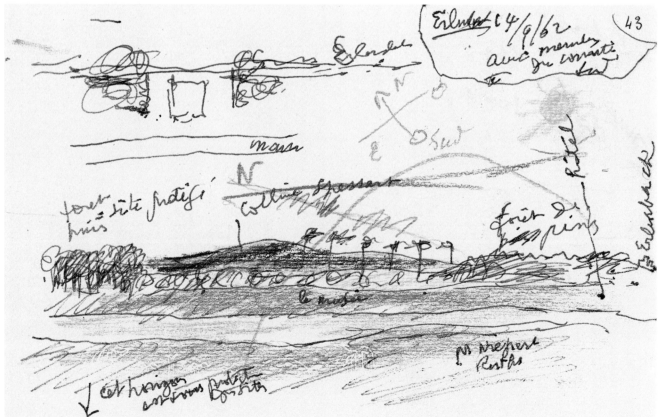

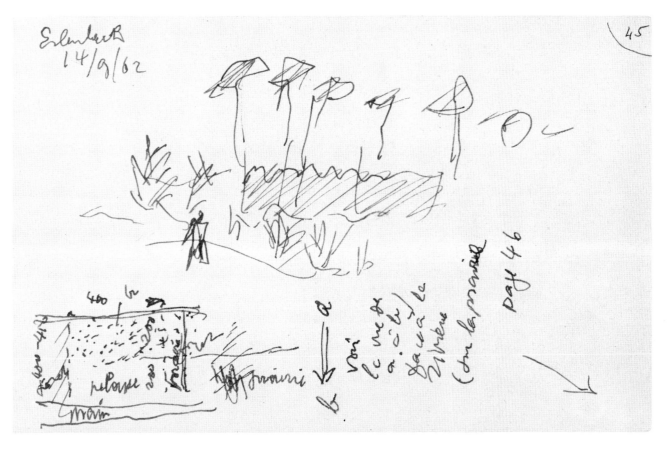

936
l'hôtel // on ne doit pas toucher à la forêt //
musée // forêt de pins // erlenbach //
hôtel // le Main
La grande Usine est belle (cheminées)

937
Erlenbach 14/9/62
forêt // pelouse // Main // prairie // forêt //
prairie // voir la vue de a à b face à la rivière
(sur la prairie // page 46

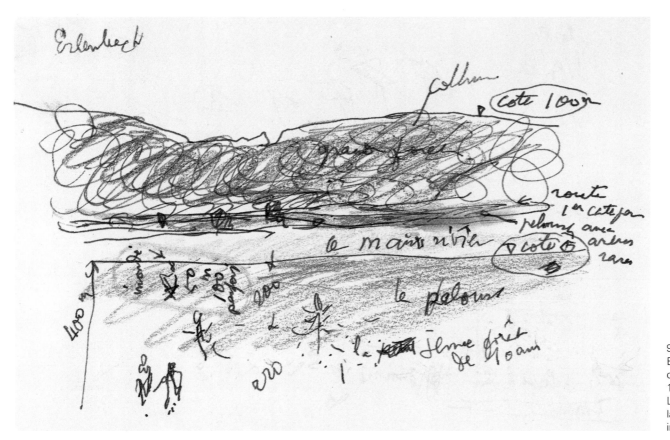

938
Erlenbach
colline // Cote 100 m // grande forêt // route
1er catégorie // pelouse avec arbres rares //
Le Main rivière / cote 0 // la pelouse //
la jeune forêt de 10 ans // 400 m //
innondé //50 m 100 parfois

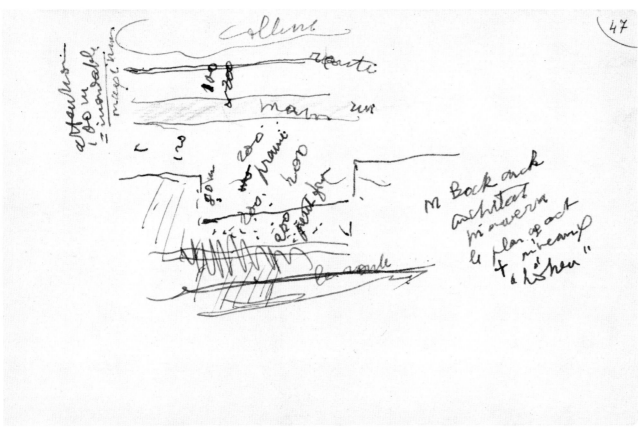

47

939
attention 100 m = innondable
maximum // Colline // route // Main riv //
prairie // petite forêt // la route // M Bock
arch architecte m'enverra le plan exact +
niveaux "höhen"

940
la vue 1.2.3 4 5 est magnifique vues des …
situés entre 2 et 3 // inondable // la rivière
a b = 5% ? pente très sensible à l'œil. <u>Mais</u>
mettre nos formes avec la même pente //
tant pis ! // la prairie a b (en pente) est très
belle et la vue m n p est très belle =
<u>étalée</u> // rivière

941
Erlenbach
la forêt / jeune forêt / la pleine forêt //
automobiles au pont 1 pge 42 //
la façade paraîtra immense (= hauts
pilotis // la pelouse // la rivière

942
attention plein de moustiques!
MOUSTIQUES = Erlenbach 14/9/62

51

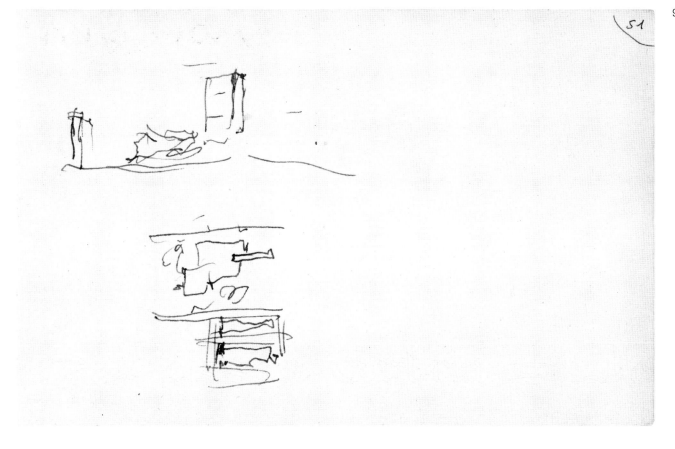

944

actif L-C // l'association des promoteurs //
le 1ᵉʳ promoteur est L-C il donne le sens
la direction. // dixit Claudius // L-C peut
en être le Pᵗ // la Fondation // Don à Fonda-
tion // Pᵗ gᵈ comme [atel] // ... // dans le
musée du XX Siècle environ de Paris
Malraux // jamais // Pav. Marsan? //
jamais = politique // + anciens Arts Déco
Décoratifs
localisation // L-C vivant les étapes // mai-
son La Roche Oct 1962 // Les fondateurs //
Siège // Villa Savoye = Musée L-C

Association // 4 oct 1962 // 1 Anthonioz //
6 La Roche = nécessité juridique // Pᵗ
3 L-C // 2 Besset secrétaire // accepté //
7 Wogensky // 4 Claudius // 5 Jean Petit //
Siège Association Villa La Roche
...
le Pᵗ L-C contre signe // signe // + Secré-
taire délégué Besset

945
Choisi pour Weber au Musée Cassou
par LC
— ''Léa / 1931'' 146/114 L-C.
— ''Mains croisées sur la tête'' // 100/80
T40 fig // Le Corbusier 28-39
— ''Violon 1920'' 100/80 // signé
Jeanneret
— ''le dé violet'' 1926 // 60/73 pas signé
devant = Série Jeanneret
27/9/62 pris au Musée d'Art Moderne
à faire enlever par Robinot expédier en
grande vitesse

946
154 = affiches de Miró // au Musée d'art
Moderne // affiches pour Besset à dessiner
par Corbu
26/2/62

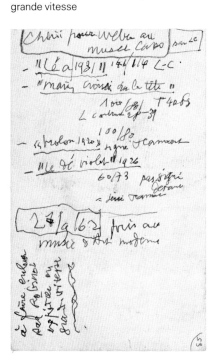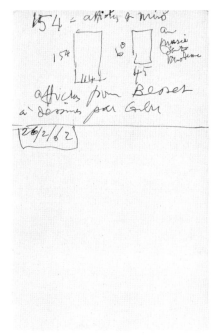

947

28 // 9 // 62 // Musée XX siècle Malraux //
[Musée] Erlenbach // Orsay // .Olivetti //
.Bagdad // Ambassade Brasilia // Maison
de France Brasilia // Congrès Strasbourg

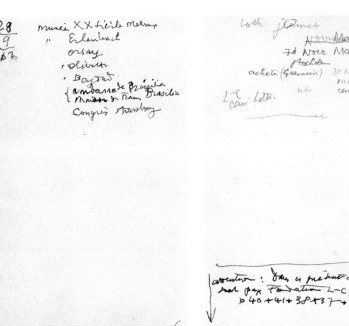

948

Lotti Jeanneret // 76 Norr Malär Strand //
Stockholm // acheter (Guénassia) / 25 M.
la petite maison blanche autrefois jaune //
vide // L-C écrire lettre

attention: dans ce présent Sketchbook
sont pages Fondation L-C, soit.
p 40 + 41 + 38 + 37 + 27

949

4 novembre 1962 après déjeuner //
24 NC // et discussion sur La Fondation //
(du 3 nov 62) avec // Olivetti et Jean Petit.
J'ai réfléchi hier soir
voir page 40 (ici)
je rectifie = Anthonioz = (officiel) // (jeune
et ayant fondé Fondation Adrien Olivetti //
Olivetti // Wogensky // Besset / Secrétaire
délégué // Jean Petit. // = 5 // = 7 // et
Jullian si La Roche // La Roche // démis-
sionne Claudius Petit // qui President? //
pas politique // = Anthonioz P^t // Besset //
Jean Petit. // Comité 3 jeunes et dis-
ponibles
Olivetti dit que je puis faire moi même la
Fondation, si je joins et paye immédiate-
ment le capital de roulement, moyennant
quoi la fondation devient automatiquement
d'Etat. // et n'est plus nécessaire
l'Association
Note: il y a 1 page Fondation dans ''Cahier
Bleu'' commencé le 21 Juin 1961'' 1 page
160 + 184 + 194 + 202-209

950

pas de éclairage

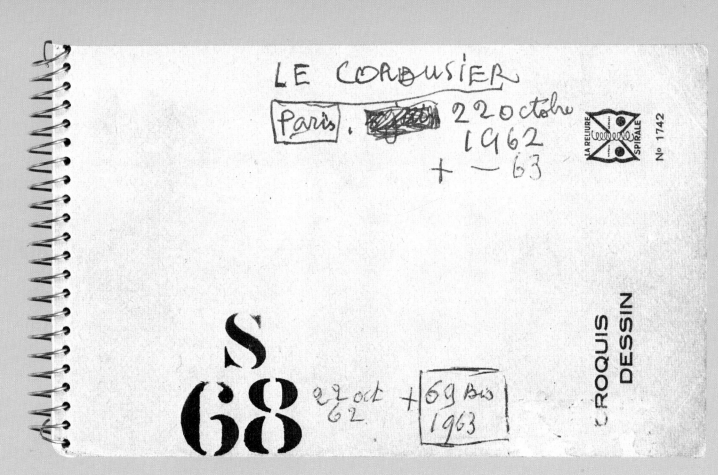

951
<u>LE CORBUSIER</u> // Paris. / 22 octobre 1962
+ — 63 // 22 oct 62 // + 69 Bis 1963 // S68

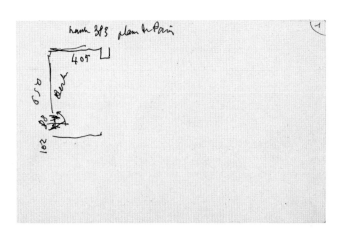

952
hauteur 383 / plan de Paris // Berlin

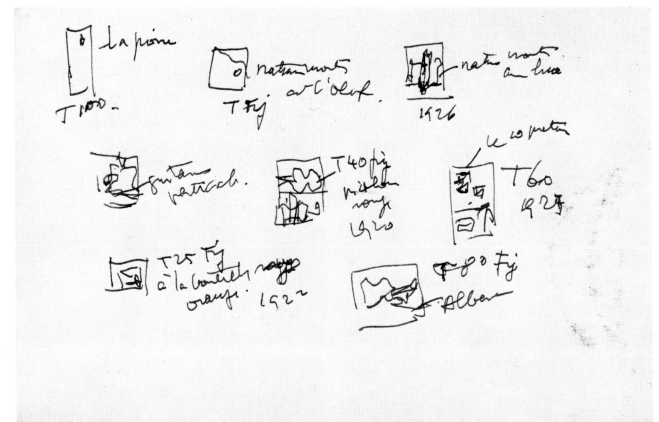

953
la poire // T 100.
nature morte à l'œuf. // T Fig
nature morte au livre // 1926
guitare verticale.
T 40 fig violon rouge 1920
le coquetier // T 60 1927
T 25 Fig à la bouteille orange. 1922
T 80 Fig // Albert

954
Mᵉˡˡᵉ Jacqueline Veigneau. // Secrétaire
médicale // Service prof Aubry // Hop
Lariboisière p. oreilles // oreilles.

955

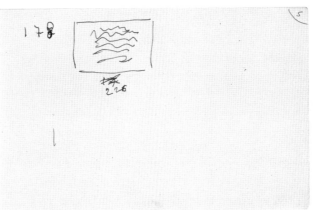

957
26 // 11 // 62
Baudouin / Restaurant Yang TSE. // Tapis-
series pour Palais Strozzi Florence //
Originales: Traces de pas dans la nuit //
Les dés sont jetés. // La femme au moi-
neau. // Le chien veille // Nature morte. //
Le Taureau et l'étrange oiseau //
Le canapé // Les musiciennes. // Les huit. //
La licorne passe sur la mer // Bogota. //
L'ennui règnait au dehors fond noir //
L'ennui ... // Tabard (Denise René
il faudrait l'Unesco

956

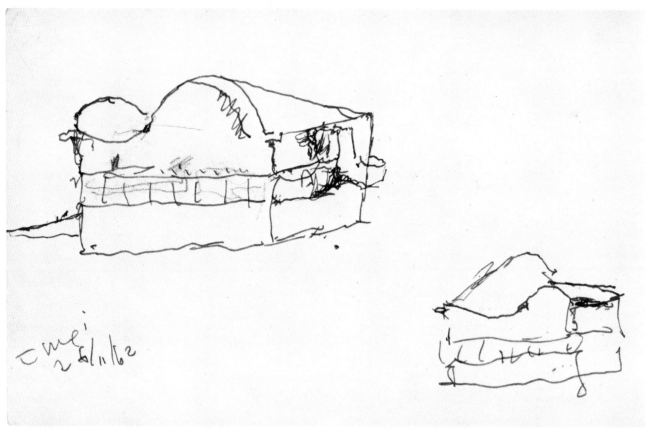

958
... // 26/11/62

959
réception + monte-charge + ascenseurs

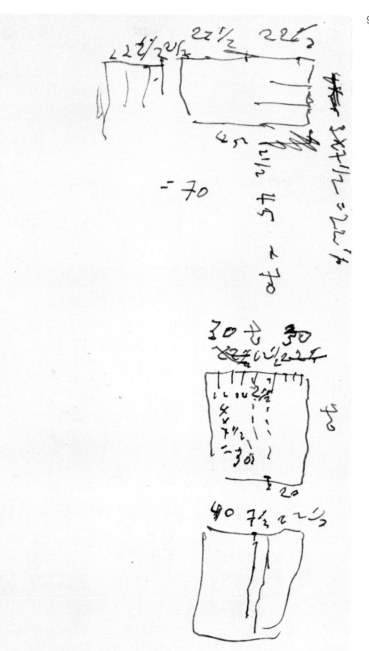

961
  Expo Strozzi
Mme Fougères // M Berluigi Saviarli. / arch
les croquis l'enveloppe Taureau // dessin
de Talati Chandigarh (Boesiger) // Ozon pré
sculpture // 24 NC croquis préparatoires
des Taureaux // 24 [NC croquis prépara-
toires] Sculptures // Conférence croquis
aide-mémoire + Dessin Rio. 1936 //
Maquettes (Cassou) St Dié Ronchamp
hyperboloïde + Assembly toit de Berlin //
La préface 4/1/62 Boesiger // dessin

962
plante des pieds papier mâché // asthme
au froid Lycée Lafontaine // de temps en
temps pointe au gros orteil // périarthrose
bras droit // parfois sang entre les dents
haut devant
29/11/62 // Sang coagulé partiellement
pas douleur. quid? // genou gauche
2 bosses. au Réveil petite douleur passa-
gère. // oreilles // nez toujours sec // Pilule
Heim de Balzac + Rovigor

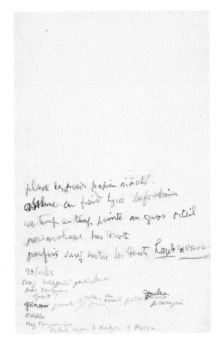

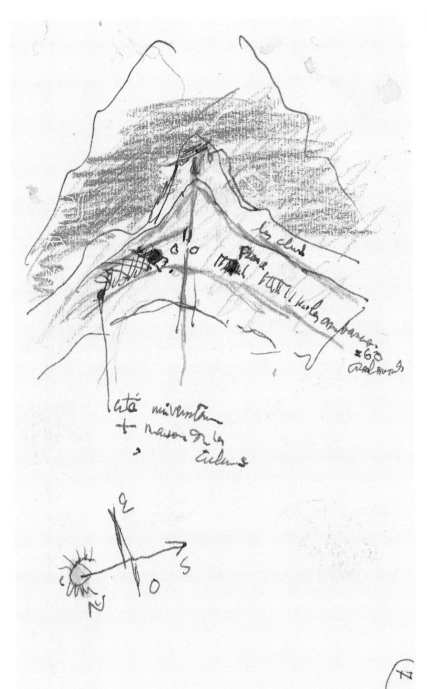

969
les clubs // France // les ambassades =
60 ambassades // cité universitaire +
maison de la culture // E // N / O / S

968

l'équateur // <u>Nord</u> // soleil en haut = + //
Soleil du matin // lever // soleil soir = – //
coucher // les Andes // vent du sud est //
= Atlantique // Sud // N // Hémisphère
nord // hemisphère sud // S

967
23 // 12 // 62
Maison de la Culture (française) M C Fr
avec Oscar N + et son staff // programme
indéfini: // Théâtre. // Comités // Commis-
sions // Salle de Conférences // grande. //
+ ateliers Arts Visuels Expositions +
Alliance Française // l'<u>alliance</u> = m... fran-
çaise // = salles d'études dans toute la
ville // + une centrale administrative avec
cours liés à l'université
atention! la <u>M C F</u> maison de la culture
française fait partie de l'<u>Université</u>
(le ministre Education Nat Mr Darcy
Ribeiro) m'a reçu à déjeuner chez lui)
Macclenahan. S^{re} ambassade France à
Brasilia // Italo. Campofiorito arch. chez
Costa.

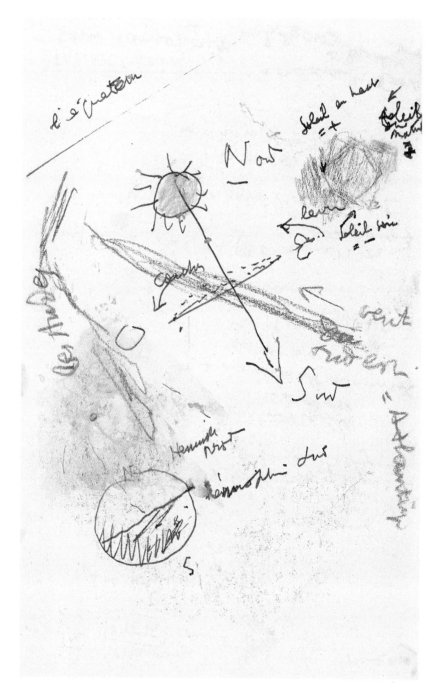

966
Maria – Elisa Sobral = fille de Lucio Costa
Mme / M^r // armoire // remarque Hotel
Gloria // Rio. // casiers. à hauteur a b c sont
bons mieux que au dessous de 113
éventuellement boite en plastique trans-
parent pour objets de toilette ouvert en A
A1 A2 // Hotel Gloria ceci existe en glaces
et nickel

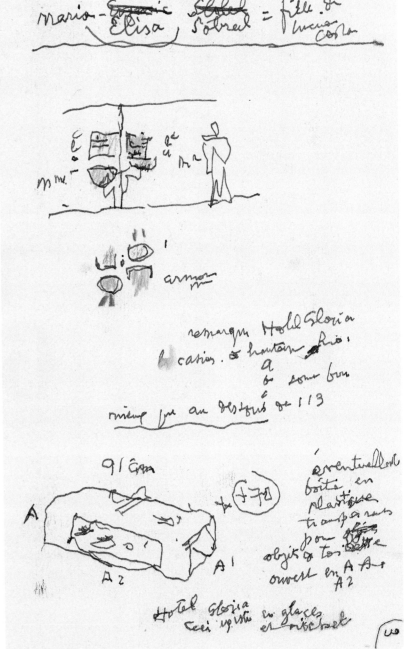

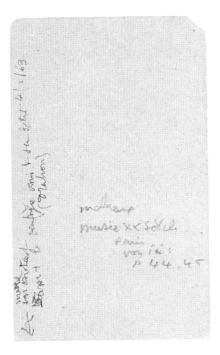

964
Malraux // Musée du XX Siècle Paris voir
ici: p 44. 45
mettre en contact Basse + le demi nègre
ami de Jean Petit 4/2/63 (Drahon)

965
Avion Air France Paris Dakar nuit
Déc 21 22 Déc. 1962
Dixit Basse (nègre jeune beau et intelligent
était convoqué par téléphone par Senghor
pour rendez vous samedi matin à Dakar.
les nouveaux Droits de l'homme // ici:
civilisation machiniste
L-C lui envoyer les 3 Ets H. + photocopie
de Demain – envoyer au P^t De Gaulle +
Malraux. // = // Afrique IIeme étape
d'harmonie de la société machiniste

963
LE CORBUSIER // ARCHITECTE //
PARIS.6. // 35 rue de Sèvres //
TEL: Littré 52.60 // Commencé le 21 Déc
1962 // ORLY – RIO – BRAZILIA // Fini
Le 3 août 63 Cap M // ''GRANDEUR'' //
TOMBE: VON'' // Signes p 40 // 21 Déc
1962 // Fini 3 août 1963 // T69

970
le lac // F // Amb. F // ou 200 à vérifier //
Terrain le terrain monte de R l m n et plus
haut // Parlement

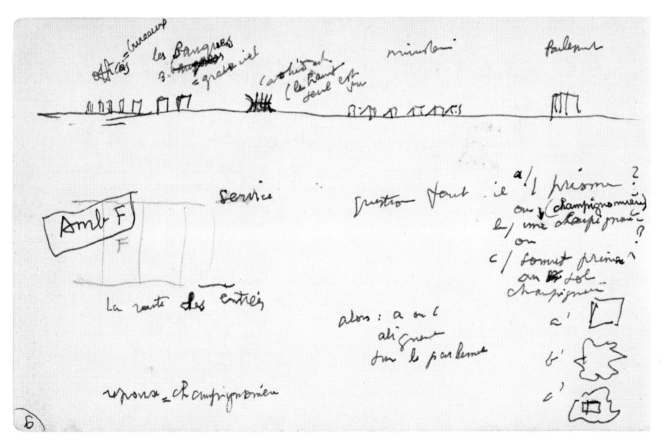

971
offices = bureaux // les Banques 3. =
gratte ciel // cathédrale (le haut seul est
vu // ministères / Parlement
Amb F // F // Service // la route des entrées
Question faut-il a/ 1 prisme? ou (champi-
gnonnière) // b/ une champignonnière? //
ou c/ sommet prisme au sol champignon-
nière // alors: a ou c alignent sur
le parlement
réponse = champignonnière

972
Amb Fr // rue de service // rue entrée des
ambassades // vue // le lac // le lac

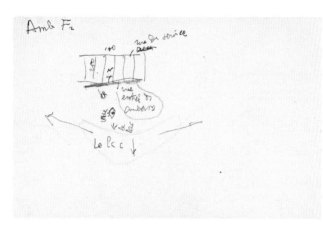

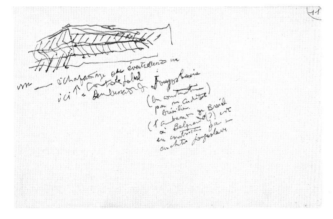

973
un — échafaudage ou éventuellement un
Contrôle soleil // ici = Ambassade de
Jougoslavie (en construction) par un archi-
tecte brésilien. (l'ambassade du Brésil à
Belgrade (?) est en construction par un
architecte jougoslave

974
Oscar Hotel Brazilia
couloir = rue intérieure 120 m (?) // en A =
une "jallie" remarquable // 226 // 45 cm //
ext // int // par blocs de 16 verres précoulés
et maçonnés // 100 m long // tout en culs
de bouteilles // ici → échelle: 1:1 //
un culot de verre clair ondulé

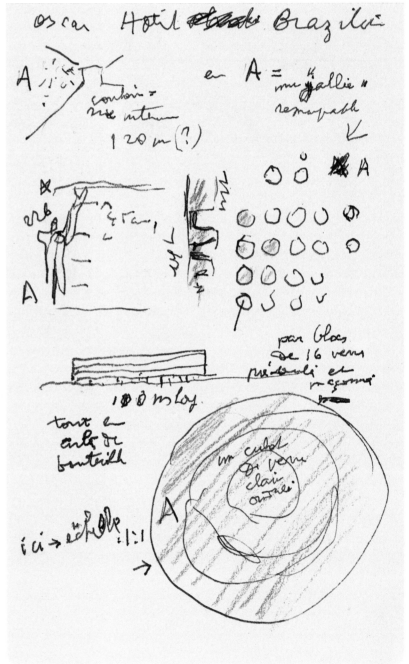

975
"Maison" de la culture française M C F
25/12/62 (Malraux)
le lac continue à gauche très loin //
le barrage // route auto R //
F(?) // pente régulière MN // ici la cité uni-
versitaire // E / S // O // N // R une entrée
officielle // ici chemins d'étudiants

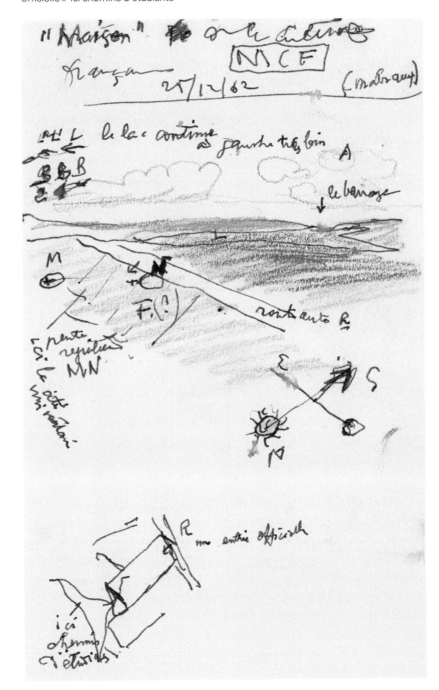

976
ambassade visite palais du Président
(Oscar) // Espace étendue prolongement
du paysage sur piscine + vue du lac, ruis-
seau artificiel
b/ = montée // a/ on descend de
b/ en a/ = chancellerie // c/ on atteint
depuis b/ en c = ambassade réception =
vue + rampes au jardin // service

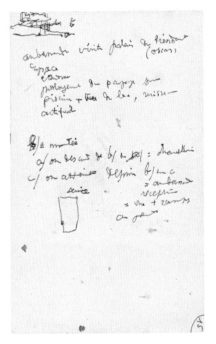

977
CENTRE NATIONAL CULTUREL CNC
Stadium // route axe residentiel = les sec-
teurs d'habitation // leurs champs //
le théâtre est en construction // la cathé-
drale // les ministères // députés + séna-
teurs // H^{te} Cour // Gouvernement P^l //
hôtel // ici Residence P^t // choisir:
(admettre) 5a comme centre culturel

978
les 2 terrains du centre culturel //
(choisir a/ parce que belle vue sur b qui
contient le théâtre
les banques // ici ciel // théâtre // offices //
500 m ?? // centre culturel // verdure //
100? // la Cathédrale
théâtre // la vue est vers V // Théâtre //
horizon // banque / office des Pétroles //
vert / arbres

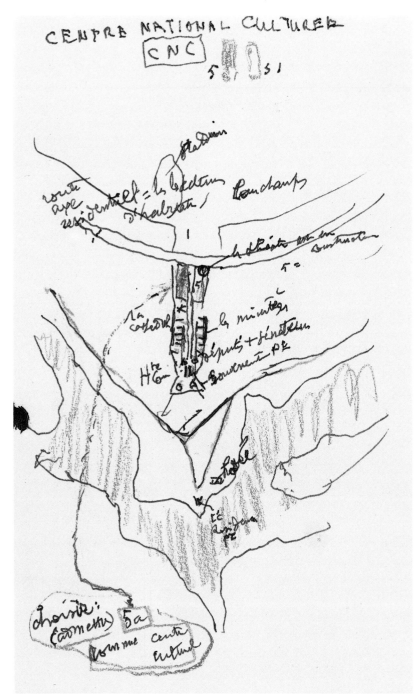

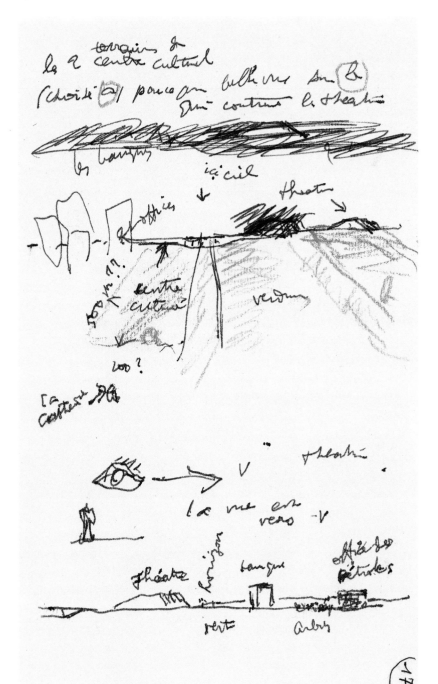

979

Il faut essayer de créer Amb // MCF //
CCB // éclairer // aérer // Ventiler très fort
en procurant, par situation, des phéno-
mènes physiques naturels
L-C consulter préalablement spécialiste
courants d'air
Amb F voir ici p 15 p 10 p8 // visite
Résidence Président avec Oscar Ici, ils
réclament le lien franco Brésilien par la vie
moderne. Brésilia est une ville Rad. verte,
le mobilier le ''décor'' doit être Corbu: tout
regarde devant. C'est ce qu'ils attendent
de la France
CCB Le ministre de l'Intérieur me charge
du cœur de Brazilia capitale du Brésil qui
deviendra cœur du Brésil. Ils en appellent
à la France par L-C (le CCB
La MCF montrera l'esprit français aux
étudiants de l'Université qui viendront
dans la MCF. = CCB1 // cathédrale // ouvert
sur l'espace du CCB2 contact avec
le théâtre = CCB1 CCB2 = au centre
population et [au centre] gouvernemental

980

Amb F vu appartement gouverneur: les
salles de bains piscine (L-C faire merveille
avec NY 1946 ch. a. C parquets bois
sombre lames vernies, luisantes ch: les
lits sont à chercher = autels? des contacts
avec dehors (plein air grenouillères exté-
rieures sous casquettes et royaume du
courant d'air. Tapisseries Baudouin, Emaux
éventuels porte // circulation // dedans
dehors dedans // pas de marbre (L-C)
Exécution Oscar + Italo. et son staff
exécuteront mes plans les faire accepter
par Aff Etrangères
CCB Grand Musée de la connaissance //
2 types: le type Erlenbach // le type Olivetti
ou Chandigarh ou Porte Maillot // Théâtre
spontané

981
25 déc 62 Noël.
Les travaux exécution seront faits par
l'équipe Oscar avec Ses élèves de l'uni-
versité gratuitement, considérés comme
un enseignement éminent // pour //
Amb F // CCB // MCF // = entente
admirable
le 20 mai 1963 M' Murtillho Murtinho chef
de cabinet du ministre des Affaires étran-
gères du Brésil à Brazilia // est venu
35 Sèvres
Pas une seule fois, une question ne me fut
posée sur Chandigarh Avis à PJet =
Reussi !!!

982
ing / arch // les constructeurs

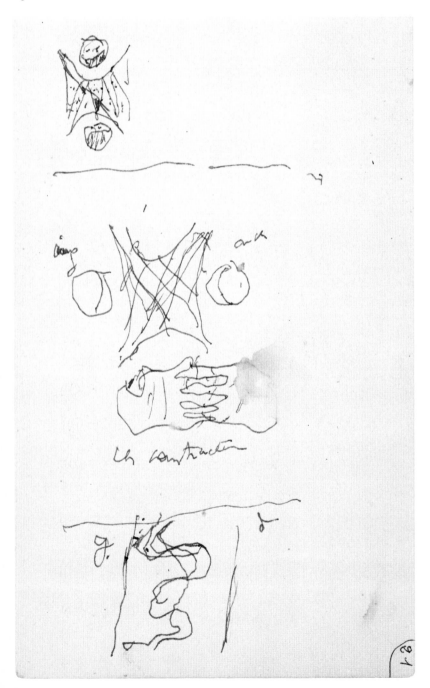

983
8 jours à 6.300 cruseiros

984

Boesiger T8 ou T7 // Donner en préface
mon texte Brésil fait à Rio le 29 déc 62
Réclamer Italo photocopies
La soirée du 28 à Copacabana au "Golden
room" titre (pompeux) // très sincère
création // Les ou Le // nègre (de Demain)
= spontané et sincère jouent passionné-
ment périlleusement donnant tout soleil,
rire et sourire = le Brésil de demain (avec
Afrique: ici, p 1 les 5 gouttes de sang (les
portugais d'origine = constipés // le violon
est supprimé. admirable pendant
2 heures!
Quand on renifle les ambassades de
France + le personnel C'est Mauclair et
Duhamel = le frein prétentieux

985

Rodrigo M. F. Andrade Ministerio de
Educaçiõ 8ᵉ cuadra // p. tapisseries à Rio
Etait avec moi dans la voiture du Ministère
de l'Education Nationale. Est très emballé
par les tapisseries Corbu. Il faudra lui
envoyer informations — Et conjuguer avec
Embaixador Mauricio Nabuco qui était à
côté de moi au banquet Capanema (aime
les tapisseries Corbu beaucoup
29/12/62
questions 2 vitrines des médailles
modernes de la Monnaie, antichambre de
la salle de la Maison de France. Il y a
médailles Picasso, Sᵗ Exupery Malraux
Eluard etc. Corbu? = zéro

986

Avion Dakar Paris 30 Déc 62
Revue "Air France" 30/12/62 // 1ᵉʳ Article
"Sur les [Rives] de l'Art // 1ᵉʳ page photo
tapisserie "Traces de pas dans la nuit"
(L-C) = sans indication d'auteur
  L'écrivain Franck Elgar classe "Mies V. d R
Gropius Aalto Niemeyer Le Corbusier"
Cependant leurs successeurs, tels J de
Mailly, Zehrfuss, Guillaume Gillet Mi... en
France.... semblent vouloir construire avec
encore plus de liberté dans la conception
et de variété dans l'expression...."
p. 5 // Eiffel // l'ONU (couleur) // Boeing Air
France
Second Magazine "Vacances aux 4 Coins
du Monde. 216 pages AIR FRANCE" //
p 156 carte indes "New Delhi" Mais pas
Chandigarh // puis: "A partir de Dehli"
itinéraire Chandigarh // = Zero = voir p. 26
ici →

987

(Suite) à la page 192 // photo couleurs
palais Oscar Niemeyer Brazilia ..."C'est la
première grande ville du monde projetée
selon les principes les plus avancés auda-
cieux de l'arch Contemporaine (Arch
O. Niemeyer Urb: Lucio Costa ... // etc"
= "Vacances aux 4 coins du Monde" AIR
FRANCE" avion
acheter "Adam" magazine // publicité
tricots chandails tailleurs

988
Ambassade France / Brazilia // Maison de
la Culture [Brazilia] Centre culturel du Brésil
[Brazilia] // voir Malraux Malraux //
* Olivetti Plan Milan // * Congrès
Strassbourg Strassbourg // Eglise Firminy //
Unités habitation (Série) + équipement
avec Myone // * Zurichhorn Zurich //
Alger – Afrique // Laboratoire éléctronique
Chandigarh // Musée XX siècle Paris //
[Musée] Erlenbach // * Ardennes –
Meuse. // * Villa Savoye Poissy

989
Luynes // Beauvais // Jean Martin // Emaux
janvier 29 28 27 26 1963
fait: // 1 ''Un Ubu Panurge'' Emau
cm 50 × 35 (?)
2/ femme et taureau 85 × 60 (?)
3/ femme rouge couchée 65 × 45 (?)
4 La Cité Linéaire Industrielle (pour Jean
Martin) 28/1/63 50 × 27 (?)

990
20 h. Luynes: On crie: le journal télévisé,
Venez!...

   10 personnes se précipitent autour de la
table de salle à manger. Le speaker
commence:

   Le dîner aussi. Debout assis, pêle mêle,
parlant criant, gueulant. Un charivari
effroyable. Chacun parle, personne
n'écoute. On ferait un film sonore prodi-
gieux. (Charivari! Il y a un mot fabrication
grecque, beaucoup plus ''Guerre de
Troie''.) On mange ''Prenez du jambon, de
la saucisse, du lard, du poulet, du steak, du
fromage, de la ''cancoillade'' (?) Du blanc,
du rosé, du rouge (direct des vignes de
Jean Martin; c'est du vrai du nature, de
l'admirable; ça tue, par la vérité, toute
comparaison avec ''les appellations contrô-
lées'' qui = fabrication teinture et
pharmacie) →

991
Suite
Ça dure une heure, deux heures. On
devient parfaitement fou, sauf le speaker
qui est au studio de la TV, étranger à nos
passions. . Le mot = Pandemonium.
  Personne n'a regardé, personne n'a
entendu, personne n'a écouté.
  4 jours de file comme ça! Cette fois mes
nerfs sont tout près de ma peau!
  Je dis que les hommes sont fous (et les
femmes tout autant) Désarmant SVP. Des
adversaires sont là: la Radio, la TV l'Ecran
cinéma parlant le père et son autorité. La
mère avec ses devoirs. La bonniche qui
reste à la Cuisine. les gosses qui se plaisent
dans ce raffut ......

992
Anthonioz chargé de mission pour la Créa-
tion et la production artistique (Direction
générale des Arts et des Lettres (Picon)
14 Avril par Jeanne donner une somme
dotale à Jeannette

993

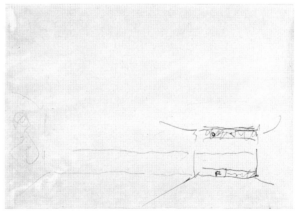

994
7 février 63 février 63 maire Delapira

995

996
CHARTE DE FLORENCE février //
6 février 63
Charte de Florence // L'Etalon L'Etalon:
le Baptistère = dieu // jamais Dieu. //
des plafonds, des palais jamais: Ici est
la séparation.
Florence est un village on y pense une
grande séquence séquence // = La marché
ouverte
Expo Florence // réclamer la photo à
Raghianti // ici la table ''de la main
ouverte''. = une dizaine de gouaches et
dessin (pourrait servir de couverture
avec le Maire De La Pira // à la cérémonie
cérémonie // de l'honoris causa +
la medaille d'or de la ville de la ville de
Florence
p. 36 Sketchbook T69 Commencé
le 21 déc 62 // ceci est le verso de la double
page Florence vue du Palazzo Vecchio

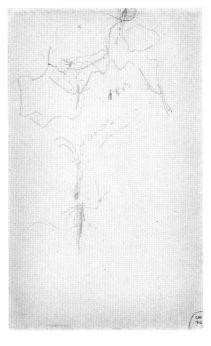

997
ja... // ...

998
15 // 2 // 63
écran // toile parabole hyperbole pour rece-
voir scenario couleur ou cinéma // Cable //
prisme squelette // 5000 personnes debout //
jeux Nocturnes // Strassbourg jeux électro-
niques (sans artiste) sur le toit gauche
100/100 m

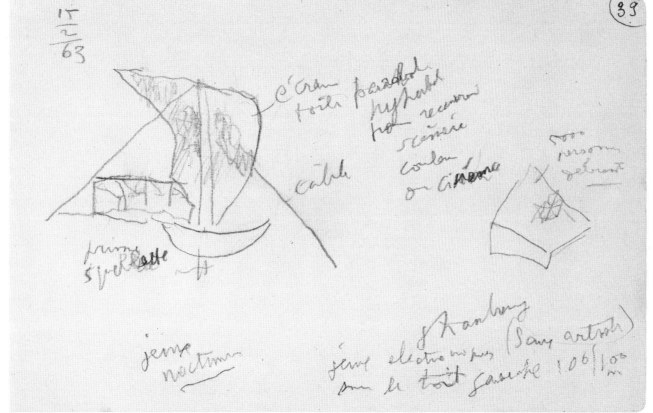

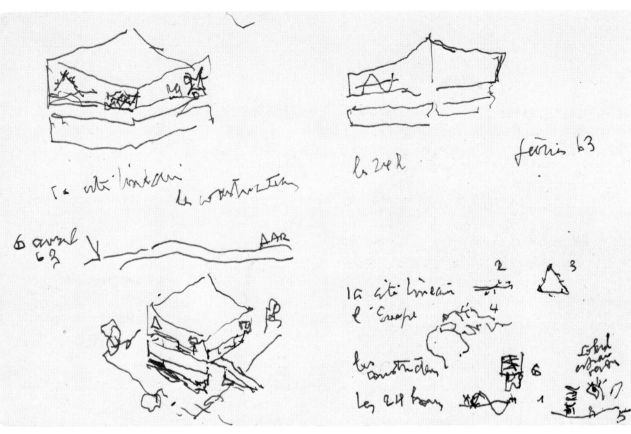

999
la cité linéaire // les constructeurs //
les 24 h / février 63 // 6 avril 63 / AAR //
La cité linéaire // l'Europe // les construc-
teurs // les 24 heures // Soleil espace
verdure

1000
Strassbourg congrès toit // Sceptre
égyptien // Voir page 39

1001
20 février 63 // Bräzilia
1 centre national culturel // 2 Maison de la
Culture Française // 3 ambassade de
France. // * 4 Olivetti. Rhau. // * 5 Pflimlin
Strassbourg congrès // * 6 Marseille
3 Unités à ''Fonte-obscure'' //
* 7 église claudius // 8 Stade 100 000 //
9 Cité linéaire la Meuse // * 10 Zurich horn //
* 11 Musée Erlenbach // * 12 Musée Total
Halles Paris
idem: renvoyer Maire de Limoges à
Fougères CEEMT P
10/3/63 // ''Europe 1'' du 10 mars
mars 63 à 14 h. M'établir à mes frais disque
de mes 5 minutes sur cité linéaire indus-
trielle

1002
Standard 1 // Standard 2 // Standard 3 // =
Olivetti (voir page 45 // ici décomposition
de l'élément de bureau, [from] l'ortho-
gonal.
10/3/63 mars // SAVINA – L-C // ira à // à
Tréguier p. polychromie. Commander à
Jean Martin couleurs Stelaters petites
boîtes Rouge + orange + jaune cadmium
clair + bleu outremer + bleu coeruleum +
noir + blanc grandes boîtes // + brun
Sienne. brulée
5/4/63 avril // Emaux Zurich - horn // Murs
extérieurs à sec // sol uni blanc ou partiel-
lement noir // matière plastique // Emau //
laine verre // panneau bois ou émaux ou
dallage coulé // horizontal avec motif béton
brut + coquille St Jacques // coquillage
Zurichois // Salubra

1003
labyrinthe // Erlenbach // fait par Oubrerie
ici les 2 gratte-ciel Niemeyer // centre
national culturel du Brésil // L-C // ici terrain
parc // Commandé à L-C par le Ministre de
l'Educ. Nat du Brésil
ouest / est // Musée totale // ''Musée
moderne d'art et de pensée'' // Paris

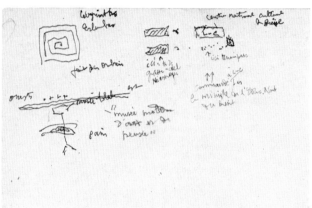

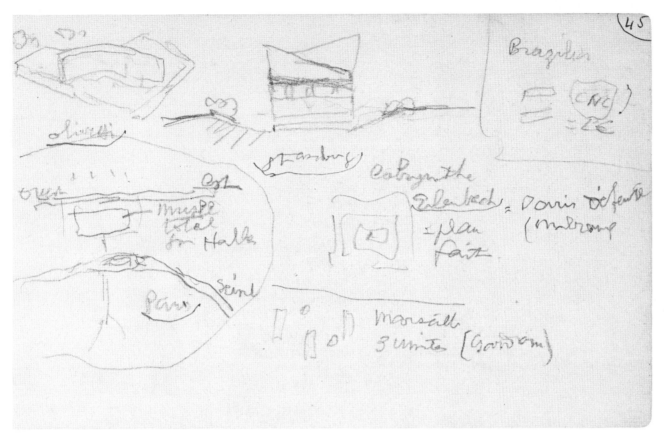

1004
Brazilia // CNC = L-C
Olivetti
Strassbourg
labyrinthe Erlenbach = plan fait // = Paris
Défense (Malraux
ouest / est // Musée total sur Halles //
Seine // Paris
Marseille 3 Unités (Gardien)

1005
17 avril 63 Avion Nice-Paris. 16 heures
Zurich-horn démontrera:
arch int: la polychromie matières cou-
leurs // Sols parois plafonds // naissance
des murs insonores "à sec"
peinture tableaux // murals // + tapisseries
tapisseries (acoustique) // mural photos
sculptures
vitrages // transparents translucides
coloré. // verre ou plastique // idem. // =
suppression de la serrurerie = fenêtres –
équipement: les caisses et casiers // les
tables: panneaux rigides // sièges = sol
dunlopillo tabourets 1928 sièges
travailler = A de la B tête – A des mains
se reposer dormir (pas de ch à coucher) au
sol. // Nudité air actif = réforme totale du
vêtement

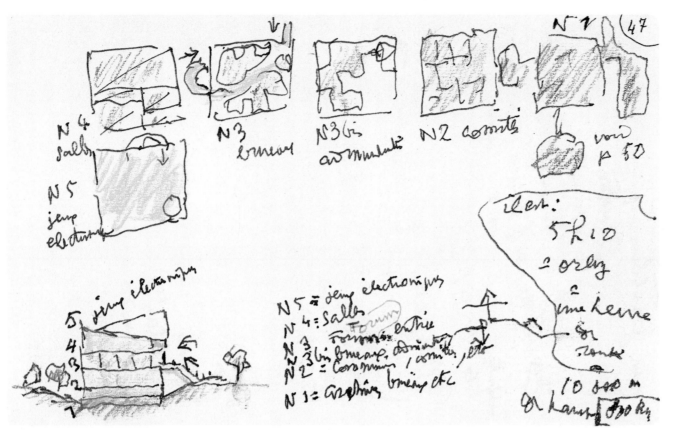

1006
N4 // Salles // N3 bureau // N3bis adminis-
tration // N2 comités // N1 // voir p 50 //
N5 jeux électroniques
jeux électroniques
N5 = jeux électroniques // N4 = salles //
N3 = Forum Forum entrée // N3bis =
bureaux. administration // N2 = commis-
sions comités etc // N1 = archives bureaux
etc
il est: 5 h 10 à Orly à une heure de route à
10 000 m de haut 800 Km

1007
pour Jullian: // Genève restaurant le 6 Juin
63 // il y a des menuiseries vitrées avec
laine de verre dans plastique // appeler
SCOBALIT // s'appelle se trouve à Paris
aussi // demander à // Alazard Jules //
= 2 mm (?) épaisseur

Genève 6 juin Honoris Causa! L-C!
  Quelle tuile, quelle barbe!! Gagnebin
Doyen faculté des lettres Le Recteur (X)
nous a emmerdés avec une lecture de
deux heures sur les petits charmants et
grands programmes!

1008
Le 14 juin 63 // Avion Nice Paris //
15 heures.
Hier soir Woods, ancien de Marseille (avec
Candilis) est venu à Etoile de Mer, à 22 h.
me demander de faire avec lui quelques
gratte ciel sur Central Park et Hudson River
(AB) // Central Park // = 5 Avenue // Hudson
River // J'ai refusé: je ne veux pas entre-
prendre avec les USA (Souvenir de UN
1946 + Unesco 1954 (?) = les vetos USA
contre L-C
   ...; Woods: bien, dommage, alors
acceptez une maison de jeunesse entre
les gratte ciel = ''une Maison Corbusier''
Ça y est! = un bout de panache Corbu à
bas prix. C'est la même proposition faite
déjà par Hilaire Harris!
   Woods, 39 ans, Américain de l'atelier
Corbu vers 1950 MMi, est devenu gras,
adipeux épais, bourgeois, sans plus de
juvénilité. ''C'est ma femme qui me fait
une trop bonne cuisine'' — L-C: Et vous
n'êtes pas foutu de la mettre au pas!''
USA-mou
J'étais venu ''au Cabanon'' le 14 juin
fatigué crevé

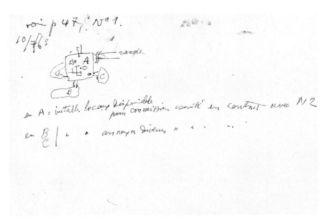

1009
Voir p 47, N° 1. // 10/7/63 // rampe //
en A = installer locaux disponibles pour
commissions comités en contact avec N2 //
en BC [installer locaux] annexes divers
[comités en contact avec N2]

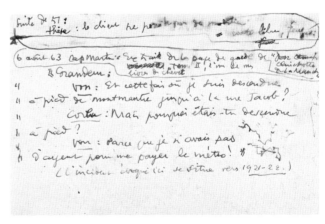

1010
23/7/63 métro. // Ambassade de France
Brasilia
lac // MN = les 2 rues d'accès. // Jullian:
établir, maintenant, profil des toitures //
batisses // pilotis / Sur MN
voir haut de page 52 (= suite (2 lignes)
31 juillet 63 avion Paris Nice // Attention
architecture l'anti-moustique // la cellule
équipée // = le cabanon Etoile de Mer
C.M. // Mais avec éclairage en plastique + //
ici Z P Q R – il s'agit de recherches, ''en
général''

1011
Suite de 51: thèse: le client ne possède
pas de mobilier = route libre, feu vert
6 août 63 Cap Martin: Extrait de la page de
garde de ''Don Quichotte de la Manche'' //
Tome II, l'un de mes livres de chevet
''Grandeur:
   VON = Et cette fois où je suis descendue
à pied de Montmartre jusqu'à la rue
Jacob?
   Corbu: Mais pourquoi étais-tu descendue
à pied?
   Von: Parce que je n'avais pas d'argent
pour me payer le Métro!''
(L'incident évoqué ici se situe vers
1921-22)

1012
2 // 8 // 63 // Roquebrune
ici repose Yvonne Le Corbusier

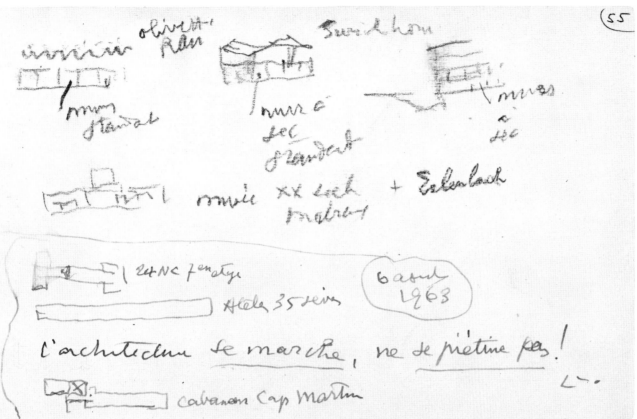

1013
Olivetti Rau // murs Standard
Zurich horn // murs à sec Standard // murs
à sec
Musée XX siècle Malraux // + Erlenbach
6 août 1963 // 24 NC 7ᵉᵐᵉ étage //Atelier
35 Sèvres // l'architecture se marche,
ne se piètine pas! // cabanon Cap Martin //
L-.

1014
1922 // 3 // 8 // 63

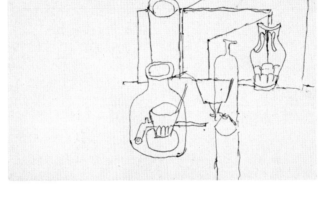

1015

1016
1920

1017
1930
3/7/63 Cap Martin p. LVIII Electa Editrice
Florence

1018
LE CORBUSIER // 35 rue de SEVRES //
PARIS VI // Commencé le 4 août 63 à Cap
Martin // Fini le 30 août 64 // Prière de
renvoyer ce carnet à cette adresse. //
Telephone n° 15 // Kindly send this book to
the address given in the corner Mon. L.C.
Chief architect Office Sector 19 CHANDI-
GARH // 70

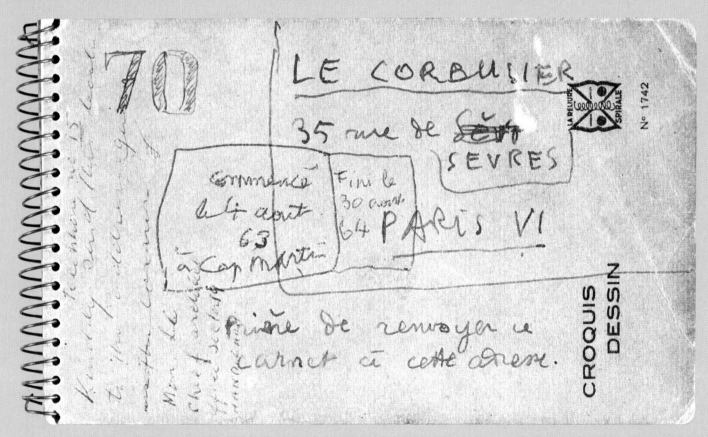

1019
4 Août 1963 à Cap-Martin

1020

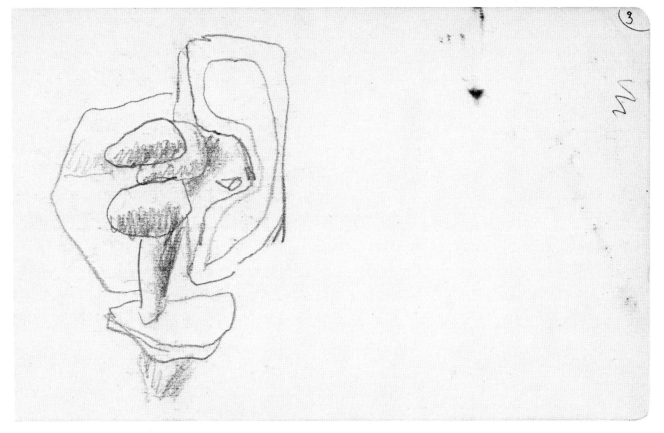

1021
Venise avait normalement 175.000 habi-
tants // il y avait des industries (histo-
riques) = 1 Arsenal // 2 Chantier Naval //
3 Verrerie // 4 horlogerie // 5 Moulins p
farine // république de Venise Doges // ont
émigré à Marghera (sur le continent // il
reste l'artisanat bois cuir ** verre // popu-
lation est tombée à 115.000
au XIX siècle est né le tourisme (= chemin
de fer) // aujourd'hui il y a l'image = la
photo // le Socialisme 1848 85 //
1930 congés payés.
faire 1 film depuis la terrasse de l'hôtel X
exclusivement = magnifique

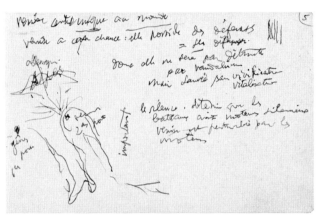

1022
Venise centre <u>unique</u> au <u>monde</u> // Venise a
cette chance: elle possède des défenses =
<u>ses</u> défenses. // Donc elle ne sera pas
détruite par vandalisme mais sauvée par
vivification vitalisation
Allemagne. // Alpes // Gênes 1er port //
Venise 2e port
important // le silence. obtenir que les
bâteaux aient moteurs silencieux Venise
est perturbée par les moteurs

1023
Deux grands cargos – 1 grec ''Rythme'' //
1 anglais ''London'' // (pourquoi? parce
que parfait?) // ahurissants comme lignes,
structures, couleurs carène noire <u>mat</u> – +
blanc + jaune moyen. = des gens de mer
de haute classe (des <u>marins</u>, pas des archi-
tectes)!

''La Fondation – L-C'' Bâtiment doit être
1 cube // Come un casier Ronéo // ou //
musée // théâtre

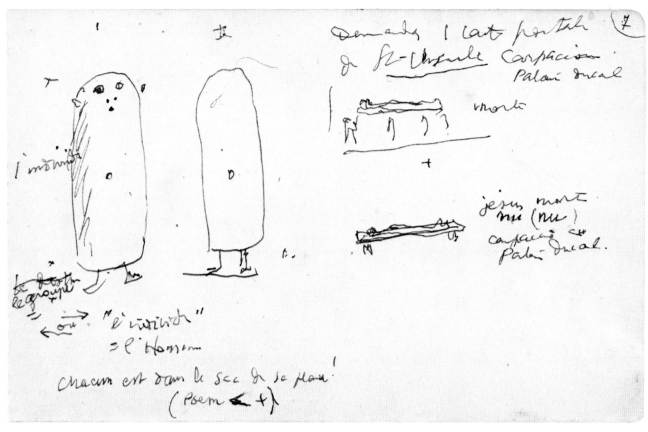

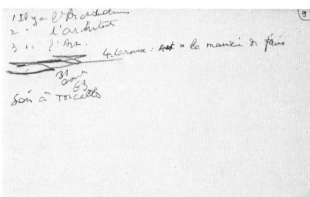

1024
Demander 1 carte postale de S<u>te</u> Ursule
Carpaccio Palais Ducal // morte // Jésus
mort nu (nu) Carpaccio au Palais Ducal. //
l'individu // le groupe // = // ou ''l'indi-
vidu'' = l'Homme // Chacun est dans le
sac de sa peau! (Poème <+)

1026
1 Il y a l'Architecture // 2 [Il y a] l'archi-
tecte // 3 [Il y a] l'Art. // 4. Larousse: Art =
la manière de faire
31 Août 63 // soir à Torcello

1025
1 Mr Mazzariol. professeur Université
d'architecture = histoire de l'Art.
2 M Virgile architecte à Paris.
3 Mr Ottolenghi Président de l'hôpital
(à construire)
1 = qui m'a accompagné le 1er jour à Venise
avec Virgile
2 = qui [m'a accompagné] Durant 3 jours
[à Venise]
3 = qui compte sur moi p résoudre son
problème d'hôpital ''vénitien''

Arsenal (désaffecté
Arsenal   libre
Terrain Desormais

Venise

11

Les Procuration   tracelle   st marc
Chierton
l'horloge

Venise

1027
Arsenal (désaffecté // Terrain désormais
libre // Venise

1028
Venise // Les Procuraties tour de l'horloge
l'horloge // St-Marc

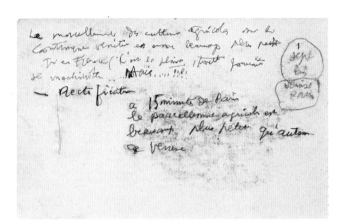

1029
Le morcellement des cultures agricoles sur le Continent Vénitien est encore beaucoup plus petit qu'en France (C'est la <u>plaine</u> ''tout pourrait'' se machiniser ....
Mais ....?!?!
— Rectification à 15 minutes de Paris le parcellement agricole est beaucoup plus petit qu'autour de Venise.
1 Sept 63 // Venise Paris

1030
tracés // à 20 Minutes de Paris // de Paris (d'avion) // il n'y a pas (encore) de maisons dessus

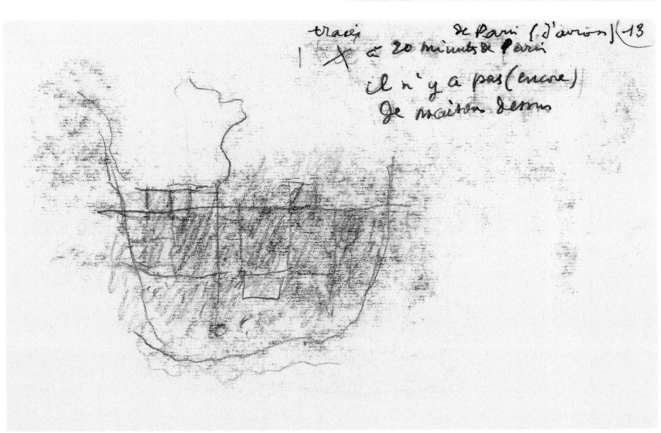

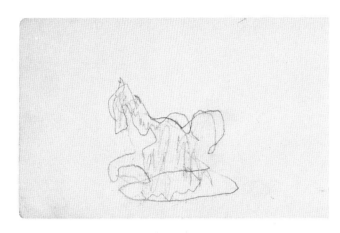

1031

1032
dans la chapelle de? // à Felletin près d'Aubusson // Expo Le Corbusier Tapisseries le 15/9/63 // = magnifique présentation des tapisseries L-C // c ''Traces de Pas dans la nuit'' // c: La femme et le moineau // b/ ''le chien veille'' // [b/] ''Gentillesses.'' // a = Tap. de l'Unesco de l'Unesco // + au dos b¹ b² Total 4 / Total 1 // au verso = // Total 4 / = 9 tapisseries de L-C. Baudouin.

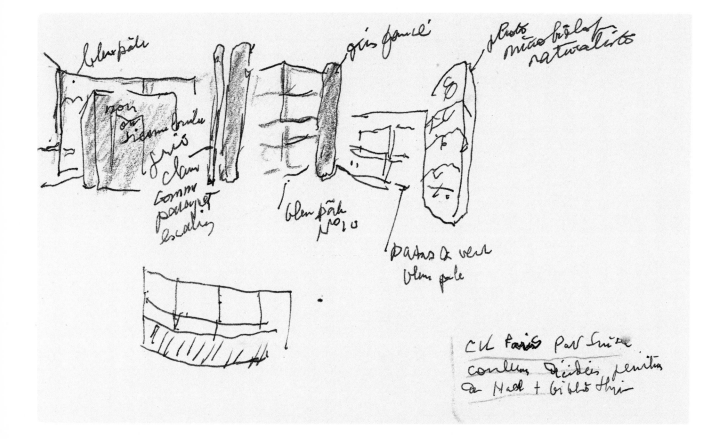

1033
bleu pâle / gris foncé / photo microbiologie
naturaliste // noir ou sienne brûlée gris clair
comme parapets escaliers / bleu-pâle
N° 10 // pans de verre bleu pâle
<u>CU Paris Pav Suisse couleurs décidées</u>
<u>peintures</u> du Hall + bibliothèque

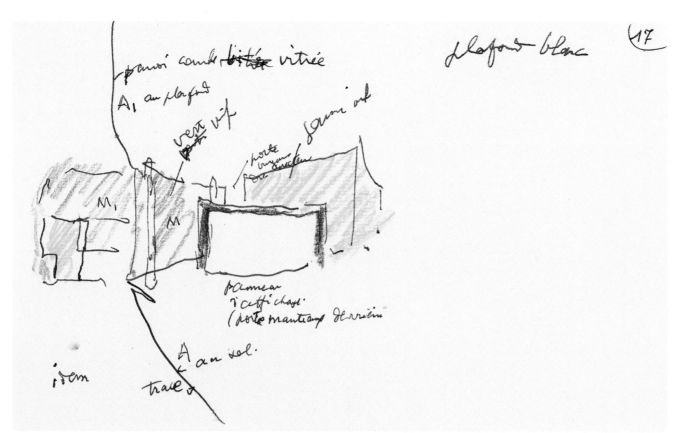

1034
– paroi courbe vitrée / plafond blanc //
A$_1$ au plafond // vert vif // jaune vif // porte
bureau du directeur // panneau d'affichage.
(porte manteaux derrière // au sol. //
tracé // idem

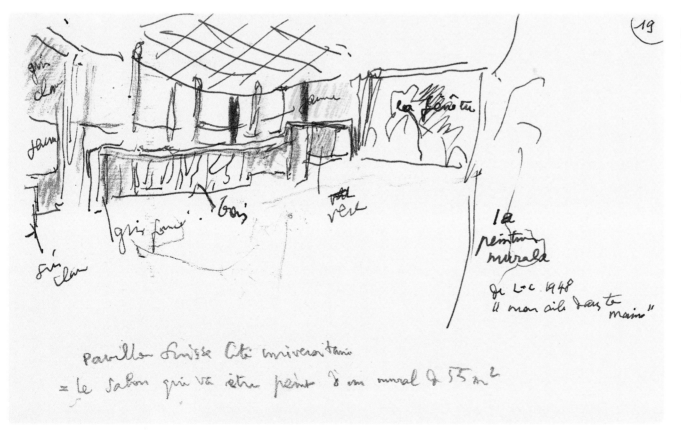

1035
gris clair // jaune // la fenêtre // jaune // gris
clair // gris foncé // bois // vert // la peinture
murale de L-C 1948 ''Mon aile dans ta
Main'' // Pavillon Suisse Cité universi-
taire = le salon qui va être peint d'un mural
de 55 m^2

1037
Pavillon Brésil. Les plafonds béton brut
(coffrage planches bois) apparentes //
[les plafonds] peints couleurs fortes //
les murs = blanc. // sol = grandes ardoises
Modulor noires joints blancs // tout ça =
magnifique
8/11/63

1036

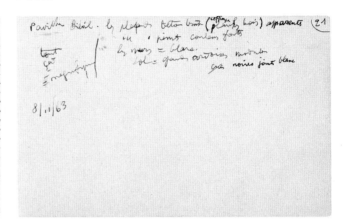

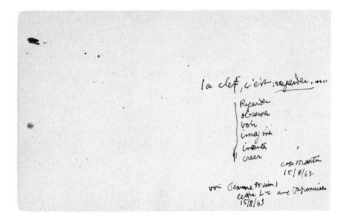

1038
la clef, c'est: regarder...... // Regarder
observer voir imaginer inventer créer
Cap Martin 15/8/63.
Voir (Jeanne 35 Sèvres) // lettre L-C aux
Japonais 15/8/63

1039

M. André Saghbazarian 14 rue des Saussaies Tél Anjou 17 05

Appareils de Télévision pour le 24 Nungesser et Coli pour réparation et mise au point (lui téléphoner)

Certains me dénomment: ''Le Sanglier Solitaire'' (!) 21/11/63 L-C

1er voyage en Italie + Vienne //
j'ai + 19 20 ans = 1907

''le Conseil des Ministres dans sa séance du 19 déc 1963, sous la présidence du Général de Gaulle a nommé Le Corbusier grand officier de la Légion d'honneur. Mr Malraux a précisé qu'il n'était pas nécessaire d'expliquer ''qui est le plus grand architecte du monde.''
''Nice Matin'' 24 Déc 63

1040

L'Urbanisme gèrent les actions humaines. //
l'urbanisme est mondial ses problèmes sont mondiaux

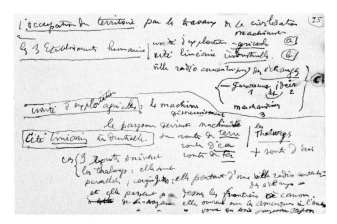

1041
L'occupation du territoire par les travaux
de la civilisation machiniste
Les 3 Etablissements humains unité
d'exploitation agricole a // cité linéaire
industrielle. b // Ville radio concentrique
pour des échanges C — gouvernement 1
et idées 2 // marchandises 3
Unité d'exploitation agricoles: la machine
dimensionnement // le paysan devient
machiniste
Cité linéaire industrielle sur route de terre
route d'eau route de fer // les Thalwegs //
+ route d'air
Les 3 routes suivent les Thalwegs: elles
sont parallèles, conjuguées: elles partent
d'une ville radio concentrique des
échanges et et elles passent par dessus
les frontières à canons. de St-Nazaire elles
ouvrent sur les Amériques à l'Ouest
[St-Nazaire elles] vont en Asie jusqu'au
Japon

1042
NO 50 + 50 // Mme Colusso Concierge
24 NC = 30 mille = étrennes Noël

1043
affaire Le Lac 2/1/64 lettre d'Albert du
30/12/63 // L-C Télé Boesiger alarmes sur
Le Lac – // L-C télégraphier Télégraphier à

1044
14 April 64 Gate = presentation at
Parlement
From Paris I bring the gate of the Legisla-
ture Building of Chandigarh, building witch
y have made with Prabawalkar in 1951
Jeanneret and I // we were called, // by
P.N. Thapar and Varma to make the plan of
this city.
  This door is a Gift of the French people to
the people of India, because it is a natural
and // profond // big sympathie between
the two civilisation. India is a a motherland
of deap culture in the East, alike is France
the same in the West.
Jean Martin

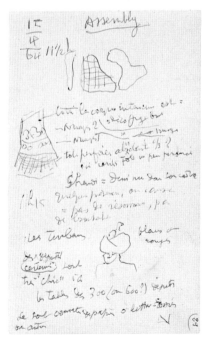

1045
Assembly // 15 // 4 // 64 11½ h
toute la coque intérieure est = = décof-
frage brut // — Nuages 2 [décoffrage brut]
+ nuages // — Nuages 1 [décoffrage
brut] // tôle perforée absorbante ⅓ ? ici
carrés tôle un peu perforée
11 h 15 // Ghandi = demi nu dans son
cadre quelques présences, on cause =
pas de résonnance, pas de brouhaha.
les turbans / blancs et rouges // des
certains députés sont très "chic" ici // les
tables de 300 (ou 600?) députés se sont
couvertes de papiers à lettres – dossiers
ou autres →

1046

11½ la séance commence il y a 20 (?)
députés = démocratie

Malhotra fotos innombrables (avant)
9 heures // depuis B^d des eaux because
lumière // reflets eau côté est nord

Prabawalkar. // 1 chemin du piéton pour
aller façade nord

1047

Assembly: les porteurs de vases de fleurs
de la cérémonie, les déménagent le lende-
main. Pots sur la tête, et marche alignée
devant derrière en profondeur (voir Album
noir Nivola? 1951) même croquis fait à??

Malraux + Anthonioz. leur dire publier en
couleur un ouvrage sur l'Assembly avec
tous détails (même 1:1) de la porte émail.
+ vue du hall quand les couleurs seront
faites // + le portique (volume et couleur //
+ reflets bassins côté nord-est le matin

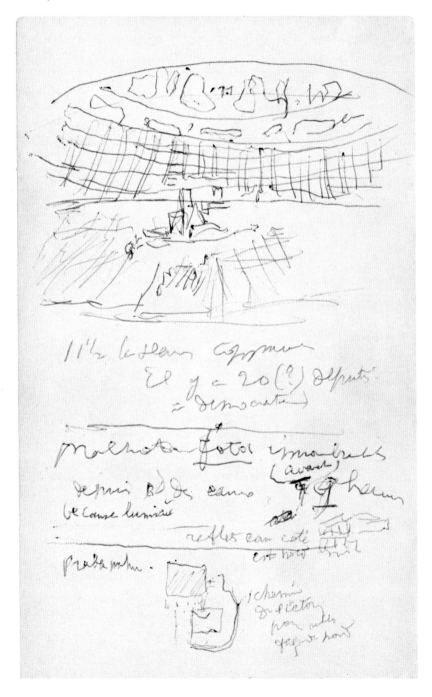

1049
bloc béton = (éxécuté) entrée du dam sur
le lac angle B^d des Eaux // Chandigarh //
power plant // l'eau // aux morts // avec
signes commun avec dam du lac

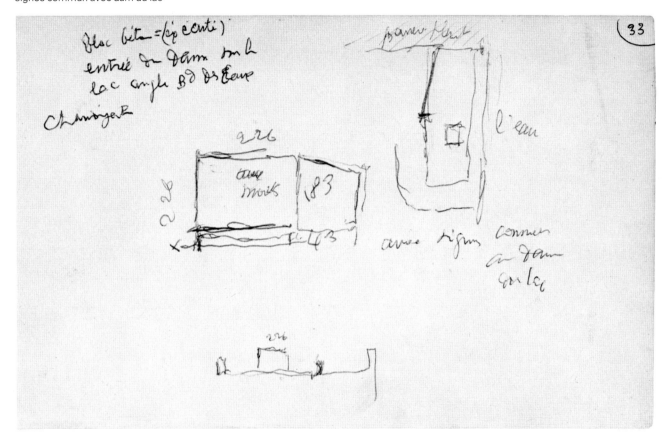

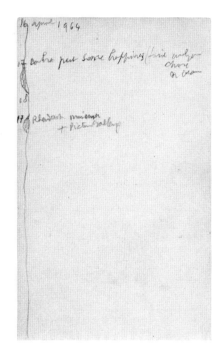

1048
16 april 1964 // 17 Bakra put some
happiness (faire quelque chose de beau //
18 // 17 Rhandawar Museum + Pictures
Gallery

1051
Hᵍ Court nouvelle (les petites cours au fond de chaque court sont sans arbre ni gazon. + côté ouest = saleté et // désordre
Critiques de Corbu pour Prabawalkar ou Malhotra
ATTENTION
  Il y a dans le Job L-C une masse de solutions de détail = importants et subtils qu'il faudrait photographier pour faire un livre sur ces thèmes d'anatomie architecturale moderne (La polychromie est formidable. Photo [formidable] à la sortie du Portique Hᵍ Cᵗ côté Assembly
Ecrire à Nehru dessin de Main Ouverte + de l'Assembly = Mᵗ de valeur mondiale. Faire 1 loi le proclamant ''Mᵗ Historique

1052
L'intérieur de l'Assembly = Forum est
magnifique sous la lumière solaire
Prabawalkar Assembly intérieur ''Clouds''
(nuages les nuages) gris fonte + rought,
sont à conserver précieusement // les
faces des stands (loges) Ladies // o ont un
profil excellent
L'Assemblée est un espace total unanime.
orateur = Chairman // = on entend
[orateur] depuis la salle = les députés

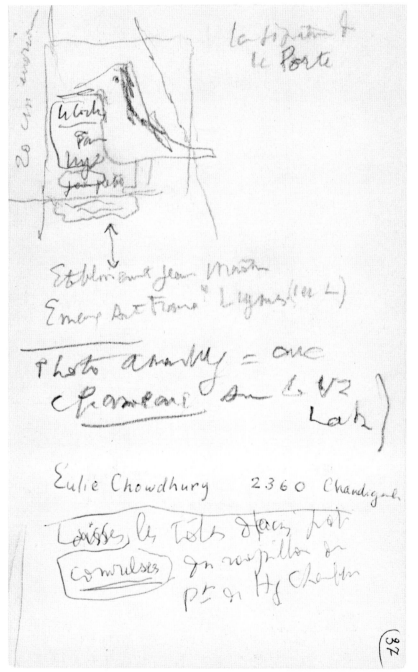

1053
la signature de la Porte // 20 cm environ //
le Corbu Paris Luynes Jean Petit // Etablis-
sement Jean Martin // Emaux Art France''
Luynes (I et L)
Photo Assembly = avec chameaux sur
le V2 Lak
Eulie Chowdhury 2360 Chandigarh
Laisser convulser les tôles d'acier poli du
roupillon du P^t de H^g Chamber

1054
les lampes autour Assembly room, dans le
Hall rectifiées: 1 seule couleur gris sombre
comme leur pied P. // vert
Cet Assembly Building est un miracle
d'architecture: ossature proportions maté-
riaux // La Salle est un Cirque illimité large
et haut
blanc jaune rouge rouge et noir // = fameux //
1 porte émail face intérieure // est parfait
dans la pénombre ''lumineuse''

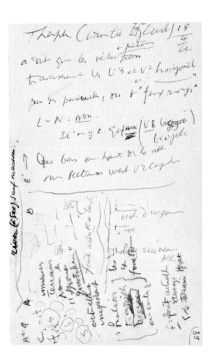

1055
Thapar (Commitee H^g Level) 18 // 4 // 64 //
a dit que les vélos et piétons dam traver-
seraient les V3 et V2 horizontal par des
passerelles, ou des ''feux rouges'' L-N =
non. // Il n'y a qu'une (V8 bicycle) // De bas
en haut de la ville sur Secteur West V2
Capitol

river (à sec) sauf mousson.
immenses terrains pour le ''sport
quotidien'' // actuellement inexistant //
forêt arbres 10 m haut // ''habiter travailler
recréer circuler'' // les 4 fonctions // f =
forêt actuellement sauvage // ... =terrains
sport // école d'ingénieurs // Thalweg ruis-
seau sec

1056
Malhotra // à voir. Open Hand + The
Museum of Knowledge
Pierre // le barrage proposé sur la rivière,
vers G 58? apportant eau pour les sports
quotidiens est et ouest

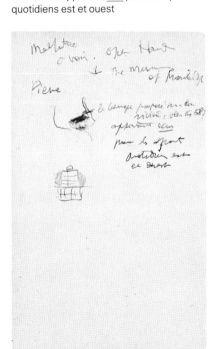

1057
Chandigarh // 19 // 4 // 64
Au temps d'Homère, ''épos'' voulait dire'':
parole'' de ''épos'' dérive en français
épique, épopée.
Donc la parole est épique Et c'est la parole
qui est écrite sur papier, avec les mains Le
fait c'est: la parole.
Je (pauvre Corbu ayant quitté l'école à
13 ans) j'écris. On me condamne: ''c'est
du langage parlé [a], pas écrit [b].
a/ j'agis, je parle.
b/ je suis assis je parle sur papier, j'écris
  Le Style parlé est condamné par les ''gens
de lettres'' (ceux qui tiennent la plume).
''Que pourrai-je bien dire''? se demandent
les gens de lettres
a/ dit: j'ai eu une idée. Je l'ai parlée, dite.
Je prends une plume et je l'écris. C'est du
langage parlé.
Je conclus: chaque mot de cette disserta-
tion montre que ''écrire parlé'' est vrai.
(voir prologue de l'Odyssée Editions (Le
Portique)

1058
Les femmes punjabi peuple + mondaines
ont conservé le costume + sandales +
cheveux avec tresses longues

sur l'arête du mur façade à 21 m de haut, à
6¼ heures
Hte Cour // 6½ h du soir, les pigeons arri-
vent, s'installent sur le bord, fixent le soleil,
et lui disent bonsoir (en silence) // Ils arri-
vent des horizons du Capitol

1059
27/4/64 Assembly avec Praba
 3 heures de visite du bâtiment pour
confirmer les couleurs intérieures.
 Je rencontre un visiteur qui arrive direc-
tement de l'ouest par l'Egypte. — ''Après
[confusion] ce bâtiment provoque un choc
indescriptible: somme d'illimitée architec-
ture
 Je me sens autorisé à répondre: Je suis
d'accord.

L-C // Distribuer les 5 dessins lithos
51/80 // qui sont dans ma chambre chez
Pierre // – à Thapar // Rhandawa // — Chief
Ministre // — Ministre of Chandigarh // to
Jeanneret to put on the wall of office
vestibule Chief architecte

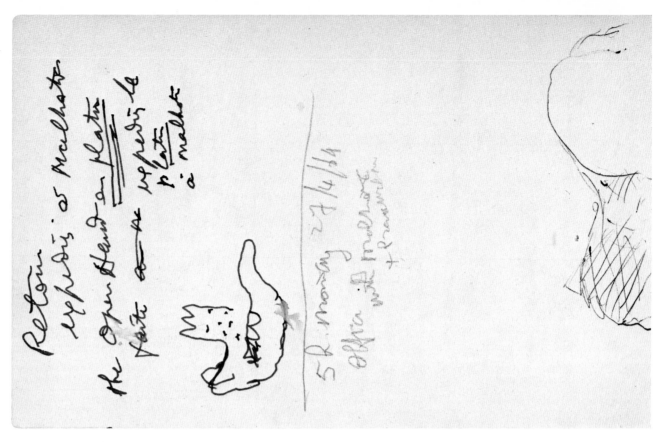

1060
Retour // expédier à Malhotra the Open
Hand en plâtre faite expédier le plâtre à
Malhotra

5 h. Monday 27/4/64 Office with Malhotra
+ Prabawalkar

45

1 mai
64

2 messieurs + 1 dame.
= 3 galets de la Rivière,
Chez Pierre

1061
1 mai 64
2 messieurs + 1 dame = 3 galets de la
Rivière. Chez Pierre

1062
venant des Indes et survolant la France
(Genève-Paris) on voit apparaître le parcel-
lement actuel des terres. C'est fou! c'est
affolant, c'est désastreux! C'est l'ancien
monde vétuste décati ''inertisé''
2 Mai 1964 avion Boeing faisant 1000 km
à l'heure et prenant 12 à 14 heures pour
venir de Delhi à Paris
Espoir: environs de Paris: le regroupement
des terres est effectué.
la banlieue de Paris (les petites maisons)
est extravagante

1063
Air Port Beirut 2 mai 64
les terrains // restaurant // remarquer les
<u>éclairages</u> foisonnant

49

1065

1066
le bateau Nice Menton // Menton / Nice

51

le bateau Nice Menton

menton   Nice

1067
2 caroubes tombées de l'arbre C M
19 août

1068
''Signes'' p. ''Unité'' Crommelink // les
lithos couleur Mourlot // à employer face à
des textes L-C

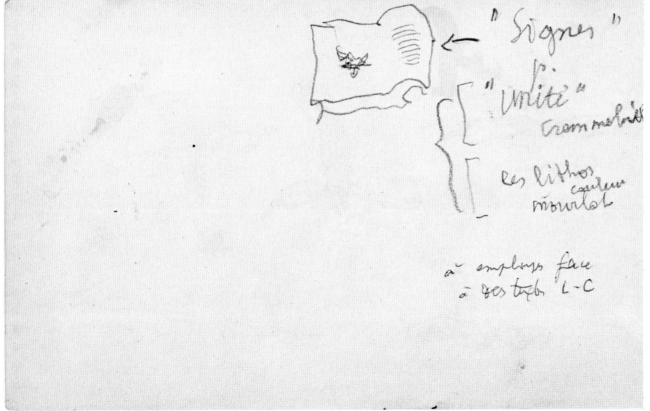

1069
il y a (j'ai gravé) 8 planches de Rhodoïd
41/45 ou 33/41 datés <u>août 64</u> //
août 1964 // 1956

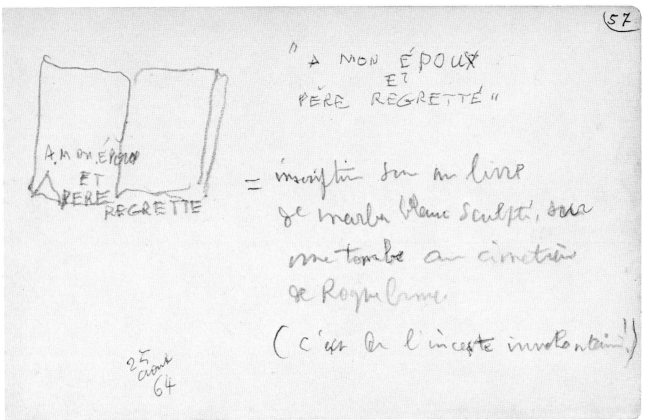

1070
"A MON EPOUX ET PERE REGRETTE" //
A. MON. EPOUX ET PERE REGRETTE //
= inscription sur un livre de marbre blanc
sculpté, sur une tombe au cimetière de
Roquebrune. // (C'est de l'inceste involon-
taire!)
25 août 64

1071
Le Sketchbook suivant N° 71 contient
page 1 toiture pour le Musée de
la Défense
Ducret Passy 2977
qui venait d'1 vaste tribu germaine et qui
mangeait du saucisson et de la bière les
francs avaient tous été des germains //
Besset Passy 77 73
Robinot 5 rue Camulogène Paris 15 //
Tél Vaug 76 04

Technical Data

In order to identify the pages of
Le Corbusier's sketchbooks, the
reproductions in this volume are numbered
consecutively beginning with the front
cover of Sketchbooks M51 (numbered 1)
and ending with the last illustrated page of
Sketchbook 70 (numbered 1071). Upside-
down pages and inserted material are
specified in the list that follows. Blank or
missing pages are noted here also, but they
are not included in the consecutive
numbering system.

All the sketchbooks reproduced in this
volume measure 18 × 11 cm.; they are
spiral bound and have cardboard covers.
Pages not reproduced here in full size are
reduced to 48% of the original.

The following data describe the pagination:

M51
Both left- and right-hand pages have been
used, except for the following pages, which
are blank: the left-hand pages following 49
and 50; the three pages following 54.
2 is the inside front cover.
16, 17, and 28 are upside down.

M52
Both left- and right-hand pages have been
used, except for the following pages, which
are blank: the left-hand pages following 83
and 84; the left- and right-hand pages
following 86; the eleven pages following
104.
59 is the inside front cover.
80 is upside down.
75 is a loose inserted sheet.

M53
Both left- and right-hand pages have been
used, except for the following pages, which
are blank: the left-hand pages following
110, 113, 114, 115, 128, 131, and 134; the
twenty pages after 140.
107 is the inside front cover.

M54
Both left- and right-hand pages have been
used, except for the following pages, which
are blank: the left-hand pages after 143,
161, and 176.
142 is the inside front cover.
180 is upside down.
149 is a loose inserted sheet.

M55
Both left- and right-hand pages have been
used, except for the following pages, which
are blank: the left-hand pages following 210
and 213; the right-hand pages following 202
and 215.
202 is the inside front cover.
238 and 239 are one loose inserted sheet.

N56
Both left- and right-hand pages have been
used, except for the following pages, which
are blank: the left-hand page following 286.
262 is the inside front cover.
301 and 321 are upside down.
282 is a loose inserted sheet.
323 is the inside back cover.

N57
Both left- and right-hand pages have been
used, except for the two pages following
381, which are blank.
346 is upside down.

N58
Both left- and right-hand pages have been
used, except for the following pages, which
are blank: the left-hand pages following
391, 392, 411, and 416.
384 is the inside front cover.

P59
Both left- and right-hand pages have been
used, except for the following pages, which
are blank: the left-hand pages follow-
ing 443, 444, 447, 450, 485; the two pages
following 480; the right-hand page follow-
ing 475.
442 is the inside front cover.
487 and 488 are upside down.
451 and 489 are loose inserted sheets.

P60
Both left- and right-hand pages have been
used, except for the right-hand page
following 538, which is blank.
498 is the inside front cover.
536 and 537 are loose inserted sheets.
558 is the inside back cover.

P61
Both left- and right-hand pages have been
used, except for the following pages, which
are blank: the left-hand pages after 579 and
580; the eight pages after 611.
560 is the inside front cover.
592 is upside down.
608 is a loose inserted sheet.

P62
Both left- and right-hand pages have been
used, except for the following pages, the
left-hand pages following 614, which is
blank.
613 is the inside front cover.

R63
Both left- and right-hand pages have been
used, except for the following pages, which
are blank: the right-hand page following
700; the six pages following 726.
674 is the inside front cover.

R64
Both left- and right-hand pages have been
used, except for the following pages, which
are blank: the first two pages; the left-hand
pages following 733, 734, 735, 736, 739,
740, 741, 742, 751, and 752; two pages
following 737; the right-hand page follow-
ing 768. (Xerox copies of pages 725 and
726 of Sketchbook R63 are inserted
between pages 744 and 745.)

R65
Both left- and right-hand pages have been
used, except for the following pages, which
are blank: the first four pages; the left-hand
pages following 778, 779, and 780; the
right-hand pages following 782, 819, 827.
775 is the inside front cover.

S66
Both left- and right-hand pages have been
used, except for the left-hand page
following 830, which is blank.
829 is the inside front cover.
877 is upside down.
891 is the inside back cover.

S67
Both left- and right-hand pages have been
used, except for the following pages, which
are blank: the left-hand pages after 897 and
912; the two pages after 950.
893 is the inside front cover.
895 is a loose inserted sheet.

S68
Both left- and right-hand pages have been
used, except for the following pages, which
are blank: the left-hand page following 954;
the right-hand page following 960; the
forty-seven pages following 961,
numbered 13-59 in the original.

T69
Both left- and right-hand pages have been
used, except for the following pages, which
are blank: the left-hand pages following
965, 966, 997, 1012, and 1013; the right-
hand page following 974.
964 is the inside front cover.
994-996 are glued-in reproductions of the
original sketchbook pages.
970 and 971 are upside down.

70
Both left- and right-hand pages have been
used, except for the following, which are
blank: the left-hand pages following 1019,
1034, 1065, 1066, and 1069.

Index

DATE DUE
